Heiko Wulfert
Geschichte des frühen Christentums heute

Geschichte des frühen Christentums heute

Traditionen – Hintergründe – Aktuelle Fragen

von

Heiko Wulfert

REICHERT VERLAG WIESBADEN 2014

Für Elke

Bibliografische Information der Deutschen Nationalbibliothek

Die Deutsche Nationalbibliothek verzeichnet diese Publikation in der Deutschen Nationalbibliografie; detaillierte bibliografische Daten sind im Internet über http://dnb.dnb.de abrufbar.

Umschlagabbildung:
Gewölbemosaik von Albenga, Baptisterium (Ausschnitt)
Foto: Beat Brenk

Gedruckt auf säurefreiem Papier
(alterungsbeständig – pH7, neutral)

www.reichert-verlag.de
ISBN: 978-3-95490-060-2

Printed in Germany

Inhalt

Vorwort

„Es gibt nichts Neues unter der Sonne", so kommentiert der alttestamentliche Prediger das Mühen und Streben der Menschen und den wechselvollen Lauf der Geschichte[1]. Wer die jeweils aktuellen Diskussionen verfolgt, könnte dieser Feststellung immer wieder zustimmen. Alles Denken und Handeln hat seine Voraussetzungen und seine Geschichte. Dabei muß diese Feststellung jedoch nicht den resignativen Charakter haben, den sie im Buch Kohelet annimmt. Geschichte kann uns das Verstehen der Gegenwart eröffnen, uns helfen, Wichtiges lebendig zu bewahren und Unwichtiges zur Seite zu legen. Dies gilt auch für die Geschichte der Kirche. Den Herausforderungen der Zeit können wir begegnen, wenn wir von unserer Herkunft Rechenschaft ablegen können. Gerade für den Schulunterricht und die Gestaltung der Kirche in Gemeindearbeit und Ökumene kann sich ein Blick auf die Geschichte des frühen Christentums als fruchtbar und lehrreich erweisen.

Vor diesem Hintergrund soll mit diesem Buch der Versuch unternommen werden, einen Überblick über die Geschichte der Alten Kirche, das heißt die Geschichte des Christentums in der hellenistischen und frühen byzantinischen Kultur, anzubieten. Denn in diesem Zeitabschnitt sind Grundentscheidungen für den weiteren Weg der Kirche gefallen: in der Begegnung mit der großen Philosophie der Antike und Spätantike formulierte sich das christliche Dogma, die Formen des Kultus bildeten sich heraus, wie sie in ihren Grundzügen bis heute bestehen, exemplarische Formen christlichen Lebens blühten auf, die Auseinandersetzung mit dem heidnischen Staat und die Bildung und Blüte der Reichskirche haben paradigmatischen Charakter für die weitere Entwicklung. Dies soll hier so dargestellt werden, daß es dem Pfarrer und Lehrer eine leicht zu lesende und farbig beschriebene Zusammenstellung der wichtigen Daten bietet und zugleich dem interessierten Gemeindemitglied, dem Schüler oder dem an Wesen und Geschichte der Kirche interessierten Zeitgenossen eine Einführung in das Werden des Christentums in seinen ersten Jahrhunderten gibt.

Daher will die Darstellung die großen Zusammenhänge ins Auge fassen und sich von ihnen bei der Stoffauswahl leiten lassen. Vier zentrale Aspekte sollen dabei maßgebend sein:

1) Ein beherrschender Gedanke der alten Kirchengeschichte ist die Auseinandersetzung des Christentums mit dem römischen Imperium. Es ist ein gegenseitiges Anziehen und Abstoßen, das mit der Anerkennung des Christentums in der antiken Welt endet. Damit beginnt seine Hellenisierung, die vor allem als ein Sprachgeschehen aufzufassen ist: die Botschaft des Christentums wird in

1 Koh. 1,9.

der Sprache und in den gedanklichen Figuren des Hellenismus ausgesprochen, die hellenistische Kultur prägt und verändert das urchristliche Leben.

2) Alle kirchlichen Institutionen sind in den ersten Jahrhunderten entstanden, deswegen muß man ihrer Genese nachgehen, denn sie ermöglicht das Verständnis der nächsten Perioden. Das gilt für das Mönchtum ebenso wie für die kirchliche Verfassung, den Kultus und natürlich für das Dogma.

3) Besonderes Augenmerk ist auf die Gestaltung der Frömmigkeit zu richten, denn schon in der Alten Kirche bahnt sich der Unterschied an, der noch heute zwischen der orientalischen und der abendländischen Kirche besteht: Der Osten in seiner Vorliebe für philosophische Spekulation und seiner ausgeprägten Mystik; der Westen hingegen mit dem tiefen Bewußtsein der Sünde und seinem organisatorischen und kühleren, sachlichen Denken, das das Verhältnis zwischen Gott und Mensch in juristischen Kategorien begreift.

4) Große Persönlichkeiten sollen ihre gebührende Berücksichtigung finden, denn sie sind es, die die Geschichte maßgeblich beeinflussen. Die alte Kirchengeschichte ist nicht arm an bedeutenden Menschen: Verwaltungsmänner, vorbildliche Bischöfe, geschickte Diplomaten, Theologen von bedeutender Tragweite, Mystiker, Asketen und Wüstenheilige, Schwärmer und Fanatiker – ein bunter Zug.

Unter diesen Gesichtspunkten soll aus der riesigen Materialfülle ein plastisches Bild geformt werden. Dies zwingt zum Fortlassen von Nebensächlichkeiten. Es soll daher auch keine Polemik gegen andere Ansichten geführt werden, die Forschung und ihre mannigfaltige Geschichte kann nicht vorgeführt werden. In ruhigem Gang ist das Wesentliche darzustellen. Literaturhinweise zu den einzelnen Kapiteln sollen zu vertiefendem Studium einladen.

I. Die Umwelt des Christentums

1. Das römische Imperium als politische Größe

Die Entstehung des Christentums gehört mit zu den schwierigsten Problemen der historischen Theologie. Früher machte man es sich einfach, indem man das Heidentum als ‚Dunkelheit' interpretierte, in die das Christentum als kontrastierender Lichtkegel hineinleuchtet. Diese Vorstellung wurde biblisch begündet: „Als die Zeit erfüllt war, sandte Gott Seinen Sohn"[2]. Je eingehender wir uns aber mit dieser Zeit beschäftigen, umso mehr erkennen wir, daß das junge Christentum keineswegs den römischen Staat mit seiner Kultur und Religion einfach beiseite geschoben und sich an seine Stelle gesetzt hat. Bei der Entstehung und Entwicklung des Christentums handelt es sich um einen komplizierten Vorgang, der nur aus dem engen Kontakt und der Wechselwirkung mit der Kultur der ‚alten Welt' zu verstehen ist. Aus diesem Grund ist die Kultur der alten Welt auch nicht einfach verschwunden, sondern hat – wenn auch in mancherlei Trübung und Brechung – Aufnahme in die junge Kirche gefunden. Man kann in vielen Bereichen diese ständigen Entlehnungen und Anleihen studieren, die das junge Christentum bei einer Institution macht, die es gleichwohl als feindlich empfindet. Aus dem Urchristentum entwickelt sich so die frühkatholische Kirche, die zwar einen Teil des Erbes bewahrt, die aber von außen her tiefgreifende Einflüsse umgestaltender Art empfangen hat. Aus diesem Grund führt man diese frühe Zeit der Kirche unter der Überschrift: Hellenisierung des Christentums[3]. Das Ringen der Alten Kirche mit dem von außen eindringenden Geist prägt maßgeblich die Geschichte des frühen Christentums. Um dies richtig verstehen zu können, muß man die Verhältnisse der kulturellen und politischen Umwelt kennen, in der sich das Christentum entwickelte. Das beinhaltet auch Kenntnisse über das damalige Judentum, weil es der Boden ist, auf dem das Christentum entstand. Mit der Hellenisierung des Christentums beginnt zugleich die Lösung von seinen jüdischen Ursprüngen.

Betrachtet man das klassische Griechenland, so bemerkt man trotz allen geistigen künstlerischen Schwunges, wie er etwa im Athen des Perikles herrschte, eine gewisse Eingeschränktheit und Abgeschlossenheit gerade durch das, was der Weg der freien republikanischen Griechen war: ihr Stadtstaat, die Polis. Die Polis ermöglichte großartige Leistungen – denken wir nur an die Perserkriege –, aber

---

2 Gal. 4,4.

3 So beschreibt es Adolf von Harnack in seinem Lehrbuch der Dogmengeschichte (Bd. I. Tübingen [5]1931). Der Gedanke eines Übergangs des Christentums aus einem ursprünglichen Zustand in den Hellenismus hinein findet sich bereits im 16. Jahrhundert bei Guillaume Budé: De transitu Hellenismi ad Christianismum. 1535.

mit der Zeit sahen gerade die größten Köpfe in ihr eine hemmende Fessel. Platon und Aristoteles entwarfen Idealbilder vom Staat, die gerade im Gegensatz zur Polis standen. Gewiß gab es im alten Griechentum auch andere Kräfte, die zur Einheit drängten, aber sie wurden durch die Mannigfaltigkeit einander widerstrebender Interessen lahm gelegt. So konnte Philipp von Makedonien die griechischen Kleinstaaten zertrümmern und ihrer Selbständigkeit berauben. Alexander der Große leitete die Epoche ein, die man Hellenismus nennt und die kulturell von allergrößter Bedeutung ist. Sie unterscheidet sich charakteristisch vom Hellenentum, wenn auch Athens Geist in der neuen Kultur fortlebte, obwohl Griechenlands Vormachtstellung gebrochen war. Allenthalben in Asien und Ägypten entstanden Städte mit griechischer Kultur, die bald beherrschende Mittelpunkte in politischer, wirtschaftlicher und geistiger Hinsicht wurden. Alexandrien und Antiochien sind hier in erster Linie zu nennen. Diese Städte genossen eine gewisse kommunale Selbständigkeit, gehörten aber doch zu einem Staat, an dessen Spitze der Monarch stand, der sein Amt religiös legitimierte und daher selbst göttlich verehrt wurde. Der mächtig aufstrebende Handel ließ die Städte reich werden und erzeugte ganz neue Lebensbedingungen. Der Geist wurde freier, internationaler, denn der Einzelne lebte nicht mehr abgeschlossen in seiner Polis, sondern in der Welt, der Oikoumene, wie der neue Begriff lautete. Die Menschen kamen sich immer näher, dafür sorgte schon die allen gemeinsame Sprache des Griechischen, die *koine dialektos.* (Welt-)Anschauungen, geistige Bildung, Religion – alles vermischte sich zu einem synkretistischen Stil. Es entstand ein ganz neues Lebensgefühl, das sich natürlich auch auf geistigem, religiösem und ethisch-moralischem Gebiet auswirken mußte. Es handelt sich dabei um den Prozeß der Hellenisierung des Ostens, der in den letzten drei Jahrhunderten vor unserer Zeitrechnung Fortschritt auf Fortschritt zu verzeichnen hatte. Natürlich waren die Städte die Hauptzentren, aber von dort breitete sich die Hellenisierung auf das umgebende Land aus, da dieses z. B. in der Verwaltung von den Städten abhing, was auch für die spätere bischöfliche Organisation der Kirche von Bedeutung war. Natürlich drang der Hellenismus nicht überall in gleicher Stärke durch, je weiter wir uns Indien nähern, desto mehr nimmt sein Einfluß ab, aber wir können seine Ausstrahlungen dennoch bis nach China hin verfolgen. Selbstverständlich gab es auch Völker und Stämme, die mehr oder weniger ihre Eigenart zu wahren wußten, aber im Allgemeinen kann man doch von einer generellen Ausbreitung des Hellenismus im Orient sprechen.

Er sollte bald noch größere Erfolge erzielen können. Nach der Niederwerfung Karthagos im zweiten punischen Krieg wandte sich Roms Politik nach Osten und errang im zweiten Jahrhundert überraschende Siege. Die Diadochenreiche, die Erben Alexanders, sanken dahin und bis zum Anfang unserer Zeitrechnung befand sich Roms Macht in ständigem Wachstum. Man ließ den Städten ihre Selbständigkeit, aber man errichtete Provinzen, man schickte römische Beamte und Soldaten nach Osten, erhob Steuern, führte die lateinische Sprache als Amtssprache ein usw. Aber die Römer standen dort einer alten und fest etablierten Kultur gegenüber, die man nicht einfach romanisieren konnte. So ließ man den Hellenismus im

Osten bestehen und man konnte es darüber hinaus auch nicht verhindern, daß der hellenistische Geist ebenfalls im Abendland immer festeren Fuß faßte. Die griechische Sprache drang nach Westen vor, wurde Schrift- und Umgangssprache – Marc Aurel z. B. schrieb griechisch! Die Formen der Literatur wurden vom Osten übernommen, überhaupt die ganze Art des Denkens und Philosophierens, die römische Religion bildete sich um, griechische Sklaven und Freigelassene unterrichteten in Kunst und Wissenschaften. Die weite Verbreitung der römischen Kultur wäre ohne den Hellenismus undenkbar. So bildeten zur Zeit der Geburt Christ beide Reichshälften trotz aller Unterschiede im Einzelnen eine kulturelle Einheit.

Von zentraler Bedeutung für die Folgezeit ist ein Ereignis, das tief in den Bestand der Republik eingreift: die staatsrechtliche Umwälzung, die Augustus in den Jahren von 30 v. Chr. bis zu seinem Tod 14 n. Chr. herbeigeführt hat. Es hat ihm dabei nicht an Vorläufern gefehlt, man denke an die Diktatoren der Bürgerkriege oder etwa an Caesar, aber er erreichte Erneuerungen, ohne dabei den Anschein zu erwecken, das Alte zu verletzen. Dies zeugt von hoher Staatsklugheit. Augustus hielt sich an die Verfassung, ließ den Senat weiterbestehen, dankte als Kaiser ab und tat nichts, was den Argwohn republikanischer Kreise wachrufen konnte. Allerdings eignete er sich allmählich die Macht eines Monarchen an, ohne zunächst dessen Titel zu führen. Man nennt dieses Verhältnis den Prinzipat des Augustus und man spricht nach Mommsen von einer Dyarchie, einer Doppelherrschaft von Senat und Kaiser[4]. Staatsrechtlich war hier vieles unklar, sicher war jedoch, daß der Kaiser das Heer fest in seiner Hand hatte und die Außenpolitik bestimmte. Damit war er im Besitz elementarer Machtmittel und somit souverän. Die Doppelung der politischen Zustände zeigt sich exemplarisch in der Verfassung. Die Provinzen wurden vom Senat aus verwaltet, der Prokonsuln in sie entsandte – man spricht daher von senatorischen Provinzen. Es gab aber auch sogenannte kaiserliche Provinzen, die direkt vom Kaiser regiert wurden und die mit Truppen unter dem Kommando der *Legati pro praetore* belegt waren. Mit der Zeit verschob sich die Dyarchie zur Monarchie. Aber erst unter Diokletians Herrschaft (284–305 n. Chr.) siegte endgültig der Absolutismus. Das Provisorium des Augustus war auf die Dauer unhaltbar, dafür sorgte schon der Osten, für den der Kaiser von Anfang an eine ganz andere Stellung einnahm als für den Westen, da man ihm dort göttliche Ehre erwies. Das Vordringen des Hellenismus ins Abendland bedeutete zugleich eine Ausbreitung dieses Kaiserkultes, dadurch eine Steigerung seines Ansehens, was sich die Nachfolger des Augustus zunehmend zu Nutze machten.

Mit Augustus trat das riesige *Imperium romanum*, das die Länder des Mittelmeerraumes umspannte, in einen neuen Abschnitt seiner Geschichte ein. Die Verwaltung wurde geordneter, die Selbständigkeit der Kommunen größer, die Bestechlichkeit der Beamten und die sonstigen schweren Schäden des republikani-

4 Vgl. Aloys Winterling: Dyarchie in der römischen Kaiserzeit. Vorschlag zur Wiederaufnahme der Diskussion. In: Wilfried Nippel/Bernd Seidensticker (Hg.): Theodor Mommsens langer Schatten. Das römische Staatsrecht als bleibende Herausforderung für die Forschung. Hildesheim u. a. 2005, S. 177–198.

schen Regimes verschwanden, man hatte in den Provinzen das Gefühl, daß eine neue Ära begonnen habe. Man pries daher Augustus enthusiastisch als den Weltbeglücker, den Friedensfürsten, den Vater, man sah in ihm den Heiland, die Inkarnation Gottes. Dichter wie Vergil priesen überschwänglich den Beginn des goldenen Zeitalters. Genährt wurde diese Erwartungshaltung durch den Frieden, der jetzt überall herrschte, durch den sich mehrenden Wohlstand, durch die Zunahme von Handel und Verkehr, sowie durch die Sicherheit auf den Straßen. Zweifelsohne befand sich das Reich im Aufschwung, nicht nur rein äußerlich, auch in geistiger und religiöser Hinsicht. Eine Kultur verband Osten und Westen. Die gemeinsame Sprache war das Griechische, es galt für alle das gleiche Recht und überall zeigten sich die Adler der Legionen. Das Netz der Straßen war im Wachsen begriffen, Handel und Verkehr wurden dadurch ungemein erleichtert und so mischte sich die Bevölkerung bis hin zur Aufhebung der Nationalitäten. Alles strömte in die großen Städte, besonders nach Rom. Häufige Versetzungen von Beamten und Soldaten sowie reisende Kaufleute und Literaten, all dies sorgte ganz von selbst für einen kulturellen Austausch. Dadurch glichen sich auch die sozialen Unterschiede mehr und mehr aus, die Klassengrenzen wurden fließend, man konnte gesellschaftlich aufsteigen. Soweit die Unterschiede bestehen blieben, machte sich eine Achtung vor dem Menschen geltend: man wurde human und diese Humanität drang in die Gesetzgebung ein, was z. B. die Behandlung der Sklaven veränderte. Es war der Geist der Stoa, der sich hier verwirklichte.

So lebte man in einer großen Einheitskultur, unter einem göttlich verehrten Kaiser, in Städten, die sich selbst verwalteten, die provinziell im Landtag (*koinon*) ihr Verwaltungsorgan hatten, das dem Prokonsul zur Seite stand. Man genoss den Schein der Freiheit und hatte doch das Gefühl der Geborgenheit im großen Imperium. Man pries sich glücklich, in dieser Zeit zu leben, man fühlte sich fortschrittlich, man wurde gläubig. Und der Riesenkoloß des *Imperium romanum* stand ohne Wanken, erweiterte sogar seine Grenzen noch, schirmte und schützte die Kultur und garantierte ihre Einheitlichkeit. In diese Welt trat das Christentum ein und es ist sofort einleuchtend, welcher Vorteil ihm gerade aus dieser Situation erwachsen mußte. Nur so war seine schnelle Ausbreitung überhaupt möglich, nur auf diesen gebahnten Wegen konnten Mission und Christianisierung überhaupt Erfolg haben. Aber deren durchschlagende Wirkung findet nicht nur in diesen doch mehr äußeren Gründen ihre Erklärung. Das geistig-religiöse Leben im Imperium kam dem Christentum zweifelsohne sehr entgegen. Und das war von entscheidender Bedeutung, denn es öffnete die Grenzen für die neue Heilsbotschaft.

2. Geistig-religiöses Leben im Imperium

Aufgrund der synkretistischen Struktur der hellenistischen Kultur wurde die alte Religion von einer Fülle erneuernder Kräfte beeinflusst, die so an einem religiösen Neubau beteiligt waren. Daher handelt es sich beim religiösen Leben zur Zeit um Christi Geburt um ein sehr kompliziertes Gebilde von größter Mannigfaltigkeit und suggestiver Kraft auf die Menschen der damaligen Zeit. Es unterschied sich in charakteristischen Punkten von der Religion der alten Zeit. Diese war in Griechenland und Italien vor der hellenistischen Epoche als offizielle Religionsausübung an den Stadtstaat gebunden, sie war in erster Linie kein Verhältnis des Einzelnen zur Gottheit, sondern des Staates zu der jeweiligen Staatsgottheit, wenn auch in der Religiosität des Einzelnen eine große Vielfalt der Kulte herrschte[5]. Die Magistrate sorgten für den richtigen Vollzug der Opfer, da dieser für den Bestand des Staates von fundamentaler Wichtigkeit war. Aber während sich die Griechen mit viel Liebe, Phantasie und dichterischer Kraft ein Bild von ihren Himmlischen entworfen hatten, war die religiöse Welt der Römer kalt und nüchtern. Ein rationales, juristisch anmutendes Ritual, ein genau festgelegtes Maß von Leistung und Gegenleistung, abstrakte Gottheiten, die mehr personifizierte Eigenschaften waren, Fehlen künstlerischen Schmuckes – diese Züge kennzeichnen die römische Staatsreligion.

Mit dem Anbruch des Hellenismus begann sofort ein rapider Transformationsprozeß. Er kam von verschiedenen Seiten und begann im zweiten Jahrhundert v. Chr. Die in den Westen eindringende Hellenisierung versuchte, die römische Religiosität mit der griechischen auszugleichen, was eine entscheidende Umbildung und Veränderung ihrer Gestalt bedeutete. Damit verband sich der philosophische Einfluß, der an den religiösen Grundlagen überhaupt rüttelte, denn der Zeitgeist des letzten vorchristlichen Jahrhunderts wurde maßgeblich durch die Skepsis geprägt. Man kritisierte die Mythen, man zeigte, wie viele unmoralische Taten die Götter begehen, besonders Homer und Hesiod boten hierfür eine wahre Fundgrube. So wurde allmählich dem Gebildeten der Mythos verleidet und geradezu lächerlich gemacht. Wo man aber nicht so weit ging, da nahm man dennoch an den überlieferten Erzählungen Anstoß und suchte diese durch das Mittel der allegorischen Exegese, die später für das Christentum von höchster Bedeutung werden sollte, aus der Welt zu schaffen. Die Stoiker haben sie zuerst in größerem Umfang verwandt und besonders Homer völlig umgedeutet, indem sie in den Geschichten bald Darstellungen von Naturereignissen sahen, bald solche von psychologischen Vorgängen. Diese Auslegungen mußten schließlich den alten Glauben beiseite schieben, wenn sie dies auch nicht ostentativ taten. Rigoroser ging allerdings die hellenistische Aufklärung vor, die behauptete, daß Religion überhaupt nur durch Vergötterung großer Menschen, wie Königen und Feldherren, entstanden sei. Die Religion sei also ein menschliches Produkt, deshalb auch ablehnbar. Man nennt diese Theorie nach ihrem Erfinder Euhemerismus[6]. Alle drei Angriffe der Philo-

---

5 Vgl. Anna Swiderek: La cité grecque et l'évolution de la mentalité religieuse dans les premiers temps de l'époque hellénistique. In: Eos 78 (1990), S. 259–272; Fritz Graf: Bemerkungen zur bürgerlichen Religiosität im Zeitalter des Hellenismus. In: Michael Wörrle/Paul Zanker (Hg.): Stadtbild und Bürgerbild im Hellenismus. München 1995, S. 103–114 (=Vestigia 47).

6 Euhemeros (um 340–ca. 260 v. Chr.) lebte am Hof des makedonischen Königs Kassander. Seine Gedanken legte er in seiner Schrift „Heilige Inschrift" („Hiera anagraphe") nieder, die nur in Fragmenten bei Diodorus Siculus und Zitaten aus einer lateinischen Übersetzung von Quintus Ennius erhalten ist. Im Stil eines Reiseromans beschreibt er seine Fahrt zur sagen-

sophie wirkten auf die Religion. Hierfür kann man ein charakteristisches Beispiel bei dem Dichter Juvenal finden: „daß es Manen gibt und ein unterirdisches Reich, einen Fährmann mit seiner Stange und schwarze Frösche im stygischen Schlunde, daß so viel tausend Menschen in einem einzigen Nachen über das Wasser setzen können, das glauben nicht einmal mehr die Kinder“[7]. Die Gesellschaft fand an der überkommenen Religion nichts mehr und wurde skeptisch. Die Versuche, die Religiosität der Menschen durch die alte Religion zu restaurieren, waren vergeblich. Selbst Augustus, der mit viel Geschick und großer Klugheit zu Werke ging, errang nur einen vorübergehenden Erfolg[8]. Sein Versuch einer Religionsbildung blieb ein Konstrukt. Und doch waren um die Zeitenwende die Menschen alles andere als gottlos, sie hatten sogar ein sehr lebhaftes religiöses Empfinden, aber die alten Formen genügten nicht mehr, um es zu befriedigen[9]. Da war es von höchster Wichtigkeit, daß sich neue Formen anboten, die dem Geist der Zeit besser entsprachen und diese kamen alle aus dem Orient.

Der Osten stand zwar unter hellenistischem Einfluß, aber allmählich bemerkte man ein Wiederaufleben des asiatischen Geistes und sein Vordringen in die westlichen Gebiete – natürlich in abgewandelter Gestalt. Man kann diese Beobachtung auf vielen Gebieten machen, in Wissenschaft und Kunst, Recht und Staatsauffassung, nur ein Teil in diesem ganzen Komplex ist die Religion. Die Kulte des Ostens breiteten sich aus und formten damit die religiöse Struktur der antiken Welt um das Mittelmeer um. Es handelte sich dabei um die sogenannten Mysterienreligionen. Sie traten erst langsam und vereinzelt, dann immer häufiger und nachhaltiger auf. Es ist hier nicht der Raum, die verwirrende Fülle der neuen Kulte vor Augen zu führen, es kommt nur darauf an, die wichtigsten herauszugreifen und an ihnen die Merkmale des neuen religiösen Geistes aufzuzeigen. Von Ägypten kam der Kult der Isis und des Osiris, von Phrygien der der Kybele, von Syrien der Kult der Baale, des Jupiter Dolichenus und des Sabazios, von Persien schließlich der Mithras-Kult. Fast jedes Land steuerte etwas bei. Diese Kulte traten aus ihrer ursprünglichen nationalen Beschränkung heraus und wanderten nach Westen, wodurch sie vom griechischen Geist beeinflußt wurden, der Isis-Kult am meisten, der Kult der Kybele am wenigsten. Aber gerade dieser Kult drang am frühesten nach Rom vor, wo er 204 v. Chr. auftauchte, also zur Zeit des zweiten punischen Krieges. Im ersten Jahrhundert bürgerte sich trotz heftigen Widerstandes der Isis-Kult

haften Insel Panchaia, wo er einen Zeustempel besucht haben will. Die Inschrift der Zeusstatue dieses Tempels verzeichnet die kulturschaffenden Taten der ersten Könige Uranos, Chronos und Zeus, die wegen dieser Taten schließlich als Götter verehrt worden seien.

7 Sat. X 33.

8 Er berichtet selbst darüber (Res gestae 20): „82 Heiligtümer der Götter habe ich in meinem sechsten Konsulat auf Geheiß des Senats in der Stadt wiederherstellen lassen, ohne eines auszulassen, das damals erneuert werden mußte.“ Auch Cassius Dio (53,2,4) berichtet über diese religiöse Restauration des Jahres 28.

9 Siehe dazu John Scheid: La religion des romains. Paris 1998 (engl. Übersetzung: An Introduction to Roman Religion. Übers. von Janet Lloyd. Edinburgh 2003).

ein, der namentlich bei Frauen Anhänger fand, am spätesten folgte der Mithras-Kult als Soldatenreligion den Bahnen seiner Vorgänger.

Warum erreichten diese orientalischen Mysterienreligionen so viel? Worin lag ihre Eigenart? Inwiefern kamen sie dem religiösen Sehnen entgegen? Zunächst ist festzuhalten, daß sie dem neuen Geist entsprechend durchaus kosmopolitisch, universal eingestellt waren. Schon das machte sie attraktiv. Sie machten es ihren Anhängern viel schwerer als die römische Religion ihren Gläubigen, denn sie forderten volle Hingabe, restlose Unterwerfung, aber das zog gerade an, statt abzustoßen. Darin offenbarte sich die individualistische Tendenz dieser Kulte, die Menschen wollten persönlich erfaßt und ergriffen werden. Deswegen blieb ihnen die römische Religion innerlich fremd, weil sie ein formalistischer Staatskult war. Dagegen verlangten schon die Initiationsriten der Mysterienkulte einen über das normale Maß hinausgehenden Glauben. Wir sind in der glücklichen Lage, hierüber wenigstens bei einem Kult, dem der Isis, genauer Bescheid zu wissen. Apuleius beschreibt es im XI. Buch seiner „Metamorphosen“, einem religionsgeschichtlich hoch bedeutsamen Stück. Die Göttin Isis fordert Lucius auf, sich in ihre Mysterien einweihen zu lassen. „Und da es schon die Zeit verlangte, wie der Priester sagte, führt er mich, umgeben von der frommen Schar, zur nächsten Badeanstalt; nachdem ich zuvor ein gewöhnliches Bad genommen hatte und er die Gottheit um Gnade gebeten hatte, reinigte er mich vollständig, mich ringsum mit Wasser besprengend. Dann geleitete er mich wieder zum Tempel zurück ... und stellte mich unmittelbar der Göttin zu Füßen. Und nachdem er im Geheimen mir mancherlei Dinge anvertraut hatte, die für die Mitteilung zu heilig sind, gebot er mir dies deutlich vor allen Zeugen: Ich sollte in den folgenden zehn Tagen den Genuß im Essen einschränken und mich von Fleisch und Wein fernhalten. Nachdem ich dies in ehrfürchtiger Enthaltsamkeit ordnungsgemäß beobachtet hatte, war schon der durch den göttlichen Termin festgesetzte Tag da, und die untergehende Sonne brachte den Abend herbei. Da, siehe! strömten von allen Seiten die Scharen der Eingeweihten zusammen ... Danach faßte mich ... der Priester bei der Hand und führte mich in das Innere des Heiligtums selber. ... An die Grenze des Todes bin ich gekommmen [das heißt wohl, er fiel in Exstase; H. W.], und nachdem ich die Schwelle der Proserpina[10] betreten hatte und durch alle Elemente gefahren war, kehrte ich zurück. Mitten in der Nacht sah ich die Sonne in hellem Lichte strahlen [eine Lichtvision; H. W.], vor das Angesicht der unteren und oberen Götter trat ich hin [Himmelfahrt der Seele; H. W.] und betete sie aus nächster Nähe an. ... Morgens ist es geschehen: da trat ich nach Beendigung der Feierlichkeiten hervor, durch eine zwölffache Stola geheiligt, in einer gewiß sehr frommen Tracht. ... Ich stand auf Befehl inmitten des Tempels auf einer vor dem Bild der Göttin errichteten hölzernen Bühne ... Überall, wohin du auch sahst, war ich mit Tierbildern gekennzeichnet, ... In der rechten Hand aber hielt ich eine lodernde Fackel, und mein Haupt krönte ein leuchtender

10 Proserpina, eine römische Göttin, ist die Gemahlin des Pluto, wodurch sie auch Herrin über die Unterwelt ist.

Palmenkranz, dessen Blätter strahlenförmig hervorragten. Nachdem ich so als Abbild der Sonne geschmückt und wie ein Standbild aufgestellt war, wurde der Vorhang plötzlich weggezogen, und das Volk strömte herbei, mich zu schauen. Nun feierte ich meinen hochfestlichen Tag als Eingeweihter, ...“[11].

Dieser detaillierte Bericht ist ungeheuer wertvoll, weil er einen tiefen Einblick in die Gläubigkeit dieser Mysterienreligionen erschließt. Der Einzuweihende befand sich in ungeheurer innerer Erregung, seine vom Körper befreite Seele reiste vom Reich des Todes bis zu den Wohnungen der höchsten Götter. Er stirbt den freiwilligen Tod und wird in Gott wiedergeboren: *‚renatus in aeternum‘*, wie wir es auf Grabsteinen immer wieder lesen können. Das war die Sehnsucht aller damaligen Frommen, wie sie der ältere Cato klassisch formuliert hat: „aus dem Gewühle und Schlamme der Welt ... in die göttliche Versammlung und Gesellschaft der Götter“[12]. Ebenso treffend kleidet der sogenannte „Große Pariser Zauberpapyrus“ das Gefühl in die Worte: „Herr, wiedergeboren verscheide ich, indem ich erhöht werde, und da ich erhöht bin, sterbe ich; durch die Geburt, die das Leben zeugt, geboren, werde ich in den Tod erlöst und gehe den Weg, wie du gestiftet hast, wie du zum Gesetze gemacht und geschaffen hast das Mysterium“[13]. Man spürt ohne weiteres den stark persönlich-individuellen Ton, der aus allem klingt, die Tat des persönlichen Glaubens, der sich der Gottheit zum Dienst opfert, gehorsam wie ein Sklave dem Herrn. Ein weiterer Bericht über Einweihungs-Zeremonien verrät bei aller äußeren Abschwächung doch die gleiche Grundstimmung: das *taurobolium* (Stieropfer) im Kybele-Kult. In einer Grube befand sich der Einzuweihende, über ihm wurde ein Stier geschlachtet. Der Dichter Prudentius schreibt hierzu:

> „Durch die tausend Ritzen des Holzes rinnt der blutige Tau in die Grube. Der Geweihte bietet sein Haupt all den herabfallenden Tropfen dar, er setzt ihnen seine Kleider und seinen ganzen Körper aus. ... Er beugt sich rücklings, damit sie seine Wangen, seine Ohren, seine Lippen, seine Nase treffen; er benetzt seine Augen mit dem Nass, ja er schont nicht einmal seinen Gaumen, sondern fängt das schwarze Blut mit der Zunge auf und schlürft es gierig“[14].

Dies ist natürlich symbolisch zu deuten. Der Abstieg in die Grube ist das Begrabenwerden, die Besprengung mit Blut reinigt von allen Sünden, bewirkt die Neugeburt und der aus der Grube Hervorkommende ersteht gewissermaßen zu neuem, gottgleichen Leben.

Überhaupt spielten Sühnemittel in diesen Mysterienreligionen eine große Rolle, wie heilige Waschungen, Fasten, Askese aller Art. Sie reinigten den Menschen von aller Schuld und ermöglichten die Vereinigung mit Gott. Diese Vereinigung war auch das Kernstück des reich ausgestalteten Gottesdienstes. Seine heiligen My-

11 Apuleius, Metamorphoses XI 23,1b–24,6 – zitiert nach Johannes Leipoldt/Walter Grundmann: Umwelt des Urchristentums II. Texte zum neutestamentlichen Zeitalter. Berlin 1967, S. 95 f.

12 Das Zitat bei Cicero, De senectute 23.

13 Das Zitat bei Leipold/Grundmann, a. a. O., S. 101.

14 Prudentius, Liber Peristephanon XIV 1026–1040.

sterien hatten die eigentliche Kultgeschichte, das Leiden, Sterben und Auferstehen des Gottes zum Inhalt. Der Gläubige erlebte es in andachtsvoller Entrückung nach. Das reich ausgestaltete Ritual, die erregende Musik, der Wechsel von Dunkel und blendender Lichtfülle, das alles schuf den geeigneten Hintergrund, vor dem das Kultusdrama sich abspielen konnte. So erfüllten Wehklagen den Tempel der Kybele, wenn das Bild des Gottes bestattet wurde, aber dann der plötzliche Stimmungsumschwung, wenn zu rauschender Musik die Lichter aufblitzten und der Priester feierlich verkündete:

> „Seid getrost, ihr Mysten, denn der Gott ist gerettet;
> so wird auch uns Rettung von den Mühen zuteil werden.“[15]

Das Schicksal des Gottes steht symbolisch für seine Gläubigen, die mit ihm in geheimnisvollem Zusammenhang stehen. Was er erlebt hat, werden sie sicher auch erleben, denn sie bilden ein *corpus mysticum* (mystischer Leib). Diese innige Verbundenheit zwischen Gott und Mysten wurde durch die sakralen Mahlzeiten verstärkt, die einen Hauptbestandteil der Mysterienkulte bildeten. Nur die Mysten konnten an ihnen teilnehmen. Einmal hatten diese Mahle den Charakter einer Verbrüderung, einer Gemeinsamkeit, die über die Stammesgrenzen hinausgehend alle Kultgenossen umspannte. Sodann aber bedeutete das Essen der geweihten Speise – also etwa des Fisches – ein Erfüllen mit göttlichen Kräften, die den Gläubigen für seine Lebensführung stärkten. Darüber hinausgehend und viel realistischer sah man in dem Essen der geweihten Speise, die man mit der Gottheit identifizierte, eine Vereinigung mit dieser selbst, eine mystische Union. Im Bruchstück eines phrygischen Hymnus heißt es: „Ich habe vom Tamburin gegessen, ich habe aus der Zymbel getrunken, ich bin ein Myste des Attis geworden“[16]. Man kann das ganz roh, aber auch sehr spirituell-symbolisch auffassen, beides findet sich in dieser Zeit. Die Vereinigung mit der Gottheit konnte auch in der Form der Adoption erlebt werden oder in der Brautmystik, auch hier bald realistisch, bald symbolisch gedeutet. Aber der Gedanke einer Näherung an das Göttliche oder sogar die Vereinigung mit dem Göttlichen beherrschte alles; die Gläubigen sahen wirklich in den Göttern die Güter ihrer Seele. Sie gingen in den Tempel um sich Rat und Stärkung für den Alltag zu holen, sie übernachteten dort, um im Traum wichtige Auskünfte zu erhalten (Inkubation), sie beichteten dem Priester und verrichteten die ihnen zugeteilte Buße. Das ganze Leben wurde religiös und die Priester waren die Seelsorger und Berater ihrer Gläubigen. Über allem erglänzte der Stern der Hoffnung, der Hoffnung auf ein seliges Leben in ungetrübter Gemeinschaft mit dem Kultgott. Das Jenseits sah man nicht mehr als eine vage, unbestimmte Größe voller Trauer an, sondern als einen Ort der Freude und des Glanzes. Bedenkt man dies alles, wird verständlich, daß diese Mysterienreligionen eine mächtige Anziehungskraft auf die damalige Welt ausüben mußten. In ihrem universalen Charakter ka-

15 Firmicius Maternus, de errore profanarum religionum 22,1; zitiert nach Leipoldt/Grundmann a. a. O., S. 91.
16 Firmicius Maternus, ebd. 18; zitiert nach Leipoldt/Grundmann, Bd. I, S. 115.

men sie dem Geist der Zeit entgegen, in ihrem Erfassen der ganzen Persönlichkeit befriedigten sie die Sehnsucht des Individuums nach einem höheren, glücklichen Dasein, sie gaben ihm Kraft für das Diesseits und die Garantie des Jenseits. Der starke Verkehr, die fluktuierende Bevölkerung, die Kaufleute sowie Beamte und Soldaten sorgten für ihre Verbreitung. Ein Übergewicht des Ostens machte sich bemerkbar, der asiatische Geist hielt in Rom seinen Einzug. Die Mysterienreligionen sind die erste enstzunehmende Konkurrenz des altrömischen Glaubens.

Ein zweiter, ebenso bedeutsamer Konkurrent fand sich im Kaiserkult, der ebenfalls aus dem Osten kam. Der Heroenkult war eine uralte Institution bei den Griechen, aber dort beinhaltete er keine göttliche Verehrung des Herrschers. Der Herrscherkult ist somit keine einfache Steigerung des Heroenkultes, denn in ihm wirken orientalische Ansichten mit. In Ägypten sah man im regierenden Pharao die Inkarnation eines Gottes, in Persien betete man den Herrscher an und übte die Proskynese, d. h. man warf sich vor ihm auf den Boden. In der Gestalt Alexanders des Großen vereinigte sich beides. Seine außergewöhnlichen Erfolge erhoben ihn über die menschliche Sphäre, Griechen und Orientalen priesen ihn schon zu Lebzeiten als Gott und bald nach seinem Tod wurde ihm in Ägypten ein Reichskult zuteil. Die Nachfolgestaaten Alexanders, das ägyptische und syrische Reich, setzten diese Herrscherverehrung fort, denn sie war ein verbindendes Element, die ihr viele Nationalitäten umfassendes Reich zusammen hielt. Der Herrscherkult war die Religion der neuen Monarchien. Schon zu Lebzeiten wurde der König als Gott (*theos*) bezeichnet, der in Erscheinung getreten ist (*epiphanes*), als der Retter und Heiland (*soter*), der Beglücker der Welt, der Begründer des goldenen Zeitalters. Diese Vorstellungen gab es in Syrien wie in Ägypten, bei Dichtern ebenso wie auf Inschriften. Als Augustus sein Amt als *Princeps* antrat, übertrug man im Osten eingewurzelte Vorstellungen einfach auf ihn, indem man ihn als göttlich (*divus*) verehrte. In der Inschrift von Priene aus dem Jahr 9 oder 8 v. Chr. wird Augustus überschwänglich gefeiert. Sein Geburtstag sollte zugleich der Anfang des neuen Jahres sein, denn er hatte dem Reich ‚das Evangelium' gebracht, er war der Weltbeglücker, der *soter*, der Erfüller aller Weissagungen, der Wohltäter (*euergetes*) aller Völker. Die damaligen Schritsteller konnten sich nicht genug darin tun, Lobeserhebungen und glückliche Zukunftsbilder zu beschreiben, wie Vergil es in der vierten Ecloge seiner „Buccolica" oder Horaz in seinem „Carmen saeculare" tat. Nach seinem Tod wurde Augustus durch Senatsbeschluß ausdrücklich unter die Götter versetzt.

Der Kaiserkult verbreitete sich in doppelter Form im Westen: Göttlicher Ehren teilhaftig wurde zunächst nur der verstorbene Kaiser, auf ihn übertrug man das Prädikat ‚Herr und Gott' (*Dominus ac Deus*). Der lebende Kaiser wurde zwar auch verehrt, aber lange nicht in gleichem Maße, nur vor seinem Genius beugte man sich. Die Entwicklung ging dann aber dahin, auch den lebenden Kaiser zu den Göttern zu zählen. Man opferte dem Kaiser bzw. seinem Genius, man weihte ihm Tempel, Beamte und Soldaten schworen auf ihn. Behörden und Privatvereine wetteiferten miteinander in der Verbreitung seines Ruhmes. Sie beseelte ein Gefühl der

Dankbarkeit. Der Kaiserkult wurde ein wichtiges sichtbares Symbol für die Größe und Macht des Reiches. In ihm verbanden sich Religion und Staat, Thron und Altar in höchst charakteristischer Weise. Ihn zu leugnen, das gebührende Opfer zu verweigern, wurde als Zeichen der Anarchie gedeutet. Unter den unzähligen Kulten dieser Jahrhunderte nahm der Kaiserkult eine überragende Stellung ein, er garantierte die Reichseinheit, aber er trug auch zur Erhaltung der alten Religion bei, denn die Herrscher wurden jetzt den olympischen Göttern gleichgesetzt, waren aber nicht wie diese schwankende, umstrittene Gestalten, sondern feste Größen von aktueller Bedeutung. So war der Kaiserkult neben den Mysterienreligionen eine Form der neuen, zeitgemäßen Religiosität.

Eine weitere finden wir in der Philosophie. Auf eine ihrer Bedeutungen wurde schon hingewiesen, denn sie übte auf die alten Religionen durch ihre Kritik der Mythen eine transformierende Wirkung aus. Aber sie schuf auch positive religiöse Werke, zunächst noch in mehr philosophischer Sphäre. Die beiden großen philosophischen Schulen des Hellenismus, die stoische und die epikuräische, haben trotz aller grundlegenden Verschiedenheiten eines gemeinsam: sie sind individualistisch, sie führen das Individuum aus der Gemeinschaft auf sich selbst zurück, sie richten – nicht ohne Einseitigkeit – den Blick auf das Innenleben und seine psychologischen Gesetzmäßigkeiten. Die Philosophie entwickelt sich im Hellenismus zunehmend zu einer praktischen Lebensphilosophie. Daher stehen ethische Fragen im Vordergrund, die dem Einzelnen ein glückliches Leben ermöglichen sollen. Über die Wege bestanden unterschiedliche Ansichten zwischen Stoa, Epikuräismus und Kynismus. Gemeinsam ist jedoch allen Systemen das Aufstellen eines Ideals, nach dem sich jeder zu richten habe: das Ideal des über alle äußeren Umstände und Bedingungen erhabenen und in seinem Denken und seinen Prinzipien ruhenden Weisen. Diese moralisch-ethischen metaphysischen Systeme wollten selbst Religion oder Religionsersatz sein. Am meisten spricht sich diese Tendenz etwa bei den berühmten Stoikern der Kaiserzeit aus, wie Seneca, Epiktet und Marc Aurel, deren Denken man zum Teil mit christlichen Einflüssen in Verbindung bringen wollte[17]. Die menschliche Seele, ihr Verhältnis zu Gott und zu den Mitmenschen, die Gotteskindschaft, das Leben in der Übereinstimmung mit der Natur, d. h. mit Gott, die Erhebung der Seele über alle störenden Affekte, die Herrschaft des *hegemonikon*, des Geistes – dies alles beinhaltet das Denken der Stoiker der Kaiserzeit.

Und diese Gedanken drangen nun ins Volk durch die Kyniker, die sie überall verbreiteten. Wie die Bettelmönche des Mittelalters oder wie die Soldaten der Heilsarmee zogen sie im Lande umher, mit Absicht in schäbigster Kleidung – als Protest gegen den gesteigerten Luxus. Auf Märkten und an Straßenecken sammelten sie Menschen um sich und sprachen zu ihnen. Sie geißelten die Üppigkeit, sie spornten zur Selbstprüfung und Selbsterziehung an, sie drängten auf eine Be-

---

17 Man denke an den fingierten Briefwechsel zwischen Seneca und Paulus. S. dazu Alfons Fürst/Therese Fuhrer/Folker Siegert/Peter Walter: Der apokryphe Briefwechsel zwischen Seneca und Paulus. Tübingen 2006.

kehrung, sie wiesen mit größtem Ernst auf die Notwendigkeit einer inneren Wiedergeburt hin, auf die Reinheit des Herzens, die das wahre, vernünftige, Gott wohlgefällige Opfer sei. Sehr treffend hat man diese ganze Richtung als den Versuch gekennzeichnet, eine reine Religion auf dem Grunde der Philosophie zu errichten. Neben die mündlich gesprochene Predigt trat das Flugblatt, die Diatribe, für die sich bald feste Formen herausbildeten. Beides wirkte später auf das Christentum nachhaltig ein. Die christlichen Missionare folgten den Spuren der kynischen Wanderprediger und der Stil der kynisch-stoischen Diatribe wirkte auf die christliche Missionspredigt ein. Daneben waren diese Wanderprediger aber auch zugleich die Seelsorger der Menschen, die sich ihnen anvertrauten, oder als Hausphilosophen auch die Erzieher reicher Söhne. Sie wirkten auf die breite Masse ganz erheblich ein und trugen sehr viel zur Ausbreitung religiöser Gedanken bei. Auch sie sind zu den Formen der neuen, zeitgemäßen Religiosität zu zählen.

Je religiöser aber die griechisch-hellenistische Philosophie wurde, desto leichter konnte auch hier der asiatische Geist mit seiner ganzen Leidenschaft und Mystik an Einfluß gewinnen. Das deutlichste Symptom für sein Vordringen ist die Gestalt des großen Philosophen Poseidonios (135–51 v. Chr.). Er stammte aus Syrien, studierte in Athen und ließ sich dann auf Rhodos nieder, wo er Schüler des Panaitios wurde. Er ist damit der mittleren Stoa zuzurechnen und wurde zum Lehrer von Cicero und Pompeius. In seinem Denken zeigen sich der griechische Geist sowie der Einfluß der orientalischen Mystik. Er war ein ausgezeichneter Fachwissenschaftler, ein weiter spekulativer Kopf, aber sein ganzes System zielt auf Religion ab. Dabei trägt seine Frömmigkeit ein ganz bestimmtes Gepräge. Die Seele ist von ihrer wahren Heimat getrennt, indem sie in den Leib und auf die Erde gebannt ist. Sie trägt aber in sich eine verzehrende Sehnsucht nach oben, da ihr Auge sonnenhaft ist und sie daher die göttliche Sonne erkennen kann. Ihre Aufgabe besteht in der Aussonderung der Leidenschaften, die sie beflecken, um durch die Läuterung von ihnen durch die einzelnen Sphären des Himmels aufzusteigen, bis sie würdig ist, vor den höchsten Gott zu treten. Aber schon auf der Erde kann der Mensch sich mit der höchsten, unkörperlichen geistigen Gottheit vereinigen und zwar durch das Mittel der Ekstase, der religiösen Entrückung. Im Kosmos begegnet der Mensch überall den Spuren dieser Gottheit, die Sonne ist ein Symbol ihrer Macht. In der wunderbaren Harmonie des Kosmos kann man daher die Gottheit verehren und sich voll Begeisterung zu ihr emportragen lassen. Das hatte schon Kleanthes in seinem einzigen Hymnus[18] getan und das setzte Poseidonios fort in einer Anzahl von schwungvollen, gebetsartigen Hymnen, die noch heute Begeisterung auslösen können. Diese kosmologische Frömmigkeit wirkte in der Folgezeit auf das Abendland, etwa auf Cicero, auf den Neuplatonismus und über Philo als Brücke auch auf das Christentum.

---

18 Der Hymnus auf Zeus findet sich in: Johan C. Thom: Hymn to Zeus. Text, Translation and Commentary. Tübingen 2005.

Aber bei diesem begeisterten Preisen des Kosmos blieb die Mystik nicht stehen, sie drängte über Poseidonios und seine maßvolle Haltung hinaus und war in der Folgezeit nicht mehr ein Moment neben anderen, sondern das einzige, und überflutete alles andere. Das lehren die Schriften, die unter dem Namen des Hermes Trismegistos erschienen und zeitweise sogar eine gewisse Berühmtheit erlangt haben[19]. Sie zeigen eine eigentümliche Verschlingung von Frömmigkeit und Pseudo-Philosophie. Die *gnosis*, d. h. die intuitive Erkenntnis Gottes[20], steht im Mittelpunkt des Ganzen. Das Ziel ist die Vereinigung mit Gott, der Weg führt über die Verachtung des Leibes und die Unterdrückung aller sinnlichen Regungen, die ein Hemmschuh für die Wiedergeburt sind. In der Ekstase nimmt der Fromme das künftige Glück vorweg, in einem Rausch, in dem er das Bewußtsein seiner selbst verliert. Dann empfängt er Belehrung über das All, er erkennt die Gottheit und wird dadurch selbst göttlich. Als Beispiel sei der Schluß des ersten Traktates aus dem „Corpus Hermeticum" des Poimandres zitiert:

> „Heilig ist Gott, der Vater alles Wesens, heilig ist Gott, wessen Rat von seinen eigenen Kräften vollbracht wird. Heilig ist Gott, der da will erkannt sein und von den Seinen erkannt wird. Heilig bist du, der du durch das Wort alles hast zusammengesetzt. Heilig bist du, dessen Bildnis die ganze Natur ist geworden; heilig bist du, der du von der Natur abgebildet bist; heilig bist du, der du stärker bist als alle Kräfte. Heilig bist du, der du größer bist als alles; heilig bist du, der alles Lob übertrifft. Nimm auf das vernünftige und reine Opfer von meiner Seele und von meinem Herzen, die mir zugerichtet hast, du, der du unsäglich, unaussprechlich und allein in der Stille genannt wirst, wir bitten dich, daß wir von der Erkenntnis nicht abgeführt werden. Neige dich zu mir, stärke mich und erleuchte doch auch mit dieser Gnade diejenigen, die noch in Unwissenheit sind, nämlich die von meinem Geschlechte, Brüder und deine Söhne. Darum glaube ich dir und bezeuge es und gehe in das Leben und Licht. Hochgebenedeit bist du, Vater, dein Mensch begehret zugleich mit dir geheiligt zu werden, gleich wie du ihm alle Macht gegeben hast"[21].

Wir schauen in eine eigentümliche, mystische Frömmigkeit hinein, die viel leidenschaftlicher und erregter ist als der begeisterte Lobpreis, den Poseidonios der Natur widmete. Und auch diese mystisch-philosophische Religion griff um sich.

Neben den Mysterienreligionen, dem Kaiserkult und der gläubig werdenden Philosophie ist noch auf ein Weiteres hinzuweisen, was der alten Religion das Wasser abgrub, das ebenfalls der Zeit entsprach und gleichfalls ein Import aus dem Ori-

---

19 Die Ausgabe des „Corpus Hermeticum" besorgten A. D. Nock/A.-J. Festugière: Corpus Hermeticum. Bd. 1–2. Paris [2]1960; Bd. 3–4, Paris 1954.

20 Gnosis wird hier als Fachbegriff für diese Form der Gotteserkenntnis gebraucht. Gleichzeitig bezeichnet der Begriff Gnosis auch eine Bewegung in der Zeit des frühen Christentums, die weiter unten in Kapitel 13 beschrieben wird. Für eine möglichst eindeutige Unterscheidung soll eine unterschiedliche Schreibweise sorgen. *Gnosis* im Sinne der tiefen Erkenntnis wird klein geschrieben und kursiv, die Bewegung der Gnosis hingegen groß und ohne Hervorhebung.

21 Die Ausgabe des griechischen Textes findet sich im ersten Band der vierbändigen Textausgabe des „Corpus Hermeticum" von A. D. Nock/A.-J. Festugière (Paris 1960).

ent war: die Astrologie als der Glaube an das Fatum. Man kann die Astrologie eine Schwester der Astronomie nennen, woraus deutlich wird, daß es sich ursprünglich um eine Wissenschaft handelte, die der Beobachtung des Himmels ihr Entstehen verdankt. Sie stammt aus Babylon, weswegen ihre Anhänger auch die Chaldäer genannt wurden, ein Ehrentitel auch in späteren Jahrhunderten. Aber sie ist nicht nur Wissenschaft, sondern zugleich Glaube, wissenschaftliche Religion, und sie trägt ein bestimmtes Weltbild vor: der Kosmos ist in drei Etagen aufgebaut. Die erste reicht von der Erde bis zum Mars, die sublunare Sphäre, daran schließt sich die der Planeten an mit der Sonne in der Mitte, als Krönung folgt der Fixsternhimmel mit seiner unbewegten Ruhe. Das ganze Universum bildet dabei eine große Einheit, eines wirkt auf das andere, auf die Erde besonders die Planeten und die Sonne, die alles leitet. Der jeweilige Stand der Planeten, ihre Stellung zum Tierkreis, ist entscheidend für alles, was sich auf der Erde abspielt, auch für das Leben der Menschen, deren ganzes Schicksal man aus den Sternen ablesen kann und über deren Lebenslauf somit schon die Geburtsstunde entscheidet. Man kann daher die kleinsten Vorfälle des menschlichen Lebens voraussagen, wozu geschulte, sehr begehrte Chaldäer sich anboten. Das Ziel der Menschen, die auf Erden in der Verbannung leben, bestand im Ablegen der Leidenschaften und im allmählichen Aufstieg durch die einzelnen Planetenhimmel. In jedem legt man einen Teil seines alten Menschseins ab, um schließlich geläutert zu den Fixsternen emporzusteigen.

Dieser Gedanke von der Verbundenheit des Alls, von der großen Harmonie des Universums, mußte auf den Einzelnen erhebend wirken, um so mehr als die Sterne und besonders die Planeten mit den Göttern des Olymp identifiziert wurden. Jeder Planet regiert einen Tag, deshalb entstand – wahrscheinlich in Ägypten – die Planetenwoche. Die einzelnen Tage enthalten den Namen des regierenden Planeten[22]. Von dem Gefühl der innigen Verbundenheit und der geistigen Entzückung bei der Betrachtung des Himmels zeugt eine Anzahl von begeisterten, schwungvollen Hymnen aus diesen Kreisen. Aber zugleich rief diese Astralreligion ein ganz entgegengesetztes Gefühl hervor. Die Sterne regieren alles – alles, was geschieht, geschieht zwangsläufig aufgrund des Fatums. Wie steht es da mit der menschlichen Freiheit, dem menschlichen Wollen? Das Fatum regiert oder, wie man auch zu sagen pflegte, die *tyche* (Fortuna), die *ananke* (Zwang), die *heimarmene* (Vorsehung). Für den Einzelnen blieb nur Resignation übrig, er fühlte sich als Sklave des harten, grausamen Schicksals, das ihn erbarmungslos bestimmte, ohne daß er sich hätte wehren können. Der Dichter Manilius trifft diese Stimmung, die über den Massen lagerte, wenn er spricht: „Das Schicksal regiert die Welt, alles steht unter einem sicheren Gesetz" („*Fata regunt orbem, certa stant omnia lege*")[23].

Diese Vorstellung nahm ihren Ausgang von Babylon und verbreitete sich in Persien sowie Ägypten. Dann wanderte sie weiter nach Westen und breitete sich zugleich mit den Mysterienreligionen aus. Das ganze astrologische System, das

22 Vgl. die franz. Namen der Wochentage: Lundi, Mardi, Mercredi.
23 Manilius, Astronomica 4,14.

vornehmlich in Ägypten seinen schriftlichen Niederschlag fand, verband sich dann mit der stoischen Philosophie zu einem imposanten Gebilde und drang langsam nach Westen vor. Wir sahen bereits, welche Rolle Poseidonios hierbei spielte: er war der Lehrer Ciceros. Und langsam überzog diese Stimmung der Resignation die hellenistische Welt, selbst die olympischen Götter wurden machtlos, denn auch sie unterstanden dem Fatum. Welche Macht dieser Determinismus auf die Gemüter ausgeübt haben muß, sieht man allein daran, daß alle Polemik – selbst die christliche – sich als ergebnislos erwies.

Wie kann man ihm entgehen? Nach Meinung des antiken Menschen gab es zwei Wege. Den einen kennen wir bereits: Es sind die Mysterienreligionen, deren eminente Bedeutung für das damalige Leben uns in einem neuen Licht erscheint. Wer Myste war, wer einem Gott gehörte, hatte damit die Anwartschaft auf ewiges Leben, auf Befreiung von der *heimarmene* gewonnen. Wo man die Mächte der Kultgottheit noch nicht für ausreichend hielt, da griff man zur Magie, die eine immer größere Anziehungskraft ausübte. Die ägyptischen Zauberbücher und Zauberpapyri eröffnen uns einen Einblick in diese Befreiungsversuche vom Fatum. Es existierte eine förmliche Systematik des Zaubers, feindliche Dämonen wurden beschworen, geheimnisvolle Namen wurden mitgeteilt, freundliche Götter konnten zu Feinden umgewandelt werden. Es gab Zaubertränke aller Art, geheimnisvolle Prozeduren, Schwindel und Betrug, verbrämt durch philosophischen Dilettantismus, aber auch große und schöne Gedanken. Dieses oftmals verbrecherische Treiben wurde vom Staat mit größtem Argwohn, ja mit Strenge verfolgt, aber ohne nachhaltigen Erfolg. Auch die Magie war ein Ausdruck der religiösen Erregtheit. Dafür legt auch die immer stärkere Beachtung der Orakel Zeugnis ab, die Beachtung des Altertums und seiner Autoritäten wie Orpheus oder der sibyllinischen Dichtungen. Und schließlich das zahlreiche Auftreten von Schwärmern, Aposteln, Propheten und Religionsstiftern, die überall Glauben fanden. Unter ihnen waren oft auch Schwindler wie jener berüchtigte Alexander von Abonuteichos, von dem uns Lukian von Samosata, der Voltaire der Antike, ein so köstliches Bild voll Satire und Ironie gezeichnet hat[24]. Oder jener Abenteurer und Religionsspekulant Peregrinus Proteus, der zwischen christlicher Gemeinde und kynischer Philosophenschule zahlreiche Stationen durchwanderte, am gleichen Ort einmal kritisierte und einmal lobte und sich in übersteigerter Selbstdarstellung schließlich bei den olympischen Spielen des Jahres 165 in einer wohl berechneten Inszenierung selbst verbrannte[25]. Aber es fehlte auch nicht an edlen Gestalten. Von ihnen muß besonders Apollonius von Tyana erwähnt werden, dessen Leben und Wundertaten man später in Parallele zu Jesus setzte. Er galt vielen Kreisen als das Ideal des göttlichen Mannes (*theios aner*), deswegen spiegelt sich in seiner Vita die ganze Fülle religi-

24 Vgl. Matthew Dickie: Divine Epiphany in Lucian's Account of the Oracle of Alexander of Abonuteichos. In: Divine Epiphanies in the Ancient World (Illinois Classical Studies, Vol. 29, 2004), S. 159–182.

25 Peter Pilhofer/Manuel Baumbach/Jens Gerlach/Dirk Uwe Hansen (Hg./Übers.): Lukian, der Tod des Peregrinos. Ein Scharlatan auf dem Scheiterhaufen. Darmstadt 2005.

öser Erscheinungen wieder[26]. Aus all dem wird deutlich, daß sich die Länder des Mittelmeerraumes um die Zeitenwende in einer großen religiösen Bewegung befanden, daß überall ein Suchen und Tasten war, daß alte Formen als überholt abgetan wurden, wenn sie auch äußerlich weiterbestanden, daß in neuen Gebilden sich neues, kräftiges Leben regte. Man kann darin einen starken Einfluß der Religiosität des Ostens auf das Abendland sehen. In unablässigem Zuge drangen von Osten Religionen nach Rom und eine Welle in diesem großen Fluß war das Christentum.

Es ist ohne weiteres klar, daß diese geistigen Voraussetzungen die Ausbreitung des Christentums stark begünstigten. Die Wendung nach innen, die menschliche Seele als höchstes Gut, die persönliche Beziehung zur Gottheit im Akt der vertrauenden Hoffnung und Hingabe, die Sehnsucht nach Erlösung, das tiefe Empfinden der eigenen Sündhaftigkeit und Unvollkommenheit, die strenge ethische Fassung des Lebens mit stark asketischer Einstellung und eine reinere Gotteserkenntnis, eine allmähliche Überwindung des Polytheismus durch den Schritt hin zu einem Henotheismus[27] unter stärkstem Einfluß der syrischen Sonnenverehrung. So war der innere Abstand zwischen beiden Größen kein allzu großer mehr, wenngleich noch genug Trennendes blieb – ich weise nur auf die heidnische Dämonologie und den Kaiserkult hin. Eine Verbreitung des Christentums war immerhin möglich und nicht von vornherein zum Scheitern verurteilt. Zunächst aber kam das Christentum gar nicht mit der hellenistischen Kultur und Frömmigkeit direkt in Berührung, sondern mit dem Judentum in Palästina und der Diaspora. Obwohl der Hellenismus auch hier herüber gewirkt hat, ist die Eigenständigkeit des Judentums doch gewahrt geblieben. Die religiöse Einstellung des jüdischen Volkes war eine andere, die Hoffnungen und Wünsche waren andere. Um die Anfänge des Christentums verstehen zu können, müssen wir sie kennenlernen.

3. Die religiöse Haltung des Judentums in Palästina und der Diaspora

Man hat die These aufgestellt, daß das Christentum schon in seinen Anfängen eine synkretistische Religion gewesen sei, man hat sich dagegen von anderer Seite heftig gewehrt, aber nicht ganz zu Recht, denn schon das Judentum als Mutterboden des Christentums war trotz aller Exklusivität bereits eine Mischreligion. Der Unterschied zwischen der Religion Alt-Israels und des Judentums ist bekannt und oft erörtert[28]. Wir haben es nach dem Exil nicht mehr mit einem jüdischen Staat zu tun,

26 Zur Wirkungsgeschichte des Apollonius und seiner Vita vgl. Matthias dall' Asta: Philosoph, Magier, Scharlatan und Antichrist. Zur Rezeption von Philostrats Vita Apollonii in der Renaissance. Heidelberg 2008.

27 Dieser von dem Indologen F. M. Müller im 19. Jahrhundert geprägte Begriff meint die Phase innerhalb der religiösen Entwicklung, in der der Glaube an eine einzelne als höchste zu verehrende Gottheit hervortritt, wobei die Existenz oder Verehrung anderer Götter nicht ausgeschlossen wird.

28 Eine sehr gute Gesamtübersicht dieser Thematik bieten Michael Tilly/Wolfgang Zwickel: Religionsgeschichte Israels. Von der Vorzeit bis zu den Anfängen des Christentums. Darmstadt 2011.

sondern nur mit der frommen Gemeinde, was ohne Frage eine Verengung des Blickfeldes bedeutet, zugleich aber auch eine Verinnerlichung und Individualisierung der jüdischen Religion einleitet, die das Entstehen des Christentums ermöglichte und begünstigte. Außerdem beobachten wir ein Einströmen von Vorstellungen und Gedankenkomplexen der persischen Religion. Je höher Gott gerückt wird, je mehr er der unumschränkte Herr über Himmel und Erde wird, desto stärkere Bedeutung erlangen die Engel – unter persischem Einfluß wird jetzt eine förmliche Angelologie herausgearbeitet, als Gegenstück zu ihr eine Dämonologie mit dem Satan an der Spitze der Gott feindlichen Mächte. Schließlich ist noch auf ein drittes Charakteristikum der jüdischen Religion hinzuweisen: auf das Zurücktreten des Kultus. Zwar wurde sein Zeremoniell im neu errichteten Tempel in Jerusalem aufs genaueste befolgt, aber neben ihn ist eine andere Form des Gottesdienstes getreten, der synagogale. Hier fällt jedes Opfer fort, der Gottesdienst beschränkt sich lediglich auf Schriftlesung und -erklärung, Gebet, Segen – also eine mehr geistige Gottesverehrung. Hier konnte die christliche Verkündigung anknüpfen. Von hellenistischen Nachbarn umgeben, drang der hellenistische Geist auch langsam nach Palästina vor und fand dort in der einflußreichen Partei der Sadduzäer auch Entgegenkommen, bis ein Ereignis eintrat, das das Judentum sich wieder auf sich selbst besinnen ließ. Der syrische König Antiochus IV. Epiphanes unternahm 165 v. Chr. den Versuch, Palästina mit Gewalt zu hellenisieren. Das Volk erhob sich zum Abwehrkampf und erstritt sich in den blutigen Makkabäerkriegen die Freiheit. In dieser leidenschaftlich erregten Zeit entstand das Buch Daniel, das zum Durchhalten ermahnte, den baldigen Untergang der weltlichen Staaten ankündigte und ein leuchtendes Bild von der Zukunft der Frommen entwarf. Das Judentum versuchte, sich nun hermetisch gegen das Eindringen jeden fremden Geistes abzuschließen und im Laufe der Zeit gewann die exklusive Partei der Pharisäer an Macht. Gleichwohl fehlte es nicht an hellenistischem Geist, besonders in den Städten, und die Herrscher über Palästina zur Zeit Jesu, Leute vom Schlage eines Herodes, waren Autoritäten im Stil hellenistischer Dynasten. Aber einen langfristigen Einfluß auf die jüdische Frömmigkeit hatte dieser fremde Geist nicht, wir können es wenigstens nirgendwo konkret nachweisen.

Fragt man, worin das Wesen der jüdischen Frömmigkeit bestand, welches ihre Hauptkräfte waren, so finden sich zwei zentrale Motive: das Gesetz und die Apokalyptik. Das Gesetz war aus dem prophetischen Geist heraus geboren, aber mit der Zeit hatte es diesen Geist erstickt. Es regelte das tägliche Leben des Einzelnen bis ins Kleinste hinein, es gab genaue Anweisungen für den Verkehr mit Heiden und prägte sich schließlich im nationalen Recht aus. Die ganze Beobachtung und peinliche Erfüllung des Gesetzes wurde jedem zur heiligsten Pflicht gemacht. Seine Bedeutung beruhte auf zwei Säulen: einerseits war es ein Bollwerk gegen den andringenden Hellenismus, denn es wahrte die Eigenart jüdischen Lebens, andererseits zog es, getreulich befolgt, das Wohlgefallen Gottes auf sein auserwähltes Volk herab. Für die Gestaltung der Frömmigkeit hatte es positive wie negative Folgen. Es hielt in weitesten Kreisen das Gefühl dafür lebendig, daß Gott heilig sei, daß sein heiliger Wille zu respektieren sei, daß es höchste Pflicht des Menschen sei, sich selbst zu heiligen: „Ihr sollt heilig sein, denn ich bin heilig“[29]. Daneben entwickelte sich das Empfinden, daß der Mensch trotz besten Wollens die Fülle der Gebote eben nicht erfüllen könne, daß er sündig sei und des göttlichen Erbarmens bedürftig. Aber diese Ansätze zu einer höheren Frömmigkeit wurden durch die verhängnisvollen Folgen der Gesetzlichkeit unterdrückt; sie begründete ein Rechtsverhältnis zwischen Gott und Mensch. Pflicht des Menschen sei es, eine Höchstsumme von guten Werken zu erzielen, um von Gott als gerecht anerkannt zu werden. Dabei wurden die einzelnen Taten des Menschen nüchtern zusammengezählt, die Sünde subtrahiert und festgestellt, ob ein Überschuß an guten, verdienstlichen Werken blieb. Der Blick für Wichtiges und Nebensächliches ging dabei verloren, man richtete sein Augenmerk lediglich auf die Tat, nicht auf die Absicht, und es konnte ein Gefühl der Selbstgerechtigkeit entstehen. Diese peinliche Beobachtung des Gesetzes mit seinen detaillierten Vorschriften und Erweiterungen sowie der Lohn, den man aus seiner Erfüllung erhoffte, war das eine Charakteristikum der jüdischen Religion zu dieser Zeit.

Ein anderer Aspekt findet sich in der Apokalyptik. Sie stammt ebenfalls aus der prophetischen Religion, wurde aber auch gründlich umgebildet. Der Gedanke, daß Gott sein erwähltes Volk aus seiner schlimmen politischen Lage befreien werde, daß der Messias als sein Abgesandter komme, um die Feinde zu vernichten, das Reich aufzurichten und die Juden aus der ganzen Welt nach Jerusalem zusammenführen – diese Vorstellungen waren bereits sehr alt und von den Propheten schon dahin modifiziert, daß nicht das ganze Volk, sondern nur ein Rest an dem irdischen Paradies Anteil habe. Um die Zeit der Entstehung des Christentums nahm die Apokalyptik völlig andere Formen an, was teils eine Folge persischer Einflüsse war, teils sich aus dem erwachenden Individualismus erklärt. Die Eschatologie wuchs sich zu einem großen kosmischen Drama aus, die einzelnen Phasen des Weltunterganges wurden in immer neuen Varianten beschrieben, alles wurde gewissermaßen systematisiert, der Messias würde vom Himmel kommen und eine neue Erde schaffen. In diese Dramaturgie wurde nun eine Hoffnung hinein gebaut, die im älteren Judentum gar keine Rolle gespielt hat: die Auferstehung. In den Psalmen spielte sie noch keine Rolle, im Buch Daniel eine partielle: die Auferstehung der Gerechten, der Lehrer und der Märtyrer. Dann erweiterte sich dieser Glaube: alle Frommen werden auferstehen und zwar im Sinne einer Auferstehung des Fleisches. Daran schließt sich ein seliges Fortleben in einem paradiesähnlichen Zustand an. Die Apokalyptik ist also eine jenseitige Größe geworden. Wie lebendig diese Hoffnungen waren, kann man aus der reichen literarischen Produktion von neuen Apokalypsen unter alten, ehrwürdigen Pseudonymen sehen (z. B. Henoch, Baruch). Es sind phantastische Schriften, deren Lektüre den heutigen Leser umso mehr verwirren kann, weil das alte, rein diesseitige Schema der Eschatologie mit dem neuen verbunden und harmonisiert wird. Aber diese Gedanken waren damals in weiten Kreisen des Volkes lebendig, um so mehr, je schlechter die Lage dieses

29 Lev. 19,2.

Volkes war, um so drückender die Römerherrschaft auf ihm lastete. Auch hier war ein wichtiger Anknüpfungspunkt für das junge Christentum.

Strenge in der Gesetzeserfüllung und Phantastik in der Zukunftserwartung kennzeichneten die jüdische Religion im Zeitalter Jesu. Beidem kam die Partei der Pharisäer nach, die ständig an Einfluß gewann. Sie waren die eigentlich Frommen, sie hüteten das Gesetz und drangen auf seine peinlichste Erfüllung. Sie studierten es aber auch täglich, bildeten es durch Zusätze und erläuternde Auslegungen fort, richteten Schulen ein und leiteten sie, um das Studium des Gesetzes weiteren Kreisen zugänglich zu machen – Paulus saß zu Füßen des Pharisäers Gamaliel. Wir finden sie überall im Lande, wo Synagogen standen, sie beherrschten das Volk, waren seine Seelsorger und Berater und genossen das Vorrecht des Ehrensitzes in der Synagoge. Man kann ihnen redlichen Eifer und großen Ernst nicht absprechen, zugleich muß man aber auch darauf hinweisen, daß sie dem Volke durch ihre strenge Auslegung des Gesetzes, die sich bis in kleinste Einzelheiten des alltäglichen Lebens erstreckte, ein schweres Joch auferlegten. Theologisch waren sie fortschrittlich gesonnen, indem sie neuen Einflüssen aufgeschlossen begegneten wie den Gedanken an Engel, Dämonen oder die Auferstehung. Ihnen gegenüber trat die vornehme priesterliche Adelspartei der Sadduzäer immer mehr in den Hintergrund, zumal diese alle theologischen Neuerungen ablehnten und sich gegen die Apokalyptik und den Auferstehungsglauben wandten. Sie konnten aber auch um so weniger auf Sympathie im Volk rechnen, da sie gerade in ihrer Weltfrömmigkeit die Hellenisierung erstrebten und überhaupt ein religiös nicht sehr interessiertes Antlitz zeigten. Das Vordringen des pharisäischen Einflusses geht mit der Ausbreitung der Synagogen genau parallel. Der Rabbi wurde die maßgebende Gestalt im Judentum als Lehrer und Gelehrter, nicht aber als opfernder Priester.

Eine reiche Bewegung zeigt sich bei der Betrachtung des religiösen Lebens des Judentums um die Zeit der Geburt von Jesus. Unter den großen Kreisen der gesetzestreuen Juden, die unter Leitung der Pharisäer standen, finden sich die eschatologisch erregten Gruppen, die phantastisch auf den Weltuntergang und auf die Erneuerung Israels hofften. Es gab auch Kreise der Stillen im Lande, die in der Frömmigkeit der Psalmen und der Propheten lebten, schlicht, ohne Überspannung. Vielleicht stammt Jesus aus einem solchen Zirkel. Dann finden wir wieder starke asketische Neigungen. Hier sind vornehmlich die Essener zu erwähnen, eine Vereinigung von Asketen mit weltflüchtigen Grundsätzen: Enthaltung von Wein- und Fleischgenuß, von der Ehe, sehr häufige rituelle Waschungen. Sie lebten in klosterähnlichen Gemeinschaften in der Nähe des Toten Meeres, sie hatten keinen Privatbesitz, nahmen ihre Mahlzeiten gemeinsam ein, trugen eine weiße Leinentracht und trieben Ackerbau und Viehzucht. Es gab etwa viertausend Essener, die bereits ein sehr ähnliches Leben wie später die christlichen Mönche führten. Aus asketischen Tendenzen, wie sie die Essener lebten, erklärt sich auch das Auftreten Johannes des Täufers, der eine große Rolle gespielt haben muß. Dann beachte man die lebhafte messianische Erwartung weiter Kreise, man hoffte auf den Elias, den Vorläufer des Messias, ja auf diesen selbst. Falsche Messiase erhoben sich. Und damit im Zusammenhang steht das Zunehmen des Enthusiasmus: Zeichen, Visionen, Wunder aller Art. In diese kleine, vom Hellenismus kaum berührte, religiös stark erregte Welt hinein wuchs Jesus auf und wirkte in sie hinein.

Aber das Judentum in Palästina war nur ein Teil des Judentums, neben ihm gab es eine starke, weit verbreitete Diaspora. Ihr östlicher Teil wie Babylonien usw. kann hier für unsere Zwecke außer Betracht bleiben. Wichtiger für die Geschichte des Christentums wurde die jüdische Diaspora des Westens. Hier treffen wir die Juden fast in allen Städten, größeren wie kleineren. Besonders groß war ihre Zahl in Alexandrien – Philo schätzt sie auf eine Million für ganz Ägypten –, wo sie von fünf Stadtteilen allein zwei bewohnten. In Rom lebten bis zu 15.000 Juden. Zugleich waren sie auch in Syrien und Kleinasien vertreten, weniger zahlreich in Südgallien und Oberitalien[30]. Sie genossen gewisse Privilegien als *religio licita*, eine erlaubte Religion neben und außerhalb der römischen Staatsreligion, wie Befreiung vom Militärdienst und vom Kaiserkult und hatten eine gewisse Selbständigkeit, denn ihr Oberhaupt, der Ethnarch, hatte die Gerichtsbarkeit und die Leitung in allen Verwaltungsangelegenheiten. Mit Jerusalem verband diese Juden eine enge Beziehung. Zahlreich waren die Wallfahrten zum Tempel und eine Tempelsteuer war von jedem Diaspora-Juden nach Jerusalem zu entrichten.

Trotz aller Bindeglieder herrschte aber in der Diaspora ein ganz anderer Geist, eine bestimmte Eigenart von Judentum prägte sich hier immer mehr aus, stand man doch unter ganz anderen Bedingungen als in Palästina. Schon die Sprache, das Aramäische, konnte inmitten einer griechisch sprechenden Welt nicht festgehalten werden. Die Diaspora-Juden assimilierten sich und übernahmen die *koine*. Dementsprechend mußte man die heiligen Schriften übersetzen und so entstand die „Septuaginta". Damit wurde aber dem hellenistischen Einfluß Tür und Tor geöffnet, denn mit den griechischen Worten verband sich oft ein ganz anderer Sinn, welcher der Übersetzung zum Teil eine andere Aussage verlieh, die man halb unbewußt annahm. Konnten ferner die rigorosen Bestimmungen der Thora, die jeden Verkehr mit den Heiden so gut wie verboten, so strikt wie in Palästina eingehalten werden? Konnte man den Heiden, die man gewinnen wollte, die ganze Schwere des mosaischen Gesetzes, insonderheit die Beschneidung, auferlegen? Überall sah man sich zu Milderungen, zu Abschwächungen gedrängt, wollte man sich nicht gesellschaftlich isolieren. Man begnügte sich, wenn die Proselyten, d. h. Menschen, die zum Übertritt ins Jundentum bereit waren, die Synagoge besuchten, wenn sie geistliche Grundgebote einhielten und sich zum Monotheismus bekannten. Im Übrigen befreite man sie von allen zeremoniellen Sondervorschiften. So entstand ein ganz neuer Glaubenstyp: die ‚Gottesfürchtigen'. Das Judentum wurde offener und liberaler, büßte dabei aber manches von seiner Eigenart ein.

Das zeigt sich auch durch einen kurzen Blick auf die Literatur der Diaspora, die zwar überaus zahlreich war, aber nur zum Teil erhalten ist. Die „Septuagin-

30 Vgl. Markus Sasse: Geschichte Israels in der Zeit des Zweiten Tempels. Historische Ereignisse, Archäologie, Sozialgeschichte, Religions- und Geistesgeschichte. Neukirchen-Vluyn 2004.

ta" wurde bereits erwähnt; aus gottesdienstlichen Bedürfnissen heraus entstanden, wurde sie später auch zu einem wichtigen Mittel für die Verbreitung des Christentums, war zugleich aber auch ein Einfallstor für den Hellenismus. Hellenistische Literaturformen machten sich bald überall bemerkbar. Die Geschichte des jüdischen Volkes wurde hellenistischem Geschmack entsprechend bearbeitet, es entstanden Werke wie im ersten vorchristlichen Jahrhundert das des Artapanos, der z. B. in Moses den Begründer der ägyptischen Kultur sah, in Abraham den Bringer der Astrologie, in den Patriarchen Begründer ägyptischer Heiligtümer. Das bekannteste Werk dieser Gattung ist das große Geschichtswerk des Flavius Josephus (37–ca. 100 n. Chr.), der die Entwicklung seines Volkes aus hellenistischer Perspektive heraus erzählt. Neben dieser historischen Produktion, die den Inhalt der heiligen Schriften den Bedürfnissen der Zeit durch Erweiterung und Umdeutung anpasste, ging eine apologetische Schriftstellerei einher. Man setzte sich mit dem Geist des Heidentums auseinander, man zeigte, daß die heidnische Götterverehrung eigentlich unstimmig sei. In der Bekämpfung des Polytheismus mit seiner Mythologie ging man durchaus nicht immer eigene Bahnen, man schloß sich vielmehr der stoischen Polemik eng an. Hier ist die „Weisheit Salomos", eines der apokryphen Bücher des Alten Testamentes, besonders zu beachten, die in den Kapiteln 13 und 14 ausführlich gegen die Kreise kämpft, die den Schöpfer über seinem Geschöpf vergessen. An diese Bekämpfung der heidnischen Religion schloß sich eine Auseinandersetzung mit der hellenistischen Kultur an. Die damalige Zeit legte größten Wert auf uralte Offenbarungen, da diese Göttlichkeit und überhaupt Größe und Erhabenheit garantierten. So führte man die gesamte Kultur auf Homer, Hesiod oder Orpheus zurück. Die Juden übertrumpften das, indem sie darauf hinwiesen, daß Moses älter als Homer sei, daß daher Homer alles von diesem entlehnt habe, was genauso in Bezug auf Platon behauptet wurde. Dieser Altersbeweis mit dem Refrain vom ‚Diebstahl der Hellenen' spielte nun in der Apologetik die stärkste Rolle[31]. Daneben scheute man sich nicht, die griechischen Schriftsteller zu interpolieren und sie selbst auf die Segnungen des Judentums hinweisen zu lassen.

Zweifellos die interessanteste Erscheinung dieses hellenistischen Judentums ist Philo von Alexandrien (ca. 20 v. Chr.–50 n. Chr.). Er unternahm den Versuch einer Synthese zwischen hellenistischer Philosophie und jüdischer Religiosität, deshalb spürt man in seinem Werk immer wieder das Doppelte, deshalb hinterläßt er einen so eigentümlich schwebenden Eindruck. Philo war nämlich auf der einen Seite treuer Jude, seine ganze schriftstellerische Tätigkeit galt der Auslegung des Gesetzes, das er für sich streng hielt. Seine Werke haben sich wohl aus Synagogenvorträgen entwickelt. Auf der anderen Seite war er eklektischer Philosoph, stoische, platonische und neupythagoräische Gedanken kreuzen sich in seinem Werk dauernd. Den Ausgleich versuchte er durch das Mittel der allegorischen Exegese zu erreichen, deren genaue Regeln er von der Stoa entlehnt hat. Über Mose schrieb er

31 Wir finden dieses Motiv in seiner vollen Ausdeutung bei Clemens Alexandrinus in den „Stromata" (V 89).

z. B. in der Form der hellenistischen Biographie und machte so aus dem jüdischen Religionsstifter einen hellenistischen Weisen.

Um die eigentümliche Verschlingung der beiden Welten in Philo zu erkennen, will ich auf drei Bereiche hinweisen, zunächst auf seinen Gottesbegriff. Gewiß ist Gott Persönlichkeit, heiliger Wille, aber daneben begegnen wir der hellenistisch gefaßten Transzendenz Gottes, der die Ursache des Alls ist, das höchste Vollkommene, die absolute Gottheit, das schlechthinnige Gute. Philo ist daher ein Bindeglied zwischen Platon und Plotin. Das gilt auch für das Zweite, die Fassung seines Logosbegriffes. Auch hier knüpft er an eine jüdische Entwicklungslinie an. In der „Weisheit Salomos" begegnet uns die Hypostasierung der Weisheit Gottes. Sie ist seine Gefährtin und Gehilfin bei der Weltschöpfung. Auch das Wort Gottes wird verselbständigt. Hier dringt nun die stoische Logoslehre ein, wonach der Logos die vernünftige, das All durchwaltende göttliche Kraft ist. Dieser Logos ist nun das Bindeglied zwischen Gott und Mensch, er ist zugleich das Organ der Weltschöpfung und das der Erlösung. Er ist Gott und doch wieder nicht, er ist ‚der andere Gott' (*deuteros theos*), aber nicht der Gott (*ho theos*). Er ist bald eine eigene, von Gott geschaffene Hypostase, dann aber wieder nur eine innergöttliche Kraft. Schließlich muß bei Philo die Frage gestellt werden, wie sich die Verbindung zwischen Mensch und Gott vollzieht. Gewiß im Glauben, in demütiger Liebe, in ehrfürchtigem Vertrauen – so fühlte Philo als Jude. Aber der Ton liegt auf einem Anderen. Mit dem über alles Irdische entrückten Gott kann man sich nur vereinen, wenn man ebenso transzendent geworden ist wie er, d. h. in der Ekstase. Es ist der Geist der hellenistischen Mystik, der in sein Denken einbricht. Und doch ist auch hier alles nur halb, wir haben es nicht mit einer philosophischen Ekstase zu tun. In der Ekstase ist alles Denken zur Ruhe gekommen, der Mensch läßt auf Augenblicke alles fahren, was er besitzt, er wird arm und einsam, ebenso wie Gott. Philo sagt es selbst:

> „Wenn der Mensch von irgendeinem Gegenstand philosophischen Denkens gefesselt wird, … so folgt er ihm und vergißt auch wohl ganz des Leibes Ballast. Und stören die Sinne die genaue Betrachtung des Intelligiblen, so werden die Schaulustigen den Angriff der Sinne abzuschlagen wissen. Sie … wollen in Stille und Dunkel leben, auf daß nicht von irgend einem Stück der Erscheinungswelt das Seelenauge verdunkelt werde, dem Gott die Schau des Intelligiblen verliehen hat"[32].

Auch hier ist Philo ein Bindeglied zwischen Platon und Plotin, er ist jedoch auch stark von Poseidonios beeinflußt. Wenn man jedoch Philos Gipfel seiner Frömmigkeit, die Ekstase etwa mit der *mania* Platons oder mit dem hinreißenden und wundervollen Schwung Plotins vergleicht, merkt man, dass Philos Denken diesen Konzeptionen in vielerlei Hinsicht nachsteht. In seinen Ausführungen findet sich nicht die gleiche Intensität wie z. B. in Plotins Darstellung der Ekstase, aus der innerstes Erleben spricht. Aber interessant ist Philo für uns ohne Frage, weil man an ihm den Einbruch des Hellenismus in den Geist des Diaspora-Judentums studieren kann.

32 De Migratione Abrahae 34.

Worin liegt die geschichtliche Bedeutung dieses Diaspora-Judentums? Für das Judentum selbst hat es so gut wie gar keine gehabt. Der Name Philos findet sich in der palästinensischen Literatur überhaupt nicht erwähnt. Das Judentum zog sich nach der Katastrophe des Jahres 70 n. Chr.[33] ganz auf sich selbst zurück und gab die Diaspora preis. Dieses sich öffnende Judentum war also nur eine kurze Episode in seiner Gesamtgeschichte. Umso größer war dessen Einfluß auf das werdende Christentum, und er kann schwerlich überschätzt werden. Hier war eine Form der Frömmigkeit entstanden, losgelöst von allem Kultischen und Nationalen, an die das Christentum anknüpfen konnte: Bildlose Gottesverehrung, geistiger Gottesdienst in der Synagoge. Seine Form wurde für die Missionspredigt der jungen christlichen Gemeinde maßgebend, die Synagogen schufen einen empfänglichen Boden. Man übernahm ferner die heiligen Schriften in der Überlieferung der „Septuaginta", man übernahm ethische Katechismen, die Gebetszeiten, die Fastensitten, schließlich die Apokalyptik, die Schriftauslegung und die ganze Methode der Apologetik und Polemik gegen das Heidentum. In zahlreichen Bereichen beobachten wir diesen Einfluß des Diaspora-Judentums auf das junge Christentum. Innerhalb dieses sich öffnenden, hellenisierten Judentums erlebte das Christentum die erste Phase seiner eigenen Hellenisierung. Zum Verständnis des ältesten Christentums ist daher auch eine genaue Kenntnis dieser Größe eine unerläßliche Voraussetzung.

Überblicken wir die bisherigen Ausführungen, so haben wir ohne Frage den Eindruck, daß die Mittelmeerländer sich um die Zeitenwende in großer religiöser Erregung befanden, daß leidenschaftlich gesucht wurde, daß die verschiedensten Formen von Religion und Religionsersatz sich anboten, daß Hohes und Erhabenes oft unmittelbar neben Trivialem und Absurdem stand. Ein buntes und farbiges Bild dieser ausgehenden Antike, aber in ihrer fraglosen Verinnerlichung war der Boden für das Evangelium empfänglich geworden. Nur so ist die Ausbreitung des Christentums überhaupt verständlich und erklärbar.

33 Vgl. Kap. II.6.

II. Das Urchristentum

4. Jesus und die Anfänge des Christentums

Wie wir bei der Schilderung der religiösen Haltung des Judentums in Palästina gesehen haben, ist das Auftreten Jesu nicht ganz unvermittelt gewesen, nicht ohne gewisse Anknüpfungspunkte an die spätjüdischen Entwicklungen. Ein unmittelbarer Vorläufer ist die täuferische Bewegung gewesen, deren Mittelpunkt Johannes der Täufer bildete. Wir sind über seine Erscheinung nur auf wenige spärliche Notizen im Neuen Testament angewiesen, die die wahre Bedeutung dieses Mannes mehr verschütten als erkennen lassen. Mit suggestiver Kraft muß er auf die Juden gewirkt haben. Wir wissen nichts von seiner inneren Entwicklung, nur von seinem gewaltigen prophetischen Auftreten – seit fünfhundert Jahren der erste Prophet, der Enthusiasmus bricht durch. Die Leute strömten zu ihm heraus in die Einöde, wo er als Eremit lebte, auch Priester befanden sich unter ihnen. Etwas Ernstes, Düsteres lag über seiner ganzen Erscheinung. Mit unerbittlicher Strenge predigte er die Nähe des Gerichtes und verkündete so die unmittelbar bevorstehende Erfüllung von eschatologischen Erwartungen. „Die Axt ist an die Wurzel der Bäume gelegt“[34]; mit scharfer Kritik sah er auf die inneren Beweggründe alles Tuns, wobei er immer wieder betonte, daß nicht das Israelit-Sein als solches im Gericht eine Garantie auf Rettung sein wird. Eines ist erforderlich: *metanoeite* – tut Buße! Als Zeichen für die innere Wiedergeburt stand die Taufe im Jordan. Um Johannes scharten sich Jünger, die er jeweils zu zweit aussandte. Seine Bewegung muß großen Umfang angenommen haben. Er galt in breiten Volkskreisen als der wieder erstandene Elias, der Vorläufer des Messias. Zu Jesus drang sein Ruf – also bis nach Galiläa, von Beziehungen zwischen Johannes- und Jesus-Jüngern erzählen die Evangelien. Das tragische Ende des Täufers, der sich für seine Sache opferte, ist von der Legende überrankt. Josephus kommt der Wahrheit vermutlich näher als der evangelische Bericht:

> „Da sie ihm von allen Seiten massenhaft zuströmten, im höchsten Grade aufgeregt, wie sie durch seine Reden waren, hielt es Herodes aus Angst, ein derartiger Einfluß könne die Verblendeten in einen Aufruhr stürzen, …für angezeigt, jenen aus dem Wege zu schaffen. … Unter den Juden aber setzte sich die Überzeugung fest, aus Strafe für die Hinrichtung des Täufers sei das Regiment des Herodes zu Fall gekommen, weil Gott selbst beleidigt war“[35].

---

34 Mt. 3,10.
35 Antiquitates XVIII 119.

Dieses Leben von seltenem Ernst, von glühender Leidenschaft getragen, voll erstaunlicher Stoßkraft, endete durch Ermordung. Die Bewegung aber, für die er starb, setzte sich fort. Auch nach dem Tod des Meisters bestand die Täufersekte weiter als asketische Richtung im Judentum mit Fasten und Taufe. Wir wissen wenig von ihr und ihrer Geschichte, aber vereinzelte Wendungen im Neuen Testament zeigen, daß sie neben dem Christentum fortbestanden hat: z. B. berichtet die Apostelgeschichte[36] von Apollos in Ephesus davon, der Jesu Verkündigung zwar genau kannte und lehrte, aber als Taufe nur die Taufe des Johannes kannte. Weiter findet Paulus in Ephesus einige Gläubige, die mit der Taufe des Johannes getauft sind und nicht wissen, ob sie den Heiligen Geist empfangen haben. Die täuferische Bewegung muß von den ältesten Christen als eine Art Konkurrenz-Bewegung empfunden worden sein, man spürt dies z. B. in der Polemik des vierten Evangeliums. Also noch ein Menschenalter konkurrierte die Johannes-Taufe in Kleinasien mit der Jesus-Taufe. Aber die Täufersekte ging unter, denn sie besaß keine gemeinschaftsbildende Kraft, oder sie ging ganz im Jesus-Anhang auf.

Die Gestalt des Stifters der christlichen Religion liegt ebenfalls nur zur Hälfte im Licht. Wir besitzen über ihn als einzige Quelle nur die Evangelien, die frühestens ein Menschenalter nach seinem Tode abgefaßt wurden. Sie bieten keine reine Geschichte, sondern verdanken ihr Entstehen praktischen Interessen wie Erbauung oder Verwendung im Taufunterricht usw. Manches mag von der Perspektive der Urgemeinde aus geschildert sein, aber man muß sich doch davor hüten, zu wenig auf Jesu Konto zu setzen, seine Originalität zu unterschätzen. Am Anfang der Religion steht der Stifter. Man hat versucht, seine Gestalt zu leugnen und das Entstehen des Christentums auf andere Art zu erklären: als ein Produkt stoischer Philosophie, die ins Jüdische übertragen wurde, als ein Produkt der wirtschaftlichen Lage, als eine Gemeindebildung auf Grund eines Astralmythos. Aber derartige Versuche gehen an der Originalität, an der geschichtsbildenden Kraft der historischen Persönlichkeit vorüber, sie erklären aus einer Massenbewegung, was persönlichste Tat eines Einzelnen war. Diese ist aber immer etwas Besonderes, Einmaliges.

Sie ist dies jedoch nicht in dem Sinne, daß sie ohne Beziehung zur Umwelt, ohne Anknüpfungspunkte wäre. Jesu ganze Erscheinung und Lehre läßt sich zunächst durchaus in den jüdischen Rahmen einordnen. Er wollte der treue Sohn seines Volkes sein. Er fühlte sich in erster Linie zum Volk Israel gesandt, er hielt pietätvoll am Tempelkult fest, er beteiligte sich am üblichen Gottesdienst, sein Zorn entflammte nur, wenn er den Tempel durch Händler und Wechsler entheiligt sah. Er hielt ebenso am Gesetz fest, diesem Heiligtum jüdischer Frömmigkeit, kein Jota sollte von ihm vergehen, er billigte auch durchaus die pharisäische Praxis, denn er wies das Volk niemals an, die Gebote der Pharisäer nicht zu befolgen. Sein Widerspruch setzte an anderer Stelle an, wenn er sah, daß die Fortführung und scholastische Ausgestaltung des Gesetzes den religiösen Ernst minderte. Um ihn zu erhalten,

36 Apg. 18,25.

verschärfte er sogar gelegentlich die gesetzlichen Bestimmungen. Er hatte durchaus nichts gegen die pharisäische Praxis einzuwenden, wenn sie mit vollstem Ernste getrieben wurde, er setzte sich ihr aber mit äußerster Entschiedenheit entgegen, wenn er statt aufrichtiger Gottesliebe Heuchelei, frommen Schein, Ehrsucht und Lauheit bemerkte. Er teilte mit seinen Landsleuten das Weltbild. Er glaubte an die Existenz von Dämonen, die in Menschenleiber fahren und Krankheiten auslösen konnten. Er glaubte, sie durch göttliche Kraft beschwören zu können. Wie seine Landsleute hielt er an der Eschatologie fest. Wie sie unterschied er zwei Zeitalter, den gegenwärtigen Aion, die irdische Welt, die im Argen liegt, weil sie unter der Herrschaft Satans steht und den kommenden Aion, das Reich Gottes, welches als überweltliche Größe vom Himmel herabkommt, plötzlich und über Nacht. Wie der Täufer und Andere glaubte er an das baldige Kommen dieses Reiches: „Das Himmelreich ist nahe herbeigekommen“[37]. In den Wundern sah er bereits die Anzeichen seines Kommens und den Sturz Satans sah er prophetischen Geistes bereits erfolgt. Das alles entsprach durchaus damaligem jüdischem Denken.

Und doch verändert er es an entscheidenden Punkten. Auf drei sei hingewiesen. Schon Karl Holl hat gezeigt, wie neuartig Jesu Gottesbegriff, verglichen mit dem des Judentums, gewesen ist[38]. Jesus teilte mit dem Judentum den Glauben an die Strenge Gottes, an sein Richten – und der Gerichtsgedanke nimmt in seiner Verkündigung einen denkbar großen Platz ein. Aber weil er so ernst gefaßt wird, ist er nicht das Ganze, sondern hat als Korrelat neben sich den Glauben an Gottes Vatergüte. Gott nimmt in erbarmender Liebe den Sünder an. Das ist das Neue, ja geradezu Unerhörte. Das konnte und mußte damals für jüdische Ohren geradezu frivol klingen, in Wirklichkeit ist es aber vor jeder Oberflächlichkeit geschützt durch die ungeheure Spannweite, die zwischen Gericht und erbarmender Liebe Gottes besteht. Von hier aus wird das entscheidende Argument gegen die pharisäische Frömmigkeit geführt. Nach ihr muß der Mensch sich gerade einen Schatz an guten Werken erworben haben, um als gerecht, als rein vor Gott bestehen zu können, einen Lohn zu empfangen. Bei Jesus steht immer das Gefühl der eigenen Unwürdigkeit, das Hoffen auf Gottes Gnade, damit das Ablehnen jedes Lohngedankens bzw. seine ausdrückliche Verwerfung. Nicht das Rechnen mit einer einzelnen Tat, sondern die Gesamtheit der Willensrichtung, die Einheitlichkeit ist das Entscheidende. Von diesem neuen Gottesbegriff aus gestaltete Jesus nun die Ethik um. Das Leben des Menschen soll eben ein Ganzes sein, er soll sich hingeben im Dienst, er soll im Nächsten den Bruder sehen. Helfende, dienende, verzeihende Liebe sind erforderlich. Diese Neuordnung im Verhältnis zum Nächsten durchstößt die Schranken damaliger jüdischer Exklusivität. Jesu Verkündigung drängt hier zum Universalismus, Geschichten wie die vom barmherzigen Samariter zeigen es deutlich. Jesus teilte mit seiner Zeit die messianischen Erwartungen, aber indem

37 Mt. 3,2.

38 Vgl. Karl Holl: Urchristentum und Religionsgeschichte. In: Zeitschrift für Systematische Theologie II (1924), S. 387–436 (= Karl Holl: Gesammelte Aufsätze zur Kirchengeschichte II, S. 1–32.)

er sich selbst als den Messias bezeichnete, freilich erst gegen Ende seiner Wirksamkeit, gab er diesen Vorstellungen einen ganz neuen Inhalt. Nicht in Herrlichkeit als irdischer König wollte er auftreten, um das Reich Israels wieder aufzurichten, sondern in Demut und Verborgenheit lebend, ganz nach innen gekehrt, ganz dem Gewinnen der Seele gewidmet. Und dann: der Messias muß leiden. Jesaja 53 als messianische Prophezeiung: „Mein Reich ist nicht von dieser Welt", sagt er zu Pilatus. Auch hier eine völlige Abwendung vom Alten.

Der Konflikt mit dem herrschenden Judentum damals war unvermeidlich. Dieser Handwerker aus Galiläa, der wie Johannes der Täufer einige Jünger um sich geschart hatte, der Wunder vollbrachte, dem das Volk nachlief, der mit seinem galiläischen Anhang in Jerusalem als Messias einzog, konnte nicht ignoriert werden. Der Prozeß Jesu ist bekannt. Er starb am Kreuz, seine Anhänger liefen auseinander, die Jünger flohen voller Bestürzung nach Galiläa zurück. Alle hochgespannten Hoffnungen auf den baldigen Anbruch des messianischen Reiches schienen enttäuscht, das Werk Jesu schien vernichtet wie das Johannes des Täufers.

Doch die Auferstehung Jesu Christi setzte eine neue Wirklichkeit. Es kam zur Bildung einer christlichen Gemeinde, wenige Wochen nach der Katastrophe von Golgatha. Das ist das Erstaunliche und mit den Mitteln historischer Forschung nicht zu Erklärende. Man weist immer auf den nachhaltigen Eindruck hin, den Jesus auf seine Jünger ausgeübt hat. So richtig das natürlich sein kann, so wenig reicht es zur Erklärung aus. Es muß ein komplizierter Vorgang gewesen sein, der zur Bildung der christlichen Gemeinde geführt hat. Einiges können wir noch erkennen. Zuerst vergegenwärtige man sich diese ungeheure innere Erregung, diesen Sturm, der über die Herzen dahinfegte. Es ging alles in atemloser Geschwindigkeit vor sich. Von der Kreuzigung Jesu bis zur Bekehrung des Paulus war kaum ein Jahr verstrichen. In diese innere Spannung traten nun zwei Momente erregend und konstituierend hinzu: das Ostererlebnis und Pfingsten. Das Ostererlebnis beginnt in der Begegnung mit dem Auferstandenen, die zuerst Petrus erfahren hat, dann die Zwölf. Sie empfingen die Gewißheit, daß ihr Herr lebte, daß der Meister, der vor kurzem noch auf Erden wandelte, nicht im Tod geblieben, sondern in himmlischer Glorie sei. Diesem Gedanken, der mit aller Überlieferung brach, der Glaube an den gekreuzigten und auferstandenen Messias, wurde Petrus und den Jüngern mit sieghafter Kraft bewußt. Die Begegnung mit dem Auferstandenen wird die Grundlage für die Tat nach außen, sie brachte etwas Neues und erhob das alte Bewußtsein zu höchster Gewißheit. Das zweite konstituierende Ereignis ist Pfingsten. Es handelt sich hier nicht um die geheime Erfahrung eines Einzelnen, sondern, wenn man so will, um ein Massengeschehen. Das einende Band ist der Empfang des Geistes, das Erlebnis endete mit einer Massentaufe. Vielleicht sind es die 500 Brüder, von denen Paulus spricht (1. Kor. 15,6). Aus dieser enthusiastischen Stimmung heraus erklärt sich die Gemeindegründung in ihren frühen Anfängen; sie wird eine Tat des Petrus gewesen sein. Es ist ein in sich verschlungener Vorgang, man brauchte immer diese hervorbrechende Leidenschaft, diesen begeisterten Schwung, der die Jünger Fremden gegenüber gar als betrunken erscheinen ließ.

Wie gestaltete sich nun das Leben der jungen Gemeinde? Zunächst lebte man ganz integriert im Judentum. Man beteiligte sich am gottesdienstlichen Leben im Tempel, man suchte ihn auf, um zu beten, man hielt die jüdischen Gebetszeiten ein, man hatte vor dem Gesetz die größte Hochachtung und befolgte es gewissenhaft. Man fühlte sich ganz als Jude, d. h. man knüpfte an eine Seite von Jesu Verkündigung an und ließ die andere, welche die weiter treibenden Mächte des Universalismus enthielt, unberücksichtigt. Aber man ging dennoch nicht im Judentum auf, man hatte einen eigenen Besitz, den man pflegte – etwa nach Art der Täufersekte oder einer rabbinischen Schule. Man hatte die Aussprüche des Meisters, nach denen man sich richtete, man sah in ihm trotz seiner Kreuzigung den Messias. Das mußte die frühe Gemeinde natürlich in einen Gegensatz zum Judentum treiben, aber die leitenden jüdischen Stellen sahen darüber zunächst noch hinweg, da es sich um Privatansichten einer kleinen Gruppe aus den unteren Volksschichten handelte, einer Gruppe, deren Festhalten am Gesetz man mit Befriedigung feststellte. Aber diese Gruppe fühlte sich als etwas Neues, sie beanspruchte für sich den Namen *ekklesia*, was in der „Septuaginta" die Übersetzung für *kahal* ist. *Kahal* bezeichnet das jüdische Volk in seiner Gesamtheit als Gottesvolk. Als solches fühlte sich jetzt die junge Gemeinde. Und sie hatte trotz allen Enthusiasmus eine feste Organisation. An der Spitze standen die Zwölf, die auch über die Gemeinden, die sich bald in anderen jüdischen Städten bildeten, die Aufsicht führten. Neben diesem Kollegium, dessen Ansehen darauf beruhte, daß seine Mitglieder den Herrn persönlich kannten, stand als autoritative Person Jakobus, der Bruder des Herrn. Ein Mann von exemplarischer Frömmigkeit, von den Juden wegen seines Eifers im Halten des Gesetzes angesehen und durch den Beinamen ‚der Gerechte' ausgezeichnet, für Jesu Sache ebenfalls durch eine Begegnung mit dem Auferstandenen gewonnen. Sein Verhältnis zu den Aposteln ist unklar, doch zählte er nach Gal. 2 mit Petrus zu den „Säulen" der Gemeinde. Ob er wirklich die Stellung eines urchristlichen Papstes eingenommen hat, lässt sich heute nicht mehr feststellen. Fest steht aber, daß Jesu Angehörige in der frühesten Zeit leitende Stellen in der Gemeinde innegehabt haben. Nach Apg. 15,22 gab es in Jerusalem „Älteste", *presbyteroi*, die an der Spitze der Gemeinde standen; ein Gleiches ist für andere Städte bezeugt. Sie leiteten wohl die Gläubigen, während die Apostel die Oberaufsicht über die ganze *ekklesia* besaßen, nicht auf Grund juristischer Festschreibungen, sondern auf Grund ihrer Autorität als Apostel.

Die Gemeinde, geeint durch den gemeinsamen Glauben an Jesus Christus als den Messias, dessen Wiederkunft in Herrlichkeit man für die nächste Zeit erwartete, feierte in den Privathäusern ein gemeinsames Mahl. Die Apostelgeschichte erwähnt es an mehreren Stellen und nennt es das „Brotbrechen". Ausdrücklich wird dabei erwähnt, daß es freudig herging. Diese Mahle waren also nicht in erster Linie Erinnerungsmahle an Jesu letzte Mahlzeit, sondern Vorwegnahme des messianischen Mahles, sie standen unter eschatologischem Gesichtspunkt. Das zeigen noch die Abendmahlsgebete in der Didache. Der Anknüpfungspunkt waren die jüdischen Tischsitten, an die sich auch Jesus gehalten hatte, d. h. Segnen des Bechers und des Brotes, Brechen und Essen des Brotes und am Schluß des Mahles das Trinken des Weines. Zu den hellenistischen Mysterienmahlen bestand noch keinerlei Beziehung. Ein zweites Einheitsband bildete die Gütergemeinschaft, der ‚Liebeskommunismus‘, wie man diese merkwürdige Erscheinung nannte, die bis heute noch in sozialer Utopie nachwirkt. Auf ein Doppeltes ist um der gerechten Würdigung willen hinzuweisen. Es handelte sich zunächst nur um ganz kleine Kreise, die sich gegenseitig ihre Gaben schenkten, wobei jedoch das Prinzip der Freiwilligkeit erhalten blieb. Man darf in diesem Zusammenhang aber die eschatologische Grundstimmung nicht übersehen. Weil man das Ende der Welt als nahe bevorstehend erwartete, verzichtete man auf sein Eigentum, um schon auf Erden das Leben im messianischen Reiche vorweg zu nehmen. Als diese Hoffnung trog oder jedenfalls in weitere Ferne rückte, als die Gemeinde wuchs, machte die Wirklichkeit sich geltend: sie war arm und hilfsbedürftig. Paulus mußte für sie sammeln.

Erwähnt muß schließlich noch werden, daß in diesen urchristlichen Kreisen die Anfänge der christlichen Theologie zu suchen sind. Sie sind erwachsen aus dem Hauptproblem, das diese Kreise unablässig beschäftigte: wie kann ein gekreuzigter Mensch der Messias sein? Unter dieser Fragestellung lasen sie die heiligen Schriften und fanden nun überall Hinweise prophetischer Art auf dieses neue Messiasbild[39]. Der Weissagungsbeweis ist die Keimzelle der christlichen Theologie[40]. Und zugleich macht sich ein zweites bemerkbar: die Anfänge der Christologie. Man glaubte an Jesus als an den Messias. Aus der Religion Christi wird die Christus-Religion. Diesen an sich notwendigen Prozeß hat nicht erst Paulus eingeleitet, er beginnt bereits in der Urgemeinde.

Sie enthielt auch in sich die Keime zu späteren Spannungen. In die christliche Gemeinde, die so ganz in der jüdischen Sphäre lebte, war nämlich ein unruhiges, aber belebendes Element eingetreten und zwar gleich zu Anfang: die hellenistischen Juden, die sich der neuen Bewegung anschlossen. Nach der Apostelgeschichte ist das schon zu Pfingsten geschehen. Sie hatten von vornherein eine ganz andere Einstellung zu allen schwebenden Fragen, denn Tempel und Gesetz bedeuteten für sie viel weniger als für die pietätvollen Gläubigen aus dem Judentum. Im Gegensatz zu ihnen knüpften die Hellenisten an die andere Seite von Jesu Verkündigung an und betonten die universalistische Tendenz des Christentums. Das mußte bald in einen doppelten Konflikt führen: mit dem Judentum und mit dem Judenchristentum. Beides ist auch eingetreten. Mit ihren Glaubensbrüdern müssen sie bald in Spannung geraten sein. Wir wissen darüber nichts Näheres, können es aber aus Apg. 6 erschließen. Die Hellenisten waren ärgerlich auf ihre Glaubensbrüder, weil bei der Verteilung von Liebesgaben die Ihren, besonders die Witwen, geflissentlich übersehen wurden. Sie wählten aus ihrer Mitte die Diakone, die alle hellenistische Namen trugen. Den Konflikt mit dem Judentum zeigt das Martyrium

39 Vgl. Apg. 8: der Kämmerer aus dem Morgenland liest Jes. 53.

40 Lk. 24,25 ff. belehrt Jesus die beiden Emmaus-Jünger über die Notwendigkeit seines Leidens aus der Heiligen Schrift.

des Stephanus, der aufgrund seiner Äußerungen gesteinigt wurde. Seine Worte gegen den Tempel stammten eben aus dieser freieren Atmosphäre und seine Verteidigungsrede beweist deutlich, daß er Tempel und Gesetz als eine vorübergehende Größe betrachtete.

Sein Martyrium und die feindliche Haltung der Juden zwang die Hellenisten zum fluchtartigen Verlassen Jerusalems. Sie wandten sich nach Samaria, Galiläa, nach Zypern, nach Lybien bis hin nach Antiochia, überall für das Christentum in ihrem freieren Sinne werbend. So verbreiteten sie die junge Religion. Zugleich wird deutlich, daß die Apostel und die streng auf dem Boden des Judentums sich haltenden Gläubigen sich nicht mit dem Verhalten des Stephanus und seiner Richtung einverstanden erklärten, sie mißbilligten es vielmehr entschieden. Darum wurden sie auch von den Juden geduldet, die Apostel verließen Jerusalem jetzt noch nicht. Immerhin erhielt die ganze Bewegung bereits eine komplexere Natur, indem nun eine neue Richtung an Einfluß gewann. Aber gerade das mußte die Juden auch den gesetzestreuen Christen gegenüber skeptisch, zum Mindesten vorsichtiger stimmen. Auch mit der römischen Herrschaft herrschte zunächst noch Friede, aber unter Herodes Agrippa, dem Enkel des bekannten Herodes, brach im Jahre 42 eine Verfolgung aus. Der Zebedaide Jakobus fand dabei sein Ende, während Petrus auf wunderbare Weise aus dem Gefängnis befreit wurde. Über den Umfang der Verfolgung wissen wir nichts Näheres. Nach einer alten Tradition sollen die Apostel damals Jerusalem verlassen haben. Wir wissen über sie zu wenig, nur Petrus und Johannes treten in helleres Licht, beide treffen wir aber später noch oder wieder in Jerusalem.

Die Urgemeinde hatte unter den römischen Prokuratoren ab 44 n. Chr. wieder Frieden, aber ihre innere Lage war voller Spannungen. Auf der einen Seite ein gewisses Mißtrauen jüdischer Kreise gegen sie, auf der anderen Seite die langsam einsetzende Heidenmission, die eine neue Form des Christentums zu bedingen schien. Auch sie hatte ein Zentrum, Antiochien, das Jerusalem als Rivalin empfinden mußte, und sie verfügte über einen Mann, der an Weitblick, organisatorischer Kraft, Schärfe des Gedankens sowie theologischer Tiefe einzigartig dasteht und sich den Aposteln an die Seite stellte, wenn er sie nicht überragte: Paulus.

5. Paulus und sein Konflikt mit dem Judaismus

Paulus war zwar nicht der Begründer der Heidenmission, die den wichtigen Schritt der Loslösung vom Judentum tat, aber er war ihr erfolgreichster Vertreter und tiefster Apologet, der das Problem in prinzipieller Schärfe erfaßte und löste. Den Ausgangspunkt für die Heidenmission bildete die Verfolgung der hellenistischen Juden in Jerusalem, die sich an den Tod des Stephanus knüpfte. Der Mittelpunkt der neuen Bewegung war Antiochien, die internationale Großstadt, der Treffpunkt der hellenistischen und syrischen Welt. Die Hauptperson und der Führer war zunächst Barnabas, ein ehemaliger Levit aus Zypern. Daß die Predigt vom Kreuz sich hier auch an Heiden gewandt hat, nimmt nicht wunder, desgleichen nicht die friedliche Haltung judenchristlicher Kreise, die zu ihren nicht beschnittenen Mitchristen keinen Gegensatz empfunden haben müssen. Prinzipiell war man sich der Tragweite des vollzogenen Schrittes nicht klar, zu der jerusalemischen Urgemeinde unterhielt man nach wie vor Beziehungen. Hier in Antiochien trat auch die Bezeichnung ‚Christen' (*Christianoi*, bzw. *Chrestianoi*) auf und zwar wurde sie von heidnischer Seite gebraucht[41].

Glaubte man sich in diesen Kreisen vom Halten des Gesetzes befreien zu können, weil schon die Propheten den Opferdienst verworfen hatten, und sah man in der geistigen Umdeutung des Gesetzes einen erwünschten Ausweg, so hat ein Mann wie Paulus das Problem tiefer gefaßt. Die äußeren Umstände seines Lebens müssen hier nicht näher dargestellt werden. Er war Schüler des berühmten Rabbiners Gamaliel, an der Tötung des Stephanus und an der Verfolgung der Christen beteiligt, – dann aber plötzlich auf dem Wege nach Damaskus durch eine Vision des Auferstandenen bekehrt. Er hielt sich auffallend von der Urgemeinde fern, führte ein Leben der Zurückgezogenheit, wurde dann aber von Barnabas nach Antiochien geholt und beteiligte sich an der Heidenmission. Hier errang er seine ersten größeren Erfolge in einigen Städten Syriens und Kilikiens. Nach vierzehnjähriger Tätigkeit drohte das ganze Missionswerk des Apostels in Frage gestellt zu werden. In Jerusalem war eine streng gesetzestreue Richtung in der Gemeinde ans Ruder gekommen, die Apostel müssen an unmittelbarem Einfluß eingebüßt haben. Vielleicht stand Jakobus hinter diesen Kreisen. Daß hier das Missionswerk des Paulus sehr mißgünstig angesehen wurde, ist verständlich. Es mußte in Antiochien geradezu als ultimative Forderung aufgefaßt werden, als Jerusalem die Beschneidung für alle Gläubigen verlangte. Um die drohende Gefahr zu beseitigen, ging Paulus in Begleitung des Titus und Barnabas nach Jerusalem. Mit den Gesetzeseiferern muß es zum Bruch gekommen sein, denn nach Gal. 2 gab Paulus in der Sache der Beschneidung der Hellenisten Petrus nicht nach. Aber mit den Säulenaposteln kam es zu einem, wenn auch notdürftigen, Vergleich. Über den Verlauf dieses sogenannten Apostelkonzils sind wir trotz der beiden Berichte in Gal. 2 und Apg. 15 schlecht informiert. Das Resultat ist allerdings deutlich: Paulus erkämpfte sich die Anerkennung seiner Missionsmethode, die Urapostel blieben bei der ihrigen. Aber es bleiben Unklarheiten: Waren die Heidenchristen gleichberechtigt? Bestand zwischen ihnen und den Judenchristen eine volle Lebensgemeinschaft? Oder waren sie nur geduldet als Christen zweiter Klasse? Die Wichtigkeit dieser Fragen wird aus dem Zusammenstoß zwischen Petrus und Paulus in Antiochien deutlich. Auf Weisung von Jakobus als Führer der strengen Partei in Jerusalem zog sich Petrus von der Tischgemeinschaft mit den Heidenchristen wieder zurück, die er anfangs gepflegt hatte. Damit war wieder alles unsicher. Wie weit erkannte man in Jerusalem aber überhaupt das Abkommen des Apostelkonzils an? Immerhin hat es eine Partei unter den Judenchristen gegeben und Petrus gehörte zu ihnen, die es tat, die sogar später unter gewissen Bedingungen die Grenzen auflösten und damit den

41 Apg. 11,26.

entscheidenden Schritt zum Heidenchristentum taten. Das Aposteldekret war nur ein Zeichen dieser Entwicklung, desgleichen die spätere Missionstätigkeit des Petrus und seine Hochschätzung in der Heidenkirche.

Für Paulus war das Abkommen in Jerusalem die Rechtsgrundlage seines Wirkens, das sich nun ganz großartig entfaltete. Der südliche Teil Galatiens wurde missioniert, Makedonien (Philippi, Thessalonich), Griechenland (Athen, Korinth), die Provinz Asia (Ephesus). Also fast in allen größeren Städten dieser östlichen Bezirke war er tätig, bald für kürzere, bald für längere Zeit (Korinth, Ephesus). Seine Missionsmethode ist bekannt: er knüpfte an die Synagoge an, versuchte zunächst die Juden zu gewinnen, wandte sich dann an die Gottesfürchtigen und über sie als Brücke an die Heiden. Das war sehr zweckmäßig, denn die um die Synagoge sich scharenden Heiden waren für die christliche Verkündigung empfänglich. Über die Missionspredigt des Paulus sind wir annähernd unterrichtet. Sie war natürlich den jeweiligen lokalen Verhältnissen angepaßt. Nach 1. Thess. 1,9 f. können wir als Hauptmerkmale festhalten: Abkehr vom Polytheismus hin zu einem Gott, Warten auf die Parusie seines Sohnes, dessen Auferstehung als Erweis seiner Göttlichkeit und das Gericht, vor dem uns Jesus rettet. In Athen knüpfte er dagegen an die stoische Philosophie an und versuchte von dort aus zum Wichtigsten vorzustoßen: Jesus und die Auferstehung. Im Mittelpunkt all seiner Reden steht aber das Kreuz Christi, diese Tatsache dauernden Anstoßes. Zugleich war Paulus auch der Organisator seiner Gemeinden, die er väterlich betreute, um deren Verhältnisse er sich im Einzelnen kümmerte, zu deren Ordnung er ausgedehnte Reisen unternahm oder kürzere wie längere Briefe schrieb. Es war ein Leben aufreibendster Tätigkeit, das er führte, auch physischer Anstrengung, die ihm doppelt schwer fallen mußte, da er krank war. Ein Leben, das ihm noch mehr durch die Feindschaft erschwert wurde, die man seinem Missionswerk allenthalben entgegenbrachte.

Am wenigsten begegnete sie ihm auf heidnischer Seite, wo man es kaum beachtete oder als eine rein innerjüdische Angelegenheit ansah, wie es der Prokonsul von Korinth tat. Leidenschaftliche Gegner waren dagegen die Juden, die dieses gesetzesfreie Christentum nicht anerkannten und gegen es vorgingen. Durch Aufhetzung der Massen, durch Denunziation bei der heidnischen Behörde, durch Vorwürfe gegen die Christen und die Person ihres Stifters. Am gefährlichsten für Paulus war aber die Opposition, die von christlicher Seite selbst ausging und zwar von den gesetzestreuen Kreisen in Jerusalem, den sogenannten Judaisten. Sie erkannten das Abkommen auf dem Apostelkonzil nicht an und organsierten eine förmliche Gegenmission, die der paulinischen auf Schritt und Tritt folgte und ihr die Erfolge zu entwinden suchte. Man arbeitete mit allen Mitteln, schreckte selbst vor Verdächtigungen des Paulus nicht zurück, bestritt nachdrücklich sein Apostolat, da er den Herrn nicht gesehen habe, betonte die Notwendigkeit, das Gesetz zu halten und sich beschneiden zu lassen, da erst dies das Heil verbürge. Die Judaisten wiesen auf die Praxis der Urgemeinde hin, die allein im Besitz von Jesu wahrer Lehre sei. Wollte ein Heide Christ werden, so konnte er es nur über die Brücke des Judentums – das war ihre Hauptthese. Sie hatten ohne Frage Erfolge aufzuweisen, man spürt es an der Heftigkeit des Tons bei Paulus. Flehentlich beschwört er die Galater, nicht in die Falle zu gehen, da Christus sonst umsonst für sie gestorben wäre. Leidenschaftlich richtet er sich im 2. Korintherbrief gegen sie, nennt sie „Sendboten des Satans“[42] und erkennt nichts Gutes bei ihnen an – natürlich hat er für ihren Eifer um das Gesetz, für ihr Bestreben, so in der treuen Nachfolge Jesu zu bleiben, kein Verständnis und keinen Sinn. Der Kampf wurde mit höchster Leidenschaft geführt, es ging um die weitere Ausrichtung und Entwicklung der noch jungen Religion, die Briefe zeugen von diesem Konflikt.

Ein weiterer Gegner der Mission des Paulus waren die Irrlehrer, denen Kolosser- und Epheserbrief entgegentreten. Es ging dabei nicht um den Gegensatz zwischen Gesetz und Glauben, sondern um die Berechtigung und Ausgestaltung einer höheren Erkenntnis (*gnosis*), die sich über die gewöhnliche erhebt. Ihre Berechtigung hatte auch Paulus prinzipiell zugegeben (1. Kor. 2), aber gegen ihre Ausgestaltung dieses Gedankens bei den Irrlehrern erhob er Einspruch, d. h. gegen den Versuch, auf dem Boden der apostolischen Verkündigung gewisse Riten, einen bestimmten Engelkult zu etablieren, in der Annahme, daß dadurch erst Jesu Heilswerk vollendet werde. Wir haben es hier mit den ersten Vorläufern der christlichen Gnosis zu tun, von hier läuft eine ununterbrochene Kette über die Pastoralbriefe, die Ignatianen hin zu den großen Lehrern der Gnosis des zweiten Jahrhunderts. So mannigfach und breit bewegt war das Bild von den Anfängen der Heidenmission, wie es sich hauptsächlich in den Briefen des Apostels zeigt.

Die letzte Phase des Wirkens von Paulus liegt im Dunkeln. Trotz aller Reibungen mit der Urgemeinde hielt er in rührender Treue persönlich an ihr fest und betrieb mit großem Eifer das Werk der Kollekte für die Armen in Jerusalem. Um das Jahr 58 erschien er dort, lieferte die Kollekte ab und begab sich zur Beschwichtigung allen Argwohns in den Tempel, um ein Gelübde abzulegen. Hierbei brach ein Tumult in der leidenschaftlich erregten Menge aus, die den Tempel entweiht glaubte. Paulus wurde vom Prokurator in Schutzhaft genommen, auf sein Verlangen nach Rom transportiert und vor ein kaiserliches Gericht gestellt. Fraglich und wohl für immer unentscheidbar bleibt nun, ob er noch einmal frei gekommen ist und dann seine geplante Reise nach Spanien antreten konnte, oder ob er im Verlauf des Prozesses hingerichtet wurde. Jedenfalls konnte er in Rom zwei Jahre relativ frei wirken. Sein Ende in der neronischen Verfolgung ist durch eine Legende überliefert, desgleichen durch den ersten Clemensbrief, der ein Menschenalter später in Rom verfaßt wurde. In Literatur und Kunst ist dieses Ende viel behandelt, zwei verschiedene Versionen knüpften sich an es: als des Paulus Haupt abgeschlagen wurde, floß Milch aus dem Rumpf, das abgehauene Haupt sprang dreimal auf dem Erdboden auf, drei Quellen sprudelten hervor (Trefontane). Die „Acta Petri et Pauli“[43] schmücken das Ende dann in romantischen Farben weiter aus.

42 2. Kor. 11,14 f.

43 Richard A. Lipsius/Max Bonnet (Hg.): Acta Apostolorum Apokrypha. Band 1: Acta Petri. Acta Pauli. Acta Petri et Pauli. Acta Pauli et Theclae. Acta Thaddaei. Leipzig 1891. 3. Reprint. Hildesheim 1990.

Vor uns steht ein Leben von imponierender Größe. Die Bedeutung des Paulus als Missionar beruht auf seiner konsequent und prinzipiell verfolgten Heidenmission, die erfolgreicher war als die seiner Vorgänger. Aus diesem Grunde konnte er auch sagen: „Ich habe mehr gearbeitet als sie alle“[44]. Und er übertrieb damit nicht. Seine kirchengeschichtliche Bedeutung beruht aber nicht allein auf seinen Erfolgen als Missionar, sie liegt ebenso in der theoretischen Begründung seiner Lösung vom Judentum, im weiteren Sinne in seiner gesamten theologischen Haltung. Paulus machte das Christentum nicht nur in der hellenistischen Welt heimisch, er schenkte ihm auch eine Theologie. Sie ist ein kompliziertes Gebilde, dessen einzelne Bausteine wir uns hier unmöglich alle ansehen können. Jüdische Erinnerungen und christliche Traditionen, hellenistisch-mystische Anschauungen sind zu einer Einheit verbunden, zusammengehalten durch das Erleben einer Persönlichkeit, deren vitale Kraft man hinter allen noch so kühlen logischen Deduktionen spürt.

Worin bestand dieses Grund-Erlebnis? Er sagt es uns selbst in der Begegnung vor Damaskus: der gekreuzigte Verbrecher ist der Messias, das ist die große Paradoxie. Dieser Gedanke mußte den Gottesbegriff des Paulus völlig umbilden. Gott hat Christus ans Kreuz gebracht, um sich dadurch die Welt zu versöhnen. Indem aber Gott Christus als Sühnemittel hinstellt, zeigt er damit seine Gerechtigkeit, gibt er einen deutlichen Beweis seiner Liebe. Sachlich kann man hier nicht von einer Verschiebung gegen Jesu Ansicht sprechen. Den Gott der Gnade, der nicht nach der Würdigkeit richtet, fand Jesus überall in der Natur und im Bewußtsein, Paulus erschloß sich diese Paradoxie durch das Kreuz Christi. Der Unterschied liegt höchstens in dieser Einschränkung auf Jesus als Offenbarungsmittler. In dieser grundlegenden Erfahrung der Gnade Gottes müssen wir alles Weitere zu verstehen suchen.

Von hier aus wird der jüdische Einschlag in der paulinischen Theologie gestaltet und geformt, indem Paulus Elemente der pharisäischen Theologie in christliches Gedankengut umsetzt[45]. Wir spüren ihren Einfluß auf Schritt und Tritt. Die eigentümliche Art der Beweisführung, die Art des Schlusses der logischen Deduktion, ist rabbinisch, sie arbeitet mit Belegen aus der hebräischen Bibel in der Weise des hellenistischen Judentums. Die Kritik, die Paulus durch den berühmten Neuplatoniker Prophyrius erfuhr, beweist dies. Dieser hochgebildete Hellenist steht vor einem Mann wie Paulus völlig ratlos da, er versteht ihn überhaupt nicht, er spürt an ihm eine ganz fremde Welt. Ferner die Art der Exegese, die Typologie. Alles, was geschrieben ist, ist um unseretwillen geschrieben, alles muß also symbolische Bedeutung haben: der Fels in der Wüste ist Christus[46] usw. Aber auch die Problemstellungen selbst sind jüdisch, vor allem das Hauptproblem: inwieweit hat das Gesetz für den Christen Bedeutung? In Röm. 9–11 hat er diese Frage prinzipiell beantwortet. Es ist heilig, gerecht und gut, es ist göttlicher Wille und hat damit Anspruch auf unbedingte Gültigkeit. Aber es ist auch nur eine vorübergehende

44 2. Kor. 11,23.

45 Vgl. Hans-Günther Waubke: Die Pharisäer in der protestantischen Bibelwissenschaft des 19. Jahrhunderts. Tübingen 1998 (= Beiträge zur historischen Theologie 107).

46 1. Kor. 10,4.

Größe, das Kreuz Christi stellt den vorgesetzlichen Zustand wieder her, das Gesetz steht nur dazwischen als ‚Lehrmeister auf Christus hin' (*paidagogos eis Christon*). Die Heiden sind also dem Gesetz nicht verpflichtet, denn aus Gnade gibt ihnen Gott die Seligkeit auch ohne das Einhalten des Gesetzes. Aber seine Pietät gegen das jüdische Volk geht so weit, daß Paulus trotz aller Konflikte doch seine spätere Rettung annimmt. In all dem sieht er die Unbegreiflichkeit der göttlichen Wege und Führungen. Damit ist die Heidenmission prinzipiell gerechtfertigt. Eine Beschneidung der Heiden ist nicht nur überflüssig, sie würde den Sinn von Christi Tod sogar aufheben.

Damit im Zusammenhang steht die zweite große Frage, die den Apostel bewegt: was muß der Mensch tun, um vor Gott gerecht zu sein? Die Gerechtigkeit ist für ihn als Jude wie als Christ das Erstrebenswerteste. Aber nicht eine Gerechtigkeit, die sich der Mensch durch den Schatz der guten Werke verdient, den er sich durch Gesetzeserfüllung erworben hat. Das Gesetz führt nur immer tiefer in die Sünde hinein, da man alle seine Gebote nicht halten kann und da man gar nicht die innere Kraft hat, sein bestes Wollen in die Tat umzusetzen (Röm. 7) – die Gerechtigkeit wird geschenkt. Gott hat sich als Gott der Liebe selbst mit den Menschen versöhnt im Kreuz Christi; durch seinen Opfertod hat Christus die Sünde, die seit Adam unter den Menschen herrschte, vernichtet – wenigstens prinzipiell. Der Mensch muß an dies alles nur glauben, d. h. er muß Vertrauen zu dem Vatergott haben. Aber dieser Glaube ist kein Werk, er ist ebenfalls ein göttliches Geschenk und zugleich der Anknüpfungspunkt für die Ethik, die neue Lebensgestaltung im Geiste. Das versteht Paulus unter Rechtfertigung aus Glauben. Die Problemstellung und die ganze Art der Beweisführung ist jüdisch, aber im Ganzen lebt der christlich-paulinische Gottesgedanke.

Ebenso zeigt sich jüdischer Einfluß in der Fassung der Eschatologie. Paulus lebte wie die Urgemeinde in der Erwartung der nahen Wiederkunft des Herrn, aber in der Beschreibung der einzelnen Phasen des Endes wandelte er wieder in den Bahnen der jüdischen Eschatologie, ohne daß man freilich in seinen Briefen eine einheitliche Anschauung über die Endvorgänge gewinnen könnte.

Ein weiteres Moment, wie sich jüdischer Einfluß geltend macht, ist die Ausgestaltung der Christologie. Für die Urgemeinde war der Herr nur der prophetische Mensch, der ob seiner Verdienste von Gott erhöht wurde. Paulus verbindet mit diesem Bild das vom jüdischen Messias. Wie dieser präexistent war, schon vor aller Schöpfung war, so auch Christus. Und wie die Wahrheit Gehilfin Gottes bei der Schöpfung war, so trifft ein Gleiches auch auf den präexistenten Herrn zu. Wir stehen hier vor einer metaphysischen Verschiebung des Christusbildes, die weittragende Konsequenzen zeitigen sollte. So kann man ohne Übertreibung sagen, daß Paulus das Evangelium einerseits in die kulturelle Welt der synkretistischen Spätantike eingeführt hat, und es andererseits zugleich von seinem Ursprung im Judentum losgelöst hat.

Von der Theologie der Urgemeinde wurde der Apostel natürlich nachhaltig beeinflußt, mehr vielleicht, als man denkt. Von hier hat er seine Kenntnis über den

Herrn, als Beweis seiner Gottheit den Auferstehungsglauben, das Herrenmahl mit Jesu Worten, das Institut der Taufe, die Deutung von Jesu Tod als Versöhnungstod und schließlich den Weissagungsbeweis zur Beseitigung etwaiger Anstöße. Das alles gibt er in seinen Briefen als übernommenes Gut an. Aber dieses wird nun charakteristisch umgebildet, wie bei der Präexistenz, dem Wertlegen auf das himmlische Geistwesen anstatt des historischen Jesus, der Theologie des Kreuzes und auch bei Taufe und Abendmahl.

Abschließend ist auf den Hellenismus als dritte Quelle der paulinischen Gedankenwelt hinzuweisen. Man hat hier Einflüsse oft abweisen wollen, aber man darf sich hierbei nicht täuschen, denn Paulus war in einer Stadt mit feinster geistiger Kultur groß geworden, in Tarsus. Wenn wir seine Briefe aufmerksam lesen, stoßen wir auf Schritt und Tritt auf Wendungen und sprachliche Ausdrücke, wie sie in den Mysterienreligionen heimisch waren: die Unterscheidung von Geist (*pneuma*) und Seele (*psyche*), das eigentümliche Doppelleben, seine Ansicht über die Sakramente, Todesleib, Himmelskleid, Auferstehungsleib, die Gegenüberstellung von Diesseits und Jenseits usw. Man hat gesagt, daß die Christusmystik das eigentliche Herz der paulinischen Frömmigkeit sei und daß er den Christuskult nach Analogie heidnischer Mysterienkulte geschaffen habe. Man hat gezählt, daß sich die Wendung ‚in Christus Jesus sein‘ 164 mal in seinen Briefen findet. Diese Mystik ist bei ihm vorhanden, aber sie steht keineswegs bestimmend im Mittelpunkt. Man sieht es an einem Doppelten: Einmal an der Spannung zwischen Welt (Fleisch) und Geist: „Ich weiß, daß in mir, das ist in meinem Fleische, nichts Gutes ist“[47]; weil das Sinnen und Trachten des Fleisches der Tod ist, so gilt es, der Welt gekreuzigt zu werden[48]. Wenn der alte Mensch ‚ausgezogen‘ ist, dann gilt es, Christum ‚anziehen‘, mit ihm zu einer neuen Gemeinschaft zu verschmelzen: „Ich lebe, doch nun nicht ich, sondern Christus lebt in mir“[49] – wohl der stärkste Durchbruch der Mystik bei Paulus. Bekannt ist ferner die bedeutsame Stelle aus 2. Kor. 12, wo Paulus in geheimnisvoller Andeutung von seiner Ekstase, von seiner Entrückung ins Paradies berichtet, wobei er sich der dritten Person bedient, wie es alle Mystiker tun. Das zweite, worauf hingewiesen werden muß, ist die Verinnerlichung des Heilsprozesses, der auf der ganzen Linie ins Psychologische umgebogen wird, da der Mystiker letztlich nur am Christus in uns interessiert ist. Christus muß in uns geboren werden, wir leiden, sterben mit ihm, werden mit ihm begraben und stehen mit ihm auf. Dieser innere Prozeß findet nun in den Sakramenten seinen Anhalt, die bei Paulus umgedeutet werden. Der Gläubige erlebt in der Taufe die Passion und die Auferstehung seines Herrn, auf dessen Namen er getauft, d. h. dem er übereignet wird. Und beim Abendmahl steht bei Paulus nicht die Vorwegnahme des messianischen Mahles im Vordergrund wie bei der Urgemeinde, sondern der Gedanke der engsten Beziehung mit dem Herrn, dessen Gaben man empfängt. Paulus zeigt im ersten Korintherbrief selbst die Paral-

47 Röm. 7,18.
48 Gal. 6,14.
49 Gal. 2,20.

lele mit dem heidnischen Opfermahl. Es ist die Luft einer anderen Welt, die uns hier berührt, die Mysterienreligionen mit ihrer Mystik sind da. Aber stehen sie im Mittelpunkt? Kann man sagen, daß die Bekehrung des Paulus in Wahrheit eine Bekehrung zu einer antiken Mysterienreligion gewesen sei? Dem widerspricht das bisher Erkannte. Wie stark ist Paulus doch von jüdischer Scholastik und Eschatologie berührt, bei ihm hat das Präsens nicht die Kraft, das Futurum zu verdrängen. Dann bedenke man auch, daß Paulus nicht allein von der hellenistischen Mystik beeinflußt ist, sondern auch von dem hellenistischen Rationalismus, wie der Sprachstil der stoisch-kynischen Diatribe in seinen Briefen verrät. Paulus knüpft in der Areopagrede an stoische Gedanken an, Röm. 1–2 arbeitet in seiner Schilderung des Heidentums und seiner Geschichte stark mit stoischen Vorstellungen und Kategorien. Aus all dem folgt, daß Mystisches und Unmystisches in einer gewissen Unausgeglichenheit nebeneinander stehen. Paulus besitzt überhaupt kein theologisches System, keinen von einem Kerngedanken getragenen organischen Bau, sondern eine Fülle von Ansätzen, Gedanken, Spekulationen, die aus der Augenblicksstimmung geboren einem praktischen Zweck dienen sollen. Er war eine zu impulsive Natur, um ein klügelnder und behutsamer Systematiker zu sein.

Paulus steht da als überragende Gestalt des Urchristentums, gleich epochemachend als Missionar wie als Theologe. Der Reichtum seiner Gedankenwelt ist indes von der Folgezeit nicht ganz erfaßt worden, für Heidenchristen mußten seine jüdischen Fragestellungen interesselos sein, die ganze Art seiner Beweisführung konnte diesen nicht systematisch erscheinen. So knüpfte die Entwicklung nicht an Paulus an, sondern bildete schon vorhandene Strömungen weiter fort oder schuf neue, die anders orientiert waren. Es herrschte größte Mannigfaltigkeit und die paulinischen Gedanken bildeten nur einen Einschlag. Einzelne paulinische Ausdrücke wurden zwar gebraucht, man hat jedoch den Eindruck, daß es Formeln sind, deren Inhalt man nicht mehr erfaßte. Darin liegt Tragik, aber auch Notwendigkeit. Es ist das Schicksal der Epigonenzeit.

6. Die Ausgänge des apostolischen Zeitalters

Neben Paulus wirkten andere Missionare für die Ausbreitung des Christentums, die – von dem Ruhm des großen Apostels überstrahlt – unbekannt geblieben sind. Daneben verbreitete sich die junge Religion von Mund zu Mund, durch die tausendfältigen Beziehungen des täglichen Lebens. Wir wissen darüber verhältnismäßig wenig. So kam das Christentum auch auf uns unbekannte Art nach Rom. Wir wissen weder wann noch wie. Erstmalig tritt die römische Gemeinde in der Geschichte durch eine Notiz auf, die sich bei dem Kaiserbiographen Sueton findet: „Die Juden, die, von Chrestus aufgehetzt, fortwährend Unruhe stifteten, vertrieb er aus Rom" („*Iudaeos impulsore Chresto assidue tumultuantes Roma expulit*")[50]. Die wahrscheinlichste Deutung ist die, daß unter *Chrestus* Christus zu verstehen

50 Vita Claudii XXIII 4. Vita Neronis XVI 2.

ist, daß es sich hier um Tumulte in der Synagoge gehandelt hat, wie wir sie bereits in Korinth, Ephesus und anderen Städten getroffen haben, und daß diese Unruhen die Vertreibung von Juden und Christen zur Folge gehabt haben, da man wie in Korinth zwischen beiden nicht unterschied. In Apg. 18 hören wir tatsächlich von zwei Christen, die Rom aufgrund dieses Ediktes verlassen mußten: Aquila und Priscilla, die später treue Gefährten des Paulus wurden. Als Paulus wenig später seinen Brief an die Römer schrieb, hatte er es mit einer großen Gemeinde zu tun, die bereits seit mehreren Jahren bestand[51]. Über ihre Zusammensetzung können wir aus dem Brief erschließen, daß überwiegend Heidenchristen zu ihr gehörten, während die Zahl der Judenchristen eine immer geringere wurde. Bald nach 60 n. Chr. wurde Paulus nach Rom transportiert und konnte hier zwei Jahre wirken. Damals drang auch die judaistische Gegenmission nach Rom vor und beunruhigte die Gemeinde, wie wir aus dem Philipperbrief erfahren, ohne freilich greifbare Erfolge zu erzielen. Dann muß in diesen Jahren auch Petrus nach Rom gekommen sein. Wir wissen von seinem späteren Leben sehr wenig. Um 45 treffen wir ihn beim Apostelkonzil in Jerusalem, bald darauf in Antiochien, wo Paulus ihn heftig tadelt. Aus dem ersten Korintherbrief erfahren wir, daß er auch in Korinth gewesen sein muß und daß er seine Frau auf seinen Missionreisen mitnahm. Zum Schluß seines Lebens treffen wir ihn in Rom. Die katholische Ansicht, nach der er die römische Gemeinde gegründet und 25 Jahre als erster Papst geleitet haben soll, ist äußerst fragwürdig. Aber für seine Anwesenheit in Rom sprechen, abgesehen von den ältesten Kirchenvätern, zwei sehr alte Zeugnisse. In seinem Brief an die Römer schreibt Ignatius (um 116): „Nicht wie Petrus und Paulus befehle ich euch, sie waren Apostel ..."[52] und im Ersten Clemensbrief (um 95) wird in Kapitel 5 von beiden Aposteln als von römischen Märtyrern gesprochen. Nach einer etwas späteren Notiz hat Petrus das Martyrium erlitten, nachdem er wenige Monate „seine Herde geweidet"[53] hatte. Vielleicht enthält diese Tradition etwas Wahres. Über das Ende der beiden Apostel wissen wir jedoch nichts Genaueres. Es ist nicht einmal absolut sicher, daß beide Opfer der neronischen Verfolgung geworden sind. Nach der Legende[54] aber haben sie das Martyrium sogar an demselben Tage erlitten. Jedenfalls hat Petrus eine bedeutsame Entwicklung mitgemacht, die ihn ganz von der Enge der Jerusalemer Urgemeinde löste und in die Nähe von Paulus führte. Darum haben ihm auch die Heidenchristen ein so rühmendes Andenken bewahrt.

Ein Ereignis, das tief in das Leben der jungen Gemeinde hineingriff, war die neronische Verfolgung des Jahres 64. Sie zählt allgemein als erste Christenverfolgung, ist es aber eigentlich nicht, denn ihre Ursachen waren anderer Art als die bei

51 Röm. 15,24.

52 Ignatius, Römerbrief IV 3.

53 Vgl. Christian Gnilka/Stefan Heid/Rainer Riesner: Blutzeuge: Tod und Grab des Petrus in Rom. Regensburg 2010.

54 Kampf zwischen Petrus und Simon Magus vor Nero, vgl. hierzu auch Kap. 13: der Magier stürzt auf das Gebot des Petrus hin ab, *Quo vadis*-Legende, Abschied des Apostels, umgekehrte Kreuzigung. Die Legenden haben große Bedeutung in der christlichen Kunst erlangt.

den Verfolgungen des zweiten Jahrhunderts. Aus den Annalen des Tacitus wissen wir, daß der Anlaß ein Zufall, der Umfang ein lokaler war. Nero wälzte den Verdacht der Brandstiftung, der fast das halbe Rom zum Opfer fiel, von sich auf die Christen ab. Das Volk glaubte zwar nicht recht daran, aber die Christen waren nicht beliebt und so fiel eine „ungeheure Menge"[55] der kaiserlichen Willkür zum Opfer. Nach 1. Clem. 6 wurden die Opfer in mythologische Gewänder bzw. in Tierfelle genäht und an Pfählen hängend angezündet, um die kaiserlichen Gärten zu erhellen. Wir wissen nichts über die Zahl der Opfer, nicht, ob hier vielleicht Übertreibungen vorliegen, aber das Ganze bleibt ein Akt kaiserlicher Willkür. Der Staat hatte damit in keiner Weise gegen das Christentum Stellung bezogen. Aus allem sieht man, wie bewegt und unruhig das Leben der römischen Gemeinde gleich von Anfang an war.

In Jerusalem war nach dem Apostelkonzil in steigendem Maße eine radikale Strömung ans Ruder gekommen, die jeden Versuch einer Abschwächung strikt ablehnte. Die Apostel mußten an Einfluß verloren haben, nachdem sie Jerusalem verlassen hatten. Neben den strengen Judaisten, nach deren Ansicht jeder Christ erst durch die Beschneidung Jude werden müsse und zum Halten des Gesetzes verpflichtet sei, gab es eine mittlere Richtung, die zwar für sich selbst das Gesetz hielt, es aber den Heiden nicht auferlegte. Noch weiter gingen Menschen wie Petrus, die überhaupt den Unterschied verwischten. In Jerusalem hatte jedoch die strenge Partei Oberwasser. Vielleicht war Jakobus, der Bruder des Herrn, ihr Führer. Von seiner Strenge in gesetzlichen Dingen erzählte man sich damals viel, desgleichen von seinen stundenlangen Gebeten im Tempel. Er war eine beliebte und allseits verehrte Persönlichkeit, auch unter den Juden. Diese gaben ihm sogar das Ehrenprädikat ‚der Gerechte', was eine ganz besondere Auszeichnung war und nur großen Gesetzeseiferern verliehen wurde. Gleichwohl gab es im Judentum Menschen, die die ‚Nazoräer' mißgünstig ansahen. Aber fast zwanzig Jahre lang herrschte Friede. Im Jahre 62 starb der Prokurator Festus. Das Interregnum nutzte der Hohepriester Hannas II. zu einem entscheidenden Schlag. Er zitierte Jakobus vor den Sanhedrin und ließ ihn zum Tode verurteilen. Entweder wurde er gesteinigt oder mit einer Wallerstange erschlagen – die beiden Berichte gehen auseinander. Die Gemeinde selbst hatte weiter Frieden. Man wählte wieder jemanden aus Jesu Verwandtschaft zum Leiter, Symeon, der fast ein halbes Jahrhundert dieses Amt innehatte, bis er ca. 110 den Märtyrertod erlitt.

Daß selbst seine strenge Gesetzlichkeit Jakobus nicht vor einem gewaltsamen Ende hat bewahren können, mag auch darin seinen Grund haben, daß das Judentum immer radikaler wurde. Beseitigung der römischen Zwangsherrschaft war das Ziel. Die Partei der Zeloten gelangte immer mehr ans Ruder. Im Jahre 66 brach der Aufruhr aus, die römische Garnison wurde niedergemetzelt, die Bewegung griff nach Galiläa über, die ganze Provinz befand sich im Aufstand. In Jerusalem stürzte man aber auch den Hohenpriester und machte die Aristokratie unschädlich. Fa-

55 Eine ungeheure Menge = *multitudo ingens* (Annales XV 44).

natiker schlimmster Sorte wirkten. Die Situation der judenchristlichen Gemeinde in Jerusalem war kritisch, sie stand zwischen zwei Feuern. Sie entschied sich für Neutralität und wanderte auf Weisung des Geistes nach Pella im Ostjordanland aus. Hier konnte sie das Ende des jüdischen Krieges abwarten. Der Ausgang ist bekannt: Nach furchtbaren Kämpfen wurde Jerusalem im Jahre 70 von Titus erobert, zerstört, der Tempel verbrannt. In der Stadt selbst herrschten vor der Eroberung geradezu anarchische Zustände. Eine Rückkehr der Judenchristen war undenkbar, da Jerusalem gar nicht mehr bestand, wäre aber auch nicht ratsam gewesen, da die Juden es diesen Christen nicht vergessen konnten, daß sie sie im entscheidenden Augenblick im Stich gelassen hatten. In der Synagoge wurden sie im täglichen Gebet verflucht. Das Judentum, das sich nach der Katastrophe ganz auf sich selbst zurückzog, hatte für diese ‚Halbjuden' keine Sympathien mehr. Aber auch bei den Christen mußte der Einfluß der judenchristlichen Kreise stark zurückgehen, da Jerusalem als heilige Stätte ihnen kein besonderes Ansehen mehr verlieh.

Neben Rom und den paulinischen Gemeinden herrschte in der Provinz *Asia proconsularis* reges christliches Leben. Es fehlte hier auch nicht an bedeutsamen Erscheinungen und an einer Frömmigkeit, die oft ganz andere Bahnen ging, als wir sie aus den paulinischen Briefen kennen. Da lebte Philippus mit seinen vier weissagenden Töchtern in Hierapolis, das pneumatische Element des ältesten Christentums verkörpernd. Noch um 150 zeigte man sich ihre Grabdenkmäler. Die wichtigste Gestalt und zugleich die rätselvollste ist die des Johannes. Nach kirchlicher Tradition soll er Jesu Lieblingsjünger gewesen sein, der das Evangelium, die Apokalypse und die Johannes-Briefe verfaßt habe. Sein Wirkungsfeld war Kleinasien, besonders Ephesus. Dieser Tradition stehen die schwersten Bedenken entgegen. Die höchst verwickelte johanneische Frage ist hier nicht darzulegen, es seien nur die wichtigsten Quellen benannt:

(1) Nach Mk. 10,35 hat es den Anschein, daß Johannes und sein Bruder Jakobus das Martyrium erlitten haben.

(2) Papias von Hierapolis (um 150) unterscheidet ausdrücklich zwei Männer mit dem Namen Johannes, den Einen nennt er den Apostel, den Anderen den Presbyter, einen Mann der späteren Generation, mit dem er noch Fühlung gehabt hatte.

(3) Verwechslungen zwischen Presbytern, Apostelschülern im weitesten Sinn und Aposteln sind möglich und sogar bezeugt.

(4) Dionysius von Alexandrien (um 250) berichtet ausdrücklich, daß man in Ephesus zwei Gräber des Johannes zeige. Längst können wir mit der Forschung daran festhalten, daß die johanneischen Schriften nicht einfach dem Jünger Johannes zuzuweisen sind. Wir können somit zumindest sicher sein, daß es um 100 in Kleinasien einen Presbyter gegeben hat, der in dem damaligen kirchlichen Leben eine bedeutende Rolle gespielt haben muß.

Vergegenwärtigen wir uns in Kürze den Grundriß der theologischen Anschauungen des johanneischen Traditionskreises, so stoßen wir auf interessante Weiterbildungen über Paulus hinaus und spüren dabei zugleich den stärkeren Einfluß der hellenistischen Mystik. Man erkennt ihn schon rein äußerlich an den Worten und Formeln, die mit Vorliebe verwandt werden. Das häufige ‚Ich bin' (*ego eimi*) der Reden Jesu hat seine Parallele in den Selbstaussagen der Isis. ‚Leben' und ‚Licht', wie sie im Prolog des Evangeliums gebraucht werden, sind ein beliebtes Begriffspaar, das sich ebenso in den hermetischen Schriften findet. Achtet man jedoch auf den Inhalt, ist die grundsätzlich andere Einstellung des Johannesevangeliums gegenüber den Synoptikern hervorzuheben: die Steigerung der Geschichte ins Übernatürliche; die Wunder als Manifestation des Logos; die Monotonie, die die Mannigfaltigkeit der Geschichte aufhebt; die ständigen Wiederholungen, Rückgriffe und die nicht immer logische Anordnung der Sätze, was alles eine bestimmte Stimmung erzeugen soll; der geheimnisvolle Sinn, der symbolisch in der einzelnen Geschichte steckt und den es nur durch allegorische Interpretation zu heben gilt. Im Gegensatz zu den Synoptikern spielt hier das ‚Reich Gottes' keine Rolle, sondern alles ist individualisiert und dreht sich nur um das Schicksal des Einzelnen. Ferner ist die Eschatologie hier bis auf wenige Rudimente verflüchtigt, das Präsens hat das Futurum verdrängt. Damit gewinnt Jesu Verkündigung aber eine ganz andere Klangfarbe und dies bedeutet zugleich ein Hinausschreiten über Paulus. Die Eigenart der johanneischen Mystik kann man in drei grundsätzlichen Motiven beschreiben. Zunächst in dem Verhältnis Christi zu Gott, das genau dem Verhältnis zwischen Mysten und Gottheit entspricht, wie wir es aus den Mysterienreligionen kennen[56], selbst die Identitätsformel fehlt nicht: „Ich und der Vater sind eins"[57], oder aus dem hohepriesterlichen Gebet: „alles, was mein ist, ist dein und was dein ist, ist mein"[58], „du, Vater, in mir und ich in dir"[59]. Diese Identifikation wiederholt sich bei der Beschreibung der Beziehung zwischen Christus und den Gläubigen: „Wer in mir bleibt und ich in ihm, der bringt viel Frucht"[60]. Darüberhinaus ist auf die Bedeutung der Sakramente hinzuweisen und das eigentümliche Schwanken, das hier zwischen Realismus und Spiritualismus zu beobachten ist. Das sieht man z. B. an der Geschichte von der Speisung. Ihr Sinn ist das Sakrament der Eucharistie: das Essen des Fleisches Christi, das Trinken seines Blutes – also ganz realistisch. Aber für den Evangelisten Johannes ist dies dann auch wieder gleichbedeutend mit dem Erlangen einer höheren Erkenntnis. Faßt man die johanneische Frömmigkeit in den Sakramenten zusammen, so wird man an anderen Stellen darauf hingewiesen, daß die Gemeinschaft mit Gott im Glauben an ihn und in der Liebe zu den Brüdern liegt. Also ein beständiges Schwanken, ein Schillern in allen Farben kennzeichnet die johanneische Theologie. Aber man kann auch sagen,

---

56 Vgl. Kap. I.2.
57 Joh. 10,30.
58 Joh. 17,10.
59 Joh. 17,21.
60 Joh. 15,5.

daß der Prozeß der Loslösung vom Judentum noch weiter fortgeschritten ist als bei Paulus, dessen Problemlösungen hier überhaupt nicht anklingen, und daß wir nun auf einem Boden stehen, der von hellenistischer Mystik berührt ist. Man erkennt dies noch deutlicher, wenn man bedenkt, daß von dem johanneischen Kreis Richtungen abzweigten, die der erste Johannesbrief heftig bekämpft, die dann zum Doketismus[61] fortgeschritten sind und Vorläufer der großen Schulen der Gnosis bilden. Diese beriefen sich mit Vorliebe auf das vierte Evangelium und kommentierten es, während die kirchlichen Schriftsteller des zweiten Jahrhunderts nur geringe Notiz von ihm nahmen.

Neben dem Typ der judenchristlichen, paulinischen und johanneischen Frömmigkeit gab es noch eine vulgär heidenchristliche, die weit verbreitet war. Die paulinischen Probleme über die Gültigkeit des Gesetzes spielten hier keine Rolle. Man kannte es ja gar nicht, hatte kein Verständnis für seine klassischen Partien, hielt das Gesetz auch nur im ethischen Bereich, besonders den Dekalog. Der Glaube war hier einfach und unreflektiert: Monotheismus bei Verwerfung allen Götzendienstes; die Gewißheit, daß Jesus der Sohn Gottes sei, in dem alle Prophezeiungen erfüllt sind – der *soter*, nicht der Messias, wie man ihn verstand –; die Verpflichtung zu einem sittlichen Lebenswandel, in dem es nicht an asketischen Gedanken und Einschlägen fehlte und schließlich die Hoffnung auf die Auferstehung des Fleisches. Über sie sagt Tertullian: „Der zuversichtliche Glaube der Christen ist die Auferstehung der Toten; durch sie sind wir Gläubige“[62]. Dieser Art der Frömmigkeit sollte die Zukunft gehören, denn sie entsprach dem Horizont der einfachen Gläubigen, aus denen die jungen heidenchristlichen Gemeinden bestanden. Berücksichtigt man noch die zahlreichen Irrlehren, die im Neuen Testament bekämpft werden, so hat man ein Bild von der Reichhaltigkeit und Bewegtheit des inneren Lebens im apostolischen Zeitalter. Erst eine weitere institutionelle Festigung, verbunden mit dem Rückgang des Judenchristentums, eine theologische Fortentwicklung und deren Ausformung im spirituellen Leben prägte aus dieser Vielfalt heraus die frühkatholische Kirche.

---

61 S. u. Kapitel 13.

62 De ressurectione 1,1.

III. Die Entstehung der Frühkatholischen Kirche

A. Die äußere Entwicklung

7. Der Ausgang des Judenchristentums

Verfolgt man den hochinteressanten Prozeß der Entstehung der katholischen Kirche, so fällt zuerst auf, daß der Einfluß des Judenchristentums in dauerndem Rückgang begriffen war. Die paulinische Mission und die Entwicklungen um die Zeit der Zerstörung Jerusalems sind erste Vorboten. Aber man darf die Bedeutung des Letzteren nicht überbewerten, denn einmal kehrten die Christen nach der Beendigung des Krieges zum Teil wieder in die zerstörte Hauptstadt zurück. Wir haben noch die Liste der in Jerusalem residierenden Bischöfe bis zu den Tagen Hadrians. Die frommen Judenchristen sahen in der Zerstörung Jerusalems zwar eine Katastrophe, stellten diese aber unter einen eschatologischen Gesichtspunkt, indem sie sie als Vorzeichen des Unterganges betrachteten. Die judenchristliche Gemeinde lebte noch viele Jahrzehnte in ungestörter Entwicklung weiter und hatte sogar noch manche missionarische Erfolge aufzuweisen, vornehmlich im Ostjordanland. Hier war Pella der Hauptort und es mögen dort nach 70 eine sehr beträchtliche Anzahl von Judenchristen zurückgeblieben sein. Von hier aus verbreitete sich diese Richtung weiter, drang bis in die Gegend südwestlich von Damaskus vor, bis nach Arabien und Syrien. In diesen Gegenden treffen wir sie noch im vierten Jahrhundert. Daneben war sie auch in den kleinen Landstädten Palästinas, besonders Galiläas verbreitet.

Welches Bild gewinnen wir aus den dürftigen Quellen über ihre Eigenart? Zunächst fällt rein äußerlich die Rolle auf, welche Jesu Verwandte in diesen Gemeinden bis ins zweite Jahrhundert hinein spielten. Schon Jakobus der Gerechte hatte den Einfluß der Apostel in Jerusalem zurückgedrängt, Symeon, nach Euseb ein „Vetter des Heilands“[63], war sein Nachfolger, der bis etwa 110 seines Amtes waltete. Er gab wiederum seine Stellung an Großvettern Jesu weiter. Gegen Ende des ersten Jahrhunderts hören wir von Verwandten Jesu, die vom Kaiser Domitian nach Rom zitiert wurden. Sie waren als Davididen, d. h. als Unruhestifter und Kronprätendenten angezeigt worden. Aber als der Kaiser ihre von täglicher Landarbeit schwieligen Hände sah, als er hörte, daß sie in Galiläa einige Morgen Land ihr eigen nannten und daß das Reich, welches sie erwarteten, nicht von dieser Welt sei, ließ er sie unbehelligt ziehen[64]. Diese Zeit bezeichnet man als die sogenannte domitiani-

---

63 hist. eccl. III 23,3.6.

64 Euseb bringt hierüber einen Bericht Hegesipps (hist. eccl. III 20): „Domitian fragte jene, ob sie von David abstammen. Sie bestätigten es. Sodann fragte er sie nach dem Umfang ihrer Besitzungen und nach der Größe ihres Vermögens. Sie antworteten, sie besäßen beide zu-

sche Christenverfolgung, die von einer Feindschaft des Staates gegen die Christen nicht weit entfernt war. Die Rolle, die Jesu Verwandte im ersten Jahrhundert spielten, lag ganz im Rahmen rabbinischer Traditionen: Die Lehrtradition einer Schule kann im Verwandtenkreis weitergegeben werden.

Das Zweite, was als charakteristisch hervorgehoben werden muß, ist die Stellung dieser Kreise zum Judentum. Sie war eine sehr pietätvolle. Man feierte die jüdischen Feste, man betete im Tempel, man hielt den Sabbat und beschnitt die Knaben. Man wartete wie die Juden auf das Kommen des Messias, der das Joch der jüdischen Fremdherrschaft zerbrechen sollte. Man führte aber nicht nur einen gesetzlichen Wandel, man beteiligte sich auch am synagogalen Leben, übernahm die Rolle des Vorlesers, hielt Vorträge usw. Wie eng die Beziehungen zu den Juden waren, lehrt uns eine Geschichte aus dem Talmud, nach der der berühmte Rabbi Ben Akiba den Rabbi Elieser daran erinnerte, einmal mit einem der Schüler des Nazareners über das Problem ‚rein – unrein' diskutiert zu haben. Dem Elieser gefiel die Lösung des Christen, der also auch in rabbinischen Denkweisen zu Hause war.

Diese enge Verbindung bewirkte eine starke Annäherung der jüdisch-christlichen Kreise an das Judentum. Im Gottesbegriff und in der Ethik stimmte man mit den Juden überein. Das einzig Unterscheidende war der Glaube an Jesus als den Messias, der beide Parteien trennte, denn der Glaube an ihn als Voraussetzung für die Rettung im Gericht war für Juden ein geradezu frivoler Gedanke. Aber man hielt streng am jüdischen Monotheismus fest, indem man jede Präexistenz Christi leugnete und in ihm nur den Sohn Josephs sah. Während der Taufe kam der Heilige Geist, seine Mutter, auf ihn herab und machte ihn zum Sohn Gottes. Hinsichtlich des Gesetzes hatten sie hier und da auch ihre Sondermeinungen, deuteten z. B. manches allegorisch. Sie hatten ihre eigenen Versammlungen, wo sie das Herrenmahl feierten und sie teilten schließlich den jüdischen Patriotismus nicht, denn am jüdischen Krieg beteiligten sie sich nicht und in dem letzten großen Aufstand, den Bar Kochba leitete, blieben sie ebenfalls neutral. Sie weigerten sich sogar, in diesem Anführer den Messias zu sehen. Die jüdisch-christlichen Kreise bildeten im Grunde genommen eine von zahlreichen Sekten im Rahmen des Judentums, die ihre Eigenheiten pflegte.

---

sammen nur 9.000 Denare und davon gehöre jedem die Hälfte. Aber auch dieses Vermögen bestehe – so fügten sie bei – nicht in Geld, sondern im Werte eines Feldes von nur 39 Morgen, die sie mit eigener Hand bewirtschafteten, um davon die Steuern zu zahlen und ihren Lebensbedarf zu decken. Hierauf zeigten sie ihm ihre Hände und bewiesen durch die Härte ihrer Hand und durch die Schwielen, welche sie infolge ihrer angestrengten Arbeit an ihren Händen tragen, daß sie Handarbeiter waren.
Als man sie über Christus und über die Art, den Ort und die Zeit seines Reiches fragte, antworteten sie, dasselbe sei nicht von dieser Welt und dieser Erde, es sei vielmehr ein himmlisches und Engelreich, das erst am Ende der Welt kommen werde, wenn Christus in Herrlichkeit erscheinen wird. Daraufhin verurteilte Domitian sie nicht, sondern verachtete sie als gemeine Leute".

Aber die Lage dieser Gruppierungen verschlechterte sich dauernd. Nach dem jüdischen Krieg beschränkte sich das Judentum fanatisch auf sein Gesetz und gab die Diaspora preis. Das Priestertum hatte seine Rolle ausgespielt, die Rabbinen übernahmen die Führung. Nachlässigkeit im Beobachten des Gesetzes hatte die Katastrophe herbeigeführt, peinliches Halten aller Gebote war daher die neue Losung. So stieß die Synagoge entschlossen alle häretischen Neubildungen zurück und nahm in das tägliche Gebet, das Schᵉmone Esre, eine Verfluchung der Ketzer auf: „Und der Ketzer sei keine Hoffnung; und alle, die Böses tun, mögen schnell zu Grunde gehen; und mögen sie alle baldigst ausgerottet werden ...“[65]. Das geschah um das Jahr 100. Das Judentum zog aufgrund der Ereignisse eine Trennungslinie. Zwar war es nicht in der Lage, mit Machtmitteln gegen die Judenchristen vorzugehen, weil der römische Staat es nicht duldete, aber zu Zeiten des Bar Kochba-Aufstandes kam es zu einzelnen Verfolgungen.

Die Lage der Judenchristen war durchaus nicht erfreulich. Sie machten ernstlich den Versuch, die nationalen Vorrechte der Juden auf dem Boden des Christentums aufrecht zu erhalten – aber sie ernteten von Seiten der Juden Ablehnung. Die Heidenchristen konnten ihnen auch nicht freundlich gesinnt sein, denn sie konnten die feindliche Haltung der Judenchristen gegen den Apostel Paulus nicht zulassen und sahen in ihnen Sonderlinge, die sogar ein eigenes Evangelium benutzten: das Hebräerevangelium. Hieronymus nennt sie einmal „Halbjuden und Halbchristen“[66]. Der Versuch, den später einige Judenchristen unternahmen, sich der Großkirche durch eine Rezeption der Logoschristologie anzupassen, scheiterte. Das Judenchristentum hatte an den großen geistigen Bewegungen in der Kirche keinen Anteil, es wurde bald überholt, da es auf einer früheren Entwicklungsstufe stehen blieb. Die Väter des zweiten Jahrhunderts sahen in ihm bereits eine Häresie. Der Name ‚Nazoräer‘, einst eine Bezeichnung für die gesamte Urkirche, bezeichnete nun eine Ketzerei. Daneben findet sich, auf dieselben Kreise angewandt, die Bezeichnung ‚Ebionim‘. In diesem ursprünglichen Ehrennamen der ‚Stillen im Lande‘ sah man auf heidenchristlicher Seite nur noch einen Spott: „die geistig Armen“[67]. Katastrophal wurde für diese Kreise auch das Verbot, daß kein Beschnittener das römische Jerusalem (*Aelia Capitolina*) bei Todesstrafe betreten dürfe, eine Folge des Bar Kochba-Aufstands. Nunmehr waren die Judenchristen endgültig von Jerusalem ausgeschlossen, ins Hinterland gedrängt und von der großen Entwicklung abgeschnitten. Sie blieben dort, Kirchenväter des vierten Jahrhunderts bekämpften sie noch, aber schon Origenes beziffert ihre Zahl geringer als 144.000. Vielleicht haben sie noch die Zeiten des Islam erlebt, in dessen Wellen sie untergingen.

---

65 12. Benediktion, *Birkath ha-minim*.

66 Justin (dial. 47,1–3) erörtert die Frage, ob Judenchristen, die das Gesetz halten, selig werden können. Er will sie noch als Christen gelten lassen.

67 So Origenes. Euseb schreibt: „... denn das Wort Ebionäer deutet ihre geistige Armut an“ (hist. eccl. III 27).

Neben diesem vulgären Judenchristentum gab es noch eine andere Form, die sich synkretistischen Einflüssen erschloß: das gnostische Judenchristentum. Es ist eine komplizierte Größe. Es wurde bereits darauf hingewiesen, daß auch das palästinensische Judentum sich synkretistischen Einflüssen erschlossen hatte und daß der Engelglaube sich immer mehr verbreitete. Dieser Geist griff nun auf die Judenchristen über und zwar schon in der apostolischen Zeit. Es handelt sich hier nicht mehr allein um das Halten des Gesetzes, um den Gegensatz von Glauben und Handeln, sondern um ganz andere Dinge: Beobachten von Fasten, Sabbaten, Nahrungsaskese, Engelkult. Damit wird die Stellung Christi eine ganz andere. Er wird ein Glied der Engelwelt, wodurch die durch ihn bewirkte Erlösung als noch unvollkommen und ergänzungsbedürftig verstanden werden kann. Wir finden hier die ersten Anfänge der Gnosis. Weiter fortgeschritten ist ihr Stadium bereits in den Pastoralbriefen. Hier ist die Rede von Gesetzeslehrern, die viel von Mythen und Genealogien [der Engel] reden sowie eine scharfe Askese und die Auferstehung der Toten in eine Auferstehung bei der Taufe umdeuten.[68] Noch klarer wird das Bild, das wir aus den sieben Briefen des Ignatius gewinnen. Dieser Bischof kannte die Irrlehrer, ihre Versammlungen und ist sogar selbst mit ihnen auf dem Weg von Philadelphia nach Smyrna zusammengestoßen. Sie kamen von Ephesus, wo sie keinen Erfolg zu verzeichnen hatten. Auch bei ihnen fand sich die Vermischung jüdischer Bräuche wie der Beschneidung und dem Halten des Sabbats mit Spekulationen. In der Christologie vertraten sie den doketischen Standpunkt – sie waren der Meinung, daß Christus nur scheinbar die Menschheit angenommen habe –, gegen den Ignatius betont, Christus sei wahrhaftig gestorben und wahrhaftig auferstanden. Sie leugneten ferner die Auferstehung des Fleisches. Drei Motive kennzeichnen diese Lehren: das mosaische Gesetz, sich daran anknüpfende Spekulationen verbunden mit asketisch rigoristischen Neigungen (Enthalten von Wein, gewissen Speisen und der Ehe) und das Evangelium, in dem Jesu Gestalt ins Doketische umgebogen ist. Diese Kreise des gnostischen Judenchristentums versuchten, unter dem Eindruck von Jesu Person die mosaische Religion in ihrem Sinne zu einer Art Universalreligion zu erheben. Die jüdische Färbung des Ganzen zeigt sich an dem Festhalten an den gesetzlichen Bestimmungen und dem Konflikt mit Paulus.

Von der weiteren Geschichte dieser Bewegung ist wenig bekannt. Es sei nur auf den Versuch einer Religionsstiftung hingewiesen, wie er bei den Elkesaiten vorliegt. Der Name *El Kesi* bedeutet im Aramäischen ‚verborgene Kraft'. Seine Anhänger glaubten, dass ihm zur Regierungszeit Trajans (um 100) ein gewaltiger Engel erschienen ist, der ihm ein heiliges Buch übergeben hat. Dieser Engel soll Christus gewesen sein. Das heilige Buch scheint die durch Jesus begonnene Offenbarung fortzusetzen. Seine judenchristliche Färbung verrät sich in dem Dringen auf Beschneidung trotz Verwerfung gewisser Partien des Alten Testaments und in der Polemik gegen Paulus. Wie bei den übrigen synkretistischen Judenchristen sieht man hier im Sohn ein Engelwesen und faßt den Heiligen Geist weiblich auf.

---

68 Zur Gnosis s. Kap. 13.

Man spricht von häufigeren Geburten Christi, die christliche Offenbarung scheint demnach als nicht ausreichend. Es wird ferner die Möglichkeit einer erneuten Sündenvergebung betont, ein Problem, das damals besonders dringend war, da die Taufe als einziger Akt der Sündenvergebung galt. Schließlich treten allerhand Spekulationen namentlich astrologischer Art zu Tage. So wurde der Tauftag nach dem Stand der Gestirne bestimmt. Überhaupt waren mit der Taufe noch mannigfache Waschungen mit zum Teil alten Bräuchen verknüpft. Es handelte sich also um eine richtige Mischreligion aus jüdischen, christlichen und heidnischen Elementen, die nun missionierend nach Westen wanderte. In Rom unternahm sie im beginnenden dritten Jahrhundert einen Versuch, sich zu etablieren, der jedoch mißlang.

Worin liegt die kirchengeschichtliche Bedeutung dieser judenchristlich-synkretistischen Positionen? Zunächst haben wir hier einen Ausgangspunkt für das Entstehen der christlichen Gnosis zu suchen. Von hier aus drangen synkretistische Gedanken nach Westen, kreuzten sich dort mit anderen Traditionen, die teils aus der orientalischen Kultur, teils aus der griechischen Philosophie stammten und ergänzten die großen gnostischen Systeme eines Basilides oder Valentin. Dann haben diese judenchristlichen Gebilde noch eine Bedeutung für das Entstehen des Islam gehabt. Von hier aus ist der eigentümliche Einschlag des jüdisch-christlich-gnostischen Elementes in der islamischen Gedankenwelt überhaupt zu verstehen. Aber für die Geschichte der katholischen Kirche haben diese Gebilde keine Rolle mehr gespielt. Andere Faktoren beherrschen das Bild.

8. Die Ausbreitung des Christentums im zweiten Jahrhundert

Dem Zurücktreten des Judenchristentums entsprach die steigende Bedeutung des Heidenchristentums. Seine Ausbreitung im endenden ersten und beginnenden zweiten Jahrhundert war sehr beträchtlich, obwohl die Christen natürlich erst nur einen kleinen Bruchteil der Bevölkerung ausmachten. Die christliche Missionsarbeit folgte den Bahnen des Judentums und setzte überall dort ein, wo Synagogen bestanden, um über die Proselyten zu den Heiden selbst vorzudringen. Das Netz der Synagogen breitete sich über das ganze Reich aus und im Osten noch weit darüber hinaus. Überhaupt hatten die Christen es jetzt erheblich leichter, da die Konkurrenz der jüdischen Missionierung fortfiel, da das Judentum nach seiner nationalen Katastrophe die Diaspora aufgegeben hatte und sich ganz auf sich selbst beschränkte.

In den Tagen der Apostel breitete sich die junge Religion durch die Arbeit dieser einflußreichen Personen und ihrer Gehilfen aus. Man bedenke, welche Bedeutung hier allein die Person des Apostels Paulus hatte. Neben den Zwölf spricht man auch von Aposteln im weiteren Sinne. Der Epheserbrief nennt sie zwar Evangelisten, aber der ältere Sprachgebrauch, der die Bezeichnung ‚Apostel' noch nicht auf die Zwölf einschränkt, hat sich noch lange erhalten. Die Didache beschreibt anschaulich die Tätigkeit dieser Wanderapostel, wie sie rastlos von Ort zu Ort zogen, sich nirgends länger als nötig aufhaltend, christliche Gemeinden gründend und dann auf neue Taten ausziehend. Sie waren arm, ohne jede Habe, wie es Mt. 10 vorschreibt, hatten aber das Recht auf Unterhalt seitens der Gemeinde, in welcher sie sich gerade auf der Durchreise befanden. Bis ins dritte Jahrhundert hinein begegnen wir ihren Spuren, ihr Enthusiasmus bedeutete für die Ausbreitung des Christentums fraglos sehr viel.

Noch mehr erreichte jedoch die stille Verbreitung des Christentums, die der einzelne Christ trieb, um seinen Nächsten zu gewinnen. Sie war unscheinbar, aber eine unheimliche Macht, denn sie benutzte alle Verkehrswege, drang durch geheime Kanäle in das Innere der Familien ein und störte deren Harmonie. Celsus zeichnet uns ein feines Bild von dem unterirdischen Wühlen der Sklaven, wie sie Frauen und Kinder zu ‚beschwatzen' suchen, wie sie gegen ihre heidnischen Gebieter schimpfen[69]. Dieses Bild wird dem Leben abgelauscht sein.

Das allein würde aber die Ausbreitung des Christentums nicht erklären, es muß darüberhinaus starke Anziehungspunkte gerade für einfache Leute besessen haben. Welchen Eindruck wird allein die Missionspredigt hervorgerufen haben, die mit starken Kontrasten zu arbeiten pflegte, sei es durch den Monotheismus, der sich strikt allem heidnischen Polytheismus mit seinen Bildern entgegen stellte oder durch die eindrückliche Verkündigung des unmittelbar bevorstehenden Gerichtes, die wie ein Alarmruf in die damalige Welt hinein geklungen haben muß. Auch der Gottesdienst in seiner Geistigkeit und Bildlosigkeit bildete einen starken Kontrast zu dem, was die Menschen damals kannten. Betrachtete man sodann das Leben der Gemeinde, so konnte selbst der Übelwollendste nicht das ernste Streben nach sittlicher Reinheit und Vollkommenheit leugnen. Die großzügig betriebene Liebestätigkeit ist der beste Beweis für ihre gegenseitige Liebe, diese ständige Sorge für Witwen und Waisen, das Loskaufen von Sklaven, das Besuchen der Gefangenen, die Gastfreundschaft für durchreisende Brüder, die Liebesmahle und das Aufbringen von Mitteln für Begräbnisse von armen Gemeindegliedern. Eindruck mußte ferner der Enthusiasmus der Christen machen, die Tatsache, daß die Dämonen ihnen untertan waren und schließlich der Todesmut der Märtyrer, die im Amphitheater vor versammeltem Volk alle Martern über sich ergehen ließen. Bot nicht das Christentum bei seinem demokratischen Prinzip der allgemeinen Gleichheit geringen Leuten Aufstiegsmöglichkeiten? Konnten Sklaven und Freigelassene, zumal wenn sie geistbegabt waren, nicht in der Gemeinde zu Ansehen und Ehre gelangen? All diese Faktoren unterstützten die Ausbreitung des Christentums.

Charakteristisch dafür ist die Tatsache, daß es sich zuerst in den Städten festsetzte und von dort aufs Land vordrang. Wir finden die neue Religion in fast allen Metropolen ansässig. Jerusalem hatte seit der Katastrophe von 135 – dem Ende des Bar Kochba-Aufstands – eine heidenchristliche Gemeinde, deren erster Bischof Marcus hieß. In Syrien war Antiochia weitaus der wichtigste Stützpunkt für das Christentum, wie schon zur Zeit des Paulus. Hier lebte im beginnenden zweiten

69 Wir finden seine Beschreibung nur in der gegen ihn gerichteten Schrift des Origenes „Contra Celsum".

Jahrhundert der Bischof Ignatius, der ca. 110 zu Tierkämpfen in Rom verurteilt wurde. Er reiste durch Kleinasien und schrieb an die dortigen Gemeinden mehrere Briefe. Er nannte sich kurz ‚Bischof Syriens', was Antiochias damalige Vormachtstellung deutlich erkennen läßt. Die ignatianischen Briefe sind in mehr als einer Hinsicht interessant. Sie wurden schon bei dem Porträt der Irrlehrer im Zusammenhang mit Paulus erwähnt und sie sind eine Quelle für die Verfassungs- und Kultusgeschichte. Hier sei nur auf die Gestalt des Ignatius hingewiesen, die hinter diesen Briefen steht, dieses mystischen, leidenschaftlich nach dem Martyrium verlangenden Mannes, dessen Wendungen und Bilder von einem starken Pathos getragen sind.

Besonders stark verbreitet war das Christentum in der *Asia proconsularis*, der Provinz mit den 500 Städten, wie man sie nannte. Ephesus nahm hier die erste Stelle ein, Ignatius richtete wie Paulus einen Brief an diese Gemeinde, das erste der sieben Rundschreiben der Apokalypse ist an Ephesus gerichtet, hier hat der bedeutende Presbyter Johannes gewirkt, dessen Gestalt wie erwähnt leider völlig im Dunkeln bleibt. Auch in Smyrna gab es Christen, deren Führer Polykarp war. Überhaupt war Kleinasien während des zweiten Jahrhunderts tonangebend in allen theologischen Fragen. Über die Verbreitung des Christentums in Bithynien und Pontus haben wir zwei interessante heidnische Zeugnisse. Einmal der berühmte Brief des Plinius, der uns auch aufgrund seiner rechtlichen Seite interessieren wird. Für den Moment sei nur hervorgehoben, daß der Statthalter dem Kaiser über die erstaunlichen Fortschritte des Christentums berichtet: die Tempel standen verödet da, Opfertiere wurden nicht mehr verkauft, die Religion der Väter geriet ins Wanken. Er berichtet auch, daß er Leute getroffen habe, die behaupteten, ihr ehemaliges christliches Bekenntnis schon vor 20 Jahren wieder abgelegt zu haben, und dies bereits um das Jahr 80. Schließlich bemerkt er, daß die Christen auch auf dem Lande lebten. Viel wird Plinius in diesem offiziellen Schreiben nicht übertrieben haben, das zeigt uns eine Kontrollinstanz. Wir haben aus der genialen Feder Lukians einen Bericht über den Schwindelpropheten Alexander von Abonuteichos. Als man an der Glaubwürdigkeit dieses Propheten zu zweifeln anfing, rechtfertigte er sich damit, der ganze Pontus sei ja voller Gottloser und Christen, die allesamt die schlimmsten Verleumdungen gegen ihn ausstreuten.

In Europa finden wir das Christentum seit den Tagen des Paulus in Mazedonien und Griechenland vor, ohne daß wir zu dessen Verbreitung im Einzelnen nähere Angaben machen könnten. Korinth ragt besonders durch seine Größe und Bedeutung hervor. Aber letztlich hat in Europa nur eine Gemeinde überragende Bedeutung: die römische. Man erkennt dies an der Anzahl von Werken, die wir aus den Kreisen der ältesten römischen Gemeinde besitzen. Es sind deren drei: der erste Clemensbrief von etwa 95 n. Chr., ein umfangreiches Schriftstück von 60 Kapiteln, gerichtet an die korinthische Gemeinde, höchst wichtig zur Kenntnis altchristlicher Gemeindefrömmigkeit. Es ist ein nüchterner, allem Enthusiasmus fremder, ganz auf die ethische Forderung und ihre Erfüllung gerichteter Sinn, der uns hier entgegentritt. Dabei wird neben Sprüchen Jesu das Alte Testament auffällig bevorzugt, während die Texte von Paulus zurücktreten. Dessen Höhe wird überhaupt nicht festgehalten, was man daran sehen kann, daß das Geschick des Vogels Phönix als Beispiel für die Auferstehung herhalten muß[70]. Der Anlaß zu diesem breiten Schreiben waren Unruhen, die in Korinth ausgebrochen waren und die es zu beschwichtigen galt. Interessant ist das Selbstbewußtsein der römischen Gemeinde, das uns hier erstmalig entgegentritt. Der zweite Clemensbrief ist kein Brief, sondern eine Predigt und ist wahrscheinlich auch in Rom entstanden. Dieser Text ist in spekulativer Hinsicht sehr interessant, wenn er das Verhältnis von Kirche und Christus beschreibt, aber auch hinsichtlich seiner stark asketischen Richtung, die auf einem ausgesprochenen Dualismus aufbaut. Die umfangreichste der in Rom entstandenen Schriften ist der „Hirt des Hermas", entstanden um 140, ein langatmiges Werk voll künstlicher Bilder und platter Ethik, unoriginell und nüchtern, aber in guter Absicht verfaßt. Nach Rom gerichtet ist auch einer von den sieben Briefen des Ignatius, in dem er die Gemeinde bittet, keine Schritte zu seinen Gunsten zu unternehmen. Durch den ganzen Brief ziehen sich Lobeserhebungen, die der römischen Gemeinde gespendet werden: sie hat den Vorsitz in der Liebe und ist der Seligkeit, der Ehre sowie des Heiles würdig usw. Auch wenn keine Zahlen genannt werden können, liegt die Vermutung nahe, daß die römische Gemeinde im Vergleich zu den anderen europäischen Gemeinden die meisten Mitglieder hatte.

Kommen wir weiter nach Westen, so sind Christen in größerer Zahl in Südgallien durch deren Verfolgung bezeugt, die 177 in Lugdunum (Lyon) und Vienna (Vienne) ausbrach. Sie müssen aber schon in früherer Zeit hier ansässig gewesen sein, was sich durch eine Beziehung zu Kleinasien nachvollziehen läßt. Auf den Handelswegen gelangte das Christentum in diese Gemeinden. In Nordafrika mit Karthago als Hauptstadt hören wir zunächst gar nichts, wir wissen nur, daß Christen hier auf dem jüdischen Friedhof bestattet wurden. Erst um 180 lesen wir von einem Martyrium in Scili, wenig später setzt die schriftstellerische Tätigkeit Tertullians ein. Aber das afrikanische Christentum muß älter sein.

Gleiches gilt für Ägypten, wo christlicher Einschlag auch erst seit dem endenden zweiten Jahrhundert faßbar in Erscheinung tritt. Aber große Schulhäupter der Gnosis wie Valentin haben hier bereits um 130 gewirkt und zwar – ihrer Gewohnheit entsprechend – unter Christen. Sollten in Alexandria nicht schon im ersten Jahrhundert Missionsversuche unternommen worden sein, da in der Stadt auch viele Juden lebten? Vermutlich ist hier der Barnabas-Brief mit seiner allegorischen Exegese des Gesetzes geschrieben worden.

Außerhalb der Reichsgrenzen hat das Christentum in Edessa Erfolge erzielt. Seit etwa 150 begegnen wir hier seinen Spuren. Um 200 trat der Fürst Abgar IX. zum Christentum über und erklärte es zur Staatsreligion. Hier finden wir auch die erste Erwähnung einer Kirche.

Das Christentum hatte also fast in allen Teilen des Reiches Fuß gefaßt, wenn auch in verschiedener Stärke, am wenigsten sind wir über den Westen, Norden,

70 Vom Phönix erzählt Herodot. Bei Paulus spielt die Phönixsage überhaupt keine Rolle.

über Syrien, Britannien, Germanien, Nordfrankreich und Italien unterrichtet. Allerdings ist das Quellenmaterial für diese Zeit äußerst lückenhaft und so können wir vieles überhaupt nicht wissen. Am zahlreichsten vertreten waren die Christen in den großen Zentren und Hauptstädten, am schwächsten in den kleineren Landstädten und auf dem Land selbst. Einen nennenswerten Faktor aber bildeten sie im Rahmen der Bevölkerung noch nicht.

Um unser Bild von der Ausbreitung des Christentums im zweiten Jahrhundert zu vervollständigen, müssen wir noch einen Blick auf die Zusammensetzung der Gemeinden in sozialer und nationaler Hinsicht werfen. In den Gemeinden waren die unteren Schichten am stärksten vertreten, arme Leute, einfache, nicht angesehene Personen. Paulus sagt: „Nicht viel Weise nach dem Fleisch, nicht viel Gewaltige, nicht viel Edle sind berufen. Sondern was töricht ist vor der Welt, das hat Gott erwählt ...“[71]. Dieses Wort gilt auch weithin im 2. Jahrhundert. Die Christen rekrutierten sich aus den Kreisen der kleinen Handwerker, Gewerbetreibenden, Sklaven und Freigelassenen. Das beweist die Liebestätigkeit der Gemeinde, die großen Umfang erreicht haben muß. Man unterstützte Witwen und Waisen aus gemeinsamer Kasse, sie nicht zu übersehen, sondern sie zu besuchen, wurde immer wieder gefordert, Arme und Arbeitsunfähige wurden unterstützt, man übte Gastfreundschaft in größtem Umfang, man kümmerte sich um die Sklaven, versuchte ihre Lebensbedingungen zu verbessern oder sie gar frei zu kaufen. Die rege Liebestätigkeit, aber auch der oft fanatische Haß gegen die Reichen und die Literatur der Erbauungsschriften zeigen, daß arme, kleine Leute die größte Gruppe in den Gemeinden bildeten. Das beweist außerdem noch ein Doppeltes: Um 200 schrieb einer der bedeutendsten damaligen Theologen namens Clemens Alexandrinus einen Traktat mit dem Titel „Kann ein Reicher gerettet werden?“[72]. Etwas früher bekämpfte der heidnische Philosoph Celsus die Christen. In einer beißenden Satire schildert er diese Winkelsekte, zu der nur Sklaven, Frauen, Kinder und einfältiges Volk gehörten, denen man alles vorschwätzen könne.

Es wäre aber völlig falsch, in den Christen des zweiten Jahrhunderts nur Menschen aus der Unterschicht sehen zu wollen. Es fanden sich unter ihnen auch reiche, vornehme Leute, besonders einflußreiche Frauen. Schon die Apostelgeschichte erzählt von der Purpurhändlerin Lydia. In der domitianischen Verfolgung um 95 wurde Flavia Domitilla, eine nahe Verwandte des Kaisers, in die Verbannung geschickt. Ihr Bekenntnis zum Christentum ist nicht absolut sicher, aber archäologische Funde haben erwiesen, daß die Katakomben *coemeterium Domitillae* auf einem Grundstück liegen, das Domitilla gehörte und das sie den Christen als Begräbnisplatz geschenkt hatte. Weitere Katakomben in Rom und Neapel bestätigen dieses Bild nur für das zweite Jahrhundert. Ein weiteres Bild aus der römischen Gemeinde des endenden zweiten Jahrhunderts zeigt die Lage noch deutlicher. Kaiser Commodus hatte eine ‚Freundin‘ mit dem Namen Marcia, die Christin war. Da

71 1. Kor. 1,26 f.

72 Hg. von Otto Stählin. Leipzig 1908.

sie großen Einfluß beim Herrscher besaß, setzte sie die Befreiung der in den Bergwerken Sardiniens schmachtenden Christen durch. Hinter ihr stand der römische Bischof, ein ehemaliger Sklave, der ihr die Liste mit den Namen übergab. So gewiß es richtig ist, daß reiche und vornehme Menschen vor allem im dritten Jahrhundert Christen wurden, so wenig darf diese Erkenntnis verallgemeinert werden.

Welche Bevölkerung enthielten die Gemeinden? Im Osten überwog das Syrische, das Hauptelement und der tragende Faktor war indes das Griechische. Das gilt auch für das Abendland. Die Namen der ersten römischen Bischöfe und die der Märtyrer von Lyon sind griechisch, die heiligen Schriften wurden in griechischer Sprache verlesen und die älteste Literatur des Westens ist griechisch verfaßt. Irenäus von Lyon schrieb um 170 sein großes Werk gegen die Häresien in griechischer Sprache, ebenso der heidnische Kaiser Marc Aurel in Rom seine berühmten Selbstbetrachtungen. Der erste lateinische Kirchenschriftsteller war Tertullian (um 200). Es hat ganz den Anschein, als habe sich die lateinische Sprache nicht von Rom, sondern von Nordafrika aus im Abendland verbreitet. Indem sich das Christentum im syrischen, griechischen und lateinischen Sprachraum verbreitete, gewann es schnell größeren Einfluß und Anhänger.

Zahlenmäßig können über alle Christen, die im ganzen Reich zu finden waren, keine näheren Angaben gemacht werden, doch man muss eher von kleinen Gemeinden ausgehen. So vergleicht der christliche Schriftsteller Theophilus von Antiochien um 190 die christlichen Gemeinden mit Inseln, die im Meer des Heidentums liegen.

9. Behördliche und literarische Bekämpfung des Christentums

Da das Christentum zunächst als eine innerjüdische Sekte galt, genoß es auch wie das Judentum die Vorzüge einer *religio licita*, einer ‚erlaubten Religion' neben dem römischen Glauben. Das änderte sich bereits im endenden ersten Jahrhundert, in dem sowohl Juden als auch Christen sich immer mehr voneinander getrennt wissen wollten. Mit dieser Entwicklung verlor das Christentum jedoch seine bevorzugte Stellung als *religio licita*, wodurch es nun angreifbar wurde. Das Volk wurde von unterschiedlichen Seiten und aus verschiedenen Motivationen heraus systematisch gegen die Christen aufgehetzt. Die schauerlichsten Geschichten und Verleumdungen waren gegen Christen in Umlauf: Sie sollten bei der Einführung eines neuen Mitgliedes unter einem Getreidehaufen versteckt ein Kind halten, der Neuling sollte mit dem Messer hineinstechen und das herausfließende Blut trinken. Über die gottesdienstlichen Versammlungen der Christen wurde das Ärgste geredet, zügelloseste Unsittlichkeit sollte dort an der Tagesordnung sein. Man zog Vergleiche mit Thyestes und Ödipus[73]. Man sah ferner in den Christen Zauberer, die mit übernatürlichen Kräften begabt ihren Mitmenschen schaden wollten. Für schlechtes Wetter, Mißwuchs, Seuchen, Hungersnöte und Erdbeben wurden die Christen ver-

73 Es geht um Inzest mit der eigenen Tochter, bzw. der eigenen Mutter.

antwortlich gemacht. Noch im Jahre 410 mußte Augustinus das Christentum gegen den heidnischen Vorwurf verteidigen, es trage Schuld an der Eroberung Roms durch Alarich. Die Christen als Zauberer und als Feinde der Götter verschuldeten alles Unglück. Der Haß wurde noch größer, wenn man sah, daß manche Gewerbe durch die Christen geschädigt wurden – alles, was mit dem Götzendienst zusammen hing – und daß sie sich von einem fröhlichen Festtreiben prinzipiell fernhielten, wie es im Zirkus und Theater herrschte. Der Vorwurf des Menschenhasses (*odium generis humani*) wurde gegen sie erhoben. Wie lächerlich mußte ihre Lehre erscheinen, ‚Auferstehung des Fleisches', die Persönlichkeit ihres Christus, der im Ehebruch gezeugt und als Schwindler und Aufrührer am Kreuze gestorben sei. Und auch der Kultus, in dem sie angeblich einen Esel anbeteten. Dieser Vorwurf wurde schon gegen die Juden erhoben und nun auf die Christen übertragen. Zu diesen Vorstellungen ist eine Spottzeichnung überliefert: ein Mann am Kreuz mit einem Eselskopf, vor ihm kniend ein Mann mit zum Gebet emporgehobenen Armen, darunter die Inschrift: Alexamenos betet seinen Gott an[74].

Wie stellte sich der Staat zum Christentum? Seine Stellung richtete sich natürlich nach der Haltung des Christentums, diese aber war schwankend. Paulus hatte sich einst für den römischen Staat eingesetzt und in ihm eine Gottesordnung gesehen. Der zweite Petrusbrief folgt ihm in dieser loyalen Haltung und Gebete für den Kaiser sind schon sehr früh in den ältesten Gemeindegebeten bezeugt. Aber dies hieß nicht, daß die Christen sich für den Staat einsetzten. Sie waren im Gegenteil schroff kulturfeindlich und asketisch ausgerichtet und in ihrer ausgeprägten eschatologischen Erwartung beteten sie um das Kommen des Weltendes. In der Apokalypse finden wir einen leidenschaftlichen Haß gegen den Staat, der als ‚das Tier aus dem Abgrund' dargestellt wird.

Der Zusammenstoß erfolgte beim Kaiserkult. Seine Bedeutung als Reichsreligion wurde bereits erwähnt.[75] In ihm verkörperte sich die *Maiestas Imperii* (Hoheit des Reiches) in der Gestalt des Kaisers. Die Ausübung des Kaiserkultes war religiöser und patriotischer Akt zugleich. Jede Nation ist an ihren bestimmten Kult gebunden, das war ein Grundsatz der Antike, der Kaiserkult war die Religion des Reichs. Jedes Volk konnte seine ihm eigentümliche Religion behalten, musste aber den Kaiserkult mit aufnehmen. Es bestand zwar keine gesetzliche Vorschrift, daß jeder vor dem Bild des Kaisers zu opfern habe, aber von jedem konnte das Opfer gefordert werden. Dabei kam es lediglich auf den Vollzug an, nicht aber auf die Gesinnung. Die größten Religionsspötter dieser Zeit wie Lukian haben diese Pflicht treulichst erfüllt, obwohl sie an nichts glaubten. Lediglich die Juden waren von dieser Pflicht befreit, wie sie ja auch weitere Privilegien als Erbteil aus der Ptolmäerzeit besaßen: kein Militärdienst, kein Auftritt vor Gericht am Sabbat, eigene Gerichtsbarkeit.

---

74 Vgl. Erich Dinkler: Signum crucis. Aufsätze zum Neuen Testament und zur christlichen Archäologie. Tübingen 1967, S. 150, 153.

75 Vgl. Kap. I.2.

Der strenge, exklusive Monotheismus der Christen, ihr fanatischer Kampf gegen jede Vergötterung der Kreatur machte ihnen die Verehrung des Kaisers zu einer Unmöglichkeit. Ein Nachgeben in diesem Punkt würde einer Selbstaufgabe gleichkommen. Andererseits konnte der Staat nicht nachgeben, denn es handelte sich hier um seine Ehre und sein Ansehen. Wenn er die Juden davon befreit hatte, so geschah das aus besonderen Gründen. Die Juden waren eine geschlossene Nation und ihre Ausbreitung blieb infolge der Beschneidungsforderung beschränkt, die eine hohe Schwelle vor der Übernahme ihrer Religion bildete. Bei den Christen lagen die Dinge ganz anders. Sie bildeten gerade keine Nation, sie fühlten sich neben Heiden und Juden als *tertium gens* (dritte Volksgruppe), sie waren international. Daher mußte der Staat in ihnen eine Gefahr sehen, die seine Sicherheit untergrub, eine revolutionäre Partei mit ihrer Verweigerung des Opfers. Das hieß Hartnäckigkeit, Unbotmäßigkeit und Gottlosigkeit. Daß die Christen sich, aus Angst aufzufallen, vom Gericht und vom Heer mit seiner Eidesleistung fernhielten, sprach nicht zu ihren Gunsten und verstärkte nur den Eindruck, den man von ihnen hatte, als von einer unheimlichen unterirdischen Verschwörerbande.

Nach welchen juristischen Formen vollzog sich das Eingreifen des Staates? Es handelte sich nicht um gerichtliche Prozesse, sondern um behördliches Eingreifen. Es gehörte zu den Aufgaben der selbständigen Magistrate, für Recht und Ordnung in ihrem Gebiet zu sorgen. Sie besaßen dafür eine gewisse Strafgewalt, das Verhängen der Todesstrafe stand dagegen nur dem Prokonsul zu. Besondere Prozeßformen waren hier unnötig, es war ein abgekürztes Verfahren, eine Art Sondergericht. Dabei konnte unterschiedlich vorgegangen werden. Man konnte auf Anzeigen warten oder selbst die Christen aufspüren, die Anzeigen konnten anonym oder persönlich erstattet werden. Die Art des Verfahrens, das Maß der Strafzuteilung, alles lag in den Händen der Beamten. So war die Lage der Christen höchst unsicher, zumal zahlreiche Fanatiker von den Christen des öfteren Opfer verlangten. Die Statthalter mußten wohl oder übel diesem Verlangen nachgeben, um sich nicht unbeliebt zu machen, und die Kaiser konnten unmöglich gegen das eifernde Volk vorgehen, das die Verächter des Kaiserkultes zur Rechenschaft ziehen wollte. Von der politischen Ungefährlichkeit der Christen werden die Beamten wahrscheinlich überzeugt gewesen sein.

Hier können nicht sämtliche Verfolgungen aufgezählt werden, Raum ist nur für einige prinzipielle Darlegungen. Von den jüdischen Verfolgungen der Anfangszeit kann ganz abgesehen werden, da sie anderen Motiven entsprungen sind. Die neronische Verfolgung ist eine zufällige, auf Rom beschränkte Explosion, die uns in ihren letzten Motiven bei der Dürftigkeit der Quellenlage unverständlich bleiben wird. Der erste Zusammenstoß zwischen Staat und Christentum, wo es wirklich um die eben skizzierte prinzipielle Frage ging, fand in Kleinasien um das Jahr 100 statt und spiegelt sich in der Darstellung der Apokalypse des Johannes in der Form einer leidenschaftlichen Kampfschrift gegen den Kaiserkult. In Kapitel 13 steigt das Tier mit den zehn Hörnern aus dem Abgrund empor, dem von dem Drachen alle Macht gegeben wird. Die Leute staunen und beten das Tier, eine Verkörperung des Imperiums, an: „Wer ist dem Tier gleich und wer kann mit ihm Krieg führen?“ Alle, die das Tier nicht anbeten, werden hingerichtet[76]. Die Apokalypse ist an sieben kleinasiatische Gemeinden gerichtet, wie aus den Sendschreiben an ihrem Anfang deutlich hervorgeht. Nach ihnen ist die Verfolgung teils ausgebrochen, teils steht sie noch bevor. In Pergamon stehe der Thron Satans[77], hier sei bereits Blut geflossen, Antipas sei Märtyrer geworden[78], in Smyrna werde der Ausbruch der Hitze erwartet, die nur zehn Tage dauern soll.[79] „Sei getreu bis an den Tod“, so ruft ihnen der Seher zu. Es werde viel Blut fließen, unter dem himmlischen Altar lägen die Seelen der Märtyrer und schrien nach Rache – die ganze Apokalypse ist eine glühende Kampfschrift gegen den heidnischen Staat, gegen das auf dem Scharlachtier sitzende Weib, das trunken vom Blut der Heiligen ist. Mit dieser antistaatlichen Tendenz verbindet sich die eschatologische Hoffnung, die lichte Bilder der Zukunft erhält, und die ganze Apokalypse mündet in den Ausblick: „Amen. Ja komm, Herr Jesus“. Es ist kein Zufall, daß gerade in Kleinasien der Kampf entbrannt ist, denn es war das Hauptland des Kaiserkultes, hier war man besonders empfindlich. Die Verfolgung wird keinen größeren Umfang angenommen haben, der leidenschaftliche Ton des Sehers darf uns nicht irritieren, er sieht das Zukünftige bereits gegenwärtig.

Wenige Jahre später wurde das Verfahren gegen die Christen prinzipiell geregelt. Der jüngere Plinius, Statthalter der Provinz Bithynien, stellte auf seinen Inspektionsreisen die erschreckende Zunahme des Christentums fest. Er hielt es für seine Pflicht, gegen den Zusammenbruch der väterlichen Religion einzuschreiten. Er ließ einige Christen festnehmen, verhören und hinrichten, wenn sie das Opfer standhaft verweigerten. Darauf wurde ihm anonym eine lange Liste von Christen überreicht, woraufhin diese verhört und Standhafte hingerichtet, Leugner jedoch freigelassen wurden. Er wollte sich Klarheit über das Treiben der Christen verschaffen, über das die unglaublichsten Gerüchte kursierten. Deshalb ließ er zwei Sklavinnen foltern. Deren Aussagen bestätigten aber nur die Harmlosigkeit der Christen, die in der Frühe zusammenkamen, Christus als Gott Lieder sangen und versprachen, tugendsam zu sein. Plinius war sich über sein Verhalten unschlüssig und über drei Punkte war er vornehmlich im Zweifel:

(1) Sollten Unterschiede in Alter und Geschlecht gemacht werden?

(2) War Christsein an sich strafbar oder erst, wenn die *flagitia cohaerentia nomini*[80] klar erwiesen wurde?

(3) Sollten Leugner freigelassen werden?

---

76 Apk. 13,15; 20,4.

77 Gemeint ist vermutlich der berühmte Pergamonaltar, der zugleich ein Zeichen für die Macht des Zeus-Kultes im Imperium war.

78 Zum Märtyrer Antipas s. Artikel: Antipas. In: Lexikon für Theologie und Kirche, Bd. 1. Freiburg i. Br. ³1993.

79 Eine lokale Verfolgung, für deren Dauer man Beispiele aus anderen Regionen kannte.

80 Verbrechen, die mit dem Namen des Christentums in Verbindung zu bringen sind.

Er wandte sich in einem Brief an Kaiser Trajan. Dessen Antwort war kurz, knapp und geradezu klassisch. Auf vier Punkte ist hinzuweisen:

(1) *conquirendi non sunt* (man soll nicht nach ihnen suchen) – kein systematisches Aufspüren von Seiten der Behörde, sondern Abwarten von Anzeigen.

(2) *si deferantur et arguantur, puniendi sunt* (wenn sie angezeigt und überführt werden, muß man sie bestrafen) – das Christsein an sich sei strafbar, denn es schließe die Verweigerung des Kaiserkultes in sich ein. Das Verfahren der örtlichen Gerichte blieb also zu Recht bestehen.

(3) *veniam ex paenitentia impetret* (er ist aufgrund seiner Reue zu begnadigen) –wer aber sein Christsein abstritt und dies durch ein Opfer bekräftige, ging frei aus.

(4) Anonyme Anzeigen seien unstatthaft und sollten keine Berücksichtigung finden. Da es aber meist anonyme Anzeigen gewesen sein werden, geht daraus hervor, daß dem Kaiser an einer Häufung von Prozessen gar nichts lag. Dieser Bescheid wurde zwar nur auf einen singulären Fall hin erteilt, in Wirklichkeit hatte er aber prinzipielle Bedeutung, denn er gab die Richtlinien des Staates klar an, wie sie bis ca. 250 befolgt wurden.

Der Briefwechsel wurde bald veröffentlicht, Abschriften der einzelnen Verfügungen werden, dem Gebrauch der Kanzlei entsprechend, auch an andere Provinzen verschickt worden sein.

Trajans Nachfolger hielten diese Linie im Wesentlichen ein und gestalteten durch weitergehende Edikte die Lage für die Christen noch etwas günstiger, vorausgesetzt, daß diese Verfügungen echt sind. Das wird bei dem Reskript Hadrians an den Statthalter der *Asia* energisch bestritten. Der Kaiser verbietet hier, daß man gegen die Christen aufgrund eines Volkstumultes vorgehe, die Anklagen müssen vielmehr ordnungsgemäß erfolgen und eine gesetzeswidrige Handlung muß den Christen bereits nachgewiesen sein. Die Verleumder soll dagegen Strafe treffen. Man ging damit, wie schon Trajan es tat, gegen das Denunziantentum vor, das beängstigenden Umfang angenommen hatte. Dem Christentum kam das nur zugute. Aber es blieb *religio illicita*, über jedem Christen schwebte das Todesurteil, aber der Staat hatte kein Interesse an einer Ausrottung der neuen Religion. Er hatte sie wohl nicht als eine allzu große Gefahr angesehen. Aber gerade gute und tüchtige Kaiser haben das Christentum aus Staatsinteresse verfolgt, weil sie in den neuen Kulten überhaupt ein Übel sahen. Die Zahl der Märtyrer wird daher nur eine geringe gewesen sein – um 250 spricht Origenes noch von einer kleinen Zahl. Aber in allen Jahrzehnten stoßen wir auf Märtyrer in fast allen Provinzen. Es handelte sich dabei nie um systematische Verfolgungen, sondern um lokale Ausbrüche aus dem Affekt heraus. Berühmt sind die Martyrien des Polykarp von Smyrna (155), des Justin in Rom (156), der Märtyrer in Lugdunum und Vienne in Südgallien (177) und von Scili in Nordafrika (180). Von allen haben wir umfangreiche Berichte in den Märtyrerakten, die eine erbauliche Bearbeitung der Prozeßakten darstellen und an den Jahrestagen der Martyrien in den Kirchen verlesen wurden.

Aus ihnen erfahren wir Wertvolles über den Verlauf des Prozesses: Zunächst ist festzustellen, daß die Behörden, wie es Trajans Reskript anordnet, niemals von sich aus vorgegangen sind, sondern stets aufgrund einer Anzeige. Menschen des Mittelstandes und der unteren Schichten waren dabei wenig exponiert, doch konnte es nicht an persönlichen oder andersgläubigen Gegnern und Nachbarn fehlen, die aus privater Rache Anzeige erstatteten. Es kam auch vor, daß eine Gruppe Heiden ihnen bekannte Christen auf der Straße anhielten, sie zum Opfer zwangen und mit Anzeige drohten. Die Anzeige konnte aber auch vom Volk ausgehen, wenn es über ein Unglück erregt war und nach den Verursachern suchte. Drastisch, aber treffend sagt Tertullian: „... wenn die Erde bebt, wenn Hungersnot und Seuchen ausbrechen, sofort heißt es: die Christen vor die Löwen"[81]. Das Volk verlangte dann von den Christen das Opfer und die Statthalter leisteten diesem Begehren Folge. In Smyrna saß man im Theater, ein vorgeführter Christ verweigerte das Opfer und das erregte Volk schrie: ‚Man hole den Polykarp, der so viele zum Abfall von der väterlichen Religion verleitet hat'. Wie dieser Bischof selbst sagte, hat er 86 Jahre lang seinem Herrn gedient, ohne daß man ihn deswegen irgendwie angefochten hätte. Natürlich war der Bischof am exponiertesten. In der südgallischen Verfolgung ergriff man auch sofort den Bischof Photinus, einen 90-jährigen Greis. Diese Beispiele zeigen die Rechtsunsicherheit der Christen, die unangefochten Jahrzehnte hindurch leben konnten, bis sie ein Zufall vor den Richter führte.

Die Art des Verhörs zeigt deutlich, wie wenig es den Statthaltern darauf ankam, viele Christen festzunehmen. Als einst eine ganze Gemeinde vor dem Statthalter stand und verurteilt werden sollte, sagte dieser, daß sie Stricke und Abhänge hätten, wenn sie unter allen Umständen sterben wollten, sie sollten ihn nur nicht behelligen. So zeigte sich der Statthalter unwillig, der Anzeige gegen die Gemeinde überhaupt weiter nachzugehen. Das Verhör war in der Regel sehr milde. Die Statthalter versuchten, die Christen zum Abfall zu bewegen, indem sie darauf hinweisen, daß das Opfer doch eine Kleinigkeit sei. Sie könnten ja ruhig weiter Christen bleiben, bräuchten den Kaiserkult auch innerlich gar nicht anzuerkennen, sie sollten nur der Form Genüge leisten. Dem greisen Polykarp redete man aufs Friedlichste zu, er möge doch sein Alter bedenken und daß ihn alle schätzten usw. In vielen Fällen blieb das fruchtlos, die Christen bleiben hartnäckig. Nach ihren Personalien gefragt, antworteten manche nur: ‚Ich bin ein Christ'. Dies blieben oft ihre einzigen Worte. Zuweilen hielten sie aber auch zündende Reden gegen den Staat und den Kaiser, den sie als teuflisch, als Werkzeug der Dämonen hinstellten. Die Richter überhörten das dann in der Regel. Wenn alles gütliche Zureden nichts half, zog man andere Saiten auf, um den Abfall zu erzwingen. Man gab ihnen zunächst Bedenkzeit, versuchte sie durch Haft mürbe zu machen, zeigte ihnen die wilden Tiere, folterte sie auf alle erdenkliche Art. Hier fielen sehr viele ab. Die Märtyrerakten zeichnen natürlich Idealbilder, aber es finden sich gelegentliche Sätze, die verraten, daß die Märtyrer auch menschliche Regungen besessen haben. Ein Christ hatte

81 apol. C. 40.

sich selbst angezeigt, als man ihm aber die Löwen zeigte, da fürchtete er sich und leugnete ab. Die Standhaften wurden hingerichtet, sehr selten durch das Schwert, sondern meist, wie bei Polykarp, durch den Feuertod oder im Tierkampf. Das ganze Volk war dabei Zuschauer, es war ein richtiges Volksfest. Als Polykarp verbrannt wurde, trug das Publikum Holzstücke zum Scheiterhaufen herbei und man schlug und stieß den Greis. Ebenso erging es dem Bischof Photinus in Lyon. Die Wut des dortigen Pöbels muß unbeschreiblich gewesen sein, die Grausamkeiten überstiegen jedes Maß. Selbst vor den Leichen machte man nicht Halt, man warf sie den Hunden vor und stellte Wachtposten dabei auf, man verbrannte die Überreste und warf die Asche in einen Fluß – um die Auferstehungshoffnung lächerlich zu machen. Das waren momentane Ausbrüche, die sich hier und da wiederholten, aber doch nur vorübergehende Erscheinungen waren. War ein Opfer gefallen, beruhigte sich das Volk wieder. Es waren auch immer nur wenige Christen, die das Schlimmste erlitten, in Scili sechs, in Smyrna nur Polykarp, in Rom Justin und einige Gefährten, lediglich in Lyon betrug ihre Zahl 48, aber von ihnen sind gewiß manche doppelt gezählt, einige starben im Gefängnis[82]. Man kann auch nicht sagen, daß die Statthalter grausam und ungerecht verfahren sind. Sie hielten sich lediglich an ihre Instruktionen, hatten kein Interesse am Martyrium der Christen, waren daher sehr entgegenkommend und oft von unbegreiflicher Milde. Die Hartnäckigkeit der Christen war ihnen unverständlich und fand bei ihnen keine Sympathie, dem Drängen des Volkes gaben sie häufig nach, machten auch der Volksjustiz Zugeständnisse, richteten sich aber in der Regel immer nach der Luft, die am kaiserlichen Hof wehte. Die damaligen Christen haben die heidnische Taktik ungerecht beurteilt, sie haben es nicht verstanden oder wollten es nicht verstehen, warum der Name des Christen an sich, ohne Nachweis von strafbaren Handlungen, strafbar sei. Sie wiesen auf vermeintlichen Widerspruch in der Verhandlungspraxis hin. Sie änderten aber ihr Verhalten nicht. Ihr Leitstern war das Herrenwort: „Wer mich bekennt vor den Menschen, den will ich bekennen vor meinem himmlischen Vater“[83]. Sie erkannten den Märtyrern die höchste Ehre zu und waren der Meinung, daß diese durch die Bluttaufe des Martyriums direkt in den Himmel kämen.

Neben der behördlichen Verfolgung des Christentums lief eine literarische her, die auf jene aber keinen allzu großen Einfluß ausgeübt hat. Sie setzte natürlich verhältnismäßig spät ein, da es im Christentum anfangs kaum gebildete Kreise gab. Auch war die Kenntnis christlicher Zustände und Anschauungen auf heidnischer Seite zunächst noch sehr gering. Man wußte, daß es eine Winkelsekte war, deren Stifter unter Pontius Pilatus wegen Aufruhrs hingerichtet wurde, wie es Tacitus bezeugt[84]. Es wurden über Jesus allerlei schmutzige Geschichten berichtet, die begierig aufgegriffen wurden und das Volk erzählte sich grauenvolle Einzelheiten über den christlichen Kultus. Die Gebildeten gaben sich keine Mühe, genauer hinzuse-

82 Vgl. Herbert Musurillo (Hg.): The Acts oft the Christian Martyrs. Oxford 1972.
83 Mt. 10,32.
84 Annales 15,44.

hen, sie übernahmen zum Teil kritiklos das Volksgerede oder sie bezeichneten wie Plinius die neue Religion als einen Aberglauben. Der große stoische Kaiser Marc Aurel hatte für die Christen wenig Sympathie, er sah in ihrem Märtyrertum nur eine theatralische Geste, ein eitles Prunken, keinen Heroismus, wie ihn Sokrates gezeigt hatte[85].

Die erste Schrift, die wir von heidnischer Feder über Christen haben, stammt von dem berühmten Satiriker Lukian von Samosata (um 170). Er bekämpft die Christen nicht, sondern erwähnt sie nur bei der Schilderung der Schicksale seines Helden, des Pereginus Proteus. Dieser war eine Zeit lang Christ, brachte es sogar zu einem Amt, wurde dann aber gefangen genommen. Lukian plaudert nun höchst amüsant über dessen Erlebnisse im Kerker, wohin die Christen ihm unglaublich viel zu essen brachten und ihn von früh bis spät besuchten, indem sie die Wärter bestachen. Er aber lachte die Dummen innerlich aus und wurde schließlich Philosoph der kynischen Schule. Lukian polemisiert zwar nicht gegen die Christen, aber er schildert sie als einfache Tröpfe, die von geschickten Schwindlern leicht übers Ohr gehauen werden.

Wenige Jahre später aber schrieb der platonische Philosoph Celsus seine ‚Wahre Lehre' (*alethes logos*), die erste ausführliche Kampfschrift gegen die Christen, die wir durch die Gegenschrift des Origenes weitestgehend rekostruieren können. Von seinem philosophischen Standpunkt aus ist ihm die christliche Lehre schlicht unverständlich. Er tadelt den christlichen Gottesbegriff, da Gott keine Leidenschaften besitze, er findet eine Erlösung unnötig und Gottes unwürdig, da die Welt vollkommen geschaffen sei, die ganze Christologie ist für ihn ein Rätsel, die kultische Verehrung eines gekreuzigten Menschen, der nicht einmal den Durst hätte ertragen können, geradezu blasphemisch. Die Vorliebe Gottes für Sünder steht für ihn im Widerspruch zu seinem religiösen Empfinden und der Streit der Juden und Christen um den Messias ist ihm ein Streit um „des Esels Schatten"[86]. Er illustriert dies durch folgenden Vergleich: Ein Chor von Fröschen sitzt im Sumpf und quakt, ob der Messias schon herabgekommen sei, wer sündiger sei, daß um ihretwillen die Welt erschaffen sei. Die christliche Ethik trägt für ihn einen kleinlichen, dumpfen Charakter, was an ihr gut sei, sei von Platon übernommen. Das Leben Jesu sei in Kümmerlichkeit verlaufen, entsprechend seinem befleckten Anfang. Die Apostel haben die Leidensweissagungen erfunden, den Auferstandenen habe nur ein halb rasendes Weib gesehen, die christlichen Bücher werden dauernd gefälscht und die christlichen Geschichten vom Weltenanfang und dem weiteren Verlauf seien geradezu lächerliche Märchen. Diese absurden Lehren schwatzen geschickte Redner einfältigen, kleinen Leuten auf, Sklaven, Frauen, Kindern. Da die-

85 Der Tod des Sokrates galt als der vorbildliche Tod eines Weisen. Als Verführer der Jugend zu Unrecht verurteilt, nahm er dennoch aus Gehorsam gegen die Gesetze den Schirlingsbecher und starb unter philosophischen Gesprächen, die er mit seinen Schülern führte. Kaiser Marc Aurel zeigt sich in seinen Selbstbetrachtungen als Vertreter einer stoisch-eklektischen Philosophie.

86 Origenes, Contra Celsum III 1.

se kein eigenes Urteilsvermögen hätten, schrecken sie die Leichtgläubigen durch Androhung ewiger Höllenstrafen, ermuntern sie durch lichte Bilder eines ewigen Paradieses. Einige Einsichtige gebe es freilich in dieser Schar. An diese wendet sich Celsus und schlägt ihnen vor, den heidnischen Polytheismus zu übernehmen, den Kaiserkult mitzumachen und sich am Staatsleben zu beteiligen. Er hofft auf eine Verständigung. Celsus hat sehr scharf beobachtet und verfügte über eine erstaunliche Kenntnis des Christentums seiner Zeit, er hat es regelrecht studiert, aber in seiner Beurteilung ist er oft ungerecht, da es ihm auf ein wirkliches Verstehen des Gegners gar nicht ankommt. Siebzig Jahre nach ihrem Erscheinen wurde diese Schrift von Origenes eingehend widerlegt, woher überhaupt unsere Kenntnis des Celsus stammt[87]. Für die Stimmung philosophischer Kreise gegen die Christen und für das Erkennen christlicher Verhältnisse ist die ‚Wahre Lehre' des Celsus ein zentraler Text mit großem Einfluß.

87 Contra Celsum libri VIII, hg. von Miroslav Marcovich. Leiden 2001.

B. Die innere Entwicklung

10. Die Frömmigkeit und das sittliche Leben

Die Darstellung der inneren Entwicklung des Christentums im zweiten Jahrhundert muß mit einer Schilderung der Frömmigkeit beginnen. Um sie zu ermitteln, besitzen wir eine ausgezeichnete Quelle, die Schriften der sogenannten ‚Apostolischen Väter'[88]. Bei näherem Zusehen stoßen wir jedoch auf beträchtliche Schwierigkeiten, denn wir beobachten überall ein Schwanken, ein Hin und Her in den einzelnen Vorstellungen, eine erstaunliche Mannigfaltigkeit, die oft das Finden des Gemeinsamen außerordentlich erschwert. Gleichwohl lassen sich bestimmte Grundlinien aufzeigen.

Zunächst fällt auf, wie stark der Glaube an den einen Gott betont wird, an den Schöpfer und Erhalter der Welt. Das unterscheidet die Christen von ihrer heidnischen Umwelt, deren Götter tot seien, während der Christengott lebe. So ähnlich hatte das hellenistische Judentum seinen Monotheismus dargestellt, so finden wir es nun auch in der christlichen Apologetik. ‚Zuerst glauben, daß es einen Gott gibt', heißt es im „Hirt des Hermas", ähnlich im „Kerygma Petri". Das stolze Bewußtsein, den wahren Gott zu kennen, beseelte nach Tertullian selbst den gewöhnlichsten christlichen Handwerker. Neben Gott traten die Engel, die seinen Hofstaat bildeten. Spätjüdische Einflüsse werden hier im Christentum lebendig. Die Engel stehen lobpreisend vor Gottes Thron, sie sind Gottes Boten, sie sind über Völker gesetzt, jede Kirche hat ihren Engel, jeder Gläubige seinen Schutzengel. Es finden sich im Neuen Testament sogar Stellen, die vor einer Übertreibung der Engelverehrung warnen, so beliebt muß sie also in Gemeindekreisen gewesen sein.

Je lichter aber diese Himmelswelt gezeichnet wurde, je sehnsüchtiger man zu ihr emporblickte, desto tiefer empfand man die Spannung. Sie charakterisiert überhaupt die gesamte altchristliche Frömmigkeit. Der Christ, der sich mit der oberen Welt verbunden weiß, steht hier inmitten eines Weltgeschehens, das im Grunde genommen widergöttlich ist. Der Kosmos liegt im Argen, diese Welt steht unter der Herrschaft der Dämonen, des Bösen, des ‚Schwarzen', wie es im „Barnabas-Brief" heißt. Deshalb fühlt der Gläubige sich hier auch nicht heimisch, er lebt auf Erden als Fremdling (*parochos, parepidemos*), sein wahrer Wandel ist im Himmel, im kommenden Aion. Er weiß, daß über die jetzige Welt das Gericht hereinbrechen wird, daß sie vergeht und daß dann das himmlische Jerusalem herabkommen wird. Man empfand also alles in stärkstem Kontrast, alles war leidenschaftlich bewegt.

Nun ragt die künftige Welt aber bereits in die irdische hinein und das gibt den Gläubigen eine frohe Zuversicht. An drei verschiedenen Stellen, die miteinander

88 Zum Kanon der Apostolischen Väter gehören: die „Didache" (Zwölfapostellehre), der „Barnabas-Brief", der erste und zweite „Clemens-Brief", die sieben „Briefe des Ignatius von Antiochien", der „Polykarp-Brief" und das „Polykarp-Martyrium", der „Diognet-Brief", der „Hirt des Hermas", die „Papiasfragmente" und das „Quadratusfragment".

in Beziehung stehen, ist der entscheidende Durchbruch geschehen. Zunächst hat Gott seinen Sohn auf die Erde gesandt, den Herrn (*kyrios*), um den Menschen Kunde von der oberen Welt zu geben. Über seine Person und sein Verhältnis zu Gott gab es damals noch keine herrschende Vorstellung, die mannigfachsten Ansichten liefen friedlich nebeneinander oder gingen ineinander über. Zwei extreme Positionen kann man unterscheiden, die auch später noch eine Bedeutung haben[89]: Für die alexandrinische Christologie war Jesus ein Mensch, der ob seiner Taten nach seiner Auferstehung als Sohn Gottes adoptiert wurde. Für die pneumatische Christologie hingegen stellte er ein himmlisches, präexistentes Geistwesen dar, das hier auf Erden eine kurze Gastrolle gab. Über sein Werk war man sich im Klaren. Er hat die Herrschaft der Dämonen, die die Welt bislang regierten, gebrochen, wenigstens im Prinzip; er hat seine Gläubigen von dem Zwang des Fatums, der *heimarmene*, befreit. Man konnte erleichtert aufatmen, denn man fühlte sich der schlimmsten Sklaverei entronnen. Außerdem hat der Kyrios den Gläubigen die Kenntnis (*gnosis*) der himmlischen Welt gebracht, und er ist ferner der Vermittler des ewigen Lebens (*zoe*). Diese beiden Worte, Erkenntnis und ewiges Leben, faßten für diese Zeit die gesamten Heilsgüter zusammen. In den wundervollen Eucharistiegebeten der Didache heißt es: „Wir danken dir, unser Vater, für das Leben und die Erkenntnis, die Du uns durch Jesus kundgetan hast“[90]. Der Kyrios befreit also nicht allein von der Dämonenherrschaft, er schenkt die Unsterblichkeit. Er vermittelt das ewige Leben einmal durch die Erkenntnis, dann aber durch die Sakramente, besonders durch die Eucharistie. Sie ist nach Ignatius die ‚Medizin der Unsterblichkeit‘ (*pharmakon athanasias*). Die Göttlichkeit des Kyrios steht trotz seiner Kreuzigung fest, sie wird durch den Weissagungsbeweis bestätigt, der von der Gemeinde übernommen und weiter ausgebaut wurde, durch Christi Wunder und durch seine Auferstehung. Durch den Glauben an ihn ist man im Prinzip nicht mehr in dieser Welt.

Man ist es um so weniger, da man durch den Glauben an den Kyrios zur Kirche, der Ekklesia, gehört. Auch in ihr ragt die Überwelt in diesen Kosmos hinein. Für die Ausbildung der Vorstellungen von der Kirche sind die paulinischen Briefe grundlegend geworden. Die Kirche ist nach ihm eine überweltliche Größe, die mit Christus in geheimnisvoller Beziehung steht[91]. Diese Gedanken spinnt man dann weiter, im zweiten Clemensbrief ist die Kirche eine präexistente Größe, ein himmlischer Aion, der mit Christus in himmlischer Syzygie (in ein gemeinsames Joch gespannt) verbunden ist. Das Ziel der Weltentwicklung liegt in der Offenbarung der Ekklesia. Christus hat sie offenbart und nun ist sie auf Erden, überall dort, wo Gläubige sich zusammenscharen. Diese vielen, kleinen Ekklesiai auf Erden sind aber nur Abbilder der himmlischen, sie bilden alle zusammen die katholische Kirche (*katholike ekklesia*)[92], wobei in dieser ursprünglichen Bedeutung nicht an eine

89 Vgl. Kap. 23.

90 Georg Schöllgen (Hg.): Didache/Zwölf-Apostel-Lehre. Freiburg i. Br. 1991 (= Fontes christiani Bd. 1).

91 Eph. 5,32.

92 Der Begriff *katholike* steht zunächst für die Verbreitung der einen Kirche über den ganzen bekannten Erdkreis (griech. *kath holen ten gen*, ‚in der ganzen Welt‘).

hierarchische Organisation zu denken ist. Klassisch heißt es wieder in den Abendmahlsgebeten der Didache: „Wie dieses Brot auf den Bergen zerstreut war und zusammengebracht eins wurde, so möge auch deine Kirche von den Enden der Welt in dein Reich geführt werden“[93]. Wer zu ihr gehört, ist gerettet, denn er gehört zu Christus, aber erst im Gericht wird es offenbar werden, wer wirklich zu ihr zählt. Ihre Mitglieder sind das auserwählte Priestertum, das wahre Israel, während Juden und Heiden außen vor bleiben. Die Ekklesia ist also durchaus eine pneumatische Größe, von der einige Strahlen in diesen Kosmos zu den Christen hinab dringen, die in der Zerstreuung leben. Sie ist der große Behälter, der alle Gläubigen umfaßt, sie ist die Fortsetzerin von Christi irdischem Werk, sie erschließt den Zugang zum Himmel. Diese altchristlichen Vorstellungen wurden später durch die hierarchische Ausbildung des Kirchenbegriffes verdunkelt, aber sind z. B. in den orientalischen Kirchen auch heute noch zu erkennen.

Neben Kyrios und Ekklesia ragt als dritte überweltliche Größe der Geist, das Pneuma in diesen Kosmos hinein. Auch das Pneuma ist ein Angeld auf Künftiges, denn es ist die Kraft, welche die Himmelswelt durchdringt. Im apostolischen Zeitalter sah man gerade in den vom Geist gewirkten Wundern das eigentlich Charakteristische: der Geist ist auf alle Christen ausgegossen, alle können große Taten tun. Auch in der nachapostolischen Zeit hält diese Stimmung an. Noch im zweiten Jahrhundert waren wunderbare Krankenheilungen oder Dämonenaustreibungen an der Tagesordnung, selbst Totenerweckungen sollen vorgekommen sein. Träume und Visionen begegnen uns in fast allen Märtyrerakten. Die Propheten sahen Gott auf seinem Thron, Christus, Engelscharen, die Ekklesia, Engel, die mit besonderen Botschaften zu ihnen herabkamen. Sie sahen das Paradies, die Seligen in ihren weißen Gewändern auf himmlischen Blumenwiesen, die Verdammten in ihrer schrecklichen Höllenpein. Sie durften also einen Blick hinter den Vorhang tun, sie erzählten ihre Visionen in eigenen Schriften, wie der „Hirt des Hermas“ oder die „Apokalypse des Petrus“[94]. Aber so sehr die enthusiastische Stimmung des ersten Jahrhunderts noch vorhanden gewesen sein mag, sie ist jetzt in dauerndem Schwinden begriffen.

Der tiefste Grund dafür liegt in dem Zurückgehen der Parusieerwartung. Der Geist und seine Gaben waren Kennzeichen der Endzeit, auf die man im apostolischen Zeitalter sehnsüchtigst wartete. Das Gefühl der unerträglichen Spannung beseelte alle Gläubigen. Wie leidenschaftlich betete der apokalyptische Seher um das Kommen des Herrn, wie schön wird diese Sehnsucht in den Abendmahlsgebeten der Didache ausgesprochen, wie glutvoll in den ignatianischen Briefen:

> „Lebend schreibe ich euch, voll Sehnsucht nach dem Tode. Meine Weltliebe ist gekreuzigt und in mir brennt kein Feuer, das nach Irdischem strebt; wohl aber lebendiges Wasser, das in mir redet …: Dorthin zum Vater! Ich habe keine Freude mehr an vergänglicher Nahrung und an den Freuden dieses Lebens“[95].

---

93 Didache 9,4.

94 Es handelt sich um eine um 135 wahrscheinlich in Ägypten entstandene Schrift, die als Pseudepigraphie unter dem Namen des Petrus erschien.

95 Ignatius, Römerbrief 7,27.

An das Kommen des Herrn auf den Wolken des Himmels klammerte sich die Hoffnung der Gläubigen, denn dies war die Einleitung des großen Weltendes, über das man so viel in der Apokalypse gelesen hatte: Auferstehung des Fleisches, Gericht, seliges Leben mit Christus waren seine einzelnen Abschnitte. Aber das Ende blieb aus, man beunruhigte sich, ja es fehlte nicht an Spöttern unter den Christen: „Wo bleibt die Verheißung seines Kommens? Denn nachdem die Väter entschlafen sind, bleibt es alles, wie es von Anfang der Schöpfung gewesen ist“[96]. Der zweite Petrusbrief rechnet mit diesen Zweiflern ab, aber seine Lösung ist wahrscheinlich kein Trost: Tausend Jahre sind vor Gott wie ein Tag – wir müssen also noch warten. Das tut man, aber man bürgert sich mehr und mehr in der Welt ein, man fühlt sich in ihr heimisch. Liest man eine Schrift wie den „Hirt des Hermas“, erstaunt man, wie tief die Gläubigen bereits damals in Welt und Gesellschaft verstrickt waren. Die Eschatologie verblaßte. Daran war nicht allein das Ausbleiben der Parusie schuld, ebenso auch das Vordringen hellenistischer Anschauungen, und so begann man schon um 150 mit der allegorischen Umdeutung des ursprünglich ganz realistisch Beschriebenen und Erwarteten. Die christliche Frömmigkeit begann sich ganz langsam umzuformen, nicht ohne daß das alles noch lange nachgewirkt hätte. Über das Ursprüngliche mit seinen starken Kontrasten schob sich eine Theologie, die eine ruhigere Stimmung zum Ausdruck brachte. Man arrangierte sich mit der Welt, wie sie war.

Genau die gleiche Beobachtung machen wir, wenn wir die christliche Ethik dieser Zeit untersuchen. Wer in der Taufe dem Kyrios übereignet war, wer das Pneuma empfangen hatte, mußte nun auch im Geiste wandeln. Die Taufe vergab nur die Sünden der vorchristlichen Zeit, jetzt war es Aufgabe jedes Christen, ein heiliges Leben zu führen. Wollte er im Gericht bestehen, dann galt es, alle Kräfte anzuspannen. Von Gott wird nur der angenommen, der gerecht ist. Das zu werden, ist eine Aufgabe jedes Gläubigen, die Taufe hat eigentlich nur negative Bedeutung, sie tilgt die früheren Sünden. Pflicht des Christen ab der Taufe war es, dieses ‚Siegel zu wahren‘ oder, wie man auch sagen konnte, auf dem Fundament, das die Taufe geschaffen hatte, einen Bau zu errichten, der Gott wohlgefällig war. Über der ältesten Kirche lag ein großer sittlicher Ernst, das Ideal wurde so hoch gespannt wie nur möglich, denn im Grunde trennte jede Sünde von Gott und schloß aus seinem Reich aus. Eine Wiederholung der Taufe war unmöglich. Bis ins Kleinste hinein wußte sich jeder von Gott abhängig, er zitterte vor dem Endgericht, er wollte sein Gewissen rein und unbefleckt erhalten, indem er sich von allem Bösen fernhielt und Barmherzigkeit übte. Worte Jesu und alttestamentliche Spruchweisheit bildeten den Maßstab.

Es gab eifrige Christen, die über das gewöhnliche Maß hinausgingen. Hier liegen die Anfänge der christlichen Askese. Sie reichen bis in die apostolische Zeit zurück und zwar in der Form der Nahrungsaskese und der geschlechtlichen Askese. Paulus stand jener gleichgültig gegenüber[97], war aber ein eifriger Verfechter

96 2. Petr. 3,4.
97 Röm. 14.

der letzteren, was besonders 1. Kor. 7 zeigt. In der Folgezeit nahm der Rigorismus zu, einmal infolge starker asketischer Einwirkung des Hellenismus, dann wegen des stark ausgeprägten Dualismus, der die Askese geradezu forderte. Dazu kamen noch die enthusiastischen Tendenzen, denn die Askese beförderte den Empfang von Visionen, und schließlich lag in der Askese ein überverdienstliches Werk, das eine erhöhte Gerechtigkeit vor Gott begründete. Schon die Apokalypse spricht rühmend von den 144.000, die in der Nähe des Lammes sind, weil sie enthaltsam gelebt haben. Im zweiten Clemensbrief gilt die Jungfräulichkeit sogar als Mittel zur Unsterblichkeit. Bis weit in das vierte Jahrhundert kann man eine Tendenz verfolgen, nach der die Ehelosigkeit aller Christen das Ideal ist. Aber durchführbar war das nicht. Man begnügte sich in kirchlichen Kreisen damit, die zweite Ehe zu verbieten, die einmalige Ehe dagegen – oft als Notbehelf – zu gestatten. Über den Eheleuten erhoben sich aber als besonderer Stand die Enthaltsamen, die in der Gemeinde besondere Vorrechte genossen. Sie waren gewissermaßen die Virtuosen der Askese. Sie gingen sogar noch weiter, das Syneisaktentum legt davon Zeugnis ab: Als höchster Beweis seiner Enthaltsamkeit lebte mancher Asket mit einer Jungfrau wie mit einer Schwester zusammen. Schon in der apostolischen Zeit mußte das üblich gewesen sein[98], im „Hirt des Hermas“ finden sich Anklänge an diese Sitte, bis ins vierte Jahrhundert erhielt sie sich trotz wiederholter kirchlicher Bekämpfung und heidnischen Spottes. Diese asketischen Forderungen durften nur nicht allgemein verbindlich gemacht werden. Klassisch hat hier wieder die Didache die herrschende Ansicht formuliert: „Wenn du das ganze Joch des Herrn tragen kannst, bist du vollkommen, kannst du es aber nicht, so tue, was du kannst“[99]. Es ist ohne Weiteres klar, daß hier die Anfänge einer Zweistufen-Moral vorliegen, die später für manche Kreise der monastischen Spiritualität bedeutend wurde: es gibt eine Sittlichkeit, die gerade noch ausreicht, während sich über ihr eine Sittlichkeit befindet, die die Vollkommenheit begründet.

Aber dieser asketische Rigorismus war eben nur für wenige Christen erreichbar, die meisten führten ein Leben nicht frei von groben Fehlern. Dem Gericht sahen sie mit Zittern entgegen. Liest man die apostolischen Väter aufmerksam, so merkt man auf der einen Seite, wie tief die Christen in die vielerlei Unregelmäßigkeiten des Lebens hinein verstrickt waren, auf der anderen Seite aber auch, daß sie ein lebhaftes Empfinden für ihre Sündhaftigkeit besaßen. Im großen Kirchengebet des Clemens heißt es: „Barmherziger und Gnädiger, vergib uns unsere Sünden und Verfehlungen und Vergehen und Übertretungen, rechne alle Sünde deinen Knechten und Mägden nicht an“[100] und der Autor des zweiten Clemensbriefes nennt sich selbst *panthamartolos*, d. h. ‚durch und durch sündig‘. Man hoffte auf Gottes Güte und Vergebungsbereitschaft. Aber hier lag ein schwieriges Problem vor. Aus dem Schiffbruch gab es nur eine rettende Planke, die Taufe. Die Taufe aber konnte nicht wiederholt werden.

98 Vgl. 1. Kor. 7,36.
99 Didache 6,2.
100 1. Clem. 59.

Schon in den Ausgängen der apostolischen Zeit bemerken wir jedoch, daß dieser Rigorismus etwas gelockert wurde und daß man nach Kompromissen suchte. Im Anschluß an die spätjüdische Theologie unterschied man Todsünden und läßliche Sünden. Letztere konnten vergeben werden. Erforderlich war ein aufrichtiges Sündenbekenntnis aus einem zerknirschten Herzen (Exhomologese), das teils vor einem Bekannten privat, teils öffentlich vor versammelter Gemeinde abgelegt werden mußte. Schon darin lag eine Demütigung. Die Gemeinde verwandte sich dann für den Sünder in ihren Gebeten, dem sich das private Beten des Sünders anschließen mußte. Größere Wirkung schrieb man aber den guten Werken zu. Auch hier spüren wir den Einfluß spätjüdischer Frömmigkeit. Schon aus der Bergpredigt war bekannt, daß Beten, Almosen und Fasten zu verdienstlichen Werken gehörten. Das tauchte jetzt wieder auf. Im „Hirt des Hermas" lesen wir eine sehr bezeichnende Stelle: „Wenn du aber über die Gebote des Herrn hinaus noch etwas Gutes tust, so erwirbst du dir noch größere Herrlichkeit"[101]. Man mußte sich einen Schatz von guten Werken sammeln, um vor Gott zu bestehen und etwaige Sünden kompensieren zu können. Im zweiten Clemensbrief wird folgende Reihenfolge festgesetzt: Gebet, Fasten, Almosen. Die Fastensitte entwickelte sich aus der jüdischen heraus, wie es die Didache zeigt. Man hielt an den zwei Fasttagen (Stationstagen) fest, verlegte sie aber auf Mittwoch und Freitag, um sich vom jüdischen Brauch abzuheben. Neben dem Fasten stand die Mildtätigkeit, die von den Christen ebenfalls in großem Maßstab betrieben wurde. Auch sie sollte kompensieren. In den Rigorismus der ältesten Zeit war eine doppelte Bresche geschlagen: eine Abstufung in den Sünden und die Möglichkeit, durch verdienstliche Werke läßliche Sünden wieder gut zu machen.

Offen blieb aber noch, wo eigentlich die Grenze zwischen Todsünden und läßlichen Sünden zu ziehen war. Als besonders schwere Sünden sah man allgemein Mord, Raub, Unzucht und Abfall vom Glauben an, aber es war noch nichts festgelegt. Ein Vergehen in dieser Art schloß für immer aus der Gemeinde aus, da ein derartiges Mitglied aus der Stätte des Heiligen Geistes ausgestoßen werden mußte. Aber auch hier, auf diesem engeren Gebiet, stellten sich bald Schwierigkeiten ein, da die Zahl notorischer Sünder wuchs, je mehr das Christentum sich ausbreitete. Sollten sie dauernd vom Heil ausgeschlossen sein? Auch hier suchte man nach Kompromissen. Das lehrt uns wieder der „Hirt des Hermas", der nur geschrieben wurde, um eine neue Buße zu verkündigen. Auf Grund einer Offenbarung kann er mitteilen, daß Gott allen Sündern bis auf diesen Tag vergeben werde, wenn sie aus ganzem Herzen Buße tun. Es gab also nach der Taufe eine Rettung, die Buße. Hier liegen die ersten Anfänge des später so bedeutsam werdenden Bußinstituts, aber eben nur die Anfänge. Bei Hermas ist diese Buße nur einmalig, also keine dauernde Einrichtung, und sie wird begründet durch das sehr nahe bevorstehende Gericht. Es handelt sich demnach um einen Ausnahmefall. Immerhin wird auch hier das anfängliche rigoristische Prinzip durchbrochen und eine Bahn beschritten, die zum Bußinstitut führen sollte. Die Einbürgerung der Kirche in der Welt machte diesen Schritt unvermeidlich.

101 Visio 5.

Wie soll diese Entwicklung beurteilt werden? Zunächst ist der Abstand von Paulus trotz des Festhaltens an paulinischen Formeln deutlich, z. B. in der Auffassung der Gerechtigkeit. Bei Paulus war sie ein göttliches Geschenk, das dem Glaubenden gegeben wurde, die neue Ethik in sich schließend. Hier ist sie nun etwas, das der Mensch sich auf dem Boden der Taufe selbst erwerben muß. Damit verschiebt sich aber das ganze Verhältnis von Gott und Mensch. Der Ton wird auf die Werke gelegt, die der Mensch zu erfüllen hat, wobei die Gesinnung unwillkürlich in den Hintergrund treten muß. Diese Werke begründen vor Gott einen Anspruch auf Lohn. Das führt zur Minderung der Gnade und setzt ein rechtliches Verhältnis zwischen Gott und Mensch. Überpflichtmäßige Werke begründen einen besonderen Lohn und können Sünden kompensieren. Es handelt sich also nicht mehr um eine Ethik, die das Ganze eines Lebens umspannt, sondern um einzelne sittliche Taten, die unabhängig voneinander sind und gegeneinander abgewogen werden. Das Christentum drohte, ins Moralistische umgebogen zu werden, zumal man in Christus wesentlich den Bringer des neuen Gesetzes sah. Der Einfluß des Spätjudentums ist unverkennbar, er zeigt sich auch an Äußerlichkeiten: an der Übernahme der Spruchliteratur, der alttestamentlichen Gestalten als ethischer Paradigmata, der Übernahme jüdischer Moralkatechismen, was uns Didache 1–6 zeigt. Man sieht auch, wie wenig Paulus verstanden wird, wie wenig Einfluß er in der nachapostolischen Zeit besessen hat. Es hat natürlich dennoch nicht an tieferen Gedanken gefehlt, die das Christentum als Religion festhielten – das lebhafte Sündenbewußtsein spricht dafür –, sie werden aber nicht die Regel gewesen sein. Wir befinden uns in einer Epigonenzeit, die ihren Pakt mit der Welt abschließt, zunächst freilich noch schüchtern und unter möglichster Wahrung des überkommenen Gutes.

11. Die Anfänge des Kultus

Beobachteten wir in der Frömmigkeit und Ethik einen starken jüdischen Einfluß, so gilt ein Gleiches auch für die Entstehung des Kultus. Auf der ganzen Linie kann man eine Anlehnung an die Praxis der Synagoge erkennen, denn jüdische Bräuche wurden einfach übernommen und den neuen Verhältnissen entsprechend angepasst. Betrachten wir zunächst die gottesdienstlichen Formen. Nehmen wir den Ausgangspunkt bei Paulus, so finden wir zwei Formen von kirchlichen Feiern. In 1. Kor. 10 und 11 ist die Rede von einer Mahlgemeinschaft, an der Reiche und Arme teilnehmen und zu der sie sich ihre Lebensmittel mitbringen. In dieser Mahlzeit feierte man wahrscheinlich zu Beginn die Eucharistie. Brot und Wein wurden gesegnet und herumgereicht. Dies zeigt ein Fortleben der altchristlichen, jerusalemischen Sitte, wenn auch in einem ganz veränderten Sinn. Daneben wird in 1. Kor 14 von Versammlungen gesprochen, in denen Propheten auftreten und in Zungen sprechen, die von anderen gedeutet werden. Heiden sind als Gäste zugegen. Wir wissen nicht genau, ob es sich hier um eine Versammlung von zwei Gruppen handelt oder um zwei voneinander ganz verschiedene Feiern.

Um 150 haben wir bei einem der ersten christlichen Theologen, Justin, eine detaillierte Schilderung des Gottesdienstes, aus der wir das folgende Bild gewinnen[102]: Am Sonntag kamen die Christen zusammen. Der Vorleser las aus den „Denkwürdigkeiten der Apostel", d. h. aus den Evangelien oder aus den Schriften der Propheten. Daran schloß sich eine Ansprache des Vorstehers an, den gehörten Beispielen nachzueifern und es folgten Gebete der Gemeinde. Danach mussten nicht getaufte Christen den Raum verlassen. Der Vorsteher sprach über Brot und Wein die „Danksagung" (Eucharistia) und flehte um das Herabkommen Christi (Epiklesis). Dann erfolgten Austeilung und Genuß von Brot und Wein. Schließlich wurden von den Christen mitgebrachte Natural-Gaben an den Altar gebracht, gesegnet und an Klerus und Arme verteilt. Wir haben hier eine genaue Beschreibung des christlichen Gottesdienstes, man erkennt hier die Keimzelle der römischen Messe wieder und auch im protestantischen Gottesdienst ist dieses Schema beibehalten. Vergleichen wir diese Schilderung mit der paulinischen, so bemerken wir einen beträchtlichen Unterschied, insofern die Eucharistie von der Mahlzeit getrennt ist. Sie ist nun mit einem Wortgottesdienst verbunden. Es handelt sich hier um eine Versammlung, in der das enthusiastische Element ganz zurückgetreten ist.

Ergänzt man Justins Angaben durch die Zeugnisse anderer Schriften, so ergibt sich ein detailliertes Bild des christlichen Gottesdienstes um 150. Justin erwähnt drei Stücke: Schriftlesung, Homilie und Gebet. Jeder Kundige bemerkt sofort, daß hier die Formen des synagogalen Gottesdienstes übernommen wurden, der ebenfalls aus diesen drei Teilen bestand. Sehr wichtig war die Schriftlesung (*lectio continua*), die in der Regel ein besonderer Vorleser übernahm. Da die einfachen Gemeindeglieder, die oft kaum lesen konnten, schwerlich im Besitz wertvoller Buchrollen gewesen sind, war hier die einzige Gelegenheit, die Schrift kennenzulernen. Lesen wir Schriften des zweiten Jahrhunderts, so staunen wir über die Belesenheit der Autoren im Alten Testament. Sie wurde im Gottesdienst erworben. Ob das synagogale Perikopensystem[103] damals bereits eingeführt war, ist nicht sicher auszumachen. Kennzeichen sprechen aber dafür, daß sehr umfangreiche Partien verlesen wurden, vielleicht zehn und mehr Kapitel, so daß die Lesung oft eine Stunde gedauert haben könnte. Daran schloß sich die Predigt an, von der wir im zweiten Clemensbrief ein Musterbeispiel besitzen. Sie sollte in losem Anschluß an den Text die Hörer zur Nacheiferung, zu einem reinen Lebenswandel mahnen, daneben wollte sie aber auch belehren, Einblick in die tiefere Erkenntnis (*gnosis*) verschaffen, in die geistliche Auslegung des Alten Testaments, in das Wirken der Engel, in die Schrecknisse der Endzeit, in den herrlichen künftigen Aion. Gehalten wurde die Homilie in der Regel vom Vorsteher (*prohestos*), also in damaliger Zeit vom Bischof bzw. Presbyter, aber auch redegewandte Laien blieben davon nicht

102 Justin, Apologie I 65 ff.

103 Eine feste Leseordnung, die große Textpassagen auf die einzelnen Gottesdienste verteilt und so mit dem Zusammenhang der Schrift vertraut macht.

ausgeschlossen. Die Redefreiheit der Synagoge setzte sich hier fort. Noch im dritten Jahrhundert predigten Laien in Gegenwart der Bischöfe.

In den paulinischen Gemeinden war freies, pneumatisches Beten an der Tagesordnung. Mit der Zeit wurde jedoch das freie Gebet zugunsten des feststehenden eingeschränkt. An die Stelle des pneumatischen Betens trat das liturgische Beten. Wir haben noch ein großes Formular für solch ein Gemeindegebet in den letzten drei Kapiteln des ersten Clemensbriefes. Es begann mit dem Lobpreis Gottes, daran schlossen sich Bitten um irdische Güter an, Fürbitten für Notleidende usw., es folgte wieder ein Lobpreis Gottes, dem ersten parallel, dann die Bitte um Sündenvergebung und den Schluß bildete die Bitte für die Menschheit und den Herrscher. Ein schönes Zeugnis altchristlicher Frömmigkeit und kultischen Lebens. Bei näherem Zusehen machen wir die Beobachtung, daß das große jüdische Achtzehn-Bitten-Gebet auf dieses christliche Gebet abgefärbt hat. Außerdem bemerken wir schon, daß eine gottesdienstliche Feier immer die Eucharistie beinhaltete. Ohne das Mahl des Herrn konnte man sich den Gottesdienst nicht vorstellen.

Aber er muss reichhaltiger gewesen sein, als Justin angibt. Zunächst ist es doch wahrscheinlich, daß er mit einem Segenswunsch begonnen, mit einer Doxologie geschlossen hat. Das ist auch synagogaler Brauch und die christlichen Briefe bedienen sich durchgehend dieser Form. Ferner wissen wir, daß im Gottesdienst gesungen wurde, denn wir hören von christlichen Liedern, den Psalmen[104]. Es sind Neudichtungen von geistbegabten Leuten, schmucklos, ohne klassische Schönheit, einfach in der Gedankenführung. Sie wurden im Gottesdienst vorgetragen, aber wir haben von der altchristlichen Musik keine näheren Informationen. Vermutlich entsprach sie dem Sprechgesang der römischen bzw. orientalischen Messe, in der Singen und Sprechen ineinander übergingen, worauf auch die Gregorianik aufbaut. Die schlichten Psalmen der ersten Jahrzehnte sind natürlich längst verloren, zum Teil wohl auch absichtlich zerstört, aber Fragmente haben sich noch in urchristlichen Schriften erhalten, besonders in der Apokalypse. Als Beispiel sei das „Lied des Mose" genannt[105]:

Groß und wunderbar sind Deine Werke,
Herr, allmächtiger Gott!
Gerecht und wahrhaftig sind Deine Wege,
Du König der Völker!
Wer sollte Dich nicht fürchten, Herr, und Deinen Namen preisen?
Denn Du allein bist heilig.
Ja, alle Völker werden kommen und anbeten vor Dir,
denn Deine gerechten Gerichte sind offenbar geworden.

---

104 Vom Gebrauch der Lieder erfahren wir schon in Eph. 5,19 oder Kol. 3,16. Bei Justin wird deutlich, wie eng das Nebeneinander von Gebet und Lied ist. Die Begriffe gehen ineinander über.

105 Apk. 15,3 f.

Der Bezug insbesondere zu den Psalmen des Alten Testaments ist unverkennbar. Das Zitat in der Apokalypse scheint aber nur einen Teil des Psalms wieder zu geben, denn es fehlt ganz die Anspielung auf Mose und das Lamm. Weiter wäre hier auf Apk. 4,11 und auf die Wechselgesänge in Apk. 5,1–14 hinzuweisen. Schließlich hören wir noch gelegentlich von prophetischen Vorträgen, sei es, daß Bücher von Propheten verlesen wurden, sei es, daß begeisterte Propheten im Gottesdienst selbst redeten. Doch wird dies im zweiten Jahrhundert immer seltener vorgekommen sein. Wie man sieht, ist dieser Wortgottesdienst reich an Abwechslung, seine Dauer mag etwa zwei bis zweieinhalb Stunden betragen haben.

Daran schloß sich die Feier der Eucharistie an. Ein Tisch wurde hereingetragen und vor den Vorsteher gesetzt – wir erkennen auch hier sehr feste Formen. In der sogenannten ägyptischen Kirchenordnung, die in Wirklichkeit auf die *traditio apostolica* zurückgeht und römische Verhältnisse um 200 wiedergibt, finden sich folgende Abschnitte der Liturgie: Der Präfationsdialog (Einleitung zum Hochgebet) war bereits vorhanden. Daran schlossen sich ein Dankgebet und die Einsetzungsworte an, die in das eucharistische Gebet eingebettet wurde. Es folgte das Gedächtnis der Heilstat Christi (Anamnese), die Herabrufung des Geistes (Epiklese) und eine abschließende Doxologie. Worin bestand die Bedeutung der Eucharistie für die Gläubigen? Zunächst erweckte sie ein Gefühl der Zusammengehörigkeit, die Teilnehmer gehörten zur Ekklesia. Sodann aber gedachte man hier des Todes Christi, man trat mit ihm in geheimnisvolle Beziehung, indem man sein Blut trank. Schon Paulus weist auf die Analogie mit den heidnischen Mysterien hin. Es sollte nicht mehr allzu lange dauern, bis die Eucharistie selbst Opfer (*thysia*) genannt wurde. Die geheimnisvolle Verbindung mit dem erhöhten Christus bedeutete dann zugleich selbst den Anfang der Vergottung. Die Unsterblichkeit (*athanasia*) war das Heilsgut, das erstrebt wurde. In der Eucharistie ragte die obere Welt in die untere herein, wer an ihr teilnahm, wurde mit himmlischen Kräften erfüllt. Eine ‚Medizin der Unsterblichkeit' heißt die Eucharistie bei Ignatius, denn sie stärke den irdischen Leib und ermögliche das Anziehen des himmlischen Kleides[106].

So stellt sich uns der Kultus um 150 dar. Vergleichen wir ihn mit der paulinischen Fassung, so erhebt sich die Frage, wie sich eine Form aus der anderen entwikkelt hat. Zwei Wege der Erklärung sind möglich: Nach der einen hat man zwischen zwei verschiedenen Feiern zu unterscheiden, einen Erbauungs-Gottesdienst am Sonntagmorgen und ein gemeinsames Mahl, bei dem die Eucharistie gefeiert wurde. So soll es schon zu den Zeiten des Paulus gewesen sein. Vornehmlich beruft man sich bei dieser Erklärung auf das Zeugnis des Plinius-Briefes:

> „Sie hätten die Gewohnheit gehabt, an einem bestimmten Tage vor Sonnenaufgang zusammen zu kommen, unter sich abwechselnd ein Lied auf Christus als auf einen Gott zu singen und sich feierlich zu verpflichten …, daß sie keinen Diebstahl, keinen Mord, keinen Ehebruch begingen …; darauf wären sie gewöhnlich auseinander gegangen und

106 Ignatius ad Eph. 20,2.

wären wieder zusammengekommen zum Essen, übrigens einem gewöhnlichen und unschuldigen Essen“[107].

Je höher nun die Eucharistie in ihrem Werte stieg, desto unerträglicher erschien ihre Verbindung mit einer Sättigungsmahlzeit. So trennte man sie von dieser und verband sie mit dem Wortgottesdienst. Dieses Stadium ist bei Justin erreicht. Die Sättigungsmahlzeiten als solche bestanden weiter, sie hießen *agape* (Liebesmahl), und hielten sich als solche noch bis ins vierte Jahrhundert. Im zwanzigsten Jahrhundert wurden sie als Feier des Gründonnerstags oder als Bestandteil der Osternachtfeier wiederentdeckt.

Das einzige Zeugnis, auf das diese Ansicht sich stützen kann, ist der Plinius-Brief, da Paulus nirgends von zwei verschiedenen Versammlungen spricht. Nun läßt sich die Plinius-Stelle aber auch anders auffassen. Die erste Versammlung muß gar kein Wortgottesdienst gewesen sein. Es kann sich vielmehr um eine Tauffeier gehandelt haben. Es blieb dann nur eine Feier, die Mahl und Wort in sich vereinigte. So ist es bei Paulus, so auch in der Didache. Dieses Mahl heißt Eucharistia wegen des Dankes, aber auch *agape* wegen der gemeinsamen Liebe, Brotbrechen (*artoklasia*) wegen der Erinnerung an Jesu letztes Mahl. Auch hier fand eine Abtrennung des Mahles statt, das als *agape* weiter bestand. Das ist der Zustand, wie er sich einmal in der Didache spiegelt, wo ein Gottesdienst am Herrentag mit Eucharistie und eine feierliche Mahlzeit unterschieden werden, dann auch bei Justin. Beide Ansichten stimmen darin überein, daß sie eine Trennung von Mahl und Eucharistie annehmen, sie weichen nur in der Zahl der Feiern ab. Eine endgültige Entscheidung ist bei dem Stand der Quellen nicht möglich, vielleicht hat man auch mit lokalen Verschiedenheiten zu rechnen. Erst bei Justin haben wir festen Boden unter den Füßen. Die Verhältnisse haben sich konsolidiert.

Dies erkennt man auch, wenn man die äußere Form dieser Versammlungen untersucht. Sie waren anfangs sehr primitiv; reichere Gemeindemitglieder stellten einen Raum zur Verfügung, in dem man zusammenkam oder man mietete ein Lokal, wie Paulus in Ephesus[108]. Nach der Legende soll Paulus vor Roms Toren eine Scheune gemietet haben und noch Justin erzählte seinem Richter, „er wohne in einem Raum über dem Bade eines gewissen Martinus ..., dort lehre er die zu ihm Kommenden, eine andere Versammlung kenne er nicht“[109]. Kleine Kreise (Konventikel) schlossen sich also zusammen. Feste Formen, die für alle verbindlich waren, konnten sich hier unmöglich herausbilden, der Gang der Feier wird sich immer nach den jeweiligen Personen gerichtet haben. Auf die Dauer mußten diese Konventikel eine schwere Gefahr für die Kirche bilden, denn hier konnten sich sehr leicht Irrlehrer einnisten. Hermas erzählt uns von solch einem falschen Propheten, der im eigenen Lokal seinen Anhang auf Bänken sitzend um sich scharte, während er etwas erhöht auf einem Stuhl saß. Hier setzten auch die Gnostiker mit ihrer

107 Plinius Ep. X 96.
108 Act. 19.
109 Eusebius, ist. Eccl. 4,16.

Wühlarbeit ein. Die Kirche war daher bestrebt, alle diese Feiern aufzuheben oder unter ihre Kontrolle zu bringen. Unermüdlich weist Ignatius darauf hin, daß nur die Feiern von Wert sind, die in Gegenwart des Bischofs bzw. seiner Vertreter stattfinden. Der Enthusiasmus ging immer mehr zurück, aber je mehr nun der Geist nachließ, desto schneller mussten sich feste Formen herausbilden. Das Erbe der Enthusiasten trat der kirchliche Beamte an und er war jenen gegenüber im Vorteil, denn die Macht und der Einfluß der Kirche war im Steigen begriffen. Die Feiern wurden zentralisiert, wodurch sie überschaubar wurden, und ein festes Ritual bildete sich heraus. Der Zusammenhang mit der Synagoge blieb deutlich, wir beobachten ihn in der Anordnung des Gottesdienstes wie in den Gebeten, aber zugleich beobachten wir ein leises Hinübergleiten ins hellenistische Fahrwasser, die Kirche war auf dem Weg zur Mysterienkirche, wenn auch noch ganz am Anfang.

Je größer die Gemeinden wurden, um so mehr war man nun bedacht, sich einen geeigneten Versammlungsraum zu schaffen und die ersten Kirchen wurden gebaut. Sie hatten den Stil der Basilika und standen zumeist unansehnlich in der Straßenfront. Die Basilika ist in drei Teile gegliedert: das Atrium als Aufenthaltsort der Katechumenen, das Langhaus für die Gläubigen und die Apsis, in deren Mitte die bischöfliche Kathedra stand, von beiden Seiten umgeben von Bänken für die Presbyter. Der Bischof predigte von seiner Kathedra aus, für die Vorleser war im Langhaus ein Pult errichtet. Mit dem Erbauen von Kirchen war eine gewisse Verfestigung im Kultus auch äußerlich sichtbar gegeben.

Denselben Prozeß der Konsolidierung beobachten wir bei der Taufe. Hier ist zunächst wieder ein Einfluß der synagogalen Praxis festzustellen, denn die Proselytentaufe war gang und gäbe, vielleicht noch wichtiger als die Beschneidung, weil sie alle Juden erreichte. Die ursprüngliche Feier der Taufe war sehr einfach und ganz regellos. Man ging zum Wasser und tauchte den Täufling unter, anfänglich einmal auf den Namen Christi, später dreimal. Fließendes Wasser wurde bevorzugt, war dieses nicht vorhanden, konnte auch stehendes benutzt werden. Bei Wassermangel war eine Besprengungstaufe zulässig, für den, der kaltes Wasser nicht vertragen konnte, auch warmes. Wie man sieht, herrschte größte Mannigfaltigkeit. Dem Taufakt ging ein Unterricht voran, dessen Inhalt die ethische Unterweisung war[110]. Den Stoff hierzu entnahm man wiederum der Synagoge, denn diese hatte längst feste Formen für die Erziehung der Proselyten herausgebildet. Vor der Taufe mußte der Prosylet zwei Tage fasten.

Viel reichhaltiger ist das Bild, das wir aus der *traditio apostolica* gewinnen, in der wir die römischen Zustände um 200 erkennen. Es war keine einfache Zeremonie mehr, sondern eine höchst feierliche Handlung, die mehrere Tage beanspruchte, die nicht jeder beliebige Christ vornehmen konnte, sondern der Bischof mit seinen Beamten. Die Katechumenen hatten erst einen gründlichen Unterricht zu absolvieren. Fasten, Wachen, Beten, Baden, mancherlei Beschwörungen, die man an ihnen vornahm, bildeten die Einführung. Der Bischof bannte die bösen Geister durch

110 Vgl. Didache 1–6.

Anhauchen. In der Osternacht blieben die Täuflinge mit der Gemeinde in der Kirche, am Ostermorgen wurde wieder der Körper gesalbt, es erfolgte die feierliche Absage an den Teufel. Dann schritt man zur eigentlichen Taufe, die in der Regel der Presbyter vornahm. Vornehmlich hatte der Täufling einige Fragen über den Glauben zu beantworten – daraus hat sich das Glaubensbekenntnis entwickelt –, dann wurde er dreimal untergetaucht, wieder gesalbt und in die Kirche geführt. Hier empfing der Bischof die Täuflinge mit dem Friedenskuß, legte die Hände auf sie, betete um das Herabkommen des Geistes und gab ihnen Milch und Honig. Dann schloß sich die Feier der Eucharistie an. Wie man sieht, ist aus der einfachen Taufe eine sehr komplizierte Handlung geworden, auch hier bildete sich ein festes Ritual heraus. Und wie man sich für die Eucharistie Kirchen gebaut hat, so errichtete man für die Taufe bald Baptisterien, die in der Nähe der Kirchen lagen.

Welche Bedeutung hatte nun die Taufe für den Täufling? Darauf gibt diese Zeit keine einheitliche Antwort. Zunächst bestehen drei Anschauungen aus der apostolischen Zeit fort. Die Taufe ist der Akt der Einführung in das Christentum, deshalb ist sie unwiederholbar. Sie bringt zugleich die Sündenvergebung für alle Verfehlungen der Zeit vor der Taufe und sie vermittelt den Geistbesitz. Weniger Allgemeingut ist die Ansicht des Paulus geworden, die in der Taufe einen mystischen Vorgang sieht und ihn in Zusammenhang mit Christi Tod rückt[111]. Der Gläubige erlebt Leiden, Sterben und Auferstehen des Herrn symbolisch in der Taufe, er steigt ins Wasser hinab, wird begraben und steht als neuer Mensch wieder auf[112]. Die Taufe heißt deswegen das ‚Bad der Wiedergeburt'. Wie schon bei der Eucharistie macht sich also auch bei der Taufe eine gewisse Analogie mit den Mysterien bemerkbar. Wichtig für diese Zeit werden zwei weitere Bezeichnungen. Die Taufe ist Erleuchtung (*photismos*), ein Terminus der Mysteriensprache, den zuerst Justin bezeugt. Sie verleiht die geistliche *gnosis*, Einblick in das Walten und Wesen der Gottheit. Daneben findet sich ein zweiter Terminus der Mysteriensprache: die Taufe heißt Siegel (*sphragis*). Es ist gewissermaßen die Erkennungsmarke der Christen, es verschafft Zugang zum Leben, hält die Dämonen ab und läßt seinen Besitzer ungehindert durch die Zwischenreiche emporsteigen. Es kann durch Sünden verlorengehen, darum heißt es, das Siegel zu bewahren. Wie man sieht, schließen sich an die Taufe allerhand Anschauungen an, die der zeitgenössischen Frömmigkeit eigentümlich waren.

Werfen wir abschließend einen Blick auf die Festzeiten der Kirche, so beobachten wir auch hier den Einfluß der Synagoge. Es war jüdischer Brauch, bestimmte Gebetszeiten einzuhalten. Man unterschied drei Gebetsstunden, die dritte, sechste und neunte (Terz, Sext und Non) und den Morgen und Abendsegen (Laudes, Vesper). Die Juden beteten regelmäßig des Schema und das Achtzehnbitten-Gebet. Diesem Brauch schloß sich das Christentum an und ersetzte die jüdischen Gebe-

111 Diese Ansicht kommt erst in den mystagogischen Katechesen des vierten Jahrhunderts wieder zum Tragen.

112 Röm. 6.

te durch das Vaterunser. Hier liegen die Anfänge des Stundengebetes, wie es heute noch gehalten wird. Zweimal in der Woche wurde gefastet, auch dies jüdischer Brauch, nur die Tage wurden verändert, Mittwoch und Freitag statt Montag und Donnerstag. Wie die Juden hob man einen Tag der Woche hervor und feierte ihn, aber nicht den Sabbat, an dem die Judenchristen noch festgehalten hatten, sondern den Sonntag als Tag der Auferstehung des Herrn. Seine Feier ist schon um das Jahr 50 nachweisbar, hieß aber zu dieser Zeit noch ‚Herrentag' (*hemera kyriake*). Erst bei Justin findet sich die Bezeichnung ‚Sonntag' (*hemera tou heliou*).

Die heute üblichen drei großen christlichen Hochfeste existierten nicht in der Anfangszeit. Man feierte nur das Osterfest, d. h. man folgte auch hier jüdischem Brauch und übernahm das Passahfest. Man behielt sogar den Namen bei – in der syrischen Kirche findet sich noch die Bezeichnung ‚Fest der ungesäuerten Brote' –, und den Wochentag (14./15. Nisan), obwohl es nicht immer ein Sonntag war. Man hielt wohl auch am Ritus fest, denn man hatte auch sein Passahmahl, nur gab man allem eine Beziehung auf Christus als das ‚wahre Passahlamm'. Die spätere Kirche hat diese Abhängigkeit verdecken wollen, sie verlegte Ostern auf den Sonntag nach dem 14. Nisan, aber die kleinasiatischen Gemeinden verweigerten sich dieser Umdatierung. Man erklärte sie daraufhin für häretisch und schloss sie aus, obwohl sie nur am alten Brauch festhielten.

Nicht so klar sehen wir beim Pfingstfest, denn es ist erst seit dem dritten Jahrhundert bezeugt. Die alten Christen feierten nur die fünfzigtägige Freudenzeit, die Pentekoste. Nach Ablauf der sieben Wochen nach Passah feierten die Juden das Wochenfest. So bildete sich langsam und im engen Anschluß an synagogale Bräuche in der christlichen Kirche das Kirchenjahr mit seinen Festen heraus, die jedoch umgedeutet wurden. Zugleich beobachten wir das Eindringen der hellenistischen Frömmigkeit, besonders bei den Sakramenten. Dieser Doppeleinfluß ist für die Anfänge des Kultus ein Charakteristikum. Je mehr die anfangs schwankenden Verhältnisse sich aber verfestigten, desto mehr benötigte man ein kirchliches Amt. Der Entwicklung des Kultus läuft die Entwicklung der Verfassung daher genau parallel. Das Opfer, das am Sonntag in der Eucharistie dargebracht werden sollte, brauchte einen Priester.

12. Die Anfänge der Verfassung

Ebenso wenig wie wir über die genauen Anfänge des Kultus informiert sind, sind wir es über die Verfassung: Wir kennen den Zustand der paulinischen Gemeinden ausreichend, können uns auch ein ungefähres Bild über die Lage zwei Jahrzehnte später machen, können aber keine Antwort auf die Frage geben, wie sich die eine Form aus der anderen entwickelt hat. In den paulinischen Gemeinden hatten Personen von zwei verschiedenen Sphären Autorität, die verschieden abgestuft wurden. Einmal die Charismatiker: „Apostel, Propheten, Lehrer"[113]. Wir wissen nicht, wie

113 Vgl. 1. Kor. 12,28

es zu dieser Trias gekommen ist, vermutlich bestand sie schon in der Urgemeinde und tritt uns in den paulinischen Gemeinden als fest umrissene Größe entgegen[114]. Die Apostel – der Epheserbrief nennt sie „Evangelisten" – waren wie Paulus vom Herrn berufen und zogen gleich ihm rastlos von Land zu Land. Das Evangelium mußte möglichst schnell auf der ganzen Welt verkündet werden, denn man erwartete das nahe Ende dieser Welt. Nach einem einheitlichen, festen Plan gingen sie nicht vor, jeder reiste für sich nach eigenem Gutdünken. Ihre Aufgabe bestand in der Gründung von Gemeinden. Die geistliche Leitung und Versorgung der jungen Schöpfung lag in den Händen der Propheten. Sie predigten, waren die Liturgen, teilten die Eucharistie aus und verkündeten ihre Visionen und Offenbarungen. Wie die Apostel waren sie nicht an eine Gemeinde gebunden, sondern gehörten zur Gesamtkirche. Neben sie traten die Lehrer, die den Sinn der Schrift erfassen und ihn in zusammenhängender Rede entfalten konnten. Ihr Ansehen in der Gemeinde war groß. „Nicht wie ein Lehrer schreibe ich euch", sagt Barnabas in seinem Brief[115]. Man darf diese drei Kategorien nicht allzu scharf voneinander trennen, in der Person des Paulus waren sie z. B. alle vereinigt. Alle drei vertreten das enthusiastische Element in der Gemeinde, es muß eine stark bewegende Kraft gewesen sein.

Daneben gab es aber doch noch mancherlei Anderes in der Gemeinde zu regeln, Alltägliches galt es zu ordnen. Es mußte für ein Lokal gesorgt werden, die Kassen mußten verwaltet werden, Arme und Kranke waren zu besuchen und mit den Liebesgaben der Gemeinde zu versorgen. Freiwillige Hilfskräfte unterzogen sich diesen Aufgaben, oft vielleicht die Erstlinge einer Gemeinde oder begüterte Gemeindemitglieder, die bei den Mahlfeiern Gastgeber waren. Ein Amt im strengen Sinne war es nicht, sie übten ihre Pflichten im Auftrag der Gemeinde aus, bedurften ihres Vertrauens, konnten aber auch abgesetzt werden. Die Gemeinde war völlig autonom. Der Apostel richtete seine Briefe stets an sie, niemals an bestimmte Leiter. Deshalb war deren Autorität keine allzu große. Der Apostel erinnerte des öfteren die Christen, ihren Vorstehern zu gehorchen, da sie doch die Mühe um die Gemeinde trugen. Es handelte sich also um einen moralischen Gehorsam, nicht um eine rechtliche Basis. Feststehende Bezeichnungen für diese Vorsteher kennt Paulus nicht, bald heißen sie einfach Vorsteher (*prohistamenoi*) oder Mühwalter (*hoi kopiontes*), nur in der Adresse des Philipperbriefes findet sich die Wendung „Bischöfe und Diakonen" (*episkopois kai diakonois*). Daraus kann man schließen, daß es damals schon zwei verschiedene Arten von Dienstleistungen gab: ausführender Art und mehr organisatorischer bzw. beaufsichtigender[116]. Die Diakonen könnten die Gehilfen der Bischöfe gewesen sein. Presbyter, die es schon in der jerusalemischen Urgemeinde gegeben hat, werden in den paulinischen Briefen nicht erwähnt. Diese Diener an der Gemeinde, diese Administratoren, gehörten nur ihrer Gemeinde an.

114 Die Bezeichnungen entstammen dem Wortschatz des Diaspora-Judentums. Der ‚Apostel' war der Abgesandte von Jerusalem mit einem besonderen Auftrag an eine Gemeinde der Diaspora.

115 Barn. 1,8.

116 *Episkopos* heißt ‚der Aufseher'.

Nach zwei verschiedenen Richtungen entwickelten sich nun die Verhältnisse. Einmal entspann sich, wie vorauszusehen, ein Kampf zwischen Amt und Enthusiasmus. Seine Gründe sind mannigfacher Art. Einmal verselbständigten sich die Propheten im zweiten Jahrhundert mehr und mehr und die Didache mußte energische Maßregeln gegen Schwindelpropheten ergreifen, die die Gemeinden nur ausbeuten wollten. Daneben waren Propheten oft Verbreiter von Irrlehren, die sie, gedeckt durch den Nimbus göttlicher Offenbarung, dank ihrer Autorität ungestört in den Gemeinden aussäen konnten. Diese unruhig von Ort zu Ort ziehenden Propheten waren eine Gefahr für eine ruhige, kontinuierliche Entwicklung der Gemeinde. Sie konnten oft alles umkehren. Daß sich daher eine Rivalität zwischen Amt und Enthusiasmus herausgebildet hat, ist kein Wunder. Wir besitzen noch einzelne Dokumente dieses Kampfes. Die früheste Urkunde ist wohl 3. Joh. 9 f.:

> „Ich habe der Gemeinde geschrieben, aber Diotrephes, der unter ihnen will hochgehalten sein, nimmt uns nicht auf. ... er schwätzt mit bösen Worten wider uns und läßt sich an dem nicht genügen, sondern nimmt selbst die Brüder nicht auf und wehrt denen, die es tun wollen, und stößt sie aus der Gemeinde".

Das Amt befindet sich hier im offenen Konflikt mit dem Propheten und dies anscheinend mit Erfolg. Wesentlich anders liegen die Dinge in der Didache. Dort zählten die Propheten zu den ‚Ehrwürdigen' und standen bei der Gemeinde trotz aller Kritik in Ansehen. Aber das Amt stieg zu größerem Ansehen empor und eroberte sich die Eucharistie. Der Grund hierfür lag im allmählichen Aussterben des prophetischen Elements, und die Bischöfe als Nachfolger der Propheten rückten durch Ausübung des Wortgottesdienstes und der Liturgie an ihre Stelle. Aber sie mussten zunächst noch um ihr Ansehen kämpfen. „Verachtet sie nicht", so mahnt die Didache, „denn sie sind die Geehrten unter euch, zusammen mit den Propheten und Lehrern"[117]. Gegen Ende des zweiten Jahrhunderts stand das Amt als Sieger da. Die wandernden Propheten starben zuerst aus, die Propheten in den Gemeinden schloßen sich an, einmal weil die Welle des Enthusiasmus zurückging, sodann weil sie durch die gnostische und montanistische Bewegung diskreditiert wurden[118]. Am längsten hielt sich der Stand der Lehrer in seiner Unabhängigkeit vom Amt, aber er war auch am wenigsten enthusiastisch. Um 150 sammelte Justin in Rom seine Schule, im ausgehenden zweiten Jahrhundert war die Katechetenschule in Alexandrien unter Leitung des Pantänus am bedeutendsten. Im dritten Jahrhundert kam es hier zum entscheidenden Vorstoß und Sieg des Amtes.

Der Bischof war also Erbe des alten Enthusiasmus, er sorgte für die Verbreitung des Christentums in seiner Diözese, er predigte und feierte die Eucharistie, er war der Inhaber des Lehramtes, er thronte in der Kirche auf der Kathedra. In abgeblaßter Form und mit dem kirchlichen Stempel versehen lebte der altchristliche Enthusiasmus jedoch im bischöflichen Amt weiter, daneben im Mönchtum und in den Märtyrern.

117 Didache 15,1.
118 Zum Montanismus vgl. Kap. 15.

Aber wie kam es zu einem bischöflichen Amt? Die urchristlichen Gemeinden waren demokratisch verfaßt, die Gemeinde war autonom, sie ermächtigte vertrauenswürdige Leute zu freiwilligen Hilfsdiensten. Gewiß gab es Personen mit Autorität, aber sie hatten keinen rechtlichen Anspruch auf Gehorsam. Man denke an das Wirken des Presbyters Johannes, der von Ephesus aus seine sieben Sendschreiben an kleinasiatische Gemeinden schickte, mit denen er in deren Verhältnisse hineingriff. Schon in den paulinischen Gemeinden wurde zwischen dienenden und beaufsichtigenden Beamten geschieden, zwischen Episkopen und Diakonen. Presbyter wurden nicht erwähnt, fanden sich aber in der jerusalemischen Urgemeinde und auch sonst. Es erhebt sich bei dieser Sachlage ein doppeltes Problem: wie verhielten sich die Episkopen zu den Presbytern? Wie entstand der monarchische Episkopat? Unzählige Hypothesen sind aufgestellt worden, um diese Fragen zu beantworten. Am wahrscheinlichsten erscheint Folgendes: Aus einem Zeugnis des Hieronymus geht hervor, daß Bischöfe und Presbyter zunächst identisch und nur verschiedene Bezeichnungen für dieselbe Sache waren. Zum Presbyterium gehörten angesehene Personen, Geehrte. Sie saßen nach synagogalem Brauch in den vorderen Bänken im Halbkreis, wie die himmlischen Ältesten in der Apokalypse. Zu ihnen könnten Asketen, um ihres Glaubens willen Gemarterte und sonstige angesehene Personen gezählt haben. Sie berieten die Gemeinde, übten die Kirchenzucht aus und trieben Seelsorge, allmählich eroberten sie auch den Gottesdienst. Die Diakonen verteilten die Liebesgaben, besuchten Kranke und kamen vornehmlich mit den einzelnen Christen in Berührung.

Die Frage, wie es nun zum monarchischen Episkopat und damit zur Hierarchie der kirchlichen Ämter kommen konnte, ist nicht exakt zu beantworten, es lassen sich nur Wahrscheinlichkeitsgründe anführen. Vermutlich hat eine Person innerhalb der Gemeinde mehr und mehr an Einfluß gewonnen, weil man ihr vertraute. Aufgrund des kultischen Interesses konnte dies vor allem der Bischof sein, der die eucharistische Feier gültig vornahm. In diesem Zusammenhang ist außerdem auf die Bedrohung durch die Gnosis hinzuweisen. Von überall traten Menschen an die Gemeinde heran, die sich auf besondere Offenbarungen beriefen und eine tiefere Erkenntnis propagierten, wodurch alles in den Strudel des Synkretismus hineingezogen worden wäre. Der Bischof, der als Monarch an der Spitze der Gemeinde stand, hatte die Möglichkeit und die Autorität, die Tradition zu bewahren und die Gemeinde zusammenzuhalten. Die Herausbildung des bischöflichen Amtes geschah also in überaus gefahrvollen Zuständen der Kirche während des zweiten Jahrhunderts. Fragen wir nach Ort und Zeit seines Entstehens, so lassen sich auch hier keine genauen Angaben machen. Selbstverständlich war die Entwicklung lokal überaus verschieden, in kleineren Gemeinden hat es noch im dritten Jahrhundert zwei Bischöfe nebeneinander gegeben, als sich in den großen Gemeinden bereits alles konsolidiert hatte. Am frühesten läßt sich der monarchische Episkopat in Kleinasien und Antiochia nachweisen. Ignatius tritt uns in seinen Briefen um 115 als solcher Bischof entgegen, wenn er sich stolz „Bischof Syriens“[119] nennt. Aber

119 ad Rom. 2,2.

in den Gemeinden, an die er schreibt, ist diese Entwicklung noch nicht so weit fortgeschritten, deshalb mahnt er dauernd: haltet euch an den Bischof. Man sieht hier wieder, welche Rolle Kleinasien in der ältesten Kirchengeschichte gespielt hat. Nach Rom kam der monarchische Episkopat wahrscheinlich erst um 150. Wann er sich in den übrigen Städten durchsetzte, wissen wir nicht. Um 150/160 ist er jedenfalls in den großen christlichen Zentren vertreten.[120]

Damit war eine Entwicklung zum Abschluß genommen, die der spätantiken kulturellen Entwicklung parallel läuft: an Stelle größter Mannigfaltigkeit Einheitlichkeit, an Stelle des Ungebundenen das Verbindliche, das Amt bzw. das Ritual. Der Bischof leitete die Gemeinde auf Grund eines Rechtsanspruches, er wurde vom Presbyterium umgeben, das nun nicht mehr eine lose Schar ehrwürdiger Persönlichkeiten darstellte, sondern einen Kreis von Kollegen, die an den Aufgaben des Bischofs Anteil hatten. Die letzte Autorität wurde dem bischöflichen Amt verliehen, indem es in die Nachfolge der Apostel gestellt wurde. In lückenloser Kette folgten sie ihnen, hatten von ihnen den heiligen Geist empfangen und waren so im Besitz der wahren Lehre. Das Dogma von der *successio apostolica,* der durch Handauflegung vermittelten lückenlosen Nachfolge der Apostel, ließ ihr Amt als gottgewollt erscheinen: Gott, Christus, die Apostel, die Bischöfe. Sie garantierten den apostolischen Charakter der Kirche. Ein Schriftbeleg legitimierte dies aufgrund der Gliederung des jüdischen Volkes in Volk und Geistliche und die der Geistlichen in Leviten und Priester mit dem Hohenpriester in Jerusalem an der Spitze. Jeder Bischof war gewissermaßen der Hohepriester in seiner Gemeinde. Das erste Kapitel der kirchlichen Verfassungsgeschichte begann mit der demokratischen Gemeindeordnung und endete mit den Anfängen der Hierarchie.

13. Neue Strömungen: 1. Die Gnosis

Während sich diese Entwicklung langsam gestaltete, drangen wie oben angedeutet, neue Kräfte und Bewegungen in das kirchliche Leben ein, die es aufs Höchste beunruhigten, gefährdeten und deshalb den Fortgang der skizzierten Entwicklung beschleunigten. Drei neue Strömungen hat man zu unterscheiden: die Gnosis, Marcion mit seiner Reformkirche und den Montanismus.

Die Gnosis bietet hinsichtlich ihres Wesens und Entstehens für die Forschung die größten Schwierigkeiten. Der Blick kann nicht weit genug genommen werden, denn die Gnosis ist keine dem Christentum eigentümliche Erscheinung, sondern eine Blüte des Synkretismus. Ihr Ursprung kann nicht mehr ausgemacht werden, da sich in ihr Bestandteile einzelner Religionen und philosophische Ideen vermischen, worduch sie immer schon eine sehr heterogene Bewegung war. Sie ist daher viel ‚älter' als das Christentum, findet sich z. B. auch im Judentum und in den ori-

120 Vgl. Ernst Dassmann: Ämter und Dienste in den frühchristlichen Gemeinden. Bonn 1994. Georg Schöllgen: Die Anfänge der Professionalisierung des Klerus und das kirchliche Amt in der Syrischen Didaskalia. Münster 1998.

entalischen Religionen. Letztere verbreiteten sich zunehmend im Westen und hatten mehr als einen Zug mit dem Christentum gemeinsam: die Spannung zwischen der Ober- und Unterwelt, die Sehnsucht nach Erlösung, der sterbende und auferstehende Gott, Askese, Mystik usw. Daher lag der Versuch nahe, das Christentum in den großen synkretistischen Prozeß hineinzunehmen. Gnostische Ideen wurden in die christlichen Gemeinden hineingetragen und dort bildeten sich gnostische Konventikel, die man auch als Bindeglied zwischen den heidnischen Mysterienkulten und der christlichen Kirche verstehen könnte. Teilweise waren in ihnen christliche Inhalte nur Etikette, für andere Kreise hingegen hatten sie zentrale Bedeutung. Die Grenzen zwischen der christlichen Kirche und externen gnostischen Ideen war in den Konventikeln fließend. In den einen überwog die Philosophie, in anderen Phantastik, oft auch beides gemischt. Fast sämtliche Formen damaligen religiösen Lebens treffen wir hier wieder: Philosophenschulen, die sich um ihren Meister scharten und diesem nach seinem Tode göttliche Ehren erweisen, kleine Kultgemeinden mit eigenen Liturgien und Sakramenten, Zauberer, die mit Liebestränken und Beschwörungen Eindruck erwecken wollten und auch Schwindler übelster Sorte – alles war vertreten. Das Bild, das sich uns von der Gnosis bietet, ist so bunt, wie es das damalige religiöse Leben überhaupt war. Neben wundervollem Schwung, hochfliegendem Idealismus steht viel Absurdes, Abgeschmacktes oder Betrug. Gleichzeitig ist zu beachten, daß christliche Lehrer in gnostischem Gedankengut die Möglichkeit sahen, dem Christentum in philosophisch gebildeten Kreisen Anerkennung zu verschaffen. Bei diesem Tatbestand wird man es verstehen, daß die Frage nach Entstehung und Wesen der Gnosis kaum zu beantworten ist. Die Schwierigkeit wächst noch mehr, wenn man bedenkt, daß die reiche gnostische Literatur von der Kirche systematisch vernichtet wurde, da sie als häretisch galt. Wir sind also auf dürftige Fragmente angewiesen und auf die Berichte der Kirchenväter, die aber oft tendenziös und entstellend ausfallen.

Bei den mannigfachen Formen der Gnosis wird sich auch ihr Wesen nur sehr schwer bestimmen lassen. Sie ist keine Religionsphilosophie, es handelt sich bei ihr nicht um ein verstandesmäßiges Erkennen, sondern um eine mystische Schau. Die Gnostiker sind die ersten ausgesprochenen Mystiker im Christentum, was man besonders gut an den Valentinianern beobachten kann. Es ist nicht möglich, ein geschlossenes Bild von der geschichtlichen Entwicklung der Gnosis zu zeichnen. Nur eine flüchtige Skizze kann entworfen werden. Zunächst ist zu bemerken, daß es der Gnosis nicht an Anknüpfungspunkten zum Christentum gefehlt hat, denn sonst wäre der Erfolg unbegreiflich gewesen. Schon Paulus ist in gewissem Maß von einer synkretistischen Frömmigkeit ergriffen, beim vierten Evangelisten spüren wie sie noch stärker und lesen wir die Briefe des Ignatius im Vergleich mit den gnostischen Systemen, finden wir, daß sie sich zu ihnen verhalten wie Fragmente zum Ganzen.

Nicht erst im zweiten Jahrhundert entstand die christliche Gnosis, sie war sofort nach der Entstehung des Christentums vorhanden. Schon in der apostolischen Zeit hören wir von Irrlehrern, gegen die Paulus argumentierte, wobei es sich, wie in Kolossä, nicht nur um judaistische Agitatoren handelte, sondern um Judenchristen, die eine tiefere Erkenntnis (*gnosis*) zugleich mit jüdischen Bräuchen verbreiten wollten. Ähnlich liegen die Dinge in den Pastoralbriefen. Als ‚Stifter' der Gnosis wird von den Kirchenvätern übereinstimmend Simon Magus angegeben, der aber mit dem Christentum nur lose Berührung gehabt hat[121]. Um so mehr hat sich seiner die christliche Legendenbildung bemächtigt, die Petrus als seinen großen Gegner beschreibt, nach Justin sollen die Römer ihm sogar ein Denkmal gesetzt und ihm als Gott Verehrung gezollt haben. Um 200 war seine Sekte, die eine Zeit lang geblüht haben muß, fast verschwunden. Origenes behauptet, daß es kaum 30 Simonianer mehr gebe. Wichtig ist, daß es sich hier um ein samaritanisches Mischgebilde handelt, das mit dem Judentum in Beziehung stand. Um 100 wirkte in Ephesus der Gnostiker Kerinth, von dessen Zusammentreffen mit dem Presbyter Johannes im Bade man sich noch lange erzählte. Ein Jahrzehnt später traf Ignatius auf der Durchreise in den Städten Kleinasiens Irrlehrer der Gnosis an, die eine emsige Tätigkeit entfalteten. Diese älteste Form der christlichen Gnosis war in Syrien und Palästina zu Hause und hatte um 100 schon eine gewisse Blüte erreicht und besaß auch noch bis etwa 140 eine Reihe führender Köpfe wie Menander und Satornilus. Die orientalische Frömmigkeit drang ins Christentum ein, das Bindeglied war das synkretistische Judentum. Diese Form der Gnosis war sehr mannigfach, überwiegend orientalisch-phantastisch, hatte aber keine große kirchengeschichtliche Bedeutung erlangen können. Ihre Grundgedanken fanden aber ein Fortleben in anderen Systemen.

Wesentlich andere Züge zeigt die Gnosis, die sich in Ägypten herausbildete. Das orientalische Element blieb zwar erhalten, wurde aber zurückgedrängt, der Einfluß der griechischen Philosophie machte sich bemerkbar und versuchte die orientalische Phantastik in eine feste Form zu bringen. Am meisten hellenistisch war die Sekte des Karpokrates, phantastische Züge traten hervor. Zwei Systeme erlangten größere Bedeutung, das der Basilidianer und das der Valentinianer. Die Kirchenväter berücksichtigen sie in ihrer Polemik fast ausschließlich und teilen größere Fragmente aus ihren Schriften mit. Sie hatten es zu förmlichen Schulen gebracht, die ihren orientalischen und abendländischen Zweig hatten und mannigfache Phasen in ihrer Entwicklung aufweisen. Valentin selbst hat erst in Alexandrien gewirkt, kam etwa 135 nach Rom und wirkte dort bis etwa 160.

Die Gnosis des dritten Jahrhunderts, von der wir verhältnismäßig zahlreiche Originalschriften besitzen, zeigt einen Verfallsprozeß an: das Vorherrschen bizarrer Formeln, gehäufter Sakramente, unverständlicher Riten, barbarischer (weil griechischen und römischen Ohren unverständlicher) Namen, sinnloser Wortzusammenstellungen, geheimnisvoller Zauberformeln und Zaubertafeln[122]. Amulet-

121 Vgl. Act. 8.

122 Hier taucht zum ersten Mal die Zauberformel *Sator Arepo Tenet Opera Rotas* auf. Sie faszinierte durch die Möglichkeit, die Buchstaben in mehreren Varianten immer mit dem gleichen Wortklang zu lesen. Allein das qualifizierte sie als Zauberspruch. Eine eindeutige Übersetzung liegt nicht vor, da das Wort *Arepo* entweder ein Eigenname ist oder aber überhaupt keine Bedeutung hat.

te sollten Dämonen abwehren, Träume wurden gedeutet, Liebestränke fabriziert. Die Gnosis zog sich, von der großen Entwicklung ausgeschlossen, in Winkel zurück und verblieb in den unteren Schichten des Volkes. Es ist die Zeit der völligen Auflösung einer ehemals großen und reichen Bewegung, bis sich dann im vierten Jahrhundert der Manichäismus ausbreitete und alle diese kleinen Gebilde und Gruppierungen schluckte. Ein kirchengeschichtlicher Faktor waren nur die Valentinianer. Es genügt daher, auf ihre Entwicklung etwas näher einzugehen, in der sich zugleich die Entwicklung der ganzen Gnosis spiegelt.

Der Begründer dieser Sekte war Valentin, ein Mann von seltener Größe und Bedeutung. Wir kennen seine Lehre nicht mehr genau, aber die Fragmente seiner überlieferten Schriften offenbaren eine starke Begabung, großen sittlichen Ernst, religiöse Wärme, mit der sich ein seltener Schwung in der Darstellung paart. Er war Mystiker, Prediger und Schriftsteller in einer Person. Er vergleicht die Seele der Menschen, in der die Leidenschaften hausen, mit einer Herberge, in die Räuber eingedrungen sind und alles zerstört haben. Die Grundzüge seines Weltbildes sind noch in dem sogenannten Psalm Valentins zu erkennen: „An dem Äther sehe ich alles im Geiste hängen, im Geiste sehe ich alles bewegt. Das Fleisch hängt an der Seele, die Seele an der Luft, die Luft am Äther. Aus dem Bythos werden Früchte hervorgebracht, aus dem Mutterschoß ein Kind“[123]. Die Welt, der Kosmos, ist ein organisches Ganzes, alles ist bewegt, eines fließt aus dem anderen, vom göttlichen Urgrund bis zum Fleisch des Menschen handelt es sich um eine Stufenfolge. In diese Harmonie des Kosmos versenkt sich der Seher, er ist Mystiker, der darin die Gottheit erkennt. Wir sind hier von orientalischem Geist weit entfernt, alles ist gebändigt durch griechisches Denken. Eine große und weite Persönlichkeit tritt uns entgegen, die eine Schule um sich geschart hat.

Wer zum ersten Mal das valentinianische System in seiner großartigen Konzeption kennen lernt, ist zunächst durch den Schematismus, durch das Ineinanderfließen von Bild und Gedanke fremdartig berührt. Je mehr man aber die treibenden Kräfte erkennt, desto mehr schwindet dieser Eindruck. Hier sei nur auf einige Hauptcharakteristika des Systems hingewiesen:

(1) Es ist streng monistisch und idealistisch, aus einem Urgrund entwickelt sich alles, aus dem Pleroma. Es ist die Fülle, vollkommene Ruhe herrscht in ihm, aller Affekt fehlt. Die Gottheit wird völlig transzendent gefaßt, eigenschaftslos. Aus dem höchsten Prinzip emanieren Äonen, die die Fülle des Urvaters in sich enthalten, wenn auch nicht in absoluter Reinheit. Sie haben nur einen Wunsch, nämlich seine Größe anzunehmen.

(2) Diese Harmonie wird gestört, nun kommt es zu einem Abfall im Pleroma, zu immer tiefer führenden Äonen bis zu dem Weltschöpfer. Diese Äonen sind die Bindeglieder, die die Übergänge des Einen zum Vielen ermöglichen. Hier dringt die Astrologie ein, denn die untersten Götter sind die Planetengötter.

123 Hippolyt ref. 6,37,7.

(3) Im untersten Himmel thront der Gott des Alten Testaments, der Schöpfer der Welt. Die Trennung des Weltschöpfers vom höchsten Gott ist allen gnostischen Systemen eigentümlich. Das führt zu einer Ablehnung des Alten Testamentes, das durch das Neue Testament, die Botschaft des höchsten Gottes, aufgehoben wird. Der Grund für diese Trennung liegt in der pessimistischen Weltbetrachtung und in dem Bestreben, die Transzendenz des wahren Gottes strengstens zu wahren. Die Stellung des alttestamentlichen Gottes zum höchsten Gott kann man bei den Valentinianern als wohlwollende Neutralität bezeichnen, er bekehrt sich schließlich noch, aber in den älteren Systemen der Gnosis herrscht zwischen beiden unverhohlene Feindschaft, ja extreme Gnostiker sahen im Gott des Alten Testamentes ein widergöttliches Prinzip.

(4) So herrscht für die Gnostiker auf der Welt ein Dualismus, der Mensch ist ein Wanderer zwischen zwei Welten, er trägt in sich die Sehnsucht nach oben, ist aber an die Erde gebunden, er ist – wenigstens sind es die bevorzugten Menschen – Geist (*pneuma*) und Fleisch (*sarx*) zugleich. Der Lichtfunke von oben ist in der Materie gefangen.

(5) Nun kommt die große Wende: Der Retter (*soter*) erscheint aus dem Pleroma, um die Erlösung zu bringen. Hier ist der Punkt, wo Jesus die größte Rolle in allen Systemen der Gnosis spielt. Aber die Christologie weist eigentümliche Züge auf. Der *soter* kann nicht direkt mit der Materie in Beziehung stehen, er darf keinen Leib haben, da ihn dies beflecken würde. Daher kommt er entweder als Geist bei der Taufe auf Jesus und trennt sich von diesem wieder beim Leiden; oder er hat einen Scheinleib und leidet auch nur zum Schein (Doketismus); oder aber er hat einen himmlischen Leib, den er sich aus der Oberwelt mitgebracht hat. Im Detail ist die valentinianische Gnosis sehr kompliziert.

(6) Die Erlösung ist aber keine generelle, nur den Personen wird sie zuteil, die im Besitz des pneumatischen Samens sind. Die Pneumatiker durchlaufen hier auf Erden eine Schule, sie werden erzogen und von der Materie allmählich befreit. Der Pneumatiker hat sich deshalb nach valentinianischer Ansicht am kirchlichen Leben zu beteiligen, er hat sich durch Glauben und Werke zu bewähren, aber das ist nicht das Letzte; das besteht in der Einführung in die Gnosis, in die Einsicht in die tiefen Weltzusammenhänge, in der Übermittlung der geheimnisvollen Zauberworte, die den Zugang zu den oberen Welten eröffnen. Nach Valentin und einem Teil seiner Schule besteht die Formung des Pneumatischen lediglich in der Erkenntnis, in der Schau – nach anderen Valentinianern aber gerade im Sakrament. Erst sein Empfang verschafft die geheimnisvolle Schau. Die Seele erfährt auf wunderbare Art die Vorwegnahme ihres künftigen Zustandes in der Seligkeit des Pleroma. Eine Schau des göttlichen Urgrundes ist das Ziel dieser Frömmigkeit.

(7) Die treibende Kraft dieses ganzen Systems ist also die Mystik. Den Aufstieg der Seele und ihre schließliche Vereinigung mit der Gottheit schildert sehr

schön eine Stelle der „Excerpta ex Theodoto" im Anschluß an den jerusalemischen Tempel:

> „Ehe er das Allerheiligste betritt, legt er am Räucheraltar sein Diadem ab, dann schreitet er hinein, im Schweigen den ihm ins Herz gegrabenen Namen bewahrend; das Diadem aus geläutertem Gold, gleichsam den Leib seiner Seele, ließ er dahinten. Er bedarf seiner nicht mehr, wenn in ihm der Glanz der Gottesverehrung eingegraben ist. ... Innerhalb des zweiten Vorhanges am Altar ... legt er ihn ab und die Seele wandelt nackt ..., vernünftig und hohepriesterlich geworden, in die pneumatische Welt, unmittelbar beseelt von dem Logos"[124].

Die valentinianische Gnosis ist das erste religiöse System im Christentum, das im Geist der Mystik konzipiert ist. Orientalische Phantastik, griechische Philosophie und christlicher Glaube haben sich hier vereinigt und ein System geschaffen, das man als Bindeglied zwischen Philo und Plotin betrachten kann.

Die Schule Valentins hielt sich nicht auf dieser Höhe, sie bildete sich aus der Philosophenschule und ihrem losen Anhang in eine kultische Gemeinde mit Sakramenten und einem festen Ritual um[125]. Diese Entwicklung knüpft sich an den Namen des Marcus, dem seine Gegner allerhand Unehrenhaftes nachsagten. Die Markosier gewannen im Abendland bedeutenden Anhang, brachten aber durch ihre Zahlenspekulationen und zauberischen Kunststücke einen anderen Geist in die Schule hinein. Im dritten Jahrhundert vermischte sich die valentinianische Gnosis überhaupt mit anderen Systemen und wurde zur unbedeutenden Winkelsekte. Das ist überall das Schicksal der Gnosis.

Ihre Erfolge verdankte die valentinianische Gnosis mannigfachen Umständen. Sie betonte, daß sie auf Offenbarung beruhe, auf der im Neuen Testament schriftlich fixierten und auf der mündlichen Geheimtradition, die sie durch Mittelglieder bis zu den Aposteln zurückführte. Die Apostel haben es vom Herrn, der nach seiner Auferstehung 18 Monate bzw. 11 Jahre noch auf Erden weilte und seinen Jüngern die tiefsten Geheimnisse mitteilte. Das prophetische Element war sehr stark in der Gnosis vertreten – Prophetinnen, Orakel und Offenbarungen spielten eine große Rolle. Wollte man in die Gemeinde eindringen, so brauchte man sich nur der prophetischen Form zu bedienen, die sofort höchste Autorität verschaffte. Die Valentinianer wollten keine eigene Kirche, sie wollten nur innerhalb der Kirche einen Verband von Pneumatikern bilden. Daher war die christliche Gemeinde ihr eigentliches Missionsfeld, ihnen geeignet erscheinende Christen scharten sie dann besonders um sich und führten sie allmählich in ihr System ein. Witzig und mit drastischer Satire schildert Tertullian ihr Treiben:

> „Fragst du in aller Treuherzigkeit, so antworten sie mit ernster Miene, mit zusammengezogenen Augenbrauen: Es sind hohe Dinge. Dringst du tiefer ein, so beteuern sie in zweideutigen Ausdrücken den gemeinsamen Glauben. ... Selbst den Schülern vertrau-

---

124 Der Zusammenhang bei Clemens von Alexandrien, Stromata VII.

125 Man beruft sich auf das Philippus-Evangelium, das uns in den *Nag-Hammadi*-Schriften erhalten ist.

> en sie sich nicht mehr an, als bis sie diese ganz zu den Ihrigen gemacht haben. Sie verstehen die Kunst, zu überreden, ehe sie noch belehren“[126].

Sie mußten Eindruck erwecken wegen ihrer prophetischen Begabung, ihrer andeutenden Geheimnistuerei, auch wegen ihrer Fortschrittlichkeit, denn sie kamen dem Geist der hellenistischen Frömmigkeit erstaunlich nahe. Und letztlich war die Kirche damals noch so wenig ein fester Organismus, daß ein Eindringen gnostischer Gedanken möglich war, zudem die Kirche damals selbst zum Teil ähnliche Gedanken hegte. Es war also höchst schwierig festzustellen, wann es sich um ‚typisch' gnostische Ideen handelte. Dies erhöhte die Gefahr für die junge Kirche durch die Gnosis ganz ungemein. Es war eine ungeheure Krise, die über die noch ungefestigte Kirche hereinbrach, es ging um ihre Existenz. Nach harten Auseinandersetzungen stieß sie die Gnosis schließlich zurück und wahrte damit die Exklusivität des Christentums vor einer synkretistischen Relativierung.

Worin liegt nun die Bedeutung der Bewegung der Gnosis? Welches sind ihre Gefahren für die noch junge christliche Kirche? Worin kann man weitertreibende Kräfte erblicken? Die Gefahren erscheinen in einem Sechsfachen:

(1) Die Trennung zwischen Schöpfergott und höchstem Gott reißt Schöpfung und Erlösung auseinander und tastet damit eine der Grundlagen des Christentums an, daß Gott der Weltschöpfer sei.

(2) Mit dieser Trennung in engstem Zusammenhang steht die Ablehnung des Alten Testamentes. Damit wird das Christentum von seiner geschichtlichen Grundlage losgerissen, seines Charakters als einer geschichtlichen Religion entkleidet und damit zum Rang einer zeitlosen Mysterienreligion erhoben. Die Erzählungen des Evangeliums werden ebenfalls der geschichtlichen Einmaligkeit beraubt, man sieht in ihnen stattdessen zeitlose Wahrheiten.

(3) Um jede Berührung mit der Materie zu vermeiden, gibt man dem *soter* keinen menschlichen Leib, läßt ihn nur zum Schein leiden und auferstehen. Dieser Doketismus gefährdet die Wahrhaftigkeit der Religion und stellt die Wirklichkeit des Heils in Frage.

(4) In der christlichen Kirche hat es immer besondere Virtuosen der Frömmigkeit gegeben, aber sie standen als Geehrte in der Gemeinde. Die Gnosis konstruiert dagegen zwei Etagen: die Physiker (Körpermenschen) als Kirchenchristen mit dem Anspruch auf eine geringere Seligkeit und die Pneumatiker als Vollchristen und als Erben der Seligkeit im Pleroma. Die eigentliche Erlösung ist demnach nicht für alle bestimmt, sondern nur für eine Elite.

(5) Ein Übergang der Physiker zu den Pneumatikern war unmöglich, denn man war Pneumatiker nicht wegen besonderer Verdienste, sondern wegen des pneumatischen Samens, den man ohne sein Zutun besaß und den man nicht erwerben konnte. Dieser Determinismus konnte gefährlich werden und daher hat

126 Adversus Valentinianos 1.

die Kirche ihn bekämpft und ihm gegenüber immer die Willensfreiheit betont. Die gnostische Ethik definiert auch meistens die Bedeutung der Sünde, indem sie sie an die Materie bindet und diese dadurch generell für sündig erklärt wird. Nach kirchlicher Ansicht aber ist die Materie Gottes Werk und das Böse ist immer eine Tat des Menschen.

(6) Indem die Gnosis alles spiritualisiert und das höchste Gut in der Schau Gottes sieht, die schon hier auf Erden erreichbar ist, beseitigt sie das gesamte eschatologische Drama. Eine Auferstehung des Fleisches wird abgelehnt, denn die Auferstehung hat bereits stattgefunden in der Hinwendung zur Gnosis. Wie man sieht, wird das Alte Testament abgelehnt, das Christentum von seinen Grundlagen gelöst, umgeformt und damit der hellenistischen Frömmigkeit angenähert.

Die Kirche ist später einen ähnlichen Weg gegangen, nur nicht mit dieser Entschiedenheit, sondern war stets zu Kompromissen bereit. Die Gnostiker sind daher als Vorläufer einer späteren Entwicklung anzusehen. Ihre Bedeutung ist in vier Bereichen zu sehen:

(1) Die Gnostiker waren richtige Theologen, keine Gelegenheitsschriftsteller wie die Apostolischen Väter. Sie verwandten große Mühe auf die Auslegung der Schriften und wandten auf die Evangelien entschlossen die allegorische Exegese an. Im dritten Jahrhundert folgte die Kirche hier nach. Daneben schrieb man ethische Traktate und erörterte die Stellung zum Gesetz. Man sah überhaupt Probleme und packte sie entschlossen an.

(2) In der Gestaltung der Christologie gingen die Gnostiker Bahnen, die im Monophysitismus[127] wieder beschritten wurden, und die Terminologie, die die Gnostiker anwandten, ging mit ihnen nicht unter. Sie gebrauchten in der Christologie als Erste den später heiß diskutierten Begriff der Wesensgleichheit (*homousios*).

(3) Sie waren aber auch Dichter, schufen Hymnen und begründeten damit in gewisser Weise das Kirchenlied. Sie waren auch sonst sehr künstlerisch interessiert, hatten Statuen von Christus, was sich vor ihnen nicht nachweisen läßt.

(4) Schließlich legten sie großen Wert auf die Sakramente, deren Zahl sie erweiterten. In diesen Kreisen stößt man auf die letzte Ölung. Man wird unwillkürlich an das Dogma von der Transsubstantiation erinnert, wenn man hört, daß Marcus den Wein im Kelch nach der Anrufung des Geistes rot werden ließ. Man macht sich heute von der Größe der Gefahr, die die Kirche damals bedrohte, kaum eine richtige Vorstellung. Daß die Kirche ihrer Herr geworden ist, zeugt von großer innerer Kraft, die um so erstaunlicher ist, als die Gnosis nicht die einzige Strömung war, die sich in die Kirche mit dem Wunsch hineindrängte,

127 Der Monophysitismus sagt, daß Christus nur eine Natur besaß, also entweder nur Gott oder nur Mensch war.

sie umzubilden. Ein mindestens ebenso gefährlicher Rivale war Marcion und die von ihm begründete marcionitische Reformkirche, der sogar längeres Leben beschieden war als den gnostischen Konventikeln.

14. Neue Strömungen: 2. Marcion und seine Kirche

Der Ausgangspunkt Marcions ist die Verkündigung des Evangeliums in der Form des Paulinismus. Dieser war im zweiten Jahrhundert zurückgetreten und Marcion erneuerte ihn mit einseitiger Kraft und großer Ausschließlichkeit. Die paulinischen Antithesen von Gesetz und Gnade, Werkgerechtigkeit und Glaubensgerechtigkeit hatten ihn fasziniert, er lebte in der Welt des Römer- und Galaterbriefs. Er hatte wirklich Verständnis für das, was Glauben heißt, er sah in der Offenbarung Gottes am Kreuz durch Christus ein unbegreiflich hohes Geschenk. Das so verstandene Evangelium erschien ihm als ein immenses Wort, begeistert bricht er in seinen Lobpreis aus: „O Wunder über Wunder, Verzückung, Macht und Staunen, daß man gar nichts über das Evangelium sagen kann, noch über dasselbe denken, noch es mit irgend etwas vergleichen kann“[128]. Marcion war also ein durchaus religiöser Charakter, das Heilsinteresse leitete ihn allein und ausschließlich, die in Christus offenbarte göttliche Gnade war für ihn das A und O.

Marcion knüpft also an den Paulinismus an und hebt dessen Kern richtig heraus, rezipiert aber nicht den ganzen Apostel. Dessen jüdisches Erbteil ist ihm unverständlich, z. B. seine rabbinische Dialektik. Die Antithesen des Paulus durchdenkt er und arbeitet sie so schroff heraus, daß zwischen Gesetz und Gnade keine verbindende Brücke mehr existiert. Hier ist der Punkt, wo die Gnosis auf ihn einwirkt. Deren Unterscheidung zwischen Schöpfergott und höchstem Gott übernimmt er, reißt damit die beiden Testamente völlig auseinander und überträgt auf die nun entstehende ungeheure Spannung ‚Gott – Welt‘ das hellenistische metaphysische System der Spannung zwischen Geistigem und Materiellem. Damit ist der Paulinismus eigentümlich umgeformt, die rein ethischen Kategorien sind ins Metaphysische projiziert. Wir haben hier einen Paulinismus mit zwei Göttern und ohne Altes Testament vor uns, d. h. eine Hellenisierung des Paulinismus durch das Eindringen gnostischer Gedanken, – ein eigentümliches Schwebeverhältnis.

Welches war nun der Inhalt der marcionitischen Verkündigung? Den Rahmen bildet der Gegensatz der beiden Götter. Der Gott des Alten Testamentes besitzt für Marcion widersprüchliche Eigenschaften: er ist gerecht, denn er hat gesagt: „Auge um Auge, Zahn um Zahn“, aber er ist auch leidenschaftlich, jähzornig, rachsüchtig, böswillig. Marcion lehnt sowohl diesen Gott als auch seine Schöpfung ab. Seine Weltbetrachtung ist dabei wie die der Gnosis ganz pessimistisch: Die Welt als Materie sei in jeder Hinsicht unzulänglich, unsauber und sündig. Vielleicht wirkt hier auch der urchristliche Rigorismus neben dem Einfluß der Gnosis nach. Arm-

128 So begann wahrscheinlich Marcions Werk der Antithesen. Zit. nach Adolf von Harnack: Marcion. Das Evangelium vom fremden Gott. Darmstadt 1996, S. 74.

selig seien auch die Menschen, die der Schöpfergott protegiert: die Patriarchen mit ihren mancherlei Sünden, Josua, der mit Feuer und Schwert ein ganzes Volk erbarmungslos mordet oder David, der notorische Ehebrecher. Das Volk Israel sei sein auserwähltes Volk, obwohl es in Ägypten die goldenen Gefäße gestohlen habe, obwohl es ständig ungehorsam sei. Marcion kritisiert aus seiner persönlichen Haltung heraus das Alte Testament äußerst leidenschaftlich.

Genau das Gegenteil ist für ihn der höchste Gott: gut, aber nicht gerecht (weil er nicht richtet), barmherzig, milde. Er erbarmt sich gerade der Sünder, die der Weltschöpfer nur straft. Er ist den Menschen völlig unbekannt und fremd. Aber er neigt sich zu ihnen in Liebe, er sendet seinen Sohn, den Heiland. Dieser darf aber nichts von der Materie annehmen – hier ist Marcion wieder von der Gnosis beeinflußt. Wie die Gnostiker ist er überzeugter Doketist, aber er löst das Problem noch radikaler als die Gnostiker: Christus wird überhaupt nicht geboren, er steigt im 15. Jahr des Tiberius von der Himmelswelt als 30-jähriger Mensch mit einem Scheinleib herunter und beginnt sogleich sein Erlösungswerk, d. h. die Offenbarung des fremden Gottes. Die Erlösung sieht Marcion in der Tradition der paulinischen Theologie im Kreuzestod Christi, wobei er aber in Konflikt mit seinem eigenen Doketismus gerät, da Christi Leiden ja nur ein Scheinleiden sein kann.

Christus ist aber nicht der im Alten Testament verheißene Messias, dessen Ankunft vielmehr noch bevorsteht. Dieser wird ein kriegerischer Herrscher sein, der ein großes Reich errichten wird, seinem Vater, dem Weltschöpfer ähnlich. Die Eschatologie fällt bis auf Reste fort – auch hier weicht Marcion in der Gefolgschaft der Gnostiker vom Urchristentum ab.

Welche sittlichen Forderungen stellt Marcion? Bei dem ausschließlichen Betonen der Gnade, die sich der Sünder erbarmt, könnte man denken, daß Marcion eine laxe Moral verträte. Genau das Gegenteil trifft zu. Marcion steht in seiner Ethik einmal unter den Nachwirkungen der urchristlichen Strenge, dann unter denen der gnostischen Metaphysik. Wer zum oberen Reich gehören will, darf sich nicht durch die Materie beflecken. Von ihr unberührt zu sein, muß daher als Ideal gelten. Also eine höchst rigoristische Ethik, häufiges Fasten, Nahrungsaskese, vor allem aber völliges Verbot der Ehe gehören dazu, denn es gilt, die Werke des Schöpfergottes zu zerstören. In der marcionitischen Kirche sollte nach Marcions Vorstellung jeder eintretende Christ unverheiratet bleiben oder eine schon bestehende Ehe auflösen. Es wurde mit allem Nachdruck die Forderung der Ehelosigkeit für alle Christen erhoben. Daneben forderte er die Verpflichtung zum Martyrium, denn nur wo das Kreuz ist, ist auch der Herr. Aus der marcionitischen Kirche gingen dementsprechend viele Märtyrer hervor. Überall bewegt sich Marcion also in Extremen: einseitig in der Betonung der Gnade, radikal in der ethischen Forderung, schroff in der Weltverurteilung, der Meister der „Antithesen“ – so heißt der Titel seines Hauptwerkes –, der nur Kontraste sieht. In seinem Denken zeigt sich ein eigentümliches Schwanken zwischen Paulinismus und Gnostizismus, daneben findet man Einwirkungen des Urchristentums, von dem Marcion dennoch weit entfernt ist. Er streicht die Eschatologie und den Enthusiasmus, der auch in der Gnosis eine so entscheidende Rolle gespielt hat. Ein Mann voller Widersprüche, die man unschwer auch in seiner Verkündigung nachweisen kann. Aber das ist nicht das Entscheidende, denn die Persönlichkeit steht hinter allem, das starke Pathos eines religiösen Menschen (*homo religiosus*). Dies wird trotz aller logischen Widersprüche die Umwelt immer faszinieren.

Was waren die Grundlagen von Marcions Verkündigung? Wie bereits erwähnt, stellte das Alte Testament für ihn keine Autorität dar. Die allegorische Exegese, wie sie Paulus vorbereitete, lehnte er als Willkür ab.[129] Marcion mußte sich also auf die Schriften des Neuen Testamentes beschränken, aber hier machte er die Entdeckung, daß sie viel Jüdisches enthielten – wie z. B. den Weissagungsbeweis. Er erklärte sich das aus der Geschichte des apostolischen Zeitalters, wie er sie sah. Jesus wurde von den Uraposteln überhaupt nicht verstanden, die in ihm immer nur den Messias im Sinne jüdischer Erwartungen sahen und diese Anschauung in den judaisierenden Evangelien und sonstigen Schriften niedergelegt haben. Diese lehnt er daher ebenso ab. Weil Jesus von niemandem verstanden wurde, erwählte er sich Paulus, den einzigen Apostel der Wahrheit. Seine zehn Briefe – die drei Pastoralbriefe gelten Marcion als nicht paulinisch – bilden die Grundlage des Christentums. Unter den Evangelien wird nur der Paulus-Schüler Lukas anerkannt. Aber alle diese Schriften sind für Marcion judaistisch geprägt. Aus diesem Grund setzt er mit seiner Textrevision ein, wobei er mit den Mitteln philologischer Kritik vorgeht, ein ganz ungewöhnliches Verfahren im enthusiastischen zweiten Jahrhundert. Das Studium seiner Korrekturen ist höchst lehrreich, so willkürlich sie auch sind, erklären sie sich doch immer aus den letzten Prinzipien Marcions. So wird z. B. die Kindheitsgeschichte Jesu im Lukasevangelium gestrichen, denn etwa der Bericht vom zwölfjährigen Jesus im Tempel, der sagt: „Wisset ihr nicht, daß ich sein muß in dem, das meines Vaters ist?“[130], ist für Marcion untragbar. In Eph. 3,9 spricht der Apostel von dem Mysterium, das von Äonen her verborgen war in dem, der alle Dinge geschaffen hat. Das Mysterium ist also in Gott verborgen, durch Christus offenbart. Marcion streicht das ‚in‘ und liest dann also, daß das Geheimnis des wahren Gottes dem Weltschöpfer verborgen geblieben ist. Oft wird nur ein Wort gestrichen, oft ein ganzer Satz. Dieser umgeschriebene Text bildet dann die Grundlage der marcionitischen Lehre.

Marcion ist also der Schöpfer eines Kanons heiliger Schriften, zu deren Abfassung er sich förmlich gedrängt sah, denn er wollte die Kirche reformieren. Geboren als Sohn eines Bischofs im Süden des Schwarzen Meeres, von seinem Vater angeblich aus der Kirche ausgestoßen, kam er 139 nach Rom und trat dort 144 an die Öffentlichkeit. Er versuchte, die Presbyter für seine Reformgedanken zu gewinnen, aber man wies ihn ab, stieß ihn auch hier aus der Kirche aus und gab ihm sein großes Geldgeschenk zurück – als reicher Reeder hatte Marcion 20.000 Sesterzen gespendet. Es erging ihm also ähnlich wie Valentin, denn er war jetzt auf sich

129 Im Umgang mit der Allegorese zeigen sich gnostische und marcionitische Ausleger in zum Teil sehr unterschiedlicher Ausprägung. Marcion wollte, was er als anstößig empfand, gerade nicht durch den Weg allegorischer Exegese ausschließen.

130 Lk. 2,49.

selbst angewiesen, aber er stiftete keine Schule wie die Gnostiker, sondern eine Kirche als Konkurrenz zur Großkirche. Hier zeigt sich sein großes organisatorisches Talent als weitere Begabung Marcions. In den letzten Jahren seines Lebens glückte ihm tatsächlich die Gründung einer Reformkirche, die sich stolz nach ihrem Stifter benannte. Sie breitete sich im Osten und Westen aus, gefördert von bedeutenden Schülern Marcions. Die Geschichte dieser Kirche liegt im Dunkel, die Großkirche hat bewußt das Andenken an diese Rivalin ausgelöscht. Diese hat aber wohl machtvoll bis ins vierte Jahrhundert hinein bestanden, im Osten mehr als im Westen, bis dann der Manichäismus kam und sie bedeutend schwächte. Aber selbst die arabische Invasion im siebten Jahrhundert vermochte sie nicht zu vernichten und um 650 erlangte sie noch einmal kirchengeschichtliche Bedeutung, denn sie bildete eine Grundlage für die neu entstandene Sekte der Paulicianer.[131]

Die Arbeit der Textinterpretation und -umarbeitung wurde von Marcions Schülern fortgeführt und Marcions Lehre wurde spekulativ ausgebaut. Hier traten Differenzen auf, die sogar zu einer Spaltung führten. Marcions bedeutendster Schüler Apelles schloß mit der Kirche einen gewissen Kompromiß, indem er zu der einen Ursache (*mia arche*) zurückkehrte: Es gibt danach nur einen Gott, dessen Engel der Weltschöpfer ist. Andere schritten dagegen zu drei Prinzipien fort: Gott, Weltschöpfer, Satan. Einen großen Nachdruck muß Marcion auf diese Spekulationen nicht gelegt haben. Er wurde nach wie vor in seiner Kirche aufs Höchste geschätzt. Warteten große Kreise der Christen auf das Kommen des Heiligen Geistes als des Parakleten, des „Trösters", wie er in Joh. 14,16 verheißen ist, so wiesen die Marcioniten auf Paulus und damit indirekt auf ihren Stifter hin, das Sitzen zur Rechten und Linken des Herrn gelte nur für Paulus und Marcion. So hoch wurde seine Person geschätzt.

Er muß in seiner Zeit ein Mann von seltenen Begabungen gewesen sein, ein starker religiöser Charakter und ein organisatorisches Talent zugleich. Ihn verbindet manches mit den Gnostikern und doch ist er von ihnen zu unterscheiden, denn er stiftete eine Kirche, aber keine Schule. Er war erfüllt von Heilsinteresse, was die Spekulation zurücktreten ließ, und dieses Heil galt für alle Menschen, nicht nur für einen kleinen Kreis der Auserwählten. Nach wie vor lag bei ihm der Akzent auf dem Glauben, aber nicht auf der geheimen Gnosis, ebenso wenig kannte er eine Geheimtradition. Er hatte den Apostel vor Augustin am tiefsten verstanden und doch zugleich am gründlichsten mißverstanden, er ist ein Beweis dafür, wie wenig man Paulus und seine jüdischen Voraussetzungen auf griechischem Boden verstehen konnte. Marcion ging radikal vor, seine Kirche hatte lange Bestand gehabt und ihre Bedeutung erkennt man am besten an dem glühenden Haß, mit dem die frühe Kirche Marcion, in dem sie den Erstgeborenen Satans erblickten, und seine Anhänger verfolgte.

131 Diese Kirche wird in den Äußerlichkeiten, in ihrer Verfassung und im Kultus sich der katholischen Kirche angeglichen haben, große Unterschiede kann es nicht gegeben haben. Sie besaß aber einen engen, dreiteiligen Kanon: Lukasevangelium, Paulusbriefe und Marcions Antithesen.

15. Neue Strömungen: 3. Der Montanismus

Man beurteilt den Montanismus in der Regel als eine Reaktionserscheinung, was aber nur zum Teil richtig ist. Er besaß, besonders im Anfang, stark weitertreibende Kräfte. Sein Gründer ist Montanus, ein Phrygier, den die christliche Polemik als ehemaligen Kybelepriester beschreibt. Er muß etwas Wildes, Ekstatisches in seinem Wesen besessen haben, dumpfes Hinbrüten, völliges Verlieren des Bewußtseins, Zustände der Verzückung waren ihm zur zweiten Natur geworden. Kaum Christ geworden, trat er 156/157 als Prophet auf und zog zwei prophetisch veranlagte Frauen an sich, Maximilla und Priscilla. In dem Dorf Pepuza begannen sie die Verkündigung ihrer Lehre. Vier Motive können als charakteristisch hervorgehoben werden:

(1) Montanus war Prophet. Das war damals an sich nichts Unerhörtes, denn das Christentum besaß immer noch den Charakter einer enthusiastischen Religion, wenn auch die ursprüngliche Begeisterung allmählich zurückging. Montanus stellte aber nicht nur eine Wiederbelebung des alten, schwindenden Geistes dar, sondern zugleich eine gewaltige Steigerung. Das sieht man an Form und Inhalt seiner Ekstasen. Es fällt auf, daß seine Gegner meist selbst Ekstatiker und Visionäre waren und dennoch seine Prophetie als etwas Neues, ihnen Wesensfremdes ansahen. Wir kennen noch den Buchtitel einer antimontanistischen Schrift: „Ein Prophet darf nicht in der Ekstase sprechen“[132]. Altchristliche Propheten sprachen anders, es handelte sich bei ihnen mehr um eine gewaltige Steigerung ihres Selbst, nicht um ein Auslöschen, wie es Montanus empfand. Einer seiner Aussprüche lautet: „Siehe, der Mensch ist wie eine Leier und ich fliege heran wie das Plektrum. Der Mensch schläft und ich wache. Siehe, der Herr ist es, der die Herzen der Menschen in Ekstase versetzt, der den Menschen das Herz gibt“[133]. Neu war auch das Verhältnis von Prophet und Gottheit. Die altchristlichen Propheten sprachen im Namen Gottes, aber bei Montanus war es Gott selbst, der sprach, das menschliche Subjekt war vollkommen ausgeschaltet. Maximilla sagt: „Der Herr hat mich gesandt als Anhänger, Verkünder und Dolmetscher dieser Mühsal, dieses Bundes und dieser Botschaft, die Erkenntnis Gottes zu lernen; ich muß es, ob ich will oder nicht“[134]. Nicht der Mensch redet, sondern Gott-Vater selbst. Dieser Subjektwechsel ist eine Neuerung. Daraus erklärt sich auch der gesteigerte Anspruch auf Gültigkeit, den Montanus erhob. Selbst apostolische Weisungen und Ansichten glaubte er aufgrund seiner Prophetie umstoßen zu können.

(2) Dieses hoch gesteigerte Selbstbewußtsein erklärt sich noch aus einem Anderen. Im Johannesevangelium verkündet der Herr in seinen Abschiedsreden das Kommen des Trösters, des Parakleten, der die Jünger in die Wahrheit lei-

132 Eusebius, hist. Eccl. V 17.
133 Nach Epiphanius, Panairon 48,4.10.
134 Epiphanius, ebd. 48,13,1.

ten soll. Montanus lebte in der festen Überzeugung, daß er dieser Paraklet sei, d. h. daß mit ihm und seiner Prophetie ein ganz neuer Abschnitt beginne. Auf die Kindheit der Religion – das Alte Testament –, auf ihr Jünglingsalter – die Evangelien –, komme jetzt ihr reifes Mannesalter. Das Reich des Geistes, des Parakleten, bricht an, es steht über dem Reich Christi, es bringt eine höhere Offenbarung als die bisherige. Das ist eine ganz ungeheure Neuerung. Daher taufte man auch in dieser Kirche auf Gott, Christus und Montanus, das heißt auch auf den Parakleten als Heiligen Geist.

(3) Aber das Kommen des Parakleten deutet auch auf das unmittelbar bevorstehende Ende hin. Die eschatologische Welle, die schon in der Kirche im Abflauen begriffen war, erfuhr eine mächtige Stärkung, aber auch hier zeigt sich ein neues Moment. Montanus sieht in der Vision den Ort, wo sich das himmlische Jerusalem niederlassen wird – nicht in Jerusalem, wie es ältester christlicher Ansicht entsprochen hatte, sondern ausgerechnet in Phrygien, bei Pepuza. Priscilla sagt: „Christus kam zu mir ... in Gestalt einer Frau und in leuchtendem Gewand und legte mich in seine Weisheit und offenbarte mir, daß dieser Ort [sc. Pepuza in Phrygien] heilig sei und hierhin das himmlische Jerusalem herabkommen werde"[135]. Die Bilder der Apokalypse lebten machtvoll auf, nach ihnen wurde das Johannesevangelium gedeutet. Wie sich Marcion auf Paulus berief, so Montanus auf Johannes, beide rückten einen Mann der Vorzeit wieder energisch in den Vordergrund, mißvertanden ihn beide aber gründlich.

(4) Das baldige Ende war der Brennpunkt der Gedanken des Montanus. Von hier aus versteht sich seine ethische Forderung, die in ihrem Rigorismus wieder eine Neuerung darstellt. Sprachen die Abschiedsreden von der einen Herde unter dem einen Hirten, so muß dieser Zustand geschaffen werden. Die Gläubigen müssen sich also alle nach Pepuza begeben, losgelöst von allem, von Heimat, Beruf, womöglich auch von Ehe und auf das Kommen des Herrn warten. Es liegt etwas Phantastisches in dieser Forderung, aber es ist nur die wörtliche Erfüllung der Abschiedsreden, wenn man sie eschatologisch versteht. Dann heißt es, sich würdig auf das Ende vorzubereiten. Dazu dient eine Askese, deren Rigorismus ebenfalls überspannt ist, in manchem aber mit Marcion zusammentrifft, z. B. in der Frage des Martyriums. Es ist unbedingt geboten, ja geradezu Pflicht der Christen. Die Bluttaufe erschließt den Zugang zum Himmel, löscht unvergebbare Sünden aus. Man stellte als Norm den Satz auf: „Sterbt nicht in Betten, sondern im Martyrium, damit der verherrlicht werde, der für euch gelitten hat"[136]. Deshalb waren Selbstanzeigen der Montanisten bei den Behörden keine Seltenheit. In der Verfolgung sah man natürlich ein Zeichen des hereinbrechenden Endes. Deshalb galt es auch, sich möglichst von der Ehe freizuhalten. Aber hier war man nicht so rigoros wie Marcion, man verbot nur die

135 Epiphanius, ebd. 49,1.
136 Mart. Pol. 4.

zweite Ehe, empfahl aber natürlich die Virginität. Eine Sündenvergebung nach der Taufe wurde entschieden abgelehnt – in Übereinstimmung mit dem Christentum der ältesten Zeit – und man ging in der Forderung des Fastens erheblich weiter. Man hielt nicht nur die zwei Stationstage Mittwoch und Freitag streng ein, sondern dehnte es auch mehrere Stunden weiter aus, fastete zwei Wochen im Jahr ganz, Samstag und Sonntag ausgenommen. Außerdem führte man die Xerophagien ein, d. h. man lebte an einigen Tagen vegetarisch, mied dabei auch jedes Getränk, alle saftigen Früchte und auch das Bad. Diese Überspannung der Askese erklärt sich aus der Gewißheit des baldigen Endes und aus dem Bestreben, eine des Herrn würdige Gemeinde zu bilden. Trotz aller Zusammenhänge mit dem alten Christentum erkennt man doch auch deutlich das Neue, die Steigerung, die gewaltige innere Erregtheit.

Diese neuen, überspannten Gedanken des Montanus, dieser ekstatische Unterton seiner Verkündigung fand bald im Osten Anhang. Wandernde Missionare wurden ausgesandt, die sie in den Städten Kleinasiens propagierten. Es hat ganze Gemeinden gegeben, die geschlossen zur neuen Bewegung übertraten, während sich in anderen Konventikel bildeten. Wir wissen von einem Fall, in dem ein Bischof Syriens mit seiner Gemeinde in die Wüste zog, dem Herrn entgegen, oder daß ein anderer seine Gläubigen alles verkaufen ließ, sie an einem bestimmten Tage in der Kirche um sich sammelte und betend das Ende der Welt erwartete. Es muß in diesen asiatischen Gemeinden eine große Erregung geherrscht haben, die durch die Verfolgung noch gesteigert wurde. Den Missionaren konnte es damals auch nicht schwer fallen, Eingang in die Gemeinden zu finden, denn ihre prophetische Gabe empfahl sie und verfehlte ihren Eindruck nicht, ihre Sittenstrenge mußte ebenfalls für sie einnehmen.

Aber es hatte sich seit Beginn des Jahrhunderts doch vielerlei geändert, gerade in Kleinasien war der Hellenismus eine Macht und auch die Kirche stand hier zunehmend unter seinem Einfluß. Die in den Städten recht zahlreichen Christen waren zum Teil stark verweltlicht, sie hatten für rigoristische und phantastische Züge wenig Sinn und die Bischöfe, deren Macht im Steigen begriffen war, mußten in der neu auftauchenden Bewegung einen unliebsamen Konkurrenten sehen. So brach nach einer kurzen Zeit des Schwankens bald ein Konflikt aus. Die kleinasiatischen Bischöfe polemisierten gegen die Montanisten, bald gab es eine ganze Reihe von Streitschriften, deren Titel wir noch besitzen. Man kam auf Synoden zusammen und beriet über zu ergreifende Maßnahmen. Es handelt sich um die ersten Synoden, von denen wir überhaupt hören. Man sieht, wie weit die Dinge in Kleinasien schon fortgeschritten waren. Man versuchte, die neuen Propheten gütlich zu belehren, aber auch, sie durch Anwenden des Exorzismus unwirksam zu machen. Als alles nichts half, griff man selbst zu Verdächtigungen. Man griff das Privatleben des Montanus an, tadelte seine Eitelkeit und seinen Reichtum, man kritisierte, daß die Missionare für Geld arbeiteten, zweifelte an der wirklichen Echtheit der Martyrien, indem man behauptete, daß die montanistischen Märtyrer wegen gemeingefährlicher Verbrechen hingerichtet worden seien. Man jagte die Propheten von Ort zu Ort. Bitter klingt die Klage der Maximilla, die sich wie ein Wolf von den Schafen vertrieben sah, obwohl sie doch nicht Wolf, sondern Wort, Geist und Kraft sein wollte[137]. Die Opposition überschlug sich, indem auf kirchlicher Seite eine Bewegung auftrat, die dem Montanismus überhaupt den Boden unter den Füßen fortziehen wollte: die Gruppe der Aloger. Dabei handelte es sich um eine Gruppierung, die die johanneischen Schriften radikal ablehnte und sie dem Gnostiker Kerinth zuschrieben. Daß derartiges damals überhaupt möglich war, zeigt, wie wenig diese Schriften in der Kirche durchgedrungen waren. Die Bewegung des Montanismus wurde so allmählich in dem kulturell hochstehenden Kleinasien in das unwirtliche Bergland zurückgedrängt. Man sprach geringschätzig von den kataphrygischen Sekten. Aber der Montanismus hat trotz allem erheblich nachgewirkt. Noch um 200 muß der Bischof von Antiochien in die Diskussion eingreifen. Montanisten gab es sogar noch bis ins vierte Jahrhundert, aber sie führten ein Winkeldasein und waren von der großen Bewegung ausgeschlossen.

Im Abendland sollten sie jedoch noch vorübergehende Erfolge erringen. Sie stießen schon gegen 175 nach Rom vor, 177 treffen wir sie in Südgallien bei der großen Verfolgung in Lyon. Die dortigen Märtyrer hörten von der neuen phrygischen Bewegung und sympathisierten mit ihr. Sie schickten von ihrem Gefängnis aus Briefe nach Kleinasien, desgleichen nach Rom, die Irenäus überbrachte. In Rom schwankte man noch, schließlich war man bereit, auch seinerseits die Montanisten anzuerkennen. Die Friedensbriefe für Kleinasien waren schon geschrieben, da erschien der *Confessor Praxeas*[138] aus Kleinasien und veranlaßte den römischen Bischof, sie zu vernichten. Gegen 200 hatte man die Montanisten in Rom als Sekte angesehen und als solche erschienen sie im ältesten Kanonverzeichnis, dem „Kanon Muratori". Aber gerade zu dieser Zeit errang der Montanismus in Nordafrika einen großen Erfolg. Der bedeutendste abendländische kirchliche Schriftsteller, Tertullian in Karthago, schloß sich der Bewegung an, wurde selbst Montanist und brach 207 mit der Kirche, der von nun ab seine Feindschaft galt.

Tertullians späte Schriften sind für uns die wichtigste Quelle für den jüngeren Montanismus, der sich dem älteren gegenüber beträchtlich gewandelt hatte. Die Stärke der Parusieerwartung hatte nachgelassen, der phantastische Plan, nach Pepuza zu ziehen, war längst aufgegeben, die Orakel des toten Montanus hatte man aufgezeichnet und verehrte sie aufs höchste. Aber man sieht daraus, daß die schriftlich fixierte Offenbarung eine abgeschlossene Größe geworden ist. Gewiß, man schätzte den Parakleten nach wie vor hoch, aber seine Offenbarung war doch nur ein Zusatz zu der alten, nichts grundlegend Neues. Man war sogar prinzipiell bereit, mit der Kirche seinen Frieden zu schließen, die kirchliche Organisation und das Glaubensbekenntnis anzuerkennen. Es war in diesen Kreisen erheblich weniger Altchristliches lebendig als im älteren Montanismus.

137 Eusebius, hist. eccl. V 16 f.

138 Der Titel eines *Confessors* entstand in der ersten Zeit der Verfolgungen und beschreibt den in Bedrängnissen standhaften Christen. Als kirchliches Amt bezeichnet es den Kleriker, der bevollmächtigt ist, die Beichte zu hören. Praxeas kennen wir durch das gegen ihn gerichtete Buch Tertullians.

Bei Tertullian liegt es so, daß er abendländischem Brauch gemäß das Christentum als das neue Gesetz, eine *nova lex* auffaßte. Bei der genauen Fixierung schriftlicher Vorschriften und ihrer Begründung stieß Tertullian auf Schwierigkeiten. Die Partei der Laxen, die den sittlichen Rigorismus der frühen Chistentheit immer mehr milderten, nahm ständig zu und auch sie beriefen sich auf die Schrift. Jetzt hatte Tertullian im Parakleten Montanus eine unanfechtbare Autorität, mit deren Hilfe er den Rigorismus durchsetzen konnte. Wir können das in einzelnen Fällen noch verfolgen, z. B. in der Bußfrage und in der Frage der Verschleierung der Jungfrauen. Die genaue Abgrenzung und die Verbindlichkeit des Sittengesetzes von Fall zu Fall zu vollziehen, das war jetzt die Aufgabe, die der Montanismus zu lösen hatte.

Er war etwas völlig Anderes geworden, aber er mußte es werden, wollte er sich nicht ganz und gar aufgeben. Das Bestreben nach starker missionarischer Wirkung und das extreme Auftreten waren zurückgegangen. Der Montanismus diente jetzt anderen Zwecken, aber er war in dieser Form tatsächlich eine Zeit lang ein kirchengeschichtlicher Faktor gewesen. Bald ging der Montanismus auch im Westen zurück. Die Reste der Tertullianisten in Karthago führte Augustin im fünften Jahrhundert zur Kirche zurück. Die ganze Bewegung verlief im Sande. Die Entwicklung der Kirche vermochte sie nicht aufzuhalten, sie beschleunigte sie vielmehr. Von jetzt ab wurde man in katholischen Kreisen gegen den Geist und allen Enthusiasmus höchst skeptisch. Man strebte nach festen Formen, um Eindringlinge besser ausscheiden zu können. Die Bischöfe waren schließlich die Gewinner in dieser ganzen Kontroverse gewesen, denn ihre Macht stieg weiter. Das Amt hatte erneut über den Geist triumphiert, die Offenbarung galt als abgeschlossen, die Prophetie war nur ein Charakteristikum des Alten Testaments. In diesen mannigfachen Kämpfen bildete sich der Organismus der katholischen Kirche heraus, eine Festigung der bislang labilen Verhältnisse trat ein. Wir können diesen Prozeß an vielen Punkten verfolgen.

16. Neues Leben in der Kirche: 1. Die neuen, katholischen Maßstäbe

Das Ergebnis der Festigung dieser Neubildung ist die frühkatholische Kirche. Sie bildete sich in den Jahren 160–180 allmählich aus und stellte keine radikale Neuerung dar, sondern knüpfte vielmehr überall an Bestehendes an. Alle ihre Eigentümlichkeiten lassen sich bis ins beginnende zweite Jahrhundert zurückverfolgen, aber in dieser zusammengesetzten Gestalt, in der Vermischung widerstrebender Kräfte und in der Fortbildung ihrer einzelnen Glieder war die frühkatholische Kirche eben doch ein Novum. Die Mannigfaltigkeit aller Verhältnisse machte langsam einer Uniformierung Platz. Einheitsbänder bildeten sich langsam heraus. Drei müssen vornehmlich besprochen werden.

Es ist ein alter Streit, ob das Christentum von Anfang an eine Buchreligion gewesen sei oder nicht. Es besaß freilich heilige Schriften, nämlich die des Judentums, daneben aber war der Geist, das Pneuma, höchste Instanz. Neben der Schrift standen freilich von Anfang an Aussprüche des Kyrios, aber diese wurden nur mündlich weitergegeben. Dann erfolgte die schriftliche Aufzeichnung in den Evangelien. Aus Justins erster Apologie wissen wir, daß im Gottesdienst das Alte Testament und die „Denkwürdigkeiten der Apostel"[139], d. h. die Evangelien, verlesen wurden. Der Kyrios war der Ansatzpunkt zum neutestamentlichen Kanon. Daneben gab es eine große Anzahl sogenannter Leseschriften. Es kursierten nicht allein unsere vier Evangelien, sondern auch manche andere, wie das Hebräer-, Ägypter- oder Petrus-Evangelium. Daneben gab es Schriften, die Jesu Kindheit eingehend behandelten, oft in der Weise sehr naiver Erzählungen. Selbst die Anfänge der Marienlegende fallen in diese Zeit, wie es das Protevangelium Jacobi zeigt. Ferner existierten eine ganze Reihe von Apostelromanen, welche die Schicksale der einzelnen Herrenjünger, ihre Predigten, Wunder und Missionserfolge schilderten, wobei den Aposteln oft häretische Ansichten oder asketische Propagandareden in den Mund gelegt wurden. Dann die üppig wuchernde Gattung der Apokalypsen, die teils aus Bearbeitungen, teils aus Neuschöpfungen bestand. Man sieht, daß es nicht an Lehrschriften mangelte. In den einen Gemeinden wurden diese, in den anderen jene gelesen, darum konnten die Häretiker mit Leichtigkeit ihre Erzeugnisse unterbringen. Sie verfaßten teils eigene Evangelien, teils änderten sie, wie Marcion, die allgemein anerkannten ab. Es gab überhaupt keine Übereinstimmung im Gebrauch der einzelnen Schriften. Wollte man die Gnosis überwinden, so mußte hier zunächst Wandel geschaffen werden, d. h. man mußte einen verbindlichen Kreis von Schriften abgrenzen, einen Kanon schaffen. Das war ein Gebot der Stunde. Die Bildung des Kanons war also kein Prozeß der Sammlung, sondern der Auslese vorhandener Schriften. Aber nach welchen Maßstäben sollte diese Auslese erfolgen? Im Kampf gegen die Neuerungen der Gnosis wollte man das Alte, Ursprüngliche festhalten. Da gab es nur ein Kriterium: das Apostolische, denn es verbürgte die Wahrheit. Man konnte also nur solche Schriften als kanonisch proklamieren, die unzweifelhaft von Aposteln oder ihren Schülern stammten. Verfuhr man nach diesem Grundsatz, so kamen vier Evangelien in Betracht: Matthäus und Johannes als von Aposteln, Markus und Lukas als von Apostelschülern verfaßt. Aber der Gebrauch der vier Evangelien hat sich nicht sofort durchgesetzt, sonst wäre die Opposition der Aloger unverständlich. Andererseits hat man versucht, die vier Evangelien in eine Evangelienharmonie zusammen zu fassen, an sich ein ganz verständliches Verfahren. Tatian schrieb um 170 diese erste Evangelienharmonie, das „Diatessaron". Er drang damit in der syrischen Kirche durch, wo es bis ins vierte Jahrhundert in Gebrauch blieb, scheiterte dagegen im römischen Reich. Der Grund ist klar: sein Unternehmen war neu, konnte sich nicht als apostolisch legitimieren und galt daher als verdächtig. Die Kirche blieb daher bei den vier verschiedenen Evangelien stehen, war aber nicht um eine Rechtfertigung verlegen, gab es nicht vier Himmelsrichtungen? Um 200 war der erste Teil des Kanons, der Kyrios, im wesentlichen abgeschlossen, wenigstens in den großen christlichen Zentren.

---

139 Justin, Erste Apologie, c. 67.

Daneben rückten nun die apostolischen Briefe, besonders die des Paulus, im Ansehen empor. Sie waren als Leseschriften seit langem beliebt, Spuren einer Sammlung von Paulus-Briefen lassen sich bis ins endende erste Jahrhundert zurück verfolgen, aber sie genossen nicht das Ansehen der Evangelien, sie waren also nicht ‚Schrift'. Dann kam Marcion und machte sie zur Grundlage seines Kanons und auch die Gnostiker legten sie ihrem Schriftbeweis ausgiebig zugrunde. Die Kirche konnte den Apostel aber nicht den Häretikern überlassen und übertrumpfte diese, indem sie 13, bzw. 14 Paulus-Briefe als kanonisch erklärte. Aber noch um 180 waren sie dem Alten Testament und den Evangelien nicht völlig gleich geordnet. Mit dem *corpus paulinum* verband man sodann die Gruppe der sogenannten katholischen Briefe. Man sah in ihnen Schriftstücke aus der Feder der Apostel Petrus, Johannes und Jakobus. Der Umfang dieser Gruppe hat lange geschwankt, doch ist dies hier gleichgültig. Interessant und lehrreich ist das rasche Emporsteigen der Apostelgeschichte zu kanonischem Ansehen. Es erklärt sich aus dem Bestreben, etwas über die Wirksamkeit der Apostel zu erfahren, umso mehr, da das Apostolische so hoch im Kurs stand. Daher heißt die Apostelgeschichte auch in einem alten Verzeichnis „Taten aller Apostel" („Acta omnium apostolorum"), ohne Frage eine Übertreibung. Die Apostelgeschichte rechtfertigt aber zugleich die paulinischen Briefe als apostolische Schriften und ermöglicht es, die paulinischen Briefe in strittigen Fällen von hier aus zu interpretieren. Die Apostelgeschichte bildet sozusagen das Bindeglied zwischen *kyrios* (Evangelien) und *apostolos* (Briefen).

Den genauen Prozeß der Kanonbildung können wir nicht mehr im Einzelnen verfolgen. Um 200 steht der Kanon fertig da in dem ältesten Verzeichnis, das wir von ihm besitzen, dem „Kanon Muratori". Wir kennen also nur das Resultat und können über seine Etappen nur Mutmaßungen aufstellen. Die Bildung eines neutestamentlichen Kanons – der Terminus „Neues Testament" begegnet uns seit dieser Zeit – war von größter kirchengeschichtlicher Bedeutung. Jetzt hatte man ein Mittel, einen Maßstab in der Hand, um Häresien abzuweisen, jetzt hatte man aber auch in der ganzen Schriftsammlung die Möglichkeit, strittige Stellen zu interpretieren. Mit der Schöpfung des „Neuen Testamentes" wurde der Abschluss der Epoche der Offenbarung markiert. Die folgende Epigonenzeit hatte das Erbe der schöpferischen Zeit nur pietätvoll zu verwalten, aber nicht mehr selbständig weiterzubilden. Deshalb wurde auch der Montanismus ausgeschieden. Die Zeit des Enthusiasmus war endgültig vorüber, neue Tatsachen über Jesu Leben wurden nicht mehr produziert, es war nun alles festgelegt. Man kann die Schöpfung des „Neuen Testamentes" als einen Abschluß preisen, man kann sie auch als einen Rückschritt, eine Verengung bezeichnen – und für beides lassen sich plausible Gründe anführen. Aber man wird nicht leugnen können, daß es damals eine Notwendigkeit für die Aufrechterhaltung der Kirche war.

Aber die Schöpfung des neutestamentlichen Kanons, so bedeutsam sie war, reichte doch allein nicht aus, um den Kampf gegen die Gnosis mit Erfolg zu führen. Die Schriften waren mehrdeutig und die Gnostiker waren Meister in der allegorischen Auslegung. Es ist daher kein Zufall, daß Tertullian einen Streit mit Häretikern über Schriftstellen verbietet. Man mußte eine Richtschnur für die Auslegung besitzen, gewissermaßen ein einprägsames autoritatives Kompendium der Lehre. Autoritativ war es aber nur, wenn es apostolischen Ursprungs war. Man besaß das Gewünschte in der Tauffformel. Sie ist aus missionarisch-katechetischen Gründen heraus entstanden, denn man mußte den Täuflingen die Hauptinhalte des Glaubens in einfacher Formulierung zusammenfassen und man mußte ihnen vor der Taufe Fragen vorlegen können, deren Antworten belegten, ob sie an die einzelnen Stücke glaubten. Das war ganz natürlich. Ebenso natürlich war es, daß die Formeln, die sich allmählich herausbildeten, lokal verschieden und ursprünglich überhaupt nicht schriftlich fixiert waren. Das älteste fest formulierte Taufbekenntnis ist das römische, das sogenannte *Romanum*. Es ist vor 130 entstanden, nicht aus der Polemik heraus, sondern es faßte als Taufsymbol den Glauben kurz zusammen. Neben dem Glauben an Gott-Vater und die wichtigsten Tatsachen aus Jesu Leben enthält es die drei Heilsgüter: Kirche, Sündenvergebung, Auferstehung. Also eine ganz urchristliche Färbung, denn es fehlt die *gnosis* im Sinne der Erkenntnis. Es ist die Schöpfung echten römischen Formsinnes. Von Rom aus verbreitete es sich in den Provinzen. Wie man bei der Kanonbildung an die vorhandenen Leseschriften anknüpfte, so hier beim Schaffen eines Lehrkompendiums an die bestehende Tauffformel. Und doch handelte es sich auch hier um ein Novum. Es bestand zwar nicht darin, daß man die Tauffformel als apostolische Schöpfung betrachtete, das widersprach alter Tradition nicht, neu war, daß man es als antignostisches Argument verwendete. Die Apostel hätten prophetischen Geistes die Häresie vorausgesetzt und sie in der Tauffformel bereits entscheidend widerlegt. Wenn Christus als Sohn des Schöpfergottes bezeichnet wird, so ist das natürlich ein Schlag gegen die gnostische Unterscheidung zwischen höchstem Gott und Schöpfergott, und wenn nachdrücklich Geburt, Leiden und Auferstehung des Herrn betont werden, so widerspricht das dem häretischen Doketismus. Die Häresie ist in der Tauffformel implizit bereits widerlegt. Man kann die Widerlegung aber auch weiter ausführen und für den einzelnen Fall zurechtschneiden. Diese Auslegung und Erweiterung hat dann dieselbe Verbindlichkeit wie die Tauffformel selbst, sie ist die *regula veritatis* bzw. der *kanon tes aletheias* (Maßstab der Wahrheit) und sie ist ebenfalls apostolischen Ursprungs. Man hatte also jetzt eine präzise, apostolische Lehre, die aber doch auch dehnbar blieb, nach ihr legte man die Schrift aus, an ihr maß und verurteilte man die gnostische Lehre. Man merkt den Fortschritt, wenn man Irenäus etwa mit der Polemik der Pastoralbriefe vergleicht, die allen Nachdruck auf die gesunde Lehre legen, ohne anzugeben, worin diese bestehe. Auch hier ist also eine Verfestigung eingetreten, die apostolisch prädizierte Tauffformel ist die Keimzelle des Dogmas. Aber auch hier fehlt es nicht an Anknüpfungspunkten.

Regula veritatis und *kanon tes aletheias* genügten indes auch nicht völlig. Es mußte einmal jemand da sein, der sie richtig auslegte, der sodann ihre Apostolizität und ihre Unversehrtheit garantierte und die nötige Autorität besaß. Das konnte nur der Bischof sein. Seine Stellung war im Laufe des zweiten Jahrhunderts beständig gewachsen. Er war anfänglich nur der Verwaltungsbeamte der Gemeinde, der ganz im Schatten der Pneumatiker stand. Er rückte bei ihrem Aussterben als Liturg an ihre Stelle, leitete die Gemeinde und feierte die Eucharistie. Dadurch mußte sein Ansehen gewaltig steigen. Die Bischöfe wiesen den neuen Enthusiasmus der Montanisten einmütig ab, das Amt verfestigte sich zusehends. Nun bürgerte sich eine halb historische, halb dogmatische Theorie über Ursprung und Charakter dieser Stellung ein. Auch sie ist alt und geht bis ins erste Jahrhundert zurück. Die Apostel setzten überall in den Gemeinden die Erstlinge zu Bischöfen ein, vertrauten ihnen die apostolische Lehre an und beauftragten sie mit der Leitung. Diese haben ihrerseits wieder Nachfolger eingesetzt und so hat sich das apostolische Erbe unversehrt bis auf die Gegenwart erhalten. Es ist eine fortlaufende Kette, die *successio apostolica*. So sind die Bischöfe geradezu die Nachfolger der Apostel, sie besitzen die richtige Lehre, sie verwalten das Lehramt. Auch hier knüpfte die Entwicklung an Altes an und schuf doch etwas Neues. Die Gemeinde verlor mehr und mehr an Mitbestimmungsrecht, das Amt, d. h. der Bischof entschied alles, die Kirche wurde zur Institution, die auf den Bischöfen ruhte. Dabei wurde über die Apostel die Verbindung mit Christus hergestellt. Der Bischof legte die Schriften aus, er interpretierte die Glaubensregel. Alle drei Stücke gehören zusammen und konstituieren das Wesen der frühkatholischen Kirche. Allenthalben beobachten wir die eintretende Verfestigung und doch geht es so allmählich, daß die Wenigsten das sich anbahnende Neue bemerkt haben werden.

Diese Entwicklung war etwa 180–190 abgeschlossen, aber im Grunde genommen nur im Westen und auch dort nicht überall gleichzeitig. Ganz anders, viel freier haben sich die Dinge im Osten gestaltet. Die Glaubensregel trat dort überhaupt hinter die Schrift zurück. Der Kanon war noch viel schwankender. So las eine Gemeinde im Sprengel Antiochiens mit Genehmigung ihres Bischofs das häretische Petrus-Evangelium, auf das sich in derselben Gemeinde auch Doketisten beriefen. Gewiß gab es einen monarchischen Episkopat, aber es wurde nicht betont, daß seine Inhaber die Nachfolger der Apostel, die Inhaber der apostolischen Lehre waren. Alles war viel freier. Überhaupt muß man mit lokalen Besonderheiten stark rechnen, viel Altertümliches hielt sich noch lange, besonders in abgelegenen Gegenden, aber aufs Ganze gesehen herrschten doch veränderte Verhältnisse. Die frühkatholische Kirche, eine Heilsanstalt mit Hierarchen an der Spitze, war entstanden.

Wohin die Entwicklung ging, kann man schon im endenden zweiten Jahrhundert deutlich sehen. Die Kirche war geeint, die einzelnen Gemeinden standen völlig gleichberechtigt nebeneinander, keine hatte einen besonderen Vorzug. Auch ihre Bischöfe hatten gleiche Autorität. In der Praxis wurde diese Theorie indessen öfter durchkreuzt. Große Gemeinden waren einflußreicher, von Aposteln gegründete Gemeinden boten sichere Gewähr für das „Apostolische", weshalb man sich vornehmlich an sie zu halten habe. Von allen Gemeinden mußte Rom den größten Vorteil aus dieser Lage ziehen. War die römische Gemeinde nicht die Gemeinde der Welthauptstadt, deshalb verhältnismäßig groß, angesehen und begütert? Großzügige Gastfreundschaft wurde hier geübt, Arme unterstützt, in den Bergwerken Schmachtende befreit. Diese Liebestätigkeit, die ein Ruhmesblatt der römischen

Gemeinde war, mußte natürlich ihr Ansehen ungemein steigern, es konnte keiner Gemeinde gleichgültig sein, wie sie zur römischen stand. Deshalb fuhren Gläubige mit Plänen und besonderen Anliegen nach Rom. So Marcion, so der Gnostiker Valentin, so aber auch der greise Bischof Polykarp von Smyrna, der mit dem römischen Bischof in gewissen kultischen Fragen Rücksprache hielt. Besonders ein Vorzug mußte Rom hell erstrahlen lassen: es war apostolische Gründung, *sedes apostolica*. Aber noch mehr: zwei Apostel, Petrus und Paulus, haben in ihren Mauern geweilt und beide haben hier vermeintlich das Martyrium erlitten[140]. Dies zeichnete Rom besonders aus und erhob es auch über Korinth und Ephesus, wo zwei Apostel nur gewirkt hatten. Die römische Gemeinde und damit natürlich auch ihre Bischöfe hatten damit faktisch einen Vorrang vor den Schwestergemeinden. Eine Rechtsgrundlage bestand dafür freilich noch nicht, aber freiwillig wurde es hier und da von Zeitgenossen anerkannt. Das Neue und Unerhörte war nun, daß diese Überordnung Roms im endenden zweiten Jahrhundert vom römischen Bischof Viktor explizit gefordert wurde. Den Anlaß bot der sogenannte Osterfeststreit mit Kleinasien[141]. Dort feierte man dieses Fest am 14. Nisan, also am Tag des jüdischen Passahfestes, gleichgültig auf welchen Wochentag es fiel. Man behielt also Tag und Namen des Festes bei, gab ihm aber einen neuen Inhalt, indem man es auf Jesu Leiden bezog und im Herrn das wahre Passahlamm erblickte. Man fastete bis zum Abend des 14. Nisan und feierte dann die Eucharistie. Dies wird altchristlichem Brauch entsprochen haben, aber *Asia* stand mit diesem Brauch im zweiten Jahrhundert allein. In den anderen Provinzen des Ostens hatte man an dem Zusammentreffen mit dem jüdischen Ritus Anstoß genommen und verlegte daher das Fest auf den Sonntag nach dem 14. Nisan, fastete also bis Sonnabend Mitternacht und feierte am Herrentag die Eucharistie. Eine an sich geringfügige kultische Differenz, über die man sich auch im Orient nicht weiter aufregte. Nach Rom kam das Osterfest erst in der ersten Hälfte des zweiten Jahrhunderts, im übrigen Abendland bürgerte es sich gegen 200, zum Teil noch später ein. Rom übernahm die allgemeine im Orient übliche Form der Feier. Die Differenz mit *Asia* mußte sich gerade in Rom störend bemerkbar machen, wo Menschen aus allen Provinzen zusammenkamen. Viktor versuchte, den Streit von sich aus und in seinem Sinne beizulegen. Durch Rundfragen stellte er fest, daß die *Asia* mit ihrem Brauch völlig isoliert dastand. Er verlangte daher deren Annahme des römischen Brauchs. Zur Besprechung des Problems berief er die italischen Bischöfe nach Rom. Damit haben wir die früheste Nachricht einer römischen Synode. An die übrigen Gemeinden wurde ein Rundschreiben zur Begutachtung geschickt. Danach hielten die übrigen Kirchen synodale Zusammenkünfte unter Leitung der jeweiligen hauptstädtischen Bischöfe ab, also eine Gesamtheit der christlichen Kirche, eine Vorbildung der späteren hierarchischen Organisation trat in Erscheinung. Die Asiaten wollten allerdings entgegen Viktors Weisung ihrer Tradition treu bleiben. Da griff Viktor zu einer Gewaltmaßregel: er schloß Kleinasien

140 Die Legende ihres Martyriums gehört zur Begründung der Apostolizität Roms.
141 Euseb teilt in seiner Kirchengeschichte (V 23 f.) auch einige Dokumente hierzu mit.

aus der Kirchengemeinschaft aus und teilte dies dem Bischof Polykrates von Ephesus in einem hochfahrenden Schreiben mit. Es war das erste Mal, daß ein Bischof einen anderen mit seiner ganzen Kirche aus der Gemeinschaft der Christen ausschloß, daß ein Bischof über einen anderen aus eigener Machtvollkommenheit zu Gericht saß. Erstmalig ging von Rom ein peremptorisches, d. h. die Sache beendendes Edikt in die Welt. Wie neu dieser Versuch einer Überordnung aber war, beweisen die Widerstände, die sich allenthalben erhoben. Stolz schrieb Viktor an Polykrates von Ephesus und berief sich auf die Apostel, die in Rom gewirkt haben und dort noch begraben waren. Aber Polykrates parierte den Hieb: auch in Asien schlummerten viele Heilige, die der Herr erwecken wird: Philippus, einer von den Zwölf, mit seinen asketischen Töchtern; Johannes, der Lieblingsjünger des Herrn; Polykarp der Märtyrer. Sie alle hielten den 14. Nisan nach dem Evangelium inne. Auch Polykrates erschien stolz, selbstbewußt und unnachgiebig. Viktor fand dagegen auch in seinem eigenen Bereich Widerspruch. Kein geringerer als der berühmte Irenäus von Lyon erhob seine mahnende und warnende Stimme. Er wies auf die sonstigen Verschiedenheiten hin, die sich in den Gemeinden fanden, ohne daß deshalb sofort das Glaubens- und Liebesband zerschnitten wurde, er erinnerte Viktor an die maßvolle Haltung seiner Vorgänger[142]. Wir wissen nichts über den weiteren Verlauf dieses Streites. Kleinasien hielt bis ins dritte Jahrhundert an seiner Sitte fest, die man auf römischer Seite bald als Häresie empfand, und blieb isoliert. Wir hören wenig von der Geschichte dieser Gegend, die doch einst so blühend war und eine solch hervorragende Rolle im ältesten Christentum gespielt hat. Der Schwerpunkt verschob sich langsam. Rom offenbarte erstmalig ein hohes Selbstbewußtsein, es meldete Ansprüche an. Der Bischof war nicht mehr nur Leiter der Eucharistie, Inhaber der Lehrgewalt, er wurde zunehmend auch Hierarch. Dieses Ziel, dem die Kirche zutrieb, zeigte sich bereits im endenden zweiten Jahrhundert. Darin liegt die große Bedeutung des Osterfeststreites.

17. Neues Leben in der Kirche: 2. Die Apologetik

Die christliche Apologetik ist so alt wie das Christentum selbst, ja sie reicht mit ihren Wurzeln weit in die vorchristliche Zeit zurück. Zunächst ist sie aufs stärkste von den Kontroversen beeinflußt, die die Philosophenschulen mit Leidenschaften gegen die Volksreligionen, die Götterbilder und die Opfer führten. Kritik an der Götterwelt, wie sie uns etwa die Werke Homers schildern, findet sich schon früher. Bereits Platon will Homer aus seinem Idealstaat verbannt wissen. Dann waren es namentlich die Epikuräer, die auf die vielen Menschlichkeiten der Götter hinwiesen: da wird Ares niedergestreckt, Hera von Herkules verwundet, Asklepios von dem Blitzstrahl des Zeus verbrannt, Dionysos zerstückelt. Die Götter müssen den Menschen dienen, ihnen Häuser bauen oder Herden weiden, sie haben auch im Himmel ihr besonderes Amt, ja – was noch schlimmer ist – sie sind nicht frei von menschlichen Schwächen und sogar groben Sünden, besonders auf erotischem

142 Den Brief des Irenaeus teilt Euseb in seiner Kirchengeschichte mit (Hist, eccl. V 24,12 ff.).

Gebiet. Die Götter gehen also mit schlechtem Beispiel voran. Gegenüber diesen landläufigen Angriffen, die Jahrhunderte lang stereotyp wiederholt wurden, verteidigten die Stoiker die Volksreligion. Man tat es auf doppelte Art. Einmal gab man den Wortsinn der alten Mythen preis, da die Götter nicht menschenähnlich seien. Es gelte, durch die Anwendung der allegorischen Exegese den tiefen Sinn zu entdecken. Hier wurde ein förmliches System der Schriftauslegung geschaffen, gewisse Zahlen deuteten auf Geheimnisse, aus der Stellung der Worte, aus bestimmten Wendungen meinte man Verborgenes enträtseln zu können. Man sah in den Geschichten einmal plastische Darstellungen von Naturvorgängen, also etwa von den Elementen und ihren Kämpfen. Zeus galt als die Seele des Alls, Hephaistos als das Feuer usw. Anderwärts sah man in den Göttern Sinnbilder ethischer Tugenden. Beide Auslegungen liefen nebeneinander her. Dann stritt man aber wieder heftig über den Wert und die Berechtigung solcher Aussagen, die besonders die Epikuräer beanstandeten. Es herrschte lebhafte Bewegung. Zu ihr kam noch eine andere, rationalistische Theorie über die Entstehung der Götterwelt, der sogenannte Euhemerismus. Hier war man der Meinung, daß die Götter ursprünglich Menschen waren, die wegen ihrer besonderen Verdienste in den Himmel erhoben wurden. Zum Beweis dafür zeigte man z. B. auf Kreta das Grab des Zeus.

Gleich heftig war der Kampf, der über die Berechtigung der Götterbilder und ihrer Verehrung entbrannt war. Schon Heraklit hatte einst gesagt, daß der, welcher sich mit einem Götterbilde unterhalte, ebenso gut mit einer Wand Zwiesprache pflegen könne. Die Bildergegner wiesen auf das Material hin, aus dem der Gott bestehe und das doch höchst vergänglich sei – man identifizierte natürlich immer Gott und Bild. Von außen schön anzusehen, aber innerlich mit Klammern zusammengehalten, diene das Bild oft als Schlupfwinkel für Mäuse oder werde von Vögeln verunreinigt. Die Götter könnten sich auch nicht gegen Diebe wehren und die Künstler seien mächtiger als die Götter, obwohl sie oft ruchlose Menschen seien. Andererseits fehlte es nicht an Bilderfreunden, die im Bild nur ein Symbol des Gottes sahen und betonten, daß die menschliche Schwäche dieser Stütze bedürfe, wenngleich die bildlose Verehrung ein hohes Ideal sei. So tobte der Kampf in den Philosophenschulen hin und her, die Argumentation wurde in feste Bahnen gewiesen, Generationen hindurch wurden die gleichen Einwände auf die gleiche Art widerlegt, es bildete sich ein feststehendes Schema heraus. Hier liegt eine Wurzel der christlichen Apologetik.

Eine andere ist das Judentum. Schon die Propheten hatten gegen den heidnischen Polytheismus und gegen Götzenbilder leidenschaftlich argumentiert, und forderten einen bildlosen Kult. Psalm 115 kämpft drastisch gegen die Götzenbilder:

> „Ihre Götzen aber sind Silber und Gold, von Menschenhänden gemacht. Sie haben Mäuler und reden nicht, sie haben Augen und sehen nicht. Sie haben Ohren und hören nicht, sie haben Nasen und riechen nicht, sie haben Hände und greifen nicht und kein Laut kommt aus ihrer Kehle. Die solche Götter machen, sind ihnen gleich"[143].

143 Ps. 115,4–8.

Jesaja (Kap. 44) beschreibt ausführlich das Entstehen eines Bildes, wie ein Mann eine Zeder fällt, aus der einen Hälfte des Baumes einen Gott herstellt, mit der anderen sich einen Braten bereitet. Diese Polemik wurde von den Diaspora-Juden übernommen und zugleich mit der hellenistischen Tradition verbunden. Jüdisches und Griechisches ging ineinander und mischte sich bis zur Unkenntlichkeit. Man bewegte sich in den ausgefahrenen Gleisen ruhig weiter, man fügte nur zweierlei hinzu. Einmal den Altersbeweis. Es war eine Überzeugung, daß das Älteste auch zugleich das Wertvollste sei. Nun leiteten die Griechen ihre ganze Kultur von Homer ab. Die Juden behaupteten dagegen, daß Homer seine Weisheit von Moses gestohlen habe, der ja noch älter als Homer sei. So entstand das Wort vom ‚Diebstahl der Hellenen‘[144]. Auch Platon sei ein Schüler des Moses und habe nur aus Angst nicht die volle Wahrheit verkündet. In Alexandrien entstanden Geschichtswerke, die beweisen wollten, daß sich die gesamte Weltkultur aus dem Judentum ableiten lasse. Man bekämpfte aber nicht allein die Gegner, man pries seine eigenen Vorzüge auch gebührend an, betonte die Erhabenheit des mosaischen Gesetzes und suchte, es durch allegorische Auslegung nach Art der Stoiker auf philosophische Höhen zu erheben. Für alle diese Bestrebungen ist Philo die sichtbarste Erscheinung, aber auch in der „Weisheit Salomos“ begegnen uns deutliche Spuren dieser hellenistischen Polemik. Hier erscheint wieder die hohe Bedeutung des Diaspora-Judentums für das älteste Christentum. Die Apologetik hatte sich dort bereits fest ausgebildet, jüdische und hellenistische Quellen waren zusammengeflossen. Das Christentum mußte nur hier anknüpfen, seine Apologetik war also keine originelle Entwicklung.

Die christliche Apologetik ist prinzipiell so alt wie das Christentum selbst. Schon in den Evangelien wird gegen jüdische Verleumdungen polemisiert, dies kann hier aber außer Betracht bleiben. Als ältesten Ausdruck der christlichen Apologetik gegen das Heidentum kann man die Areopagsrede des Paulus betrachten[145]. Man hat in ihr lange Zeit ein spezifisch christliches Zeugnis hohen Gedankenfluges und tiefer, innerer Wahrheit erblickt. Seit Eduard Nordens Untersuchung sehen wir hier differenzierter[146]. Alle Motive, die in der späteren Apologetik verwertet wurden, klingen jedoch hier bereits an, es handelt sich um ein literarisches Werk, eine in der Apostelgeschichte gebrauchte rhetorische und literarische Form.

Mit dem beginnenden zweiten Jahrhundert strömt die Apologetik stärker in die Kirche ein. Ermöglicht wird dies durch eine Anzahl Populärphilosophen, die im Philosophenmantel umherzogen und in den Städten ihre Lehrvorträge hielten, von deren Erlös sie ihren Lebensunterhalt bestritten. Sie schlossen sich gewöhnlich bald dieser, bald jener Schule an, der herrschende Eklektizismus erleichterte ein schnelles Hinübergehen von einer zur anderen. Der Eine wurde plötzlich Christ und setzte sein bisheriges Leben auch in der neuen Religion fort, die er un-

144 So z. B. Clemens Alexandrinus in Strom. V 89.

145 Apg. 17.

146 Eduard Norden: Agnostos Theos. Untersuchungen zur Formengeschichte religiöser Rede. Leipzig 1912; ND Darmstadt ^{4}1956.

willkürlich auch als Philosophenschule betrachtete. Justin hat uns sehr anschaulich seinen Werdegang erzählt, sein Irren durch die einzelnen philosophischen Sekten, bis er am Meeresstrand einen ehrwürdigen Greis traf, der ihn auf das Alte Testament hinwies. Ergriffen von der ethischen Höhe, der bildlosen Gottesverehrung, wurde er Christ, zog aber seinen Philosophenmantel nicht aus, sondern hielt weiter Lehrvorträge, zuletzt in Rom, wo er sich einen Saal mietete. Die philosophischen Lehrer in der Art Justins waren die Erben der alten charismatischen Lehrer der christlichen Anfänge, aber an der Stelle des Pneumatischen trat das Rationale, das Dialektische. Der griechische Geist machte sich bemerkbar. Diese Menschen nahmen sich des von den Heiden und vom Staat bekämpften Christentums an und versuchten, seinen unvergleichlichen Wert zu erweisen. Man nennt sie deshalb die Apologeten, sie sind die Schöpfer eines förmlichen Literaturzweiges.

Welches sind die Grundgedanken der Apologie? Diese Frage ist berechtigt, denn alle Schriften der Apologeten bewegen sich in denselben Gedanken. Drei Komplexe sind zu unterscheiden:

(1) Das Christentum wird zunächst gegen die Vorwürfe verteidigt, die ihm von der Seite des Heidentums gemacht wurden. Dabei handelte es sich vornehmlich um drei: es wurde behauptet, die Christen schlachteten Kinder und tränken ihr Blut, sie feierten Orgien bei den gemeinsamen Mahlzeiten und seien gottlos, da sie nur einen Gott verehrten. Man wies dagegen auf die hohe christliche Ethik hin, die derartige Schandtaten nicht gestattete, sodann darauf, daß den Christen diese Schandtaten nicht nachgewiesen werden konnten. Die angeblichen Verbrechen seinen nichts weiter als Verleumdung. Wichtiger als das Zurückweisen des Volksgeredes war die Auseinandersetzung mit dem Verfahren des Staates. Dies wollten sie anscheinend gar nicht richtig verstehen, denn sie beschwerten sich immer nur darüber, daß der Staat den Namen der Christen an sich strafbar finde, daß er aber nie nach bestimmten Vergehen forsche. Das entspreche nicht dem Strafprozeß. Sie drängten auf genaue Untersuchungen, wollten aber nicht erkennen, daß allein schon die Verweigerung des Opfers für den Kaiser ein Kapitalverbrechen war, das eine weitere Untersuchung überflüssig machte.

(2) Gegenüber all diesen Verdächtigungen treten sie nun den Beweis für die Wahrheit und Erhabenheit des Christentums an. Diese Partien zählen in allen Apologien zu den schönsten, denn sie sind wirklich inneres Eigentum der Verfasser, strömen aus ihrem Herzen. Nicht ohne Größe und mit eindringlicher Kraft zeichnen sie uns ein Bild von der ethischen Höhe der Christen, von ihrem unerbittlichen Ernst in der Lebensführung, von ihrer Liebestätigkeit und ihrer Freundlichkeit gegeneinander. Es werden nicht nur Idealbilder gewesen sein. Sodann wird der Beweis für die Wahrheit des Christentums angetreten. Eine besondere Rolle spielt dabei der Altersbeweis, der vom Judentum einfach übernommen und auf das Christentum übertragen wurde. Das Christentum ist demnach keine junge Religion, sondern kann erlauchte Ahnherren aufweisen: Moses, Abraham, von denen alle Kultur erst ihren Ausgang genommen

hat. Eine große Rolle spielt ferner der Weissagungsbeweis, den schon die Urgemeinde angewandt hatte. Jetzt wird er zum förmlichen System ausgebaut, Jesu Leben wird bis in Einzelheiten auf die Propheten zurückgeführt und es wird um neue Züge aus dem Alten Testament bereichert. Sehr wichtig war ferner der Hinweis darauf, daß die Dämonen den Christen untertan seien, daß sie aufgrund christlicher Beschwörungen von den Kranken wichen. Überhaupt wies man gern auf die zahlreichen Wunder hin, die Christen wirkten. Letztlich mußte der Heroismus der Märtyrer, der für Viele Anlaß zum Übertritt wurde, doch ebenfalls für die Wahrheit des Christentums Zeugnis ablegen.

(3) Wie Philo und die hellenistischen Juden begnügen sich die Apologeten aber nicht mit der Abwehr gegnerischer Vorwürfe, sie hielten ebenfalls den Angriff für die beste Verteidigung. Daher bekämpfen sie die gesamte heidnische Religion und Kultur, wobei sie sich in ausgefahrenen Gleisen bewegen. Die heidnische Mythologie wird abgelehnt, wesentlich mit den Argumenten der Skeptiker und Epikuräer, die allegorische Deutung der Mythen wird nicht zugelassen. Die Polemik gegen die Götterbilder arbeitet mit der gleichen Argumentation wie die der Juden, desgleichen erscheint der Tierkult der Ägypter als der Gipfel allen Unverstands. Man sieht in der heidnischen Religion ein Trugwerk der Dämonen. Diese waren einst Gefährten Gottes, fielen dann aber von Gott ab[147] und versuchen nun, die Menschen gegen Gott aufzuhetzen. Sie umnebeln ihre Sinne, geben sich als die wahren Götter aus, nähren sich vom Rauch der Opfer, verkünden die Zukunft und vollbringen Scheinwunder. „Die Götter der Heiden sind Dämonen", übersetzt die „Septuaginta" Ps. 96,5. Sie knechten die ihnen Unterworfenen aber auch. Als Gestirngötter üben sie gewaltigen Einfluß aus. Christus bedeutet den großen Wendepunkt, denn er befreit von der Dämonenherrschaft und dem Zwang des Fatums. Auch die heidnische Wissenschaft und Philosophie war auf dem Irrweg. Sie ist ein Werk der Dämonen und muß deshalb als irreführend bekämpft werden. Daneben findet sich freilich eine andere Betrachtungsart, nach der die Philosophie, besonders der Platonismus, manches Schöne und Wahre enthalte; dies sei entweder gestohlen, oder der Logos habe einige Samenkörner des Wahren auch in die Philosophen gelegt (*logos spermatikos*). Dies greift Clemens Alexandrinus (ca. 150–215) durch seine Behauptung auf, daß die Philosophie der Heiden als Vorbereitung auf Jesus und das Evangelium zu verstehen sei[148]. Ansonsten war man bei all dem nicht originell, man argumentierte auf der ganzen Linie mit geborgten Mitteln. Dabei richtete man seine Angriffe gegen eine Größe, die eigentlich längst besiegt war, denn um die Volksreligionen mitsamt ihrer Mythologie

147 Dies leitet man aus Gen. 6 ab.

148 Vgl. Dietmar Wyrwa: Die christliche Platonaneignung in den Stromateis des Clemens von Alexandrien. Berlin 1983 (= Arbeiten zur Kirchengeschichte 53); Davide Dainese: Il Protrettico ai Greci di Clemente Alessandrino. Una proposta die contestualizzazione. In: Annali di Scienze religiose. NS 3. 2011.

kümmerte sich im Ernst niemand mehr; aber man verschloß seine Augen vor den neuen Mächten, denen die Zukunft gehörte, vor den Mysterienreligionen. Sie werden in der christlichen Apologetik des zweiten Jahrhunderts kaum gestreift und doch lebte in ihnen die Frömmigkeit aller religiös bewegten Kreise.

Diese Grundgedanken werden monoton in jeder Apologie abgehandelt, man hat den Eindruck eines breiten, träge dahinfließenden Stromes, der keine Strudel oder Überraschungen kennt. Alles Eigene, Originale fehlt so gut wie vollständig. Es ist daher auch sehr schwierig, eine Geschichte der Apologetik zu schreiben, man muß sehr scharf hinsehen, um zu erkennen, ob ein altes Argument vielleicht etwas umgeformt wurde. Einige Umrisse mögen genügen.

Die Apologetik setzte um 125 ein mit Aristides von Athen, der dem Kaiser eine Bittschrift für das Christentum überreichen ließ. Darin folgte er seinem Zeitgenossen Quadratus, von dem wir nur durch eine Erwähnung in Eusebs Kirchengeschichte wissen[149]. Seine Apologie ist höchst ungeschickt in der Form und einfach in den Gedanken. Es ist unverkennbar, daß es sich hier um einen der ersten Versuche handelt, für das Christentum die große literarische Form zu erobern. Nicht sehr viel besser steht es mit Justin (um 100–165), der einst so gefeiert wurde und dem man im Mittelalter das Beiwort ‚der Staunenswerte' gab. Er verstand es überhaupt nicht, seinen Stoff zu disponieren, Gedanken in geschlossener Form zu entwickeln, sondern er sprang vom Einen zum Anderen, wiederholte sich dauernd und ermüdete durch seine Breite und Unbeholfenheit. Man hat in früheren Zeiten seinen Gedankenreichtum und seine Belesenheit bewundert, doch kann davon heute keine Rede mehr sein, denn man kann nachweisen, wie abhängig er von seinen Vorlagen ist. Aus Kompendien hat er sich vielleicht einige Kenntnisse zusammengerafft, doch dabei sind ihm noch viele Fehler unterlaufen. Was soll man etwa dazu sagen, daß er Herodes an der Abfassung der „Septuaginta" beteiligt sein läßt. Platon wird öfter zitiert, aber ohne jede Kenntnis seiner Philosophie. Das entsprach der Mode. Noch schlimmer steht es um Justins Schüler, den Syrer Tatian. Hatte Justin noch eine gewisse Sympathie für die griechische Weisheit, so war Tatian ihr glühender Gegner, der sich nicht genug darin tun konnte, sie herabzusetzen. Er spielt das Orientalisch-Barbarische gegen das Griechische aus, behauptet, daß aller Fortschritt von den Barbaren gekommen sei und noch komme – auch dies war damals modern – und stellt alle seine Kenntnisse über das Griechentum zu einem üblen Zerrbild zusammen. Auch er arbeitete fleißig mit minderwertigen Kompendien, bei deren Ausschreiben er noch infolge seiner Hast gravierende Fehler machte. Original ist bei ihm so gut wie nichts, höchstens sein fanatischer Haß auf die griechische Bildung und Kultur. Aber er war darin nicht ehrlich, denn er bemühte sich, trotz aller gegenteiligen Versicherungen, ein Griechisch zu schreiben, das damals als modern galt. Er machte die Mode des Attizismus mit, kleine, kurze Sätze, Vermeiden des Hiatus usw. Er verurteilt alle Wissenschaft und prunkt doch wieder mit seiner Gelehrsamkeit – das unerfreuliche Bild eines Sophisten.

---

149 Hist. eccl. IV 3.

Aber allmählich hob sich das Niveau der Apologie, es gelang einzelnen Autoren, der neuen Form Herr zu werden. Theophilus von Antiochien (gest. um 183) verfasste noch gedankenarme und fehlerhafte Florilegien, gebärdete sich wissenschaftlich, zitierte aber Platon regelmäßig falsch, weil er ihn ebenfalls nie gelesen hatte. In Clemens Alexandrinus begegnet uns um 200 ein Mann größeren Formates, ein zweiter Philo, wie man ihn nennen könnte. Ein Mann von umfassendem Wissen, das natürlich in den wenigsten Fällen auf eigene Quellenlektüre zurückging, von Weite des Blickes etwa in seiner Beurteilung der griechischen Philosophie, von Schwung der Darstellung, wenn auch oft eine höchst mangelhafte Disposition vorliegt. Er bemühte sich aufrichtig um eine Synthese von Christentum und Griechentum, die ihm indes nicht glückte. Eine Persönlichkeit, die trotz des Wustes der Tradition neue Argumente ins Feld führen konnte. In noch höherem Grade gilt dies von seinem Zeitgenossen, dem Afrikaner Tertullian (nach 150–nach 220). Man hat von ihm gesagt, der Gedanke gelte ihm nichts, die Pointe alles. Er ist stark von den griechischen Apologeten abhängig, aber er verleiht der ihm überkommenen Tradition Leben. Sein „Apologeticum" von 197 ist nicht an den Kaiser gerichtet, sondern an die Statthalter als die Gerichtsherren, es ist ferner keine Bittschrift, sondern die Rede eines Advokaten. Deshalb war alles auf den praktischen Fall zugespitzt. Tertullian bleibt niemals im Gedanklich-Abstrakten hängen, er kann sich nicht genug tun im Aufdecken von Widersprüchen, mit meisterhafter Dialektik bearbeitet er einen Gedanken, spitzt ihn zu, läßt Antithesen glitzern, setzt die Lichter der Pointe auf, widerlegt den Gegner zuweilen auch durch bissige Ironie. Dennoch ist er bei alledem nicht immer ehrlich, kurz: ein Sophist mit großer rhetorischer Kraft. Traditionelle Gedanken in ganz origineller Zuspitzung kennzeichnen ihn

Die Apologetik bestand noch viele Jahrhunderte fort, drei bedeutende Theologen haben sich an ihr beteiligt: Origenes mit seinem umfangreichen Werk „Contra Celsum", Eusebius mit seiner „Praeparatio evangelica" und der „Demonstratio evangelica" und Augustinus mit „De Civitate Dei" („Über den Gottesstaat"). Dieses Buch faßt den Ertrag der Apologetik gewissermaßen zusammen, es ist eine Spitzenleistung. Aber daneben wucherte die traditionelle Apologetik munter weiter und überließ die üblichen Argumente der kommenden Generation zur gleichen Benutzung.

Bei dieser Sachlage verwundert es nicht, daß die Apologetik in der Heidenwelt so gut wie gar keine Beachtung fand. Man tadelte diese Schriften, wies auf ihre Gedankenarmut hin und belächelte ihren Mangel an Formschönheit. Tertullian klagt einmal, daß die Apologien nur von Christen gelesen werden. Ihren eigentlichen Zweck erfüllten sie also nicht, denn die Heiden nahmen die christliche Kulturkritik gar nicht ernst, wenn sie sie überhaupt kannten. Der Staat ließ sich in seinem Rechtsverfahren gegen die Christen durch derartige literarische Machwerke nicht im geringsten beeinflußen. Gleichwohl haben diese Schriften eine große Rolle für die innerkirchliche Entwicklung gespielt, denn hier hat man sich erstmalig mit der griechischen Kultur auseinandergesetzt. Man wollte seinen Glauben den Gegnern verständlich und annehmbar machen, man mußte daher über sein Wesen reflektieren und ihn in eine zeitgemäße Form bringen. Das Christentum mußte entschiedener im griechischen Boden verwurzelt werden, es mußte mit den Mitteln griechischer Philosophie bearbeitet werden. Das war die große Aufgabe, die gelöst werden mußte, sollte das Christentum im Imperium Wurzel fassen. Die Apologeten haben sie zuerst in Angriff genommen, sie sind die eigentlichen Begründer einer christlichen Theologie. Darin liegt ihre vornehmliche Bedeutung.

18. Neues Leben in der Kirche: 3. Die Anfänge der Theologie

Die Apologeten kamen von der Philosophie her, die um 150 noch wesentlich moralistisch und rationalistisch ausgerichtet war. Ihr Bestreben ging dahin, das Christentum in eine Philosophie umzuwandeln, die ein streng moralisches Gepräge tragen sollte und deren Wahrheit durch die Offenbarung beglaubigt sei. Darin gerade lag der Unterschied zu aller übrigen Philosophie, der Glaube beruhte auf göttlicher Offenbarung, hier war auch der Platz, wo die Bedeutung Christi einsetzte, der die vorhandene Erkenntnis legitimierte und erweiterte. Das war etwas vollkommen Neues gegenüber dem bisherigen Gemeindeglauben, denn es mußte eine Verkürzung des Glaubens bedeuten. Diese Rationalisierung der christlichen Religion, wie sie jetzt von den Apologeten angestrebt wurde, bereitete der freieren, phantastischen Anschauung des Urchristentums ein Ende. Man kann das Neue besonders gut an zwei Punkten beobachten:

(1) Zunächst an der Gotteslehre. Im Urchristentum stellte man sich Gott als mächtigen Herrscher vor mit den Eigenschaften der Allmacht und Allwissenheit, oder als höchstes Vorbild eines guten Menschen mit den Eigenschaften der Liebe und Gerechtigkeit. Es war im Grunde genommen eine sehr naive Ansicht, in der man sich durch die Lektüre des Alten Testamentes noch bestärkt fühlte. Das wurde jetzt anders. Platonische und stoische Vorstellungen dangen ein und formten den Gottesbegriff um. Der Gegensatz zwischen Gott und Welt wurde stark betont. Gott ist das gerade Gegenteil der Welt, darum kann man sein Wesen auch nur im Negativen bestimmen, man kann eigentlich nur sagen, was er nicht ist. Er ist anfangslos, ewig, vollkommen, unveränderlich, einfach, während die Welt zusammengesetzt und veränderlich ist. Er ist die Güte, die Liebe, aber zugleich auch die abstrakte Überweltlichkeit, die Wurzel alles Seienden, die Weltvernunft, die den Kosmos durchwaltet. Von einem Zorn Gottes kann in dieser philosophischen Sphäre nicht mehr gesprochen werden. Wie weit ist man von der alten Natürlichkeit und Urwüchsigkeit entfernt.

(2) Dieselbe Beobachtung kann man auch bei der Fassung der Christologie anstellen. In der ältesten Zeit legte man allen Nachdruck auf den geschichtlichen Jesus, der bei der Taufe den Geist empfing und dadurch als Sohn Gottes ausgewiesen und nach seiner Auferstehung in den Himmel erhoben wurde. Wenn Paulus seine Präexistenz behauptet, so hielt er sich damit ganz im Rahmen jüdischer Messiastheologie. Bei den Apologeten betreten wir aber den Boden der helle-

nistischen Metaphysik. Je höher man Gott rückte, desto notwendiger brauchte man ein Mittelwesen, das den Kontakt mit der Welt herstellte. Sollte Gott selbst in den Propheten gesprochen haben? Man knüpfte also an eine Linie an, die wir bereits im vierten Evangelium finden, in der Christus als Logos bezeichnet wird, und zog sie weiter, indem man fremde Anschauungen zu Hilfe nahm. Schon bei Heraklit taucht der Logos als eine metaphysische Größe der Weltvernunft auf, spielt in den philosophischen Systemen bei Plato, Aristoteles und der Stoa eine große Rolle und erscheint bei Philo als die göttliche Weisheit und Vernunft, durch die Gott die Welt erschuf und die nun in ihr wirkt. Ob Philo eingewirkt hat oder nicht, mag dahingestellt bleiben, sicher ist, daß der christliche Logos jetzt zu einem Gebilde wurde, das dem philonischen ähnelt, nur mit dem Unterschied, daß es in Christus sichtbar erschienen ist. Dieser Logos ruht als Vernunft ständig in Gott (*logos endiathetos*), tritt aber aus Gott heraus zum Zweck der Weltschöpfung (*logos prophorikos*). Er ist Gott, auch durch sein Heraustreten aus der göttlichen Sphäre nicht von Gott geschieden, aber er ist doch weniger als Gott, depotenzierter Gott. Er ist der Weltschöpfer und zugleich das Offenbarungswort, er inspirierte die Propheten, ja von ihm stammt alles, was Gutes unter den Heiden verkündet wird (*logos spermatikos*). Aber er hat den Menschen noch nicht die volle Erkenntnis mitgeteilt. Um dieses zu tun und um sie zugleich von der Dämonenherrschaft zu befreien, erscheint er in Jesus und wirkt sein Erlösungswerk. Der Abstand vom Urchristentum ist deutlich. Es handelt sich hier um eine vorzeitliche, metaphysische Zeugung des Sohnes, nicht um einen rein historischen Akt. Man reflektierte jetzt über das Verhältnis von Gott und Logos. Beide besitzen göttliches Wesen, aber da der Logos einen Anfang genommen hat, so ist er Gott untergeordnet. Hier entstanden die Gedanken der subordinatianischen Christologie. Das Wichtige war dabei die Metaphysik des Logos, nicht das irdische Leben Jesu, die Christologie wurde mit der Kosmologie verbunden. Hier war das Einfallstor für die hellenistische Philosophie. Indem die Logoschristologie vordrang, indem sie ältere Formen der Christologie zurückschob, schuf sie damit den Anfang des Dogmas, d. h. einer wissenschaftlichen Bearbeitung des christlichen Glaubens.

Den Einfluß des griechischen Geistes kann man noch an einer anderen Stelle beobachten: an der Fassung der Moral. Von allen Apologeten wird die Freiheit des Willens und die Verantwortlichkeit des Menschen stark betont. Seine Aufgabe besteht darin, nach dem Naturgesetz zu leben, d. h. sich über das Sinnliche zu erheben und im Geist und in der Vollkommenheit zu wandeln. Als Norm gelten hierfür natürlich Jesu Worte. Gleichmut, Reinheit, Bedürfnislosigkeit, Güte sind anzustreben und werden von Gott mit dem Geschenk der Unsterblichkeit belohnt. Unfolgsame werden bestraft. Es ist ohne Frage viel Ernst in diesem Moralismus enthalten, aber er bedeutet doch auch in mancher Hinsicht eine rationale Verflachung, was deutlich in Erscheinung tritt, wenn man ihn mit der paulinischen Ethik vergleicht.

Aber das ist nicht das Ganze der Theologie der Apologeten. Viel Urchristliches wird beibehalten und fortgeführt, wie die Auferstehung des Fleisches oder der

Chiliasmus, die Erwartung der tausendjährigen Herrschaft Christi auf Erden. Die Sakramente hielten immer das Bewußtsein der göttlichen Gnade lebendig und das Gebet hielt den direkten Verkehr mit Gott aufrecht. Aber im Großen und Ganzen überwog doch das Neue, der philosophische Rationalismus wurde von den Apologeten ins Christentum eingeführt und so der Spekulation und dem Intellektualismus eine Pforte geöffnet. Das Christentum erschien als christliche Weltanschauung und Jesus Christus, der menschgewordene Logos, als ihr Bürge, der sie über allen Zweifel in absolute Höhe empor trug. In abgeschwächter, modifizierter Form haben diese Gedanken der Apologeten fortgewirkt, sie kreuzten sich mit anderen, wurden vertieft, aber sie blieben immer der Ausgangspunkt für alle späteren trinitarischen und christologischen Kämpfe. Darin liegt die hohe kirchengeschichtliche Bedeutung der Apologeten.

Verfolgen wir nun die weitere Ausgestaltung der Theologie und ihre Lage um 200. Drei Theologen treten uns da entgegen, von denen jeder einen besonderen Typ darstellt und die im Vorausgegangenen bereits erwähnt wurden: Irenäus in Lyon, Tertullian in Karthago und Clemens in Alexandrien. Sie waren ungefähr Zeitgenossen.

a) Irenäus

Irenäus stammte aus Kleinasien, hatte noch den berühmten Märtyrer Polykarp von Smyrna gekannt, wirkte dann in Rom, später als Presbyter und Bischof in Lyon. Der Verfolgung von 177 entging er durch einen Zufall, denn zu dieser Zeit war er im Auftrag der Gemeinde in Rom. Seine Lebensaufgabe sah er im Kampf gegen die Gnosis, dem er sein Hauptwerk „Gegen die Häresien“ („Adversus Haereses“) widmete. Aber er begnügte sich nicht mit der Bekämpfung, er stellte der Gnosis eine christlichen Weltanschauung gegenüber. Ein Ganzes vermochte er freilich nicht zu geben, sondern er knüpfte an die umstrittenen Punkte an und führte diese in seinem Sinne aus. Er hielt sich dabei streng an die Glaubensregel und bearbeitete deren einzelne Stücke wissenschaftlich, so weit es erforderlich war. Die Dogmatik ist also aus der antignostischen Positionierung der Kirche erwachsen, aus der Forderung des Augenblicks, weshalb sie es auch zunächst noch zu keinem System brachte.

Die Theologie des Irenäus ist ein sehr kompliziertes Gebilde, da sie von den verschiedensten Seiten her starke Anregungen erfahren hat. Einmal konstatieren wir das Einwirken apologetischer Gedanken in der Fassung der Logoslehre wie im Moralismus. Daneben bemerkt man aber auch den Einfluß eines Gedankenkreises aus Kleinasien, der von Johannes und Ignatius vertreten wird und die Vergottung des Menschengeschlechtes, also einen mystischen Erlösungsgedanken, zum Hauptinhalt hat. Durch die Gnosis traten paulinische Gedanken wieder mehr in den Vordergrund und durch die Bildung des Kanons wirkten sie auch auf kirchliche Kreise in erhöhtem Maße ein. Bei Irenäus macht sich dies stark bemerkbar. Schließlich fehlt es nicht an urchristlichen Gedanken, die festgehalten werden: die

Eschatologie und die Auferstehung des Fleisches. Ausgeglichen und zu einem großen Ganzen verbunden waren diese Elemente freilich nicht, sie standen vielmehr unverbunden nebeneinander. Mit seiner Theologie glaubte Irenäus aber auch keineswegs, etwas Neuartiges zu geben, er war vielmehr der Überzeugung, nur den Gemeindeglauben etwas weiter auszuführen, denn implicite war alles in der Glaubensregel enthalten.

Wir wollen die Theologie des Irenäus hier nicht in ihrer Gesamtheit ausführen, sondern greifen nur den zentralen Punkt der Christologie heraus, und beobachten von ihm aus das Ganze. Hier kann man das Zusammenwirken der verschiedenartigsten Anschauungen beobachten. Zunächst zeigt sich Irenäus in seiner Logoslehre von den Apologeten beeinflußt, auch für ihn ist der Präexistente die zweite Person der Gottheit, der Logos, gleichen Wesens mit Gott und doch von ihm unterschieden. Er hat nur geringes Interesse an der Metaphysik, ihn interessiert die Frage gar nicht, wie der Logos aus Gott geboren sei, das bleibt vielmehr ein unerforschliches Geheimnis. Er legt auch keinen besonderen Nachdruck darauf, daß der Logos der Weltschöpfer sei, obwohl er diesen Gedanken natürlich besitzt. Ihn kümmert nur Eines: das Erlösungswerk dieses Logos. Sein Interesse ist also überwiegend soteriologisch, auf die Heilslehre, ausgerichtet, nicht so sehr kosmologisch. Er sieht den Logos vom irdischen Christus aus. Dies ist der Ausgangspunkt all seiner Überlegungen, d. h. religiöse Interessen sind vorherrschend.

Entscheidenden Nachdruck legt Irenäus auf Christi Werk. Auch hier lassen sich wieder apologetische Einflüsse feststellen. Der Mensch war von Anbeginn an auf Gott hin angelegt, aber er war noch unmündig, strauchelte also und lernte schließlich, daß das Gute nicht von ihm selbst stamme, sondern göttliches Geschenk sei. Gott unterstützte ihn in seinem Wachsen und richtete Heilsveranstaltungen ein, insonderheit das mosaische Gesetz, um ihn zu erziehen. Hier erscheint der Gedanke der Heilsgeschichte, eine Geschichtstheologie. Der später von Lessing behandelte Gedanke von der Erziehung des Menschengeschlechts findet sich also bereits hier, wenn auch in ganz anderer Ausführung. Christus bedeutet den Höhepunkt dieser Pädagogik, er ist der Lehrer, welcher den Menschen durch Wort und Tat zur Vollkommenheit erzieht, ihm ein neues Gesetz mitteilt, durch dessen Befolgung er die Seligkeit gewinnt. Aber diese moralische Betrachtungsweise wird nun durch eine andere, religiöse balanciert. Neben die apologetischen Einflüsse treten die vom vierten Evangelisten, von den paulinischen Briefen und von der zeitgenössischen Mystik. Den Rahmen bildet die Adam-Christus-Spekulation, die schon Paulus kannte. In Adam ist auf geheimnisvolle Art die gesamte Menschheit vereint, er ist ihr Repräsentant. Fleisch und Geist stehen bei ihm in Harmonie. Der Sündenfall verursacht den Verlust des Geistes und bringt Adam in die Knechtschaft Satans. Alle seine Nachkommen sind in der Sklaverei geborene Kinder und damit auch Sklaven. Das Todesverhängnis lastet über der gesamten Menschheit. Christus, der zweite Adam, stellt den ursprünglichen Zustand wieder her. Er ist wieder die ideale Vereinigung von Fleisch und Geist, er leistet mit seinem ganzen Leben und Sterben das, was wir hätten leisten sollen. Der Akzent liegt hier also durchaus auf der Menschwerdung und dem Leben Christi, das gleichzeitig Heilswerk ist. Irenäus bedient sich hier der schon in Kleinasien bekannten Rekapitulationstheorie: Das Leben des ersten Adam und das Christi als des zweiten gehen parallel, der zweite Adam, Christus, löst den Knoten wieder auf, den der erste geknüpft hat[150]. Christus bringt also das Leben, er erlöst vom Todesverhängnis, die Unvergänglichkeit (*aphtharsia*) ist das Heilsgut. In diesem Zusammenhang stellt Irenäus auch die Frage, warum Gott Mensch wurde und gibt darauf die klassische Antwort: „Er ist geworden, was wir sind, damit wir werden, was er ist"[151]. Die vollkommene Einheit von Gottheit und Menschheit in Christus garantiert unsere eigene Unsterblichkeit. Vergottung durch die Unvergänglichkeit ist das Ziel, auch die Sakramente helfen dazu, denn sie erfüllen das Fleisch mit übernatürlichen Kräften und nähren es zur Unsterblichkeit. Es wäre nun eine logische Konsequenz, daß durch diese Tat des zweiten Adam alle Menschen der Unvergänglichkeit teilhaftig würden, wie sie durch den Fall des ersten alle dem Tod unterworfen waren. Aber diesen Schritt macht Irenäus nicht, hier wirkt der Moralismus der Apologeten wieder ein. Es ist ohne Frage eine rein religiöse Betrachtungsweise, die antike Heilsidee mit der Idee der Vergottung beeinflußte Irenäus stark, aber sie ist vertieft durch paulinische Gedanken, die uns auf Schritt und Tritt begegnen, und durch den Realismus eines Ignatius, der ebenfalls allen Nachdruck auf die Vergottung legte. Vom Urchristentum sind diese Ideen weit entfernt, denn der Ton liegt nicht mehr auf dem Reich Gottes, sondern auf dem Einzelschicksal der Seele. Dabei ist aber die urchristliche Eschatologie nicht verschwunden, sie wird bis in alle Einzelheiten reproduziert. Man sieht hieran deutlich, daß die Theologie des Irenäus noch manche urchristlichen Elemente enthält. So steht ein Gesamtbild vor uns, das verschiedenartigste Züge trägt: Eschatologisches, Moralisches, Religiöses – urchristliche Anschauungen, paulinisch-johanneische Gedanken, apologetische Spekulationen, die antike Heilsidee. Aber das Zentralinteresse ist doch die Vergottung der menschlichen Natur durch die Unvergänglichkeit, der Gottmensch Christus ist der Garant dieser Hoffnung, denn in ihm hat sie sich erstmals erfüllt. Mit dieser Idee hat Irenäus auf die Folgezeit gewirkt, weniger im Abendland, aber mit großem Einfluß auf die morgenländische Frömmigkeit. Im Grunde genommen sagt auch Athanasius nichts anderes und in den späteren trinitarischen und christologischen Konflikten steht diese Idee als geheime Triebkraft im Hintergrund.

b) Tertullian

Auf das Abendland hat der Afrikaner Tertullian eingewirkt, der eine ganz andere Natur war als Irenäus. Er ist von Hause aus Jurist gewesen und man erkennt in sei-

---

150 Zu diesem Motivkomplex gehören: die Eva-Maria-Typologie, die Paralellisierung der Versuchung Adams und Christi, die Geburt Adams aus der jungfräulichen Erde – die Geburt Christi aus der Jungfrau Maria. Hat Adam durch die Frucht des Baumes den Menschen dem Tod überantwortet, so erlöst sie Christus wieder durch das Holz des Kreuzes usw.

151 Adv. Haer. III 18,1.

nen Schriften den ehemaligen Rhetor auf Schritt und Tritt wieder. Ein systematisches Interesse hat er nie besessen, philosophische Neigungen kannte er nicht, aber praktische Fragen interessierten ihn. Er bekämpfte die Gnostiker, um der Gemeinde den Glauben rein zu erhalten (wobei er ganz von Irenäus abhängig war), er verteidigte das Christentum gegenüber dem Staat, wobei er die griechische Tradition mit viel Geschick für seine praktischen Zwecke zurechtbog, und er behandelte viele Fragen und Probleme, die sich für die Gemeinden aus dem täglichen Leben ergaben. So entstanden viele kleine Traktate, die auf den Augenblick zugeschnitten waren. Später trat Tertullian zum Montanismus über und wurde in seinen letzten Schriften immer rigoristischer. Er ist eine faszinierende Erscheinung, ein äußerst geschickter Schriftsteller, der berechnete Wirkungen erzielen kann, ein Virtuose der Sprache, der sie durch Umbildungen bereichert, durch Antithesen und Wortspiele in allen Farben glitzern läßt. Er verfügt über Ernst und Witz, der sich bis zur Ironie und zum Sarkasmus steigern kann, er besitzt den oft hinreißenden Schwung der rollenden Perioden, das Pathos des Rhetors, das mitunter nicht ganz ehrlich ist, aber auch den richtig zugespitzten Dialog und die höchste Anschaulichkeit. Er ist ein scharfer Beobachter und genauer Kenner des damaligen Lebens bis in kleinste Einzelheiten hinein.

In doppelter Hinsicht ist die Theologie Tertullians für die Folgezeit von Bedeutung geworden und hat nicht als Ganzes gewirkt, sondern nur in diesen beiden Punkten. Zunächst in der Logos- und Trinitätslehre. Hier knüpft Tertullian an die Apologeten an, aber in viel stärkerem Maße, als es Irenäus tat. Auch bei ihm überwiegt das kosmologische Interesse, auch bei ihm ist der Logos als Vernunft ewig bei Gott, tritt aber zum Zweck der Weltschöpfung aus ihm heraus. Er ist ein zweites Wesen (*persona*), aber von einer Natur (*unius naturae*) mit der Gottheit. Er ist wie Gott beschaffen, hat die gleiche *materia*. Er wird durch seine Geburt auch nicht von Gott getrennt, sondern hängt mit ihm zusammen, wie der Sonnenstrahl mit der Sonne, das Wasser mit der Quelle. Und doch ist er geringer als der Vater, da er entstanden ist – Tertullian vertritt also eine subordinatianische Christologie. Er faßt diesen Unterscheid in die Formel: „Der Vater ist die ganze Substanz, der Sohn Anlehnung und Teil des Ganzen" („*Pater tota substantia, filius derivatio et portio totius*")[152]. Von dem Logos emaniert der Geist, der zuerst in den Propheten wirkt, dann in der Kirche und der später wieder in den Logos zurückkehrt. So haben wir hier scharf ausgeprägt die Trinität vor uns. Tertullian bestimmt das Verhältnis der drei Personen genau in zwei klassischen Formeln: „eine Substanz, drei Personen" („*una substantia, tres personae*")[153] und „drei sind Eines, nicht Einer" („*tres unum sunt, non unus*")[154]. Die Gattung der Gottheit zerfällt also in drei Gestalten der Personen. Bei allen Verschiedenheiten im Einzelnen eint die drei Personen doch die eine göttliche Substanz. Diese Formeln bestimmten später die Dogmatik, sie bildeten die Grundlage der trinitarischen Konflikte. Daneben müssen wir noch ein

152 Adversus Praxean IX.
153 Apol. XXI.
154 Adv. Prax. II.

Zweites an Tertullians Trinitätslehre beachten. Die Trinität bestand nicht immer und wird nicht immer bestehen, sie ist bedingt durch den göttlichen Heilsplan, die *oikonomia*. Sie hat sich gewissermaßen aus der Einheit zur Dreiheit entfaltet, um wieder zur Einheit zurückzukehren. Man nennt eine derartige Trinität ökonomische Trinität und unterscheidet von ihr die immanente Trinität, wo die Gottheit immer, ganz unabhängig von allen Heilstatsachen, in eine Dreiheit zerfällt. Hier ist Tertullian also noch altmodisch.

Maßgebend für die Folgezeit wurde er dagegen mit seiner Christologie, mit seiner Antwort auf die Frage, wie sich in Christus das Menschliche und das Göttliche zueinander verhält. Er unterscheidet zwei Naturen, die in ihren Eigentümlichkeiten erhalten bleiben und die jede für sich wirken kann. Sie sind unvermischt, aber verbunden zur Person des Gottmenschen: *„una persona, duae naturae“*[155]. Auch diese Formel hat sich behauptet und auch hier ist man im Abendland über die Position Tertullians nicht hinausgekommen.

Noch in anderer Hinsicht ist Tertullians Theologie für die Folgezeit normgebend geworden, der ganze Aufriß seiner Frömmigkeit nahm den Typ der abendländischen Frömmigkeit vorweg. Auch hier schließt sich Tertullian eng an den Moralismus der Apologeten an, während ihm die mystische Erlösungsidee eines Irenäus fremd blieb. Er bringt alles in ein festes juristisches Schema und faßt das Verhältnis von Gott und Mensch als Rechtsverhältnis auf. Gottes Gnade zeigt sich in der Taufe, die alle vor der Taufe begangenen Sünden vergibt. Nun ist es die Aufgabe des Menschen, ein tugendhaftes Leben zu führen, dem Willen Gottes Genüge zu leisten (*satisfacere*). Er verschafft sich dadurch Verdienste (*merita*), durch die er das ewige Leben erwirbt (*promereri*). Andernfalls zieht er den göttlichen Zorn auf sich. Diesem kann er entgehen, wenn er sich in reuiger Selbsterkenntnis Strafen auferlegt und damit Gott Genüge für seine Verfehlung leistet. Hier liegen die Anfänge für das spätere Bußinstitut. Es blieb der Folgezeit vorbehalten, hier genaue Gleichungen zwischen den einzelnen Sünden und den Bußstrafen aufzustellen. Dieses rechtliche Schema blieb der abendländischen Frömmigkeit eigentümlich. Seine Defizite liegen auf der Hand, denn Gott und Mensch erscheinen hier gewissermaßen als Verhandlungspartner. Die Lebensführung wird in einzelne Akte zerstückelt, man rechnet ab, um einen etwaigen Überschuß an guten Werken zu ermitteln, und endlich bekommt der Verdienstgedanke (*meritum*) eine beherrschende Stelle, durch den man sich den Himmel verdient. Aber diese Auffassung hat auch ihre Vorzüge, vor allem darin, daß das Gefühl für die Sünde immer lebendig erhalten wird. Die Lehre von der Erbsünde ist ein abendländisches Gewächs, schon bei Tertullian findet sich neben dem Terminus ‚ererbter Mangel‘ (*vitium originis*) die Vorstellung, daß die ganze Menschheit infolge der Geburt bereits mit Sünde befleckt sei. Das schließt für Tertullian indes den freien Willen nicht, wie bei späteren Vertretern der Erbsünden-Lehre, aus, es handelt sich bei ihm also nur um Anfänge der Lehre von der Erbsünde.

155 Adv. Prax. XXVII.

Die Bedeutung Tertullians für die künftige abendländische Theologie wurde somit deutlich. Neben dem Doppelten, seiner Trinitäts- und Logoslehre und seinem rechtlich ausgeprägten Moralismus ist noch abschließend auf ein Dreifaches hinzuweisen: Tertullian ist der erste lateinische Kirchenschriftsteller, er ist ferner der Begründer des Kirchenlateins, denn er hat sehr viele *termini technici* genial geprägt, die später beibehalten wurden. Außerdem betont er sehr stark die Autorität, der man sich im Glauben zu unterwerfen habe. Er ist in seiner ganzen Theologie ein typischer Abendländer und prägt mit seinen Gedanken die Folgezeit. Man erkennt ihn in seiner Eigenart noch besser, wenn man ihn mit dem dritten großen Theologen um 200 vergleicht, mit dem Orientalen Clemens Alexandrinus.

c) Clemens Alexandrinus

Der Ruhm Alexandriens gründete sich auf seine Katechetenschule, über deren Entstehen wir nichts sagen können, da sie uns sofort als fertige Größe entgegentritt. Vermutlich wird sie in ihren Anfängen sehr lose organisiert gewesen sein, pneumatische Lehrer werden den Unterricht erteilt haben. Als erste, allerdings kaum greifbare Gestalt erscheint um 180 Pantaenus als Lehrer, von dem wir aber nur wenige Fragmente besitzen. In das Licht der Geschichte tritt die Schule erst mit seinem Schüler Clemens, der um 200 gelehrt hat, anläßlich einer 203 ausbrechenden Verfolgung Alexandrien verließ und etwa 216 gestorben ist. Von seinem umfangreichen Schrifttum ist verhältnismäßig viel erhalten, vornehmlich seine große Trilogie: „Protreptikos", „Paidagogos", „Stromateis". Der „Protreptikos pros Hellenas" („Mahnrede an die Griechen") ist ein apologetisches Werk, das die Heiden zum Christentum führen will. Hier fällt die große Bildung von Clemens und die Weite seines Blickes auf. Der „Paidagogos" („Erzieher") will die Christen erziehen und sie für den Empfang der wahren Erkenntnis reif machen. Er enthält daher vor allem Vorschriften für eine ethische Lebensführung, die sich durch Mäßigung auszeichnen. Das dritte und bedeutendste Werk ist „Stromateis", was übersetzt ‚Teppiche' heißt, und so auf seinen bunten Inhalt verweist. Hier wird das Bild des vollkommenen Christen, des Teilhabers an der wahren Erkenntnis, gezeichnet. Er lebt nicht mehr im Bereich des Glaubens (*pistis*), sondern im Bereich der Erkenntnis (*gnosis*). Er steht hoch über den gewöhnlichen Christen und doch wieder im Kontakt mit ihnen, er ist Mitglied der himmlischen Kirche und hat als Pneumatiker seine Mission in der irdischen, sofern er wie Gott Sünden vergeben kann. Er ist überhaupt der eigentliche Seelsorger und Seelenführer der einfachen Christen. Ihm entschleiern sich die göttlichen Geheimnisse, er dringt in die Tiefen der Schrift ein. Er ist der Freund Gottes. Sein Inneres ist ganz ruhig, wie der Spiegel eines Sees, frei von allen Stürmen, von allen Leidenschaften. Er ist vertieft im Gebet, er lebt in der Vollkommenheit, nicht um eines Lohnes willen, sondern aus Liebe zur Tugend. Es ist ein eigentümlich leuchtendes Ideal, das Clemens hier aufstellt. Der Geist des Neuen Testaments geht eine Synthese mit der Vorstellung des stoischen Weisen ein und über allem leuchtet ein mystischer Schimmer.

Clemens war ein freier, kühner, vorurteilsfreier Denker, der noch nicht allzu sehr von kirchlicher Tradition geprägt war. In seiner ganzen geistigen Haltung gleicht er mehr den phantastischen Gnostikern als dem nüchternen Tertullian. Von den Gnostikern unterscheidet er sich darin, daß er Stufen sieht, wo jene nur Kontraste sehen. Er verbindet Glaube und Erkenntnis, er kennt keine naturhafte Sünde und er bindet den Pneumatiker an die Kirche. Es ist alles abgemilderter, gedämpfter. Er wirkte nicht in seinen einzelnen Gedanken fort – hier überbot ihn sein großer Schüler Origenes –, wohl aber in seiner ganzen geistigen Haltung. Das Bild des wahrer Erkenntnis Teilhaftigen war der Ausgangspunkt der orientalischen Hochfrömmigkeit und zwar in doppelter Hinsicht: Der Mystiker und der Mönch konnten in ihm ihr Ebenbild wiederfinden. Der Unterschied zwischen Clemens und Tertullian bezeichnet den Unterschied zwischen der Frömmigkeit des Morgenlandes und des Abendlandes. Es zeugt für den Reichtum der jungen Kirche, daß sie schon eine derart differenzierte, rege Theologie in sich barg. Sie beweist, daß das Christentum um 200 eben doch etwas anderes war, als in der Zeit des Urchristentums: es bestand jetzt eine Kirche mit festen Einheitsbändern, zugleich gab es noch eine relativ große Variationsbreite. Der griechische Geist eroberte sich langsam die Kirche und diese bürgerte sich in der Welt ein.

IV. Zwischen den Zeiten: Das dritte Jahrhundert

A. Neues religiöses Leben in der Umwelt

19. Die religiöse Lage im dritten Jahrhundert und der Neuplatonismus

Im Kampf mit inneren und äußeren Feinden bildete sich die katholische Kirche allmählich heraus, und um 200 erkennen wir sie bereits deutlich in ihren Umrissen. Das dritte Jahrhundert war eine Zeit des weiteren Ausbaus, des ständigen Erstarkens, aber auch des Verweltlichens und sich Einbürgerns in die umgebende Kultur. Die Kirche erstarkte, indem sie auf einen Kompromiß einging und näherte sich den weltlichen Verhältnissen immer mehr an. Dies war ein notwendiger Prozeß, den keine Reaktionsbewegung aufzuhalten vermochte. Es fehlte der Kirche nach wie vor nicht an inneren und äußeren Konflikten, denn sie war ja keineswegs eine *religio licita* im römischen Reich und die ‚heidnische' Religiosität und Kultur war ein Faktor, dessen Größe und eindringliche Kraft man nicht unterschätzen sollte.

Man spricht allgemein davon, daß die wunderbar große und reiche Kultur des römischen Imperiums im dritten Jahrhundert zusammengebrochen sei und führt dafür eine ganze Anzahl von Gründen an. Darin liegt natürlich sehr viel Richtiges. An den Grenzprovinzen klopften die Barbaren immer ungestümer an und forderten Einlaß. Die nicht immer glücklich geführten Grenzkriege verschlangen enorme Gelder, der Steuerdruck wurde dadurch immer größer und das wiederum schädigte Handel, Handwerk und Landwirtschaft. Der orientalische Geist verbreitete sich zunehmend in der römischen Welt und damit nahm auch das Kaisertum immer mehr die orientalische Form des Despotismus an. Es sank zudem von seiner Höhe herab, wurde ein Spielball in den Händen des Militärs und ehrgeiziger Generäle, die Soldatenkaiser meist nichtrömischer Abstammung folgten schnell aufeinander, Revolutionen und blutige Thronwirren waren an der Tagesordnung. Aber man darf in diesem dunklen Bild nicht die Züge des Fortschritts übersehen, denn trotz aller Verfallserscheinungen bemerkt man zugleich Zeichen eines Aufbaus. Der Gedanke des ‚einen' Imperiums brach sich erst jetzt Bahn, alle Menschen innerhalb des Imperiums bekamen das römische Bürgerrecht, die Humanitätsgedanken der Stoa drangen jetzt erst durch, das Los der Sklaven wurde erleichtert und die Jurisprudenz ging erfolgreich an die Arbeit, ein Reichsrecht zu schaffen und zu kodifizieren. Der Absolutismus scheint eine notwenige Folge aus der Begründung des Kaisertums zu sein, denn man konnte in dem Provisorium des Augustus nicht stecken bleiben.[156]

156 Vgl. oben Kap. 1.

Auch in religiöser Hinsicht machte sich eine Entwicklung bemerkbar, die an den Synkretismus der beiden ersten Jahrhunderte anknüpfte, ihn steigerte und gewissermaßen vollendete. Erst im dritten Jahrhundert erlangte die synkretistische Kultur ihre volle Höhe und übte ihren faszinierenden Einfluß aus. Die Religion im Zeitalter der Severer-Dynastie war gewissermaßen die Erfüllung der älteren Zeit: der vollendete Synkretismus und Individualismus. Die antike Frömmigkeit mündete in einen solaren Henotheismus: der Sonnengott war *dominus ac deus*, ihm gebührte das Prädikat der Unbesiegbarkeit, *sol invictus*. Mit ihm verschmolzen eine Anzahl anderer Götter, der *Jupiter dolichenus*, der *Jupiter exsuperantissimus* (der höchste und alle überragende), besonders aber Mithras. Der Kult dieses Gottes erlangte jetzt größte Ausbreitung, von Persien bis zum Rhein begegnen wir seinen Spuren, er war ein einflußreicher Rivale des Christentums, mit dem er manche Ähnlichkeiten aufwies. Mithras war der Mittler zwischen Gott und Mensch, Bringer der Moral, Kämpfer gegen die bösen Mächte. Die Gläubigen erwarteten eine Auferstehung des Fleisches, es gab Sakramente: ein Einweihungssakrament, eine Kommunion. Man beging den Sonntag als Tag des Mithras festlich und feierte den Tag der Sonnenwende am 25. Dezember. Lauter Ähnlichkeiten, in denen die Kirchenväter sehr tendenziös satanische Nachäffung erblickten. Noch um 400 feierte man den Mithraskult in Rom, so lange hielt er sich am Leben. Neben ihm gab es ein verwirrendes Vielerlei von Kulten, die alle von denselben Grundgedanken beherrscht wurden: alle einzelnen Gottheiten sind nur Ausstrahlungen, Formen der einzigen, höchsten Gottheit. Deshalb war man im Prinzip tolerant gegenüber allen Ausprägungen der Religion, denn im Grunde genommen waren sie ja doch alle Diener der einen, wahren Religion. Aller Polytheismus war nur Schein, im Hintergrund stand unsichtbar der Monotheismus und die Sonne war sein Symbol. Diese Gottheit mußte man verehren, indem man sich von der Welt löste, eine verzichtende, rigoristische Ethik wurde gefordert, die Askese breitete sich aus. Diese ganze Stimmung mußte dem Christentum zu Gute kommen, es mußte viel von seiner Ausschließlichkeit verlieren, da die Religiosität der Zeit und die herrschende Toleranz ihm entgegen kam, obwohl die alte Rechtsunsicherheit auch weiter bestehen blieb. Neben dieser Zunahme des religiösen Lebens, wie sie sich in den alten Kulten und ihrem steigenden Ansehen aussprach, brachte es das dritte Jahrhundert noch zu zwei religiösen Neubildungen, die für die Folgezeit bedeutsam werden sollten: den Neuplatonismus und den Manichäismus.

Der Neuplatonismus entwickelte sich auf dem Grunde der antiken Philosophie, er ist eine reife Frucht des antiken Geisteslebens, der Ertrag eines mehr als fünfhundertjähringen geistigen Ringens, er ist Philosophie und Religion zugleich, wie es dem damaligen Zeitgeist entsprach. Der Neupythagoräismus, das vertiefte Interesse an Platon, der Stoa, Philo, aber auch den christlichen Valentinianern – alles waren Vorgänger, bis dann der Mann kam, der noch einmal ein gewaltiges System schuf, das auf dem Boden der Mystik ruht: Plotin (205–270). Er zählt zu den liebenswürdigsten Gestalten der ausgehenden Antike und seine Lebensbeschreibung, die „Vita Plotini", die sein Lieblingsschüler Prophyrius verfaßt hat, entwirft ein fesselndes Bild von ihm. Wie sehr sticht seine Gestalt von dem lärmenden Treiben eitler Literaten hervor, kann er sich doch erst mit fünfzig Jahren zur Niederschrift seiner Gedanken entschließen, verbietet er doch das Feiern seines Geburtstages oder das Herstellen seines Bildes. Prophyrius zeichnet literarisch dennoch ein schönes Bild von Plotin in Kapitel 23 der Vita:

> „Die Götter leiteten ihn auf dem rechten Weg und sandten ihm ihres Lichtes Fülle, so daß er in der von ihnen ausgehenden Betrachtung und im Aufblick zu ihnen seine Schriften niederschrieb. In schlafloser Meditation erschaute er mit den Augen des Geistes Vieles und Erfreuliches, was so leicht keiner der philosophierenden Menschen erblicken durfte. ... Keines Gegner, wie er war, strebte er immer empor zum Göttlichen, das er von ganzer Seele liebte, und wandte er alles an, um vom Irdischen frei zu werden“[157].

Ein Studium der 54 Abhandlungen Plotins, die den Inhalt seiner „Enneaden“[158] ausmachen, ist mit größten Schwierigkeiten verbunden. Man merkt sofort die eigentümliche Verbindung von Dialektik und Mystik, das Vorherrschen des logischen Schlusses, der zu metaphysischen Erkenntnissen führen soll. An der Spitze seines Systems steht das Eine (*hen*), von dem man überhaupt keine begriffliche Vorstellung haben kann. Plotin sagt selbst: „Es ist ... weder ein Etwas noch hat es Eigenschaften oder Größe, noch ist es Geist oder Seele; es ist weder bewegt noch ruhend, es ist nicht im Raum, nicht in der Zeit; sondern es ist das an sich Einzigartige oder vielmehr Gestaltlose, vor aller Form, vor aller Ruhe, vor aller Bewegung“[159]. Die Bezeichnung des Einen bedeutet also den Ausschluß aller Vielheit, ohne Wunsch, ohne Tätigkeit, ohne Reflexion verharrt es in schweigender Ruhe. Dieses Prinzip der Einheit, das Nichts ist, ist aber zugleich alles, denn es ist das All und sein Schöpfer gleichermaßen. Es kann somit eigentlich nur durch Negation bestimmt werden, also durch das, was es nicht ist.

Von diesem in schwindelnder Höhe der Spekulation gerückten Einen geht nun der Prozeß der Weltschöpfung aus nach dem Schema des Hervorgehens, der Emanation. Wir wollen hier nicht auf die Einzelheiten der komplizierten Hypostasenlehre Plotins eingehen: auf die Vernunft (*nous*), die gespaltene Seele (*psyche*) oder als letztes Glied die Materie, den absoluten Stoff. Plotin stellt die Frage, ob die Weltschöpfung nicht letztlich einen Mangel darstellt und findet eine Antwort darin, daß die reine Tätigkeit gerade Kennzeichen des Vollkommenen sei, das dauernd ‚überfließt‘. Er macht es durch Bilder deutlich:

> „Denke dir eine Quelle, die weiter keinen Anfang hat, sich selbst aber dem Flusse mitteilt, ohne daß sie durch die Flüsse erschöpft wird, vielmehr ruhig in sich selbst beharrt. ... Oder stelle es dir vor wie das Leben eines gewaltigen Baumes, welches das All durchströmt, indem der Anfang bleibt und nicht im Ganzen zerstreut wird, gleichsam fest ge-

157 Die Vita erschien als Anhang zur von Porphyrius durchgeführten Ausgabe der „Enneaden“ Plotins.

158 Die „Neunheiten“, da das Werk in 6 x 9 Abteilungen gegliedert ist.

159 Enneaden VI 9, 3.

gründet in der Wurzel. Dies gibt also dem Baum das gesamte reiche Leben, bleibt aber, da es nicht Fülle ist, sondern Prinzip der Fülle“[160].

Die Weltentwicklung faßt Plotin so auf, daß die Kraft des Einen, des Seins des Seienden (*to ontos on*), immer mehr abnimmt, je mehr es sich der Materie nähert, die ihrerseits als Prinzip der Vielheit das Nicht-seiende ist. Man kann dies veranschaulichen durch Licht, das mit zunehmender Entfernung von seiner Lichtquelle immer schwächer wird, bis es schließlich von der Dunkelheit verschluckt wird bzw. eben nicht mehr da ist.

In den Kosmos ist der Mensch mit seiner Sehnsucht nach dem Einen hineingestellt. Die Frage, wie er zu dem Einen gelangt, ist das Hauptproblem des plotinischen Systems. Die Religionsphilosophie ist der Mittelpunkt und der große Wendepunkt seines Systems. Die Lösung des Menschen von der Welt der Materie vollzieht sich auf einem dreifachen Weg: dem der Erkenntnis, dem der Ethik und dem der Ästhetik. Alle drei Wege sind überflutet von dem mystischen Erlebnis der Einswerdung mit dem Einen. Die erste Aufgabe des erkennenden Menschen besteht im Sich-Freimachen von allen sinnlichen Eindrücken. Es gilt, auch vom Denken loszukommen, dem Verknüpfen von Begriffen usw., denn sie können die Wahrheit nicht vermitteln, weil Denkendes und Gedachtes, Subjekt und Objekt in der Sprache auseinanderfallen. An die Stelle des nach außen gerichteten Denkens tritt die Innenkonzentration, die Selbstbetrachtung. Hier ist der Punkt, wo das ganz auf sich gestellte Individuum an der Ideenwelt teil hat, wo Denkendes und Gedachtes, Denken und Sein zusammenfallen. Aber noch ist die letzte Stufe zu erklimmen, die erste Gottheit, die jenseits aller Begrifflichkeit wohnt. Dieser letzte Schritt ist Gnade und ist nicht zu erarbeiten. Er ist die Krönung dieses Prozesses der Vereinfachung. Ungerufen kommt dieser höchste Zustand:

> „Man darf ihm daher nicht nachjagen, sondern muß ruhig warten, bis er erscheint, und sich selbst zum Schauen vorbereiten, wie auch das Auge den Aufgang der Sonne erwartet, der über dem Horizont erscheint. ... Der Geist verharrt unbeweglich, versunken im Schauen, ganz hingegeben dem Anblick der Schönheit, die ihn erhebt und gleichsam mit Kraft erfüllt“[161].

Wie ein Licht plötzlich aufflammt, so erfaßt ihn das Eine, der göttliche Urgrund. Das Ichbewußtsein verschwindet, das Gefühl der Persönlichkeit verliert sich, die Seele des Menschen hat sich für Augenblicke zum Einen geweitet. Hymnisch erklingt Plotins Jubel:

> „Selig, wer es erreicht hat, wer zum wahren Schauen des seligen Augenblicks gekommen ist; aber gewiß unselig, bei wem dies nicht der Fall ist. Denn nicht der ist elend, der um den Anblick schöner Farben und Körper kommt, der weder Macht noch Ehre noch Kronen erlangt, sondern wer dieses Eine entbehren muß, um dessen Erreichung man alle Kronen und Reiche der ganzen Erde ... hingeben muß, um, wenn man alles

160 Enneaden III 8,10.
161 Enneaden V 7 f.

> Irdische mit Verachtung von sich abgeschüttelt hat, sich in das Anschauen jenes Einen ganz zu versenken"[162].

Aus dem denkenden, aktiven Geist wird der liebende, passiv rezeptive Geist.

Wie das Erkennen, so ist auch Plotins Ethik von seiner Mystik geleitet. Das Böse im Menschen ist ein Sichabwenden von dem Einen, ein Sichzukehren zur Materie. Das Böse ist kein zweites Prinzip, sondern ein Fehlen des Guten (*privatio boni*), ein Gutes in ganz abgeschwächter Form. Schließlich ist ja auch die Materie nur die letzte Ausstrahlung des Einen. Da die Befreiung vom Bösen Aufgabe des Menschen ist, so besteht seine erste Pflicht im Freiwerden von Leidenschaften und Affekten. Aber wie der Geist des Menschen sich nicht mit der Abkehr von der Sinnenwelt begnügen darf, so darf auch der gute Mensch nicht bei der Tugendübung stehen bleiben, denn die Tugenden und die einzelnen guten Taten sind ein Vielerlei. Wie der Geist zur Innenkonzentration fortschreiten mußte, so der gute Mensch von den guten Taten zum guten Sein. Nicht die einzelne Handlung, sondern die Schau ist das letzte Ziel, d. h. Gleichwerden mit dem Einen, das über allem in Ruhe und Wandellosigkeit thront.

Wie die Ethik, so ist auch die Ästhetik bei Plotin eine Parallele zu dem, was er auf dem Gebiet der Erkenntnis festgestellt hat. Ein Erlebnis entzündet sich zunächst an einem Gegenstand sinnlicher Erkenntnis, aber die Seele darf dabei nicht stehen bleiben, denn das Schöne der Erscheinungswelt ist nur ein Abglanz der Weltvernunft (*nous*). Darin zeigt sich Plotin durchaus als Grieche. In seiner berühmten Streitschrift gegen die Gnostiker preist er die Schönheit des Kosmos begeistert gegenüber diesen Weltverächtern. Aber in höherem Grade schön ist ein Gegenstand, wenn er am Guten Anteil hat. Es geht also im Stufengang über die Betrachtung aller sinnlich schönen Gegenstände zur Betrachtung des Schönen, wie es sich in Gesetzen, Wissenschaften und Tugenden verkörpert, bis die Seele die höchste Schönheit schaut, das intelligible Schöne. Mit schwungvoller Begeisterung preist Plotin diese Schau:

> „Alles glänzt aus jener Welt hervor und taucht seine Betrachter in Glanz, so daß sie selbst schön werden, wie es wohl vorkommt, daß Menschen, die hohe Berge besteigen, plötzlich auf dem Gipfel von goldenem Sonnenglanz umflossen erscheinen, in dem sie sich bewegen. Der farbige Glanz in jener Welt ist die gleich einer Blume aufblühende Schönheit oder vielmehr alles ist dort Farbe, alles Schönheit bis in die tiefsten Tiefen, denn die Schönheit in jener Welt ist nicht wie eine Blume, die sich nur nach außen ansetzt"[163].

Überblicken wir das ganze System, so stellt es sich uns als eine großartige Konzeption dar, es ist beherrscht vom Rhythmus des Ausflusses aus der Gottheit und des Rückflusses in sie. Ein geheimes Band umschließt den gesamten Kosmos, ein Gefühl der inneren Verwandtschaft durchdringt alle seine Teile. Den Rückfluß zu

---

162 Enneaden I,6,7.
163 Enneaden V, 8, 10.

Gott beherrscht vollkommen die Mystik – Erkenntnis, Ethik und Ästhetik stehen unter ihrem Bann.

Wie verhält sich diese Mystik Plotins zum Christentum? Welches war ihr Einfluß auf die Folgezeit? Auf die erste Frage ist in Kürze Folgendes zu antworten: Plotin bestimmt das Eine auch als Liebe, als Eros im Sinne Platons. Es handelt sich also um die selbstgenügsame Liebe, während uns im Neuen Testament gerade die schenkende und helfende Liebe Gottes begegnet, die sich des Sünders erbarmt, die *agape*. Hier liegt ein fundamentaler Unterschied. Einen weiteren kann man in der Ethik finden. Plotin tadelt wie Paulus die Werkgerechtigkeit, aber bei Plotin wird ihr die Kontemplation entgegengesetzt, bei Paulus der Glaube und die göttliche Gnade. Das Böse wird bei Plotin verflüchtigt, bei Paulus in seiner ganzen Schwere empfunden. Und doch ist die Unendlichkeitsmystik Plotins im Lauf der Jahrhunderte in das Christentum eingedrungen und hat die Bildung des Dogmas und der Lehre entscheidend beeinflußt. Sie war für länger als ein Jahrtausend eine wichtige Quelle der christlichen Mystik. Man beachte nur, mit welcher Hochachtung Meister Eckhart dieses System behandelt. Auch die arabische Mystik ist entscheidend von Plotin beeinflußt, bei den persischen Mystikern, den Sufiten, lebt sein mystisches Erlebnis fort, es kreuzt sich hier freilich mit Einflüssen der indischen Philosophie, der Askese der Bettelmönche. Eine wichtige Bedeutung bekommt Plotin auch im Abendland zur Zeit der Renaissance. Seinen Einfluß auf die idealistische Philosophie des 19. Jahrhunderts erkennt man, wenn man eine Gestalt wie Schelling betrachtet, denn Schellings Philosophie der Kunst enthält Plotins Ästhetik. Auch Goethe schätzte Plotin sehr und Novalis sprach sogar vom „göttlichen Plotin"[164]. Es ist nicht übertrieben, bei dieser Sachlage von einer weltgeschichtlichen Bedeutung des plotinischen Systems zu sprechen.

Der unmittelbare Einfluß Plotins ging von seiner Schule aus, die sich um ihn scharte und die über ein Vierteljahrtausend bestand. Sein erster bedeutender Schüler war sein Biograph Prophyrius (233–301/305). Dieser wenig spekulative Mann, der aber ein tüchtiger Philologe war, interessiert uns hier vornehmlich in seiner Stellung zum Christentum. Der Neuplatonismus ist ohne einen Bezug zum Christentum entstanden, Plotin verhielt sich neutral, polemisierte in seiner vornehmen Art kaum, bekämpfte nur einmal die Gnostiker, weil sie Platon angegriffen hatten. Anders Prophyrius, der ca. 270 in Sizilien ein umfangreiches Werk gegen die Christen in fünfzehn Büchern schrieb. Es ist der zweite große Angriff gegen die christliche Kirche. Wir besitzen nur Bruchstücke von diesem Werk, denn die Kirche hat es mitsamt den christlichen Widerlegungsschriften vernichtet. Aber diese Fragmente lassen die Richtung des Stoßes ahnen. Die Lage hatte sich seit Celsus gründlich gewandelt, es bestand jetzt eine Kirche, die ein heiliges Buch besaß. Dieses Fundament will Prophyrius der Kirche entreißen, seine Polemik richtet sich daher in erster Linie gegen die Schrift, deren genauer Kenner er ist. Im Gegensatz zu Celsus läßt er Christi Gestalt unangetastet, aber seine Jünger betrachtet er als Fäl-

164 Vgl. Werner Beierwaltes: Platonismus und Idealismus. Frankfurt a. M. [2]2004, S. 87–93.

scher und weist im Einzelnen mit ebensoviel Scharfsinn wie Gehässigkeit hundert Widersprüche in den Evangelien nach. Sein ganzer Ingrimm gilt dem Apostel Paulus, dessen jüdische Dialektik er überhaupt nicht versteht. Mit ungewöhnlichem Scharfsinn hat er unter anderem erkannt, daß das Buch Daniel erst um 165 verfaßt ist. Von den christlichen Hauptthesen, die er bekämpft, sind zu erwähnen: Weltschöpfung, Weltuntergang, Menschwerdung Christi, Auferstehung des Fleisches – also im Wesentlichen Punkte, die auch Celsus bekämpft hatte. Aber seine Schrift ist gründlicher und umfassender als die des Celsus. Die Kirchenväter bezeichneten ihn als „Feind Gottes, Gegner der Wahrheit, Lehrer verruchter Lehre“[165], aber Augustinus nannte ihn „vornehmer Philosoph, großer heidnischer Philosoph, hochgelehrter Philosoph“[166]. Viele christliche Vorstellungen sind Porphyrius einfach unverständlich geblieben, besonders der Gedanke, daß wahre Größe sich im Dulden und Leiden zeigt.

Der Neuplatonismus wurde also ein Gegner des Christentums, er gab dem Heidentum neue Kraft, belebte dessen Stolz und war ein Hort der Bildung gegenüber christlicher Unkultur. Er wurde zur Religion der vornehmen Kreise und versuchte energisch, die Verbindung mit der Volksreligion herzustellen. Die spätere Schule schritt über Plotins Neutralität hinaus und schuf einen großen Stufenbau, der mit Zauberei begann und mit der Ekstase abschloß. Der Neuplatonismus war im dritten und vierten Jahrhundert die Hochburg des Heidentums, zugleich begann er aber, auf das Christentum in steigendem Maße Einfluß zu gewinnen. Er stellte die eine große religiöse Bewegung in der christlichen Umwelt dar, die andere Bewegung war eine Religion, die aus dem weiteren Orient stammte und seit dem endenden dritten Jahrhundert weiter vordrang: der Manichäismus.

20. Der Manichäismus

Der Manichäismus stammt aus Süd-Babylonien, also einem Land, wo sich viele Religionen mischten – Christentum, Judentum, die persische Religion und der Buddhismus begegneten sich. Hier entstand im dritten Jahrhundert das neupersische Reich. Was war natürlicher, als diesem Reich auch eine neue Religion zu geben, die zugleich eine Synthese aller bisherigen Religionen sein sollte? Der Religionsstifter war der vornehme Perser Mani, der um 216 geboren wurde. Er wuchs in der Atmosphäre einer Taufsekte am Euphrat auf, die den Mandäern[167] verwandt war, kam wohl auch früh in Berührung mit dem Christentum, jedoch nicht mit dem kirchlichen, sondern mit dem gnostischen und dem marcionitischen. Die Schriften des Neuen Testaments muß er gekannt und eifrig gelesen haben. Noch heimischer war

165 Firmicius Maternus, De errore profanarum religionum 13.
166 De Civ. Dei XIX.
167 Die Mandäer sind eine täuferische Gemeinschaft, die jüdische, christliche und gnostische Elemente in ihrer Lehre vereint. Vgl. Jorunn Jacobsen Buckley: The Mandaeans: Ancient Texts and Modern People. Oxford 2002; Rudolf Macuch: Und das Leben ist siegreich. Mandäistische Forschungen 1. Wiesbaden 2008.

er freilich in der Religion Zarathustras. Ungefähr im Alter von dreißig Jahren trat er mit seiner Lehre in der Öffentlichkeit auf und gab sich bei den Krönungsfeierlichkeiten Schapurs I. (242) als Religionsstifter aus. Aber er fand bei der persischen Geistlichkeit keine Sympathien, weil diese nichts von einer Reform wissen wollten, und mußte auf Jahre außer Landes gehen. Auf ausgedehnten Reisen, die ihn bis nach Indien und China führten, sorgte er für Verbreitung seiner Ansichten, kehrte nach dreißig Jahren in seine Heimat zurück und erwirkte in einer Audienz beim Herrscher Duldung für sich und seine Anhänger. Dennoch wurde er bald gefangen gesetzt, wieder freigelassen und schließlich 276/77 in der Nähe von Susa nach Auskunft einer historisch nicht gesicherten Legende gekreuzigt, wo man seinen Leichnam an einem der Stadttore zur Schau aushängte. Über seine Anhänger, die Manichäer, brachen blutige Verfolgungen herein. Mani muß, soweit man das noch erkennen kann, eine groß angelegte Persönlichkeit gewesen sein. Er hat sogar mehrere Schriften verfaßt, von denen wir möglicherweise noch Fragmente besitzen. Er war eine dichterische, überhaupt künstlerische Natur, getragen von höchstem Selbstbewußtsein.

Die Lehre Manis sucht ihresgleichen an Phantastik und blühender orientalischer Pracht, gewisse Ähnlichkeiten mit der Gnosis sind unverkennbar. Die Grundlage ist der persische Dualismus, der tiefe Gegensatz zwischen Licht und Finsternis. An der Spitze des Lichtreiches steht die Gottheit als Inbegriff alles Guten, ihr zur Seite Lichtäonen, in Paaren geordnet wie die gnostische Syzygie, die Verkörperung von Tugenden. Diesem Reich entgegengesetzt ist das Reich Satans, wo dieser mit seinen Dämonen in der Finsternis haust. Beide Reiche berühren sich an einer Stelle und hier bricht ein Krieg, ein förmlicher Gigantenkampf aus. Die Dämonen der Finsternis stürmen heran, der Lichtgott schafft den Urmenschen, aber dieser wäre fast überwältigt worden. Durch dieses Ereignis wurden dem Menschen Lichtteile geraubt. Diese verbinden sich mit Finsternis und breiten sich aus. Da greift der Lichtgott ein. Er will die Lichtteile erlösen und erschafft zu diesem Zweck die Welt. Der Mensch als eine Mischung aus Gut und Böse ist eine Schöpfung Satans, doch es finden sich in jedem Menschen auch Lichtteile, beim Einen mehr, beim Anderen weniger und es gibt daher mehr oder weniger gute und böse Menschen. Verschieden ist auch die Verteilung der Lichtteile in der Natur, in den Pflanzen und Bäumen sind sie zahlreich, in den Tieren herrscht dagegen das Dunkel vor. Das Licht leidet durch diese Mischung mit dem Dunkel und sehnt sich nach Erlösung. Die Manichäer nennen daher dieses durch die Welt verbreitete Licht den *Jesus patibilis* (leidensfähiger Jesus). Das sei Jesu Leiden, seine Auferstehung dagegen sei die Befreiung der Lichtteile aus der Materie.

Die Befreiung der Lichtteile ist das Ziel Gottes. Er sendet daher Boten, welche die Menschen auf den rechten Pfad bringen sollen. Solche Boten, die die rechte Erkenntnis lehren sollen, sind Noah, Abraham, Zarathustra, Buddha und Jesus. Besonders bedeutsam ist die Tätigkeit des Lichtwesens Jesus, das schon Adam beistand, fort und fort den Menschen half, schließlich im Scheinleib persönlich auf Erden erschien, auch zum Schein gekreuzigt wurde und in seinen Evangelien die

Wahrheit lehrte. Aber das Reich der Finsternis hat allen diesen Bestrebungen Widerstand geleistet und durch Gegenreligionen versucht, die Menschheit von der Erkenntnis des Wahren zurückzuhalten. Mani sei der letzte Gesandte Gottes, zugleich der bedeutsamste. Er bringt den Abschluß der Offenbarung, er ist der Paraklet, wie man später sagte.

Lassen wir diese Lehre als Ganzes auf uns wirken, so können wir ihr die Größe der Konzeption nicht absprechen, sie ist in der Tat ein phantastischer Versuch, die großen Fragen nach dem Ursprung und dem Sinn der Welt und des Bösen zu klären und zu beantworten, desgleichen nach der Bestimmung des Menschen, seiner zwiespältigen Stellung, seines unausgesetzten Kampfes zwischen Gut und Böse und seiner Erlösung. Es fällt auch sofort die Verwandtschaft mit den gnostischen Systemen auf, die genau die gleichen Fragen beantworten wollten und ihre Lehre ebenfalls in ein Gewand von üppiger, orientalischer Farbenpracht hüllten. Im Unterschied aber zu den späteren gnostischen Systemen, etwa dem der Valentinianer, bemerken wir hier absolut keinen Einfluß der griechischen Philosophie, es ist rein orientalisch. Verwandtschaften mit der persischen Religion und der babylonischen Götterwelt liegen auf der Hand. Während die Gnosis Christus in den Mittelpunkt ihres Systems stellt, liegt hier aller Nachdruck auf Mani, dem Bringer der wichtigsten Kunde.

Worin bestand diese Kunde? Welches war der Erlösungsweg, den Mani offenbarte? Der Grundgedanke wurde bereits erwähnt: Befreiung der Lichtteile aus den Banden der Finsternis. Die Aufgabe des Menschen besteht darin, möglichst viele Lichtteile in sich aufzuspeichern und damit die feindlichen Dämonen zurückzudrängen. Dazu ist stärkste Askese nötig. Zunächst an der Nahrung, die man ausschließlich auf Pflanzen zu beschränken hat, da sie Lichtteile enthalten, während das Fleisch von Tieren den Stoff der Finsternis enthält, was die Finsternisanteile im Essenden nur vermehren würde. Der wahre Manichäer darf auch keine Früchte pflücken, da er kein Leben vernichten darf. Neben die Nahrungsaskese tritt die Enthaltung von der Ehe, denn diese würde durch die Zeugung von Kindern zu einer Zerstreuung der Lichtteile führen, während ihre Sammlung vornehmste Aufgabe eines jeden Manichäers ist. Dazu kommt häufiges Fasten und viermaliges Beten am Tage.

Selbstverständlich nahmen nicht viele Menschen diese Verpflichtungen auf sich, daher galten die strengen Asketen als Auserwählte (*electi*). Ihr Leben war ein beständiger Kampf mit der Welt und Verzicht auf die Welt, gegen sie richteten sich Verfolgungen. Sie sammelten in sich das Licht und hatten dann die Gewißheit, über den Mond, die Sonne und den Tierkreis hinaus in ihre Heimat zurückzukehren. Um den Kern der *electi* gab es den weiten Kreis der Interessierten, die aber keine bindenden Verpflichtungen eingingen, die sogenannten Hörenden (*audientes*) oder Katechumenen. Sie waren verhältnismäßig zahlreich, aber kaum als Manichäer zu erkennen. Sie dienten den Vollkommenen, während diese ihre Seelsorger waren. Über ihnen erhob sich eine Hierarchie, die sich in drei Grade gliederte: Presbyter, 72 Bischöfe und zwölf Lehrer. Einer von ihnen stand an der Spitze der gesamten

Hierarchie, war also gleichsam der manichäische Papst und residierte in Babylon. Über den Kult der Manichäer sind wir nur mangelhaft unterrichtet, wir wissen nicht, ob es Mysterien gab, die Musik muß aber eine große Rolle gespielt haben. Wir kennen nur ein Fest, das im März zur Erinnerung an Manis Kreuzigung gefeiert wurde. Als Symbol diente ein leerer Stuhl, zu dem fünf Stufen führten. Davor verneigten sich alle Gläubigen. Über die manichäische Theologie und Geheimlehre schweigen die uns erhaltenen Quellen.

Dieses streng dualistische System mit seiner rigoristischen Ethik trat einen Siegeszug ohnegleichen an. Durch Mani selbst und die missionierenden *electi* breitete es sich rapide im Orient aus, drang nach Persien vor, eroberte Turkestan, fand Einlaß nach Indien, wo es sich mit dem Buddhismus auseinandersetzte, und nistete sich selbst in China ein. Der Manichäismus schuf sich Gemeinden, war ein eifriger Förderer der Kunst und bestand fast ein Jahrtausend. Erst der Mongolensturm des 13. Jahrhunderts machte ihm ein definitives Ende. Der orientalische Manichäismus fällt in das Gebiet der Religionsgeschichte, die Kirchengeschichte hat es mit dem abendländischen Manichäismus zu tun, so weit er ein kirchengeschichtlicher Faktor wurde. In die westlichen Provinzen des Imperiums drang er bereits im ausgehenden dritten Jahrhundert vor: nach Ägypten, Nordafrika, später auch nach Italien und Spanien. Er wurde sofort durch staatliche Edikte verfolgt und änderte dadurch seine Taktik. Dieser Vorgang ist höchst charakteristisch. Von Osten kamen die Religionen, das Judentum, die Mysterienkulte, das Christentum und zuletzt der Manichäismus. Alle diese Religionen wurden nun zwangsläufig in den hellenistischen Bannkreis gezogen, sie wurden hellenisiert, sie paßten sich den veränderten Verhältnissen an, d. h. sie wurden synkretistisch. Wir haben dies beim Judentum und Christentum verfolgt und können es jetzt ebenfalls beim Manichäismus beobachten. Dieser war von Haus aus dem Christentum gar nicht besonders zugetan, enthielt nur wenige christliche Elemente. Mani war der wichtigste Offenbarer, hinter dem Christus zurücktrat. Der Manichäismus war also eine neue Religion, keine christliche Sekte. Das änderte sich durch die staatlichen Repressionen und der Manichäismus paßte sich im Abendland dem Christentum an, um sich dadurch zu verstecken. Prinzipiell bestanden zwischen beiden Größen schon Ähnlichkeiten: der Gegensatz von Himmel und Hölle, die Erlösung, der asketische Ernst in der Lebensführung, das Gericht als Abschluß des irdischen Wandels, die Gestalt Christi. Ferner die Verfassung der Kirche, die Unterscheidung von Vollmitgliedern und Katechumenen, die Hierarchie, schließlich auch der Kultus, der in dem Erinnerungsfest an die Kreuzigung des Stifters gipfelte. Neben diesen Ähnlichkeiten wurden andere bewußt geschaffen, so wird Mani oft nicht als neuer Religionsstifter ausgegeben, sondern als Schüler Jesu oder als der Paraklet des Johannesevangeliums. Auch er wurde von zwölf Aposteln umgeben. Man bemerkt, wie sich der westliche Manichäismus an das Christentum anlehnte und biblische Ausdrücke und Anschauungen entlehnte. Wir können hier also einen Fall beobachten, wo ein synkretistisches Gebilde vom Christentum lernt, denn der Manichäismus gab sich als ein vollkommenes Christentum aus, das auch verwöhntesten

Ansprüchen Genüge leisten könne. Es zeugt für die Anziehungskraft des Manichäismus, daß er einen Mann wie Augustin zehn Jahre an sich gefesselt hat. Dabei hatte Augustin durchaus das Gefühl, auf einer höheren Stufe des Christentums zu stehen. Der Manichäismus war die Religion der Gebildeten und er befriedigte zugleich den asketischen Zug der Zeit. Er war somit ein ernstzunehmender Rivale des Christentums besonders im vierten Jahrhundert, um so mehr, da es keine festen Grenzen gab: manichäische Katechumenen waren zugleich christliche Katechumenen, ähnlich lag es bei den Asketen. Der Manichäismus nistet sich so in der Kirche ein – eine nicht geringe Gefahr.

Letztlich liegt seine kirchengeschichtliche Bedeutung noch in einem Anderen. Das System des Manichäismus verrät Verwandtschaft mit den gnostischen Systemen. Das wurde diesen zum Verhängnis, denn die seelischen Bedürfnisse, die diese bisher befriedigt hatten, erfüllte nun in höherem Grade die neue Religion. Damit grub sie der Gnosis das Wasser ab. Was der Kirche bislang nur unvollkommen geglückt war, das schaffte der Manichäismus, denn er saugte die kleinen christlichen Sekten auf oder, vorsichtiger ausgedrückt, er erzielte dabei größere Erfolge als die Kirche. Dann war er der Mutterboden für viele Häresien, die erst im Mittelalter in Erscheinung traten. Wie man sieht, ist die Bedeutung des Manichäismus nicht hoch genug zu veranschlagen.

Aufgrund dieses Überblicks müssen wir sagen, daß auch im dritten Jahrhundert die Umwelt des Christentums über ein starkes religiöses Leben verfügte. Es ist nicht so, daß hier alles im Absterben war. Die Mysterienkulte nahmen an Bedeutung zu, besonders der Mithras-Kult, der Neuplatonismus entstand, den Porphyrius auf die antichristliche Bahn brachte und der Manichäismus trat als Rivale auf. Es herrschte also lebendiges religiöses Interesse, alles war auf religiösem Gebiet in lebhafter Bewegung begriffen. In dieser großen Entwicklung steht ebenfalls das Christentum, jetzt schon etwas stärker, denn es hatte bereits manchen Sturm überstanden, den ursprünglichen Enthusiasmus zurückgedrängt und sich als katholische Kirche etabliert.

B. Die äußere Lage der Kirche

21. Die Auseinandersetzung der Kirche mit dem Staat

Das Christentum hatte noch einen weiteren ernstzunehmenden Gegner: den römischen Staat. Es war auch im dritten Jahrhundert weit davon entfernt, *religio licita* zu sein, im Gegenteil, die alten trajanischen Bestimmungen blieben faktisch in Kraft, die Rechtsunsicherheit hielt weiter an. Freilich hatte sich manches geändert, die Kirche war größer geworden, daher nicht mehr so leicht zu unterdrükken, sie war schon fast ein kleiner Staat im Staate, also eine Macht, mit der man gegebenenfalls rechnen mußte. Außerdem hatte sich die religiöse Lage im dritten Jahrhundert bedeutsam verändert, die syrischen Kaiser von ca. 215–235 bevorzugten die orientalischen Kulte auf Kosten der römischen, ein Umschwung, der auch dem Christentum zu gute kommen mußte, obwohl es nicht zu den bevorzugten Kulten gehörte. Man wurde toleranter, aber auch nur in den oberen Schichten. Im Volk lebten die alten Vorurteile weiter, man überfiel die Christen auf offener Straße, wenn sie zum Gottesdienst gingen, drang wohl auch selbst in die Versammlungen ein oder schleppte die Christen aus ihren Häusern heraus. Tertullian entwirft in seinem „Liber apologeticus“ anschauliche Bilder von dem Fanatismus des niederen Volkes, der durch Unglücksfälle wie Seuchen und Hungersnöte noch gesteigert werden konnte. Die außenpolitische Lage hatte sich im dritten Jahrhundert auch verschoben, die Grenzen waren unsicher geworden, die Kraft der Kaiser verzehrte sich in den Kämpfen gegen die barbarischen Völker. Für innenpolitische Angelegenheiten war nicht genügend Zeit und wo wirklich Ansätze gemacht wurden, blieb alles in den Anfängen stecken, da die häufigen Thronwirren eine kontinuierliche Politik geradezu unmöglich machten. Dies alles, selbst die Verfolgungen, konnte für das Christentum nur günstig sein.

Überblicken wir kurz die Zeit von 200 bis 250, so entspricht sie ganz diesen Vermutungen. Das Christentum blieb zwar faktisch verboten und Juristen sammelten damals alle gegen das Christentum erlassenen Edikte, aber es genoß doch Duldung, wenn auch keine offizielle. Im Großen und Ganzen herrschte Friede, nur ab und zu unternahm ein Kaiser den Versuch, das Christentum zu unterdrücken. Es kam zu Martyrien, aber zu keiner systematischen Verfolgung. Vor allem sind zwei solcher Versuche zu erwähnen. Um 201 unternahm Septimius Severus den Versuch, das Christentum zum Aussterben zu bringen, indem er alle Übertritte verbot. Diese Maßnahme richtete sich also vornehmlich gegen die Katechumenen und ihre Lehrer, während die eigentlichen Christen im Allgemeinen unangefochten blieben. In Alexandrien und Karthago kam es zu Verfolgungen, d. h. man griff einzelne Katechumenen heraus und statuierte an ihnen ein Exempel. In Alexandrien mußte sich der Angriff natürlich gegen die Katechetenschule richten, die weithin bekannt war und ein Hauptwerkzeug für die Verbreitung des Christentums bildete. Ihr Leiter, Clemens Alexandrinus, gab seinen Posten auf und floh. Aber es scheint sehr übertrieben, wenn er schreibt: „Täglich sehen wir viele Märtyrer vor unseren Augen verbrennen, kreuzigen und enthaupten“[168]. Wir kennen nur ganz wenige Martyrien, die Katechumenen waren auch relativ ungefährdet, da man ihr Christentum kaum erkennen konnte. In Karthago griff man ebenfalls einige Katechumenen heraus, unter ihnen die vornehme Perpetua und ihre Sklavin Felicitas. Das Martyrium dieser beiden zählt zu den ergreifendsten Urkunden, die wir aus der alten Kirche besitzen, um so wertvoller, da diese Märtyrerakten zum Teil das Tagebuch der Perpetua enthalten. Wir erhalten Einblicke in ihr Seelenleben während der Kerkerhaft, wir erleben ihre Visionen mit, die ihr das Paradies mit den blumigen Wiesen und den Seligen zeigen, wir nehmen Anteil an ihrem Schmerz um den geliebten Vater, dessen flehentliches Bitten sie aufs tiefste bewegt, ohne sie indessen von ihrer Überzeugung abzubringen. Es sind ganz einzigarte persönliche Aufzeichnungen aus der alten Kirchengeschichte. Aber diese Verfolgung war nur von sehr kurzer Dauer, man glaubte vielleicht, durch einige geopferte Christen den Zorn der Götter beschwichtigen zu können.

Ein anderer Vorstoß wurde von Seiten des Staates in den dreißiger Jahren unternommen. Die Taktik war anders, weil man sich ausschließlich gegen die Kleriker richtete, den gewöhnlichen Christen nur den Besuch des Gottesdienstes verbot. Man hoffte, das Christentum zum Verschwinden zu bringen, indem man es seiner Führer beraubte. Die Sache war gut erdacht, wurde aber nicht ernsthaft durchgeführt, selbst in Rom wählte die Gemeinde sich einfach einen neuen Bischof an Stelle des Verbannten. Charakteristisch für den Staat war also der immer nur gelegentliche Versuch einer Bekämpfung des Christentums. Man hat dabei den Eindruck des Experimentierens, das nicht folgerichtig durchgeführt wurde, deshalb auch ohne Resultat blieb. Über die Zahl der Märtyrer sagt der große Origenes: „nur Wenige und Wohlgezählte“[169] – also nicht unzählige Tausende. Dem Staat lag auch gar nicht daran, die Christen zu töten. Abgesehen von diesen beiden Vorstößen und vielleicht noch einigen lokalen Verfolgungen, die wir so genau nicht mehr übersehen können, herrschte in der ersten Hälfte des dritten Jahrhunderts Frieden. Das Christentum erfreute sich am Hofe der syrischen Kaiser selbst sogar eines gewissen Schutzes. Sie bezogen Christus in den Prozeß ihrer Religionsmischung mit hinein, sollen ihm sogar Büsten errichtet haben und in den kaiserlichen Palästen befanden sich bereits Christen in angesehenen Stellungen. Man wußte sich sogar von einem Kaiser zu erzählen, daß er heimlicher Christ gewesen sei. Zwei Beispiele mögen zeigen, daß das Christentum damals bereits tatsächlich – wenn auch nicht rechtlich – geduldet war. Vor den Kaiser wurde ein Streit über den Besitz eines Gebäudes gebracht und er sprach das Gebäude den Christen zu. Der Staat hatte also nichts dagegen einzuwenden, wenn christliche Gemeinden Grundstücke ihr eigen nannten. Die Kaiserin Julia Mamaea sammelte alle Intellektuellen des Reiches um sich und ließ sich über alle geistigen und religiösen Fragen Bericht erstatten. Auf ihren Wunsch erschien der berühmteste christliche Gelehrte, Origenes, an ihrem

168 Stromata IV 71,3.
169 In seiner „Aufforderung zum Martyrium“.

Hofe und führte sie in die christliche Lehre ein. Aus dieser Zeit stammt auch ein christlicher Grabstein, auf dem neben dem Namen stolz ‚Christianus' steht, das älteste Beispiel hierfür und zugleich der untrügliche Beweis, wie sicher man sich damals fühlte.

So begreiflich dieses Gefühl in einer vierzigjährigen Friedenszeit auch sein mochte, es sollte sich als trügerisch erweisen. Der Groll des Volkes war noch längst nicht erloschen, es bedurfte nur eines kleinen Anstoßes, um ihn aufs Neue zu entflammen. Diese Gelegenheit sollte sich bald finden. Im Jahr 248 wurde Roms tausendjähriges Bestehen gefeiert. Bei dieser Gelegenheit erwachte der alte Römerstolz und damit fast wie von selbst der Haß gegen die Christen, denn sie galten als gottlose Reichsfeinde. Ein erstes Grollen des herannahenden Gewitters. Origenes sah es heraufsteigen, beinahe prophetisch kündigte er Verfolgungen an, die nicht nur begrenzt, sondern überall auftreten und der Kirche ihren Blutzoll abfordern würden.

Im Jahre 250 geschah das trotzdem Unerwartete: über Nacht sah sich die Kirche auf der ganzen Linie vom Staat angegriffen und mußte um ihren Bestand kämpfen. Damit setzte ein ganz neuer Abschnitt in der Geschichte der Christenverfolgungen ein. Bislang handelte es sich immer nur um lokale Verfolgungen, die zufälligen Anlässen ihr Entstehen verdankten. Die Rechtsnorm, nach der man bis 250 verfuhr, war der Erlaß Trajans, d. h. man suchte die Christen nicht auf, sondern ging nur aufgrund von Anzeigen gegen sie vor. Jetzt änderte sich die Sachlage gründlich. Es handelte sich nun um eine generelle Verfolgung und gegen das gesamte Christentum wurde ein Vernichtungsschlag geführt. Decius, der 249 den Kaiserthron bestiegen hatte, plante den Neubau des Reiches. Er glaubte, ihn nur im Bund mit der römischen Religion durchführen zu können, der er seine Größe verdankte. Er mußte sich daher mit Notwendigkeit gegen die Religionspolitik seiner Vorgänger wenden, der syrischen Kaiser, und gegen ihre Bevorzugung der orientalischen Kulte. Als Gegenschlag ordnete er allgemeine Opfer im Tempel an, bei denen jeder zu erscheinen und zu opfern habe und daraufhin eine Opferbescheinigung erhielt. Zu diesem Zweck wurden sowohl in Städten als auch in Dörfern Kommissionen eingesetzt. Das Opfer galt den römischen Göttern. Feindschaft gegen das Christentum sprach sich darin zunächst nicht aus, sondern allgemeine politische und religiöse Gesichtspunkte bildeten die treibenden Kräfte. Früher nahm man an, daß nur Christen opfern mußten, allerdings galt diese Aufforderung für alle Reichsbewohner, was entsprechende Papyri belegen. Aber naturgemäß mußte sich diese Anordnung in erster Linie gegen die Christen richten, denn die Nichtchristen konnten ohne Gewissenbedenken opfern, auch wenn sie einem orientalischen Kult angehörten. Die Christen durften das aber bekanntlich nicht. Die Kirche war nach vierzig Jahren des Friedens über Nacht vor die Existenzfrage gestellt.

Der Staat war entschlossen, durchzugreifen, ohne daß ihm etwas am Blutvergießen gelegen hätte. Sein Hauptaugenmerk richtete er auf den Klerus, vornehmlich auf die Bischöfe als die Führer der Gemeinden. Hier wurde gründliche Arbeit geleistet. Wir können dies an den Hauptpunkten studieren. In Rom starb der Bischof Fabian, vielleicht als Märtyrer – man wagte keine Neuwahl. Cyprian, der Bischof von Karthago, flüchtete, ebenso Dionysius von Alexandrien mit einem Teil der Gemeinde[170], desgleichen Gregor Thaumaturgos auf dem Pontus. Die Bischöfe von Antiochien und Jerusalem starben im Gefängnis. Die Gemeinden waren also plötzlich ihrer Leitung beraubt, das gesamte kirchliche Leben stockte.

Wie verhielt sich die Gemeinde? Wir haben zwei Berichte, die Stimmungsbilder von den Zuständen in Alexandrien und Karthago zeichnen. Beide sind wenig erfreulich. Dionysius von Alexandrien schreibt:

> „Der Abfall ist allgemein. Eine große Anzahl von Leuten stellt sich selbst. Die Kommissare lassen sie durch ihre untergeordneten Beamten oder durch ihre Kollegen vorführen. Namentlich aufgerufen und aufgefordert zu opfern, kommen sie heran, die meisten zitternd, als ob sie selbst geopfert werden sollten. Die versammelte Menge lacht sie aus. Jedermann sieht, daß es Feiglinge waren, ebenso ängstlich vor dem Opfer, wie vor dem Tod. Es gibt Leute, die kecker auftraten! Sie liefen zu den Altären und protestierten, daß sie jemals Christen gewesen seien … Eine Anzahl wurde festgenommen. Unter ihnen gab es einige, die standhaft blieben, bis sie ins Gefängnis geworfen wurden, einige auch erst noch länger, aber vor dem Tribunal schworen auch sie ab, andere wurden erst durch die Folter besiegt“[171].

---

170 Eusebius gibt das Verhörprotokoll des Bischofs Dionysius wieder (hist. eccl. VII 11): „Nachdem Dionysius, Faustus, Maximus, Marcellus und Chäremon vorgeführt waren, erklärte der Statthalter Aemilianus: ‚Mündlich habe ich zu euch gesprochen über die Güte unserer Herrscher gegen euch. Sie haben euer Wohl in eure eigenen Hände gelegt. Ihr braucht euch nur an das Naturgemäße zu halten und die Götter anzubeten, die ihr Reich behüten, dem Naturwidrigen aber zu entsagen. Was habt ihr darauf zu erwidern? Ich kann nämlich nicht annehmen, daß ihr gegen die Güte der Herrscher undankbar seid, da sie euch zum Besseren nötigen.‘
Dionysius erwiderte: ‚Es beten nicht alle Menschen alle Götter an, sondern jeder gewisse, die er als solche anerkennt. Wir verehren und beten an den einen Gott und Schöpfer des Alls, der den gottgeliebten Kaisern Valerianus und Gallienus die Herrschaft gegeben hat. Ihn bitten wir auch ununterbrochen, daß ihre Herrschaft unerschüttert bleibe.‘
Der Statthalter Aemilianus sprach zu ihm: ‚Wer hindert euch denn, mit den Göttern, die es von Natur aus sind, auch diesen anzubeten, sofern er ein Gott ist? Man hat euch ja nur den Befehl gegeben, Götter zu verehren, und zwar Götter, die alle kennen.‘
Dionysius antwortete: ‚Wir beten keinen anderen Gott an.‘
Der Statthalter Aemilianus erklärte ihnen: ‚Ich sehe, daß ihr zugleich undankbar und unempfindlich gegenüber der Güte unserer Kaiser seid. Daher werdet ihr nicht in dieser Stadt verbleiben. Ihr werdet in die Gegenden Lybiens und zwar nach dem Orte Kephro geschickt werden, denn diesen Ort habe ich entsprechend dem Befehl unserer Kaiser ausgewählt. Auf keinen Fall soll es euch oder sonst jemandem erlaubt sein, Versammlungen zu veranstalten oder die sogenannten Zömeterien zu besuchen. Sollte es sich aber zeigen, daß einer nicht an den von uns angewiesenen Ort gezogen ist oder sollte er in einer Versammlung angetroffen werden, dann wird er sich selbst in Gefahr stürzen, denn an der notwendigen Überwachung soll es nicht fehlen. Geht also, wohin es euch befohlen ist‘.“

171 Bei Eusebius, hist. eccl. VII 10,3.

Das Bild, das Cyprian von den karthagischen Verhältnissen zeichnet, ist ebenso unerfreulich. Die dortigen Christen hätten die Drohungen gar nicht erst abgewartet, sie hätten sich freiwillig zum Abfall gestellt und zwar in solcher Menge, daß sie einige Tage warten mußten, ehe sie an die Reihe kamen. Die Eltern gingen den Kindern mit schlechtem Beispiel voran. Noch schlimmer ging es in Smyrna zu. Dort erschien gleich der Bischof selbst mit seiner Gemeinde, opferte, aß von dem Opferfleisch und nahm den Rest nach Hause mit. Aus all diesen Berichten, die aus den verschiedensten Gemeinden stammen, ersieht man, daß überall der größte Teil der Gemeinde sofort abfiel – oft sogar unaufgefordert. Von denen, die sich weigerten, fielen die meisten im Gefängnis ab, wo sie kaiserlicher Anordnung gemäß sehr knapp in der Nahrung gehalten wurden. Den Folterungen hielt nur ein verschwindender Bruchteil stand. Man kann also nicht sagen, daß die Behörden mit ausgesuchter Grausamkeit vorgegangen seien, auch wenn sie zur Warnung einige Exempel statuierten. Ja, sie ließen sogar mit sich handeln. Man brauchte gar nicht zu opfern oder Weihrauch zu streuen, es genügte, wenn man seinen Namen in die Opferliste einschmuggeln ließ – für Geld war das möglich – oder wenn man sich größerer Sicherheit halber einen Schein (*libellus*) ausstellen ließ, daß man das Opfer korrekt vollzogen habe. Diese Christen hatten nicht geopfert und blieben gleichwohl unbehelligt. Endlich konnte man sich der drohenden Gefahr durch Flucht entziehen, wobei man natürlich sein Vermögen verlor. Schließlich war es dem Staat unmöglich, sämtlicher Christen habhaft zu werden, und die Standhaften konnte er auch nicht alle hinrichten lassen. Das Christentum war so leicht nicht zu beseitigen, zumal die, welche geopfert hatten, deswegen doch Christen blieben. Die Kirche war zwar momentan bedroht, aber die Verhältnisse konsolidierten sich bald wieder. Der Staat stellte nach Jahresfrist seine Bemühungen ein, Decius fiel im nächsten Jahr im Barbarenkrieg.

Aber noch in demselben Jahr (257) brach unter Valerian eine neue Verfolgung aus. Sie war ebenfalls eine allgemeine, richtete sich aber nur gegen die Kleriker und die Christen aus vornehmem Stand, die Geldgeber der Gemeinde. Man wollte anfangs kein Blutvergießen, strafte nur mit Verbannung und Einziehung des Vermögens. Die kirchlichen Gebäude beschlagnahmte man, um einen geregelten Gottesdienst unmöglich zu machen, und man verbot allen Christen bei Todesstrafe das Betreten der Coemeterien[172]. Man hoffte erneut, das Christentum unschädlich zu machen, indem man es seiner Führer beraubte und man wollte zugleich kein Blut vergießen. Aber ein zweites Edikt aus dem Jahr 258 verlangte für renitente Kleriker die Todesstrafe. Nun kam es zu einigen Martyrien. Wir kennen das des Cyprian von Karthago und das des Fructuosus von Tarragona (259). Sehr viele Märtyrer werden es nicht gewesen sein, wir sind überhaupt über diese Verfolgung und ihren Umfang nur schlecht orientiert, die große Masse der Christen blieb von ihr jedenfalls unberührt. Im Jahr 260 wurden die Edikte wieder aufgehoben und

172 Diese Begräbnisstätten waren zugleich der Ort, an dem die Christen ihrer Märtyrer gedachten.

es trat eine Friedensperiode für die Kirche ein, die wiederum vierzig Jahre dauerte. Wir haben also im dritten Jahrhundert zwei große Friedensperioden von je vierzig Jahren, die nur durch das stürmische Jahrzehnt 250–260 unterbrochen wurden. Hier handelte es sich letzten Endes jedoch nur um zwei groß angelegte Experimente, die an den ganzen Verhältnissen scheitern mußten, zumal sie der Staat nicht konsequent genug durchführte. Diese Verfolgungen lehren uns ferner ein zweifaches, was für die Kirche von Wichtigkeit war. Einmal ihre Verweltlichung, die durch die lange Friedenszeit bewirkt wurde und sich in der Bereitschaft ganzer Gemeinden zeigt, vom Christentum abzufallen. Sodann ist die Fülle von neuen Aufgaben zu bedenken, vor die sich die Kirche sofort nach der Verfolgung gestellt sah. Was sollte z. B. mit den zahlreichen Abgefallenen geschehen? Sollten sie als Todsünder für immer ausgeschlossen bleiben? Es erhoben sich Schwierigkeiten über Schwierigkeiten, deren Lösung gerade ein neues Ansteigen der Verweltlichung mit sich brachte. Aber die Kirche hatte sich trotz allem doch als stabil erwiesen. Die lange Friedenszeit mußte ihr Wachstum nur noch mehr begünstigen und sie war ihrer Ausbreitung in hohem Grade förderlich.

22. Die Ausbreitung des Christentums im dritten Jahrhundert

Wir können uns hier kurz fassen, denn es ist unnötig, im Einzelnen alle Gebiete aufzuzählen, in denen das Christentum festeren Fuß gefaßt hat. Wir beschränken uns auf einen Überblick und auf einige Hauptgesichtspunkte. Im Allgemeinen ist zu sagen, daß das Christentum in den Ländern der Mittelmeerwelt, wo es schon um 200 saß, seine Positionen verstärkt hatte. Zahlreich vertreten war das Christentum in Ägypten, besonders in Alexandrien sowie in Syrien, Kleinasien, Rom, Süditalien, Südgallien, Nordafrika. Rom, Karthago, Anitochien und Alexandrien waren die Hauptzentren geistlichen Lebens. Von dort verbreitete es sich in fremde Gegenden, besonders in die Grenzprovinzen nach Oberitalien, Nordgallien, Britannien und Germanien – auf einem Konzil in Arelate erschienen 314 drei britannische und zwei germanische Bischöfe. Doch war hier die Zahl der Gläubigen gering. Vergleicht man damit die ägyptischen oder die nordafrikanischen Verhältnisse, so merkt man den Unterschied. In Ägypten sind um 300 bereits einhundert Bischöfe nachweisbar, in Karthago versammelte der Bischof ein Konzil von 90 Bischöfen um sich (ca. 220). Man kann ohne Übertreibung sagen, daß im dritten Jahrhundert das Christentum in allen Provinzen des Reiches verbreitet war.

Es drang auch über dessen Grenzen hinaus. Um 200 trat Abgar IX., Fürst von Edessa, mitsamt seinen Anhängern zum Christentum über. So wurde Edessa der erste christliche Staat und das Christentum war zum Range einer Staatsreligion erhoben. Die Legende hat das weiter ausgeschmückt, schon Abgar V. soll mit Jesus selbst Verbindungen angeknüpft haben. Ein fingierter Briefwechsel wurde erstellt. Aber schon nach kurzer Zeit wurde Edessa dem Imperium einverleibt. Bedeutender war es, daß das Christentum im dritten Jahrhundert nach Armenien vordrang. Hier hat sich Gregor der Erleuchter (240–um 332) um die Missionierung große

Verdienste erworben. Im Einverständnis mit dem Herrscher Trdat setzte er die Christianisierung des Landes durch und trat selbst als Katholikus an die Spitze des Klerus. Auch hier ist das Christentum Staatsreligion geworden, Etschmiadsin der Mittelpunkt der armenischen Kirche. Auch wenn es bestimmt nicht an Hellenisten gefehlt haben mag und lose Kontakte zur hellenistischen Kulturwelt bestanden, stützte diese Kirche sich ganz auf das syrische Element und so war Syrisch auch die Kirchensprache. Der Katholikus wurde im kappadokischen Caesarea geweiht. Hier bahnte sich leise eine Entwicklung an, die im sechsten Jahrhundert ihren Höhepunkt erreichen sollte. Damals war die Reichskirche von einem Kranz von Nationalkirchen umgeben, die eifersüchtig über ihr Volkstum wachten und sich größtenteils häretischen Richtungen anschlossen, auch um sich gegen die Reichskirche abzugrenzen.

Über die Stärke der Verbreitung können wir keine näheren Angaben machen. Zahlen zu nennen, ist ein Ding der Unmöglichkeit. Nur in einem Fall können wir eine Berechnung anstellen. Wir besitzen einen Brief des römischen Bischofs Cornelius (um 250), in dem er die Stärke des Klerus angibt und dabei erwähnt, daß 1500 Witwen unterstützt wurden. Daraus glaubt man, die Kopfzahl der römischen Gemeinde auf 30–50.000 schätzen zu können, also etwa fünf Prozent sämtlicher Einwohner. Die römische Gemeinde war nun aber ausnehmend groß. Man sieht aus allem, daß das Christentum nur einen Bruchteil der Bevölkerung ausmachte und so muß man sich auch im dritten Jahrhundert vor Übertreibungen hüten. Stellt man weitere Überlegungen über die Stärke der Verbreitung an, so kann man mit Sicherheit nur Allgemeinheiten festhalten. Das Christentum zählte im Osten mehr Anhänger als im Westen. Die Städte waren die Mittelpunkte. Auf dem Lande fehlte das Christentum zwar nicht, war aber dort erheblich spärlicher gesät. Fragt man nach der Zusammensetzung der Gemeinden, so kann man als sicher annehmen, daß die einfachen Leute überwogen. Aber wenn schon im zweiten Jahrhundert sich vereinzelte Vornehme als Christen fanden, so galt das in erhöhtem Grad für das dritte Jahrhundert. Das Christentum erschloß sich, wenn auch vorerst nur zögernd, die Bildung. Dafür zeugt allein schon die Katechetenschule Alexandriens und ihr berühmter Lehrer Origenes. Die Zahl reicher Christen war im starken Wachsen begriffen, daher mußte Clemens Alexandrinus eine Schrift mit dem Titel schreiben „Kann ein Reicher selig werden“[173]. Die Maßnahmen der das Christentum verfolgenden Kaiser richteten sich daher in erster Linie auch gegen die Begüterten. Die Bischöfe wählte man immer häufiger aus den vornehmen Ständen. Selbst im höchsten römischen Adel gab es vereinzelte Christen. Man kann also sagen, daß alle sozialen Schichten am Christentum Anteil hatten, freilich verschieden stark. Will man schließlich noch etwas über die Volkszugehörigkeiten der Christen wissen, so ist es selbstverständlich, daß der griechische Teil überwog. Im Abendland war Tertullian der erste lateinische Kirchenschriftsteller, um 230 schrieb man in Rom noch griechisch. Erst allmählich setzte sich das Lateinische durch. Im fer-

173 Hg. von O. Stählin. Leipzig 1908.

neren Osten war der syrische Anteil ausschlaggebend. Die übrigen Nationen kamen nicht zu Wort. In Ägypten erlangte allein das Koptische größere Bedeutung, ein großer Teil der altchristlichen Literatur wurde in diese Volkssprache übersetzt und damit vor dem Untergang gerettet. Das Punische in Nordafrika ist nicht so einflußreich gewesen, obwohl nicht ganz ohne Bedeutung, aber es hat keine Literatur hervorgebracht. Der griechische, lateinische und syrische Bevölkerungsteil dominierte also.

Zum Schluß erhebt sich noch eine Frage: Wie konnte das Christentum solche Missionserfolge erzielen? Eingangs war bereits auf die doppelte, lange Friedenszeit hingewiesen worden. So wichtig dieser Grund ist, so wenig reicht er aus. Man kann auch darauf hinweisen, daß die heidnische Religiosität der christlichen entgegenkam, aber das darf nicht überschätzt werden. Porphyrius zeigt uns ganz deutlich, wie unübersteigbar fest die Schranke war. Ausschlaggebend war besonders der Umstand, daß die Kirche sich der spätantiken Kultur immer mehr annäherte, daß sie immer mehr verweltlichte. Dieser Prozeß war notwendig, auch wenn er vielleicht oft das notwendige Maß überschritt. Gegenbewegungen haben ihn nicht aufhalten können. Es ist daher jetzt unsere Aufgabe, diesen Prozeß der Verweltlichung, der Hellenisierung, auf dem ganzen Gebiet der inneren kirchlichen Entwicklung, seinen Spuren in der Lehrbildung ebenso nachzugehen, wie in der Gestaltung des Kultus und des sittlichen Lebens.

C. Die innere Entwicklung der Kirche im dritten Jahrhundert

23. Der Kampf mit dem Monarchianismus und der Sieg der Logoschristologie

Liest man das um 180 entstandene Werk des Celsus, das gegen die Christen gerichtet ist, so bemerkt man sofort, daß es damals keine allgemeingültige Christologie gab, sondern daß die mannigfachsten Formen friedlich nebeneinander herliefen bzw. ineinander übergingen. Von einer Herrschaft der Logoschristologie, wie sie die Apologeten vertraten, kann man keinesfalls reden. Sieht man aufs Ganze, so kann man drei Formen der Christologie unterscheiden. Die eine ist die eben erwähnte Logoschristologie, die unter Berufung auf Joh. 1,1 in Christus das fleischgewordene Wort (*logos*) sah. Der Logos ging zum Zweck der Weltschöpfung aus Gott hervor, ein zweiter Gott neben dem höchsten Gott, aber diesem untergeordnet (Subordinatianismus), also ein depotenzierter Gott. Man nennt diese Fassung des Monotheismus den pluralistischen Monotheismus, der für den damaligen Gebildeten durchaus keinen Anstoß erregte, da man auch im Neuplatonismus hinter allen halbgöttlichen Kräften ein göttliches Urwesen annahm. Einfache Menschen konnten indes darin keinen Monotheismus mehr erblicken, man glaubte, ihn in den anderen Christologien besser garantiert zu sehen. Man fasst deshalb die beiden anderen Formen unter dem Titel Monarchianismus zusammen. Schon in der nachapostolischen Zeit hatte man das Geheimnis der Person Christi auf zweifache Art zu lösen versucht. Bei dem einen Ansatz sah man im Herrn den großen Propheten, auf den sich in der Taufe der Geist Gottes herabgelassen habe, der aufgrund seines sittlichen Fortschritts und seines Wirkens auferweckt und zum Sohn Gottes adoptiert sei (dynamistischer Monarchianismus). Bei dem anderen nahm man an, daß im Herrn ein himmlisches Geistwesen wohne, Gott oder Gottes Geist, der nur eine menschliche Hülle angenommen, also in einem Scheinleib gelebt habe (Doketismus). Man konnte von unten nach oben oder von oben nach unten konstruieren. Die Glaubensregel entschied sich für keine Form. In den Kreisen der Gemeinden herrschte der Monarchianismus unbestritten. Man sah in Christus Gott selbst. „So müßt ihr über Christus denken, wie über Gott“ beginnt der zweite Clemensbrief und Celsus bezeugt ausdrücklich, daß die Christen den Herrn als Gott verehren. Ob sie damit den Monotheismus sprengten, kümmerte sie nicht, sie sahen unreflektiert in Christus eben auch Gott (naiver Modalismus). So wenig geklärt war die Lage noch um 200, aber in den ersten Jahrzehnten des dritten Jahrhunderts bahnte sich ein Umschwung an. Unter schweren Kämpfen setzte sich die Logoslehre der Apologeten und Tertullians durch.

Diese Kämpfe wurden im Abendland in Rom ausgefochten, woraus die große Bedeutung dieser Gemeinde erhellt. Wieder wurden die strittigen Lehren durch Lehrer von außen in die Gemeinde hineingetragen, wie bei den gnostischen Kämpfen. Der Konflikt zwischen den beiden monarchianischen Gruppen tobte zu gleicher Zeit, wir müssen aber beide Seiten getrennt betrachten, um größere Klarheit zu gewinnen. Am frühesten kam der dynamistische Monarchianismus nach Rom, etwa um 190 durch Theodot den Gerber aus Byzanz. Er stand auf dem Boden der Glaubensregel, lehrte wie die Kirche, wollte Jesus nur nicht das Prädikat ‚Gott' (*theos*) zuerkennen, denn Jesus sei ein Mensch gewesen und kein himmlisches Geistwesen, das Fleisch geworden sei. Aufgrund seiner besonderen Verdienste hatte er den Geist empfangen, der ihn zu Wundertaten befähigt habe. Das ist das Eine, das für diese Lehre charakteristisch ist. So korrekt und altertümlich sie auch gewesen sein mag, in ihrer Exklusivität führte sie eine Neuerung herauf. Christus ist nicht bloßer Mensch, sondern Gott, darin stimmte das ganze zweite Jahrhundert überein. Derselbe römische Bischof Viktor, der wegen der Passahfeier mit Kleinasien gebrochen hatte, stieß Theodot wegen einer Glaubensfrage aus der kirchlichen Gemeinschaft aus. Für Theodot und seinen Anhang war aber noch ein zweites bezeichnend. Er wird uns als gelehrter Mann beschrieben. Die Dynamisten betrieben auch mathematische und philosophische Studien, aber sie schloßen sich nicht an die herrschende Philosophie des Platonismus an, sondern an Aristoteles. Den Ertrag ihrer Arbeiten verwerteten sie für ein besseres Schriftverständnis, wobei die allegorische Auslegung abgelehnt wurde, der richtige Sinn dagegen durch Textkritik und grammatisch-philologische Exegese zu entwickeln war. Aber diese höchst interessante und damals ganz unzeitgemäße Schule stand neben der Kirche, übte daher auf diese kaum einen Einfluß aus, obwohl es ihr nicht an bedeutenden Männern gefehlt hat. Der Versuch einer eigenen Kirchengründung scheiterte. Der *Confessor*[174] *Natalis*, der sich für ein Entgelt zur Leitung hatte bereit finden lassen, kehrte reumütig wieder zur Kirche zurück, da „heilige Engel" ihn über Nacht ob seiner Untreue verprügelt hatten (um 210)[175]. So groß war also bereits die Kluft. Um 235 wurde dann noch ein letzter Versuch unternommen, dem Dynamismus zum Siege zu verhelfen, aber wir sind über dieses Unternehmen eines gewissen Artemon nur sehr schlecht informiert. Also bis in die Mitte des dritten Jahrhunderts stand in Rom eine kleine Minorität neben der Kirche, welche Theodots Lehre, den dynamistischen Monarchianismus, vertrat. Großen Einfluß wird sie schwerlich ausgeübt haben.

Viel schwieriger und langwieriger war der Kampf gegen die andere Richtung des Monarchianismus, den Modalismus. Er hatte vor dem Dynamismus den Vorzug, daß er die volle Gottheit Christi aufs entschiedenste wahrte. Daneben lehnte er jeden ditheistischen Schein ab[176]. Die modalistische Bewegung hatte die ganze Kirche ergriffen und es dauerte viele Jahrzehnte, ehe man sie überwand. Naiver Modalismus war in den Gemeinden üblich, d. h. die Anschauung, daß in Christus die volle Gottheit inkarniert sei, daß man in ihm den leibhaften Gott zu verehren habe. Celsus kannte diese Ansicht der Gemeinde, er fragte voller Hohn, ob der Thron Gottes solange leer geblieben sei, wie Gott als Mensch auf Erden lebte. Das Neue am Modalismus war, daß er jetzt diese naive Ansicht theoretisch begründete und gegenüber

174 *Confessor* bezeichnet zu dieser Zeit das geistliche Amt, das zur Abnahme der Beichte berechtigt ist.

175 Eusebius, hist. eccl. V 32.

176 *Ditheismus* bezeichnet die Verehrung von zwei Göttern.

anderen Auffassungen als exklusiv hinstellte. Diese Lehre kam – auch das ist bezeichnend – aus Kleinasien nach Rom, Noet war der Erste, der sie in Smyrna vertrat und dort wegen seiner Christologie exkommuniziert wurde. Unsere ganze Kenntnis des Modalismus beruht auf Schriften seiner Gegner, die sicher manches entstellt haben. Der Modalismus hat auch manche Wandlungen durchgemacht, bei Noet erscheint er in seiner einfachsten Gestalt, Hippolyt gibt über sie folgendes Referat:

> „Auf diese Weise wollte er die Monarchie sicher stellen und sagen, was Vater und Sohn genannt wird, sei ein und dasselbe, nicht einer aus dem andern, sondern er selbst aus sich selbst, dem Namen nach werde es unterschieden als Vater und Sohn … es sei aber der Eine, der da erschienen ist und sich der Geburt aus der Jungfrau unterzogen hat und als Mensch unter den Menschen gewandelt ist“[177].

Der Sohn ist also eine Erscheinungsform (Modus) des Vaters, die heilsgeschichtlich bedingt ist. Für die Logoslehre ist hier demnach kein Raum, sie wurde entschieden abgelehnt. Der Vater wurde geboren und habe gelitten – behauptet Noet mit Nachdruck –, deshalb prägte Tertullian das Schlagwort des Patripassionismus. Hielt man Noet Joh. 1,1 entgegen, wo doch deutlich der Logos von Gott unterschieden sei, dann behauptete er, daß man diesen Vers bildlich verstehen müsse.

Der Modalismus machte nun aber interessante theologische Wandlungen durch, er versuchte, der Logoschristologie entgegen zu kommen und wurde deshalb komplizierter. Dies zeigt sich schon bei Praxeas, der ca. 190 nach Rom kam, dort Anhang gewann, später nach Karthago ging, wo Tertullian sein erbitterter Gegner wurde. Er schrieb eine eigene Schrift gegen Praxeas und ruft dort voll beißender Ironie aus: „So hat Praxeas in Rom zwei Geschäfte des Teufels ausgerichtet, die Prohetie [des Montanismus] hat er vertrieben und die Ketzerei eingeführt, den Pareklet floh er und den Vater hat er gekreuzigt“[178]. In Rom standen die Bischöfe und der größte Teil der Gemeinde auf der Seite der Modalisten, etwa ein Menschenalter hindurch. Aber der ebenso strenge wie gelehrte Hippolyt[179] vertrat entschieden die Logoschristologie. Die Modalisten setzten sich nun mit ihren Gegnern auseinander und suchten, ihre Position theologisch zu rechtfertigen, denn es gab doch nun einmal in der Schrift Stellen, die Christus von Gott unterschieden. Die drei Hypostasen der Trinität wurden nun auf den Menschen Jesus bezogen: Man trennte beim historischen Jesus Fleisch und Geist, nannte das Fleisch Jesus, den Geist aber Christus, den man mit Gott identifizierte, und behauptete, daß die Verbindung mit dem Fleisch den Vater zum Sohn mache. Deshalb könne man auch nicht sagen, daß der Vater leide, man könne höchstens ein Mitleiden mit dem al-

177 Contra Noeton 1. Vgl. Manlio Simonetti: Ippolito. Contro Noeto. Bologna 2000 (= Biblioteca patristica 35).

178 Contra Praxean 1.

179 Hippolyt von Rom (170–235), einer der wichtigsten Theologen seiner Zeit, in der kath. Historiographie der erste ‚Gegenpapst‘ der Geschichte neben Kallist. Vgl. John A. Cerrato: Hippolytus Between East and West: The Commentaries and the Provenance of the Corpus. Oxford 2002.

lein leidensfähigen Fleische behaupten. Hier haben wir es also nur mit der abgeschwächten Gleichung Gott-Vater und Christus-Geist zu tun, nicht mehr mit der ursprünglichen, die Gott-Vater und den historischen Jesus gleichsetzte.

Die römischen Bischöfe Zephyrin und Kallist (um 220) suchten nun nach Kompromissformeln, um ihre Gemeinden nicht unnütz zu entzweien. Sie akzeptierten den Terminus ‚Logos' und glaubten, damit eine Brücke zur Hypostasenchristologie zu schlagen, aber im Logos sahen sie Gott, welcher als Pneuma alles erfüllt – man erkennt hier einen Einfluß stoischer Philosophie. Interessant ist Zephyrins Formel, die Hippolyt weitergegeben hat: „Ich kenne nur einen einzigen Gott, Jesus Christus, und außer ihm keinen, der gestorben ist und gelitten hat ... aber es ist nicht der Vater, der gestorben ist, sondern der Sohn"[180]. Noch bezeichnender ist Kallists Formel:

> „Es gibt nur einen göttlichen Geist, den man nur verschieden bezeichnet, Logos, Vater, Sohn. Der Sohn ist das erscheinende Wesen, der Mensch. Denn der Vater, der in dem Sohn war, vergöttlichte das Fleisch, nachdem er es angenommen hatte, und vereinigte es mit sich selber ..., so daß nun Vater und Sohn ein Gott genannt wird und daß diese einige Person unmöglich mehr in eine Zweiheit getrennt werden kann"[181].

Als Kallist mit seinem Kompromiß nicht durchkam, stieß er die Vertreter der extremen Richtungen aus der kirchlichen Gemeinschaft aus, auf der einen Seite Hippolyt, gegen den der Vorwurf des Ditheismus erhoben wurde, auf der anderen Seite den extremen Modalismus. Tertullian griff zu Hippolyts Gunsten gegen Kallist mit der Schrift „Adversus Praxean" in den Streit ein.

Inzwischen hatte der Modalismus in Rom eine dritte Gestalt gewonnen, die ihn noch mehr der geltenden Theologie annäherte. Sein Hauptvertreter in dieser Form ist Sabellius, der um 240 Haupt einer kleinen Gemeinde in Rom war. Auch er kennt nur ein Wesen, das sich in drei Modi oder Gestalten (*prosopa*) entfaltet. Es sind also keine Hypostasen, hinter den Erscheinungsformen ruht kein eigenes göttliches Wesen, und es handelt sich um Modi. Dabei ist auch der Heilige Geist mit in den Bereich der Betrachtung gezogen, was der Zeit entsprach. Eine Gestalt folgt auf die andere, es ist eine fortdauernde Sukzession und jede hat ihren besonderen Wirkungsbereich. Die Trinität entfaltet sich im Verlauf der Heilsgeschichte. Wir sprechen daher von einer ökonomischen Trinitätslehre. Aber auch Sabellius wurde zusammen mit Hippolyt von Kallist verurteilt und damit einfach aus der Diskussion verbannt. Im Orient bedurfte es dagegen harter Kämpfe, um den Sabellianismus zurückzuweisen. Er bestand dort bis ins vierte Jahrhundert hinein.

Die monarchianischen Anschauungen, die weiter nichts als einseitige Ausprägungen älterer Traditionen waren, wurden abgewiesen, obwohl die Glaubensregel nicht gegen sie entschied. Zur Herrschaft gelangte dagegen die Logoschristologie, wie sie Tertullian und Hippolyt vertraten: der Logos ist seit Ewigkeit in dem Vater,

---

180 Das Zitat in Denzinger/Schönmetzer: Enchiridion Symbolorum, Definitionum et Declarationum der Rebus Fidei et Morum. Freiburg i. Br. 1976, S. 45. Nr. 105. Vgl. Heinrich Holze: Art.: „Zephyrin. In: RGG[4] 8, Sp. 1849.

181 Hippolyt, Philos. 9,12. Vgl. ders.: Adversus Praxean 27.

zum Zweck der Weltschöpfung geht er aus ihm hervor (*emanatio*). Es ist die Linie, die von den Apologeten herkommt. Der Sieg der Hypostasenlehre bedeutete ein Hinneigen zum Denken der Zeit, denn im Neuplatonismus finden wir gleiche emanatistische Anschauungen. Die Langwierigkeit des Kampfes ist aber ein Beweis dafür, wie lebendig die alten Traditionen noch waren.

24. Die Stellung zur Welt und die Buße

Dieselbe Beobachtung eines Hinneigens zum Denken der Zeit, damit aber auch einer Verweltlichung des Christentums, kann man anstellen, wenn man das Verhalten der Christen zur Welt prüft. Die in pietistischen Kreisen immer wieder geäußerte Ansicht, daß bis Konstantin alles in bester Ordnung gewesen sei, ist unhaltbar, wenn man die Schriften Tertullians, Cyprians und des Origenes daraufhin durchstudiert. Zwar soll nicht verkannt werden, daß ein großer Ernst durch weite Kreise geht, daß man energisch an der eigenen Vervollkommnung arbeitete, aber die anfängliche strenge Absonderung von der Welt ließ sich auf die Dauer nicht durchführen. Man beobachtet es auf der ganzen Linie. Die größeren Gemeinden sahen sich plötzlich vor eine Reihe neuer Aufgaben gestellt, die nur durch einen Kompromiß gelöst werden konnten. Je mehr Reiche sich zur Gemeinde hielten, desto mehr wurde der Reichtum selbst zum Problem. Symptomatisch dafür ist die Schrift des Clemens Alexandrinus „Kann ein Reicher selig werden?“. Je weniger die alte Exklusivität durchführbar war, desto mehr kam man mit Andersgläubigen in Berührung. Das ganze damalige Leben, dem man sich eben doch nicht entziehen konnte, war von der heidnischen Religion und von Dämonenglauben durchdrungen. Man denke nur an das gesellschaftliche Leben, an die vielen Familienfeiern, die doch alle mit einem Opfer eröffnet wurden und wo man unter Umständen auch vom Opferfleisch aß. Oder man denke an die öffentlichen Lustbarkeiten, den Zirkus, das Theater, die Gladiatorenkämpfe. Auch hier opferte man den Göttern, die Stücke, die im Theater aufgeführt wurden, verdankten ihren Stoff zum größten Teil der antiken Mythologie, standen also ganz unter ‚dämonischem‘ Einfluß. Oder aber ihr Stoff war sittlich höchst anstößig. Deswegen die starken Warnungen vor dem Theaterbesuch, diesem Prunk des Teufels (*pompa diaboli*). Tertullian beweist durch seine heftige Polemik ganz deutlich, daß es breite Schichten in der Gemeinde gab, die ihrer Schaulust frönen wollten. Ihnen ruft er emphatisch zu, daß es für die Christen erst ein Schauspiel in der Endzeit gebe, wenn man die Könige und Fürsten in der Hölle braten sieht. Geradezu unmöglich war eine Abgrenzung von der Welt in der Berufsfrage, wo die Berührung mit dem Heidentum besonders eng war. Die Soldaten mußten pflichtmäßig Blut vergießen, mußten auf die Standarten mit den Götteremblemen schwören, vor den Tempeln Wache stehen, vor dem Kaiserbild Weihrauch streuen. Wie viele Handarbeiter nährten sich allein vom heidnischen Kultus, vom Verfertigen der Götterbilder, Verkaufen der Opfertiere usw. Sollten solche Leute ihren bisherigen Beruf einfach aufgeben, wenn sie zum Christentum übertraten? Man sah sich auch hier zu einem Kompromiß genötigt, man verbot nur den Klerikern, derartige Berufe zu betreiben, nahm bei den Laien daran aber keinen Anstoß. Nur Tertullian war auch hier wieder äußerst rigoristisch, aber er stand völlig isoliert da. Ebenso auch in den weiteren Fragen der Ehe, des Luxus und der Bildung. Trotz aller asketischen Tendenzen wurde die Ehe unter Gemeindegliedern gefördert, aber in doppelter Hinsicht bahnte sich eine Verweltlichung an. Die lange verbotene zweite Ehe Verwitweter setzte sich immer mehr durch und Mischehen zwischen Christen und Heiden wurden häufiger. In der Frage des Luxus ging Tertullian ebenfalls äußerst rigoristisch vor, sein Ideal war höchste Primitivität, aber sein Eifer zeigt gerade, daß seine Meinung nicht die der Majorität war.

Rigoristen verwarfen auch alle Bildung, die Bibel genüge vollkommen, da sie alles Wissenswerte enthalte. So heißt es z. B. in der „Syrischen Didaskalia“:

> „Von allen Schriften der Heiden … halte dich fern. … Was fehlt dir denn am Wort Gottes, daß du dich auf diese Fabeln der Heiden stürzt? Wenn du Geschichtsberichte lesen willst, so hast du das Buch der Könige, wenn aber Weise …, so hast du die Propheten, bei denen du mehr Weisheit und Einsicht findest als [bei den] Weisen und Philosophen …, denn es sind die Worte des einen, allein weisen Gottes. Und wenn du Lieder begehrst, so hast du die Psalmen Davids, und wenn Gesetze und Gebote, so hast du das Gesetz … des Herrn. Aller fremden [Schriften] also… enthalte dich gänzlich“[182].

Das war in weiten Kreisen die Durchschnittsmeinung, Enge und Bildungsfeindschaft war ein Charakteristikum der Gemeinden. Aber trotz allem konnte man doch nicht umhin, die heidnischen Rhetorenschulen und sonstigen Bildungsanstalten zu besuchen, wenn man zu den angesehenen Schichten gehörte. So schimpfte man einerseits auf Homer, Platon usw., andererseits rezipierte man sie doch ausgiebig und verriet eine gute Kenntnis der antiken Literatur. Männer wie Clemens Alexandrinus und Origenes standen mitten in der griechischen Literatur, die sie nicht minder als die Bibel kannten. Noch im vierten Jahrhundert ist die Bildung ausschließlich in heidnischen Händen, es bedeutete daher einen schweren Schlag gegen das Christentum, als Kaiser Julian den Christen den Besuch aller Schulen untersagte.

Überblicken wir dieses ganze Gebiet des christlichen Verhaltens zur Welt, so bemerkt man eine Zwiespältigkeit. Es gab eine rigoristische Gruppe, die die alte Sittenstrenge festhalten wollte wie Tertullian und die Montanisten, aber in der Überzahl war die Partei der Laxen, die mit der Welt ihren Frieden schloßen und dies mit einem ausführlichen Schriftbeweis begründeten. So führte man z. B. für den Besuch der Wettkämpfe das Wettkampfgleichnis des Paulus aus 1. Kor. 9,24–27 ins Feld. Man beteiligte sich am öffentlichen Leben, besuchte Theater und Bäder und selbst Kleriker trieben schwunghafte Handels- und Geldgeschäfte. Liest man Cyprians Briefe, so staunt man, wie weit der Prozeß der Verweltlichung bereits fortgeschritten war.

182 Zitiert nach Georg Schöllgen: Die Anfänge der Professionalisierung des Klerus und das kirchliche Amt in der syrischen Didaskalie. Münster 1988 (= JbAC Ergänzungsband 26), S. 176 f.

Bei dieser Sachlage war die urchristliche Sittenstrenge nicht mehr aufrecht zu erhalten. Es mußten auch hier Milderungen in der Behandlung der Sünder Platz greifen. Ursprünglich war die Kirche die Gemeinschaft der Heiligen, Sünder waren selbstverständlich von ihr ausgeschlossen[183]. Aber sehr bald machten sich zunächst ganz schüchterne Milderungen bemerkbar, indem man zwischen läßlichen Sünden und Todsünden unterschied[184]. Man ahmte hierin die jüdische Praxis nach, die die einzelnen Sünden abstufte und bei den Todsünden Gott die Vergebung anheimstellte. Aber eine sichere Grenze zwischen beiden Gebieten fehlte anfangs bezeichnenderweise noch. Die Entwicklung mußte notwendig zu einer immer größeren Einschränkung des Gebietes der Todsünden führen. Schließlich blieben nur drei übrig: Mord, Hurerei und Abfall. Man hielt sich also einfach an das Aposteldekret in Apg. 15,28 f., so wie man es im Abendland auffaßte, d. h. man sah in der ursprünglichen Speisevorschrift des Enthaltens von Ersticktem und Blut nun das Verbot des Mordes. Zwischen den Gebieten der leichten Sünden und der Todsünden lag das Gebiet der halbschweren Sünden. Diese Dreiteilung ging bis weit ins zweite Jahrhundert zurück. Ursprünglich ist sie nicht, denn in der ältesten Zeit gab es nur eine Sündenvergebung, die Taufe, welche die vor der Taufe begangenen Sünden tilgte. Aber sehr bald mußte man von diesem Rigorismus Abstrich auf Abstrich vornehmen. Die erste Etappe auf dem Weg zur laxen Bußdisziplin bezeichnet der „Hirt des Hermas“. Für die Endzeit, die er hereingebrochen wähnt, proklamiert er unter gewissen Bedingungen noch eine Sündenvergebung, die auch von einer Todsünde befreien kann. Aber aus allem ist ersichtlich, daß es sich um eine Ausnahmebestimmung handelte. Immerhin, der Anfang war gemacht. Im zweiten Jahrhundert bürgerte sich die folgende Praxis ein: die leichten Sünden tilgte das private Gebet oder das Gemeindegebet. Von den halbschweren Sünden konnte der Bischof befreien, wenn er die Reue für genügend erachtete. Die Sünder waren zwar aus der Gemeinde ausgeschlossen, aber nicht für immer. Sie durften nur am Wortgottesdienst teilnehmen, mußten dann zusammen mit den Katechumenen die Feier verlassen. Sie hatten in Sack und Asche zu gehen, häufig zu fasten, nicht zu baden, eine betrübte Miene aufzusetzen und die Anderen um Vergebung zu bitten. Nach Ablauf einer geraumen Zeit wurden sie nach dem Gottesdienst vor den bischöflichen Thron geführt, eine neue Gerichtssitzung fand statt, die Gemeinde betete, der Bischof erteilte ihnen die Absolution und feierte mit ihnen die Versöhnung, indem er ihnen die Eucharistie reichte. Besonders schwierig war die Behandlung der dritten Kategorie, der Todsünder. Der einfache Ausschluß war unratsam, da der Gemeinde sonst bei den veränderten Verhältnissen zu viele Gemeindeglieder verloren gegangen wären bzw. sich den Sekten angeschlossen hätten. So schuf man ein Übergangsstadium: man schloß die Todsünder aus der kirchlichen Gemeinschaft aus, aber man beließ sie in einem losen Verband mit der Kirche, also in der Vorhalle, wie man damals zu sagen pflegte. Man ließ sie durch Presbyter überwachen, man kontrollierte den Ernst ihrer

183 Vgl. 1. Kor. 5.
184 Vgl. 1. Joh. 5,16.

Reue, aber man nahm sie nicht wieder auf, denn man wußte ja nicht, ob Gott ihnen bereits verziehen habe, und seinem Gericht wollte man nicht vorgreifen. Der Todsünder schwebte also zeitlebens in Ungewißheit über sein Schicksal. Diese Praxis bestand bis gegen Ende des zweiten Jahrhunderts.

Die Verhältnisse trieben indes weiter und zwangen zu einer milderen Behandlung der Todsünder. Der Bischof konnte sich doch nicht sträuben, sie in die kirchliche Gemeinschaft aufzunehmen, wenn bestimmte Anzeichen vorlagen, daß Gott ihnen vergeben hatte. Das konnten die Geistträger verkünden, also damals die Märtyrer und Bekenner. Wenn diese die Gemeinschaft mit einem Todsünder aufnahmen, so mußte das das Signal für die Gemeinde sein, ein Gleiches zu tun. Es wird sich hier aber doch wohl nur um einige Ausnahmefälle gehandelt haben, wenn man das Ganze im Auge behält. In den langen Friedenszeiten gab es keine Märtyrer, während die Zahl der Todsünder mit der Vermehrung der Gemeinde wuchs. Der Bischof mußte also selbst die Initiative ergreifen, nicht so sehr aus ehrgeizigen wie aus seelsorgerischen Motiven heraus. Es ist bezeichnend, daß es ein römischer Bischof ist, der diesen ersten entscheidenden Schritt tat, der uns nicht mehr unbekannte Kallist[185]. Er erklärte um 220, daß er auch die Fleischessünden vergab, d. h. daß er notorische Todsünder nach gebührender Buße wieder zur kirchlichen Gemeinschaft zulasse, gewissermaßen alle Todsünder, denn Abfall kam in der Friedenszeit kaum vor und Mord blieb doch eine singuläre Tat. Das Edikt Kallists ist sehr sorgfältig motiviert: er verweist auf Gottes ständige Vergebungsbereitschaft, auf das Blut Christi, das die Sünden tilge, aber zugleich betont er, daß den Bischöfen das Recht einer Vergebung der Todsünden zustehe, denn sie seien die Nachfolger der Apostel. In diesem Anspruch bestand die Neuerung. So nimmt es nicht wunder, daß Kallist heftigen Widerspruch fand, zunächst in seiner eigenen Gemeinde. Der gelehrte Hippolyt war nicht nur sein Gegner in der Frage der Christologie, sondern auch in der Frage der Buße. Er wollte unter keinen Umständen seine alte Überzeugung preisgeben, daß Todsünder in der Kirche keinen Platz haben. Er trennte sich also mit seinen Anhängern von Kallist und bildete eine eigene Kirche, deren Bischof er wurde. Sie bestand 15 Jahre bis ca. 235, ohne größere Bedeutung zu erlangen. In Karthago fand Hippolyt in Tertullian einen Bundesgenossen, der in einer besonderen Schrift „De Pudicitia" Kallists neue Grundsätze bekämpfte. Er greift auch wieder zu seiner Polemik und verhöhnt Kallist, indem er ironisch von einem peremptorischen Edikt spricht, das der „*Pontifex maximus*", der „*Episcopus Episcorporum*" erlassen habe[186], Bezeichnungen, die später ohne jede Polemik für den römischen Bischof üblich wurden. Aber trotz aller Widersprüche setzte sich die Praxis Kallists durch.

Dreißig Jahre später wagte man einen weiteren Schritt, um Todsündern den Zugang zur Kirche zu erleichtern. Der Massenabfall in der decischen Verfolgung

---

185 Vgl. Ernst Rolffs: Das Indulgenzedikt des römischen Bischofs Kallist. Leipzig 1893 (=TU 1 1/3). Gerhard Esser: Die Bußschriften Tertullians de paenitentia und de pudicitia und das Indulgenzedikt des Papstes Kallistus. Rom 1905.

186 De Pudicita 1,21,6.

stellte die Kirche wieder vor ganz neue Aufgaben. Sollten alle Leugner für immer aus der Gemeinschaft ausgeschlossen werden? Hieße das nicht die Gemeinde dezimieren? Und war es nicht folgerichtig, hier nach dem Vorbild Kallists zu verfahren? Man schwankte lange und nur nach sehr starken Bedenken entschloß man sich zur milden Praxis. Wir können die Dinge in den beiden Metropolen des Westens, in Rom und Karthago, übersehen. In Karthago war Cyprian in der Verfolgung geflohen und leitete von seinem Versteck aus durch Briefe die Gemeinde. Das verschärfte natürlich die Opposition, die seit den Zeiten seiner Erhebung auf den Bischofsstuhl bestand. Die Abgefallenen drängten auf Wiederaufnahme, die im Gefängnis schmachtenden Bekenner ließen sie ihnen zuteil werden, die Presbyter machten mit ihnen gemeinsame Sache, aber Cyprian wollte anfänglich am alten Rigorismus festhalten. Schritt für Schritt mußte er jedoch zurückweichen. Zuerst erlaubte man die Zulassung zur Kirche im Todesfall, dann achtete man Unterschiede in den Graden des Abfalles, strafte durch Bußwerke und hielt nur für den Klerus an der einstigen Strenge fest und auch hier nur zum Teil. Schließlich erteilte man allen Abgefallenen Generalamnestie. Damit war die Gefahr einer Spaltung der karthagischen Gemeinde glücklich vermieden. Wichtig für die Beurteilung dieser ganzen Verhältnisse ist die Beobachtung, daß es sich bei diesem Streit nicht nur allein um die Regelung der Bußfrage handelte, sondern ebenso um organisatorische Grundfragen. Der Bischof wollte die gesamte Sündenvergebung in seine Hand bekommen, d. h. das Amt wollte so die letzten Ausläufer des alten Enthusiasmus aufheben[187].

Ähnlich wie in Karthago lagen die Dinge auch in Rom. Hier fand gleich nach Ende der Verfolgung eine zwiespältige Bischofswahl statt. Cornelius, ein Mann aus dem höchsten Adel, und der gelehrte Presbyter Novatian, der sich um die Leitung der Gemeinde bereits Verdienste erworben hatte, traten gegeneinander an. Um der allgemeinen Stimmung entgegen zu kommen, folgte Cornelius zögernd dem afrikanischen Vorbild, rief aber dadurch die erbitterte Opposition des Novatian hervor, der sich nun entschieden auf die alten, strengen Grundsätze berief, nach denen kein Todsünder zur kirchlichen Gemeinschaft gehören durfte. Novatian lenkte also auf den Zustand zurück, wie er vor Kallist bestanden hatte. Er fand in Rom Anhang und gründete eine Gegenkirche, die sich nach seinem Namen benannte und als die einzige und wahre Kirche ausgab. Mit großer Schnelligkeit breitete sie sich aus und fand namentlich im Orient starken Anhang. Das hing mit den besonderen dortigen Verhältnissen zusammen, die noch wesentlich freier und ursprünglicher waren, als im Westen. Der Osten kannte damals noch nicht das bischöfliche Amt, das im Besitz der Schlüsselgewalt war, sondern die Sündenvergebung wurde an den Geistbegabten, den Pneumatiker, geknüpft, der gewissermaßen der Seelenführer des Durchschnittschristen war. Der Bischof bestätigte nur seinen Spruch.

187 Vgl. Andreas Hoffmann: Kirchliche Strukturen und römisches Recht bei Cyprian von Karthago. Paderborn u. a. 2000. Ulrich Wickert: Sacramentum unitaitis. Ein Beitrag zum Verständnis der Kirche bei Cyprian. Berlin 1971 (=Beih. ZNW 41).

Es ist überaus bezeichnend, daß sich Alexandrien in der decischen Verfolgung der römischen Praxis einfach anschloß und die gesamte Vergebung in die Hand des Bischofs legte, während der übrige Osten dies noch nicht tat. Daher kam es beim Vordringen der Novatianer hier überall zu Spaltungen und Konflikten und diese Gegenkirche konnte bis ins siebte Jahrhundert bestehen und die Reste des Montanismus in sich aufnehmen. In der Zeit von 200 bis 290 setzte sich also die laxe Bußdisziplin durch und auch Todsünder befinden sich jetzt nach geleisteter Buße in der Kirche. Alles entwickelte sich langsam, aber ganz konsequent.

Das Ergebnis dieser Entwicklung für die Kirchengeschichte besteht in drei wichtigen Konsequenzen. Zunächst hatte man jetzt neben der Taufe ein Bußinstitut, das nach Belieben und Bedürfnis in ständiger Wiederholung in Kraft treten konnte. Damit bildete sich eine Kasuistik in der Sündenauffassung und eine differenzierte Ordnung von Sünden heraus. Für jede besondere Sünde mußte ein ganz bestimmtes Maß an Buße festgesetzt werden. Der Mensch mußte etwas Außergewöhnliches leisten, damit er in seiner Hand ein Kompensationsobjekt hatte, das den göttlichen Zorn tilgen konnte. In erster Linie kam dafür das Almosengeben in Betracht, deshalb hat Cyprian die Schrift „De Opere et Eleemosynis" („Vom Werk und der Barmherzigkeit") geschrieben. Das Christentum drohte hier in Moralismus zu verflachen. Das spätere Bußsakrament erscheint dagegen als religiöse Reaktion. Das zweite Ergebnis dieser Entwicklung war die erneute Machtsteigerung des Bischofsamtes. Es rang jetzt endgültig den Enthusiasmus nieder, in seiner Hand lag allein die Binde- und Lösegewalt, denn es stand in der Nachfolge der Apostel. Der Bischof leitete also die Feier der Eucharistie, war im Besitz der reinen Lehre und konnte die Sünden vergeben. Das wichtigste Ergebnis ist indes die Umwandlung des Kirchenbegriffs. Erst war die Kirche die *communio sanctorum*, die Gemeinschaft der Heiligen, die Zugehörigkeit zu ihr verbürgte die himmlische Seligkeit. Mit dem Augenblick, da Todsünder in ihrer Mitte lebten, mußte sich das verschieben, mußte die enge Verbindung von irdischer und himmlischer Kirche auseinander reißen. Die Kirche war jetzt eine vermischte Größe, ein *corpus permixtum*, Sünder und Heilige befanden sich in ihr. Bezeichnend sind die neuen Bilder, die man jetzt verwendete. Man verglich die Kirche nicht mehr mit der reinen Braut Christi, sondern mit der Arche Noah, die reine und unreine Tiere in sich barg. Selbst in der Kunst drückte sich dieser Wandel aus, in der häufigeren Verwendung des Bildes vom guten Hirten (Lk. 15), auf das die Laxen sich mit Vorliebe beriefen. Der Gute Hirte in der Praetexta-Katakombe, der die Schafe zu sich heranlockt, die unreinen Tiere wie das Schwein aber abwehrt, demonstriert die Kämpfe in der Bußdisziplin und den Wandel im Kirchenbegriff sehr deutlich. Die Zugehörigkeit zu dieser Kirche verbürgte daher keineswegs das Heil, Unkraut und Weizen wuchsen vielmehr bis zur Ernte zusammen. Die Kirche war nicht wegen ihrer Mitglieder heilig, sondern wegen ihrer apostolischen Institutionen. Sie war eine Erlösungsanstalt für ihre Mitglieder, deren Bestreben dahin ging, ihre Pforten möglichst weit zu öffnen, möglichst milde zu verfahren und mit der Vergebung nicht zu kargen. Läßt man dies auf sich wirken, dann spürt man den Abstand von der alten Kirche deutlich. Aber diese Umwandlung war das Gebot der Stunde, denn nur so konnte das Christentum in der damaligen Kulturwelt überhaupt festen Fuß fassen. Also auch hier ein Hinneigen zur Zeit.

25. Der Kultus

Die gleiche Beobachtung machen wir beim Studium des Kultus dieser Zeit. Er näherte sich in der äußeren Form zusehends den Mysterienreligionen, die Kirche betrat den Weg zur Mysterienkirche. Sie besaß heilige Handlungen, deren Vollzug das Heil verschaffte, Sakramente, die Träger göttlicher Kräfte waren. Taufe und Eucharistie sind hier vornehmlich zu nennen. Am folgenreichsten ist die Umwandlung, die die Eucharistie durch die Betonung des Opfergedankens erfuhr. Es ist ein langer Weg dazu erforderlich gewesen. Aus Röm. 12,1 ist der Gedanke bekannt, daß das Leben der Christen in seiner Gesamtheit ein Gott dargebrachtes Opfer sei. Das versteht Paulus unter ‚vernünftigem Gottesdienst'. Geläufig ist es außerdem, die Gebete als Opfer zu bezeichnen. So erinnert der Ptolemäusbrief an ein Gebot Christi, Opfer nicht von unvernünftigen Tieren, sondern durch Gebet und Lieder zu bringen[188]. Wurden die Gebete im Allgemeinen als Opfer angesehen, so die gottesdienstlichen Gebete erst recht. Man sah in ihnen ein Gebetsopfer, ein Opfer der Danksagung. Dann erschien natürlich die Eucharistie in besonderem Maße als Opfer. Daneben hatte sie noch einen anderen Charakter, die sakramentale Vermittlung des Heils. Mit Brot und Wein verbinden sich in der Feier des Mysteriums Leib und Blut Christi. Nach der Epiklese ist in den Elementen der himmlische Christus gegenwärtig. Sie bilden eine geistliche Speise, deren Genuß die Unvergänglichkeit vermittelt, Ignatius nennt sie ‚Medizin der Unsterblichkeit'. Die Eucharistie ist also Opfer (*sacrificium*) und Sakrament (*sacramentum – mysterion*), Gebetsopfer und Mittlerin der Unsterblichkeit, d. h. aber auch, daß der Opfergedanke noch nicht auf die Elemente ausgedehnt war[189].

Allmählich vollzog sich im zweiten Jahrhundert, besonders im Westen, im Opfergedanken eine entscheidende Wandlung, deren Zeuge unter anderen Tertullian ist. Das Opfer war nicht mehr ein Dank, sondern es war ein Verdienst (*meritum*) des Menschen, das den erzürnten Gott umstimmen konnte. Verdienst (*meritum*) und opfern (*sacrifacere*) waren die entscheidenden Begriffe, das Opfer hat meritorischen, verdienstvollen Charakter. Bei Cyprian tritt das noch deutlicher in Erscheinung. Es ist einleuchtend, daß bei einer allgemeinen Wandlung des Opferbegriffs sich auch die Anschauungen über das Opfer in der Eucharistie wandelten. *Sacrificium* und *sacramentum* waren nicht mehr zwei disparate Stücke, sondern der Opferbegriff wurde auch auf die Elemente ausgedehnt. Der Herr hat sich bei Einsetzung

---

188 Ptolemäus. Brief an die Flora. Hg. von Adolf von Harnack. Bonn 1904.

189 Zu dieser Entwicklung vgl. die grundlegenden Arbeiten von Odo Casel: Die Liturgie als Mysterienfeier. Freiburg i. Br. 1922 sowie ders.: Das christliche Kultmysterium. Regensburg 1932. S. auch Alexander Nawar: Opfer als Dialog der Liebe. Sondierungen zum Opferbegriff Odo Casels. Frankfurt 1999 (= Europäische Hochschulschriften 23, Theologie 660).

des Mahles Gott als Opfer dargebracht, folglich muß der Geistliche, der stellvertretend für Christi waltet, dasselbe tun, denn in der Eucharistie geschieht eben das von uns, was der Herr für uns getan, wie Cyprian des öfteren sagt. Besonders wichtig ist die Stelle in seinem 63. Brief: „Der Priester handelt wahrhaftig anstelle Christi, wenn er das, was Christus getan hat, nachahmt und in der Kirche Gott dem Vater ein wahres und volles Opfer darbringt“[190]. Der Gegenstand der eucharistischen Darbringung, des *offertoriums*, ist also nicht mehr das Gebet, sondern das Leiden des Herrn. Durch diese Betonung des Opfergedankens tritt der Sühnetod Christi in den Mittelpunkt, der geschichtliche Jesus und sein Heilswerk. Das entsprach der abendländischen Frömmigkeit, deren Repräsentant Cyprian ist. An dieser entscheidenden Stelle beobachten wir das Eindringen hellenistischer Denkmodelle in den christlichen Kultus. Das Opfer wurde dinglich, seine Darbringung verdienstlich und übte eine Wirkung auf Gott aus. Aus dem Dankopfer der Gemeinde wurde das Opfer des Geistlichen, das Gottes Zorn versöhnen soll. Hier liegen die Ansatzpunkte für die spätere Entwicklung der römischen Auffassung vom Meßopfer.

Das Opfer, das Gott dargebracht werden soll, erfordert einen Priester. Der Schritt vom allgemeinen Priestertum aller Gläubigen zum Kultbeamten war eine ebenso verständliche wie logische Weiterbildung. Nur der Priester, der durch seine Weihe ein besonderes Charisma empfangen hatte, durfte, wie es Cyprian darstellt, das Opfer darbringen. Er rückte also in dieselbe Stellung ein, die die heidnischen Priester hatten. Zur Legitimierung dieser ganzen Entwicklung berief man sich auf alttestamentliche Vorschriften. Das jüdische Priestertum sollte wieder aufleben, jedoch nicht mit der Vielzahl der blutigen Opfer, sondern mit dem einen unblutigen Opfer, das Christus ein für alle mal vollzogen hatte[191]. Jetzt führte man in Nachahmung jüdischer Verhältnisse auch die Zehntpflicht ein. Opfer und Priester gehörten zusammen, eines bedingte das Andere.

Haben wir aber ein Opfer, das von einem Priester dargebracht wird, so muß sich ein Ritual herausbilden, der Kultus muß erweitert werden. Auch hier orientierte sich die Praxis an den Mysterienkulten. Vergleichen wir die Liturgie, wie sie in großer Einfachheit zu Justins Zeiten bestanden hat, mit der Fassung, wie sie uns die *traditio apostolica* um 190 erkennen läßt, so spüren wir den Unterschied deutlich. Wir finden nun einen bis ins kleinste ausgeprägten Wechselgesang zwischen Bischof, Diakonen und Gemeinde. Selbst die berühmte Präfation mit dem *„sursum corda“* („erhebet die Herzen“), die heute noch das *offertorium* einleitet, geht bis in diese Zeit zurück. Es ist die Zeit, in der sich die Meßliturgien langsam herausbilden, zunächst noch in verwirrender Mannigfaltigkeit. Immer mehr machte sich das Bestreben nach einer reicheren kultischen Ausgestaltung der Eucharistie geltend. Auf der ganzen Linie ist der Einfluß der hellenistischen Mysterien formgebend.

---

190 Epistolae D. Caecilii Cypriani Carthaginensis Episcopi; Leiden 1755 ND 2010.
191 Vgl. die Darstellung des Hebräerbriefes.

Das gilt auch von dem zweiten Sakrament, der Taufe. Da sie sämtliche bislang begangene Sünden tilgt, bürgerte sich die Kindertaufe im dritten Jahrhundert noch nicht ein, obwohl an sich keine prinzipiellen Bedenken gegen sie bestanden. Aber das Hinausschieben der Taufe erschien ratsamer. Erst als das Bußinstitut funktionierte, bürgerte sich die Kindertaufe ein, solange war die Erwachsenentaufe die Regel und nicht selten wurde sie sogar bis zum Totenbett aufgeschoben. Das bedingte die Entstehung des Katechumenats. Die Taufbewerber wurden von einem Presbyter in der kirchlichen Lehre unterwiesen, sie mußten regelmäßig am Gottesdienst teilnehmen, wurden aber vor der Feier der Eucharistie entlassen. Sie waren noch keine Vollchristen, erlitten sie aber das Martyrium, so war die Bluttaufe der Ersatz für die Wassertaufe. Die Vorbereitungszeit auf die Taufe dauerte etwa drei Jahre.

Das Taufritual wurde ebenfalls reicher ausgestaltet, da es sich ja auch hier um ein Mysterium handelt, es stellte die einzelnen Wirkungen der Taufe unter einer Fülle von Symbolen dar. Verschiedene Beschwörungen und Weihen, Fasten und anhaltendes Beten nahmen einen großen Raum ein. Auch hier nahm der Bischof die entscheidende Handlung vor: er salbte mit dem heiligen Öl, er vermittelte den Geist durch Handauflegung. Sehr anschaulich ist wieder der Bericht in der *traditio apostolica*, der uns zeigt, wie kompliziert die ganze Taufhandlung bereits um 230 gewesen war. Die Taufe wurde den Initiationsriten der hellenistischen Mysterien angenähert. Das zeigt sich auch an den Namen, die sie zu dieser Zeit trug: Erleuchtung (*photismos*), Versiegelung (*sphragis*) – termini technici der heidnischen Kultsprache[192].

Die Kirche wurde allmählich zur Mysterienkirche, sie besaß nun einen Kultus voll geheimnisvoller, beziehungsreicher Symbole. Sie barg in sich geheimnisvolle Kräfte, die den Menschen mit göttlicher Gnade erfüllen konnten. In der Taufe wurde der Gläubige in diese neue Welt versetzt, in der Eucharistie wurde er allmählich vergottet und mit der Unsterblichkeit beschenkt. Deshalb hüllte die Kirche ihre Mysterien nach heidnischer Analogie in geheimnisvolles Dunkel, Uneingeweihte durften sie nicht kennen, ihnen mussten auch wichtige Stücke der christlichen Verkündigung wie ‚Vater Unser' oder ‚Symbol' verborgen bleiben. Man nennt dieses Verfahren Arkandisziplin. Sie erscheint in dem liturgischen Ruf „Das Heilige den Heiligen".

Man kann diese Entwicklung verschieden beurteilen, man muß aber zugeben, daß die Kirche sich in dieser Welt der Symbole und des kultischen Rituals ein religiöses Gegengewicht gegen einen Moralismus geschaffen hatte, wie wir ihn z. B. bei Cyprian angetroffen haben. Einst garantierte der ‚Geist' die Gegenwart des Göttlichen. Die Zeiten des Enthusiasmus waren längst vorüber. Jetzt begegnete man dem Göttlichen ebenfalls realiter, nur in heiligen Institutionen, kultischen Formeln und Symbolen. Der Geist der Mysterienfrömmigkeit drang vom dritten Jahrhundert

192 Vgl. Paul Bradshaw: Diem baptismo sollemniorem. Initiation and Easter in Christian Antiquity. In: Maxwell Johnson (Hg.): Living Water, Sealing Spirit: Readings in Christian Initiation. Collegeville 1995, S. 137–147. Franz Joseph Dölger: Sphragis. Eine altchristliche Taufbezeichnung in ihren Beziehungen zur profanen und religiösen Kultur des Altertums. Paderborn 1911.

an in steigendem Maß in die Kirche ein, die Mystik schuf sich im Kultus der Kirche eine Wohnstatt. Eine christliche Kultmystik entstand, die interessante Blüten hervorbringen sollte. Dieses Hinneigen zur Zeit, die Ähnlichkeit kultischer Praxis mußte den christlichen Gottesdienst in den Augen Andersgläubiger anziehend machen.

26. Die Entwicklung der christlichen Kunst

Der sich immer reicher ausgestaltende Kultus und die größere Verbreitung des Christentums erstrebten immer dringender besondere kultische Gebäude. Anfangs fand der Gottesdienst in Privaträumen statt, in den Häusern begüterter Gläubiger. Dann ging man dazu über, kleine einschiffige Saalkirchen zu bauen, die man sich nicht einfach genug vorstellen kann. Erst im dritten Jahrhundert schritt man zum Bau größerer Gebäude, was die beiden eben erwähnten Gründe veranlaßten. Man nennt diese Gebäude Basiliken. Der Name besagt in der damaligen Baukunst nichts anderes als ein in Hallenform ausgeführtes Gebäude, also etwa eine Markthalle, ein Tempel, ein großes Privathaus. An keines dieser Gebäude schließt sich die christliche Basilika an, sondern sie ist aus dem Stil der Zeit heraus unter Rücksichtnahme auf die besonderen kultischen Erfordernisse geschaffen. Das zeigt ihre ganze Anlage deutlich, wobei hier nicht auf die Unterschiede zwischen der orientalischen und der lateinischen Gruppe eingegangen werden kann.

Der Besucher trat zunächst in das Atrium, die Vorhalle, ein geschlossener Raum mit Türen. Hier hielten sich während des Gottesdienstes Heiden, Katechumenen und Büßer auf. Von hier kam man in den kultischen Raum selbst. Er bestand in der Regel aus drei Schiffen, die durch Säulen voneinander getrennt waren und von denen das mittlere die anderen beiden überragte. In ihm befanden sich auch die Fenster. Die Decke war in der Regel glatt, das Ganze machte einen strengen, schmucklosen Eindruck[193]. Den Abschluß bildete die Apsis. Sie war um einige Stufen erhöht, hier stand der Altar und die bischöfliche Kathedra, hier saßen im Halbkreis die Presbyter. Von den Laien war dieser Raum zum Teil durch Schranken getrennt, er war das *hierateion* (Aufenthaltsort der Priester), wie man in Anlehnung an eine heidnische Bezeichnung sagte. Zur Rechten und Linken befand sich je ein Raum, südlich das *diakonikon* zum Aufbewahren der kultischen Geräte[194], nördlich die *prothesis*[195], wohin die Gemeinde ihre gottesdienstlichen Gaben brachte. Im Abendland waren diese beiden Räume oft nicht vorhanden, sondern wurden nur durch Vorhänge von der Apsis abgetrennt. Die besondere Bedeutung der Apsis besteht darin, daß hier Altar und Kathedra standen. Einen Altar kannte die älteste Kirche noch nicht, bei der Eucharistiefeier trugen Diakone einen Tisch herein. Mit dem Aufkommen des Opferbegriffes im dritten Jahrhundert änderte sich das natürlich auch. Zum Opfer

193 Auch eine Wandmalerei war selten, stand noch in ihren Anfängen.
194 Wörtlich übersetzt wäre dies der ‚Dienstraum'.
195 So heißt in der „Septuaginta" der Schaubrottisch.

gehörten der Priester und der Altar. Es entstand eine Übereinstimmung mit dem jüdischen und dem heidnischen Bild. Zunächst freilich blieb noch der hölzerne Tisch, der mit Decken behangen wurde und der jetzt dauernd, einige Stufen erhöht, im Kultraum stehen blieb. Die Entwicklung führte dann dahin, daß der Stein das Holz verdrängte, daß es also massive Altäre gab und daß der Altar selbst, auch abgesehen von der eucharistischen Feier, heilig war und dies um so mehr wurde, als er im vierten Jahrhundert durch eingelegte Reliquien eine noch höhere Würde empfing. An der Geschichte des Altars kann man deutlich die Anpassung der Kirche an die damaligen gesellschaftlichen Umstände studieren.

Neben ihm muß noch die bischöfliche Kathedra betrachtet werden. Sie war anfangs nur ein Stuhl mit hoher Rückenlehne und Armlehnen. Mit dem Aufsteigen des bischöflichen Amtes wurde die Kathedra natürlich immer prunkvoller. Der innere Schmuck der Kirchen wird ansonsten gering gewesen sein, jedoch läßt sich darüber nichts Genaueres sagen, da sämtliche Kirchen des dritten Jahrhunderts in der diokletianischen Verfolgung der Vernichtung anheimgefallen sind. Aber wir können es indirekt aus der Malerei der Katakomben erschließen, deren Motive zum großen Teil aus der Kirchenmalerei stammen. Mag man zwar über den Umfang dieser Beziehung nichts Genaues sagen können, bei einem Motiv herrschte jedoch wohl hohe Übereinstimmung: Christus als Weltenrichter inmitten der zwölf Apostel, ein Bild, das seinen Platz in der Apsis hatte. Es sollte in der späteren Kunst eine hervorragende Rolle spielen. Aus Allem sieht man, daß der Kultraum noch verhältnismäßig primitiv war, erst im vierten Jahrhundert wuchs mit der staatlichen Anerkennung der Kirche auch hier alles ins Große.

Ist vom ältesten Kirchenbau mitsamt der inneren Ausstattung so gut wie nichts erhalten, so liegen die Dinge ganz anders bei der Malerei der Katakomben. Hier hat die Archäologie so viel Material zu Tage gefördert, daß wir einen ziemlich genauen Einblick in die älteste christliche Kunst besitzen. Die Art der Bestattung haben die Christen von den Juden übernommen, die Hoffnung auf die Auferstehung des Fleisches verbot ein Verbrennen des Leichnams ganz von selbst. Die Beerdigungen fanden in Friedhöfen oberhalb oder unterhalb der Erde statt. Uns interessieren hier nur die unterirdischen, die man Katakomben nennt. Nach fast einmütiger Ansicht besagt der Name ursprünglich nichts weiter als die örtliche Lage eines unterirdischen Friedhofs, der an einer Schlucht lag (*kata kymbas*).[196] Von dort aus wurde dieser Name auf alle diese Friedhöfe als eigentliche Bezeichnung ausgedehnt.

Besonders aufschlußreich für die frühe Kirchengeschichte ist die künstlerische Ausmalung dieser Grabkammern. Es handelt sich durchaus um volkstümliche, mehr handwerksmäßige Durchschnittsarbeit, die uns einen authentischen Einblick in die Volksfrömmigkeit der ersten Jahrhunderte gewähren, d. h. in das, was die Menschen innerlich wirklich bewegte. Wir können es aus den Bildern, aus ihrer Auswahl und Darstellung ablesen. Die Sitte, die Grabstätte durch Schmuck zu verschönern, ist älter als das Christentum, das hier also an antike Vorbilder an-

196 Z. B. das *coemeterium* des Sebastian, das an der Via Appia lag.

knüpfte. Hellenistische Ornamentik, wie wir sie z. B. auch in Pompeii antreffen, begegnet uns auch hier: Linien, die sich schneiden und Felder abteilen, in ihnen kleine Putten, Genien, Vögel (besonders der Pfau), kleine Landschaftsbilder – alles bunt durcheinander, zunächst ohne jeden christlichen Einschlag. Aber das änderte sich bald und es wurden in steigendem Maße biblische Motive aus dem Alten und aus dem Neuen Testament zur Ausmalung aufgegriffen. Es handelte sich dabei besonders um Noah in der Arche, Abrahams Opfer, das Quellwunder, die drei Jünglinge im Feuerofen, Daniel in der Löwengrube, Jona; aus dem Neuen Testament das Speisungswunder, Christus im Kreis der Apostel, der gute Hirte, die Auferweckung des Lazarus. Das beliebteste Motiv war das des guten Hirten, das mehr als einhundertmal bezeugt ist. Es bildeten sich bei diesen ständigen Wiederholungen feste Typen heraus. Gott selbst wurde in dieser älteren Zeit nicht dargestellt, wobei vielleicht das alttestamentliche Bilderverbot nachwirkte. Man half sich, indem man eine Hand zeichnete, die aus den Wolken herausragt und etwa den Isaak ergreift, oder indem man Christus statt Gott abbildete. So entstand schon früh ein Typus der Christusdarstellung. Trotz der gegenteiligen Instanz von Jes. 53, „er hatte weder Gestalt noch Schöne", bildete sich in Anlehnung an Ps. 45 ein jugendlicher und schöner Typ heraus. Der älteste Christustyp zeigt uns eine schlanke, jugendliche Gestalt mit gelocktem Haar, bartlos, freundlich lächelnd. Noch nichts von einer imponierenden Herrschergestalt, wie wir sie auf den Mosaiken späterer Jahrhunderte finden. Da ist lediglich der gute Hirte, der auf seinen Schultern ein Schaf trägt, andere Schafe weidet, d. h. er ist der Herr seiner Gemeinde, er geleitet seine Herde zur sicheren Ruhe. Ein fester Typ der Gottesdarstellung als bärtiger, kräftiger Mann etabliert sich erst im vierten Jahrhundert.

Was lernen wir aus diesen Malereien über die Frömmigkeit des Volkes? Prüfen wir die mannigfaltigen Bilder aus dem Alten und Neuen Testament, so ist vielen ein Zug gemeinsam, denn sie alle behandeln das Thema ‚Errettung aus großer Gefahr'. Dabei handelt es sich um Symbole der Auferstehungshoffnung, Dokumente des Glaubens an den Sieg des Lebens über den Tod. Die Katakombenkunst predigte in Bildern, daß Christus das Leben gebracht und die Menschen vom Tod erlöst hat. Wir sehen hier auch einen Nachhall der Kämpfe um die Buße. Die Vertreter der laxen Disziplin beriefen sich gerade auf den guten Hirten als Symbol der Milde, während die Rigoristen den Hirten inmitten seiner Schafe darstellten, wie er die unreinen Tiere abwehrt. So sind diese Kunstdenkmäler ein wichtiger Beitrag zur Erkenntnis der Volksfrömmigkeit, denn sie sind unmittelbar aus ihr hervorgegangen und machen sie für uns zugänglich. Zudem gewähren sie uns reizvolle Einblicke in das Privatleben der Christen. Wir begegnen vielen Darstellungen persönlicher Verhältnisse, die uns heute nur noch zum Teil verständlich sind. So finden wir in der Priscilla-Katakombe ein dreiteiliges Bild, das eine Christin als junges Mädchen, als verheiratete Frau und als Selige darstellt. Man sieht verschiedene Christen bei der Ausübung ihres Berufes, wobei es sich meist um Handwerker handelt. Viele Tote werden auch als Oranten abgebildet, wie sie anbetend vor Gottes Thron stehen, auch Maria erscheint in den ältesten Darstellungen als Anbetende.

Schließlich muß noch auf die Totenmahle als ein besonderes Motiv hingewiesen werden, die jährlich an der Grabstätte der Verstorbenen abgehalten wurden. Im Unterschied zu ähnlichen heidnischen Begängnissen wurde mit dem christlichen Totenschmaus die Feier der Eucharistie verbunden, weshalb regelmäßig ein Kleriker an diesen Mahlzeiten teilnahm. Die Mahlzeiten werden auf vielen Malereien der Katakomben dargestellt. Auf sie verweisen auch die Gemälde von der ‚Speisung der Fünftausend'[197], die als Symbol der Eucharistie gedeutet wurde. Wie man sieht, erschließt sich uns ein reiches Bild altchristlichen Lebens in der Katakomben-Malerei, was unsere Kenntnisse aus der Literatur der damaligen Zeit ergänzt.

27. Die weitere Ausbildung der Verfassung

Das wichtigste Resultat, das die Entwicklung der kirchlichen Verfassung im zweiten Jahrhundert erreichte, war das langsame Aufsteigen der bischöflichen Macht. Im zweiten Jahrhundert vollzog der Bischof anstelle des Pneumatikers die Liturgie, als Nachfolger der Apostel hütete und definierte er die reine, unverfälschte Lehre. Im dritten Jahrhundert weitete sich die Macht des Bischofs noch weiter aus: er wurde Herr und Leiter der Bußdisziplin, er besaß die Schlüssel, die Binde- und Lösegewalt und galt als Nachfolger der Apostel. Der Bischof war ferner der Priester, der aufgrund seiner Ordination eine besondere Weihe besaß, die ihn zum Darbringen des eucharistischen Opfers befähigte.

Damit wandelte sich auch der Begriff der Kirche, die aus einer Gemeinde der Heiligen zu einer Heilsanstalt wurde, ein *corpus permixtum* (ein aus Bösem und Gutem zusammengesetzter Leib), die ihre Angehörigen erzog. Sie war heilig, weil sie heilige Sakramente verwaltete, die den Gläubigen die Gnade Gottes vermittelten. In seiner Schrift „De unitate ecclesiae" gibt Cyprian eine systematische Darlegung seiner Grundgedanken. Die Kirche ist Eine, ihr muß natürlich jeder angehören, der selig werden will: „Es gibt kein Heil außerhalb der Kirche" (*„nulla salus extra ecclesiam"*)[198]. Die Kirche bewahrt das apostolische Erbe, sie ruht auf den Nachfolgern der Apostel, den Bischöfen. Wie die Apostel einmütigen Sinnes waren, weil sie dieselbe Lehre verkündeten, so muß auch der gesamte Episkopat von derselben Einmütigkeit (*unanimitas*) beseelt sein. Wie die Apostel alle unter sich gleich waren, so gibt es auch unter den Bischöfen prinzipiell keine Rangunterschiede, jeder waltet an Christi statt in seiner Gemeinde und ist nur ihm gegenüber verantwortlich. Cyprian kann man den Vater der episkopalen Theorie nennen. Sie wurde aber bereits zu seinen Zeiten von den realen Machtverhältnissen durchkreuzt. Die römische Gemeinde hatte im Abendland eine führende Stellung errungen, sie war Stiftung des Petrus, die einzige *sedes apostolica* (apostolischer Bischofssitz). Sollte sich daraus nicht ein Vorzug ableiten lassen? Cyprian vertrat dies aufs entschiedenste. Im vierten Kapitel von „De unitate ecclesiae" erklärt er das Herrenwort an Petrus:

---

197 Joh. 6,1–15.
198 Als Schlagwort formuliert nach einem Zitat aus Cyprians Briefen ep. 73,21.

„auf Einem erbaut er die Kirche …, und obgleich er allen Aposteln nach seiner Auferstehung die gleiche Vollmacht erteilt hat …, so hat er dennoch, um die Einheit zu offenbaren, durch seine Autorität bestimmt, daß diese Einheit bei Einem anhebt. Auch die übrigen Apostel waren genau dasselbe, was Petrus war, gleicher Ehre und Macht teilhaftig, aber die Kirche Christi geht von der Einheit aus, um sich als eine zu zeigen“[199].

Der römische Bischof symbolisiert so die Einheit der Kirche. Sie ruht auf dem Episkopat, der ihre Einmütigkeit garantiert. Cyprians Bedeutung für die Entwicklung des römischen Stuhles und des Papsttums ist dennoch sehr groß, gebraucht er doch als erster die Begriffe *„cathedra Petri“* und *„primatus Petri“*[200].

Die gegenüber der älteren Zeit völlig veränderte Sachlage war tief in der Zeit begründet. Dasselbe galt für den weiteren Ausbau der Verfassung nach oben wie nach unten. Es bildete sich ein Klerus, der sich scharf von den Laien abhob und dem allein gottesdienstliche Handlungen zustanden. Man hat sich über die Bedeutung des Wortes Klerus viel den Kopf zerbrochen und darauf hingewiesen, daß sich diese Unterscheidung in der römischen Stadtverwaltung findet und deshalb von dorther entlehnt sei. In 1. Petr. 5,3 bezieht sich die Bezeichnung *„kleros“* auf die ganze christliche Gemeinde, später wird sie auf die Vertretung der Gemeinde, das Presbyterium, beschränkt worden sein. Dieses war in seinem Wesen auch nicht mehr wie vorher, denn die Presbyter wurden jetzt zu Beamten des Bischofs. Sie wurden von ihm ordiniert und konnten ebenfalls den Opferdienst am Altar versehen. Sie vertraten den Bischof oder leiteten selbständig Kirchen, wenn sich in einer Stadt mehrere befanden. Die Diakone waren die Gehilfen des Bischofs, ihr Amt war der Dienst am Altar, die Verteilung der Liebesgaben an die Armen, Krankenbesuche, Einsammeln von Gaben usw. Sie kamen daher mit der Gemeinde in engste Berührung, kannten die Nöte und Sorgen jedes Einzelnen viel genauer als der Bischof, der sich nun mehr um administrative Aufgaben kümmern mußte. Sie waren daher bei der Gemeinde auch am beliebtesten und wurden von dieser nicht selten auch für den bischöflichen Stuhl vorgeschlagen. Ihre Zahl blieb in den Gemeinden immer nach dem Vorbild von Apg. 6 auf sieben beschränkt.

Weil sie daher in größeren Städten wie Rom unmöglich alles selbst leisten konnten, andererseits die Siebenzahl auch nicht erweitert werden durfte, ging man um 250 in Rom daran, neue Ämter zu schaffen, welche den Diakonen ihre eher gewöhnlichen Arbeiten abnehmen sollten. Zunächst sieben Subdiakone, welche ungefähr die gleichen Aufgaben wie die Diakonen hatten, dann die Akoluthen, die Begleiter des Bischofs. Ihren Aufgaben entsprechend bezeichnete man sie als *Amanuenses* (Sekretäre), *Famuli* (Diener), *Ostiarii* (Türhüter, die für den kultischen Raum zu sorgen hatten – heute würde man Küster sagen) und *Lektores* (Vorleser, deren Aufgabe die Verlesung der heiligen Schriften im Gottesdienst bildete). Letzteres war übrigens durchaus keine leichte Aufgabe, da man in den Kodizes die einzelnen Worte nicht abteilte, sondern zusammenhängend schrieb. Schließlich gab

199 Cyprian; De unittate ecclesiae, Kap. 4 CSEL 3,2.
200 Cyprian, epist. 43,5.

es noch die Exorzisten, die Dämonen beschworen, Häuser von bösen Geistern befreiten, was in den enthusiastischen Zeiten noch jeder Gläubige tun konnte. So enstanden fünf neue Ämter, die zusammen den niederen Klerus (*clerus minor*) bilden, der sich vom (höheren Klerus) (*clerus maior*) scharf abhob. Bei dieser Achtzahl der Ämter ist das Abendland stehen geblieben. Ein glücklicher Zufall hat uns eine Statistik beschert, aus der wir die Kopfzahl des römischen Klerus um 250 kennen: 1 Bischof, 46 Presbyter, 7 Diakone, 7 Subdiakone, 42 Akoluthen, die übrigen Ämter umfaßten zusammen 52 Amtsträger, also insgesamt 155 Personen. Natürlich konnten sich andere Gemeinden damit nicht messen, aber auch ihr Klerus wird relativ zahlreich gewesen sein. Die Verfassung war jetzt hierarchisch ausgestaltet, es war alles straff organisiert. Zugleich hatte man eine vortreffliche Schulung für die höheren Kleriker, die sich von unten an hocharbeiten mußten. Es ist auch bezeichnend, daß sich diese Neuerung zuerst in Rom ausgebildet hat und von dort aus allmählich in die Provinzen gedrungen ist.

Zur gleichen Zeit erfuhr die Verfassung ihren weiteren Ausbau nach oben und zwar in doppelter Hinsicht: in den Synoden und in dem Entstehen der Metropolitanverfassung. Die Synoden sind wahrscheinlich im Osten aufgekommen, wir hören bereits um 150 von ihnen in Sachen des Ostertermines, bzw. des Montanismus. Im dritten Jahrhundert sind sie dann häufiger bezeugt. Sie traten in allen schwierigen Fragen zusammen, vielleicht in der Provinzhauptstadt, zunächst ganz zwanglos und unplanmäßig, eben nur in außerordentlichen Fällen, wenn ein besonderes Bedürfnis vorlag, später regelmäßig in jährlichem Abstand. Die Synoden bürgerten sich bald ein, da ihre Vorteile ganz offen lagen, denn die einzelnen Bischöfe lernten sich gegenseitig kennen und konnten für eine einheitliche Regelung aller schwebenden Fragen in ihren Diözesen Sorge tragen. Anfangs durften auch Laien an den Sitzungen teilnehmen, die aber bald in eine bloß zuhörende Rolle hineingedrängt wurden, um schließlich ganz zu verschwinden. Die Synoden bildeten ein wichtiges Mittel, um großkirchliche Kreise zusammen zu schließen und in ihnen uniforme Verhältnisse durchzuführen. Die erarbeiteten Synodalkanones, die anderen Provinzen mitgeteilt wurden, bildeten den Grundstock des Kirchenrechts.

Zugleich mit den Synoden bildeten sich die Metropolitanverbände heraus. Der Einblick in ihre Entstehung ist uns so gut wie verschlossen, sie treten plötzlich als fast fertige Größe in Erscheinung. Die Mission ging in der Regel von einer größeren Stadt aus und drang in kleinere Landstädtchen vor, bzw. auf das Land selbst. Von der Ausgangsstadt wurden die gewonnenen Christen kirchlich versorgt, d. h. sie erhielten von dort Diakone oder Presbyter als Leiter der Gottesdienste. So kam es, daß anfangs in weiten Strecken nur ein Bischof fungierte. Erreichte eine Gemeinde eine bestimmte Größe, so erhielt sie einen eigenen Bischof, ohne deswegen ganz selbständig zu sein, denn die Muttergemeinde reservierte sich stets ein Aufsichtsrecht. So bildeten sich ganz von selbst größere Verbände heraus, in denen die große Stadt eine führende Rolle spielte. Es waren streng hierarchische Verhältnisse, in denen die Mutterkirche stets der Tochterkirche überlegen war. An die provinzielle Reichseinteilung schloß sich aber diese erste kirchliche Einteilung zunächst nicht an, sondern erst im vierten Jahrhundert. Das schloß nicht aus, das dennoch auch im dritten Jahrhundert beide Grenzen zusammenfallen konnten. Für den Bischof der Muttergemeinde, der den Tochtergemeinden oft einfach Bischöfe vorgab, vorhandene absetzte, auch ihr Gebiet verkleinerte, bildete sich bald der Titel ‚Oberbischof' heraus: Metropolit, Erzbischof. Im Einzelnen ist uns hier Vieles unklar, natürlich muss man sehr stark mit provinziellen Verschiedenheiten rechnen. Generell ist zu bemerken, daß die Metropolitanverfassung sich im Osten schneller herausgebildet hat als im Westen, wo die Verhältnisse noch auf lange Zeit hinaus viel unfertiger blieben.

Schon im dritten Jahrhundert bildeten sich erste Anfänge für das Entstehen größerer Verbände, der sogenannten Patriarchate. Rom, Alexandrien und Antiochien waren die bedeutendsten Reichsstädte und wollten es auch kirchlich werden. Besonders Rom hatte diesen Ehrgeiz. Schon im zweiten Jahrhundert erfolgte ein erster Zusammenstoß mit der Gesamtkirche in der Frage des Ostertermins. Im Jahr 255 erhob Bischof Stephan denselben Anspruch unbedingten Gehorsams und Befolgens eines römischen Brauches seitens der afrikanischen Kirche. Es handelte sich um die Frage der Ketzertaufe. Karthago befolgte nach wie vor die alte Praxis, daß die von Häretikern gespendete Taufe ungültig sei, daß also bei einem Übertritt von Ketzern die Taufe zu wiederholen sei. Angesichts der großen Anzahl der Novatianer[201] in Rom und um ihnen goldene Brücken zur Rückkehr zu bauen, wich Stephan von dieser Praxis ab, erklärte die von Ketzern gespendete Taufe für gültig und teilte den Übergetretenen nur den Geist durch Handauflegung mit. Nun verlangte er von Cyprian, daß er dem neuen römischen Brauch sofort folge. Dieser geringfügige Anlaß führte zu einem heftigen kirchenpolitischen Streit zwischen den beiden großen Städten des Abendlandes. Stephan drohte mit dem Abbruch der Beziehungen, falls Cyprian nicht nachgebe. Cyprian jedoch bezeichnete das Schreiben des Römers als stolz, unvorsichtig und unklug[202], er sammelte in zwei Synoden die afrikanischen Bischöfe um sich und man beschloß allgemein, die alte Sitte beizubehalten. Cyprian sagte dort unter anderem: „Keiner von uns hat sich zum Bischof der Bischöfe aufgespielt, noch mit tyrannischem Terror seine Kollegen zum Gehorsam genötigt"[203]. Aber Stephan ging rigoros vor, er ließ Cyprians Boten mit dem Schreiben nicht vor, verweigerte ihnen Kommunion und gastliches Dach, behandelte sie also ganz als außerhalb der kirchlichen Gemeinschaft Stehende. Für Cyprian hatte er nur die schärfsten Ausdrücke, er nannte ihn Pseudochristus und Pseudoapostel. Er fühlte sich zu diesem rigorosen Vorgehen berechtigt, denn er pochte darauf, Petri Nachfolger zu sein, auf dem das Fundament der Kirche ruhe. Das muß er in seinen Briefen des öfteren betont haben. Leider läßt sich das nur aus Cyprians Epistel 74 durch Rückschluß erweisen.

---

201 Die Novatianer hatten sich im Anschluß an Novatian strikt gegen die Ermöglichung einer zweiten Buße gewandt, durch die in den Verfolgungen vom Glauben Abgefallene wieder in die Gemeinschaft der Kirche aufgenommen werden konnten.

202 Epistel 74, an Pompeius.

203 Concilium Carthaginense (256).

Lehrreich ist die Beobachtung, welche Aufnahme das hierarchische Auftreten Stephans in der Kirche gefunden hat: es wurde allgemein abgelehnt und als unchristlich empfunden. Abgesehen von Cyprian tadelte auch ein völlig unparteiischer Bischof namens Firmilian von Caesarea in Kappadozien Stephans Verhalten. Er bezeichnete es als anmaßend und verwegen, als töricht und unklug, als lieblos und unchristlich. Er zeigte, wie sehr Stephan gerade von der apostolischen Tradition abweiche und schloß seine Ausführungen mit dem Gedanken, daß der römische Bischof sich für sein Verhalten schämen müsse und daß er, nicht Cyprian, der Pseudoapostel sei. Selbst Dionysius von Alexandrien, der demselben Brauch wie Stephan folgte, mißbilligte das schroffe Vorgehen seines Kollegen und versuchte, zwischen den streitenden Parteien zu vermitteln. Als Stephan 257 starb, konnte der kirchliche Friede bald wiederhergestellt werden und zwar auf der Grundlage, die Cyprian schon 256 empfohlen hatte: jede Provinz blieb bei ihrem Brauch.

Die kirchengeschichtliche Bedeutung dieses Streites ist in zwei wichtigen Motiven zu sehen. Einmal zeigt er uns, daß die Uniformität in der Kirche noch lange nicht durchgedrungen war, sodann beobachten wir hier einen erneuten Versuch des römischen Bischofs, eine Primatstellung zu erlangen. Mit voller Deutlichkeit stießen hier zwei verschiedene Verfassungssysteme zusammen: der junge papale Gedanke, vertreten von Roms Bischöfen, die sich als Nachfolger Petri fühlten und auf Mt. 16,18 beriefen, und der alte episkopale Gedanke, dem Cyprian eindrucksvolle Formulierung verliehen hat und den er selbst mit den anderen Bischöfen gegen Stephan erfolgreich vertrat. Zu derselben Zeit also, in der die kirchliche Verfassung sich nach unten hin abschließend ausbaute, tat sie es auch nach oben hin. Die Metropolitanverbände bildeten sich heraus und zugleich zeigte die Betrachtung Ansätze zu noch größeren Gruppen: Rom meldet seine Ansprüche an. Es war eine stürmisch bewegte Zeit und die Kirche entwickelte sich in diesen langen Friedensperioden sehr rasch, festigte und grenzte sich als ein eigener Organismus von ihrer Umgebung ab, den man nicht ohne weiteres übersehen konnte. Sie verfügte nun auch über Menschen, die die ganze Wissenschaft ihrer Zeit beherrschten, die jeden Vergleich mit heidnischen Philosophen aufnahmen und sich nicht auslachen lassen mussten, wie es noch den Apologeten im zweiten Jahrhundert erging. Hier ist an erster Stelle der große Origenes zu nennen, der erste große Systematiker.

28. Origenes

Das Leben des Origenes ist deshalb interessant, weil es uns in einem hervorragenden Beispiel den Kampf des freien christlichen Lehrers mit dem kirchlichen Amt deutlich vor Augen führt, in dem das Amt schließlich siegte. Geboren 185/186, wurde Origenes schon in jungen Jahren Leiter der berühmten Katechetenschule Alexandriens. Er hörte nach intensiven Studien die Vorträge des heidnischen Philosophen Ammonios Sakkas, der ein Lehrer Plotins war. Platon, die stoische Philosophie und die zeitgenössische Wissenschaft waren ihm geläufig. Sehr bald wurde er ein berühmter christlicher Gelehrter. Als die syrische Kaiserin Julia Mamaea etwas über das Christentum erfahren wollte, bat sie Origenes zum Vortrag. Er unternahm wissenschaftliche Forschungsreisen, z. B. nach Rom, um die dortige alte Gemeinde kennen zu lernen, oder nach Caesarea in Palästina. Man holte ihn, wenn es in einer Disputation Irrlehrer zu überwinden galt. Er führte eine ausgebreitete Korrespondenz, von der leider nur Fragmente erhalten sind. 218 begann er mit der Kommentierung der biblischen Bücher und arbeitete anfangs gleich an drei Kommentaren. Dann schrieb er sein großes Werk „Peri Archon" („Über den Anfang"), die systematische Zusammenfassung seiner Lehre, die erste Dogmatik, wie man sie genannt hat.

Dieses Werk entstand aus Schulvorträgen, die Origenes in Alexandrien gehalten hatte. Leider haben wir auch von ihm nur Fragmente, wohl aber eine zu problematisierende Übersetzung ins Lateinische von Rufinus mit dem Titel „De Principiis". Zugleich legte Origenes damals den Grund für sein Riesenwerk, der „Hexapla" („Die Sechsfache"). Er wollte damit den Text des Alten Testamentes festhalten. In sechs Kolumnen bringt er den hebräischen Text in hebräischen und griechischen Lettern, sowie in verschiedenen Übersetzungen ins Griechische, von denen die „Septuaginta" nur eine ist. Vielleicht brachte ihn sein steigender Ruhm in Konflikt mit seinem Bischof Demetrius, der das Lehramt in das hierarchische System einbauen wollte. Origenes fühlte sich aber als Laie vom Bischof völlig unabhängig. Anläßlich einer Reise nach Caesarea predigte er hier vor der Gemeinde in Gegenwart eines Bischofs. Dies rügte sein Diözesanbischof heftig, während die asiatischen, dem Origenes befreundeten Bischöfe ihn verteidigten und ihren alexandrinischen Kollegen auf die Üblichkeit von Laienpredigten hinwiesen. Der Konflikt nahm noch schärfere Formen an, als während eines Aufenthaltes in Palästina Origenes zum Presbyter geweiht wurde. Demetrius erklärte diese Weihe für ungültig, da nur er als Diözesanbischof sie hätte vornehmen können. Ja, er exkummunizierte Origenes auf zwei alexandrinischen Synoden wegen seiner Lehre und teilte diesen Beschluß den übrigen Kirchen mit, von denen aber nur Rom zustimmte, während die Bischöfe des Ostens zu Origenes hielten. Dieser mußte 230 Alexandrien und seine Lehrtätigkeit verlassen und siedelte nach Caesarea über, wo er seine gewohnte Arbeit fortsetzte und auch hier wieder einen großen Kreis von Schülern um sich scharte, von denen viele später Bischofsstühle bestiegen. Wir haben noch die begeisterte Lobrede, die Gregorios Thaumaturgos auf seinen Lehrer hielt, als er seine Studien bei ihm beendet hatte. In Caesarea vollendete Origenes die große „Hexapla", den „Johannes-Kommentar", schrieb Kommentare zum Römerbrief und zu Matthäus und schuf sein großes apologetisches Werk „Contra Celsum" („Gegen Kelsos"), eine seiner letzten Schriften (248) und die „Ermahnung zum Martyrium" für seinen Freund Ambrosius. Hier entwickelte er auch eine große Predigttätigkeit. In der decischen Verfolgung[204] bewies er, daß es ihm mit dem Martyrium bitterer Ernst war: er wurde Bekenner und erduldete die Folter um seines Glaubens willen. Über sein Ende wissen wir nichts Näheres, er soll 254 in Tyrus gestorben sein, möglicherweise an den Folgen der erlittenen Foltern.

---

204 Die Verfolgung unter Kaiser Decius 250/51.

Origenes ist eine der interessantesten Gestalten dieser ältesten Zeit. Selbst in heidnischen Kreisen hat er Beachtung gefunden. Aus einem Urteil des Philosophen Porphyrius geht beispielsweise hervor, daß Origenes seiner Lebensweise nach zwar ‚christlich und gesetzwidrig' gelebt hat, hinsichtlich seiner Ansichten über die Dinge und Gott jedoch hellenisiert habe und den fremden Menschen hellenistische Meinungen vermittelt habe[205]. Ein sehr wertvolles Zeugnis, das beweist, wie scharf man selbst auf heidnischer Seite die Eigenart der origenistischen Theologie erkannte. Der Lebensstil des Origenes war tatsächlich der christliche, aber in betont asketischer Zuspitzung. Abkehr von der Welt, Sich-Fernhalten von jeder bloß äußerlichen Beschäftigung, die stete Arbeit am eigenen Inneren, das dauernde Gebet, die Leidenschaftslosigkeit, all das strebte er an. Origenes lebte in äußerster Armut und Bedürfnislosigkeit, war selbst nachts mit dem Studium der heiligen Schrift beschäftigt, gab sich ganz der Schau des höchsten Gutes hin. Zwei ganz verschiedene Interessen kreuzten sich bei ihm und begrenzten sich gegenseitig. Einmal war er durchaus wissenschaftlicher Philologe, der Sorge trug für einen richtigen Text und für eine korrekte Interpretation. Auch die Allegorie benutzte er nicht willkürlich, sondern nach feststehenden Regeln. Dann aber war Origenes Mystiker, dem es nur auf die Schau Gottes und seines Reiches ankam. So steht das schillernde Bild eines großen christlichen Lehrers aus dem dritten Jahrhundert vor uns, der die ganze Bildung seiner Zeit in sich aufgenommen hatte, ein letzter Ausläufer des alten freien Lehrerstandes, einflußreich und bedeutend in seiner Zeit und der Folgezeit, ein Vorläufer des Mönchtums.

Das System des Origenes markiert den großen Wendepunkt der orientalischen Theologie. Es vereinigt in sich viele urchristliche Bestandteile – in höherem Grade, als es bei Clemens Alexandrinus der Fall ist – mit der Theologie des zweiten Jahrhunderts und verbindet alles mit Ansichten der hellenistischen Philosophie in einer weiten Synthese. Origenes' Systematik kann als Ertrag der gesamten theologischen Arbeit bis zu seiner Zeit bezeichnet werden und die Geschichte der Theologie in den kommenden Jahrhunderten ist eine Geschichte des origenistischen Systems. Von seinen Formeln, von dem ganzen Aufriß der Glaubenslehre ist man nicht mehr losgekommen, selbst die heftigsten Gegner teilten ihn als ihr Vorbild. So war die Kenntnis des origenistischen Systems für die gesamte Folgezeit von ausschlaggebender Bedeutung. Dennoch kann es hier nicht in seinem vollen Umfang vorgeführt werden, wir beschränken uns, den Rahmen des Ganzen kenntlich zu machen. An einigen wichtigen Punkten sollen darüber hinaus die Verschlingung christlichen und griechischen Erbes und die Partien aufgezeigt werden, die der Folgezeit den Weg gewiesen haben, sowie die, welche ihm eigentümlich geblieben sind.

In Origines' Gotteslehre beobachten wir gleich diese Verschlingung verschiedenartigster Motive. Sehr stark ist der biblische Einschlag (Gott als Schöpfer, seine Vorsehung), daneben finden wir apologetischen und philosophisch-neuplatonischen Einfluß. Auch Gedanken der Gnosis klingen leise an, wie überhaupt vieles,

205 So gibt Eusebius die Meinung des Prophyrius weiter: hist. eccl. VI 19,7–9.

besonders aus der valentinianischen Gnosis, bei Origenes einen Niederschlag, zugleich aber auch eine Umbildung erfahren hat. Wie bei Plotin heißt Gott *monas* und *henas* (Einheit), er ist Einer und absolut vollkommen, das absolut Einfache im Verhältnis zur Mannigfaltigkeit der Welt. Er ist aber nie ohne Offenbarung zu denken, er offenbart sich im Sohn. Auch in seiner Logoslehre knüpft Origenes an die Apologeten an und er kennt die Unterordnung des Sohnes unter den Vater (Subordinatianismus). Das ist aber nur die eine Seite, der Logos ist für ihn die ewige Offenbarung Gottes, Gott ist ewig Schöpfer, nicht erst von einem bestimmten Augenblick an, denn sonst müßte es in Gott eine Entwicklung geben. Der Logos ist die Weltidee, im Logos schafft Gott die Welt seit Ewigkeit. So prägt Origenes den Begriff der ewigen Zeugung des Sohnes, so wie der Wille aus dem Verstand hervorgeht. Diese Konzeption unterscheidet sich in doppelter Hinsicht von Tertullian: es handelt sich hier um keine stoffliche Emanation, es ist alles rein spiritualistisch und es findet kein zeitlicher Hervorgang des Logos statt, der bis zu seiner Menschwerdung in Gott existiert hätte. Im Unterschied zu den Modalisten besitzt der Logos eine eigene Hypostase, aber er ist dem Vater seiner ganzen Entstehungsart nach wesensgleich (*homousios*), denn er ist Gott aus Gott. Aber zugleich ist er weniger als Gott, da er verursacht ist (*aitiaton*), während Gott selbst reine Ursache (*aitios*) ist. [206]

Mit seiner Lehre über den Geist geht Origenes über die Apologeten hinaus, denn für ihn ist dieser das dritte der beharrlichen göttlichen Wesen, ebenso vom Sohne abhängig, wie dieser vom Vater. Sein besonderes Wirkungsfeld ist die christliche Gemeinde, während dem Sohn das Vernünftige untersteht, dem Vater die ganze Schöpfung. Origenes gleicht hier Tertullian, denn beide haben den Geist als dritte Hypostase. Aber der Unterschied ist ebenso deutlich: bei Tertullian entfaltet sich die Trinität aus heilsgeschichtlichen Gründen, während wir es bei Origenes mit einem ewigen Prozeß zu tun haben, also mit einer immanenten Trinität anstelle einer ökonomischen. Diese Gedanken des Origenes sind bis in die Gegenwart von Bedeutung[207].

Von seinen weiteren Vorstellungen über den Kosmos kann man das nicht sagen. Die Berührung mit der Gnosis war hier besonders stark. Er lebte ganz im damaligen Weltbild, in dem die himmlischen Sphären wie konzentrische Kreise übereinander liegen und von Geistwesen bevölkert sind. Ein großer Abfall der für die höchste Seligkeit bestimmten Geister in der Vorzeit ließ sie in tiefere Sphären sinken[208], wo sie mit Körpern unterschiedlicher Dichte überkleidet wurden. Die Stellung, die sie nun einnahmen, und ihre Körperlichkeit entsprach der Schwere der jeweiligen Sünde, der sie sich schuldig machten. Die irdische Welt und die Materie erscheinen als Übungsfeld zur Bewährung der Menschen. Origenes unterscheidet, wie damals üblich, drei

206 Die dogmatische Entwicklung knüpft hier an: Arius betont die eine Seite über Gebühr, der Logos ist bei ihm eine Schöpfung (*ktisma*), während Athanasius allen Nachdruck auf das *homousios* legte.

207 Vgl. Silvia Cichon-Brandmaier: Ökonomische und immanente Trinität. Ein Vergleich der Konzeptionen Karl Rahners und Hans Urs von Balthasars. Regensburg 2008.

208 Dies bezog man auf den in Gen. 6 angedeuteten Engelfall.

Stufen: Engel, Menschen und Dämonen, bei jeder dieser drei Klassen gibt es wieder feinere Unterschiede. Die Menschen werden von Engeln und Dämonen umworben, beide Mächte versuchen, sie auf ihre Seite zu ziehen, sie stehen im schwersten Kampf, aber ihre Erlösungssehnsucht ist auch sehr stark. Neben platonischen Gedanken ist es vor allem das Weltbild der Gnosis, das hier fortwirkt: Präexistenz der Seele, vorzeitlicher Fall, die Erde als Läuterungsort, die Materie als Strafe und Übungsstoff. Dieser kosmologische Hintergrund des origenistischen Systems, dieses phantastische Element wurde später von den Gegnern des Origenes betont abgelehnt.

Christus als Erlöser steht nach Analogie gnostischer Systeme im Mittelpunkt des kosmischen Dramas. Wie in diesen ist auch bei Origenes die Christologie sehr kompliziert, denn es handelt sich um die Lösung des schwierigen Problems, wie der reine Logos sich mit der Materie verbinden kann. Dies ist nämlich nicht direkt möglich. Bei Origenes verbindet er sich vielmehr mit einer Seele, die in der Präexistenz ganz rein geblieben war und Fleisch annimmt, der Logos wird nun Mensch, wobei die Seele die Verbindung zum reinen Logos aufrecht erhält. Hier wird ein mystisches Frömmigkeitsinteresse deutlich: die Vergottung des Menschen durch Teilhabe am reinen Logos. Dieser menschgewordene Logos (*theanthropos*) bringt nun die Erlösung durch seine Inkarnation, Wunder und sein Sühneleiden, das den Teufel besiegt. Nach dem Vorbild von Christi Seele steigt nun auch der Mensch stufenweise höher empor, er wendet sich kraft seiner Freiheit dem Logos zu, wird von der göttlichen Gnade unterstützt, der Christ soll ein Christus werden – dieser große Gedanke geht auf Origenes zurück.

Der Aufstieg vollzieht sich stufenweise durch die einzelnen Himmelssphären hindurch, er wird beschrieben als ein immer tieferes Eindringen in die Erkenntnis. Mit dem Tode ist die menschliche Entwicklung also nicht abgeschlossen, man kann steigen oder sinken. Aber schließlich findet doch eine Beseligung aller statt, selbst des Teufels, die sogenannte Wiederbringung aller Dinge (*apokatastasis hapanton*). Man steigt über den Logos zu Gott selbst empor, der Sohn übergibt die Herrschaft dem Vater, auf daß Gott alles in allem sei (vgl. 1. Kor. 15). Aber die paulinischen Gedanken sind hier umgewandelt. Das Gericht hat in diesem System keinen Platz mehr, das bunte Bild der Eschatologie mit der Ausmalung der Weltkatastrophe wird abgetan, das Reich Gottes ist keine überweltliche Größe, welche sich plötzlich auf die Erde herabsenkt, sondern es ist das Resultat einer langsamen, kontinuierlichen Entwicklung. Im beherrschenden Mittelpunkt steht das einzelne Individuum und sein Schicksal. Es ist der Individualismus der hellenistischen Mystik, der hier zum Vorschein kommt und der wichtigste urchristliche Anschauungen verdrängt hat. Der vollkommene Christ ist nach Origenes der Mystiker und der Asket, der dem Logos anhängt. In diesem Sinne schreibt er auch einen Kommentar zum Hohenlied Salomos, das er als Erster individualistisch im Sinne der Brautmystik auslegt[209].

209 Die Verbindung zwischen der Seele und Gott wird im Bild menschlicher Liebe und der Hochzeit beschrieben. Bedeutende spätere Vertreter dieser Brautmystik sind Bernhard von Clairvaux und Johannes vom Kreuz.

Ein kurzes Wort zur Beurteilung dieses origenistischen Systems: Soviel wird klar sein, daß wir es hier mit einer imposanten Leistung zu tun haben, die stärksten Einfluß auf die Folgezeit ausgeübt hat. Ihre Bedeutung ist vor allem in vier Bereichen zu sehen:

(1) Das System des Origenes vereinigt in sich zahlreiche gnostische Elemente in seinem ganzen kosmologischen Aufriß, wie in seiner Lehre im Einzelnen, z. B. in der Christologie. Aber alles ist verkirchlicht. Er kennt wie die Gnostiker die Unterscheidung in Pistiker und Pneumatiker, aber es handelt sich bei ihm nicht um unüberbrückbare Gegensätze, sondern um Stufen. So konnte sich dieses System in all seiner Weite von der Gnosis absetzen, denn das für es Wertvolle und kirchlich Brauchbare hatte es in sich aufgenommen.

(2) Origenes schuf ferner die erste große Synthese zwischen hellenistischer Bildung und christlichem Glauben. Er ist hier ein Nachfolger der Apologeten und des Clemens, aber er hat deren Aufgabe ganz anders gelöst, da er über eine umfassende antike Bildung verfügte. So ist seine Theologie zugleich Zeichen der immer stärker werdenden Hellenisierung und Erklärung für das wachsende Ansehen, dessen sich das Christentum in den gebildeten Schichten erfreute.

(3) Origenes ist strenger kirchlicher Traditionalist, er steht fest auf biblischem Boden und auf der Glaubensregel. Diese ist für seine Spekulation der Ausgangspunkt, während die beiden Testamente durch methodische Schrifterklärung den neuen Inhalt dazu geben. Zugleich ist er aber Philosoph, der im Besitz einer höheren Erkenntnis ist. Sie ist nur einem kleinen Kreis zugänglich, dem Volk läßt er einen handfesten Glauben.

(4) Diese höhere *gnosis* faßt er als ein Gemisch von Askese, Philosophie und Mystik auf. Mystische Erfahrungen verrät sein Kommentar zum Hohenlied, sowie zahlreiche Stellen seiner anderen Kommentare. Jene Erfahrungen und seine asketische Lebensführung verraten stark philosophischen Einschlag. Auch hierin ist er für die Folgezeit maßgebend geworden.

Origenes war ein Genie der Sammlung und Vereinigung, denn er führte mit synthetischer Kraft den gesamten bisherigen Ertrag der theologischen Arbeit in seinem Denken zusammen. Aber sein großer Reichtum wird in der Folgezeit nicht ausgeschöpft, man knüpft immer nur an bestimmte Aspekte seiner Lehre an, der gesamte systematische Entwurf bleibt unwiederholbar. Möglicherweise liegt dies an der einzigartigen Stimmung, aus der heraus dieses System erzeugt ist oder an der Genialität von Origenes. In den kommenden Jahrhunderten setzte man sich mit seiner Theologie auseinander, und wo man sie nicht ablehnte, bedeutete dies eine kirchliche Anpassung. Er wurde schließlich als Ketzer verurteilt, aber es zeugt doch von der gewaltigen Bedeutung dieses Mannes, daß man noch im Mittelalter seine Kommentare in griechischen Klöstern las, daß sein apologetisches Hauptwerk eine Rüstkammer für alle weiteren Apologeten bildete und daß seine Predigten vorbildliche Bedeutung besaßen. Die zentrale Rolle, die Origenes für die griechische Kirche einnimmt, ist durchaus mit der Wirkung der Theologie von Augustinus im Abendland zu vergleichen.

29. Der Einfluß der origenistischen Theologie im Orient

In der Zeit von 260–300 verbreitete sich die origenistische Theologie im Orient zunehmend. Allerdings setzte sich nur ein stark verkürztes System des großen Alexandriners durch. Origenes schuf eine Theologie für die Gebildeten, die Wissenden, die den Glauben mit dem Verstand durchdringen wollten, ohne sich viel um die einfachen Gläubigen (*simplices*) zu kümmern. In der Folgezeit wurde dies nicht durchgehalten und die Gemeindetheologie wurde in den Kreis der theologischen Arbeit integriert, indem die strenge Scheidung von Glauben (*pistis*) und Erkennen (*gnosis*) aufgehoben wurde. Die vorherigen Gegenstätze verbanden sich und zur Pistis kam eine kirchlich tragbare *gnosis* hinzu. Hierfür mussten viele Besonderheiten des Origenes preisgegeben werden: die Geisterwelt, ihr Fall und ihre Beseligung, die Präexistenz der Seele, der vorzeitliche Sündenfall, das Ablegen der Leiblichkeit, die Apokatastasis (Wiederbringung aller Dinge aus ihrem Fall zum Stand der Seligkeit) einschließlich der Beseligung des Teufels, die ganze komplizierte Christologie. So entstand ein eigentümlich verkürzter und kirchlich zugestutzter Origenismus, der trotz seiner betonten Kirchlichkeit vieles Urchristliche beseitigt hatte, wie die Eschatologie, das Drama des Geisterreichs, und so der hellenistischen Frömmigkeit und Philosophie erheblich näher rückte. Die Trinitäts- und Logoslehre des Origenes blieb in der Folgezeit fester Bestand, aber auch hier kam es zu einer charakteristischen Verschiebung, indem man in der Regel immer nur je eine Seite betonte, also entweder die Inferiorität (Unterlegenheit) des Logos oder die Homousie (Wesensgleichheit).

Das zeigt sich deutlich in der Auseinandersetzung zwischen Origenismus und Modalismus. Letzterer war damals in Ägypten weit verbreitet und war höchst mißtrauisch gegen die Hypostasenchristologie. Origenes gibt die Ansicht des Modalismus richtig wieder, wenn er schreibt, dass es für die Modalisten zwei Hypostasen gibt, Vater und Sohn, um damit den Anschein zu vermeiden, zwei unterschiedliche Götter zu verehren. Selbst Bischöfe Ägyptens waren von dieser Lehre überzeugt. Da griff der alexandrinische Bischof Dionysius ein, richtete mehrere belehrende Briefe an die Hauptbeteiligten der modalistischen Haltung und betonte nun nicht ohne Einseitigkeit die besondere Hypostase des Logos. Er kam dabei auch zu unorigenistischen Anschauungen, so wenn er behauptete, daß der Logos ein Geschöpf (*ktisma*) Gottes sei, daß er nicht ewig sei – Origenes betonte gerade die ewige Zeugung des Logos: ‚nach seinem Wesen ist der Sohn dem Vater fremd', wie die Planke in den Händen des Zimmermanns, die Weinrebe in den Händen des Winzers. Ja, er verstieg sich zu dem Satz, er sei als Geschöpf nicht gewesen, bevor er geschaffen wurde. Damit ist in dem Bestreben, die selbständige Hypostase des Logos zu bewahren, seine Ewigkeit geleugnet. Die Sache hatte ein Nachspiel, als der gleichnamige römische Bischof Dionysius sich in die Angelegenheit einmischte. Der Streit der beiden Bischöfe, der mit manchen Unklarheiten belastet im Sande verlief, hat eine doppelte kirchengeschichtliche Bedeutung. Einmal zeigt er uns, wie wenige echte Origenisten die Lehre ihres Meisters in ihrer Ganzheit festhielten. Sodann beobachten wir den Origenismus im Vordringen gegen ältere Anschauungen, die primitiver und unphilosophischer sind[210].

Das Gleiche stellen wir beim Kampf desselben Dionysius von Alexandrien gegen die ägyptischen Chiliasten fest, die unter Berufung auf die Offenbarung Johannis das Endzeitdrama in allen Einzelheiten ausführten. Er führte zu einer lebhaften Kontroverse, die auch schriftlichen Niederschlag fand. Ein Bischof polemisierte gegen die ‚Allegoristen', aber Dionysius ‚überzeugte' seine Anhänger, indem er darauf hinwies, daß die Offenbarung Johannis gar nicht von Johannes stamme und daß man sie nicht zu isolieren, sondern aus dem Schriftganzen heraus zu interpretieren habe. Daß sich diese Position von Dionysius durchsetzen konnte, ist aufgrund der umfangreichen Entdeckungen von Apokalypsen im ägyptischen Wüstensand wohl eher unwahrscheinlich.

Größere Dimensionen nahm der Konflikt mit dem antiochenischen Bischof Paulus von Samosata an. Paulus war in hoch angesehener weltlicher Stellung bei der Königin Zenobia, außerdem war er einer der einflußreichsten orientalischen Bischöfe. Als Vertreter älterer christologischer Anschauungen mußte er den Origenisten ein Dorn im Auge sein, hielt er doch streng am Monotheismus fest, den er nicht durch trintarische Spekulationen gefährden wollte. Gewiß gab er zu, von Gott einen *logos* bzw. eine *sophia* (Weisheit) zu unterscheiden, jedoch nur in Gestalt einer hypothetischen Selbständigkeit, d. h. sie waren nur Eigenschaften Gottes. Klar und deutlich schreibt er: „Ein Gott ist der Vater und sein Logos ist in ihm, wie das Wort im Menschen"[211]. So verwendet Paulus von Samosata zwar die übliche Bezeichnung Logos, versteht aber darunter etwas ganz anderes als die Origenisten. Für ihn ist der Logos im frühchristlichen Sinn das gesprochene Wort Gottes. Auch seine Christologie unterscheidet sich von der der Origenisten, denn die origenistische Zwei-Naturenlehre weist er ab. Er kennt Jesus nur als Menschen, der von der Jungfrau geboren wurde, und den Logos, der ihn inspirierte. In einem Fragment heißt es: „Jesus war ein Mensch und in ihn wehte von oben der Logos"[212]. Im Gegensatz zu den Origenisten denkt Paulus von Samosata die Verbindung zwischen Jesus und Logos nicht als eine wesenhafte, sondern als eine mehr moralische. D. h. es handelt sich nicht um eine Verbindung der Naturen, sondern um eine rein ethische Einheit der Gesinnung, die beiden gleich ist. Diese Einheit kommt nur durch die Liebe zustande, durch ein ständiges moralisches Fortschreiten. So bewährte

210 Vgl. L. Abramowski: Dionys von Rom (+268) und Dionysios von Alexandrien (+264/265) in den arianischen Lehrstreitigkeiten des 4. Jahrhunderts. In: ZKG 93 (1982), S. 240–272. Henryk Pietras; L'unità di Dio in Dionigi di Alessandria. In: Gregorianum 71 (1991), S. 459–490.

211 So referiert Eusebius, hist. eccl. VII 27,3.

212 Veröffentlicht bei Friedrich Diekamp: Doctrina Patrum de incarnatione Verbi. Münster 1907, S. 303 f.

sich der Mensch Jesus, weshalb ihm das Attribut *theos* (Gott/göttlich) nicht vorenthalten werden darf. Hier wirkte eine ältere christologische Tradition stark nach, die den Origenisten denkbar unsympathisch war. In der eigenen Gemeinde des Paulus von Samosata erhob sich Widerspruch gegen den Bischof, der Presbyter Malchion war der Wortführer. Malchion gelang es dann auch, seinen Gegner auf einer Synode in Antiochien (268) zu überführen und seine Absetzung durchzusetzen[213]. Die Bischöfe, die zum Teil von weit her gekommen waren, gehörten alle zu den Origenisten. Verleumdungen über den Lebenswandel des angeblichen Ketzers, vielleicht auch politische Motive könnten ihnen die Unterzeichnung der Verurteilung erleichtert haben. Mit Paulus von Samosata war ein bedeutender Gegner der Origenisten aus dem Wege geräumt, die Hypostasen-Christologie hatte einen erneuten Sieg errungen.

Sie drang in diesen Jahrzehnten rastlos vor und hielt zum Teil sogar im Gemeindeglauben einzug, indem sie die Taufsymbole für sich in Anspruch nahm. Diese wurden damals zu förmlichen Lehrstücken der origenistischen Dogmatik. Als Probe kann eine Passage aus dem Bekenntnis des Gregorius Thaumaturgos dienen, des berühmten Origenes-Schülers, wobei diese Zuschreibung nicht ganz sicher ist:

> „(Es ist) ein Gott, Vater des lebendigen Wortes, der persönlichen Weisheit, ... der vollkommene Erzeuger des Vollkommenen, der Vater des eingeborenen Sohnes. (Es ist) ein Herr, alleinig vom Alleinigen, Gott aus Gott, der Abdruck und das Bild der Gottheit, das schaffende Wort, ... die Kraft, die die ganze Schöpfung ins Werk setzt, der wahrhafte Sohn des wahrhaften Vaters, der Unsichtbare (hervorgegangen) aus dem Unsichtbaren, der Unvergängliche aus dem Unvergänglichen, der Unsterbliche aus dem Unsterblichen, der Ewige aus dem Ewigen. ...“[214].

Ganz philosophische Ausführungen, die eigentlich kaum etwas mit der Schrift zu tun haben, auch die Fortsetzung, die Ausführung über das Wesen der Trinität, zeigt das deutlich. Mit der Verankerung der origenistischen Theologie im Gemeindeglauben entsteht zugleich die Möglichkeit, dass sie sich von der Schrift abwendet und in der Philosophie aufgeht.

---

213 Eusebius schreibt über Malchion: „Ein vielseitig begabter Mann, der einer Rhetorenschule vorstand, die zu den griechischen Bildungsstätten Antiochiens gehörte. Dieser hatte mit ihm eine Disputation geführt, die von Stenographen mitgeschrieben wurde und, wie wir wissen, noch heute erhalten ist. Er allein von allen war imstande, den heimtückischen und betrügerischen Menschen zu entlarven“ (hist. eccl. VIII 29). Vgl. Manilo Simonetti: Paolo di Samosata e Malchione. In: Studi tardoantichi 1 (1996), S. 7–25.

214 Zur Diskussion um die Verfasserschaft vgl. Luise. Abramowski, Das Bekenntnis des Gregor Thaumaturgos bei Gregor von Nyssa und das Problem seiner Echtheit. In: ZKG 87 (1976), S. 145–166. Gegen die Darstellung Abramowskis wenden sich Rudolf Riedinger: Das Bekenntnis des Gregor Thaumaturgus bei Sophronius von Jerusalem und Macarius von Antiochia. In: ZKG 92 (1981), S. 311–314 und Henri Crouzel: Gregor. In: RAC 12. (1983), S. 787–788.

Trotz der Herrschaft der origenistischen Theologie im Orient erhielten sich doch noch andere Richtungen, die zwar stark von Origenes beeinflußt waren, aber ihre Selbständigkeit wahrten und für die Folgezeit wichtig wurden. Auf zwei Theologen ist hier hinzuweisen, auf Methodius von Olymp und auf Lukian von Antiochien. Methodius verfolgte eine Richtung, die Irenäus einst erfolgreich vertreten hatte: den spekulativen Realismus. Nicht Ablegen des Leiblichen ist das Ziel, sondern seine Verklärung durch den Geist. Methodius war ein heftiger Gegner des Origenes, konnte sich aber trotzdem nicht dem Einfluß des großen Systematikers entziehen. Auch er lebte in der griechischen Philosophie, wie Origenes besonders in der platonischen, schloß sich jedoch bei seinen Adam-Spekulationen dem Irenäus an. Adam entspricht Christus, Eva entspricht die Kirche. Um ihretwillen ist Christus gestorben, nachdem er um ihretwillen vom Himmel herabgekommen ist. Neu ist nun bei Methodius der bedeutsame Gedanke, daß das einmalige Geschick Jesu sich in jeder gläubigen Seele wiederholen muß. „Unmöglich kann einer des Heiligen Geistes teilhaftig werden, es sei denn, daß zuvor auch auf ihn der Logos herabkomme und entschlafend sich entäußere, damit dieser mit dem für ihn Entschlafenen zugleich erneuert und verjüngt auferstehend, auch für seine Person nunmehr umgestaltet, des Heiligen Geistes teilhaftig wird“[215]. Die Heilsgeschichte ist gewissermaßen nur der Hintergrund, das eigentliche Kernstück ist die tägliche Menschwerdung des Logos in den gläubigen Seelen, die Heilsgeschichte wird ins Subjektive umgebogen, die Seele ist die Braut des Logos. Außerdem ist noch ein Doppeltes charakteristisch für Methodius. In seinem „Symposion“ – der Titel lehnt sich bewußt an Platon an – empfiehlt er mit wärmsten Worten die Virginität, sie ist der Hauptertrag von Jesu Wirksamkeit. Er ist der Herr der Jungfrauen, der *Archiparthenos*. Die Blickrichtung des Methodius ist also eine mönchisch-asketische. Aber dieses Vorherrschen der Individualität geht nicht auf Kosten der Kirche, denn diese wird in wärmsten Ausdrücken als Mutter verehrt. So ergibt sich also der Dreiklang: ‚Jungfräulichkeit‘, ‚Kirchlichkeit‘, ‚mystische Vergottung‘. Damit nimmt Methodius ebenso die Entwicklung der griechischen Theologie vorweg, wie die Eigenart der orientalischen Mystik. Seine Erscheinung ist eine Weissagung auf die Zukunft.

Die andere Richtung, die großen Einfluß gewann, knüpft sich an den Namen des Presbyters Lukian von Antiochien. Wissenschaftlich war er sehr interessiert, bemühte sich um den Text des Alten Testaments, exegetisch und christologisch geht er aber ganz andere Wege als Origenes. Nicht durch das Mittel der Allegorie gelte es, den Sinn der Schriften zu ermitteln, sondern historisch-kritisch. Zum ersten Mal traten sich die beiden Schulen Alexandriens und Antiochiens gegenüber. Weit einschneidender war indes der christologische Gegensatz. Lukian hielt streng am Monotheismus fest, es war für ihn undenkbar, daß es neben Gott ein zweites gleichwertiges Wesen gab. So weit kam er freilich dem Origenes entgegen, daß auch er die selbständige Hypostase eines zweiten göttlichen Wesens annahm, das er auch

215 Methodius, Symposion VIII 9.

Logos nannte. Es handelt sich bei Lukian aber um ein vornehmes Geistwesen, das Gott aus dem Nichts geschaffen hat, ein *ktisma*, das nicht ewig und allwissend ist. Dieses beseelte den Menschen Jesus, indem es an die Stelle der Vernunft (*nous*) trat. Mit freiem Willen ausgestattet, bewährte er sich infolge seiner großen sittlichen Reinheit, schritt dauernd fort und wurde dafür von Gott belohnt und mit göttlichen Ehren im Voraus gewürdigt. Das ist in Grundzügen Lukians Christologie: ein Erlöser, der nur ein halber Gott ist, ohne Ewigkeit, ein Geschöpf, das erst auf Grund seiner Bewährung adoptiert wird. Einflüsse des dynamistischen Modalismus machen sich geltend, daneben aber auch origenistische des linken Flügels, der wie Dionysius von Alexandrien die Unterordnung des Logos unter den Vater sehr stark betonte. Lukian scharte eine Schule um sich, die bald sehr großen Einfluß gewann und von der mehrere Mitglieder auf orientalische Bischofsstühle gelangten. Sie bildeten um 300 ein Gegengewicht gegen die Origenisten. Aus dem Zusammenprall dieser beiden Richtungen entstand der große trinitarische Konflikt des vierten Jahrhunderts. Aus der Schule Lukians stammte nämlich Arius, der den äußeren Anlaß zu der großen Kontroverse bot, die in Nicaea ihre erste, freilich sehr vorschnelle Erledigung fand[216].

So mannigfaltig hatte sich das theologische Leben in der zweiten Hälfte des dritten Jahrhunderts im Orient ausgeprägt. In strengem Sinne originell ist keiner dieser Theologen, denn sie zehren alle vom reichen Erbe des Origenes. Dessen Lehre war zwar im Vordringen begriffen, aber sie wurde doch nicht so mächtig, daß sie alle anderen Formen theologischen Denkens an sich gezogen hätte. Im Vergleich zu Origenes wurde man ‚weltlicher' und man lehnte sich stärker an die Philosophie an – auch das ist ein Beweis für die fortschreitende Hellenisierung.

30. Die Anfänge des christlichen Mönchtums

Ein Anzeichen für diese ständig fortschreitende Verweltlichung des Christentums ist das Entstehen des Mönchtums, dessen Anfänge in diese Zeit fallen. Die Welt hielt ihren Einzug in die Kirche, der wahrhaft Fromme mußte sie daher fliehen und sich in die Wüste zurückziehen. Das war ein Hauptanlaß für das Aufkommen des Eremitentums. Aber seine Wurzeln liegen tiefer, denn je mehr man sich mit der Geschichte des ältesten Christentums beschäftigt, desto mehr erstaunt man über seine asketischen Tendenzen.

Das geht schon bis ins Neue Testament zurück, vielleicht auf Jesus selbst, sicher aber auf Paulus (1. Kor. 7), nach dessen Meinung die Ehe keine Sünde, aber auch kein Ideal, sondern nur ein Notmittel darstellt. Die Offenbarung des Johannes spricht von den 144.000 Bevorzugten, die dem Lamm folgen, „die sich mit Frauen nicht befleckt haben, denn sie sind jungfräulich" (Offb. 14,4). Um 150 stoßen wir auf ledige Evangelisten, die ruhelos von Ort zu Ort zogen. Wir finden

216 Zu Lukian von Antiochien vgl. Gustave Bardy: Recherches sur saint Lucien d'Antioche et son école. Paris 1936. Vgl. auch Kap. 33.

sie auch im dritten Jahrhundert, wo sie als unzeitgemäße Erscheinung bekämpft wurden. Diese asketisch lebenden Wanderprediger der späteren Zeit bilden eine interessante Vorstufe für das Mönchtum. Ein neues Ideal der Askese, das stark durch das Vorbild des griechischen Weisen beeinflußt erscheint, begegnet uns dann im Lebensstil der alexandrinischen Theologen. Einer der Schüler des Origenes namens Heraklas, der auch Bischof von Alexandrien (231/32–247/48) war, rief im ausgehenden dritten Jahrhundert tatsächlich einen gelehrten Asketenverein ins Leben. Um seine Vorträge scharten sich männliche und weibliche Asketen, die sich ihren Lebensunterhalt durch das Abschreiben von Büchern erwarben. Das Neue in der Verkündigung Jesu sah Heraklas gerade in der Forderung der Ehelosigkeit. Ein weiteres Bindeglied zum Mönchtum bildeten die zahlreichen Jungfrauen und Witwen in den einzelnen Gemeinden, die sogenannten Diakonissen. Sie lebten teils für sich, teils in besonderen Häusern, wo sie von älteren Witwen geleitet wurden. Sie behielten ihr Hab und Gut, waren hochgeehrt und nahmen eine Art Mittelstellung zwischen Klerus und Laien ein. Aber dieses ganze asketische Leben der älteren Zeit war völlig ungeregelt. Es gab enthaltsame Menschen, die aber ihr Vermögen behielten, Leute, die eine gewisse Nahrungsaskese trieben, aber verheiratet waren. Jeder lebte für sich, konnte sich auch zeitweise Gleichgesinnten anschließen, aber keine Regel bestimmte seinen Tageslauf. Und vor allem lebte man in der Welt, in der Kirche, in der Gemeinde, aber nicht in der Wüste. Das alte Asketentum war also etwas anderes als das spätere Mönchtum, aber doch seine notwendige Vorstufe. Die Umwandlung des Asketentums in das Mönchtum fand um 300 statt, als der Asket den Schritt in die Wüste tat. Ihn leitete ein tiefer religiöser Impuls, urchristliches Erbe war in ihm lebendig. Der alte Enthusiasmus war nicht untergegangen, sondern hatte sich ins Mönchtum verlagert.

Ägypten war das Mutterland des Mönchtums, das sich dort zunächst in der Form des Einsiedlerlebens etablierte, des Anachoreten- oder Eremitentums. Paulus von Theben gilt als der erste Eremit, es ist aber fraglich, ob er eine historische Gestalt ist, denn nur Hieronymus erzählt von ihm in seiner „Vita Pauli“, die romanhaft anmutet[217]. Er erzählt, im Jahre 250 sei Paulus vor der decischen Christenverfolgung in die Wüste geflohen, wo er eine kaum zugängliche Felsengrotte gefunden und dort 100 Jahre gelebt habe. Täglich habe ihm ein Rabe ein halbes Brot als Nahrung gebracht. Kurz vor seinem Ende habe ihn der neunzigjährige heilige Antonius aufgrund eines Traumgesichtes besucht, Zentaur, Satyr und Wölfin haben ihm den Weg gewiesen. Unter frommen Gesprächen seien die Heiligen vor die Höhle getreten, da habe der Rabe zum ersten Mal ein ganzes Brot gebracht. Bis zur sinkenden Sonne haben sie darüber gestritten, wer das Brot anbrechen solle, schließlich aber gemeinschaftlich gezogen, sodaß jeder ein Stück in der Hand behalten habe. Dann habe Paulus gesagt, daß er jetzt sterben werde, Antonius solle

217 Stefan Rebenich: Der Kirchenvater Hieronymus als Hagiograph. Die Vita Sancti Pauli primi eremitae. In: Beiträge zur Geschichte des Paulinerordens (Hg. von Kaspar Elm). Berlin 2000, S. 23–40.

weiterziehen und ihn nach wenigen Tagen begraben. Am zweiten Tage darauf sei dem Antonius in der Wüste der verstorbene Paulus erschienen, im Strahlenglanz gen Himmel fahrend, von Propheten, Aposteln und Märtyrern umgeben. Antonius sei zurückgekehrt, um den Leichnam des Paulus zu begraben, habe aber keinen Spaten gehabt. Da seien zwei Löwen gekommen, die unter Klagegebrüll mit ihren Tatzen das Grab gruben und Antonius um seinen Segen baten. Das klingt natürlich alles phantastisch, aber mag es sich nun um eine historische Persönlichkeit handeln oder nicht, jedenfalls wird uns hier das Ideal eines Eremiten gezeichnet. Der Einsiedler, der in der steten Gegenwart Gottes lebt, führt bereits auf Erden das Leben eines Engels. Er bedarf keiner irdischen Speise mehr, ein Rabe bringt ihm das himmlische Manna, die Natur dient ihm, er verfügt über wunderbare Kräfte. Sein Leben verläuft in Einsamkeit und Gebet, die Demut ist sein größter Schmuck. Wie Elias, so bringt auch ihm der Rabe das Brot, wie Elias, so fährt auch er gen Himmel. Man lernt hier die religiösen Impulse kennen, die das Leben dieser Wüstenmönche leiteten.

Als der eigentliche Gründer des Mönchtums in der eremitischen Form gilt allgemein Antonius. Athanasius hat uns seine Vita aufgezeichnet, allerdings in stark stilisierter Form nach dem Vorbild des Pythagoras. Geboren um 250 in Mittelägypten, früh Waise geworden, machte das Evangelium vom reichen Jüngling (Mk. 10,17–27 parr.) tiefen Eindruck auf ihn. Er erfüllte es wortwörtlich, verkaufte seinen Besitz und hauste in der Nähe eines Dorfes als Einsiedler. Er war indes nicht der erste Eremit, an einer interessanten Stelle seiner Vita lesen wir: „Damals gab es in Ägypten noch nicht dicht aneinander liegende Mönchswohnungen, auch kannte kein Mönch die tiefe Wüste, sondern jeder von denen, welche sich selber leben wollten, übte die Askese nur eine geringe Strecke von seinem Heimatort für sich allein“[218]. Einem derartigen Asketen schloß sich Antonius an, erwarb sich seinen Lebensunterhalt durch Handarbeit und widmete sich daneben dem Gebet. Im Verlangen nach größerer Einsamkeit zog er sich in ein ödes Grabmal zurück, wohin ihm einige Freunde das erforderliche Brot brachten. Von dort ging er noch tiefer in die Wüste und hauste zwanzig Jahre lang in einer zerfallenen Burg, wo er nie einen Menschen sah. Allmählich verbreitete sich sein Ruhm und von weit und breit strömten Neugierige, Kranke, Heilsbegierige zu ihm in seine Einsamkeit. Sein Beispiel fand bald Nachahmung. Rings in der Wüste entstanden Mönchsniederlassungen, Zelle neben Zelle, und alle Eremiten sahen in Antonius ihren geistlichen Vater. In seiner Vita heißt es: „Es waren in jenem Gebiet die Mönchswohnungen gleichsam wie Zelte voll himmlischer Chöre, die Gott lobsangen, heiliger Lesung oblagen, fasteten, beteten, sich der Hoffnung zukünftiger Güter erfreuten, arbeiteten, um Almosen geben zu können und Liebe und Eintracht unter sich pflegten“[219]. Auch in höherem Alter machte Antonius Rundreisen, besuchte und ermahnte die einzelnen Eremiten. Er lebte nach wie vor anspruchslos und dürftig. Zu seiner

218 Vita Antonii, Kap. 3.
219 Vita Antonii, Kap. 44.

Charakterisierung sei auf drei Motive hingewiesen: Antonius war Kopte, er verstand nicht einmal Griechisch. Sodann war er kein Asket, der das Wesen seines Standes in dem gesucht Häßlichen des äußeren Auftretens sah. So schlicht und dürftig er sonst auch gekleidet ging, zog er doch städtische Gewänder an, als er einmal nach Alexandrien kam, um durch nichts aufzufallen. Das dritte Auffällige ist seine Weisung, seinen Leichnam an einem unbekannten Ort beizusetzen, damit ihn kein Verehrer in seine Hände bekomme und in seinem Hause aufbahre. Immer wieder mahnt Antonius, daß zum Mönch ein innerer Beruf gehöre und daß ein bloßes Äußeres noch lange keinen Eremiten mache, wenn der Kern faul sei. Die Bedeutung des Antonius in der Geschichte des Mönchtums liegt darin, daß er der erste richtige christliche Eremit war, der in der Einsamkeit der Wüste lebte, und daß er der Begründer von Eremitenkolonien war, die sich um ihn scharten. Es war ein loser Verband, der ganz auf dem Prinzip der Freiwilligkeit beruhte. Antonius war also nicht der Begründer des klösterlichen Lebens, er hat keine Regel verfaßt, aber einen Übergang zum Kloster bildeten diese Eremitenkolonien natürlich. Es ist auch zu beachten, daß mönchisches Leben zuerst bei den Kopten Eingang fand, aber nicht in der griechischen Welt. Ägypten blieb für lange Zeit das Hauptland des Mönchtums, hier entstanden auch zu Konstantins Zeit die ersten Klöster[220].

Das Entstehen des Mönchtums kann als Reaktion auf die Verweltlichung der Kirche zu dieser Zeit verstanden werden. Die hochgespannte Sittlichkeit und der Enthusiasmus der alten Zeit fanden in ihm eine Zufluchtsstätte. Überblicken wir die innere Entwicklung der Kirche im Ganzen, so konstatieren wir überall die Annäherung an die heidnische Welt mit ihren Anschauungen und Bräuchen. Das gilt für die Gestaltung der Ethik, die Tendenz einer laxen Handhabung der Bußdisziplin, das Herabdrücken des ethischen Niveaus, wie für das Gebiet des Glaubens, den Sieg des Origenismus, – die Hypostasen-Christologie nach dem Vorbild neuplatonischer Philosophie. Der Gottesdienst wurde den Mysterienfeiern immer ähnlicher durch die zentrale Bedeutung des Kultus, der Ausgestaltung der Sakramente, der Arkandisziplin. Damit war die Brücke zur hellenistischen Welt geschlagen, das erklärt die Missionserfolge des Christentums, das macht es verständlich, daß Konstantin es im beginnenden vierten Jahrhundert versuchen konnte, den Neubau des Reiches im Bunde mit der Kirche zu versuchen. Vorerst hatte die Kirche jedoch noch eine Verfolgung zu überstehen, die letzte, aber längste und schwerste, die diokletianische, die 303 ausbrach und länger als ein Jahrzehnt dauerte.

220 Vgl. William Harmless: Dessert Christians. An Introduction to the Literature of Early Monasticism. Oxford 2004.

31. Der letzte Zusammenstoß zwischen Kirche und Staat: die diokletianische Verfolgung

Der Ausbruch dieser Verfolgung ist von einem Rätsel umgeben. Diokletian war einer der tüchtigsten Herrscher, die das Reich seit Augustus hatte. Von kleinster Herkunft – seine Eltern waren Sklaven – hat er sich Schritt um Schritt emporgearbeitet, erst als Soldat, dann als Verwaltungsbeamter. Bei seiner Ernennung war er Kommandant der kaiserlichen Leibwache. Er trug Prachtgewänder aus Seide mit Purpur- und Goldverzierung, entsprechende Schuhe und reichen Perlenschmuck. Er war wie Augustus ein geborener Staatsmann, rohe Gewaltanwendung lag ihm weniger als diplomatisches Handeln. Dieser Mann wurde im hohen Alter nach achtzehnjähriger Regierung plötzlich ein fanatischer Bekämpfer des Christentums. Warum?

Nach Erklärungen für dieses psychologische Rätsel haben schon die Kirchenväter gesucht, aber sie sind fraglos an der Oberfläche geblieben, bei Zufälligkeiten, die vielleicht einen letzten Anstoß gegeben haben, aber nicht die tiefste Ursache gebildet haben können. Diese lag vielmehr darin, daß Diokletian den Versuch einer Neugestaltung des Reiches unternahm. Er kann als der Vollender einer Entwicklung betrachtet werden, die bei Augustus einsetzte. Bei Diokletian ist aus der Dyarchie eine Monarchie geworden. Der Prinzipat des Augustus hatte sich allmählich in den Dominat umgewandelt, in einen Absolutismus. Das hatte auch eine Umgestaltung der höchsten Symbole und Zeremonien zur Folge, die seit dem dritten Jahrhundert zu beobachten ist. Diokletian setzte diesen Prozeß nur fort. Der Kaiser erschien in einer geweihten Sphäre, wurde mit einem Nimbus dargestellt. Politisch übte er eine straffe, zentralistische Leitung aus, alle Fäden liefen in der Hand des Kaisers zusammen. Ihm wurde nach persischer Art fast göttliche Verehrung erwiesen, orientalisches Zeremoniell wurde einfach übernommen, der Herrscher war fast unnahbar, ihm gebührte die Proskynese, man warf sich vor ihm auf den Boden. Im byzantinischen Reich hatten diese Gedanken stärksten Einfluß gewonnen. Damit rückte der Kaiserkult an die erste Stelle und mit ihm in unlöslicher Verbundenheit die heidnischen Kulte. Die Restauration des Staates ging mit der Restauration der Kulte Hand in Hand, ja konnte nur durch sie bewirkt werden. So lebte die heidnische Frömmigkeit wieder auf und hinter ihr stand als große geistige Macht der Neuplatonismus, der mit den Volksreligionen sympathisierte. Die Mehrung der Götterbilder, Orakel, Wundererzählungen, alles lebte wieder auf. Man war wieder der Meinung, daß die Verehrung der Götter Gewähr für irdisches Glück biete und erhob daher die Forderung, daß im Heer und im Staatsdienst alle religiösen Pflichten korrekt vollzogen werden. Dies alles mußte in steigendem Maße eine dem Christentum feindliche Stimmung erzeugen, die sich auch literarisch äußerte[221]. Man belebte die Orakel, die *theurgie* (wörtl. ‚Gotteswerk' – Riten, die Verbindung zur göttlichen Welt herstellen sollten) schoß üppig ins Kraut und strenge

221 Hier ist besonders Sossianus Hierokles zu nennen, der kaiserliche Statthalter in Bithynien, der um 306 eine Schrift „Philalethes" gegen die Christen richtete, die wir aus einem Zitat bei Laktanz kennen (inst. V 3,22) und der Gegenschrift des Hieronymus, dem „Antirrhetikos".

Eiferer waren selbst gegen Schriften mißtrauisch, die das Christentum auch nur zu begünstigen schienen, wie Ciceros „De Natura Deorum".

Mit Eifer und Ernst ging Diokletian an den Neubau des Reiches. Er beseitigte die nur nominelle Vorherrschaft Italiens, er teilte das Reich ganz neu in 96 Provinzen ein, wobei er die Stammesgrenzen zerschlug, und er faßte diese Provinzen zu größeren Verbänden zusammen, zu zwölf Diözesen, während alles in vier Präfekturen die höchste Spitze fand. Um die Regierung zu vereinfachen, Thronwirren zu beseitigen, die Grenzen wirksamer zu sichern, verzichtete er auf die Alleinherrschaft, wählte sich einen sog. Augustus zum Mitregenten, beide ernannten sich zwei Cäsaren, so daß je ein Herrscher über eine Präfektur gebot. Zum ersten Mal wurde hier deutlich die Scheidung von Ost und West ausgesprochen. Die Neuordnung stützte sich vornehmlich auf das Heer, das ein unbedingt sicheres Instrument in der Hand des Monarchen sein mußte. Hier aber zeigten sich Unregelmäßigkeiten und zwar gerade bei christlichen Soldaten, die man nicht ungestraft lassen konnte. Typisch dafür kann der folgende Vorfall stehen, von dem Eusebius berichtet[222]: Ein christlicher Offizier legte bei einem heidnischen Fest seine Waffen ab und erklärte, daß er nur dem ewigen König Jesus Christus gehorche, nicht aber einem heidnischen Gebieter. Er wurde festgenommen und wegen Desertion zum Tode verurteilt. Derartige Vorkommnisse, die wohl nicht vereinzelt waren, zwangen den Kaiser zu energischem Vorgehen; er erließ ein Opfergebot für das Heer und ordnete bei Widerstreben Strafe und Ausschluß aus dem Heeresdienst an. Der Argwohn gegen die Christen stieg, waren sie nicht letztlich doch Reichsfeinde, eine Gefahr für den großen Sanierungsbau? Seit den 90er Jahren des dritten Jahrhunderts betrieb Diokletian offensichtlich die Pflege der römischen Staatsreligion. Das hatte zur Folge, daß allmählich eine Stimmung entstand, die für eine Verfolgung günstig war. Politische Erwägungen, der Einfluß der heidnischen Oberpriester und der neuplatonischen Philosophen – alles ließ eine erneute Christenverfolgung als wünschenswert erscheinen. Dazu kamen nun noch die unkontrollierbaren Einflüsse der nächsten Umgebung des Palastes und besonders seines Mitregenten Galerius. Dieser war ein leidenschaftlicher Christengegner und nahm auf Diokletian in seinem Palast zu Nikomedien Einfluß, wie Laktanz es bezeugt[223]. Allerdings ist der Einfluß des Galerius nicht zu überschätzen. Die treibende Kraft war schließlich Diokletian. Erst sollten die Christen nur aus allen Beamtenstellen verdrängt werden, dann erwog man eine generelle Verfolgung. Manches Andere mag noch mitgesprochen haben, was wir nicht wissen. Den noch schwankenden Kaiser stimmten Militärs und Juristen um, den letzten Ausschlag gab das Apollo-Orakel in Milet, das sich für die Verfolgung aussprach. Der Kaiser unterzeichnete das Dekret, das sie anordnete. Es war fraglos ein komplizierter Hergang, über den die christlichen Schriftsteller nur sehr mangelhalft orientiert waren. Es müssen sehr ernsthafte Erwägungen gewesen sein, die Diokletian zu einem so folgenschweren Entschluß veranlaßten.

222 De martyribus palestinae, 4.
223 De mortibus persecutorum 16.

Die Verfolgung selbst muß nicht in Einzelheiten geschildert werden. Die heidnischen Schriftsteller erwähnen sie überhaupt nicht, von den christlichen Schriftstellern nur zwei Autoren. Die Verfolgung ist aufs engste mit den bald ausbrechenden Thronwirren verknüpft und soll nur in ihren Grundzügen nachgezeichnet werden. Zunächst Laktanz, der bald nach 316 sein Werk „De Mortibus Persecutorum" (von den Todesarten der Verfolger) verfaßt hat und der daher als Augenzeuge gelten kann. Trotz aller tendenziellen Einfärbung erscheint er doch ehrlich im Bericht der Tatbestände. Neben ihm berichtet Euseb, damals ‚wissenschaftlicher Gehilfe' des Pamphilius, der mit der Genauigkeit des Historikers bald nach 311 die Ereignisse bis zu diesem Zeitpunkt im achten Buch seiner Kirchengeschichte berichtet. Das Signal zur Verfolgung gab die Zerstörung der christlichen Kirchen in Nikomedien am 23. Februar 303. In der Frühe begab sich ein Trupp Soldaten in Begleitung von Offizieren und Regierungsvertretern, darunter der Polizei-Präfekt, zu den Kirchen, brach die Türen auf, verbrannte die Schriften und riß schließlich das ganze Gebäude nieder. Am 24. Februar erschein das erste Edikt, das die Verfolgung einleitete. Es war relativ milde, gebot allerdings die völlige Zerstörung der gottesdienstlichen Gebäude bis auf die Grundmauern und die Auslieferung und Verbrennung der heiligen Schriften, um dadurch jeden Gottesdienst unmöglich zu machen. Höher gestellten Christen drohte der Kaiser Rechtsminderungen aller Art an: sie sollten keine Staatsstellen mehr bekleiden und das Recht verlieren, Prozesse zu führen. Blut sollte nach des Kaisers Willen nicht fließen. Aber es kam anders. Eine ungeheure Erregung muß damals in Nikomedien geherrscht haben, das angeschlagene Edikt wurde von christlicher Hand abgerissen oder mit mutigen Worten kommentiert, was die Täter das Leben kostete. Der Kaiser hatte darauf hingewiesen, daß der Staat nach den altrömischen Begriffen von Gesetz und Ordnung reformiert werden sollte. Dem widersprach man heftig. Im kaiserlichen Palast brach in kurzen Abständen zweimal Feuer aus, man verdächtigte die Christen der Brandstiftung, die christlichen Palastbediensteten wurden gefoltert und schwer bestraft. Soldaten drangen in Privathäuser ein, verlangten Auslieferung der christlichen Schriften und quälten die Christen. Zögernd entschloß sich Diokletian zur Durchführung dieses Ediktes im ganzen Kaiserreich, nachdem er seine Verwendbarkeit im nächsten Umkreis in Nikomedien erprobt hatte. Das war die kluge Vorsicht des Staatsmannes. Man ging in den unterschiedlichen Provinzen unterschiedlich vor. In Gallien und Spanien im Westen beschränkte man sich auf das Niederreißen kleiner Kapellen, in Afrika zum Teil sogar nur auf die Auslieferung der Schriften, zum Teil riß man auch einzelne Kirchen nieder, während man andere stehen ließ, sie aber konfiszierte. Man nahm ein Inventarverzeichnis auf, verkaufte wohl auch einzelne Gegenstände, begnügte sich aber im Allgemeinen damit, den christlichen Gottesdienst unmöglich zu machen. Wer sich weigerte, die Schriften auszuliefern, wurde gefoltert, vielleicht auch hingerichtet, aber die Behörde ließ mit sich handeln. Oft lieferte eine Gemeinde häretische Schriften ab, da es den Soldaten nur darauf ankam, überhaupt Schriften zu erhalten, ja man gab sogar den Christen inoffiziell den Rat, beliebige Schriften abzuliefern[224]. Wer diesem Rat nachkam, machte sich zum ‚Auslieferer' der Schriften, zum *Traditor*. Mit Energie arbeitete Diokletian an der Durchführung des Ediktes, seine Soldaten drangen bis in die Dörfer mit ihrer Zerstörungsarbeit vor, aber es hatte doch nicht den gewünschten Erfolg. Es galt, die Kirchen schwer zu treffen, deshalb ordnete der Kaiser in einem zweiten Edikt die Gefangennahme aller Kleriker an, in einem dritten ihre Freilassung für den Fall, daß sie dem Kaiser geopfert hätten (303). Es kam auch jetzt dem Staat noch nicht auf Blutvergießen an, er wollte nur den Klerus zermürben und damit die Existenz der Kirche überhaupt in Frage stellen. Wie früher, so war auch jetzt dem Staat die Gesinnung der Kleriker gleichgültig, man drang nur auf die vollzogene Form. Ja, die Soldaten drängten die Festgenommenen selbst an den Altar, füllten ihre Hände mit Weihrauch und hielten sie über die Flammen. Aber schrittweise steigerte sich die Verfolgung. Im nächsten Jahr (304) erschien ein viertes Edikt, das überhaupt erst die allgemeine Verfolgung einleitete, denn es gebot, daß alle Christen zu opfern hätten. Damit war man zur Praxis der decischen Verfolgung zurückgekehrt.

Die Durchführung dieses Ediktes stieß aber auf größte Schwierigkeiten. Der Haß der Bevölkerung gegen die Christen war kaum mehr vorhanden, ja es kam vor, daß Heiden die Christen vor den Häschern schützten. Man mußte den Haß also künstlich entflammen. Deshalb setzte man die alten Gerüchte wieder in Umlauf, daß die christlichen Gottesdienste unsittlich seien. Man fabrizierte Pilatus-Akten, die angeblich ein Protokoll von Jesu Prozeß sein sollten und von gehässigen Angriffen gegen Jesu Person erfüllt sind. Selbst in der Schule wurden sie den Kindern beigebracht. Die Kinder in den Schulen, sagt Euseb, führten täglich die Namen Jesus und Pilatus, sowie die zum Hohn gegen die Christen erdichteten Pilatus-Akten im Munde. Den Behörden kam es nicht darauf an, möglichst viele Christen zu Märtyrern zu machen. Sie ließen noch immer mit sich handeln. Manche verschafften sich falsche Opferbescheinigungen, die sie den Soldaten vorzeigten, andere schickten ihre Sklaven zum Opfer, die es für sie vollziehen sollten, wieder andere gingen wohl am Altar vorbei, aber ohne zu opfern – dank ihres Bestechungsgeldes wurde das als Opfer angesehen. Der Gefahr einer Befleckung bei einer Opfermahlzeit, an der man teilzunehmen hatte, entging man dadurch, daß man sich an einen besonderen Tisch setzte und das mitgebrachte Fleisch verzehrte. Ein sehr großer Teil der Christen fiel aber einfach ab. Im Westen war die Verfolgung nicht so hart wie im Osten, besonders in Ägypten waren die Verluste daher größer. Aber auch hier hat man viel von christlicher Seite übertrieben. Euseb erzählt schaurige Geschichten über die unerhörten Qualen und Leiden der Märtyrer, doch er selbst hält sich an den Grundsatz, alles, was zum Ruhm der Religion gereicht, zu erzählen, alles, was zu ihrer Schmach dienen kann, zu verschweigen. Gewiß sind viele Martyrien vorgekommen, aber auch Euseb nennt nicht genaue Zahlen. Rechnet man z. B. alle seine Angaben über Palästina zusammen, so ergibt sich für ein Jahrzehnt die Summe von 43 Märtyrern. In Ägypten wird ihre Zahl si-

224 De mortibus persecutorum 16.

cher größer gewesen sein, aber es ist zweifelhaft, wenn Euseb behauptet, daß in der Thebais täglich bis zu einhundert Personen getötet wurden. Zudem drängten sich in der herrschenden erregten Stimmung viele Christen selbst zum Martyrium, forderten die Obrigkeit geradezu heraus, so daß die Bischöfe selbst dagegen einschreiten mußten. Übergriffe und Grausamkeiten der Behörden sollen nicht geleugnet werden, aber man darf auch nicht übersehen, daß es den in den Bergwerken gefangenen Christen erlaubt war, sich Kapellen für ihre Gottesdienste zu bauen. Außerdem kamen den Christen die Thronwirren zugute, denn von zwei Rivalen protegierte immer einer aus politischen Interessen die Verfolgten. Im Jahr 311 hatte die 303 ausgebrochene Verfolgung ihr erstes Ende erreicht.

Der Kaiser Galerius, einer der heftigsten Gegner der Christen, war todkrank, hoffte vom Christengott Hilfe, nahm alle Maßnahmen zurück und duldete unter bestimmten Bedingungen die verfolgte Religion. Jetzt war das Christentum also plötzlich *religio licita*. Schon zwei Jahre später (313) gewährten die Herrscher Konstantin und Licinius im sogenannten Mailänder Toleranzedikt dem Christentum volle Gleichberechtigung mit dem Heidentum. Nun konnten die Bekenner aus den Gefängnissen wieder in ihre Gemeinden zurückkehren, Züge bleicher Gestalten, die singend ihrer Straße zogen. Euseb schreibt:

> „Da kehrten auch jene edlen Gottesstreiter, die von den schlimmen Leiden in den Bergwerken befreit worden waren, wieder in ihre Häuser zurück, froh und beglückt durch jede Stadt ziehend, voll von unsagbarer Freude und einer Zuversicht, die sich nicht in Worte fassen läßt, Scharen um Scharen wanderten dahin, mitten auf Hauptstraßen und Marktplätzen in Liedern und Psalmen Gott preisend“[225].

Aber erst 323 hatte die Kirche vollen Frieden durch das tätige Eingreifen Konstantins, dem das Hauptverdienst an der Beilegung der Verfolgung gebührt. Zwanzig Jahre hatte sie gewütet, aber sie war doch nicht im Stande gewesen, die Kirche zu vernichten, dazu war deren Organismus bereits zu fest gefügt. Wohl war er geschwächt, wohl waren ganze Gemeinden zersprengt nach der Flucht ihrer Bischöfe, wohl war die Zahl der Abtrünnigen groß und es herrschten oft sehr betrübliche Verhältnisse. Aber die Kirche hatte sich doch durchgesetzt, sie hatte ihre Duldung erkämpft, sie war stolz auf ihre Märtyrer, sie war immer noch eine Macht, so daß ein Politiker wie Konstantin daran denken konnte, mit ihrer Hilfe das Staatswesen neu zu ordnen, was Diokletian im Bunde mit den heidnischen Kulten vergeblich versucht hatte. Dazu mußte sie aber ein einheitliches Gebilde sein, was sie um 320 nicht war. Gerade die Verfolgung hatte viele neue Spaltungen hervorgerufen, wie es ähnlich bei der Verfolgung unter Decius war.

Von diesen Spaltungen sind zwei von größerem Interesse, das meletianische Schisma in Ägypten und das donatistische in Nordafrika. Beide fanden ihren Anlaß in den verschiedenen Grundsätzen bei der Wiederaufnahme der Abgefallenen (*lapsi*). Die milde Praxis der Bischöfe rief den Widerspruch der Rigoristen hervor. So war es in Ägypten. Dort war der Bischof Petrus von Alexandrien geflohen, die

225 Hist. eccl. IX 1.

Mehrzahl der Kleriker war ebenfalls flüchtig oder verhaftet, die Ersatz-Geistlichen versteckten sich, so daß das gesamte kirchliche Leben darniederlag. Da griff ein tatkräftiger Bischof, Meletius von Nikopolis, ein und weihte eigenmächtig Presbyter für die einzelnen Gemeinden. Dazu war er nach dem geltenden Kirchenrecht nicht berechtigt. Der Alexandriner erhob auch aus seinem Versteck lebhaften Widerspruch, durch den sich Meletius aber nicht beirren ließ. Nach seiner Rückkehr exkommunizierte Bischof Petrus den ungehorsamen Bischof Meletius, aber dieser erhob Einspruch, tadelte die Milde des Oberbischofs bei der Wiederzulassung der Lapsi, gründete eine eigene Kirche und gab ihr den Namen ‚Märtyrerkirche'. Es verbanden sich hier also Fragen der Bußdisziplin mit denen der Organisation. Die Nebenkirche erhielt sich in Ägypten bis ins fünfte Jahrhundert[226].

Viel bedeutsamer und von viel weitreichenderen Folgen war die donatistische Spaltung. Ihre Geschichte ist sehr kompliziert, ich beschränke mich hier unter Umgehung aller verwirrenden Details auf die treibenden Kräfte dieses Kirchenstreites. Die Hauptfrage war, ob ein Bischof, der in Todsünde gefallen war, also zum Beispiel ein Traditor, der die heiligen Schriften ausgeliefert hatte, gültige Weihen vollziehen könne, ob er also schon als Traditor sein bischöfliches Amt verloren habe oder ob es dazu, wie es die Ansicht des übrigen Abendlandes war, einer besonderen Absetzung bedürfe. Nun standen sich in Karthago wie anderswo auch zwei Parteien gegenüber, eine rigoristische und eine gemäßigte. Bei der nach der Verfolgung und dem Tod des Mensurinus (311) nötigen Bischofswahl wählten beide je einen Bischof. Die Spaltung war also vollendete Tatsache. Die Rigoristen warfen den Gemäßigten vor, daß ihr Bischof Caecilian von einem Traditor, Felix von Aptunga, die Weihe erhalten habe und somit nicht rechtmäßiger Bischof sei. Nun wurde weder der Tatbestand der Auslieferung der heiligen Schriften durch Felix noch der Grundsatz der Rigoristen von der Gegenpartei anerkannt. Es kam also zum Entstehen einer Nebenkirche, die sich nach ihrem großen Bischof Donatus die donatistische nannte. Sie wahrte tatsächlich altchristliches Erbe, denn in ihr befand sich kein in Todsünde gefallener Bischof, die Sakramente wurden nach ihrer Meinung wirkungskräftig vollzogen. Übertretende wurden nochmals getauft, da man die Taufe der Gemäßigten nicht anerkannte. Man wird unwillkürlich an die Novatianer erinnert, nur daß hier die Freiheit von Todsünde auf den Klerus eingeschränkt war. Vom übrigen Abendland wurde aber die gemäßigte Richtung anerkannt und Konstantin ließ auch nur ihr gewisse Vorteile zukommen. Die Donatisten forderten Gleichberechtigung. Zehn Jahre lang zogen sich die sehr wechselvollen Verhandlungen hin, obwohl die Donatisten immer Unrecht bekamen und obwohl sie teilweise selbst verfolgt wurden, blieben sie ihrer Sache treu. Konstantin mußte sie gewähren lassen.

Sie breiteten sich schnell in Afrika aus, ja es hat fast den Anschein, daß sie dort in der Mehrheit waren. Jedenfalls konnten sie ca. 335 in einem Konzil 270 Bischö-

226 Eine ausführliche Darstellung des Schismas bietet Ferdinand Cavallera: Le schisme d'Antioche. Paris 1905.

fe um sich sammeln. Noch zu Augustins Zeit bildeten sie einen großen Machtfaktor, in der Auseinandersetzung mit ihnen formte Augustin seinen Kirchenbegriff. Bedenkt man noch, daß die Nebenkirchen der Marcioniten und Novatianer weiter bestanden, so sieht man, wie weit man damals von einer Einheit der Kirche entfernt war. Die katholische Kirche war von einem Kranz von häretischen Nebenkirchen umgeben, die alle mehr oder weniger die altchristliche Sittenstrenge aufrecht erhalten wollten, also bewußt auf einer früheren Stufe stehen blieben. Sie schlossen sich damit von der großen Entwicklung aus. Nur die katholische Kirche errang die Anerkennung als *religio licita*, weil sie es eben verstand, mit der Welt einen Pakt zu schließen, ohne doch ihre Eigenart ganz preiszugeben. Mit ihrer Anerkennung als *religio licita* hatte sie einen großen Sieg errungen, sie war geduldet, sie stand als gleichberechtigt neben den heidnischen Kulten, sie konnte also jetzt in ganz anderem Maße Mission treiben als früher. Aber sie wollte bei der Duldung nicht stehen bleiben, sondern ging ihrerseits zum Angriff auf die heidnischen Kulte vor, sie trachtete danach, Reichsreligion, Reichskirche zu werden. Das war ihr großes Ziel im vierten Jahrhundert. Konstantin hatte sie auf die Bahn gestellt, die zu diesem Ergebnis führen konnte.

V. Das vierte Jahrhundert: Anfänge und Blüte der Reichskirche

32. Die Religionspolitik Konstantins

Mit Kaiser Konstantins Religionspolitik trat die christliche Kirche in eine ganz neue Phase ihrer Entwicklung ein: aus der verfolgten, schwer um ihre Existenz ringenden Kirche wurde die öffentlich anerkannte und staatlich protegierte. Man macht sich von diesem Wandel schwerlich eine richtige Vorstellung, die Verhältnisse wuchsen ganz plötzlich ins Große. Die Kirche sah sich mit einem Mal vor Aufgaben gestellt, an die sie vor einem Menschenalter überhaupt noch nicht gedacht hatte. In der Zeit von 313–395 bahnten sich umfangreiche Veränderungen an, die auch das Aussehen der Kirche betrafen: die Massen strömten in sie ein, das Mönchtum entstand, ein Dogma bildete sich, die Kirchenbauten wurden großartig ausgeführt, die Literatur wetteiferte mit der heidnischen, die fremden Kulte wurden leidenschaftlich bekämpft und eine größere Einheiten umspannende Verfassung gab dem ganzen Bau einen festen Halt. Für die Grundlegung der Reichskirche war das vierte Jahrhundert von der größten Wichtigkeit. Das Verdienst, diese ganze Entwicklung angebahnt zu haben, gebührt Kaiser Konstantin dem Großen.

Konstantins Kirchenpolitik ist ganz verschieden beurteilt worden, je nachdem ob man sie religiös oder politisch motiviert betrachtet. Wie hat man Konstantins Charakter aufzufassen? Man hat diese Fragen auf drei Wegen beantwortet. Der christliche Bischof und hervorragende Gelehrte Eusebius von Caesarea war ein glühender Bewunderer des Kaisers, von diesem ausgezeichnet und ihm blindlings ergeben. In seiner „Vita Constantini" zeichnet er in leuchtendsten Farben das Bild seines Helden, der sehr fromm gewesen sei, aus lautersten und edelsten Motiven die guten Bischöfe protegierte, das ‚böse' Heidentum unterdrückte, dagegen für seine Kirche sorgte und ihr in dem großen Konzil von Nicaea die Glaubenseinheit schenkte usw. Aber Euseb ist ein Meister im Verschweigen. Die heidnischen Urteile über Konstantin lauten gegenteilig, besonders das seines Vetters Julian, des Christengegners. Der Kaiser habe sich von seinen schweren Verbrechen befreien wollen, aber heidnische Priester versagten ihm die Absolution[227]. Da wandte er sich an das Christentum, das ja auch die verworfensten Sünder rehabilitierte. Auch der heidnische Historiker Zosimus berichtet ähnlich[228]. Die Legende wiederum überliefert ein völlig anderes Bild. Der Kaiser faßte den Plan, Konstantinopel zu gründen. Bei seinem

227 Vgl. die Panegyrici (Loblieder) Julians an Constantius, in: Joseph Bidez: L'empereur Julien. Oeuvres complétes I 1. Paris 1932, S. 3 ff., 108 ff.

228 In seiner Historia nea 2,27.

Abschied aus Rom übergab er dem Papst Silvester die Herrschaft über das Abendland, während er sich mit der über das Morgenland begnügte – die sogenannte konstantinische Schenkung, die, von Anfang an umstritten, doch bis in die Zeit der Reformation Rechtsgrundlage war. Welche von den drei Ansichten ist die richtige?

Um diese Frage beantworten zu können, werfen wir einen kurzen Blick auf Konstantins Charakter[229]. Wir sehen einen grausamen und ausschweifenden Monarchen, der zudem einen geradezu verschwenderischen Aufwand trieb, den das schwer bedrückte Volk aufbringen mußte. Seine Sittlichkeit wurde oft in Frage gestellt und Jacob Burckhardt, der in ihm einen mörderischen Egoisten sieht, urteilt:

> „Es haftet auf Konstantin noch stets ein letzter Schimmer von Erbaulichkeit, weil ihn so viele sonst verehrungswürdige Christen aller Jahrhunderte als den ihrigen in Anspruch genommen haben. Auch dieser letzte Schimmer muß schwinden. Die christliche Kirche hat an diesem furchtbaren, aber politisch großartigen Menschen nichts zu verlieren, so wie das Heidentum nichts an ihm zu gewinnen hatte“[230].

Dieses Urteil wird verständlich, wenn man sich diesen ersten christlichen Kaiser etwas näher betrachtet. Seine politische Genialität soll nicht geleugnet werden, er besaß auch manche Vorzüge, war aber doch ein eitler, verschwenderischer Herrscher, erfüllt von Raubsucht. Schon sein Äußeres wirkt durch die künstlichen, gefärbten Haare, das seidene, blumengeschmückte Gewand, das von Edelsteinen übersäte Diadem aufgesetzt und eitel[231]. In hohem Grade mißtrauisch, räumte er unter seinen wirklichen oder vermeintlichen Gegnern durch offene oder versteckte Tötung auf. Selbst seine Familie verschonte er nicht mit seiner Grausamkeit, so sank sein ältester Sohn Crispus dahin als Opfer seines ehrgeizigen Vaters. Die Leiden der kaiserlichen Familie bilden ein trauriges Kapitel in der Geschichte dieses Tyrannen. Er ermordete seinen Schwiegervater Maximin, seine beiden Schwäger Bassianus und Licinius, seinen Sohn und seine Gattin Fausta, die er im Bad ertränkte. Ebenso dunkel wirkt sein Verhalten zu seinen ehemaligen Mitregenten, die er trotz feierlicher Versprechungen einfach umbringen ließ. Die Regierung Konstantins, die so verheißungsvoll anhob, endete tyrannisch. Konstantin verlor nach Meinung eines Zeitgenossen den Rang eines guten Fürsten. Das ist das Porträt des Kaisers, der das Christentum protegiert hat. Sollten hier wirklich religiöse Motive den Ausschlag gegeben haben, wie es Euseb will und wie es Unzählige ihm nachgesprochen haben? Das ist nicht unbedingt glaubwürdig.

Konstantins Vater hatte sich kaum an der diokletianischen Verfolgung beteiligt, deswegen war er aber noch lange kein Christ, sondern huldigte dem damals üblichen solaren Henotheismus, dem Sonnengott *Sol invictus*, der auf dem Triumph-

229 Die Darstellung orientiert sich an den im Literaturverzeichnis genannten Monographien, sowie den Quellen und dem Bildmaterial aus Konstantins Zeit, das ganz dem Kaiserkult entspricht.

230 Jackob Burckhardt: Die Zeit Constantins des Großen. Basel 1953, S. 241.

231 Vgl. hierzu die Beiträge in: Alexander Demandt/Josef Engemann (Hg.): Imperator Flavius Constantinus – Konstantin der Große. Ausstellungskatalog. Mainz 2007, S. 520.

bogen von 315 als persönlicher Schutzgott erscheint. Das war auch Konstantins anfängliche Haltung. Dann kam der große Bruch im Kampf gegen den Usurpator Maxentius, der 312 in der Schlacht bei der milvischen Brücke Sieg und Leben verlor. Die Sache ist später so dargestellt worden, als habe Konstantin den Kampf aufgenommen, um die bedrückte Kirche aus den Händen eines Tyrannen zu befreien. Doch das ganze Bild vom Tyrannen Maxentius geht auf Konstantins Propaganda zurück. In Wirklichkeit hatte Maxentius der römischen Kirche längst ihre Güter zurückerstattet. Nach der Schlacht begrüßten die heidnischen Senatoren Konstantin als Retter. Hinter diesem Zug stecken viele politische Erwägungen, das Trachten nach der Weltherrschaft, der Universalmonarchie. Vielleicht erklärt sich auch darin die Hinwendung zum Christengott, in der Hoffnung, er werde Konstantin den Sieg verleihen. Das ist zwar ein egoistisches, aber durchaus ein religiöses Interesse. Über das Verhältnis des Christentums zur Schlacht an der milvischen Brücke kursieren zwei Versionen, von denen die des Laktanz, geschrieben 314/15, die wahrscheinlichere ist. Nach ihr hatte Konstantin aufgrund einer Vision angeordnet, daß die Soldaten auf ihren Schildern das Labarum einfügen, das ineinander gefügte XP (die griechischen Buchstaben Chi (X) und Rho (P) stehen für CHR[istos]). Den darauf erfolgten Sieg schrieb er dem Christengott zu. Diese These wird durch die Inschrift gestützt, die Konstantin auf seiner zum Andenken an den Sieg aufgestellten Statue anbringen ließ: „Durch das heilbringende Zeichen, das der wahre Beweis der Tapferkeit ist, habe ich eure Stadt von dem Joch des Usurpators befreit und Senat und Volk von Rom ihrem alten Glanz wiedergegeben“[232]. Das ist kein Bekenntnis zum Christentum. Konstantin wußte genau, daß er damals in heidnischen Kreisen auf keinen Widerstand stieß.

Ganz anders steht es mit der zweiten Fassung der Legende, die uns Euseb erzählt und die auf Konstantin selbst zurückgeht, der die wunderbare Kreuzesvision vier Jahre nach der Schlacht dem staunenden und leichtgläubigen Bischof erzählt und ihre Wahrheit durch einen feierlichen Eid bekräftigt hat. Ihm und dem ganzen Heer sei am Himmel das feurige Kreuz mit der berühmten Inschrift „in diesem Zeichen wirst du siegen“ erschienen. In der Nacht erschien ihm Christus persönlich mit dem gleichen Zeichen und forderte ihn zur Nachbildung auf. So sei die Kreuzesfahne entstanden, das sogenannte Labarum, mit dem Konstantin in die Schlacht gezogen sei. Daß das Ganze eine Legende ist, kann man schon daraus ersehen, daß Laktanz eine ganz andere Fassung gibt, ferner daraus, daß das Labarum uns erst 317 begegnet. Konstantin wollte diesem neuen Banner mit dem Kreuzeszeichen einen Nimbus geben. Deswegen erzählte er Euseb vermutlich die Geschichte von seiner Vision.

Prüfen wir die Religionspolitik Konstantins, so müssen wir uns vor einer Überschätzung der religiösen Motive von Anfang an hüten. Auch wenn man versucht hat, eine gerade Entwicklungslinie in seinem Verhältnis zur Kirche aufzuzeigen, kann man ein Schwanken Konstantins beobachten, man weiß nie recht, ob er schon

232 S. Alexander Demandt: Die Spätantike. München 2007, S. 84.

Christ oder noch Heide ist. Das war diplomatisches Geschick, er wollte es sich mit keiner Partei verderben, sondern in beiden das Gefühl erwecken, daß sie von seiner Gunst abhängig waren. Ohne Zweifel hat Konstatin das Christentum begünstigt. Das zeigt sich schon in der „Mailänder Konstitution“ von 313, einer Abmachung zwischen Konstantin und Licinius:

> „Wir haben geglaubt, vor allem das ordnen zu müssen, worin die Verehrung der Gottheit beruht, so daß wir den Christen und allen die Freiheit gewähren, der Religion, die ein jeder will, zu folgen, damit alles Göttliche, das im Himmel wohnt, uns und unseren Untertanen sich versöhnt und gnädig erweisen kann“[233].

Hier wird also Gleichheit aller Religionen gewährt, eine Bevorzugung darf man nicht aus der Erstnennung der Christen ableiten, denn das hängt mit der bisherigen Verfolgung zusammen. Aber Konstantin ging weiter, indem er sich besonders des Klerus annahm und ihm, wie der Kirche generell, weitgehende Privilegien einräumte. Es gab öffentliche Gelder für Kirchen, ja auch für deren Neubau. Die „Vita Silvestri“ im „Liber Pontficalis“ enthält ausführliche Verzeichnisse der reichen Schenkungen. Die Kleriker wurden von den Lasten der Munizipalämter befreit und wurden sogar verpflichtet, in öffentliche Ämter einzutreten, die ihnen zuvor gänzlich verschlossen waren. Im Jahre 318 wurde die Bestimmung erlassen, daß ein Christ einen vor dem weltlichen Gericht angestrengten Prozeß jederzeit dem geistlichen, der kirchlichen Schiedsgerichtsbarkeit, überweisen lassen kann. Außerdem wurden Kleriker berechtigt, Sklaven freizulassen, ohne daß es der juristischen Formalitäten bedürfe, und daß sie ebenso ohne notarielle Hilfe einem Testament Rechtsgültigkeit verleihen konnten. Mit diesen Verfügungen durchbrach der Kaiser zugunsten der Kirche das geltende Recht. Euseb hebt rühmend hervor, daß Konstantin die Bischöfe ständig auszeichnete, sie zum Teil in seinem Palast wohnen ließ, sich ihren ‚Mitbischof‘ nannte, dem die Sorge für die äußeren Angelegenheiten der Kirche aufgetragen sei. Sie begleiteten ihn auf seinen Feldzügen, erzogen seinen Sohn usw. Aber diese Begünstigung der Kirche geschah nicht grundlos. Der Kaiser wollte die Bischöfe durch seine Gunst an sich binden und durch sie Machteinfluß auf die Kirche erreichen. Darauf kam es ihm letztlich an. Man sieht es auch in seinem Eingreifen in die innerkirchlichen Streitigkeiten deutlich. Da ihm aus politischen Gründen an der Einheit des Christentums lag, ging er rigoros gegen alle Spaltungen vor. Um sie zu beseitigen, berief er Synoden, deren Termine er festlegte, deren Ort er bestimmte und denen er vorsaß. So geschah es im Abendland zu Arelate bei der Donatistenfrage. So in der Gesamtkirche zu Nicaea beim arianischen Streit. Die Kirche hatte damit ihre ursprüngliche Freiheit verloren, sie stand unter kaiserlichem Regiment. Herrschaft des Kaisers in der Kirche – ein Zug, der die byzantinische Kultur prägen sollte.

Diesem Interesse für die Kirche, das sich auch im Errichten prächtiger Gotteshäuser und im Stiften von Prachtbasiliken kundtat, entsprach ein allmählich sich

233 Zur Mailänder Konstitution vgl. Josef Rist: Die Mailänder Vereinbarung von 313, Staatsreligion versus Religionsfreiheit. In: Studia Patristica 34 (2001), S. 217–223.

verschärfender Kampf gegen das Heidentum. Doch die paritätischen Verhältnisse des Anfangs verschoben sich nur langsam. Die Bezeichnung des Kaisers als *Pontifex maximus* und seine Darstellung mit verschleiertem Haupt blieb, auch der Sonnengott war noch nicht verschwunden. Das Geld behielt zunächst sein gewohntes Erscheinungsbild, Konstantin übte große Zurückhaltung im Verwenden christlicher Symbole. Man darf das aber nicht als Zeugnis für seine persönliche Gesinnung werten. Seit dem Jahr 318 verschwanden allmählich die alten Götterbilder und wurden zunächst durch Aufschriften, ab 330 durch christliche Embleme ersetzt. Die Gladiatorenkämpfe, die Eingeweideschau und die Magie wurden mit der Zeit verboten – wobei Konstantin das Verbot in Bezug auf letztere nicht immer konsequent durchsetzte. Er ordnete ferner die Zerstörung mancher Tempel an, aber schwerlich aus religiösen Gründen, sondern um sich der dort aufgehäuften Wertgegenstände zu bemächtigen. Selbst Euseb gibt das zu, wenn er in seiner Lobrede auf Konstantin im Anschluß an seine „Vita Constantini" schreibt: „Die kostbaren Teile wurden eingeschmolzen und der formlose Rest den Heiden gelassen, zum ewigen Andenken ihrer Schmach". Die Kommissare drangen in die Tempel ein und ließen die wertvollen Götterbilder abtransportieren, „man führte sie wie Gefangene fort, diese Götter abgelebter Fabeln, an Stricken wurden sie fortgeschleppt", wie Euseb schreibt[234]. Aber es handelte sich bei all dem um gelegentliche Plünderungen, keineswegs um ein planmäßiges Vorgehen. Derselbe Konstantin, der gegen das Heidentum vorging, begünstigte es auch wieder ganz offensichtlich. Er duldete nicht nur das Errichten von Tempeln und Altären in Rom 331, sondern sogar in der neuen Hauptstadt Konstantinopel (330), wo zeitgleich Kirchen gebaut wurden. Wie die christlichen Kleriker, so befreite er auch heidnische Kollegien von den Lokalämtern und wie ihn die Hofbischöfe umgaben, so auch der neuplatonische Philosoph Sopater, ein Schüler des Jamblichus. Eunapius[235] schreibt darüber: „Er eilt an den kaiserlichen Hof, um ohne weitere Umstände über Konstantins ganzes Tun und Denken Einfluß zu gewinnen. Der Kaiser ist auch bald gänzlich von ihm eingenommen und läßt ihn zu seiner Rechten sitzen"[236]. Die heidnischen Kulte und Mysterien bestanden unbehindert fort, sonst hätte nicht lange nach Konstantins Tod ein christlicher Schriftsteller zu ihrer Vernichtung auffordern können. Als Christen ihn wohl zu einem schärferen Vorgehen gegen die Heiden anreizten, antwortete er diplomatisch:

> „Es ist etwas anderes, den Kampf für die Unsterblichkeit freiwillig auf sich zu nehmen, etwas anderes, ihn mit Strafen zu erzwingen. Das Gerücht geht, die Tempel und die Herrschaft der Finsternis seien abgeschafft. Ich würde dies allen Menschen raten, wenn nicht die gewaltsame Auflehnung des bösen Irrtums in manchen Seelen zum Schaden des Heils zu fest säßen".

234 Vita Constantini II 44 f.

235 Zu Eunapius s. Richard Goulet: Études sur les Vies de philosophes dans l'Antiquité tardive. Paris 2001

236 De Vitis Philosophorum 20.

Und ebenso höflich wie nichtssagend ist die Wendung: „Durch die Süße des Friedens werden die Irrenden auf den rechten Weg gelenkt werden“[237]. So hielt der Kaiser also seine Hand schützend auch über das Heidentum. Auf der ganzen Linie beobachten wir das charakteristische Schwanken, das natürlich diplomatischen Rücksichten folgte. Konstantin wollte seinem Reich Ruhe und Frieden erhalten. Konstantinopel wurde mit christlichen, aber auch mit heidnischen Zeremonien eingeweiht, der Kaiser stiftete Kirchen und Tempel und wenn er Sonntagsruhe gebot, so war das nicht allein ein Entgegenkommen für die Christen.

Das gleiche Schwanken beobachten wir, wenn wir Konstantins eigene religiöse Haltung prüfen. Der Kaiser war seit etwa 317 Katechumene der christlichen Kirche gewesen, wahrte dabei aber die Eigenständigkeit seines religiösen Lebens, so z. B. wenn er sich auf ihm zuteil gewordene direkte göttliche Offenbarungen berief. Vor dem Hof hatte er auch gelegentlich theologische Ansprachen gehalten. Aber erst auf dem Totenbett ließ er sich taufen. Offiziell stand er also zum Christentum nur in einem losen Verhältnis. Abgesehen davon, daß derartige Fälle damals durchaus nicht die Ausnahme waren, konnte er sich als Kaiser überhaupt nicht anders verhalten. Dieselbe Halbheit finden wir bei seinen eigenen Äußerungen über seine Religion, die alle etwas Schillerndes an sich haben. Seinen Sieg über den Rivalen Licinius kündete er mit den Worten an:

> „Meinen Dienst hat die Gottheit als geeignet für die Erfüllung ihres Werkes auserlesen und so bin ich, von dem britannischen Ozean ausgehend, wo der Sonne von der Natur der Untergang gesetzt ist, durch höhere Macht alle Gefahren überwindend, damit zugleich die Menschheit, durch meinen Dienst erzogen, den Gehorsam gegen das erhabenste Gesetz wieder aufnehme und der selig zu preisende Glaube unter höherer Führung wachse, zu den Gefilden des Ostens vorgedrungen. ... Daß ich meine ganze Seele, meinen Odem, meine innersten Gedanken dem größten Gott schulde, ist mein unerschütterlicher Glaube“[238].

Ein frommer Heide konnte ähnlich schreiben, auch er glaubte an das höchste Wesen. Diese eigentümliche Verquickung christlicher und heidnischer Gedanken lehrt uns auch ein Panegyrikus (Loblied) auf Konstantin aus dem Jahr 314:

> „Deshalb beten wir zu dir, höchster Erzeuger des Alls, dessen Namen so viele sind wie die Zungen der Völker, wir können ja nicht wissen, mit welchem du genannt sein willst, magst du eine göttliche Geisteskraft sein, die, durch die ganze Welt ausgegossen, sich mit allen Elementen mischt, ... oder eine über allen Himmeln thronende Macht ...“[239].

Eusebs Lobeshymnen auf den christlichen Kaiser Konstantin dürfen uns nicht irritieren. Der Kaiser teilte den Glauben der damaligen gebildeten Welt, d. h. er war ein toleranter Monotheist mit einem geringen christlichen Einschlag, den man nicht überschätzen darf.

---

237 Eusebius Vita Constantini II 42.

238 Vita Constantini II 29.

239 Panegyrici Latini XII.

Gleichwohl hat seine Regierung für das Christentum epochemachende Bedeutung gewonnen. Konstantin war nicht der Begründer der Reichskirche, sondern er stellte das Christentum mit den heidnischen Kulten als gleichberechtigt auf eine Stufe. Indem er die Kirche begünstigte, richtete er zugleich seine Herrschaft in ihr auf. Kirche und Staat, die sich einst befeindet hatten, gingen jetzt friedlich miteinander, aber die Kirche hatte ihre Selbständigkeit dabei eingebüßt. Auch hier erscheint uns Konstantin als der große Neuerer, der er ist, während Diokletian nur sehr vorsichtig zu Werke ging. Diokletian löste den Prinzipat, wie er seit den Tagen des Augustus bestand, wie ihn Hadrian reformiert hatte, endgültig auf. Konstantin aber schuf die absolute Monarchie, wie sie später Justinian mit theokratischem Einschlag weiter ausbildete. Schon bei Konstantin erscheint das Verhältnis vom himmlischem zum irdischen Herrscher als ein solches der Repräsentation. Das entwickelte sich im Osten des Reiches in Richtung des Cäsaropapismus, während es sich im Abendland mit dem fränkischen Gottesgnadentum verband und bis in die Zeiten des Absolutismus nachwirkte. Konstantin baute sein Kaisertum auch auf die Religion und degradierte sie damit zugleich zu einem Werkzeug seines Willens. Darin liegt seine eminente kirchengeschichtliche Bedeutung.

33. Der Ausbruch des arianischen Streites und seine vorzeitige Entscheidung in Nicaea

Die politische Instrumentalisierung der Kirche zeigt sich mit vollster Deutlichkeit bei dem großen innerkirchlichen arianischen Streit, der mit Heftigkeit fast das ganze vierte Jahrhundert tobte, die Kirche auseinanderriß und sie der kaiserlichen Herrschaft auslieferte. Es handelte sich um die Lösung der alten Streitfrage, wie man sich das Verhältnis des Logos zu Gott zu denken habe. Eine einheitliche Ansicht existierte damals im Orient nicht. Nach sabellianischer (modalistischer) Meinung sind Logos und Gott nur zwei Namen für dasselbe Wesen, während die Origenisten die Selbständigkeit des Logos neben Gott betonten. Aber sie faßten sie verschieden auf, je nachdem sie Origenes interpretierten. Die Konservativen legten alles Gewicht auf die Gleichwesentlichkeit des Logos mit Gott, desgleichen auf seine ewige Zeugung, während freier Gerichtete mehr den Abstand des Logos von Gott betonten, seine Andersartigkeit, seine Inferiorität Gott gegenüber. Man tat dies vornehmlich im Kampf gegen die Sabellianer, so z. B. Dionysius von Alexandrien um 260. Aber auch in Lukians Schule herrschten diese Gedanken, weil man nur dadurch den Monotheismus Gottes aufrecht erhalten zu können glaubte. Ein stark rationalistisches, aristotelisches Element herrscht hier vor. Aus diesen Kreisen stammte Arius, der um 310 als betagter, streng asketisch lebender Presbyter an einer Kirche Alexandriens selbständig wirkte. Wortmächtig verkündete er seine Anschauung vom Logos, der ein Geschöpf (*ktisma*) Gottes sei, aus dem Nichts geschaffen (*ex ouk onton*), allerdings vor der Zeit, d. h. vor der Weltschöpfung. Daher ist er dem Wesen des Vaters in jeder Beziehung unähnlich. Wenn man ihn dennoch Gott nennt, so tut man dies nur, indem man rückblickend seine irdische Bewährung belohnt. Im Gegensatz zu den origenistischen Gedanken von der ewigen Zeugung wird betont: es gab eine Zeit, in der er nicht war (*en pote hote ouk en*). Als ein Geschöpf ist der Logos aber auch wandelbar, er besitzt den freien Willen und entscheidet sich für das Gute. Dieser gewordene Logos verbindet sich mit dem Menschen Jesus, ohne daß, wie bei Origenes, die Seele das Bindeglied bildete, denn er nimmt einen unbeseelten Körper (*soma apsychon*) an. Der Logos ist es also, der leidet, versucht wird usw., er ist gewissermaßen nur ein halbgöttliches Wesen – kann er dann aber auch die volle Erlösung bringen? Arius sieht sie nicht in der wesenhaften Vergottung durch den Logos, sondern nur in der geistigen Hebung und Belehrung durch ihn.

Diese Anschauung erregte Anstoß und schließlich mußte Bischof Alexander von Alexandrien selbst einschreiten, was ihm keineswegs ganz leicht fiel, da er zum Teil selbst die Ansicht des Arius teilte. Er mußte nun in seiner Polemik die andere Seite der origenistischen Lehre herausarbeiten und die Gleichwesentlichkeit des Logos mit Gott betonen, wobei er sich hüten mußte, nicht bis zum sabellianischen Irrtum der Identität fortzuschreiten. Er hielt also an der ewigen Zeugung fest, da der Logos aus Gottes Wesen (*ousia*) stammen muß und da es nie eine Zeit gegeben hat, in der er nicht war. Somit glaubt Alexander, alle Klippen zu umschiffen: die Gleichwesentlichkeit des Logos mit Gott schließt den Irrtum des Arius aus, zugleich aber auch einen Ditheismus, während die hypostatische Selbständigkeit des Logos den Alexandriner vor jedem Verdacht eines Sabellianismus schützte. Sein Frömmigkeitsinteresse drückt sich in dem Satz aus: „Durch die Wohltat dessen, der Gottessohn von Natur ist, werden wir Gottes Adoptivsöhne“[240].

In Alexandrien waren damals um 320 die Verhältnisse sehr verworren. Es bestand dort die novatianische Nebenkirche, sodann das aus der letzten Verfolgung stammende meletianische Schisma und schließlich eine andere Absplitterung, die von einem streng orthodoxen Mann geschaffen war, dem Alexander gegen Arius zu lässig vorging. Daneben zwang den Bischof noch ein kirchenpolitischer Grund zum Eingreifen, denn er fürchtete die Selbständigkeit der Presbyter als Rivalität. Seine schwankende Lage mag ihn zu seinem Vorgehen gegen Arius veranlaßt haben. Die erste Phase des Streites, die von 320 bis 325 reichte, kann schnell übergangen werden. Da Arius das ihm und seinem Anhang vom Bischof vorgelegte Glaubensbekenntnis nicht unterschreiben wollte, wurde er mit den Seinen exkommuniziert. Da wandte sich Arius an den übrigen Osten und fand überall bereite Helfer, die ihm seine Rechtgläubigkeit gern bestätigten. Zu den einflußreichsten Persönlichkeiten, die sich für ihn einsetzten, gehörten Eusebius von Nikomedien und der gelehrteste Mann der damaligen Zeit, Eusebius von Caesarea. Aus einer Gemeindeangelegenheit entwickelte sich über Nacht ein großer Kirchenstreit, in dem sich zwei Parteien gegenüberstanden und mit dem sich auch kirchenpolitische Momente verbanden. Denn Alexander wollte sich in seinen Entscheidungen nicht auswärtigen Bischöfen beugen, diese wollten sich ihren Glauben aber auch nicht von ihrem alexandrinischen Kollegen vorschreiben lassen. So kam es, daß bald der

240 So schreibt er 324 an den Bischof Alexander von Thessalonich.

ganze Osten Arius als rechtgläubig anerkannte und dieser nach Alexandrien zurückkehrte. Alexander seinerseits setzte seinen Willen Ende 324 auf einer Synode in Antiochien durch, wo neben Arius und seinem Anhang auch die beiden Eusebe verurteilt wurden. Der ganze Osten war lebhaft bewegt und in zwei Teile gespalten, und dies in dem historischen Augenblick, da Konstantin die Herrschaft auch über den Osten angetreten hatte. Das Bestreben dieses Herrschers mußte sich aber nun gerade auf die Einheit der Kirche richten, die nur so als Stütze in seine Universalmonarchie eingebaut werden konnte. Wie beim Donatistenstreit im Abendland mußte der Kaiser auch hier eingreifen. Der ursprünglich rein dogmatische Streit, mit dem sich bald kirchenpolitische Motive und persönliche Mißhelligkeiten verbanden, trat nun in das Licht der hohen Politik.

Der Kaiser glaubte anfangs, die ganze Angelegenheit, deren Tragweite er als Laie überhaupt nicht kannte, durch gütliches Zureden schnell aus der Welt schaffen zu können. Er schickte seinen Hofbischof Hosius von Cordoba nach Alexandrien mit dem Auftrag, zwischen beiden Parteien zu vermitteln. Zugleich schickte er an die beiden Häupter der streitenden Parteien Friedensbriefe. Der Streitpunkt sei viel zu unbedeutend und spitzfindig, um das christliche Volk zu spalten, der Glaubenspunkt sei zudem unbegreiflich. Deshalb sollten die streitenden Parteien es so halten, wie es auch in den griechischen Philosophenschulen der Fall war, wo man zwar disputiert, aber zugleich am Gemeinsamen festhält. Aber der Streit hatte schon zu weite Kreise gezogen, selbst die Laien waren leidenschaftlich an ihm beteiligt, bis in die unteren Volksschichten agitierte man für oder gegen Arius. Selbst Heiden und Juden waren aufmerksam geworden und verfolgten das Ganze. So schlug der kaiserliche Versöhnungsversuch völlig fehl.

Nun griff Konstantin zu dem Mittel, daß er schon im donatistischen Streit verwendet hatte und berief eine Synode ein. So kam die berühmte Synode von Nicaea zusammen, die vom Juni bis August 325 tagte und als das erste ökumenische Konzil gilt. Kaum zu Recht, denn es war eine fast ausschließlich von Orientalen beschickte Synode, wenn man von den sechs bis zehn Vertretern des Abendlandes absieht. Wir haben noch 220 Unterschriften von Synodenteilnehmern, die Zahl der Bischöfe wird zwischen 250 und 270 angegeben – die Zahl 318 ist eine spätere Erfindung, veranlaßt durch den magischen Zahlenwert. Vom Abendland waren nur bestimmte einzelne Bischöfe geladen, darunter die von Karthago und Rom. Der römische Bischof ließ sich durch Kleriker vertreten, die aber nicht den Vorsitz führten. Eine derart große, von Ost und West beschickte Kirchenversammlung war ein völliges Novum, ebenso die Anwesenheit des Kaisers, der den Beratungen folgte. Die Bischöfe reisten mit der Reichspost, das Konzil tagte im kaiserlichen Palast, mit ausgesuchter Liebenswürdigkeit wurden die Kirchenfürsten umgeben. Bei ihnen kann sich Euseb gar nicht genug tun. Er spricht von dem „aus bunten Blumen gewundenen großen Priesterkranz", von dem „Abbild des Apostelreigens", von der „Wiederholung des ersten Pfingstfestes"[241]. Dann erschien der Kaiser in der Ver-

241 Vita Constantini 3,4–8.

sammlung, im ganzen Prunk seines Aufzuges, mit Edelsteinen überladen, „leuchtend wie ein Engel Gottes vom Himmel" und alles erhob sich ehrfurchtsvoll von den Sitzen. Der Kaiser wurde durch einen Bischof begrüßt, vielleicht durch Eustathius von Antiochien, vielleicht auch durch Euseb von Caesarea. Wir wissen es nicht genau, da kein Name genannt wird. Konstantin selbst hielt dann eine Ansprache in lateinischer Sprache, deren Gebrauch sein Handeln als Staatsakt darstellte, setzte sich dann auf einen kleinen goldenen Sessel und verfolgte als bescheidener Zuschauer die Verhandlungen. Der Kaiser gehörte nicht zum geschäftsführenden Vorstand der Synode, den Hosius, Eustathius und andere Bischöfe bildeten, er schien lediglich als Zuschauer dabei zu sein. In Wirklichkeit richtete sich aber alles nach seinem Willen.

Das Konzil hatte viele Angelegenheiten zu ordnen, die wichtigste war jedoch die Regelung der Glaubensfrage. Die Parteien des Arius und des Alexander, also die Extreme, waren nur schwach vertreten, während die vermittelnden Traditionalisten, also Personen wie Euseb von Caesarea, in erdrückender Mehrzahl waren. Die abendländische Theologie kam numerisch so gut wie gar nicht zur Geltung, sollte aber durch den kaiserlichen Hofbischof den allergrößten Einfluß gewinnen. Über den Gang der Verhandlungen sind wir nur sehr mangelhaft unterrichtet, wir kennen kaum mehr als das Resultat. Der Kaiser wünschte eine Formel, die fest und bestimmt genug war, um durch sie die Häresie zu kennzeichnen, und doch dehnbar genug, daß sich weiteste Kreise mit ihr abfinden konnten. Das war ein Gebot der Klugheit und des diplomatischen Taktes. Es begann ein sehr kompliziertes Intrigenspiel, verbunden mit langwierigsten Diskussionen. Zunächst suchten die auf der antiochenischen Synode von 324 Verurteilten sich zu verteidigen, Arius legte ein Glaubensbekenntnis vor, das Euseb von Nikomedien in vorsichtigen Wendungen verfaßt hatte. Es wurde abgelehnt. Dann trat Euseb von Caesarea auf mit dem Taufsymbol seiner Gemeinde. Es wurde teils beanstandet, teils gut gehheißen, vor allem stellte sich aber heraus, daß es mehrdeutig war und daß es auch die Arianer in ihrem Sinne interpretieren konnten. Denn darin hieß es ‚wahrer Gott vom wahren Gott'. Das konnte Arius unterschreiben, da er ja dem Logos das Prädikat ‚Gott' nicht absprach, freilich ganz anders begründete, nämlich als Lohn für seine errungene sittliche Vollkommenheit. Zur Not konnte Arius auch die Worte ‚eingeborener Sohn des Vaters' anerkennen, da zwischen ‚Schaffen' und ‚Zeugen' noch nicht unterschieden wurde und da deshalb aus dieser Wendung auch eine Schöpfung des Logos aus dem Nichts herausgelesen werden konnte. Man mußte also arianische Mißverständnisse durch erläuternde Zusätze abwehren. Drei fügte man ins Symbol ein. Bei der letzten Wendung fügte man die Erklärung hinzu: ‚aus dem Wesen des Vaters', womit eine Schaffung des Logos aus dem Nichts ausgeschlossen wurde. Die Worte ‚wahrer Gott vom wahren Gott' erhielten drei Zusätze: ‚gezeugt, nicht geschaffen, eines Wesens mit dem Vater'. Damit war das wichtige Wort *homousios* (eines Wesens) ins Symbol gekommen, fraglos die bedeutsamste Neuerung. Die Konzilsväter sträubten sich heftig gegen dieses Wort, man sagte, es stehe so nicht in der Schrift, es drücke dem Bekenntnis einen gelehrten Stempel auf. Den Origenisten war dieses Wort verhaßt, denn sie witterten darin eine modalistische Position. Aber der Kaiser bestand auf seiner Einfügung und brach die Diskussion ab. Sein Hofbischof könnte es ihm so nahegelegt haben. So gewann das Abendland starken Einfluß auf die Gestaltung des Symbols. Die Bischöfe fügten sich dem kaiserlichen Willen und akzeptierten die Formel, dieselben Bischöfe, die wenige Jahre zuvor dem Kaiser in der Verfolgung so standhaft Widerstand geleistet hatten. Sie taten das teils aus Angst, um die kaiserliche Gunst nicht zu verlieren, teils aber auch, weil sie das Schlagwort *homousios* in ihrem Sinne interpretieren konnten. Man konnte in ihm nämlich die Einheit der Person proklamiert finden, was der Orient mit Entrüstung zurückwies. Deshalb wurde dieses Stichwort auch von Dionysius von Alexandrien in seinem Streit gegen die libyschen Modalisten nicht gebraucht. Man konnte es aber auch im origenistischen Sinne auslegen. Der Logos stammt aus derselben Masse, Substanz, Seinsweise des Vaters, so daß die Mehrheit der Hypostase gewahrt bleibt. Die Formel hat also etwas Unbestimmt-Schwankendes, das sie in ihrer Eigenschaft als Kompromißformel auch haben mußte. Sie überbrückte auch den Gegensatz zwischen Ost und West. Nirgends wurde im Symbol die origenistische ‚ewige Zeugung des Logos' erwähnt. Die Origenisten konnten sie aber aus dem *homousios* herauslesen. Die Abendländer hielten sich im Ganzen an Novatian, nach dem der Logos ewig in Gott und zu gewisser Zeit aus ihm herausgetreten ist. Diese Position nahm auch der Kaiser unter dem Einfluß seines Hoftheologen ein. Sie verdeckte auch den weiteren Unterschied, ob man es mit einer vorzeitlichen, immanenten Trinität zu tun hatte, wie es Origenes lehrte, oder mit einer nur ökonomischen, wie bei Tertullian und Novatian. So blieb alles in der Schwebe und selbst die extremen Arianer versuchten, sich der neuen Formel anzupassen. Das erschwerte man ihnen jedoch, indem man an das Symbol einige arianische Wendungen hängte und diese ausdrücklich verurteilte: „Diejenigen aber, die da sagen ‚es gab eine Zeit, da er nicht war' und ‚er war nicht, bevor er gezeugt wurde', und er sei aus dem Nichtseienden geworden, oder die sagen, der Sohn Gottes stamme aus einer anderen Person oder Wesenheit[242], oder er sei geschaffen oder wandelbar oder veränderbar, die verdammt die katholische Kirche"[243]. So war durch kaiserliches Machtgebot der Friede wiederhergestellt, die Einheit der Kirche durch eine mehrdeutige Formel garantiert. Nur zwei Bischöfe stimmten außer Arius gegen sie, während einige, unter ihnen Eusebius von Nikomedien, die antiarianischen Schlußformulierungen nicht unterschreiben wollten. Sie wurden verbannt. Euseb von Caesarea fand sich elegant mit der Formel ab und rechtfertigte sie in einem mit

242 *Hypostasis* hat eine sehr umfassende Bedeutung: Niederschlag, Grund, Grundlage, das was einem Ding zugrundeliegt, der Bestand, Wirklichkeit, das eigentliche Sein. In letzterem Sinne haben es die Kirchenväter verwandt. Damit korrespondiert *hypostasis* dem Begriff *ousia*. Dieser Terminus bedeutete bald die den Dingen zugrunde liegende allgemeine Wesenheit, bald das konkrete Einzelding.

243 Der Text ist abgedruckt bei: Peter Hünermann (Hg.): Heinrich Denzinger: Kompendium der Glaubensbekenntnisse und kirchlichen Lehrentscheidungen Lateinisch (griechisch) – Deutsch, Nr. 125 f. Freiburg i. Br. [40]2005.

vorsichtiger Diplomatie verfassten Schreiben an seine Gemeinden. Die meisten Bischöfe verstanden nach dem Urteil von Zeitgenossen allerdings überhaupt nicht, worum es eigentlich ging, und schlossen sich einfach der Majorität an[244].

Zweierlei ist an diesem Konzilsentscheid wichtig. Zunächst der kaiserliche Einfluß und damit die Vermischung der dogmatischen Fragen mit der hohen Politik, hier besonders stark, insofern ein ‚Hörer' über letzte Glaubensgeheimnisse entschied. Ferner bemerken wir die Unaufrichtigkeit, die sich stark bemerkbar macht, die scheinbare Unterwerfung. Beides sollte sich in der Folgezeit geradezu verhängnisvoll weiterentwickeln. Für dieses Mal schien der Streit beendet, da die rettende Formel gefunden war. Die Synode kam äußerlich zu einem glänzenden Abschluß. Jubelschreiben gingen durchs Land, der Kaiser lud alle Bischöfe zu einem Bankett. Euseb schildert es uns und hebt dabei hervor, daß keiner an der Tafel fehlte. Bedenkt man, daß noch vor wenigen Jahren die Kirche vom Staat so leidenschaftlich verfolgt wurde und betrachtet dann diese glänzende Kirchenversammlung, dann spürt man den bedeutenden Umschwung. Die neuen, ins Große wachsenden Verhältnisse müssen Manchen geradezu berauscht haben. Schattenseiten werden sie nicht so schnell gesehen haben: das kaiserliche Regiment in der nicht mehr freien Kirche. Wie wenig dieses aber die Sache selbst fördern konnte, sieht man aus der Fortsetzung des arianischen Streites, denn der Friede von Nicaea war sehr trügerisch, eigentlich nur ein Waffenstillstand. Der Orient sträubte sich weiterhin gegen die Formel, die ihm aufgenötigt wurde.

34. Die Entwicklung des arianischen Streites unter den Söhnen Konstantins. Athanasius

Die arianischen Kämpfe bilden einen ebenso interessanten wie komplizierten Abschnitt in der alten Kirchengeschichte. Dogmatische, staatspolitische, kirchenpolitische, persönliche Interessen verschlingen sich zu einem schier unentwirrbaren Knoten, den gehässige Intrigen, Fälschungen, Verleumdungen aller Art noch fester knüpften. Hier sollen nur die dogmatischen Grundgedanken herausgearbeitet werden und einige Schlaglichter des gewaltigen Streites, der fast ein Dreiviertel-Jahrhundert die ganze Kirche in Atem hielt. Mit dem Tod Konstantins (337) endete ein erster Abschnitt. Wenn Konstantins Kirchenpolitik auch als schwankend zu bezeichnen ist[245], verhielt er sich bei der Verfolgung der Ergebnisse der Synode von Nicaea aber ganz konsequent. Der Kaiser wachte ängstlich über die nicaenische Glaubensformel, die in ihrer Weite unbedingt aufrecht erhalten werden mußte, und er spielte mit großem Geschick die einzelnen Parteien gegeneinander aus, um keine zu mächtig werden zu lassen.

Zunächst schienen Arius und sein Anhang unterlegen, denn Arius war verbannt, ebenso der einflußreiche Euseb von Nikomedien. Der alexandrinische Bi-

244 Theodoret von Cyrus; Historia ecclesiastica 1,8.
245 Vgl. Kap. 32.

schof konnte sich als Sieger fühlen, obwohl er es in Wirklichkeit nicht war, denn im Nicaenum war ja keine bestimmte Auslegung des *homousios* gegeben. Diese zu schaffen und für allein verbindlich zu erklären, war die nächste Aufgabe der siegreichen Partei. Was sie auf dem Konzil nicht erreicht hatte, wollte sie nach dem Konzil durchsetzen. Zwei Bischöfe unternahmen vor allem diesen Vorstoß: Eustathius von Antiochia und Marcell von Ankyra. Ersterer hatte in Nicaea eine große Rolle gespielt, war der Freund des Hosius von Cordoba und vertrat eine Theologie, die auf älterem Boden gewachsen war, sich der Lehre Paulus' von Samosata näherte und das *homousios* fast sabellianisch faßte. Er sah im Logos keine selbständige Hypostase, sondern nur eine unpersönliche Kraft Gottes, sprach freilich von einer Gottwerdung (*theogonia*), die er aber anders verstand. Das war an sich noch nicht sabellianisch, konnte aber so interpretiert werden. Eustathius griff nun Euseb von Nikomedien heftig an, polemisierte leidenschaftlich gegen die Arianer, ließ Anhänger der eusebianischen Partei, die er auch als arianisch ansah, nicht zu kirchlichen Ämtern zu und machte sich dadurch unbeliebt. Euseb von Caesarea warf er Fälschung des Nicaenums vor. Dem Kaiser konnte es nicht willkommen sein, daß der Sinn des *homousios* genau festgelegt wurde, die Eusebianer mußten die günstige Gelegenheit benutzen und den Stuhl von Antiochien an ihre Partei bringen. Fünf Jahre nach Nicaea (330) trat in Antiochien eine Synode zusammen, die dem dortigen Bischof den Prozeß machte. Ihm wurde Sabellianismus, unsittlicher Lebenswandel und Beleidigung der Kaiserin-Mutter vorgeworfen. Er wurde daher abgesetzt, verbannt und erhielt als Nachfolger einen Kleriker von der eusebianischen Partei.

In den nächsten Jahren wogte der Kampf um Marcell von Ankyra[246]. Dieser stand ebenfalls auf dem Boden der alten Theologie, kannte keine vorzeitliche Trias, sondern wie Tertullian und das Abendland nur eine ökonomische Fassung der Trinität. Deshalb konnte er auch keine vorzeitliche Hypostase des Logos anerkennen, für ihn war der Logos lediglich das Wort, das Gott immanent ist. Man kann daher auch von keiner Zeugung des Logos aus Gott reden, Sohn heißt erst der geschichtliche Christus. Der Erhöhte geht wieder in den Vater zurück. Daher betonte Marcell stark den Gedanken der Einheit Gottes und bestritt jede Eigenpersönlichkeit des Logos, was ihn für das Morgenland auf eine Stufe mit Sabellius und Paul von Samosata rückte. Das sind alles Anschauungen, wie sie auch die ältere abendländische Theologie vertrat, im Abendland hat Marcell deswegen länger in Achtung gestanden. Im Morgenland sollte seine Stunde dagegen bald schlagen. Marcell war töricht genug, seine Theologie in das Nicaenum hineinzulesen und ihre Annahme zu fordern. Insonderheit griff er die beiden Eusebe an. Aber der naive Fanatiker Marcell war diesen Weltmännern nicht gewachsen. Der Kaiser berief eine Synode nach Konstantinopel, der wohl Euseb von Nikomedien präsidierte, Marcell wurde natürlich wegen Sabellianismus verurteilt und verbannt. Eine derartige Theologie mußte alle Origenisten vor den Kopf stoßen.

246 Vgl. zum Folgenden Sara Parvis: Marcellus of Ancyra and the Lost Years of the Arian Controversy 325–345. New York 2006.

Noch war aber der alexandrinische Bischof auf dem Plan, der klug genug war, sich dogmatisch nicht auf eine bestimmte Deutung des *homousios* festzulegen. Die Selbständigkeit der Presbyter hatte er niedergerungen, in Ägypten selbst schuf er sich förmlich die machtvolle Stellung eines Patriarchen, sein Ansehen und Einfluß wuchsen von Jahr zu Jahr. Konstantin verfügte jedoch über zwei Mittel, ihn sich unterwürfig zu erhalten, indem er die schismatischen Meletianer unterstützte und Arius restituierte. Beides hat er getan. Arius wurde zwar in Nicaea verbannt, aber nach Nikomedien, an den kaiserlichen Hof. Der verbannte Euseb von Nikomedien durfte nach kurzer Zeit zurückkehren. Bald darauf legte Arius ein höchst vorsichtig abgefaßtes Glaubensbekenntnis vor, das bei Vermeidung des Ausdrukkes *homousios* vorgab, auf dem Boden des Nicaenums zu stehen. Es wurde auf einer erneuten Synode in Nicaea 327 als rechtgläubig anerkannt und Arius für in der kirchlichen Gemeinschaft stehend erklärt. Jetzt verlangte er Wiedereinsetzung in sein Amt, aber der alexandrinische Bischof sträubte sich dagegen. Hier war inzwischen auf Alexander ein junger ehemaliger Diakon gefolgt, der sich schon in Nicaea ausgezeichnet hatte: Athanasius.

Man hat Athanasius in verschiedener Weise beurteilt, an seiner außergewöhnlichen Bedeutung aber ist nicht zu zweifeln. Seine Lebensaufgabe galt der Aufrechterhaltung des Nicaenums, fast ein halbes Jahrhundert gebot er in Alexandrien als Patriarch, der erste Vertreter des Typs eines Kirchenfürsten, wie sie die Reichskirche hervorbrachte. Auch in Zeiten der Verfolgung bewahrte er Standhaftigkeit und wachte eifersüchtig über seinen Ruhm. Wenn er auch von Fanatismus nicht frei blieb, zeigte er doch einen gewissenhaften und festen Charakter und verstand es, den richtigen Augenblick zu nutzen, um seine Position zu behaupten. Die verschiedensten Vorwürfe wurden gegen ihn erhoben, am schwersten war der Fall des Meletianers Ischyras in der Mareotis, der zugleich ein interessantes zeitgeschichtliches Schlaglicht wirft. Athanasius sandte gegen ihn einen seiner Presbyter aus, dieser stürzte den Bischofsstuhl und den Altar der Kirche des Ischyras um, wobei ein Abendmahlskelch zerbrochen sein soll – ein ungeheurer Frevel. Schließlich mußte Athanasius im Sommer 335 auf einer Synode in Tyrus erscheinen, wozu er einen großen Stab ägyptischer Kleriker mit sich führte. Er lehnte das Kollegium, das über die gegen ihn erhobenen Vorwürfe richten sollte, als befangen ab, weigerte sich, vor ihm zu erscheinen und fügte sich erst der Gewalt, als es gar nicht mehr anders ging, und floh nach Tyrus. Bald darauf verließ er heimlich Tyrus und hoffte, durch eine persönliche Begegnung mit Konstantin sein Schicksal zu wenden. Die Synode erblickte in dieser Flucht ein Schuldeingeständnis und setzte den Patriarchen ab. Athanasius traf in Konstantinopel den Kaiser vor seiner Villa und flehte um Gerechtigkeit, womit er zunächst Erfolg zu haben schien. Aber die Eusebianer zogen den Kaiser auf ihre Seite, indem sie sagten, daß Athanasius die ägyptische Kornflotte am Auslaufen hindern könne. Vielleicht wirkten auch noch andere Gründe mit. In einer zweiten Audienz kam es zu einem heftigen Streit zwischen Kaiser und Kirchenfürst, worauf Athanasius sofort in die Verbannung ins ferne Trier reisen mußte. Aber er erhielt keinen Nachfolger auf seinem Bischofsstuhl. Man sieht, wie geschickt der Kaiser alles ausbalancierte, kein Bischof sollte zu mächtig werden. Konstantin war tatsächlich Herr der Kirche, er leitete auch ihre inneren Angelegenheiten. Er hielt an der Grundlage des Nicaenums fest, beseitigte aber zugleich dessen fanatische Vertreter. In Wirklichkeit können wir also eine Wende der kaiserlichen Politik nach 325 feststellen, die um so verständlicher wird, wenn man bedenkt, daß der Kaiser erst nach 325 die Stimmung des Ostens kennen lernte, der dem *homousios* gegenüber mißtrauisch blieb und mit Origenes an den drei göttlichen Hypostasen festhielt. Im Jahr 336 sollte Arius feierlich wieder ins Amt eingeführt werden, aber er starb am Tag seiner Einführung. Über sein Ende verbreitete Athanasius die despektierliche Legende, er sei auf einer Latrine gestorben und seine Eingeweide seien auseinander geborsten. Noch hundert Jahre später zeigte man in Alexandrien diese Latrine als touristische Attraktion. Konstantin, der die Lage im Gleichgewicht gehalten hatte, starb 337 und empfing auf dem Totenbett von seinem Hofbischof Euseb von Nikomedien die Taufe. Damit endete die erste, noch relativ durchsichtige Phase der arianischen Wirren.

In der Folgezeit wurden die Verhältnisse viel komplizierter. Zunächst sollen die beiden theologischen Hauptrichtungen dargestellt werden, die Theologie des Athanasius und die antinicaenische Oppositionspartei. Was Athanasius anbelangt, ist anzumerken, daß er eigentümlich zwischen Origenes und der realistischen Erlösungslehre eines Irenäus bzw. Methodius schwankte. Seine große Frage war, warum Gott Mensch wurde. Er konzipiert seine Theologie von der Erlösungslehre aus, von hier aus erweist er die Notwendigkeit, daß der Logos wahrer Gott sein muß, um die Menschen erlösen zu können. Er hat darüber eine eigene Schrift geschrieben: „Über die Menschwerdung des Logos"[247]. Er beantwortet die Frage ganz im Sinne des Irenäus: Der Logos wurde Mensch, damit wir vergöttlicht werden. Die Aufgabe Christi war es, die Herrschaft des Todes zu beseitigen und sich als Logos zu offenbaren. Er markiert also den Anfang einer neuen Menschheit, er stellt das wieder her, was durch Adams Schuld verloren gegangen ist. Das ist ein Zurücklenken zu vororigenistischen Anschauungen. Zugleich wird deutlich, daß Athanasius ein leidenschaftlicher Gegner des Arius sein mußte, denn wenn der Logos ein geschaffenes Wesen ist, wird die ganze Erlösung in Frage gestellt. Im Gottmenschen müssen sich beide Naturen treffen, die göttliche und die menschliche. Ihre Vereinigung bei Jesus ist das Vorbild für ihre Vereinigung bei uns. Wollen wir die Unvergänglichkeit erlangen, so können wir das nur, wenn der Logos selbst aus der göttlichen Sphäre kommt. An diesem Punkt geht Athanasius in origenistischen Bahnen weiter. Der Logos ist von Gott ewig gezeugt, er stammt aus der göttlichen *ousia*, aber Athanasius vermeidet anfangs fast ängstlich das Stichwort *homousios*, er spricht lieber von der Einheit des göttlichen Wesens. Athanasius denkt also nicht sabellianisch, er hält an der hypostatischen Selbständigkeit des Logos fest, aber

---

247 T. Herbert Bindley (Übers.): De Incarantione Verbi Dei. Athanasius on the Incarnation. (1903) ND New York 2008. Der griechische Text bei Migne XXVI. Es handelt sich um das erste der zwei Bücher gegen den Apollinarismus. Die Autorschaft des Athanasius ist nicht vollkommen sicher.

er ist viel weniger als Origenes am Logos als einer philosophischen Größe interessiert, er faßt ihn vornehmlich unter dem Gesichtspunkt der Soteriologie (Erlösungslehre) auf. Das bedeutet ohne Frage eine Vertiefung in die ältere christliche Tradition, was man ebenso im Zurückkehren zur Rekapitulationslehre feststellen kann. Die Theologie des Athanasius sollte für die Folgezeit von allergrößter Wichtigkeit werden, sie zeigt uns auch deutlich, wo das Frömmigkeitsinteresse in diesem Streit steckte, der ohne diese Einsicht leicht den Eindruck eines Kampfes um Spitzfindigkeiten hervorruft. Hinter diesen Streitereien um Schlagworte und ihre Bedeutung standen die Frömmigkeit und der Kultus, die tiefe Sehnsucht nach Vergottung der menschlichen Natur.

Andere Wege geht die antinicaenische Oppositionspartei: Sie stand ebenfalls auf dem Boden des Nicaenums oder gab dies jedenfalls vor. So unbekümmert, wie es Arius vor 325 tat, konnte man jetzt nicht mehr spekulieren. Man vermied zwar die Termini *homousios* (aus dem Wesen des Vaters), aber man behauptete doch die volle Gottheit Christi, die ihm allerdings erst wegen seiner künftigen Taten verliehen wurde. Man sagte nicht, daß der Sohn aus dem Wesen des Vaters stammt, aber man wies es energisch zurück, daß er aus dem Nichtseienden geschaffen worden sei. Überhaupt ist der Sohn nicht geschaffen, er ist kein *ktisma*, sondern vom Vater gezeugt. Aber wie das im Einzelnen zu verstehen sei, wurde wohlweislich in Dunkel gehüllt. Nach ihrem Sieg zerfiel diese Oppositionspartei in drei Gruppen.

Zunächst wurde von Aetius der radikale Arianismus erneuert[248]. Dieser Neuarianismus erfreute sich zeitweise großer Beliebtheit. Wir besitzen von Aetius noch eine Thesenreihe, die von seinem Scharfsinn Zeugnis ablegt: Gott bleibt in seinem Wesen immer ungezeugt, ein gezeugtes Wesen ist daher seinem Wesen nach von Gott völlig verschieden. Die gesamte Christologie wird im Rahmen eines philosophischen Gottesbegriffes umgedeutet. Ganz andere Wege ging die Mittelpartei. Sie reflektierte über das Problem, aus welcher Seinsweise (*ousia*) der Logos stamme. Es mußte die gleiche sein, wie es ja auch Origenes früher festgestellt hatte. Aber man hatte doch Befürchtungen vor dem Terminus *homousios* und wählte daher das ähnlich lautende *homoiousios*, was nicht wesensgleich, sondern nur wesensähnlich bedeutet. Der Sohn ist auch hier ewig vom Vater gezeugt, er stammt damit aus der göttlichen *ousia*. Damit war man in doppelter Kampfstellung, einmal gegen die Neuarianer, dann gegen den Sabellianismus eines Marcell von Ankyra. Die nach ihrem Schlagwort benannten Homoiousianer näherten sich dem Athanasius an und halfen, die Neu-Orthodoxie anzubahnen. Schließlich ist noch auf die dritte Gruppe hinzuweisen, die Homoier. Es war vornehmlich die Partei der Hofbischöfe, die den ganzen Hader gern in einer neuen Formel ersticken wollten. Von *ousia*, *hypostasis* und ähnlichen Schlagworten sollte man nach ihrer Meinung überhaupt nicht reden, es genüge der Glaube, daß der Sohn dem Vater in allen Dingen ähnlich (*ho-*

---

248 Vgl. Thomas A. Kopecek: A History of Neo-Arianism. Bd. 1 u. 2. Philadelphia 1979 (= Patristic Monograph Series of the North American Patristic Society 8).

moios) sei oder, noch besser „ähnlich nach der Schrift“[249]. Dabei könne sich dann jeder denken, was er wolle. Es sei unklug, über so hohe Geheimnisse spekulieren zu wollen. Diese drei Parteien befehdeten sich gegenseitig, aber um 360 hatten die Homöer dank kaiserlicher Gunst die Oberhand.

Neben diesen theologischen Grundgedanken muß noch ein kurzer Blick auf den wirren Streit selbst geworfen werden. Einige Schlaglichter mögen ihn beleuchten. Zunächst zwei heidnische Urteile über ihn: der heidnische Historiker Ammianus Marcellinus urteilt über den Kaiser Konstantin und das Christentum:

> „Die christliche Religion, die an und für sich verständlich und einfach ist, verwirrte er durch die Faselei des Aberglaubens. Statt die Parteien durch das Gewicht seiner Macht zu versöhnen, nährte und pflanzte er durch Wortgezänke die Zwistigkeiten fort ... Die Heerstraßen waren mit Scharen von Bischöfen bedeckt, die von allen Seiten zu den Zusammenkünften galoppierten, die sie Synoden nennen, und während sie die ganze Sekte zu ihren eigenen Ansichten zu bekehren sich abmühten, wurde die öffentliche Anstalt der Posten durch ihre eilfertigen und wiederholten Reisen fast ruiniert“[250].

Neben diesem Historiker der große heidnische Kaiser Julian, der in einem Brief schreibt: „Viele wurden eingekerkert, verfolgt und ins Exil getrieben. Ganze Scharen derer, die man Häretiker nannte, wurden niedergemetzelt. ... In Paphlagonien, Bithynien, Galatien, in vielen anderen Provinzen wurden Städte und Dörfer verwüstet und gänzlich zerstört“[251]. Die Söhne Konstantins hielten nicht mehr wie ihr Vater das Heft in der Hand, sie standen ganz unter dem Einfluß einer bischöflichen Partei. Auf den häufigen, großen Synoden wurde mit allen erdenklichen Mitteln des Truges, der Wahrheitsverschleierung, der Bedrückung, Verbannung, Absetzung gearbeitet. Es ist ein beständiges Auf und Ab in den zwanzig Jahren von 340–360, bald gewann diese, bald jene Partei an Einfluß. Alle verfaßten sie Glaubensbekenntnisse, die aber sämtlich vorsichtig verschleiernd waren. Der Konflikt zog größere Kreise, indem auch das Abendland in ihn hineingezogen wurde. Hier zeigt sich bereits, wie anders geartet der Westen war, der diesen subtilen griechischen Spekulationen kein Interesse abgewinnen konnte. Um ein Haar wäre es dabei zu einer Kirchenspaltung gekommen. Besonders schlimm wurde Athanasius mitgespielt, der fünf Mal in die Verbannung mußte und dort insgesamt fast zwanzig Jahre zubrachte. Besonders lehrreich für die ganze Zeit ist eine Kenntnis der näheren Umstände, die seine dritte Verbannung einleiteten. Es war Kaiser Constantius mit brutaler Gewalt gelungen, im Jahr 355 in Mailand für die Verbannung des Athanasius auch die Abendländer zu gewinnen. Nun galt es, den Kirchenfürsten von seinem Thron zu entfernen. Gütliches Zureden erwies sich als zwecklos. Die kaiserlichen Abgesandten besaßen keinen schriftlichen Befehl, die Echtheit des mündlichen Befehls aber bezweifelte Athanasius, das Volk hielt treu zu ihm. Der Statthalter gab zum Schein nach, indem er riet, alles bis zu einer neuen kaiserlichen

249 Theodoret, Historia ecclesiastica II 18 (vgl. Hefele: CG I^2, 697–726).
250 Rerum gestarum 21,16,18.
251 Julian, Brief 52.

Entscheidung beim Alten zu lassen. In Wirklichkeit rückten die kaiserlichen Legionen unter dem Statthalter Syrianus in Eilmärschen auf Alexandrien vor, drangen in die überraschte Stadt ein und umschlossen gegen Mitternacht die Kirche, in der Athanasius einen Gottesdienst feierte. Dem Ansturm der fünftausend Mann gaben die Türen nach, wütend und schreiend drangen die Soldaten auf die wehrlose Gemeinde ein. Der Patriarch saß auf seinem Thron, den Tod erwartend, die Gemeinde sang einen Psalm, von den Geistlichen angefeuert, das Blut der Erschlagenen färbte den Boden. Geschützt von seinen Klerikern, entging Athanasius den Häschern, die sich den auf seinen Kopf ausgesetzten Preis verdienen wollten. Er flüchtete in die Wüste und blieb hier sechs Jahre so gut wie verschollen. Die Eremiten nahmen ihn auf und entzogen ihn den Blicken seiner Verfolger, die unermüdlich die Wüste durchsuchten. Anmutige Legenden ranken sich um den Aufenthalt des Athanasius in der Einöde. Alexandrien aber wurde von den erregten Soldaten drei Wochen lang geplündert und gebrandschatzt.

Alles Maß überstiegen die Grausamkeiten, mit denen der Kaiser seinen Hofbischof beim Volk durchsetzen wollte. Man schleppte Menschen gegen ihren Willen zur Taufe, man zwang sie, zu kommunizieren, indem man ihnen mit einem Instrument den Mund aufsperrte und die geweihte Hostie mit Gewalt hineinstopfte. Ja, in der Nähe eines Dorfes kam es zu einer förmlichen Schlacht, in der von der Seite des kaiserlichen Bischofs Macedonius allein 4000 Soldaten umgekommen sein sollen. Was an Verdrehung der Wahrheit, Verschleierung der Tatsachen, brutaler Gewalt, Unaufrichtigkeit, Intrigen auf beiden Seiten geleistet wurde, überstieg alles Maß. Es wirft ein ebenso schlechtes Licht auf die Söhne Konstantins wie auf den Klerus. Von hier aus kann man verstehen, daß Kaiser Julian für diese Religion keine Sympathien hegen konnte. Seine kurze Regierung und die damit verbundene heidnische Reaktion mußte dagegen wie ein erfrischender Luftzug anmuten.

35. Julian Apostata und die heidnische Reaktion

Parallel mit den dogmatischen Wirren unter den Söhnen Konstantins läuft eine planmäßige Unterdrückung des Heidentums. Das Jahr 341 markiert einen deutlichen Wendepunkt, denn im schroffsten Ton gebot seitdem ein Gesetz, daß alle heidnischen Opfer einzustellen seien. Konsequent durchgeführt, hätte das die Schließung der Tempel und das Aufhören vieler Feste zur Folge gehabt, aber schon die nächsten Jahre brachten weitgehende Milderungen. Es folgte die Episode des Usurpators Magnentius (350–353), der das Heidentum begünstigte. Nach dessen Beseitigung kehrte man zum verschärften Opferverbot zurück, was einen christlichen Tempelsturm zur Folge hatte. Doch schon die Wiederholung des Gesetzes bezeugte seinen mangelhaften Erfolg. Der Besuch des Constantius in Rom (357) brachte einen Umschwung, da der Kaiser von dem Gesehenen tief beeindruckt war. Fast der ganze heidnische Senat bewegte ihn, die väterliche Religion zu schützen und finanziell zu unterstützen. Das heidnische Wesen erhielt damit einen neuen Aufschwung, ein Apollo-Tempel enstand in Rom, mit dem Jahr 357 begannen auch wieder die Inschriften im Mithraeum (bis 376), im Jahr 359 wurde in Ostia am Castor-Tempel vom Stadtpräfekten das übliche Opfer vollzogen. Die Religionspolitik des Constantius kann somit durch einen Wechsel von Härte und Milde charakterisiert werden. Die Heiden wurden dadurch teilweise empört, teilweise aber auch gestärkt, denn sie deuteten dies als Schwäche. Hier konnte Julian anknüpfen.

Der paritätische Staat, wie ihn Konstantin geschaffen hatte, war auf Dauer unhaltbar, die Verhältnisse trieben mit der zunehmenden institutionellen Entwicklung und Macht der Kirche von Toleranz zur Unterdrückung des Heidentums. Konstantin hatte seinen Söhnen eine sorgfältige christliche Erziehung zuteil werden lassen, so daß die Ausrottung der fremden Religionen ihnen als ihre vornehmste Regentenaufgabe erscheinen mußte. Das erste, über das Gesetz von 341 hinausgehende und auf das ganze Reich ausgedehnte Opferverbot stammt aus dem Jahr 346, dem Übertreter drohte die Todesstrafe. „Es ist unser Wille, daß sich alle unsere Untertanen der Opfer enthalten. Sollte sich jemand einer solchen Tat schuldig machen, so treffe ihn das Schwert der Gerechtigkeit und nach seiner Hinrichtung werde sein Eigentum zum öffentlichen Nutzen konfisziert“[252]. Natürlich konnten derart drakonische Bestimmungen nicht in die Praxis umgesetzt werden, denn das Heidentum war doch immerhin noch eine sehr starke Macht im Reich. Aber die Staatszuschüsse für die Opfer wurden vom Etat gestrichen, die Tempel selbst zum Teil geschlossen, oft an Günstlinge des Kaisers verschenkt, so wie man einen Hund oder einen goldenen Becher verschenkt, bemerkt entrüstet der Heide Libanius. Daß es bei der Einziehung der wertvollen Tempelgüter nicht immer legal zuging, daß oft nicht religiöse Motive, sondern Raubsucht und Beutelust maßgebend waren, ist hinlänglich bezeugt. Die Christen selbst hetzten die Behörden zum schonungslosen Durchgreifen, ein paradoxes Schauspiel, da die Christen doch eben selbst noch verfolgt worden waren. Eine Hetzschrift des zum Christentum übergetretenen ehemaligen Astrologen Firmicus Maternus, „über die Irrtümer der heidnischen Religion“, spricht Bände[253]. Gleichwohl mußten die Kaiser auf die heidnische Bevölkerung Rücksicht nehmen. So behielten sie den Titel *Pontifex maximus* weiter bei, ließen viele Tempel fortbestehen und zeigten sich faktisch sehr tolerant. Derselbe Constantius, der das Opfer bei Todesstrafe verboten hatte, zeigte sich bei seinem Besuch in Rom dem Heidentum gegenüber sehr freundlich. Der Heide Symmachus weist daraufhin, daß der Kaiser die Vorrechte der vestalischen Jungfrauen ungeschmälert bestehen ließ, an die Edlen Roms priesterliche Würden vergeben habe, die gewöhnlichen Summen für die Ausgaben der Zeremonien und Opfer nicht verweigert habe und dem Reich nie den geheiligten Gottesdienst des Altertums genommen habe, obwohl er selbst sich doch zu einer anderen Religion bekannte. Das Christentum war also auch unter den Söhnen Konstantins noch die *religio licita* neben anderen, das Heidentum beherrschte noch weithin das Straßenbild, die berühmtesten Tempel standen noch und wurden zum Teil sogar renoviert

252 Cod. Theod. 16,10,4.
253 De errore profanarum religionum. München 1953.

und militärisch bewacht. Im Sitzungssaal des römischen Senats stand nach wie vor der Altar der Siegesgöttin Victoria, das Bildungswesen war heidnisch, auf der Basis althergebrachter Lebensform. Die Zeit von 340–360 ist demnach durch ein politisch begründetes Schwanken der kaiserlichen Religionspolitik gekennzeichnet. Im Allgemeinen ging es der alten Religion aber wesentlich schlechter als zu Konstantins Zeit und die kaiserlichen Launen waren unberechenbar.

Da trat ein plötzlicher, ganz unerwarteter Umschwung ein. Der letzte Nachkomme Konstantins, Julian, wurde 361 Kaiser und unter ihm wurde eine heidnische Reaktion in die Wege geleitet. Julian ist eine der interessantesten Gestalten dieser Zeit, ungewöhnlich begabt; in seinen 32 Lebensjahren verzeichnete er viele Erfolge. Streng christlich erzogen, lernte er bald, das Christentum zu verachten, denn er sah die Bischöfe in ständigem Hader, er sah das christliche Regiment seiner Verwandten, die alle männlichen Nachkommen Konstantins ermorden ließen und deren Häscher er selbst, wegen seiner Jugend verschont, mit knapper Not entging. Er sah das leichtfertige Treiben im Palast, von dem uns der Heide Libanius ein charakteristisches Bild gibt: „Tausend Barbiere, tausend Mundschenke, tausend Köche waren in den verschiedenen Haushaltseinrichtungen der Üppigkeit verteilt, aber die Zahl der Eunuchen konnte nur mit den Insekten eines heißen Sommertags verglichen werden"[254]. Im Gegensatz dazu liebte Julian das rauhe Kriegshandwerk, vernachlässigte nach Art der kynischen Philosophen bewußt sein Äußeres und erntete dafür den Spott der Hofbeamten: „ein mit dem Purpur bekleideter Affe, ein Büchersoldat"[255]. Gewiß war Julian sehr philosophisch interessiert, hatte in Athen studiert, war in Pergamon mit Neuplatonikern in enge Berührung gekommen, bewunderte die Schriften des Jamblichus, verkehrte mit Libanius und ließ sich heimlich in mehrere Mysterien einweihen, während er nach außen hin immer noch Christ blieb. Schon sein Jugendlehrer, der Eunuch Mardonios, hatte ihn in die Werke Homers und Hesiods eingeführt. Julian verfügte über eine umfangreiche griechische Bildung. Es war die Zeit, in der der Hellenismus wieder zu neuem Leben erwachte. Jamblichus galt als der ‚Genius von Hellas', die Hofschulen füllten sich wieder, die Rhetoren lenkten durch ihre Lobreden die öffentliche Meinung. Von besonderer Bedeutung für Julian war seine Begegnung mit dem Theurgen und Neuplatoniker Maximus von Ephesus. Er vertrat einen Neuplatonismus, der eigentümlich durchsetzt war von der Theurgie[256]. Besonders fasziniert zeigte sich Julian vom Kybele-Kult, er verfaßte eine allegorische Deutung der Geschichte von Kybele und Attis, auf die Magna Mater hielt er eine preisende Rede.

Vom Kaiser nach Gallien geschickt, zeichnete sich Julian durch militärisches Geschick wie durch geordnete Verwaltungstätigkeit aus. Er wurde bald bei den Soldaten und beim Volk sehr beliebt, was das Mißtrauen des Hofes wachrief. Man wollte ihn seiner Macht berauben, indem man den größten Teil seiner Truppen auf

254 Oratio 18, 130.
255 Ammianus Marcellinus, Res gestae XVII 11 1.
256 Riten und Praktiken, um mit der Gottheit in persönliche Verbindung zu treten.

den persischen Kriegsschauplatz abrief. Aber die Soldaten weigerten sich, zu marschieren, und riefen Ende 360 Julian zum Kaiser aus. Nach einigem Zögern stimmte er zu und zog nun in unglaublich schnellen Märschen gegen Konstantinopel, während Constantius mit seinen Truppen in Kleinasien stand. Dieser unterschätzte Julian nach wie vor, nannte den Krieg gegen den Usurpator eine Jagdpartie und glaubte, daß dessen Truppen ihr Feldgeschrei nicht würden ertragen können. Der plötzliche Tod des Constantius verhütete allerdings einen drohenden Bürgerkrieg. Julian zog als allseitig anerkannter Kaiser in Konstantinopel ein. In den knapp zwei Jahren seiner Regierungszeit entfaltete er eine geradezu staunenswerte Tätigkeit. Den üppigen Hof löste er sofort auf, größte Einfachheit war in allem oberstes Gebot. Tagsüber erteilte er Audienzen, hörte Berichte, erledigte unermüdlich die Verwaltungsgeschäfte. Am Mittag und in der Nacht widmete er sich seinen philosophischen Studien und schriftstellerischer Tätigkeit. So entstanden seine Bücher über die Kaiser, die Reden und das große Werk gegen die Christen. Man hat seine Vielseitigkeit immer wieder bewundert.

Dieser ungewöhnliche Mann warf sich nun zum Anwalt des Heidentums auf, lebte ganz in der Religion seiner Väter, mit der es ihm wirklich Ernst war. Er wollte jede Art von Neuerung, die über den alten römischen Kultus hinausging, vermeiden, sich vielmehr an die alten Gesetze der Religion halten, die ihm als ein Geschenk des Himmels galten und nicht als Menschenwerk. Natürlich deutete er die heidnischen Mythen allegorisch um, nach Art der neuplatonischen Philosophen, und sah überall im Mythos ein Spiegelbild seiner idealistischen Weltanschauung. Er war im Grunde genommen Monotheist, denn er betete die ewige Ursache des Alls an, aber zugleich war er ein eifriger Verehrer der Götter, die uns die Kunde von dem höchsten Wesen vermitteln. Er bewarb sich um die Gunst dieser Wesen, unterzog sich oft schweren Andachtsübungen und lebte ganz eingetaucht in die visionäre Welt. Darin besuchten ihn die Götter, ermunterten ihn zu seiner täglichen Arbeit und er konnte sie genau auseinanderhalten. Zum Kaiser geworden, weihte er der Sonne einen Tempel, füllte seinen Palast mit Bildsäulen der Götter, verrichtete selbst die niedersten Dienstleistungen beim Opfer, um den Eifer für die alte Religion wieder zu entflammen. Der Aufschwung des Heidentums ist unverkennbar, wie man es durch die Worte von Libanius hört: „Jeder Teil der Welt entfaltete den Triumph der Religion und das erhebende Schauspiel flammender Altäre, blutender Opfer, aufsteigenden Weihrauches und feierlicher Züge von Priestern und Auguren. … Man hörte Gebetslaute und Musikklänge auf den Gipfeln der höchsten Berge …“[257]. Der Kaiser begnügte sich nicht mit einer einfachen Wiederherstellung des Alten, ihm schwebte ein Organismus nach Art der christlichen Kirche vor, also eine neuplatonische Staatskirche. Der Priesterstand sollte durchgehend reformiert werden, nur wirklich fromme und demütige Menschen sollten ihm angehören, deren ganzes Leben dem Dienst der Götter geweiht sein sollte. An der Spitze der Provinzen sollten Oberpriester stehen und beim Kaiser als dem *Pontifex*

257 Oratio Parent. C. 60; vgl. Orat. Consular. Ad Julianum.

maximus sollten alle Fäden zusammenlaufen. Julian verfaßte seine Weisungen an die Oberpriester wie Hirtenbriefe. Er erläuterte die Religion, erließ Sittengesetze, forderte strenge Lebensführung der Priester, Enthaltung von schlechter Lektüre, regelmäßiges Gebet – das Idealbild des heidnischen Priesters nach den Weisungen des Jamblichus. Julian sorgte auch für die unterdrückte Bevölkerung, legte Armen- und Krankenhäuser an, wobei er möglicherweise christlichem Vorbild folgte, erntete aber mit allem wenig Dank. Selbst die heidnischen Laien wollten von dieser Rückführung ihrer Religion in altrömische Formen nichts wissen, die Priester sich der neuen Lebensordnung nicht recht fügen. Das Volk fühlte sich gekränkt, weil der Kaiser nicht regelmäßig den Zirkus besuchte oder weil er, wenn er im Zirkus war, lesend in seiner Loge saß. Die Antiochener wollten nicht von ihrer leichten Lebensführung lassen und spotteten über den Kaiser. Julian erntete nur Undank, seine Reformweisungen und Edikte überstürzten sich förmlich, so daß an eine geregelte Durchführung gar nicht zu denken war.

Julians Reformwerk brachte ihn auch in Gegensatz zu den Christen. Von einer Verfolgung nahm er Abstand, er hoffte, dieser Religion auf anderem Wege Herr zu werden. Fünf Maßnahmen müssen besonders hervorgehoben werden. Zunächst begünstigte er die Juden, erlaubte sogar die Wiederherstellung des jerusalemischen Tempels, aber das traf die Christen nur indirekt. Schwerer mußte von ihnen die Aufhebung aller christlichen Privilegien empfunden werden, was besonders den Klerus betraf. Am 17.6.362 erließ Julian sodann ein Schulverbot: nur Heiden sollten die heidnischen Wissenschaften lehren, alle Andersgläubigen vom Lehramt ausgeschlossen sein. Junge Christen konnten die Rhetorenschule aber besuchen, denn Julian hoffte, daß sie dort vom Heidentum gewonnen würden. Mit einem Schlag waren die Christen von der gesamten Bildung ausgeschlossen, denn diese lag nun ganz in heidnischen Händen und die christliche Ersatzliteratur war kümmerlich. Die Kirche war nahe daran, ihre intellektuellen Potentiale gänzlich zu verlieren. Ein weiterer Schlag war das Gebot vom 4.2.362, das eingezogene Tempelgut wieder herauszugeben und die zerstörten Tempel wieder aufzubauen. Das rief natürlich eine große Erregung und Verwirrung hervor, zumal dieses Restitutionsedikt zahlreiche Härten aufwies, gegen die selbst Libanius protestierte. Zum Teil war der eingezogene Grund und Boden bereits veräußert und mußte also seinen rechtmäßigen Besitzern wieder genommen werden, zum Teil waren Kirchen auf ihm errichtet, die nun hätten niedergerissen werden müssen, damit die Tempel aufs Neue hätten gebaut werden können. Alles sollte sich nach dem Willen des ungeduldigen Kaisers in einigen Monaten vollziehen. Natürlich kam es zu Zusammenstößen mit den Christen. Die Vorgänge im berühmten Daphne-Hain bei Antiochien beleuchten die ganze Lage. Der Hain war verfallen, ein christlicher Begräbnisplatz war auf seinem Boden eingerichtet. Statt einhundert Ochsen opferte man jetzt nur eine Gans, die der einzige heidnische Priester des Tempels gestiftet hatte. Julian befahl die Exhumierung und Überführung der toten Christen, was Anlaß zu einer großen christlichen Kundgebung gab. Fanatische Christen zündeten die Apollo-Tempel an, der Kaiser antwortete mit Beschlagnahme des christlichen Kirchengutes und mit Folterung der Kleriker. Weiter ging der Kaiser aber nicht, die Lage hatte etwas Verfahrenes an sich. Man kann das auch an den Vorkommnissen in Edessa und Alexandria sehen, wo es zu großen Tumulten kam. In Edessa ordnete Julian die Einziehung der Kirchengüter an, in einem Erlaß voller Ironie: „Ich beweise mich als wahrer Freund der Galiläer. Ihr bewunderungswürdiges Gesetz hat den Armen das himmlische Königreich versprochen und sie werden mit größerer Emsigkeit auf den Pfaden der Tugend und Heiligkeit fortschreiten, wenn sie durch meinen Beistand von der Last zeitlichen Besitzes erlöst werden“[258]. In Alexandrien kam es zu einem großen Tumult, der dortige arianische Patriarch Georg, der die heidnischen Tempel verhöhnt und zum Teil auch niedergerissen hatte, wurde abgesetzt, ins Gefängnis geworfen und dort von der wütenden heidnischen Volksmenge grausam ermordet. Es kam in den Städten des Ostens hier und da zu Unruhen, der Kaiser selbst drohte gereizt, mit Feuer und Schwert vorzugehen, aber es kam nirgendwo zum Äußersten. Man begnügte sich mit zum Teil kleinlichen Schikanen, schloß die Christen von allen Beamtenstellen aus und versuchte, sie zu schädigen, wo es nur ging. Der Kaiser berief auch alle durch die arianischen Wirren Verbannten zurück, setzte sie aber nicht in ihre alten Stellen ein, da der Hof neutral bleiben wollte, vielleicht auch in der stillen Hoffnung, daß die Christen sich nun gegenseitig schwächen würden. Er schrieb gegen die Christen, aber nicht originell, sondern von Prophyrius und möglicherweise von Celsus abhängig. Cyrill von Alexandrien hat seine Schrift noch widerlegt, da er sie für gefährlich hielt: „Oberflächliche und leicht beeinflußbare Leute bilden sich ein, daß Julian die heiligen apostolischen Schriften genau kannte, und die Heiden halten sie für unwiderlegbar“[259].

Wer weiß aber, wie alles noch gekommen wäre, ob der Kaiser den ausbrechenden heidnischen Fanatismus hätte eindämmen können, wenn er nicht nach zweijähriger Regierung, im Juni 363 im Alter von 32 Jahren im Perserkrieg gefallen wäre. Um sein Ende rankt sich die Legende, daß er durch einen christlichen Speer getötet worden sein soll und Christen seinen Mörder gepriesen hätten. Das ist ebenso unhistorisch wie die Worte ‚nun hast du endlich gesiegt, Galiläer‘, mit denen der Kaiser gestorben sein soll. Augenzeugen wie der Historiker Ammianus geben eine ganz andere Darstellung: Unter philosophischen Gesprächen verschied der Kaiser ähnlich wie Sokrates: „Freunde und Kriegsgefährten! Der günstige Augenblick meines Abschiedes naht heran und ich trage mit der Freudigkeit eines bereitwilligen Schuldners der Natur meinen Tribut ab“[260] – so beginnt Ammianus. Er beschenkte seine Soldaten, rief zwei Philosophen und sprach mit ihnen über die Seele und ihr Geschick, bat um einen Trunk Wasser und starb, nachdem er ihn genossen hatte. Nach seinem Tode wurde es schon bald gefährlich, als sein Anhänger zu gelten. Libanius klagte, man habe den heldenhaften Kaiser bald vergessen und

258 Brief 115.
259 Contra Iulianum I.
260 Rerum gestarum 25,3,15.

nur noch an seine eigene Sicherheit gedacht. Sofort setzte eine wütende christliche Polemik gegen ihn ein

Wie ist Julians Reaktion gegen das Christentum zu beurteilen? Seine Politik war fraglos von einem ehrbaren Ideal bestimmt, aber sie ist nicht allein wegen seines frühen Todes gescheitert. Er unterschätzte die Kirche und überschätzte die verbliebenen Kräfte des Heidentums. Gerade in heidnischen Kreisen stieß er auf heftigen Widerstand, die neuplatonische Staatskirche war doch ein mehr künstliches Gebilde, das nicht organisch gewachsen war und das sich auch nicht in wenigen Jahren realisieren ließ. Der Kaiser stiftete überall Unruhe und Verwirrung, da sich seine Maßregeln kaum in die Praxis umsetzen ließen. Er hat zur Belebung des Heidentums viel beigetragen, aber er hat der christlichen Kirche nichts ernstlich anhaben können. Sein Versuch, die heidnischen Kulte zu den allein herrschenden zu machen, ist also gescheitert, aber er ist lehrreich, denn er zeigt uns, wie wenig das Christentum vor 360 Staatsreligion war und welche Macht das Heidentum noch im vierten Jahrhundert besaß. Die Kirche legte diesem Kaiser den Beinamen ‚Apostata' (‚der Abtrünnige') zu und verurteilte ihn zur finstersten Hölle, die Heiden verehrten ihn, ohne für seine Schwächen blind zu gewesen zu sein. Neben Marc Aurel ist er eine der sympathischsten Gestalten der späten römischen Kaisergeschichte.

36. Der Ausgang des arianischen Streites

Durch Julians Regierung und die Rückberufung aller Verbannten war der arianische Streit plötzlich unterbrochen worden, bzw. in eine neue Phase seiner Entwicklung eingetreten. Die Neutralität des Hofes gestattete ein ruhiges Fortentwickeln der einzelnen Parteien und auch die christlichen Nachfolger Julians verhielten sich im Wesentlichen abwartend und paßten sich der Stimmung ihres Reiches an, wenn sie auch die gegen die Christen gerichteten Verfügungen Julians aufhoben. Unterschied man vor 361 im Ganzen vier Parteien, radikale Anhomöer, Homöer, Homöusianer und Homousianer, so schmolzen sie durch Fusionen wieder auf zwei zusammen. Zunächst verbanden sich die Anhomöer mit der Partei der Hofbischöfe, der Homöer. Ja sie versuchten sogar eine gemeinsame Kirchengründung, die vorübergehenden Erfolg hatte. Aber wichtig für die Zukunft war das nicht. Bedeutung erlangte die andere Fusion zwischen Homousianern und Homöusianern. Sie bahnte die neue Orthodoxie an. Die Homöusianer stießen sich am *homousios*, das nach ihrer Meinung sabellianisch klang, d. h. die Wesenseinheit von göttlicher und menschlicher Natur in Christus bezeichnete. Deshalb hatte auch Athanasius sehr lange diesen Ausdruck vermieden, da er mit Origenes an den drei Hypostasen festhielt, aber später sprach er von der einen Hypostase der Gottheit, wobei er wie das Nicaenum zwischen den Termini *ousia* und *hypostasis* nicht unterschied. Hier setzte die Arbeit der homöusianischen Theologen ein, sie differenzierten diese Begriffe, so daß *ousia* das göttliche Wesen, *hypostasis* aber die göttliche Person bezeichnete. Sie konnten dann mit Origenes an den drei Hypostasen festhalten, ohne die Einheit des göttlichen Wesens preiszugeben. Sie redeten nicht, wie das Abendland und Athanasius, von Wesenseinheit oder, wie die Arianer, von Wesensähnlichkeit, sondern von Wesensgleichheit. Von hier aus war der Schritt zum nicaenischen *homousios* nicht mehr weit, er ist tatsächlich 362 auf einer alexandrinischen Synode mit dem Entgegenkommen des Athanasius vollzogen worden. Damit entstand die Partei der Jungnicaener, die Neu-Orthodoxie, die die nicaenische Formel in orientalischem Sinne auslegte und annehmbar machte.

Freilich machten nicht alle Mitglieder der beiden Parteien diese Fusion ohne Weiteres mit, auf beiden Seiten bestand auch hinreichend Mißtrauen. Die Abendländer sahen im homoiusios keine volle Annahme des Nicaenums und witterten Tritheismus im Hintergrund. Am fanatischsten war der unbeugsame Lucifer von Calaris (+371), der ein Schisma hervorrief, das ihn freilich nicht lange überleben sollte[261]. Im Orient beargwöhnte man die Entwicklung der Dinge ohnedies. Auch bei den Homöusianern folgten nicht alle dem Ruf der Fusion. Athanasius hatte 362 zur Bedingung gemacht, daß das *homousios* auch für den Geist gelte. Darüber hatte das Nicaenum nichts ausgesagt, aber die Verhältnisse hatten sich weiterentwickelt. Es war ein unmöglicher Gedanke, daß in der Trinität etwas Geschaffenes Platz finden sollte. Der Geist kann unmöglich ein *ktisma* sein, er ist nicht das Erste aller geschaffenen Wesen, sondern er ist Vater und Sohn gleich, in gleicher Weise anzubeten. Das war die logische Konsequenz, die aus dem Nicaenum gezogen werden mußte. Die Gruppe, die dies nicht wollte, nannte man Pneumatomachen oder Macedonianer nach dem ehemaligen Patriarchen von Konstantinopel, der an dieser Häresie aber unbeteiligt war. Die Pneumatomachen blieben auf einem früheren Stand der Lehrbildung stehen, die Ansicht von der Gottheit des Geistes war für sie also eine Neuerung. Abgesehen von den beiden Gruppen der Luciferaner und Pneumatomachen hatte sich nun eine Neu-Orthodoxie gebildet, deren Führer jetzt nicht mehr Athanasius war, sondern an deren Spitze die drei großen Kappadozier standen: Basilius der Große, Gregor von Nyssa und Gregor von Nazianz.

Basilius von Caesarea (um 330–379) leistete als Asket, Bischof und Kirchenlehrer Großes. Seine Briefe geben Einblicke in seine Sorgen und Arbeiten, zeigen ihn als gebildeten Menschen mit einem hohen Maß an Empathie. Zu seinen Korrespondenten gehört auch der Heide Libanius. 355 hatte er in Kappadozien ein Kloster gegründet, dem er eine eigene Regel gab. 370 wurde er zum Bischof von Caesarea ernannt. Seine Bemühungen galten der Minderung von mancherlei menschlicher Not. Nach außen führte er einen reichen Briefwechsel mit Athanasius und setzte sich gegen den Arianismus und für die Gottheit des heiligen Geistes ein. Sein ganzes Leben war von Krankheit und dennoch von unermüdlicher Arbeit geprägt. Sein Bruder Gregor von Nyssa (335/340–395) wurde 371 oder 372 Bischof von Nyssa am Halys. Er führte die Auseinandersetzungen mit dem Arianer Eunomius und den Macedonianern. Seine literarische Hinterlassenschaft ist umfang-

261 S. Claudio Zedda: La dottrina trinitaria di Lucifero di Cagliari. In: Divus Thomas 52 (1949), S. 276–329.

reich und umfaßt unter anderem dogmatische, exegetische und asketische Werke und einen großen Briefwechsel. Sein Freund Gregor von Nazianz (um 329–390) lebte als Einsiedler im Pontus und wurde 379 als Priester in das damals arianisch dominierte Konstantinopel berufen, dessen Patriarch er 380 wurde. Er nahm bestimmenden Einfluß auf das Konzil des Jahres 381 in Konstantinopel, trat jedoch noch im gleichen Jahr von seinem Amt zurück, da er die Intrigen der Kaiserstadt nicht länger ertrug. Die letzten Jahre seines Lebens verbrachte er als Einsiedler auf seinem väterlichen Gut Arianzos. Auch seine literarische Hinterlassenschaft ist sehr umfangreich.

Wir brauchen hier auf die feinen Unterschiede zwischen alter und neuer Orthodoxie nicht einzugehen, es genügt ein kurzer Hinweis auf die Theologie der Kappadozier, die stark unter origenistisch-philologischem Einfluß standen und die Fühlung mit der Bildung der Zeit wieder aufnahmen, die dem Athanasius verloren gegangen war. Besonders platonischer Einfluß ist sehr stark spürbar, desgleichen ein deutlicher mystischer Einschlag. Die Hauptaufgabe bestand darin, trotz der drei Hypostasen allen Tritheismus zu meiden, die Einheit so stark herauszuarbeiten, daß sie trotz der Dreiheit der Personen erhalten blieb, aber auch die Personen als wirkliche Personen, mit ihrem Eigenleben, darzustellen. *Ousia* erscheint dabei als Genus und Allgemeinbegriff, während *hypostasis* Spezies und Einzelbegriff ist. Die Kappadozier sind die eigentlichen Begründer der streng metaphysischen, immanenten Trinitätslehre, die den Personen der Trinität ihre Eigenheiten zuordnet: Dem Vater die Ungezeugtheit (*agennesia*), dem Sohn die Gezeugtheit (*gennesia*) und dem Geist das Hervorgehen (*ekporeusis*) – man spricht von Eigenschaften oder *tropoi* Gottes. Die Personen sind zwar gleicher Ehre, so lehrt man im Anschluß an Athanasius und das Abendland und gegen die Meinung des Origenes, aber der Vater hat doch das Eine voraus, daß er die Ursache von allem ist, die beiden anderen Personen sind durch ihn verursacht. Auf diese Art versuchte man, den Monotheismus zu retten, denn der Vater besitzt als Quelle der Gottheit immer ein Plus. Das ist in der Folgezeit typisch morgenländische Auffassung geworden, gemeinsam mit dem Abendland betonte man von nun an das Wirken der ganzen Trinität, in der es keinen Wirkungskreis nur einer einzelnen Person gibt, wie es noch Origenes in seiner Trinitätslehre gefaßt hatte. So vermittelte die Trinitätslehre der Kappadozier zwischen den Positionen, sie schloß sich in dem Festhalten an den drei Hypostasen an Origenes an, verließ ihn aber wieder in der Fassung der immanenten Trinität, wo sie sich Athanasius näherte, und sie schuf endlich größere begriffliche Klarheit, indem sie die Unterschiede von *ousia* und *hypostasis* klar herausarbeitete und die Termini entwickelte, mit denen die späteren Zeiten arbeiteten. In ihrer Trinitätslehre ist die Kirche des Ostens nie über die Kappadozier hinausgekommen.

Nachdem die trinitarische Frage so weit theologisch geklärt war, brachte der Staat die Entscheidung. Im Jahr 379 trat der Abendländer Theodosius (347–395) die Herrschaft über den Osten an, ließ sich 380 taufen und bestimmte nun in einem Edikt, daß alle Reichsangehörigen den christlichen Glauben anzunehmen hätten und zwar in der Form, wie ihn das Abendland vertrat. Sehr bald lernte er um, als er die Stimmung des Orients kennenlernte, und begünstigte die Jungnicaener. Ein Konzil in Konstantinopel, dessen Vorsitzender ein Jungnicaener, zunächst Meletius, dann Gregor von Nazianz war, sollte die Glaubensfrage 381 definitiv regeln. Dazu wurden nur etwa 150 absolut zuverlässige Personen eingeladen, die Angehörigen des Meletius-Kreises, Bischöfe der kleinasiatischen und syrisch-palästinensischen Provinzen, aber keine Ägypter und Abendländer. Wir wissen über die Verhandlungen dieses zweiten ökumenischen Konzils sehr wenig. In der Glaubensfrage siegten die Jungnicaener und in dem Symbol, das aufgestellt bzw. gebilligt wurde, erscheinen beim Geist gewisse Zusätze, die das Nicaenum noch nicht hatte: „… der Herr ist und lebendig macht, der aus dem Vater hervorgeht, der mit dem Vater und dem Sohn angebetet und verherrlicht wird, der gesprochen hat durch die Propheten …“[262]. Damit waren die Pneumatomachen zurückgewiesen. Das Nicaenum, nun zum Nicaeno-Constantinopolitanum erweitert, hatte äußerlich den Sieg behalten, war in Wirklichkeit aber origenistisch umgebogen und der Orient konnte es anders verstehen als das Abendland. Im Übrigen hat es auch auf diesem Konzil nicht an Intrigen gefehlt. Gregor von Nazianz, der angewidert den Vorsitz niederlegte, weiß davon ein Lied zu singen. Er vergleicht die Bischöfe mit Wespen oder Elstern, einer Schaar von Kranichen oder schnatternden Gänsen[263].

Mit dieser Entscheidung war der arianische Kampf im Großen und Ganzen beendet. Zwar fehlte es nicht an weiteren Spannungen, aber sie waren doch mehr vorübergehender und nicht mehr prinzipieller Art. Die Opposition des Abendlandes gegen das Konzil hatte seinen Grund in einer Personenfrage und nicht in einer dogmatischen Position. Es handelte sich um die Besetzung des Stuhles von Konstantinopel. Man kam hier jedoch schnell zu einer Einigung. Ebenso wurden die kirchlich überaus verfahrenen Verhältnisse in Antiochien geregelt. Gewisse Schwierigkeiten, allerdings lokaler Art, verursachte nur der letzte arianische Vorstoß der Kaiserin Justina, der Gemahlin des Kaisers Valentinian, den Ambrosius in Mailand abwehrte. Der Aufforderung, eine kleine Kirche auszuliefern, leistete er keine Folge, tat scheinbar unterwürfig, hetzte aber das Volk durch seine Predigten auf, so daß schließlich arianische Geistliche in seinen Schutz fliehen mußten. Dem Verbannungsbefehl leistete der Erzbischof keine Folge, die Tore der Kathedrale und des Palastes blieben geschlossen, das Volk hielt Wache und schützte den Kirchenfürsten. Mitten in diese erregte Stimmung fiel die Auffindung der Gebeine von zwei heiligen Märtyrern, Gervasius und Protasius, die sofort Wunder wirkten. Ein Traum des Ambrosius hatte den Ort offenbart, an dem die Gebeine zu finden waren. Demgegenüber war der Hof machtlos, er mußte sein Vorhaben zurückziehen, zumal ein Usurpator in Italien einfiel und die Aufmerksamkeit so auf einen ganz anderen Punkt gelenkt wurde. Der Arianismus hatte seine Rolle endgültig ausge-

262 S. Josef Wohlmuth (Hg.): Dekrete der ökumenischen Konzilien (Concilium Oecumenicum Decreta). Band 1: Konzilien des ersten Jahrtausends: vom Konzil von Nizäa (325) bis zum Vierten Konzil von Konstantinopel (869/870). Paderborn ^{2}1998.

263 Carmen de seipso 17, Ve. 91–94 (PG XXXVII 1268, 9–12).

spielt, nur bei den germanischen Völkern blieb er eine Macht bis ins siebte Jahrhundert hinein.

Damit hatte ein Kampf sein Ende erreicht, der über ein halbes Jahrhundert hindurch alle Gemüter heftig erregt hatte. Auch das Volk nahm lebhaften Anteil an ihm, wie es Gregor von Nyssa nicht ohne Humor bemerkt: Konstantinopel sei voller Handwerker und Sklaven, die alle gründliche Theologen seien und in den Buden und auf den Straßen predigten. Ersuche man einen Menschen, ein Silberstück zu wechseln, belehre er uns, worin der Sohn sich vom Vater unterscheide; wenn man nach dem Preis eines Brotes frage, erhalte man zur Antwort, daß der Sohn geringer sei als der Vater; und wenn man sich erkundige, ob das Bad bereit sei, erfahre man, daß der Sohn aus dem Vater geschaffen sei[264]. Gregor war offenbar vielen Arianern begegnet. Ein Kampf, der alle Leidenschaften wachgerufen hatte, in dem mit allen Mitteln gearbeitet wurde, ob sie nun moralisch vertretbar waren oder nicht. Habgier, Ehrgeiz, Leidenschaft, Neid, Mißgunst waren oft Triebkräfte, Machtstreben wurde durch dogmatische Formeln verdeckt, die Intrige feierte Triumphe. Aber es gab auch unbeugsame, lautere Gestalten, wie den großen Athanasius, der fünfmal um seines Glaubens willen ins Exil ging. Es war ein Kampf zwischen den Bischöfen, aber zugleich zwischen Staat und Kirche, die Kaiser waren es, die das letzte Wort in Glaubensfragen sprachen, die Synoden beriefen, Bischöfe absetzten und verbannten. Viel Willkür – ohne Frage –, aber es waren nicht nur politische und egoistische Motive die den Ausschlag gaben. Hinter allem stand das lebhafte Interesse der Frömmigkeit. Nur die volle Gottheit des Sohnes verbürgte die Erlösung. Man konnte nur göttlicher Natur teilhaftig werden, wenn sie der Logos selbst besessen hat, als er Mensch wurde. Fraglos ein ebenso verwickelter wie interessanter Abschnitt der Kirchengeschichte. Seine Bedeutung liegt in einem Doppelten: In ihm entstand die Reichskirche und durch ihn erhielt sie ein Dogma, das Dogma von der Trinität.

37. Die Auseinandersetzung mit dem Heidentum im vierten Jahrhundert

Eine Folge dieser ganzen Entwicklung war der verschärfte Kampf des Staates gegen das Heidentum. Julians Reaktion bildete einen letzten Lichtblick in dem immer größer werdenden Dunkel. Sein direkter Nachfolger hob alle Privilegien des Heidentums wieder auf, begünstigte offenkundig das Christentum, schritt aber nicht zur Verfolgung des Polytheismus fort. Weitere Nachfolger Julians versuchten ein schärferes Vorgehen, hüteten sich aber vor einem generellen Opferverbot. Sie wehrten Übergriffe durch Gesetze ab, griffen aber nicht in Konflikte ein. Die heidnischen Kulte hielten sich daher und nahmen zwischen 360 und 380 noch zu. Besonders in Rom geschah viel für den alten Glauben, aber es waren immer die

264 In seiner 383 auf einem Religionsgespräch in Konstantinopel gehaltenen Rede. (MPG 46,557).

orientalischen Kulte, denen sich das Interesse zuwandte, nicht die alten römischen Götter. Dieses neu gekräftigte Heidentum entfaltete schon werbende Kraft in den Reihen der Christen. Etwa zwanzig Jahre lang blieben die Verhältnisse in der Schwebe, bis das Religionsedikt des Kaisers Theodosius vom 28. Februar 380 – das sogenannte Drei-Kaiser-Edikt „Cunctos populos" – einen völligen Umschwung herbeiführte. Denn es forderte von jedem Untertan die Annahme des orthodoxen christlichen Glaubens. Damit war das Heidentum faktisch entrechtet:

> „Alle Völker ... sollen, so ist es unser Wille, in der Religion verharren, die der göttliche Apostel Petrus ... den Römern überliefert hat und zu dem sich der Pontifex Damasus wie auch Bischof Petrus von Alexandrien ... bekennen. ... Nur diejenigen, die diesem Gesetz folgen, sollen, so gebieten wir, katholische Christen heißen dürfen; die übrigen aber, die wir für toll und wahnsinnig halten, haben den Schimpf ketzerischer Lehre [haeretici dogmatis infamia] zu tragen"[265].

Bald genug ging man mit Maßnahmen gegen das Heidentum vor und wir können hier das einzige Beispiel einer langsam absterbenden Religion beobachten, der man das Leben durch Edikte gewaltsam verkürzte. Man verbot wieder die Opfer (381). Wer opferte, verfiel der Ächtung, „denn wir wollen, daß Gott mit heiligen Gebeten geehrt, nicht mit abscheulichen Gesängen entweiht werde"[266]. Man verbot die Eingeweideschau, ordnete die Schließung der Tempel an und achtete nur noch deren künstlerischen Wert. Dann ging man gegen die nationalrömischen Kulte vor und entzog ihnen Einkünfte, Zuschüsse usw., schonte aber zunächst noch die Mysterienkulte. Die großen finanziellen Opfer, die der römische Adel brachte, konnten die Gefahr nicht bannen. In der Zeit von 380–400 wurde dem Heidentum jede offizielle Förderung entzogen. Aber noch in der „Notitia Urbis" in der Zeit nach Konstantin erscheint Rom mit seinen 424 Tempeln als eine heidnische Stadt, Augustin entwirft in seinen „Confessiones" ein ähnliches Bild und Ambrosius klagt über das viele Anstößige, das ein Christ ständig sehen müsse. Die Christen hetzten und forderten die Kaiser zu rücksichtslosem Einschreiten gegen das Heidentum auf, wobei sie an alttestamentliche Vorbilder erinnerten. Stellvertretend sei hier das Handeln des Ambrosius genannt, der Kaiser Theodosius immer wieder zum Handeln, zur Unterdrückung des Heidentums und zur Unterstützung der Kirche aufforderte[267].

Symptomatisch für den neuen Geist war die Entfernung des Altars der Victoria aus dem Senatssaal, dieses berühmten Bildwerkes, das die Göttin auf der Weltkugel schwebend darstellte. Hier opferte man vor jeder Sitzung, hier war gewisserma-

---

265 Pedro Barceló/Gunther Gottlieb: Das Glaubensedikt des Kaisers Theodosius vom 27. Februar 380. Adressaten und Zielsetzung. In: Karlheinz Dietz/Dieter Hennig/Hans Kaletsch: Klassisches Altertum, Spätantike und frühes Christentum. Adolf Lippold zum 65. Geburtstag gewidmet. Seminar für Alte Geschichte der Universität. Würzburg 1993, S. 409–423.

266 Codex Theodosianus 16,10,7

267 Vgl. seine Briefe, z. B. Ep. 17,1.12–14; 51,6 f. 11–13.17.

ßen das Symbol für Roms Kraft und Größe, die unter der alten Religion errungen wurden. Dieser Altar mit der Statue wurde 382 auf kaiserlichen Befehl entfernt. Noch war aber das Heidentum eine Macht und der Senat nahm diesen Schlag nicht widerspruchslos hin, vier Protestabordnungen wurden an den Kaiser gesandt, die aber nicht alle empfangen wurden. Ihr Führer war der Stadtpräfekt Symmachus, einer der angesehensten Heiden, Pontifex und Princeps Senatus[268]. Selbst seine fanatischen Gegner unter den Christen konnten gegen seine Persönlichkeit nichts einwenden, sie meinten, er sei wie einer, der mit einem goldenen Werkzeug im Schlamm wühle[269]. Wir besitzen noch sein Bittschreiben, die berühmte dritte Relatio, das er im Namen des Senates dem Kaiser überreichte und das sehr maßvoll abgefaßt war. Sein Grundgedanke war, daß mit den alten Göttern die Größe Roms steht und fällt: „Gewährt es uns doch, so flehe ich, gewährt es uns, das unseren Nachkommen zu hinterlassen, was wir als Kinder empfangen haben"[270] Gewiß argumentiert er als Neuplatoniker, aber zugleich als Römer voller Nationalstolz auf die große Vergangenheit. Er schließt im Namen Roms mit den Worten:

> „Vortreffliche Fürsten, Väter des Vaterlandes! Bemitleidet und ehrt mein Alter, das bis jetzt in einem ununterbrochenen Laufe der Frömmigkeit verflossen ist. Da ich es nicht bereue, so gestattet mir, in der Ausübung meiner alten Religionsgebräuche fortzufahren ... Diese Religion hat die Welt unter meine Herrschaft gebracht. Diese Zeremonien haben Hannibal von der Stadt und die Gallier vom Capitol zurückgetrieben. Sollte meinen grauen Haaren so unerträgliche Schmach vorbehalten sein! Ich kenne das neue System nicht, dessen Annahme man von mir fordert ...".

Die Bittschrift machte starken Eindruck, das kaiserliche Consistorium verwendete sich für die Gewährung der Bitten, selbst Christen stimmten dafür. Erfolg hatte Symmachus aber nicht, denn Ambrosius trat ihm mit Leidenschaft und Fanatismus entgegen. Der Streit dieser beiden so ganz verschiedenen vornehmen Persönlichkeiten charakterisiert diese ganze Zeit. Ambrosius wollte von der Ehrfurcht vor dem Alten nichts wissen, denn die Siege der tapferen Legionen haben Rom erhöht, nicht die Götter. Es gäbe nur eine Wahrheit, das Christentum, aller übriger Kultus ist verabscheuenswerter Dämonendienst, der darum auszurotten sei. Symmachus hielt dagegen: „...auf einem Wege allein kann das Geheimnis nicht erreicht werden"[271], aber er unterlag, die Victoria blieb entfernt, wenn sie auch politische Schwankungen für einige Jahre wieder zurückführten. Wenige Jahre später ließ Theodosius die Senatoren darüber abstimmen, ob sie sich zur heidnischen oder zur christlichen Religion bekennen wollten. Die Entscheidung fiel natürlich nach dem

---

268 Richard Klein: Symmachus. Eine tragische Gestalt des ausgehenden Heidentums. Darmstadt 1971. Cristiana Sogno: Q. Aurelius Symmachus. A political biography. Ann Arbor 2006. Alan Cameron: The Last Pagans of Rome. Oxford u. a. 2011.

269 Prudentius, Contra Symmachum 1,639.

270 Die Zitate des Symmachus in: Jelle Wytzes: Der Streit um den Altar der Victoria. Amsterdam 1936 (MPL 16, 875 ff.).

271 Rel. 3,10.

Wunsch des Kaisers aus, wenngleich eine Minorität am Alten mutig festhielt. Der Senat war jetzt offiziell christlich. Die Senatoren wurden Christen, der christliche Dichter Prudentius frohlockt: „Die Lichter der Welt, die ehrwürdige Versammlung der Catonen, eilten mit Ungeduld, das schneeweiße Gewand der Unschuld anzuziehen und die heidnische Hülle abzustreifen“[272]. Die Kaiser legten den Titel des Pontifex Maximus endgültig nieder, die olympischen Spiele hörten auf (393), aber es gab auch jetzt noch eine gewisse Unsicherheit. Trotz aller Verfolgung des Heidentums verkehrten die Kaiser mit den berühmten heidnischen Philosophen, mit Symmachus und besonders mit Libanius. Diesen würdigte der Monarch sogar seiner persönlichen Freundschaft und Libanius war stolz darauf, daß er ein erklärter Heide war. Er warf sogar Theodosius seine Milde vor und meinte, er hätte einen Taufzwang einführen müssen, um das Heidentum auszurotten. Die Religionspolitik der Kaiser arbeitete langsamer, aber unauffällig, gelegentliche Inkonsequenzen konnten sie nicht um den Enderfolg bringen. Vor allem stachelten sie den christlichen Fanatismus an, gaben ihm freie Bahn, ohne Übergriffe zu strafen. Somit war das Heidentum schutzlos gegen das Vorgehen fanatischer Christen. Die Zeit von 390–420 ist gekennzeichnet durch die entsetzlichen Szenen des Tempelsturmes. Die Bischöfe waren in der Regel die Anführer und fanatische Mönche sowie beutelustiger Pöbel bildeten die gewaltbereite Menge. Die Szenen, die sich hier abgespielt haben müssen, übertreffen an Grausamkeit alle Schrecken der Christenverfolgungen. Vergeblich war die Mahnung des Libanius, daß ungeheure Kunstschätze vernichtet wurden, Barbarei und Fanatismus beseelten die Tempelstürmer, die für ihren Gott ein gutes Werk zu vollbringen hofften. Einiges mag zur Erläuterung dargestellt werden: In Alexandrien war die Stimmung wieder einmal gespannt. Auf die Aufforderung eines Philosophen, für die väterliche Religion auch zu sterben, wenn es nötig sein sollte, verschanzten sich die Heiden im berühmten Serapis-Tempel, der auf einer Anhöhe lag, und wurden von den Christen regelrecht belagert. Es fanden förmliche Schlachten statt und auf beiden Seiten gab es Tote. Schließlich schloß man bis zum Eintreffen der kaiserlichen Entscheidung einen Waffenstillstand. Der Kaiser bestimmte die Vernichtung des berühmten, über 600 Jahre alten Tempels, des im ganzen Orient angesehenen Wahrzeichens ägyptischer Frömmigkeit. Der Tempel wurde in eine Trümmerstätte verwandelt, das gewaltige Serapis-Bild von einem Soldaten mutwillig zerstört. Die wertvolle Bibliothek wurde von Ignoranten vernichtet. Alle Wertsachen wurden wohlweislich eingeschmolzen, denn der alexandrinische Erzbischof Theophilus war nach Aussage seiner eigenen Glaubensgenossen sehr goldgierig. Der Fall des Serapeums (391) wirkte auf das östliche Heidentum niederschmetternd.

Überall in den Provinzen bildeten sich Gruppierungen, die gegen die Tempel zu Felde zogen. Unter Anführung des Bischofs Marcellus, der sich bei den Gefechten stets außer Schußweite befand, ‚eroberte‘ man den berühmten Zeus-Tempel zu Apamea in Syrien. Trotz aller stärksten Werkzeuge konnte man aber die

272 Contra Symm. I, 545.

Säulen nicht niederreißen, man mußte die Fundamente freilegen und sie dann zum Einsturz bringen. Schließlich ereilte Marcellus auf seinen Kriegszügen das Schicksal und er wurde von Bauern erschlagen. In Gallien wirkte Martin von Tours, bei dessen Amtsantritt es nur wenige Christen in Tours gab, mit gleichem Eifer für die christliche Sache durch das Niederreißen von Tempeln und Fällen geweihter Bäume[273]. Überall zeichneten sich die Mönche bei diesen Kämpfen aus, über die zeitgenössische Heiden ein vernichtendes Urteil fällten. Habsucht und Unmäßigkeit wirft man ihnen vor. Libanius spricht von schwarzberockten Menschen, die mehr essen als Elefanten, und Ennapius nennt sie eine Rasse schmutziger Tiere, die man kaum Menschen nennen kann. So sanken die Tempel dahin, nur einige wenige wurden durch Bestechung und ähnliche Mittel gerettet. Borniertheit und Barbarei siegten. Mit Feuer und Schwert sollte das Heidentum ausgerottet werden, das zuvor gegen das Christentum gestritten hatte. Wieder wurde Alexandrien zum Schauplatz einer gräßlichen Szene, als die edle neuplatonische Philosophin Hypatia, die Lehrerin der alexandrinischen Jugend, vom Pöbel buchstäblich in Stücke gerissen wurde. Ob der Erzbischof dabei seine Hand mit im Spiel gehabt hat, läßt sich nicht sicher ausmachen, der ganze Vorfall beleuchtet aber grell die Fanatisierung der christlichen Menge. Wahrlich kein Ruhmesblatt für die christliche Kirche.

Auf die Dauer konnte sich die heidnische Religion unter diesen Umständen natürlich nicht halten, aber sie war noch auf Jahrzehnte hinaus lebensfähig. Die Gebildeten konnten notfalls auf die Opfer verzichten und sich ganz auf ihr Inneres zurückziehen. In diesen Schichten hat die ausgehende alte Frömmigkeit etwas Durchgeistigtes, Spiritualisiertes. Die neuplatonische Schule bestand bis 529 in Athen und war ein Sammelpunkt für die gebildete heidnische Welt. Bei Alexandrien gab es noch 485 eine sehr beliebte Kultstätte der Isis, noch 535 wurde ein Isis-Heiligtum im ägyptischen Philae in eine Kirche umgewandelt, im sechsten Jahrhundert pflegte die Kirche die Kenntnis der Hieroglyphen. In Italien hielt sich das Heidentum bis ins sechste Jahrhundert. Im ganzen Westen, in Griechenland und Kleinasien ist ein eher ruhiger Übergang vom Heidentum zum Christentum zu beobachten. Stürmischer ging es in Phönizien, Ägypten und dem sonstigen Afrika zu. Wie viele mögen nur pro forma in die Kirche gegangen sein, ohne im Herzen mit dem Heidentum zu brechen. Libanius spricht von solchen Menschen, ohne sie zu tadeln. Die alte Religion zog sich von den Städten aufs Land zurück und leistete hier zähen Widerstand. Man opferte an versteckten Orten oder man veranstaltete Familienfeiern, in deren Mitte ein Opfermahl stand. Noch im sechsten Jahrhundert rühmt der Bischof Johannes von Ephesus, daß er in seinem Sprengel 80.000 Heiden getauft habe. Es ist daher übertrieben, wenn im fünften Jahrhundert am kaiserlichen Hof die Meinung vertreten wurde, im Kaiserreich gebe es keine Heiden mehr. Dennoch war die Kraft des Heidentums gebrochen, es befand sich in einem langsamen Prozeß des Verschwindens. Man kann das auch an der Umdeutung der Bezeichnung sehen, die man seit dem vierten Jahrhundert auf die Heiden anwen-

273 Zu Martin von Tours vgl. Roman Mensing: Martin von Tours. Düsseldorf 2004.

dete: *pagani*. Anfangs bezeichnet dieser Begriff die Zivilisten, im Gegensatz zu den Christen, die sich zur *Militia Christi* zählten. Später übersetzte man *paganus* mit „Dorfbewohner". Die Städte änderten ihr Aussehen und wurden christlich, die Masse wurde in die Kirche hineingetrieben – das ist das Resultat einer Entwicklung, die mit Konstantin begann. Ein Blick auf die inneren kirchlichen Verhältnisse im vierten Jahrhundert wird uns eine Antwort auf die Frage geben, wie wir diese Entwicklung, diesen Sieg der Kirche aus ihrer Perspektive zu beurteilen haben.

38. Der Siegeszug des Mönchtums in Ost und West

Als erstes auffallendes Charakteristikum der inneren kirchlichen Entwicklung fällt der Siegeszug des Mönchtums auf, der der Fortbildung des Christentums zur Staatskirche genau parallel verläuft. Das Mönchtum bildete die Opposition gegen die immer stärker werdende Verweltlichung der Kirche, es wurde zum mahnenden Gewissen, wo es sich unter einer Regel in Orden sammelte und nicht in den ungeordeneten Scharen des Tempelsturms erschien. Das Entstehen und die Ausbreitung des regulierten Mönchtums ist der beste Beweis dafür, daß die Kirche eine gefährliche Bahn eingeschlagen hatte und sich selbst untreu zu werden drohte. Das Bindeglied zum klösterlichen Mönchtum, wie es sich im beginnenden vierten Jahrhundert herausbildete, waren die Eremiten-Kolonien, die sich um Antonius scharten oder an anderen Orten Ägyptens spontan entstanden. Es war ein ganz loser Verband, der durch keine Institution zusammengehalten wurde. Er war ganz auf das Prinzip der Freiwilligkeit gestellt, freiwillig kamen die Eremiten zu Antonius, freiwillig konnten sie ihn auch wieder verlassen. Das Jahrhundert zwischen 330–430 stellte die Blütezeit dieser Kolonien, der ‚Lauren', dar, die besonders auf den nitrischen Bergen und in der sketischen Wüste verbreitet waren. Einfache Hütten, die mit einer Mauer umgeben waren, daneben ein Ziehbrunnen. Manche Mönche bewohnten eine Hütte allein, andere teilten sie sich. Nach der „Historia Monachorum" sollen in dieser Einöde 5.000 Mönche gelebt haben. An den Sonntagen pilgerten sie von allen Seiten zur Kirche, an den Wochentagen arbeiteten sie und sangen am Abend geistliche Hymnen, bei deren Anhören Rufin von Aquileja sich ins Paradies versetzt fühlte[274].

Worin bestand die eigentümliche Frömmigkeit dieser Kreise? Auf den ersten Blick werden wir von der Schärfe der Askese fast abgestoßen, man muß tiefer blikken. Der Mönch war auch in der Einsamkeit nicht allein, er wurde ständig von Dämonen umgeben, deren eigentlicher Aufenthaltsort die Wüste war. In der Antoniuslegende klingen diese Anfechtungen wider. Um sie zu bekämpfen, vernachlässigte der Mönch seinen Körper, indem er ihn kaum bekleidete und nicht wusch. Man war der Überzeugung, daß man Dämonen nur durch Askese und zugleich durch eine systematische Bekämpfung der Sünde überwinden konnte, was beides

274 Er trat selbst in ein Kloster ein und wurde der bedeutendste Übersetzer der Werke des Origenes.

nur im Kloster möglich war. Man bedurfte keiner Nahrung mehr und fanatische Einsiedler starben sogar den Hungertod. Man wetteiferte untereinander in Demut und Selbstverleugnung. Man lebte auch ganz in der Welt der Bibel, ja viele kannten sie ganz auswendig. Von einem Mönch wird berichtet, daß er während eines Marsches von 60 Kilometern 15 Psalmen, Psalm 119, den Hebräerbrief, das Buch Jesaja, Teile des Jeremiabuches, das Lukas-Evangelium und die Sprüche Salomos aufsagte. Aber all dieses grausame Wüten gegen sich selbst, all dieses Kämpfen gegen die Dämonen bildete doch nur die Kehrseite eines großen inneren Erlebens, das man als ‚ständiges Gebet' kennzeichnen könnte. Gewiß gab es auch hier viel Veräußerlichung, etwa wenn bis zu 300 Gebete pro Tag gezählt werden, und doch war der Sinn für das wahre Gebet nicht verloren gegangen: „Beim Gebet braucht ihr nicht viele Worte zu sprechen. Es ist genug, wenn ihr mit ausgestreckten Händen das Wort wiederholt: Herr, erbarme Dich meiner"[275] – so mahnt der große Makarius. Man war sich seiner Sünde bewußt und beweinte sie. Vater Lucius betete den ganzen Tag beim Seilflechten: „Gott, sei mir gnädig nach Deiner Güte und tilge meine Sünden dach Deiner großen Barmherzigkeit" (Ps. 51,3)[276]. Es klingt erschütternd, wenn ein Einsiedler am Ende seines entbehrungsreichen Lebens bekannte, seit er in die Wüste kam und dort seine Zelle erbaute, sei kein Tag vergangen, an dem er nicht mit seinen Händen eine Arbeit verrichtet hätte, noch erinnere er sich, von jemandem ein Stück Brot angenommen zu haben, noch bereue er eines der Worte, die er gesprochen habe und dennoch gehe er zu Gott, ohne daß er angefangen habe, gottesfürchtig zu sein. Diese Einsiedler unternahmen den heroischen Versuch, sich von allem in der Welt loszulösen. Sie hatten keinerlei Besitz, waren bedürfnislos und vernachlässigten ihren Körper. Außerdem lebten sie ehelos und strebten ein über Freud und Leid erhabenes Leben in Apathie an. Dieses Leben sollte eine Vorbereitung für die Schau Gottes sein – in stummer Ergriffenheit kniet die Seele anbetend und preisend vor der göttlichen Majestät. Hier ist das tiefste Geheimnis des inneren Erlebens dieser armen, der Welt entflohenen Eremiten.

Den entscheidenden Schritt von diesen Eremitenkolonien zum Kloster vollzog um 320 Pachomius. Nach einem bewegten Leben erhielt er in einer Vision den Auftrag, ein Kloster zu gründen. Anfangs war er mit seinem Bruder allein, dann gesellten sich mehrere Asketen zu ihnen. Zuerst lebten sie noch in Hütten, um die Pachomius aber eine gemeinsame Mauer zog – das war etwas Neues. An Sonntagen besuchte man gemeinsam die Kirche des Nachbardorfes. Als die Zahl der Mönche auf einhundert gestiegen war, ließ Pachomius innerhalb seines Klosters eine eigene Kirche bauen. Dieses älteste Kloster des Pachomius war in Tabennisi am Nil, der Name lautet übersetzt ‚Palmen der Isis'. Bald mußte er in der Nähe des ersten Klosters ein zweites bauen. Nach und nach entstanden neun Männerklöster, die unter der Leitung des Pachomius standen, und zwei Frauenklöster. Diese Klöster bildeten einen geschlossenen Verband, der um 345 etwa 3.000 bis 4.000 Mönche

275 Apophtegmata Patrum I, 180.
276 Ebd. I, 168.

umfaßte. Mit großem organisatorischen Geschick verstand es Pachomius, unterschiedliche Elemente zu einer Einheit zu verbinden.

Das von einer Mauer umgebene Kloster umfaßte mehrere Gebäude: Pförtnerhaus, Gästehaus, weitere nach Handwerken geordnete Mönchshäuser, in denen jeweils ca. zwanzig Mönche wohnten. Gelübde wurden nicht abgelegt, sie fehlen dem älteren Mönchtum und finden sich erst bei den Benediktinern. Der Hauptteil des Tages gehörte der körperlichen Arbeit, wie Sammeln von Holz oder Schilfrohr, Graben von Brunnen usw. Alles war bis ins Kleinste geregelt. Hinsichtlich der Speisevorschriften herrschte große Milde, jeder sollte nach seinem Bedarf essen und trinken. Kranke durften sogar Wein und Fleisch genießen. Ein weises Maßhalten kennzeichnet die Regel des Pachomius. Keiner band sich auf Lebenszeit, jedem stand die Rückkehr zur Welt jederzeit offen. Wir sind noch weit entfernt vom Geist des benediktinischen Mönchtums. Die exzentrische Askese der Frühzeit hat hier einer gewissen Nüchternheit Platz gemacht.

Zum Eremitentum herrschte nicht immer ein freundliches Verhältnis, denn es fehlte nicht an Rivalitäten und Eifersüchteleien zwischen beiden Gruppen, wobei auch dogmatische Fragen mitsprachen. Die alten Asketen vom Schlag des Antonius dagegen starben seit ca. 350 mehr und mehr aus, denn sie wurden wegen ihrer ‚weltlichen' Lebensweise von Eremiten und Mönchen verachtet. Bewegt und voll Leben ist dieses ägyptische Mönchtum, als hohes Ideal Tausende in seinen Bann schlagend. Von Ägypten aus drang die asketische Welle auch in andere Länder, zunächst in den Orient.

Um 350 finden wir Eremiten auf der Sinai-Halbinsel und in Palästina. In der Gebirgseinsamkeit des Sinai sieht man noch heute zerfallene Hütten und verwilderte Felshöhlen, in denen die Einsiedler gehaust haben. Klösterliche Niederlassungen gehören erst einer späteren Zeit an. Die hervorragendste Gestalt unter diesen Eremiten ist der heilige Nilus[277]. Bunter ist das Bild, das Palästina bietet. Hier stand das alte Asketentum noch in voller Blüte, daneben finden sich Einsiedler und Kolonien, die sich um sie scharten. Hilaria ist die markanteste Erscheinung[278]. Mit besonderer Vorliebe ließ man sich an den heiligen Stätten nieder, auf dem Ölberg, in Jerusalems Nähe, wie wir es in der Reisebeschreibung der Egeria lesen können[279].

Mit fabelhafter Schnelligkeit und ohne größere Widerstände verbreitete sich das Mönchtum im ganzen Orient. Natürlich artete diese Bewegung zuweilen in Schwärmerei aus und zeitigte exaltierte Übertreibungen, die nicht allein die Virgi-

---

277 Vgl. Paolo Bettiolo: Gli scritti siriaci di Nilo il Solitario. Löwen 1983 (= Publications de l'Instut Orientalise de Louvain 30).

278 Die Legende nennt sie eine Tochter des Kaisers Zenon, die als Mann verkleidet in der Wüste lebte. Zum Motiv der als Mann verkleideten Eremitin vgl. Jacques Laccarière: Les hommes ivres de Dieu. Paris 1975.

279 Auch Aetheria genannt. Ihre Reisebeschreibung findet sich in: Egeria: Itinerarium, Reisebericht. Mit Auszügen aus: Petrus Diaconus, De locis sanctis. Die heiligen Stätten. Lateinisch-deutsch. Übers. u. eingel. v. Georg Röwekamp unter Mitarb. v. Dietmar Thönnes; Freiburg i. Br. ^{2}2000.

nität priesen, sondern, wie die Eustathianer und die Messalianer[280], die Ehelosigkeit aller Christen forderten. Aber das blieben Ausnahmen und im Allgemeinen kann man erkennen, daß das bei Völkern außerhalb der hellenistischen Kultur entstandene Mönchtum sofort hellenisiert wurde, als es ‚griechischen' Boden betrat. Eine maßlose und unfruchtbare Überspannung des asketischen Bildes war dort unsympathisch und wurde sofort korrigiert. Dafür ist das Wirken des Basilius charakteristisch: Das Wichtigste war für ihn die Überordnung des klösterlichen Lebens über das Eremitendasein. Sodann war für Basilius die Hochschätzung der wissenschaftlichen Arbeit von Bedeutung. Er hatte sie zuerst in den Klöstern heimisch gemacht. Ferner fällt bei Basilius das Maßhalten auf: im Fasten, in der Bekleidung, in der Forderung, nicht gewollt aufzufallen usw. Das Werk des Basilius kann als eine Reaktion des griechischen Geistes auf nicht-hellenistische Überspanntheit verstanden werden. Genau dasselbe beobachten wir bei der Vita des Antonius, die Athanasius verfaßt hat. Das Leben des Einsiedlers wird in der Form der griechischen Biographie erzählt, das heißt, es wird nach der Form der Vita des Pythagoras hellenisiert. Der Mönch wird als Philosoph, als Weiser präsentiert. Was den antiken Philosophen immer als höchstes Ideal vorschwebte, scheint im Mönch verwirklicht. Im Anschluß an Athanasius entstand eine förmliche Mönchsliteratur, ein ganz neuer Zweig der damaligen Belletristik, der ein anderes, griechisches Bild vom Mönchtum verbreitete, – anders als es den Stiftern vorschwebte.

Mit seiner Bevorzugung des Mönches vor dem Eremiten drang Basilius indes nicht durch, ja das Eremitentum brachte eine ganz seltsame Blüte hervor: das Stylitentum. In Nordsyrien entstanden, breitete es sich bald über den ganzen Orient aus. Sein Begründer war Symeon Stylites[281]. In seiner Jugend bestieg er einen Steinblock von einem Meter Höhe und zwei Quadratmetern Fläche, auf dem er fünf Jahre verweilte. Danach erhöhte er den Block immer mehr zu einer vierzig Ellen hohen Säule, versah sie mit einer Leiter, über die er sich Speisen bringen ließ. Dort lebte er dreißig Jahre als ständiger Beter, von Tausenden bestaunt und bewundert. Ein Augenzeuge versuchte, die Verneigungen des Beters an einem Tag zu zählen. Er kam nur bis 1244 und gab danach auf. Selbst aus Spanien und Britannien kamen Schaulustige, um sich das Wunderwerk an Abtötung zu betrachten. Es wirft ein interessantes Licht auf diese Zeit, daß sich das Kunstgewerbe sofort Symeons bemächtigt hat. Selbst in Rom vertrieb man kleine Statuen des Heiligen auf seiner Säule. Dieser Symeon, der 459 starb, wanderte nicht in andere Länder, aber die Menschen dieser Länder kamen zu ihm. Ein Menschenalter nach seinem Tod baute man um seine Säule eine große Kirche und ein Kloster, die ein bedeutendes Zeugnis spätantiker Architektur darstellen. Im sechsten Jahrhundert machte das Stylitentum dann gewaltige Fortschritte und hatte einen bedeutenden Anteil am Aufkommen der Bilderverehrung.

280 Vgl. Herrmann Dörries: Urteil und Verurteilung. Kirche und Messalianer. Zum Umgang der Alten Kirche mit Häretikern. In: ders.: Wort und Stunde. Bd. 1: Gesammelte Studien zur Kirchengeschichte des vierten Jahrhunderts. Göttingen 1966.

281 Vgl. Robert Doran: The Lives of Symeon Stylites. Michigan 1992.

Eroberte sich das Mönchtum im vierten Jahrhundert in raschem Siegeszug das Morgenland, so erfolgte sein Vordringen ins Abendland später und war mit erheblichen Widerständen verknüpft. Obwohl es auch im Westen nie an asketischen Regungen gefehlt hat, so erfolgte der Anstoß zum mönchischen Leben von außen her. Von Bedeutung war hier der Aufenthalt des Athanasius in Rom (340). Mit Staunen hörte man von den Heldentaten der Eremiten, der ‚Athleten Christi', mit Staunen hörte man, daß die Klöster des Pachomius bereits Tausende von Mönchen beherbergten. Aber es blieb zunächst beim Staunen. Um 382/84 finden wir Hieronymus in Rom als eifrigen Förderer des Mönchtums[282]. Dieser seltene und merkwürdige, hochbegabte, aber nicht immer sympathische Mann wirkte vornehmlich unter den römischen Patrizierinnen. Aus den stolzen Palästen wurden Wohnungen von Büßerinnen, die voll Demut ihre prunkvolle Kleidung abgelegt hatten und niedrige Dienste verrichteten. Es herrschte in Rom um 380 ein reges geistliches Leben, dessen Mittelpunkt Hieronymus war. Aber eigentliche Klöster gab es noch nicht, es waren Landsitze oder Paläste vornehmer Römerinnen, die die Sammelpunkte für religiös-asketisches Leben bildeten. Fünfzig Jahre später als im Morgenland finden sich im Westen überhaupt erst die Anfänge von Klöstern, jedoch nicht in Rom. Aber nicht das allein unterscheidet beide Reichshälften. Im Abendland regte sich gegen den neuen Geist sofort heftigster Widerspruch von Seiten des heidnischen Hochadels, aber auch von Seiten des christlichen Klerus, der nicht ohne Grund über den geistlichen Hochmut der Neuerer zu klagen hatte. Bei dem Tod einer jungen, vornehmen Witwe kam es zum Aufruhr gegen ihn. Schließlich mußte Hieronymus in Begleitung einiger Römerinnen die Stadt verlassen und sich nach Bethlehem wenden, von wo er grobe Streitschriften gegen seine Gegner schrieb – besonders gegen Jovinian.

Von Mailand aus machte Ambrosius das Mönchtum in Oberitalien heimisch. Als Augustin 385 in Mailand weilte, gab es vor der Stadt nach seinem Zeugnis in den „Confessiones" „ein kleines Kloster voll guter Brüder"[283]. Die ersten Klöster des Abendlandes entstanden wohl in Gallien, ihr Gründer war Martin von Tours. Auch sie waren durch Athanasius beeinflußt, der in der Verbannung in Trier lebte und dort die Begeisterung für das Mönchtum weckte. Martin von Tours setzte diese Einflüsse in die Tat um. Um 370 gründete er bei Tours das berühmte Kloster Marmoutier. Für das gallische Mönchtum wurde sein Einfluß grundlegend, über die Grenzen hinaus aber war sein Name kaum bekannt. Er wurde von seinen Mönchen fanatisch geliebt, vom Klerus jedoch ebenso gehaßt.

Ein zweites Zentrum des gallischen Klosterlebens war die kleine Insel Lerinum, gegenüber von Cannes, wo Honoratus von Arles um 410 ein Kloster gegründet hatte. Wie in Rom, so hat es auch hier nicht an Kritik und Widerspruch gefehlt, selbst in den Kreisen des Mönchtums. Aber trotz allen Widerstandes, den

282 Vgl. Alfons Fürst: Hieronymus. Askese und Wissenschaft in der Spätantike. Freiburg i. Br. 2003.

283 Confessiones VIII 6,15.

das Mönchtum erfuhr, kam ihm die ganze Strömung einer zusammenbrechenden Kultur entgegen. Die großen Kirchenväter des vierten Jahrhunderts setzten sich für das Mönchtum ein und waren seine eifrigsten Förderer. Die Opposition, die besonders in Spanien sehr groß war, wurde niedergerungen. Ebenso langsam löste sich das Mönchtum im Abendland von östlichen Vorbildern des ägyptischen Mönchtums, in denen es anfangs noch ganz befangen war. Schon das rauhe Klima des Nordens verbot ein sklavisches Nachahmen östlicher Bräuche, wärmere Kleidung und reichlichere Nahrung waren nötig.

Der Sieg des Mönchtums in Ost und West ist zugleich ein Zeichen für die fortschreitende Verweltlichung der Kirche, die der Zustrom der Massen mit sich brachte. Das Mönchtum protestierte dagegen und wollte bewußt die apostolische Zeit erneuern, ohne sich deswegen zur verweltlichten Kirche feindlich zu verhalten, wenn man diese auch mied.

39. Neue Formen der Frömmigkeit

Zu derselben Zeit, in der bei den Asketen ein neuer Geist seinen Einzug hielt, wandelte sich auch die Frömmigkeit der Gemeinde. Nicht daß das Neue ohne Anknüpfungspunkte gewesen wäre, im Gegenteil kann man im dritten Jahrhundert die Keime der späteren Entwicklung entdecken. Man kann das Ganze als einen kontinuierlichen Prozeß verstehen, aber dennoch war im vierten Jahrhundert etwas ganz Neues aus den alten Anfängen geworden, ein Neues, das sich etwa von der Frömmigkeit des zweiten Jahrhunderts deutlich abhob. Bräuche und Denkstrukturen aus dem Heidentum hielten zusammen mit den Massen ihren Einzug in die Kirche und damit entstand ein neuer Geist. Man kann das deutlich an der im vierten Jahrhundert aufkommenden Heiligenverehrung erkennen. Sie reichte mit ihren Wurzeln bis ins zweite Jahrhundert zurück und hatte sich aus der Märtyrer-Verehrung entwickelt. Der Märtyrer galt als der wahre Christ, das Martyrium ersetzte als Bluttaufe die gewöhnliche Wassertaufe, der Blutzeuge kam sofort zu Gott, er empfing von ihm seinen Ruhmeskranz, er nahm als Beisitzer Christi am Weltgericht teil. An den Jahrestagen des Martyriums, den Natalia, versammelte sich die Gemeinde und gedachte des Todes durch das Verlesen der Märtyrerakten. Das kann alles noch als Akt der Dankbarkeit und Pietät aufgefaßt werden. Darüber hinaus sah man nun im Märtyrer den Christen, der ganz das Gebot der Nachfolge Christi erfüllte, mit dem Christus in ganz besonderer Weise vereint war. Der Märtyrer war der Geistträger, er hatte daher auch die Vollmacht zur Sündenvergebung, er konnte Abgefallene wieder in die kirchliche Gemeinschaft aufnehmen, woraus sich immer wieder Kämpfe mit den Bischöfen entwickelten. Deshalb sah man schon früh in den Märtyrern Fürsprecher, die sich der menschlichen Schwäche annahmen.

Im vierten Jahrhundert erfuhren diese bescheidenen Anfänge des Märtyrerkultes eine ungeahnte Steigerung. Die Märtyrer rückten jetzt in die Stelle der antiken Heroen ein, sie wurden Schutzgottheiten, Nothelfer, Patrone für allerlei Anliegen. Diesen Wandel haben Heiden ganz richtig erkannt, so sagt z. B. Ennapius:

„Die Mönche – eine Rasse schmutziger Tiere – sind die Urheber der neuen Religion, welche an die Stelle jener Gottheiten, die durch den Verstand ergriffen werden, die niedrigsten und verächtlichsten Sklaven gestellt hat. Die eingesalzenen und eingemachten Häupter dieser berüchtigten Übeltäter, die für ihre zahllosen Verbrechen einen gerechten und schimpflichen Tod erlitten haben, ihre Leiber noch gezeichnet von dem Eindruck der Geißel und den Narben dieser Martern … das sind die Götter, die die Erde in unseren Tagen hervorbringt, das sind die Märtyrer, die obersten Schiedsrichter unserer Gebete und Bitten zur Gottheit, deren Gräber jetzt als Gegenstände der Volksverehrung geweiht werden“[284].

Ennapius hatte ganz richtig beobachtet, daß die Märtyrer an die Stelle der heidnischen Schutzgottheiten getreten waren. Sie sind vor allem die großen Wundertäter, die, von Gott mit übernatürlichen Kräften ausgestattet, ihren Verehrern alles gewähren konnten. Sie thronten zwar in Gottes nächster Nähe im Himmel, aber sie konnten auch ständig direkt in irdische Verhältnisse eingreifen. Dabei weilten sie – antiker Sitte gemäß – an ihrem Grab. Das Märtyrergrab gewann also erhöhte Bedeutung, weil man hier den Heiligen in ganz besonderer Weise gegenwärtig glaubte. Deswegen veranstaltete man hier zu seinen Ehren Schmausereien, erbaute über seinem Grab Kapellen, in denen man sein Andenken ständig feierte. Der Märtyrer war aber auch überall dort, wo seine Reliquien waren oder wo sich Gegenstände befanden, mit denen er zu Lebzeiten in Berührung gekommen war. In ihnen waren auch die Kräfte lebendig, die den Märtyrer auf Erden ausgezeichnet hatten und er selbst war mit seiner ganzen Macht in jedem kleinsten Teil seiner Reliquien gegenwärtig, gleichgültig, ob es ein Barthaar oder ein Finger war. Man faßte die himmlischen Kräfte in den Reliquien ganz materiell auf, man konnte sie sogar wiegen: wenn Tuchlappen, die auf das Grab des Petrus gelegt waren, schwerer wurden, dann nur deshalb, weil die himmlische Kraft in sie eingegangen war. Die Reliquien wirkten nun zahllose Wunder. Dies war nicht nur Volksglaube. Die bedeutendsten damaligen Theologen teilten ihn und versuchten, dies argumentativ zu begründen. So vergleicht Chrysostomus die Reliquien mit einer Quelle, die ständig überfließt, ohne zu versiegen, mit einem Licht, das unausgesetzt seine Strahlen versendet, ohne etwas von seiner Leuchtkraft zu verlieren, und für Augustin bilden die durch Reliquien bewirkten Heilungen einen wichtigen Beweis für die Wahrheit des Christentums. In „De civitate Dei“ gibt er einen Katalog dieser Wunder, in denen auch Totenauferweckungen nicht fehlen.

Aus dieser Sachlage folgt ein Doppeltes. Man mußte sich in den Besitz möglichst vieler Reliquien setzen, um möglichst viele Wunder zu erzielen. Man kannte aber anfangs nur wenige Märtyrergräber, ihre Zahl vermehrte sich im vierten Jahrhundert rasch durch auffallend glückliche Funde. Eine beliebte Art des Auffindens war das Erscheinen des Heiligen, der die genaue Lage seiner Gebeine angab, so daß man sie mühelos finden konnte. So ging es Ambrosius mit Gervasius und Protasius und ebenfalls einem gewissen Lucian mit der Entdeckung der Reliquien des Ste-

284 In Aedesio.

phanus in Kafar Gamala, einem kleinen palästinensischen Dorf. Ihm erschien des Nachts Gamaliel und teilte ihm mit, daß Stephanus an einer bestimmten Stelle begraben liege. Lucian entdeckte aber vier Särge. Gamaliel erklärte ihm, daß er mit seinem Sohn und mit Nikodemus ebenfalls dort begraben liege. Die Schwierigkeit, den richtigen Sarg herauszufinden, wurde durch ein Wunder gelöst. Als man ihn berührte, donnerte es und dem Sarg entströmte ein lieblicher Wohlgeruch. Sofort begann der Heilige mit seiner Wundertätigkeit, deren Spuren wir im Abendland überall antreffen[285].

Ein Kapitel für sich ist die Auffindung des heiligen Kreuzes, die von Legenden umrankt ist. Nach der spätesten Fassung soll Helena, die Mutter des Kaisers Konstantin, die glückliche Finderin gewesen sein. Auch ihre Person wird von Legenden umrankt. Sie soll aus Mesopotamien, Britannien oder Trier gestammt haben und von vornehmer Abkunft gewesen sein. Ambrosius dagegen ist der Meinung, sie sei eine Stabularia gewesen, die Inhaberin einer Herberge. Da das heilige Kreuz zwanzig Ellen tief vergraben wurde, hatte Helena zunächst größte Schwierigkeiten zu überwinden. Nur ein Jude namens Judas kannte den richtigen Platz. Durch fürchterliche Drohungen eingeschüchtert, begann er nach einem Gebet zu Christus mit dem Graben und fand die drei Kreuze, denen ein lieblicher Wohlgeruch entströmte. Das richtige Kreuz erkannte man, indem man den Kreuzen einen Toten auflegte, der beim dritten Kreuz wieder lebendig wurde, wie es Rufin berichtet[286], dem es um 375 die Fremdenführer erzählten. Die Wunder, die das Kreuz wirkte, waren unbeschreiblich, so nahm es z. B. nicht an Substanz ab, obwohl viele Splitter von ihm abgeschnitten wurden. Im Mittelalter lassen sich allein 36 Nägel vom heiligen Kreuz nachweisen. Wieviel Schwindel generell mit den Reliquien getrieben wurde, wird aus einer kleinen Geschichte deutlich, die sich in Gallien zugetragen hat. Außerhalb einer Stadt wurden Gebeine gefunden, die man sofort als Märtyrerreliquien verehrte. Martin von Tours, der sich in der Nähe der Märtyrerstätte eine kleine Kirche als Zuflucht vor den Umtrieben in der Stadt errichtet hatte, erschien aber der angebliche Märtyrer im Traum und erklärte ihm, daß er in Wirklichkeit ein Straßenräuber gewesen sei, der erschlagen wurde. Daraufhin ließ Martin den Altar des falschen Heiligen entfernen, obwohl auch hier Wunder stattgefunden hatten, die der Volksglaube gern annahm.

Das Andere, worauf hingewiesen werden muß, ist die Verehrung, die man den Märtyrern und ihren Reliquien zollte, um ihres Beistandes teilhaftig zu werden. Man trug eine Reliquie in einer Kapsel bei sich, man küßte einen Märtyrerknochen, den man sein eigen nannte, man ließ sich in unmittelbarer Nähe eines Märty-

285 In „De civitate Dei“ XXII 10 zählt Augustinus einige Wunder der Stephanus-Reliquien auf: Eine Blinde wurde sehend, Bischof Lucillus wurde von einer Fistel befreit, Bischof Possidius von seinem Steinleiden. Als Possidius starb, wurde er durch die Tunika des Stephanus auferweckt. Blumen vom Altar des Stephanus, unter das Kopfkissen des Heiden Martialis gelegt, brachten diesen zur Taufe und ein unter Wagenrädern getöteter Knabe kehrte durch die Stephanusreliquien ins Leben zurück.

286 Hist. eccl. 7–8.

rers begraben, um seinen Schutz für die Auferstehung zu erlangen. Um den Besitz der heiligen Leiber entspannten sich oft förmliche Schlachten, Heilige ließen sich an ganz entlegenen Orten beisetzen, um nicht in die Hände fanatischer Verehrer zu fallen. Als der Leichnam des Säulenheiligen Symeon nach Antiochien überführt werden sollte, konnte dies nur unter einem starken militärischen Aufgebot geschehen. Über den Gräbern oder Reliquien der Märtyrer wurden einfache Kapellen errichtet, aber auch Kirchen von größter Pracht, mit herrlichem Bildschmuck und weiten, geräumigen Hallen, je nach der Beliebtheit des Märtyrers und der Opferbereitschaft seiner Verehrer. Synoden verboten es oft, in Kirchen zu essen oder am Altar Fleisch zu kochen. Aber man aß am Märtyrergrab, man gab den Märtyrern Opfer an Speise und Trank und zechte hier oft bis tief in die Nacht hinein. Auch Augustins Mutter Monica ging in Mailand von Märtyrergrab zu Märtyrergrab, um überall die Libationen darzubringen, die den Märtyrern geweihten Trankopfer. Die Ähnlichkeit dieser Sitte mit heidnischen Bräuchen hatte Ambrosius erkannt und sie deshalb verboten. Der Besuch der Märtyrerkapellen muß so zahlreich gewesen sein, daß sich an den Pforten Bettler aufstellten. Man verehrte in den Märtyrern nicht die Vorbilder, sondern man erflehte ihre Hilfe. An den Wänden der Katakomben, z. B. der Domitilla-Katakombe in Rom, kann man heute kurze Bittgebete lesen: „Bittet für mich, bittet für die Meinen“, „bittet, daß ich und die Meinen eine glückliche Fahrt haben mögen“. Alle kleinen und kleinsten persönlichen Anliegen brachte man vor die Märtyrer, Heilungen von Krankheit, Bitte um Kindersegen, um Reichtum, Glück, um Schutz in Gefahr, um Wiedererlangung verlorenen Eigentums usw. Man küßte den Boden, küßte das Grab, beugte sich über es und flüsterte dem Heiligen die Bitte gleichsam ins Ohr. Man hing Abbildungen geheilter Gliedmaßen als Dankesgaben in der Kapelle auf, man gelobte Wallfahrten, man brachte Blumen und Kränze, zündete zu Ehren des Märtyrers Kerzen und Lampen auf den Altären an – alles Nachahmung heidnischer Bräuche. Besonderen Umfang mußte dies an den Jahrestagen der Märtyrer annehmen. Die Beteiligung der Bevölkerung war oft so groß, daß der Prediger zuweilen seine Lobrede unterbrechen mußte, da man ihn im Gedränge nicht mehr verstand. Die gottesdienstliche Feier wurde mit allem Prunk ausgestattet, fremde Bischöfe wurden eingeladen, ein nächtlicher Gottesdienst ging voraus, am Vormittag folgte die Hauptfeier mit Schriftlesung, Märtyrerakten, Predigt, Gesang von Hymnen, Mahlfeier usw. Das Treiben des Volkes gab an diesen Tagen schon früh zu mancherlei Klagen Anlaß. Die Umtriebe auf den Friedhöfen, der Jahrmarkt vor der Kirche mit seinen Belustigungen und mannigfachen Anreizen zur Sünde entsprach wenig dem Sinn des Tages. Es gibt viele farbige Schilderungen, aber eine zufällige Bemerkung spricht allein schon Bände: der syrische Asket Mari sei keusch und enthaltsam geblieben, obwohl er an vielen Märtyrerfesten teilgenommen habe[287]. Ein Unterschied zu den großen heidnischen Festlichkeiten läßt sich hier kaum mehr feststellen.

---

287 So berichten es die pseudepigraphsichen Acta s. Maris (in: Acta martyrum et sanctorum (syriace); ed. P. Bedjan, Bd. 1. Paris 1890, S. 50–94.

Diese Märtyrer- und Heiligenverehrung sollte sich im vierten Jahrhundert erheblich steigern, einmal weil die Reliquien sich neben den Märtyrerkapellen nun alle Kirchen eroberten. Es gehörte bald zum Inventar fast jeder Kirche, daß sie Reliquien besaß, die unter dem Altar aufbewahrt wurden. Eine Zunahme der Heiligenverehrung geschah sodann dadurch, daß der Kreis der Heiligen in dreifacher Weise erweitert wurde. Bei dem steigenden Ansehen des Mönchtums konnte es nicht ausbleiben, daß die großen Asketen den Märtyrern gleich geachtet wurden, ja man schätzte sie zuweilen noch höher, da ihr ganzes Leben ein Martyrium gewesen sei. Auch sie wirkten ja schon zu ihren Lebzeiten Wunder, erst recht aber nach ihrem Tode, auch sie standen zu Gott in einem einzigartigen Verhältnis. Zu den Asketen traten die großen Bischöfe, die Märtyrer im Kampf für die Orthodoxie, die Vorkämpfer für asketisches Leben, wie Basilius der Große oder Martin von Tours. Schließlich setzte sich im vierten Jahrhundert die Marienverehrung durch. Maria sollte bald alle Heiligen überflügeln, während sie noch im zweiten Jahrhundert unter jedem Märtyrer gestanden hatte. Das zweite Jahrhundert wußte wenig über sie zu sagen, nach Tertullian hatte sie wirklich geboren, war also wirklich Mutter geworden. Aber schon im gleichzeitigen Protevangelium Jacobi änderte sich das Bild. Hier wird Marias Kindheit geschildert, sie wurde im Tempel erzogen, hat nur gebetet, wurde mit zwölf Jahren Joseph anvertraut, um sie zu behüten, wobei betont wird, daß Joseph ein Greis von 80 Jahren gewesen sei. Die späteren Kirchenväter betonen dann Marias dauernde Jungfräulichkeit, die auch durch Jesu Geburt keine Unterbrechung erfahren habe, wobei sie sich mit Vorliebe auf den Propheten Hesekiel berufen: „Der Herr wird durch die Pforte gehen und sie wird verschlossen sein“[288]. Die Gnostiker sind hier übrigens vorangegangen, indem z. B. die Valentinianer behaupteten, Jesus sei durch seine Mutter gegangen, wie Wasser durch eine Regenrinne fließt. Nun genügte es nicht mehr, Marias Unversehrtheit zu behaupten, das vierte Jahrhundert zeichnete sie als große Asketin. Sie lebte allein für sich, die Welt war ihr verhaßt und sie verließ ihr Zimmer nur, um den Tempel aufzusuchen. Auch betete sie ständig, sie fastete täglich und aß nur sehr selten, nie aus Appetit, sondern um nicht zu sterben, sie schlief sehr selten und nie hegte sie einen schlechten Gedanken. „Wie aus einem glänzenden Spiegel“, so sagt Ambrosius, „leuchtete daher die wunderbare Gestalt der Keuschheit und die Schönheit der Tugend den Gläubigen aus dem Bilde Marias entgegen“[289]. Man sah in Maria aber nicht allein die große Asketin, sie galt auch je länger desto mehr als Mitwirkerin des Heilswerkes, als Anführerin und erste der jungfräulichen Seelen im Himmel. Die großen nicaenischen Kämpfe mußten ihr Ansehen steigern, denn die volle Gottheit Jesu, das *homousios*, erhöhte natürlich auch die Würde der Mutter. Man sieht dies durch den Würdenamen, der sich seit dem vierten Jahrhundert für sie findet: *theotokos*, die Gottesgebärerin. Das mußte abermals ihre Heiligkeit ganz erheblich steigern, selbst über die der Asketen hinaus, und ein so heiliger Leib, der einen Gott geboren hat,

288 Hes. 44,2.
289 De virginibus 2,2,6 f.

konnte unmöglich der Verwesung anheimfallen. Die leibliche Himmelfahrt Mariens wurde zunächst im Orient geglaubt, im Abendland erst seit dem siebten Jahrhundert. Sie war unmittelbar an Gottes Thron entrückt, sie leistete hier Fürbitte für alle, die sie darum anriefen. Wir können noch verfolgen, wie Marias Ansehen im vierten Jahrhundert ständig stieg. Die Prädikate Christi wurden auf sie übertragen: sie war der ‚Weinstock', die ‚Quelle', das ‚Licht', das ‚Wasser des Lebens', der ‚Weg des Heiles'. Die Schrift handelte ständig von ihr, was die allegorische Auslegung von Himmelsleiter, Arche Noah usw. aufweist. Marienlegenden entstanden, Marienreliquien tauchten auf, aber niemals ihre Gebeine. Später im fünften Jahrhundert bildete sich ein Marienkult heraus, Maria wurde in die Kirchengebete aufgenommen. In allem war der Heiligenkultus Vorgänger und Wegweiser, indem er die Form der Marienverehrung bestimmte. Aber schon im fünften Jahrhundert stand Maria an der Spitze aller Heiligen, sie rührte an die Trinität, weniger als Gott, aber mehr als ein Mensch, ihr gebührte die höhere Verehrung, die Hyperdulie.

Dieser Heiligenkult erstickte alle Ansätze eines Engelkultes, denn die Heiligen trugen menschlichere Züge als die Engel. Von den Heiligen besaß man Reliquien und bei einer Materialisierung der Frömmigkeit trug das am meisten Handfeste den Sieg davon. Nur der Erzengel Michael genoß einen größeren Kult, er galt als der große Heiler, der Nachfolger des Asklepios. Daraus erklärt sich seine große Beliebtheit, besonders in Phrygien. Im Spätjudentum, in der Apokalypse und im Judasbrief galt Michael als der große Streiter. Deshalb war er auch bei den Darstellungen von Mariae Himmelfahrt zugegen, um Maria vor einem etwaigen teuflischen Angriff zu schützen. Das Abendland kannte ihn seit dem siebten Jahrhundert als Kriegshelden und der Orient feierte ihn seit dem neunten Jahrhundert unter diesen Vorzeichen. Seine Rolle als Heiler war also nur eine Episode in seinem Wirken.

In Zusammenhang mit dieser aufkommenden Heiligenverehrung steht die Sitte der Wallfahrten, die ebenfalls seit dem vierten Jahrhundert nachweisbar ist. Man wollte dem Heiligen in greifbarer Nähe sein und begab sich deshalb zu den großen Heiligtümern. Vor allem ist hier das berühmte Menas-Heiligtum hervorzuheben, dessen Wasser in alle Welt geschickt wurde. Man übernachtete auch im Tempel, um geheilt zu werden, eine Inkubation wie in den Asklepios-Heiligtümern. Sehr beliebt waren natürlich die Reisen ins Heilige Land. Der Reisebericht von der Wallfahrt der Egeria ist eine der reizvollsten Schriften des christlichen Altertums, geschrieben vor 394. Sie lebte drei Jahre in Jerusalem und unternahm von dort aus planmäßig Reisen durch Palästina. Ihr Bericht ist unter anderem deshalb besonders wertvoll, weil er am Schluß die liturgischen Bräuche der Jerusalemer Kirche sehr eingehend behandelt. Auf dem heiligen Boden gründete man auch mit Vorliebe Klöster.

Wie die Wallfahrten heidnische Parallelen haben, so auch die Prozessionen. Man veranstaltete feierliche Bittgänge, um die Felder vor Schaden zu bewahren, wobei man oft sogar den heidnischen Tag beibehielt und dem Ganzen nur einen neuen christlichen Titel gab. So entstand eine Volksfrömmigkeit, die von der alten wesentlich verschieden war. Die heidnischen Massen strömten eben im vierten Jahrhundert in die Kirche hinein und brachten ihre heidnischen Gewohnheiten und Anschauungen mit. Auf der ganzen Linie kann man dieses Einströmen von Vorstellungen feststellen, die dem ältesten Christentum völlig fremd waren. Eine Frömmigkeit zweiter Klasse entstand, die den Monotheismus zu gefährden drohte.

Einflüsse der Umwelt und ihrer Formkraft bemerkt man auch bei der Ausgestaltung des Kultus, besonders bei der Eucharistie, für die jetzt im Osten die Bezeichnung *leitourgia*, im Westen *missa* aufkommt. Schon das Äußere des Gottesdienstes entfernte sich von der alten Schlichtheit durch eine Übernahme von Elementen der Mysterienkulte mit ihrem reichen Zeremoniell. Jetzt brannten auch am Tag Lichter in den Kirchen, wenn auch noch nicht auf dem Altar, jetzt stiegen Weihrauchwolken empor, Weihwasser spielte eine Rolle und die Kirchen erstrahlten im Schmuck ihrer Bilder und im Schimmern der Mosaike. In jeder Kirche befand sich nun ein Altar mit eingelassenem Reliquienbehälter. Ein Ritual bildete sich allmählich heraus und aus dem anfänglichen Formenreichtum traten bald reglementierende, theologisch verantwortete Grundlinien des Rituals hervor. Der Kultus wurde nun auch seinerseits eine mit den Sinnen wahrnehmbare Symbolhandlung. Jede Handlung, mochte sie an sich noch so unbedeutend sein, erhielt einen tiefen symbolischen Sinn. Weil Christus immer aufs Neue Mensch wird, wird sein Opfer immer aufs Neue gegenwärtig gesetzt. Hier entzündete sich die griechische Kultmystik, wie sie uns in ihrer ersten reichen Ausformung bei Dionysius Areopagita begegnet.

Auch das Kirchenjahr erfuhr eine reichere Ausgestaltung. Die älteste Kirche kannte als Hochfest nur das Passah-, bzw. das Osterfest, dessen Termin variierte und dessen Berechnung auch bis ins fünfte und sechste Jahrhundert hinein größte Schwierigkeiten machte. Jetzt feierte man vor Ostern die Osterwoche mit Palmsonntag und Karfreitag – beide Tage haben sich wohl von Jerusalem aus verbreitet – und hatte vor Ostern ein vierzigtägiges Fasten (*tessarakoste*). Auf Ostern folgte die fünfzigtägige Freudenzeit (*pentekoste*), der entsprechende letzte Sonntag behielt daher den Namen Pfingsten. Auch auf den Tag der Himmelfahrt stößt man bereits im vierten Jahrhundert. So hat sich der österliche Festkreis allmählich ausgebildet. Neu trat nun das Weihnachtsfest hinzu. Ursprünglich und besonders in Ägypten wurde die Geburt Jesu im Orient am 6. Januar, dem Epiphaniasfest, begangen. In Nachahmung zweier heidnischer, auf diesen Tag fallender Feste, bildeten hier die Geburt Jesu, die Anbetung der Könige, das Wunder von Kana und die Weihe des Taufwassers den Inhalt. In Rom feierte man den 25. Dezember als Geburtstag des Herrn, wobei man ebenfalls die heidnische Feier der Geburt der Sonne zurückdrängen wollte. Dieses Datum ist bereits vor 336 in Rom bezeugt. Nun kann man den Siegeszug des Weihnachtsfestes in der Kirche verfolgen, in Sonderheit propagierten es die Anhänger des *homousios* im Osten. Im vierten Jahrhundert bürgerte es sich auch in der Ostkirche ein und der 6. Januar, der weiter gefeiert wurde, hatte in Ost und West nur die Anbetung der Könige zum Inhalt. Die Adventszeit als Einleitung des Weihnachtsfestes findet sich erst seit dem sechsten Jahrhundert, aber schon im vierten Jahrhundert findet sich der Ausklang der weihnachtlichen Festzeit, Jesu Darbringung im Tempel am 14. bzw. am 2. Februar, je nachdem ob Weihnachten am 25. Dezember oder am 6. Januar gefeiert wurde. In Jerusalem wurde dieses Fest mit der Geschichte von der Begegnung des alten Simeon mit Christus besonders festlich gefeiert, eine Prozession der ganzen Gemeinde zur Auferstehungskirche fand statt, Predigten wurden gehalten, die Eucharistie gefeiert. Dieser Feiertag machte nun eine interessante Wandlung durch, wobei römischer Brauch sich durchsetzte. Am 2. Februar wurde im heidnischen Rom ein großes Sühnefest begangen mit Prozessionen, Umhertragen von Lichtern und Singen von Litaneien. Diesen Tag übernahm die Kirche vom heidnischen Gegner und beging ihn ihrerseits festlich mit dem Fest der Darbringung Jesu im Tempel. Man hielt auch den heidnischen Brauch der Lichterprozession bei, der sich dann allmählich auch im Osten durchsetzte. Hierdurch erfuhr das Fest noch eine interessante Umgestaltung: aus dem ursprünglichen Herrenfest der Darbringung Jesu wurde ein Marienfest, Mariae Reinigung oder Mariae Lichtmeß. Die Vermehrung der Feste zeigt nicht nur den aufsteigenden Reichtum liturgischer Formen, die die christliche Botschaft in immer neuer symbolischer Gestalt mit großer Schönheit umkleideten. Sie zeigt zugleich etwas von der Verweltlichung der Kirche und wie sehr sie darauf bedacht sein mußte, den einströmenden Massen einen Ersatz für den heidnischen Kultus mit seinen zahlreichen Festen zu bieten.

Das Aufkommen der Heiligen- und Reliquienverehrung, die reiche Ausgestaltung des Kultus, die Ausbildung des Kirchenjahres – alles das zeigt uns neue Wege der Frömmigkeit. Der Enthusiasmus der ältesten Zeit sowie die Parusie-Erwartung war längst verschwunden, man suchte nach einer Manifestation des Göttlichen, die man nicht mehr nur im Geist erleben wollte. Nun empfand man überall das Hineindringen der Himmelswelt in die irdische Wirklichkeit: im Kultus, in der Religion, im Wunder, in der Festfreude, überall berührte der Gläubige Formen des Überirdischen. Überall sah er Symbole des Göttlichen, die doch zugleich Realitäten waren und ihn in seinem Heil verankerten. Aberglaube und tiefe Erkenntnis hochfliegender Mystik standen hier nebeneinander und zogen ihre Nahrung aus dem gleichen spirituellen Grund. Einst heidnische Formen füllten sich mit christlichem Geist. Hinter allem stand das werdende Dogma von der Trinität und den Naturen Christi, es gab den liturgischen Formen ihren Sinn, es war der theologische Ausdruck des tiefsten Sehnens aller damaligen Frommen: Theopoiesis, die Vergottung. Die Frömmigkeit der Ostkirche hat diese Haltung bis heute stärker bewahrt als der Westen.

40. Die christliche Kunst in der Epoche der Reichskirche

Wie sehr die Kirche sich in der Zeit nach Konstantin gewandelt hatte, davon legt ihre künstlerische Betätigung beredtes Zeugnis ab. Überall waren ihr neue Aufgaben erwachsen, die Verhältnisse gingen allenthalben ins Große, aus einer verfolgten Kirche war zunächst eine geduldete, dann eine triumphierende geworden. Nicht mehr scheu unter der Erde versteckt schuf christlicher Kunstwille seine Werke, sondern frei und öffentlich. Die im vierten Jahrhundert einsetzenden Massenübertritte zur christlichen Kirche zwangen zum Schaffen großer, geräumiger Kirchen, für die man den Basilikalstil beibehielt. Viele stattliche Gebäude erhoben sich, von denen jedoch nichts mehr erhalten ist – St. Paul vor den Mauern in Rom wurde nach einem Brand im Jahr 1823 neu errichtet. Der Stil veränderte sich zunächst nicht, nur die Ausmaße wurden größer, die innere Ausstattung prunkvoller. Ganz schüchtern meldete sich dann ein neuer Stil, der vom Osten seit dem vierten Jahrhundert langsam in den Westen vordrang: der Zentralbau. Der Grundriß bestand hier nicht aus einem Rechteck, sondern aus einem Kreis, bzw. einem Vieleck, die Krönung bildete eine Kuppel. Zu Anfang war dieser Stil nur auf Nebengebäude beschränkt, im sechsten Jahrhundert eroberte er sich auch die großen Kirchengebäude, seine berühmteste Schöpfung ist die Hagia Sophia in Konstantinopel, die 537 geweiht wurde. Wieder andere Formen zeigt der syrische Kirchenbau. Betrat man das Innere einer Kirche, so war das wichtigste, was sie enthielt, was ihr überhaupt erst den Charakter des Heiligen verlieh, der Altar, der mit der Betonung des Opferbegriffes den beweglichen, hölzernen Tisch verdrängt hatte und in der Regel aus Stein bestand. Die Parallele zum heidnischen Tempel wird deutlich. Der neue Geist zeigt sich auch darin, daß der Altar zugleich das Märtyrergrab war, daß jeder Altar Reliquien enthielt, die in ihn eingelassen waren. Damit wurde die Heiligenverehrung von den Märtyrerkapellen in die großen Kirchen übertragen. Hinter dem Altar befand sich der bischöfliche Thron, der nicht mehr ein einfacher Stuhl mit Armlehne, sondern ein prunkvolles Möbelstück war. Apsis und Kirchenschiff waren durch Schranken voneinander getrennt, der Altarraum war um einige Stufen erhöht. Im Osten bürgerte sich dann im sechsten Jahrhundert die Sitte ein, anstatt der Schranken eine Holzwand mit drei Türen aufzubauen, die später noch mit Bildern geschmückt wurde, die sogenannte Ikonostase, wie sie bis heute zum Kirchenraum der Orthodoxie gehört. Die neuen Verhältnisse zwangen auch zum Erbauen bestimmter Taufkapellen, der Baptisterien oder Photisteria, die oft in der Nähe der Basiliken lagen. Der komplizierte, immer ritualistischer werdende Taufvollzug sowie die große Zahl der Täuflinge machten besondere Räumlichkeiten erforderlich. Ihr älterer Name Balneum läßt an einen Anschluß an heidnische Bäder denken, die tatsächlich das bauliche Vorbild für das Baptisterium abgegeben haben. Das Taufbassin befand sich in der Mitte, an den Wänden zogen sich ringsum Bänke, Raum zum Entkleiden und Ankleiden war hinter Vorhängen.

Neu war in diesen kultischen Räumen auch die Art des Innenschmucks, das Mosaik. Auch hier zeigt sich der neue Geist des vierten Jahrhunderts deutlich: die neuen Kirchen hüllten sich in eine schimmernde Pracht von Goldmosaiken. Die Kuppel der Apsis, der Triumphbogen, der sich zwischen Apsis und Schiff spannt, die Längswände und Portale der Basiliken, ja sogar der Fußboden waren die Stätten, an denen sich die Künstler betätigen konnten. Nicht mehr schlichte Handwerker, wie einst in der Katakombenkunst, sondern anerkannte Meister waren nun tätig, nicht mehr kleine Grabkammern wurden ausgemalt, sondern Prachtkirchen, nicht Privatleute waren die Auftraggeber, sondern die Bischöfe, bzw. der Kaiser. Diese sog. musivische Kunst entwickelte sich aus der sepulkralen, streifte aber allmählich ihre Fesseln ab. Charakteristisch ist für sie neben dem Zurücktreten der Beziehung auf den Auferstehungsglauben der lehrhafte, historisierende und allegorisierende Zug. Es wurden jetzt förmliche Bildkreise geschaffen mit dem Zweck der Belehrung der Gläubigen. Eine biblische Urgeschichte, Daniel, die drei Könige mit Hirten und Jesu Geburt, die Leidensgeschichte in mehreren Bildern, die Petrusgeschichte und im Rom des fünften Jahrhunderts sogar ein erstes Marienleben. Die Geschichte selbst wurde breiter ausgeführt, Nebenpersonen traten auf, alles wurde farbig ausgesponnen. Dabei herrschte ein Vorwalten der Allegorie und damit eines gewissen gelehrten Interesses: Christus als Lamm mit oder ohne Kreuz, die Apostel als zwölf Lämmer, die Evangelisten mit ihren Tiersymbolen dargestellt, der Vogel Phönix als Symbol der Unsterblichkeit, trinkende Hirsche als Sinnbild der Gottessehnsucht, Christus als Hirte, der die Lämmer auf grüner Au zum frischen Wasser führt – ein häufiges Motiv in den Baptisterien. Für die Apsis verwendete man häufig die Darstellung des Weltgerichtes: Christus, der als Richter thront, umgeben von seinen Aposteln, unter denen regelmäßig auch Paulus erscheint. So sah der Gläubige die ganze Welt der Bibel, in der er lebte, in der Kirche abgebildet. Da erschienen die Engel und Märtyrer, die Apostel und der Herr, das Paradies und das Weltgericht. Er fühlte sich machtvoll über sich selbst hinausgehoben, er erlebte das Hineinragen der himmlischen Welt in die irdische im Kultus und wie im Kultus sah er überall Symbole, heilige Formen, die Himmlisches geheimnisvoll enthielten. Die zahlreichsten und künstlerisch am höchsten stehenden Mosaiken, die uns erhalten sind, stammen aus Ravenna (St. Vitalis) und Rom (San Pietro e Damiano), während aus dem Osten weniger erhalten ist.

Man kann den neuen Geist aber nicht allein an der weiten Ausdehnung des Bereiches der Kunst studieren, nicht allein daran, daß geräumige Prachtkirchen mit reichem Mosaikenschmuck gebaut wurden, sondern auch an der interessanten Umbildung, bzw. Neubildung von Typen. In der älteren Zeit hatte man sich gescheut, Gott selbst darzustellen, eine aus den Wolken ragende Hand diente als Ersatz. Im vierten Jahrhundert ging man indes zu Darstellungen über, Gott erscheint als bärtiger, bejahrter Mann. Literarische Vorlagen, etwa die Perpetua-Akten, sind deutlich. Ebenso deutlich zeigt sich der neue Geist im Wandel des Christus-Bildes. In der Katakombenkunst war Christus ein schöner Jüngling, dessen Bartlosigkeit den jugendlichen Eindruck noch unterstrich. Das paßte aber nicht mehr zu dem Gottessohn, der als zweite Person der Trinität dem Vater wesensgleich (*homousios*) ist. Das Christusbild wurde ins Erhabene gesteigert. Christus wurde nicht mehr als jugendliche Gestalt, sondern als kräftige Erscheinung eines Mannes dargestellt. Der Schmuck des reichen, lockigen Haares wurde durch Flechten ersetzt, die bis auf die Schultern herabfallen, das Gesicht erhielt einen schönen, gepflegten Vollbart. Man legte ihm in Abbildungen das kaiserliche Stirnband um und setzte ihn auf den kaiserlichen Thron. Hoheit, Erhabenheit und Unnahbarkeit atmete das neue Christusbild, an dessen Zustandekommen das neue Dogma vom ewigen Gottessohn, asketische Tendenzen, ein neues Schönheitsideal und das kaiserliche Hofzeremoniell beteiligt waren. Dieser neue Christustyp setzte sich im vierten

Jahrhundert restlos durch, zunächst auf den Bildern des prä- und postexistenten Christus, dann auch auf denen des irdischen. Ein letztes Zeichen für die Göttlichkeit des Herrn war der Nimbus, ein das Haupt umgebender Strahlenkranz, der sich ebenfalls seit dem vierten Jahrhundert findet. In der Antike zeichnete er den Herrscher aus und bezeichnete seine Göttlichkeit. Das wird jetzt einfach auf Christus übertragen, später auch auf andere Heilige – er wurde zum ‚Heiligenschein'.

Gleichzeitig mit dem Christustyp wandelten sich auch die Aposteltypen. Hatte die ältere Zeit sie wenig differenziert, sie vielmehr alle als bartlose Jünglinge dargestellt, so machte sich jetzt der Versuch einer Unterscheidung der einzelnen Gestalten bemerkbar. Mit Porträttreue hatte das natürlich nichts zu tun, der neue Typ war ebenso ideal wie der frühere auch, nur das Schönheitsideal hatte sich gewandelt. Wie Christus wurden nun auch seine Jünger bärtig dargestellt, in der Übergangszeit erscheint ganz schematisch eine bärtige Gestalt neben einer bartlosen. Eine besondere Rolle im Apostelkollegium spielen Petrus und Paulus, die in der Regel die Ehrenplätze zur Rechten und Linken Christi einnahmen. Dabei erschien Petrus meist als bejahrter Mann mit niedriger Stirn und weißem Haar, Paulus mit langem, schmalen Gesicht, hoher Stirn und kahlem Schädel. Die Typen traten schon mit annähernder Deutlichkeit hervor, waren zum Teil auch durch Bildzuschriften gesichert. Sie fanden sich auf den Weltgerichtsdarstellungen, auf der Gesetzesübergabe, bei der Krönung durch den Herrn. Ein Nimbus für die Gottheit findet sich erst seit dem fünften Jahrhundert. Neben ihnen traten die Heiligen zunächst noch ganz zurück, mehr als man denken sollte, was sich erst im fünften und sechsten Jahrhundert änderte. So sah man überall die künstlerische Arbeit in lebhafter Bewegung. Neue Formen wurden für die nächsten Jahrhunderte geschaffen, der Geist der neuen Frömmigkeit machte sich auf Schritt und Tritt bemerkbar.

Auch bei der sepulkralen Kunst macht sich der Wandel der Zeit bemerkbar. Man beerdigte im vierten Jahrhundert zunächst noch weiter in den Katakomben, daneben gewannen die oberirdischen Begräbnisplätze an Bedeutung. Da in der Zeit nach Konstantin die Zahl der reichen Leute in der Kirche wuchs, entwickelte sich eine Sarkophag-Kunst. Die größte Zahl der Funde stammt aus Rom, Ravenna und Südgallien. Die Marmorsarkophage mit Bildmalerei, die sich nur sehr wohlhabende Leute leisten konnten, bildeten ein Bindeglied zwischen der Kunst der Katakomben und der Kirchenmalerei. Von beiden Seiten wurde ihre Darstellung beeinflußt. Wir sehen die Verstorbenen als Oranten oder in ihrer Lieblingsbeschäftigung oder in einem wichtigen Augenblick ihres Lebens. Wir sehen aber auch Illustrationen zur biblischen Geschichte, historisierende Tendenzen, wie sie an sich der Katakombenkunst fremd waren. Diese künstlerisch sehr verschiedenartigen Skulpturen setzten im vierten Jahrhundert ein und reichten bis ins sechste Jahrhundert hinab, zur Kunst der ravennatischen Sarkophage.

Der historisierende Zug der damaligen Kunst konnte sich in der Buchillustration voll ausleben. Sie setzte ebenso im vierten Jahrhundert ein. Da sehen wir in der sogenannten Josuarolle die Taten des israelitischen Heerführers, in der Wiener Genesis die Anfänge der Welt. Besondere Bedeutung hat die illustrierte Evangelienhandschrift, der Codex Rossanensis (um 500), der vierzehn große Abbildungen aus dem Leben Jesu von der Auferweckung des Lazarus an enthält, daneben Abbildungen alttestamentlicher Frommer. Die Kosmogonie des Kosmas Indikopleustes (um 550), von der sich eine Prachthandschrift in der Vaticana befindet, schloß diese ganze Entwicklung ab und leitete bereits ins Byzantinische hinüber.

Nicht uninteressant ist schließlich ein kurzer Blick auf die sogenannte Kleinkunst. Da wären zunächst die Goldgläser zu erwähnen, d. h. Gläser, auf deren Boden ein Goldblättchen mit einer Zeichnung ausgebreitet ist. Der Inhalt dieser Zeichnungen war bald weltlicher, bald religiöser Natur. Die Mehrzahl dieser Gläser stammt aus der Zeit zwischen 350 und 450. Es gibt ferner Tonlampen, die Abbildungen von Christus, den Aposteln usw. aufweisen, ein Hinweis darauf, wie das christliche Element nun begann, den Alltag zu durchdringen. Wir besitzen schließlich noch eine Reihe Luxusgegenstände, die uns dasselbe zeigen, Siegelsteine mit Christus, seinem Monogramm, dem Fisch usw., aber auch Kreuze, Ohrringe und ähnliches. Vergleicht man die christliche Kunst im vierten Jahrhundert mit den Anfängen des Christentums, kann man sehen, wie reich sie sich entfaltet hat. Sie umspannte jetzt in der Tat den ganzen Bereich des menschlichen Lebens. In ihrer Entwicklung wurde sie ein getreues Spiegelbild des kirchlichen Anfangs. Der Weg von der Handwerkerzeichnung an einer Katakombenwand bis zur im musivischen Schmuck prangenden Basilika entspricht dem Weg, den die Kirche selbst zurückgelegt hat von der kleinen, sich scheu im Dunkel bergenden, verbotenen Winkelgemeinde bis zur staatlich privilegierten Reichskirche, zu der sich neben vielen bedeutenden Menschen auch der kaiserliche Hof bekannte. Die Entwicklung der Kunst entspricht auch der des Dogmas, des Kultus und damit der Frömmigkeit. Alles bildet letztlich eine große Einheit und ist vom gleichen Geist durchpulst. Christliche Kunst- und Frömmigkeitsgeschichte gehören daher zusammen, denn sie beleuchten sich gegenseitig.

41. Die Weiterbildung der kirchlichen Verfassung

Die vollkommene Neugestaltung aller kirchlichen Verhältnisse in der nachkonstantinischen Zeit, das plötzliche und ganz unerwartete Anwachsen der Gemeinden mußte den Prozeß einer Festigung der Kirche, eines Ausbaus ihrer Organisation, der bereits seit dem zweiten Jahrhundert zu beobachten ist, erheblich beschleunigen. Zugleich mußte das Wesen der Kirche in doppelter Hinsicht eine Wandlung durchlaufen: einmal wurde sie immer mehr zu einer irdischen Größe, die sich mit allen irdischen Verhältnissen abgefunden hatte; sodann verlor sie ihre Selbständigkeit, denn die Kaiser regierten nach Belieben in sie hinein und degradierten sie zu einem Teil ihres großen Verwaltungsapparates, der an der Sanierung der verfahrenen Verhältnisse zu arbeiten hatte. Beides gilt es zu beleuchten und zugleich auf die Rolle hinzuweisen, die die Kirche in der damaligen Kultur spielte.

Der erste Blick gilt der kirchlichen Verfassung und den mancherlei Neuerungen auf diesem Gebiet, indem wir von der bischöflichen Gemeinde zu größeren

Verwaltungseinheiten aufsteigen. Die Stellung des Bischofs hatte sich in doppelter Hinsicht gewandelt. Er wurde zunächst in ganz anderer Art und Weise Herr seines Klerus als bisher, Zustände, wie sie noch zur Zeit des Origenes vorkamen, daß fremde Bischöfe Gelehrte zu Presbytern weihten, waren jetzt gänzlich ausgeschlossen. Nur dem einheimischen Bischof stand die Weihe seines Klerus zu, über den er dann volle Verfügungsgewalt besaß. Er verwaltete auch das kirchliche Vermögen und besaß eine Schiedsgerichtsbarkeit für alle Laien und eine ordentliche Gerichtsbarkeit für seinen Klerus. Einen Nebenberuf übte er schon längst nicht mehr aus, ja die Zahl seiner Verwaltungsgeschäfte nahm derart an Umfang zu, daß er Gehilfen benötigte, den Oikonomos für die finanzielle Seite, den Notar für die juristische. Für eine derart anspruchsvolle Position wählte man nicht mehr Sklaven oder Leute kleinbürgerlicher Herkunft, sondern Angehörige des Adels, zumal die Bischöfe in der Beamtenhierarchie einen hohen Platz einnahmen, so war z. B. Ambrosius hoher Verwaltungsbeamter, bevor er Bischof von Mailand wurde. Ein Zeichen für die ständig steigende Stellung der Bischöfe war auch das Zurücktreten des Volkes bei der Bischofswahl, das jetzt höchstens einen nicht genehmen Kandidaten ablehnen konnte. Die Übertragung des Amtes erfolgte durch die Weihe, die in der Regel drei Konprovinzialbischöfe vollzogen. Entsprechend der größeren Gemeinden vegrößerte sich auch die Zahl des Klerus. Besonders interessant ist hier die Umbildung des Diakonates, dem die Aufgabe individueller Armenpflege genommen wurde und das sich jetzt auf den Altardienst beschränkte. Neu ist das Amt des Archidiakonen, der rechten Hand des Bischofs, und des Archipresbyters, des Vertreters des Bischofs in kultischen Dingen. Dieser reich gegliederte Klerus hob sich nun von der umgebenden Welt durch den Zölibat ab, dessen Anfänge in diese Zeit fallen. Ursprünglich war die Forderung der Ehelosigkeit in gewissen Kreisen der Kirche allgemein verbindlich, dann wurde sie, wie so vieles andere, nur für den Klerus erhoben und auch hier nur stufenweise: sie galt nur für den höheren Klerus. Ursprünglich war nach 1. Tim. 3,2 dem Bischof nur eine Ehe erlaubt, die er nach allgemeiner Ansicht vor seiner Weihe angetreten haben mußte. Er durfte sie weiterführen, ohne daß jemand im geringsten Sinne daran Anstoß genommen hätte. Im dritten Jahrhundert erfolgte ein weiterer Schritt in Richtung des Zölibats. Unter dem Einfluß hellenistischer Anschauungen hielt man die Ausübung der Ehe für mit dem Opferdienst unvereinbar, man forderte für den betreffenden Tag sexuelle Enthaltsamkeit und, da im Abendland das Opfer täglich dargebracht wurde, ständige Enthaltsamkeit. Die höheren Kleriker durften mit ihren Frauen nur in der Enthaltsamkeit der Josephsehe leben. Diese Bewegung erfuhr durch das Mönchtum eine bedeutende Förderung, denn die Kleriker durften nicht hinter den Asketen an Heiligkeit zurückstehen. Man vereinigte die Kleriker einer größeren Kirche in einem Hause zu gemeinschaftlichem Leben. Augustin ist hier als Bischof von Hippo vorbildlich geworden, hier liegen die Anfänge der *vita canonica*. Die Praxis des Priesterzölibates war aber in der Alten Kirche noch nicht durchgedrungen, sondern erst in der mittelalterlichen Kirche des Abendlandes, während die orthodoxe Kirche den ursprünglichen Status fortführte, wonach nur der Bischof unverheiratet sein mußte. In der Alten Kirche opponierte dagegen die asketische Richtung und gerade auf dem Lande werden Synodalbeschlüsse in dieser Richtung von geringer Wirkung gewesen sein. Wo der Zölibat aber durchgeführt war, hob er den Klerus als besonderen Stand von der übrigen Bevölkerung ab, was die Macht des Bischofs über ihm natürlich noch steigern mußte. Einen weiteren Machtzuwachs errang der Bischof, indem er sich die Landbischöfe, die sogenannten Chorepiskopen, unterwarf. Obwohl diese an sich ebenfalls die bischöfliche Würde besaßen, konnten sie sich doch an Einfluß, Ansehen, Bildung und weltmännischer Erfahrung nicht mit ihren städtischen Kollegen messen. Diese hatten über sie nach dem alten patriarchalischen Recht eine gewisse Aufsichtspflicht, denn ursprünglich hatten sie die Chorepiskopen geweiht, sie verhielten sich also zu ihnen wie die Mutter zur Tochter, wie Augustin es sagte[290]. Wir können nun beobachten, wie die Landbischöfe im vierten Jahrhundert ständig zurückgedrängt wurden, wie der Stadtbischof nicht nur ihre Weihe, sondern auch die ihrer Presbyter und Diakone vollzog, so daß sich der ganze Klerus in Abhängigkeit vom Stadtbischof befand. Damit war auf kirchlichem Gebiet nur das erreicht, was auf politischem schon längst bestand, daß nämlich das Land in seiner Verwaltung zur Stadt gehörte. Der Landbischof war trotz seines Titels nicht mehr als ein Presbyter.

Im Abendland, das die Einrichtung der Chorepiskopen nicht kannte, verwalteten tatsächlich Presbyter die kleineren städtischen bzw. dörflichen Kirchen. Dem Bischof konnte diese Entwicklung nur recht sein, denn sie machte die Kleriker zu seinen Beamten und erweiterte damit seinen Machtbereich. Das ist aber nur die eine Seite der Medaille, zugleich wurde dem Bischof wieder viel von seiner freiheitlichen Stellung genommen, die er früher besaß, als er gleichberechtigt neben seinen Kollegen stand. Jetzt bildeten sich größere Verbände, in die sich die bischöfliche Paroikie (die gleichberechtigte Nachbarschaft der Bischöfe) einzufügen hatte. Größere Verbände gab es freilich schon im dritten Jahrhundert, aber sie waren patriarchaler Struktur, indem sie jeweils an einen Bischof gebunden waren. Wo ein Bischof in anderen Städten und Flecken Kirchen gegründet und diese mit Geistlichen versehen hatte, übte er mit Recht die Aufsicht aus. In wenig christianisierten Gebieten konnte der bischöfliche Sprengel sehr groß sein – Ignatius nannte sich stolz ‚Apostel Syriens'. Aber nun machte sich im beginnenden vierten Jahrhundert ein neues Einteilungsprinzip bemerkbar: im Anschluß an die Reichseinteilung teilte man auch die Bistümer in Provinzen. In der Übergangszeit hatte das natürlich zu mancherlei Konflikten geführt, da die Bischöfe alte Rechte nicht aufgeben wollten. Aber schließlich setzte sich die neue Verfassung, kaiserlichem Willen gemäß, doch durch. Nicaea hatte für sie eine Lanze gebrochen. Hier entstand auch die Bezeichnung ‚Metropolit' für den Bischof der Provinzialhauptstadt und zugleich die Anordnung, daß zweimal jährlich Provinzialsynoden stattfinden sollten, die eine Parallele zum weltlichen Landtag (*koinon*) bildeten. Der Metropolit war nicht einfach der Vorgesetzte seiner Bischöfe, so weit war man damals noch nicht gegan-

290 Ep. 209.

gen. Aber die Synode war doch eine Instanz, die sich zwischen den Bischof und die Kirche schob, denn sie konnte Bischöfe absetzen und deren Urteile als übergeordnete Instanz anfechten bzw. aufheben. Zugunsten der alten patriarchalischen Verfassung machte Nicaea in Canon 6 noch einige Vorbehalte: Alexandrien sollte seine alten Vorrechte behalten, nicht nur in seiner Provinz, sondern in allen ägyptischen, die ihm bisher unterstanden hatten. In Antiochien lagen diese Dinge wesentlich anders, da dessen Vorrechte sich über verschiedene Provinzen ersteckten, die keine geographische Einheit bildeten. Hier war jede Weihe von der Zustimmung des zuständigen Metropoliten abhängig.

Schon im vierten Jahrhundert beobachten wir die ersten Schritte, die über die Provinz als Einheit hinausgingen und entsprechend der Reichseinteilung in der Diözese die höhere Ebene erblickten. Da die Kirche sich als Reichskirche ganz der weltlichen Verfassung anpaßte, war dieser Schritt nur folgerichtig. Man nannte diese Verwaltungseinheiten später Obermetropolitanverbände oder Patriarchate. Sie haben sich jedoch erst im fünften Jahrhundert klar erkennbar herausgebildet. Auf dem zweiten Ökumenischen Konzil in Konstantinopel 381 wurde nur der Vorrang Konstantinopels als eines Neu-Rom im Orient bestimmt, was im Grunde genommen programmwidrig war, sich aber aus der Bedeutung dieser Stadt als kaiserlicher Residenz erklärte. Die übrigen Verordnungen über Alexandrien und Antiochien waren inhaltlich nicht ganz klar und eindeutig. Alexandrien besaß wohl am frühesten die Vorrechte, wenn auch nicht den Namen eines Patriarchates.

Viel weniger war die Lage im Abendland entwickelt, da hier das Christentum weniger verbreitet war und es daher auch weniger bischöfliche Sitze als im Osten gab. So hatte Rom seit jeher in Italien eine gewisse Oberherrschaft ausgeübt, die italienischen Bischöfe erschienen auf römischen Synoden. Nicaea hatte das einfach als Tatsache hingenommen, indem es in Canon 6 festhielt, daß Alexandriens Stellung in Ägypten der Roms in Italien entsprechen solle. Diese Vormachtstellung Roms erklärt sich aus den patriarchalischen Verhältnissen. Im vierten Jahrhundert vollzog sich hier infolge der veränderten politischen Lage ein Wandel. Mailand wurde Sitz der kaiserlichen Residenz – zuvor hatte Diokletian Italien in zwei Vikariate zerschlagen, den des *Vicarius urbis* mit Rom und den des *Vicarius italiae*, den Norden mit Sitz in Mailand. Wesentlich später und besonders durch das Verdienst des großen Ambrosius wurde Mailand auch kirchlich das, was es politisch längst war: eine Rivalin Roms. Ambrosius gehört zu den großen Erscheinungen der Kirchengeschichte. Er war im Abendland fraglos die erste Gestalt, ein führender Kopf, der die griechische Theologie beherrschte, aber auch in lateinischen Anschauungen heimisch war, ebenso ein Meister der Allegorese wie ein warmer Förderer des Mönchtums, daneben eine imponierende autoritäre Erscheinung, die sich selbst vor dem Kaiser und seinem Hof nicht scheute. Mailands Einfluß erstreckte sich weit über Italien hinaus bis nach Südgallien und Westillyrien hin. Eine Synode in Turin entschied 401 über südgallische Angelegenheiten, selbst in Spanien bat man Ambrosius um sein Eingreifen. Rom konnte neben diesem bedrohlichen Nachbarn nicht recht Raum gewinnen, zumal es ihm damals an überragenden Persönlichkeiten fehlte. Außerdem war es noch durch die Wirren geschwächt, die 366 anläßlich der Erhebung des Damasus ausbrachen[291]. Die darauf folgenden Kämpfe, bei denen zahlreiche Menschen ums Leben kamen, machten auf heidnische Zeitgenossen einen denkbar schlechten Eindruck. So schreibt Ammianus Marcellinus:

> „Das eifrige Trachten des Damasus und Ursinus überstieg das persönliche Maß menschlichen Ehrgeizes ... Wenn ich den Glanz der Hauptstadt betrachte, staune ich nicht, daß eine so wertvolle Beute das Verlangen ehrgeiziger Menschen entzündet und die wildesten, hartnäckigsten Kämpfe erzeugt. Der siegreiche Kandidat kann des versichert sein, daß er durch die Gaben der Matronen bereichert wird. ... Wieviel besser würden diese Hohenpriester für ihr wahrhaftes Glück sorgen, wenn sie, statt die Größe der Stadt als Entschuldigung für ihre Sitten anzuführen, das musterhafte Leben einiger Provinzialbischöfe nachahmen wollten ...“[292].

Ein anschauliches Bild von diesen Kämpfen unter den Christen. Damasus zog an der Spitze seiner Schar daher, sie deckten das Dach der Kirche ab, Kleriker, Totengräber, Wagenlenker und Gladiatoren, sie drangen ins Innere der Kirche ein und töteten 160 Menschen der Gegenpartei – selbst Hieronymus fand das etwas grausam. Neben Mailand konnte Rom nicht ankommen, aber auch nicht gegen Karthago, das an der Spitze der afrikanischen Provinzen stand. Der Bischof von Karthago, der den afrikanischen Gesamtkonzilien präsidierte, fühlte sich als Kollege der Bischöfe von Alexandrien und Konstantinopel. Von einer päpstlichen Herrschaft kann man daher im vierten Jahrhundert nicht reden, wenn sich die römischen Bischöfe auch in den Kämpfen um das Nicaenum lehrend an den Orient wandten, denn die übrigen Bischöfe begrüßten im römischen Bischof nur einen Bundesgenossen. Eine einheitliche Spitze fehlte dem Abendland in dieser Zeit, so wie die Struktur der Kirche als Insitution im Orient generell weiter ausgebildet war.

So wurde die Kirche allmählich ein gut organisiertes Gebilde, das sich in seiner Verfassung an das Reich anlehnte. Sie wuchs in die Rolle der Reichskirche hinein und verlor damit, was einst ihr kostbares Gut war: die Freiheit. Sie lebte von der Gnade der Kaiser und diese nutzten sofort ihren Einfluß, indem sie aus eigenen Motiven in die Kirche hineinregierten. Sie konnten ihre Gewalt auf vierfache Weise betätigen:

(1) Einmal kam es ihnen darauf an, die Einheit der Kirche zu wahren, wozu bereits Konstantin das Mittel der Reichssynode einsetzte[293]. So ist es auch in der Folgezeit geblieben. Die Bischöfe baten um Einberufung einer Synode und sie

291 Der mehrheitlich gewählte Damasus mußte sich in langwierigen Auseinandersetzungen gegen Ursinus, den Kandidaten der Minderheit, durchsetzen. Schließlich wurde er vom heidnischen römischen Stadtpräfekten Vettius Agorius Praetextatus in seinem Amt bestätigt. Vgl. Ursula Reutter: Damasus, Bischof von Rom (366–384). Leben und Werk. Tübingen 2009.

292 Zitiert nach: Edward Gibbon: Geschichte des Verfalles und Untergangs des römischen Weltreiches. Hg. von Johann Sporschil. Leipzig 1837, S. 803 f.

293 Vgl. Kap. 33.

erfuhren oft eine Abweisung. Die Reichssynode war das Mittel, durch das der Kaiser der Kirche seinen Willen aufzwingen konnte.

(2) Ein anderer Weg, der ihnen offenstand, um die Einheit der Kirche zu erreichen, war die Gesetzgebung. Sie richtete sich zunächst gegen die Ketzer, mit denen die Kirche nicht recht fertig wurde. Hier sind vornehmlich die Donatisten in Afrika und die Priscillianisten in Spanien zu erwähnen. Der Donatismus hatte sich um 340 derart verbreitet, daß die Katholiken staatliche Hilfe erbaten. Kommissare versuchten es mit Bestechungen. Als alles nichts half, wurde schließlich militärische Intervention angeboten und es kam zum offenen Kampf gegen die wilden Banden der Circumcellionen, die von schwärmerischen Asketen geführt, von der Sehnsucht nach dem Martyrium getrieben und vom Haß gegen die Großgrundbesitzer geprägt in den Kampf zogen – eine soziale Revolution, zugleich aber eine leidenschaftliche, freilich einseitige Frömmigkeit. Aber alle Gewalt des Kaisers konnte den Donatismus nicht bezwingen, der als machtvolle Nebenkirche in Afrika noch zu Augustins Zeiten von sich reden machte.

Der Priscillianismus war von dem Spanier Priscillian ins Leben gerufen worden, einem ernsten, asketisch veranlagten Menschen[294]. Daß er mit seiner Kritik der bestehenden Verhältnisse beim Klerus Anstoß erregte, verwundert wenig, wenn man den Grad der Verweltlichung dieses Klerus betrachtet. Gerade von diesen Klerikern forderte Priscillian ein asketisch strenges Leben. Er hatte damit sogar teilweise Erfolg, indem ein Teil des Klerus sich der neuen Bewegung zuwandte, die überall in Spanien und Südgallien Gleichgesinnte in Konventikeln vereinigte. Das erregte natürlich den Haß der laxen Bischöfe, die einen widrigen Verleumdungsfeldzug gegen Priscillian eröffneten, in dem sie ihm vornehmlich Manichäismus vorwarfen, weil auf dessen Bekenntnis die Todesstrafe stand. Schließlich wurde der Staat zu Hilfe gerufen und Priscillian wurde mit sechs Gefährten 385 in Trier hingerichtet. Wieder griff der Staat ein, um die kirchliche Einheit zu erzwingen. Man versuchte aber auch sonst, wo man nicht zum Äußersten schritt, die Häretiker durch Rechtsminderungen aller Art zu treffen. Der Kirche konnte diese Art der Gesetzgebung, die die Einheit garantieren sollte, ebenso recht sein, wie die Privilegien, die die Kaiser den Gläubigen gewährten, wie allerhand Immunitäten, Befreiung von den kostspieligen Ehrenämtern, Schiedsgerichtsbarkeit, bischöfliches Gericht, Recht auf Eigentumserwerb usw. Aber die Kaiser konnten auch mit ihren Gesetzen in innerkirchliche Verhältnisse eingreifen, z. B. durch die Anordnung, daß in Landgemeinden Kleriker nur aus der betreffenden Gemeinde kommen durften.

(3) Daneben sah man im Kaiser oft einen obersten Richter, an den besonders gern Bischöfe, die von einer Provinzialsynode abgesetzt worden waren, appellier-

294 Vgl. Henry Chadwick: Priscillian of Avila. The Occult and the Charismatic and the Early Church. Oxford 1976. Virginia Burrus: The Making of a Heretic. Gender, Authority and the Priscillianist Controversy. Berkeley 1995.

ten. Der Kaiser überwies dann den Fall an eine andere Synode zur erneuten Behandlung, er hob also das Urteil einer kirchlichen Instanz einfach auf. Es kam aber auch vor, daß der Kaiser selbst eingriff und entschied.

(4) Schließlich hatte man stark mit der kaiserlichen Willkür zu rechnen. Den für Byzanz so charakteristischen Cäsaropapismus finden wir schon im vierten Jahrhundert. Gelegenheit zu seiner Erscheinung boten die arianischen Wirren zur Genüge. Vornehmlich bei der Besetzung der Bischofsstühle zeigte sich die kaiserliche Eigenmächtigkeit, denn es herrschte hierbei durchaus Parteiwirtschaft. Die den Gemeinden nicht genehmen Kandidaten wurden nicht selten mit Waffengewalt in die Kathedrale geführt, so war es in Konstantinopel bei Macedonius und Gregor von Nazianz zweimal der Fall, einmal bei Georg in Alexandrien, dem Nachfolger des verbannten Athanasius. In den Synoden wurden die Bischöfe oft terrorisiert und durch Androhung der Verbannung dem Willen des Herrschers gefügig gemacht, so im Fall des hundertjährigen Hosius von Cordoba.

Die Christen, die den Staat einst bekämpft hatten, hatten jetzt längst mit ihm ihren Frieden geschlossen, sie erkannten ihn als von Gott gesetzt an. Der Kaiser, dem man einst nicht opfern wollte, galt jetzt als von Gott geheiligt und man näherte sich ihm in den Formen des byzantinischen Hofzeremoniells, in der Haltung der Proskynese. Die Kirche war jetzt in den Organismus des Reiches eingegliedert und hatte in ihm ihre genaue Funktion zu erfüllen. Der Umschwung, den die Dinge im vierten Jahrhundert genommen hatten, wenn wir sie mit der früheren Zeit vergleichen, liegt auf der Hand. Die Kirche stand in der Welt und ihrer Kultur.

Das zeigt sich auch in ihrer Liebestätigkeit, die nun intitutionell ausgebaut wurde. Das bedeutete in gewisser Hinsicht einen Rückschlag, denn die persönliche, individuelle Armenfürsorge wurde durch eine institutionalisierte ersetzt. Aber diese Entwicklung war eine Notwendigkeit und führte zur Begründung der Hospitäler, die ins vierte Jahrhundert fällt, und die sonstige mannigfache Liebestätigkeit bildete fraglos ein Ruhmesblatt der Reichskirche. Das vierte Jahrhundert, das an sich von zunehmender Institutionalisierung beherrscht war, stellte die Kirche erst vor das menschliche Elend. Die Mittel des Bischofs reichten nicht aus, es zu beseitigen, er konnte die große Zahl der Fremden nicht beherbergen und ernähren, Kranke nicht pflegen und heilen. So entstanden ganz von selbst Fremden- oder Armenhäuser etwa um die Zeit von 350. Hier liegen die Anfänge des Hospitals. Alle Hilfsbedürftigen fanden hier Aufnahme, Witwen und Waisen, Gesunde und Kranke, Fremde und Bettler. Eine Sonderung der Hospitäler in verschiedene Bereiche der Spezialisierung hinein war noch nicht erfolgt. Die Mittel zur Unterhaltung dieser Anstalten flossen aus kirchlichen Zuwendungen. Es war keine Seltenheit, daß Bischöfe fast ihr ganzes Vermögen verschenkten, wie es Ambrosius tat. Die Finanzierung kam zum Teil aus Schenkungen von Privatpersonen, selten aus staatlicher Unterstützung. Die Aufsicht über diese Hospitäler, die oft, wie in Caesarea, eine kleine Stadt mit der Kirche in ihrer Mitte bildeten, stand den Bischöfen zu. Sie ernannten die Vorsteher dieser Anstalten, die bald dieselben Vorrechte wie die Kleriker besaßen. Es ist interessant zu beobachten, daß dieselben Männer, die damals das Mönchtum förderten, sich auch der Einrichtung von Hospitälern zuwandten. Im Osten waren es besonders die drei großen Kappadozier und Chrysostomus, im Westen Hieronymus und Augustin. Überhaupt bestanden von Anfang an rege Beziehungen zwischen Kloster und Hospital. Die Klöster besaßen oft in ihrer Mitte ein Hospital und der Dienst, der dort getan wurde, konnte auch als asketische Leistung aufgefaßt werden. Oft kann man heute nicht mehr mit Sicherheit unterscheiden, ob mit *monasterium* ein Kloster oder ein Fremdenhaus (*xenodochion*) gemeint ist. Auch das Dienstpersonal dieser *xenodochioi* lebte meist klösterlich, jedenfalls im Abendland, wo aus dieser Verbindung von Kloster und Spital die späteren Spitalorden hervorgegangen sind. Im Morgenland haben die Dinge einen anderen Verlauf genommen, das Abendland ist in der Einrichtung der Hospitäler dem östlichen Vorbild überhaupt nur gefolgt – und das anfangs sehr zögerlich.

Auch sonst linderte die Kirche viel Not, sie war das letzte Bollwerk gegen den staatlichen Despotismus, sie schützte ihre Mitglieder vor manchen Übergriffen, die damals Mode waren. Hier ist das Asylrecht von Bedeutung geworden, das die Kirche vom heidnischen Tempel übernahm: Altar, Kirche und ihre nächste Umgebung bildeten einen geweihten Bezirk. Jeder Angeschuldigte, der sich in ihn flüchtete, durfte innerhalb von dreißig Tagen von seinen Verfolgern nicht ergriffen werden, notorische Verbrecher ausgenommen. Die Bischöfe legten sich oft ins Mittel und erwirkten Vergleiche oder Strafmilderungen für die Schutzflehenden. Hier konnte viel Segen gewirkt werden, sich aber auch manches Unrecht einschleichen. In der Sklavenfrage nahm die Kirche eine unentschiedene Stellung ein. Sie betonte nach wie vor die Gleichheit aller Menschen vor Gott, rechtfertigte aber die Sklaverei, wie überhaupt alle sozialen Unterschiede, mit ihrer der Stoa entlehnten und mit biblischen Motiven verquickten Theorie vom Naturrecht: Der ursprüngliche Zustand der Welt ist durch den Sündenfall gründlich verkehrt, die bestehende Ordnung wird als Strafe, als etwas Verkehrtes aufgefaßt, aber damit zugleich gerechtfertigt. So ist das Privateigentum berechtigt, ebenso die Sklaverei, ja die Freilassung der Sklaven wird damit sogar erschwert. Das Einzige, was die Kirche für die Sklaven erstrebt, ist eine mildere Behandlung. Chrysostomus warnt in seinen Predigten vornehme christliche Frauen, ihre Sklavinnen nicht allzu schwer zu züchtigen. Aber an der Berechtigung der Sklaverei haben die großen Kirchenlehrer des vierten Jahrhunderts keine Zweifel erhoben.

Man nahm sich weiter der Findelkinder an, linderte die Not der Gefangenen und versuchte, sie gegebenenfalls aus ihrer Gefangenschaft loszukaufen. Es galt hier oft, sehr hohe Summen aufzubringen. Die Grabsteine legen von diesem Zweig der Liebestätigkeit heute noch Zeugnis ab: „Mit ihren Schätzen befreite sie Gefangene aus ungerechten Fesseln“, lesen wir auf dem Stein einer Christin Eugenia im Coemeterium Aproniani in Rom. Unermüdlich predigten die großen Kanzelredner dieser Zeit über die Notwendigkeit des Almosengebens, allen voran Chrysostomus. Daß dabei manche Schäden reicher Kreise aufgedeckt wurden, ist nur natürlich. Die Klagen über die Hartherzigkeit der Reichen wollen nicht verstummen: „Ich schäme mich sehr, wenn ich viele Reiche sehe, die mit goldenen Zügeln einherreiten, goldbetreßte Sklaven nach sich schleppen, in silbernen Betten schlafen, aber wenn einem Armen gegeben werden soll, dann sind sie ärmer als die ganz Armen“, sagt Chrysostomus in der 15. Homilie zum Römerbrief. Wenn jeder antiochenische Christ nur ein Brot regelmäßig für die Hungrigen übrig hätte, würde es in der Stadt bald keine Hungernden mehr geben. Eine Stelle aus der berühmten Armenpredigt des Chrysostomus beleuchtet das Elend und die kirchliche Aufgabe, es zu lindern, deutlich: „Ich bin aufgestanden, um heute für eine gerechte und nützliche ... Sache zu euch zu reden. Dazu bin ich aufgefordert durch die Bettler dieser Stadt. Aufgefordert haben sie mich dazu nicht durch Worte, nicht durch gemeinsame Beschlüsse, sondern durch den traurigsten Anblick. Denn als ich zu einer Versammlung eilend über den Markt und durch die engen Straßen ging und mitten auf den Straßen viele [Menschen] liegen sah, die an den Händen oder an den Augen verstümmelt oder mit unheilbaren Geschwüren bedeckt waren, hielt ich es für die grausamste Härte, nicht hiervon zu eurer Liebe zu reden ... besonders aber jetzt, bei der großen Kälte“[295]. Hier griff die Kirche überall helfend ein, Geldmittel flossen ihr zwar reichlich zu, zumal das Almosengeben als verdienstliches, sündentilgendes Werk galt, aber das Elend hatte ebenfalls ein großes Ausmaß angenommen. Die in der Welt angekommene Kirche arbeitete nach Kräften an seiner Beseitigung. Dies ist ein Ruhmesblatt, trotz aller Mängel, trotz aller egoistischen Motive, die den Anlaß zum Geben bildeten, trotz aller krankhaften Züge. Vergleicht man die Liebestätigkeit der Kirche im vierten Jahrhundert mit der früheren Zeit, so erkennt man auch hier die neuen Verhältnisse und die Veränderungen, die sie überall heraufführten.

Die Kirche war um 400 etwas ganz anderes als um 300 geworden. Aus der verfolgten Kirche, die schwer um ihre Existenz rang, war die über das Heidentum triumphierende Reichskirche geworden. Ein neuer Geist hielt seinen Einzug in sie, nicht ohne daß es an Anknüpfungspunkten gefehlt hätte. Die Verfassung entstand nach Analogie der Reichsverfassung, ein Dogma wurde formuliert, ein die Gesamtheit verpflichtendes Glaubensbekenntnis geschaffen. Die Volksfrömmigkeit wurde mit dem Einströmen der Massen derber und wundersüchtiger – und die neue Macht des Mönchtums förderte diesen Prozeß, wie sehr es sich auch als Reaktion auf die Verweltlichung der Kirche verstand. Überall neues Leben, ins Große gehende Verhältnisse, Glanz und Pracht. Das alles erklärt die Bedeutung des vierten Jahrhunderts für das Verständnis der kirchlichen Entwicklung, denn hier fand die Grundlegung und erste Ausgestaltung zentraler kirchlicher Institutionen statt: Kultus, Feste, Mönchtum, Heiligen- und Reliquienverehrung, Verfassung, Dogma usw. Dabei ging der Osten überall als führende Größe voran, während der Westen vorwiegend rezeptiv handelte. Er folgte schrittweise und zögernd dem orientalischen Vorbild und erschloß sich dem Geist der neuen Frömmigkeit wie der griechi-

295 Chrysostomus, De Eleemosyna.

schen Theologie an. Trotz aller bestehenden Differenzen sind zwischen den beiden Reichshälften noch starke Einheitsbänder zu erkennen. Erst vom fünften Jahrhundert ab prägten sich beide in ihrer jeweiligen Eigenart stärker aus. Das hing mit der politischen Entwicklung zusammen, mit dem Untergang Westroms in den Strömen der Völkerwanderung, mit dem Errichten der germanischen Reiche auf römischem Boden. Die kaum entstandene Reichskirche brach auseinander, entwickelte sich im Westen zur Papstkirche, im Osten zur byzantinischen Hof- und Staatskirche. Das begünstigte dann das Hervortreten der kirchengeschichtlich interessanten Charaktere. Man spürt sie, wenn man die theologischen Kämpfe des fünften Jahrhunderts überschaut: Augustin und die Kämpfe um seine Gnadenlehre im Westen, der Streit um Christi Naturen im Osten. Natürlich fehlte es nicht an Beeinflussungen von beiden Seiten her, namentlich machte sich der Westen jetzt viel stärker bemerkbar als im vierten Jahrhundert. Er verfügte wieder über bedeutende Persönlichkeiten, über Theologen von dem Format eines Augustinus und Hierarchen von der Größe eines Leo I. Aufs Ganze gesehen wird man aber das fünfte und sechste Jahrhundert doch als das Zeitalter der zusammenbrechenden Reichskirche bezeichnen müssen.

VI. Die Reichskirche im Zeitalter ihrer Auflösung – das 5. und 6. Jahrhundert

A. Die kirchliche Entwicklung im Westen während des fünften und sechsten Jahrhunderts

42. Augustin als Christ, Theologe und Mystiker

Das fünfte Jahrhundert bedeutete im Abendland den Zusammenbruch der Reichskirche, aber zugleich eine Grundlegung mittelalterlicher Zustände. Wenigstens gehen die beiden Großmächte künftiger Jahrhunderte, Papsttum und theologische Wissenschaft nebst Mystik, in ihren Anfängen auf diese Zeit zurück. Augustin war der Ahnherr des geistig-religiösen Lebens im Mittelalter, wie Leo I. der Begründer der päpstlichen Macht war, was natürlich nicht ausschließt, daß beide am Ende einer langen Entwicklung standen und wenigstens zum Teil nur aus ihr heraus verstanden werden können.

Verglichen mit dem Morgenland hat das Abendland vor Augustin in theologischer Hinsicht wenig geleistet, aber dieses Wenige trägt ein ganz besonderes Gepräge. Man erkennt es deutlich an einer Gestalt wie Tertullian, der seiner Frömmigkeit einen juristischen Charakter auferlegt, indem er das Verhältnis ‚Gott – Mensch' nach Analogie des Privatrechtes unter den Termini von *satisfactio* und *meritum* (Genugtuung und Verdienst) darstellte. Außerdem versuchte er, alle auftauchenden Fragen formal-juristisch zu lösen, ohne in Spekulationen zu verfallen. Er war überhaupt viel praktischer ausgerichtet als die Orientalen und faßte lieber energisch die Sünde und die Verderbtheit des Menschengeschlechtes ins Auge, als über die Naturen Christi zu reflektieren. Diese Richtung blieb der abendländischen Theologie auch weiter eigentümlich, so ihrem einzigen größeren Vertreter in den nächsten 150 Jahren nach Tertullian: Cyprian, dem beliebtesten Erbauungsschriftsteller dieser Zeit, dessen Schriften fast kanonisches Ansehen genossen. Ein kompliziertes Gebilde wurde die abendländische Theologie erst seit 350, d. h. seit dem Einströmen der griechischen Theologie ins Abendland. Infolge der trinitarischen Wirren kamen die Theologen beider Reichshälften stärker miteinander in Berührung, Athanasius weilte in Rom, Abendländer im Osten. Gräcisierende Theologen wie Hilarius von Poitiers bildeten die Brücke, auf der griechische Theologie in den Westen zog[296]. Hier sind vor allem zwei bedeutende Männer zu erwähnen, die

296 Vgl. Luis F. Ladaria: La cristología de Hilario de Poitiers. Rom 1989. Michael Durst: Nizäa als „autoritative Tradition" bei Hilarius von Poitiers. Münster 1996, S. 406–422 (= Stimuli. Festschrift für E. Dassmann, JAC Ergänzungsbad 23).

entscheidend auf Augustin eingewirkt haben: Ambrosius und Victorinus. Ambrosius war ebenso bedeutend als Kirchenfürst wie als Theologe. So sehr er abendländischer Tradition gemäß die Sünde in ihrem ganzen Ernst darzustellen versuchte, gab er sich gleichwohl stark dem Einfluß der östlichen Theologie hin. Besonders studierte er Philo – man hat Ambrosius geradezu den Philo latinus genannt – und Origenes. Hier war es besonders die allegorische Auslegung der Schrift, die ihn anzog, weil man mit ihrer Hilfe kritische Einwände beseitigen konnte. Bis in Einzelheiten hinein kann man verfolgen, wie eng sich Ambrosius an diese seine Vorbilder anlehnte.

Neben ihn muß Marius Victorinus gestellt werden, der ehemalige neuplatonische Philosoph und spätere kirchliche Schriftsteller, dessen Bedeutung unter anderem darin besteht, die „Enneaden" Plotins ins Lateinische übersetzt zu haben. Man kann diesen Victorinus einen ‚Augustinus ante Augustinum' (Augustinus vor Augustinus) nennen[297], denn er verband christliche Gedanken mit neuplatonischen, bekämpfte von hier aus den Manichäismus und lebte sich energisch in paulinische Gedanken ein. Er kannte die Lehre von der Prädestination und betonte die Rechtfertigung. Man kann ihn auch als einen Vorläufer des Areopagiten bezeichnen[298]. Diese Verbindung von Neuplatonismus, Paulinismus und allegorisch interpretiertem Alten Testament ist charakteristisch für die Folgezeit und grundlegend für Augustin. Überblicken wir dies alles, so erkennen wir, daß die abendländische Theologie eine komplexe Größe geworden war: ein starker Moralismus steht neben einem strengen Paulinismus, ciceronianisch gefärbte Moral neben ganz religiös gefärbter Ethik, handfeste Eschatologie neben spiritualisierender Mystik, wörtliches Bibelverständnis neben gelehrter Allegorese, wachsender Glaube an die dingliche Kraft der Sakramente neben der Betrachtung einer völlig frei waltenden Gnade. Im Ganzen lassen sich zwei Strömungen deutlich erkennen, die altlateinische und die gräcisierende. In Theologen wie Ambrosius und Victorinus bahnte sich bereits eine Synthese an, aber erst Augustin war es, der alle Anregungen der vorhergehenden Generationen in sich aufnahm, sie mit seinem eigensten Erleben durchdrang und sie damit erst zu einer lebendigen Einheit verband. Aus dieser Tradition heraus ist Augustin zu verstehen, aber doch wieder nur zum Teil, denn es genügt nicht, die einzelnen Elemente seiner Theologie aus der voraugustinischen Entwicklung abzuleiten und sie dann mechanisch zusammenzuzählen. Es fehlt dann immer noch das Wichtigste, eben das, was Augustin erst zu solcher Bedeutung emporgehoben hat: sein Persönlichstes, das innerste religiöse Erlebnis, der Herzschlag seiner Frömmigkeit. Wir kommen dem näher, wenn wir uns den Entwicklungsgang dieses Mannes vor Augen führen, wie er ihn selbst in seinen „Confessiones" unvergleichlich und mit gewaltiger innerer Ergriffenheit als Gebet und

297 Diesen Ehrentitel hat man – mit weniger Recht – dem donatistischen Bischof Tyconius beigelegt (in: H. A. van Bakel: Tyconius. Augustinus ante Augustinum. In: Nieuw Theologisch Tijdsschrift 19 [1931], S. 36–57).

298 Vgl. Pierre Hadot: Marius Victorinus. Recherches sur sa vie et ses oeuvres. Paris 1971.

Hymnus schildert. Schon zu seinen Lebzeiten war diese spirtuelle Autobiographie ein gern gelesenes Buch.

In Augustinus' (354–430) Lebenszeit fällt Julians Versuch einer Wiederherstellung des Heidentums, die Aufrichtung der katholischen Staatskirche durch Theodosius (395), die Trennung von Ost- und Westrom, der Zusammenbruch Westroms und der Einbruch der Germanen. Schon seinem äußeren Lebensgang entsprechend, kann man Augustin als einen Mann des Übergangs bezeichnen. Geboren wurde er 354 im numidischen Thagaste. Als Sohn eines heidnischen Vaters und einer christlichen Mutter Monica, stand er von Kindheit an unter starkem christlichen Einfluß. Man hat Monicas Frömmigkeit oft überschätzt, da sie sich schwerlich über den üblichen Durchschnitt der Gemeindefrömmigkeit erhoben hat, was z. B. ihre Verehrung der Märtyrergräber in Mailand andeutete[299]. Aber bedeutsam für Augustins innere Entwicklung war der Umstand, daß er, in christlicher Luft aufgewachsen, sich niemals ganz vom Christentum hat lösen können, mochte er es auch äußerlich noch so heftig bekämpft haben und mochte er noch so tief in Skepsis versunken gewesen sein. Schon als Katechumene hatte er etwas vom ewigen Leben gehört und wußte immerhin etwas von Gott. Von 372 ab erlebte Augustin seine Studentenjahre in Karthago. In der Regel malt man seine Jugendzeit in düsterem Licht, wozu die „Confessiones" verleiten. Sie sind aber keine historische Quelle erster Ordnung, sondern die Generalbeichte einer frommen Seele, ein Menschenalter nach diesen Vorgängen verfaßt und geschrieben zur Verherrlichung Gottes. Augustin wird in Karthago nicht einmal das übliche Studentenleben geführt haben, denn er sagt einmal[300], daß er selbst Streiche erdichtet hätte, um von seinen Kameraden nicht verlacht zu werden. Früh öffnete er sich aber der Suche nach der Liebe. So schreibt er in den „Confessiones": „Was war es, das mich ergötzte, als zu lieben und geliebt zu werden"[301]. Er wird sich damals auch äußerlich zur Kirche gehalten haben, ein Besucher der Gottesdienste gewesen sein. Im Alter von 19 Jahren erlebte er eine erste ‚Bekehrung': Ciceros „Hortensius" riß ihn aus seinem bisherigen Leben heraus, zeigte ihm in der Philosophie ein hohes Ziel und brachte ihn zur Verachtung des Reichtums. Er sagt selbst darüber: „Dieses Buch verwandelte die Gesinnung meines Herzens und richtete auf Dich, Herr, meine Gebete"[302]. Augustin bekam ein neues Ideal, er wollte der Weise sein, der um den Besitz der Wahrheit ringt, dabei ist das Leben in der Wahrheit (*veritas*) schon gleich bedeutend mit dem seligen Leben (*vita beata*): „O Wahrheit, Wahrheit, wie innig seufzte schon damals das Mark meiner Seele nach dir"[303]. Aber dieses Ideal blieb anfangs noch leer, denn die dünne ciceronianische Moral konnte nicht als ihr vollwertiger Inhalt gelten und die Bibel stieß den jungen Augustin damals ab, teils wegen ihres sprachlich ungebildeten Stiles, teils wegen der Geschichten des Alten Testamentes. Die Größe dieses ersten

299 Vgl. Kap. 39.
300 Conf. IV 1.
301 Conf. II 2,2.
302 Conf. III 4,7.
303 Conf. III 6,10.

Erlebnisses von Ciceros Denken kann man aus dem nachhaltigen Einfluß ersehen, den dieser Philosoph auf Augustin ausgeübt hat. Wir spüren ihn deutlich bis in den Stil seiner Jugendschriften hinein, und etwas vom römischen Rhetor hat Augustin immer behalten.

Nun kommt plötzlich ein Umschwung, der anfangs rätselhaft erscheint: Augustin wurde Manichäer, er schloß sich für die Dauer von zehn Jahren dieser phantastisch geprägten Sekte an. Dies wird verständlich, wenn man bedenkt, daß die Manichäer den Anspruch erhoben, die wahren Elite-Christen zu sein. Sie waren keiner Autorität unterworfen, sondern konnten nach Art der Philosophen durch eigenes Forschen und Erkennen die Wahrheit finden, sie beseitigten durch ihre Bibelkritik alle Anstöße aus dem Alten Testament und lösten die Frage nach dem Ursprung des Bösen. Von 372–381 schloß sich Augustin dieser Richtung an, aber je länger, desto weniger fand er hier Befriedigung. Er fragte, wie man z. B. das Alte Testament prinzipiell verwerfen könne, wenn es vom Neuen Testament zitiert wird? Vornehmlich enttäuschte ihn die Art, wie die Manichäer den Ursprung des Bösen erklärten. Sie nahmen zwei verschiedene Substanzen an, die um den Besitz der Welt stritten, eine Lichtsubstanz und eine Substanz der Dunkelheit.[304] Kann aber Gott neben sich ein zweites Prinzip ertragen, das ihn dauernd begrenzt und einschränkt? Heißt das nicht, seine Allmacht aufzuheben? Fällt aber der Dualismus dahin, wie soll man dann den Ursprung des Bösen erklären? Aus all diesen Zweifeln suchte er bei dem berühmten Manichäer-Bischof Faustus einen Ausweg, aber Faustus enttäuschte ihn, da er für Augustins Fragen nur platte, trügerische und nichtssagende Worte übrig hatte.

Als Augustin als Professor der Rhetorik nach Rom ging, hatte er innerlich mit dem Manichäismus gebrochen und war aus Verzweiflung über die Grenzen menschlicher Erkenntnis zum Skeptiker geworden. Das war indes nur ein Durchgangsstadium, in dem wieder Cicero und die Akademie eine Rolle spielten. Die Sehnsucht nach einer Lösung der Fragen blieb jedoch trotz aller kühlen, verstandesmäßigen Skepsis bestehen. Da wurde für Augustin in diesem Zustand der Haltlosigkeit und des Schwankens Ambrosius von großer Bedeutung, nachdem er nach Mailand übergesiedelt war. Ein Dreifaches zog ihn zunächst an: Einmal die ungewöhnliche, imponierende Gestalt dieses Kirchenfürsten, der zugleich über eine hinreißende Beredsamkeit verfügte. Seine Predigten mögen Augustin anfänglich vielleicht nur nach der rhetorischen Seite hin interessiert haben, aber es konnte natürlich nicht ausblieben, daß auch ihr Inhalt ihn anzog. Da war es nun die allegorische Auslegung des Alten Testamentes, die ihm sehr willkommen war, weil sie ihm schwere Anstöße mit leichter Mühe beseitigte, ohne doch zu einem solchen Gewaltmittel zu greifen, wie es die Manichäer anwandten. Auch in kindlichen Geschichten steckt ein tiefer, philosophischer Sinn. Schließlich erschien ihm nach der Periode des langen Zweifelns das Betonen der kirchlichen Autorität und des einfachen, unreflektierten Glaubens als eine Wohltat, als ein schirmender Hafen. Das

304 Eingehender vgl. Kap. 20.

alles macht es verständlich, daß Augustin der Kirche jetzt wieder näher trat und sich aufs Neue als Katechumene betätigte, ohne übrigens deshalb mit seinen Lebensgewohnheiten zu brechen. Es ist verständlich, daß die quälenden Fragen, die ihn so lange beunruhigt hatten, Augustin erneut beschäftigten, vornehmlich die Frage nach der Geistigkeit Gottes. Vom populären Stoizismus aus konnte sich Augustin alles nur stofflich vorstellen. Wie existiert dann Gott? Wenn er als stoffliche Ausdehnung existiert, muß er ja begrenzt sein. Hier half ihm die Bekanntschaft mit neuplatonischen Schriften über alle Schwierigkeiten hinweg, die er in lateinischer Übersetzung kennenlernte. Diese Hinwendung zu Plotin und die Auseinandersetzung mit ihm markierte seine zweite, sogenannte intellektuelle Bekehrung. Augustin lernte durch Plotins „Enneaden" erkennen, daß die Ansicht der Manichäer, daß alles körperlich aufzufassen sei, unmöglich richtig sein könne. Es gibt vielmehr eine *spiritalis substantia*, ein rein geistiges Prinzip, welches die letzte Grundlage alles Irdischen ist. Schon Marius Victorinus hatte diese Verbindung von Plotin und Paulus vollzogen und Augustin stand ganz unter seinem Einfluß. Das Ergebnis eines Vergleichs zwischen beiden Größen war das Erkennen ihrer fast völligen Übereinstimmung. Seine Aufgabe als Philosoph sah Augustin nun darin, mit Hilfe der *ratio* den Glauben, welchen die *auctortitas* fordert, zu begründen.

Aber nicht unbesehen übernahm er Plotins Ansichten, sondern er modifizierte sie an manchen Punkten nach der Bibel. Vornehmlich übte er Kritik an der höchsten Stufe der plotinischen Metaphysik, an dem ‚Einen' (*hen*), das alles Denken übersteigt und gerade deshalb die letzte, nur in der Exstase zu erfassende Einheit sei. Augustin bleibt beim *nous*, der *ratio* stehen und sucht ihre Identität mit Gott, der Weisheit (*sapientia*) zu erweisen. In den „Confessiones" setzt er sich im siebten Buch eingehend mit dem Neuplatonismus auseinander, aber es ist hier der Bischof des Jahres 400, der von der erarbeiteten Position aus die Unterschiede aufdeckt, nicht der suchende Rhetor, der erstmalig die Existenz einer geistigen Welt erahnt und der ihren Spuren in den paulinischen Briefen und in Plotins „Enneaden" begegnet.

Diese Jahre von 384–386 bedeuteten in moralischer Hinsicht den Tiefpunkt von Augustins Entwicklung, in geistiger Hinsicht ein Schwanken zwischen den damaligen Hauptströmungen. Es blieb zunächst noch alles in der Schwebe, aber der entscheidende Durchstoß war bereits durch seine Hinwendung zum Neuplatonismus erfolgt. Aus diesem Schwanken führte die sogenannte „Bekehrung" Augustins heraus, die er selbst in den „Confessiones" so lebendig geschildert hat und die man im Allgemeinen nur als die einzige und entscheidende kennt, obwohl es doch nur die dritte ist, die lediglich aus dem geistigen Besitz ethische Konsequenzen zieht. Die neue Frömmigkeit des Mönchtums mit ihrem radikalen Weltverzicht machte auf Augustin den tiefsten Eindruck – insonderheit in der Gestalt des Ambrosius. „Die Ungelehrten erheben sich und reißen das Himmelreich an sich"[305], ruft er klagend und schmerzvoll aus. Den letzten Anstoß, mit seinem bisherigen Leben zu brechen, bringt dann das dramatisch geschilderte Gartenerlebnis, die Worte

305 Conf. VIII. 1.

des Kindes, die aus einem Spiel stammten „nimm und lies“ („*tolle, lege*“) und das Schriftorakel: Augustin nimmt die Bibel, schlägt sie auf und findet das Schriftwort Röm. 13,7, das für ihn entscheidend wird: „Gebt allen, was ihr ihnen schuldig seid, sei es Steuer oder Zoll, sei es Furcht oder Ehre.“

Augustin meldete sich brieflich zur Taufe an, nahm an dem üblichen Unterricht teil und gab seine Professur auf. Zur inneren Sammlung zog er nach Cassiciacum in die Nähe des Comer Sees und verlebte hier im engsten Freundeskreis, ganz philosophischen Gesprächen und Studien hingegeben, etwa sechs Monate. In den „Confessiones“ schildert er seine Stimmung in dieser Übergangszeit treffend: „[Diese Zeit] war bereits dem Dienste Gottes geweiht, atmete aber noch heftig den Stolz der Schule, wie die Brust eines Läufers, wenn er ausruht“[306]. Die Jugendschriften, die hier entstanden, zeigen uns einen werdenden Neuplatoniker, aber im Hintergrund bemerkt man überall, leicht angedeutet, christliche Gedanken. Gelegentliche Wendungen wie der Passus vom täglichen Leben oder das große Eingangsgebet der Soliloqiuen zeigen uns, das Augustin bereits mehr war als ein bloßer Neuplatoniker.

Schüchtern entwickelte sich für Augustinus die Erkenntnis, daß eigenes Forschen nicht zum Ziele führe, daß die *auctoritas* ein viel sicherer Weg sei als die *ratio*. Vor allem beschäftigten ihn zwei Probleme aus seiner neuplatonischen und aus seiner manichäischen Zeit. Das eine war das Verhältnis von Gott und Seele. Nach dem Freiwerden von der Bindung an die Sinnenwelt kehrt die Seele in sich selbst ein und erkennt im Geist ihr wahres Wesen. Damit ist zugleich ihre eigene Unsterblichkeit garantiert und das Vermögen, rein geistige Wirklichkeiten zu erfassen, wodurch das platonische Konzept vom *kosmos noetos* (Ideenwelt)[307] aufgegriffen wird bzw. die *veritas* im neuplatonischen Sinne. Gott spielt dabei keine ausschlaggebende Rolle, nur auf die *auctoritas* Christi hin setzt ihn Augustin als Schlußglied des Aufstieges ein.

Der zweite Problemkreis betrifft die Bedeutung des Bösen. Von Plotin her ist Augustin stark ästhetisch beeinflußt, er sieht daher ebenfalls im Kosmos ein harmonisch geordnetes Ganzes, einen *ordo* – vielleicht wirkt hier auch römischer Geist und Ordnungssinn nach. Stört die Existenz des Bösen nicht diese Harmonie? Auf ein zweites, widergöttliches System konnte es Augustin nicht zurückführen, wie es die Manichäer taten, andererseits konnte er aber auch seine Existenz nicht einfach leugnen. Er vertrat daher anfangs Plotins Lösung, wonach Gegensätze zur Harmonie gehören und wonach gerade das Böse einen notwendigen Platz im ganzen Organismus einnimmt, damit durch seinen Kontrast gegen das Gute dieses um so klarer hervortrete. Später verlegte er unter dem Eindruck der Paulus-Lektüre das Böse in den menschlichen freien Willen und betonte den Schuldcharakter: „Was

306 Conf. IX 4.

307 Der Ideenwelt (*kosmos noetos*) stellt Platon die sinnlich wahrnehmbare Welt (*kosmos horatos*) gegenüber. Dies wird vom Neuplatonismus generell aufgegriffen und in den unmittelbaren Zusammenhang mit religiösen Fragen gestellt.

steht so stark in der Gewalt des Menschen wie der Wille selbst?"[308]. Von hier aus verstand Augustin das Gericht als das gerechte Zuerteilen von Lohn, bzw. Strafe.

So bemerkt man in den Schriften dieser Jahre von 386–391 ein charakteristisches Schweben zwischen neuplatonischen und christlichen Gedanken. Mit Augustins Eintritt ins geistliche Amt als Presbyter wird der Neuplatonismus langsam zurückgedrängt. Augustin studierte mit großem Ernst die Schrift, ein kirchlicher Einfluß macht sich bemerkbar, was man auch rein äußerlich an dem Zurücktreten der philosophischen Termini und den häufigen Bibelzitaten feststellen kann. 394 wurde Augustin Auxiliarbischof und 396 Bischof von Hippo. Durch die Auseinandersetzung mit den Manichäern, Pelagianern und Donatisten entwickelten sich in der Tätigkeit seines Amtes seine theologischen Grundanschauungen weiter, die zum Teil für die Folgezeit maßgebend geworden sind. Neben der Lehre von der Kirche und der Wirkungskraft ihrer Sakramente ist die Sünden- und Gnadenlehre zu nennen. Unter starkem Einfluß paulinischer Gedanken will Augustinus den früheren Moralismus mit dem Ursprung der Sünde im freien Willen (*liberum arbitrium*) korrigieren und setzt an dessen Stelle die Erbsünde und die Prädestination. Dies führte zu heftigen Auseinandersetzungen. Von beidem soll später die Rede sein. In dieser Zeit der Ausbildung seiner theologischen Positionen sind Augustins Hauptwerke entstanden, „De civitate Dei"(„Über den Gottesstaat"), „De Trinitate" („Über die Trinität), „De doctrina christiana" („Über die christliche Lehre"), das „Enchiridion", ein populärer Abriß der Dogmatik, und die „Confessiones", sein bekanntestes und in vieler Hinsicht auch genialstes Werk. Seine Entwicklung blieb auch in diesen reiferen Jahren nicht stehen. In seinem Alterswerk, den „Retractationes" („Überarbeitungen"), geht Augustin dann seine früheren Ansichten noch einmal durch und sagt selbst, was er als irrig ablehnt. Augustin ist im Alter starrer, einseitiger und zugleich kirchlicher geworden.

Wenn man Augustins Gedankenwelt etwas näher treten will, empfiehlt es sich, zunächst die Eigenart seiner Frömmigkeit zu erfassen. Hierzu dient uns als herausragende Quelle seine großartigen „Confessiones". Dort zeichnet er mit großer Kunst die verborgensten seelischen Vorgänge, beweist starkes Interesse einer Innen- und Tiefenschau. Das zeigen seine meisterhaften Schilderungen über das Seelenleben des Kindes, sein Spielen, Weinen, Lügen. Immer wieder ist ihm die philosophische Betrachtung die Vorstufe der theologisch-mystischen. Man hat die „Confessiones" die erste christliche Autobiographie genannt, zu Unrecht, wenn man darunter eine moderne Autobiographie versteht. Denn sie sind ein Hymnus auf Gottes Erhabenheit, ein Dankgebet für seine Güte. Unter dem Einfluß paulinischer Gedanken sieht Augustinus in seinem Leben ein Paradigma von menschlicher Schuld und göttlicher Gnade. Deshalb handelt es sich bei den „Confessiones" um kein streng historisches Werk für Augustins Entwicklung, wohl aber für seine religiöse Innenwelt um 400. Sie zeigen uns, wie sehr Augustin im Ganzen immer noch Neuplatoniker war, sie zeigen uns aber auch die Mystik als sein innerstes Erleben.

---

308 De libero arbitrio I 12.

Wenn man die mystischen Grundgedanken Augustins kennen lernen will, bietet sich seine Auslegung von Psalm 42 an, denn sie ist gewissermaßen ein Kompendium der Mystik. „Wie der Hirsch schreit nach frischem Wasser“ – hier findet Augustin die mystische Sehnsucht ausgesprochen, Sehnsucht nach dem Quell des Lebens. Ist dieses Verlangen da, so gilt es erst noch, sittliche Vorbedingungen zu erfüllen: „Zerstöre die Schlangen der Unruhe, wenn du dich der Quelle der Wahrheit nähern willst.“[309] An diese Mortifikation (den Weg der Reinigung – *via purgativa*) schließt sich die Einkehr in sich selbst, die Innenschau, das planmäßige Ausschalten aller Seelenkräfte an. Wenn die Gegner höhnend zum Psalmisten sprachen: ‚Wo ist nun dein Gott?‘, so spielten sie damit auf den besonderen Zustand des Gläubigen an, der noch nicht im Schauen lebte. Die Seele suchte ihren Gott:

> „Ich habe versucht, meinen Gott in den sichtbaren und körperlichen Dingen zu finden, und ich fand ihn nicht. Ich habe versucht, sein Wesen in mir selbst zu finden, und ich fand es nicht. Da verstand ich, daß Gott höher als meine Seele ist. Deshalb muß ich, um ihn zu erreichen, alle Dinge übersteigen“[310].

So kommt die Seele zum Tempel Gottes, aber sie darf bei Lebzeiten nur in den Vorhallen verweilen. Hier hört sie wunderbare Klänge und festliches Rauschen der Musik. Doch zuweilen fällt für Augenblicke der Schleier, die Seele sieht „mit der Schärfe des Geistes etwas Unveränderliches, wenn auch nur ganz vorübergehend“[311]. Da hat die Seele wirklich aus den Wasserbächen des Paradieses getrunken, sie kehrt voll innerer Gewißheit ins Leben zurück: ‚Still, hoffe auf Gott!‘ Diese Ausführungen bleiben für Jahrhunderte maßgebend, wie Augustin haben Tausende diese Himmelfahrt der Seele erlebt.

Im Einzelnen wäre noch manches zur Erläuterung der augustinischen Mystik zu sagen, über den Akt der Beschauung (*contemplatio*), der keine Steigerung des Erkennens darstellt, sondern eine ganz andere Art der Erkenntnis, ein Schauen, oder über die Ekstase, die den Gipfel der Kontemplation bildet. Von der Schau der göttlichen Wahrheit und Weisheit schreitet die Seele zur Schau der göttlichen Wesenheit fort. Auch hierin war Augustin der Lehrmeister der mittelalterlichen Mystik, deren Ziel ebenfalls die Schau der göttlichen *essentia* bildete. Im zehnten Kapitel des neunten Buches der „Confessiones“ finden wir die feierliche Schilderung einer Ekstase, die Augustin in Ostia im Gespräch mit seiner Mutter erlebt hat:

> „... da erhoben wir nun unsere Seelen mit wachsend heißerer Glut zum Ewigen selbst. Und wir durchschritten Stufe dann um Stufe die ganze Körperwelt und selbst den Himmel ... Und weiter stiegen wir und dachten deiner in der tiefsten Seele und sprachen leis von dir und deinen ewig wunderbaren Werken. So kamen wir in unsre Seele, doch wir durchschritten diese auch, daß wir mit unserem Geiste rührten an das Land der ewigen Fruchtbarkeit, darin du Israel ewig weidest auf den Weiden ewiger Wahrheit. ... Und da wir also davon sprachen und danach verlangten, berührten wir das Ewige leise und wie mit einem vollen Schlag des Herzens. Da atmeten wir tief und ließen dort gebunden die

309 Ennaratio a. a. O. zu Ps. 42,9.
310 Ennaratio a. a. O. zu Ps. 42,2.
311 Ennaratio a. a. O. zu Ps. 42,15.

Erstlinge des Geistes. Dann kehrten wieder wir zum Lärm der Sprache, zum Wort, das Anfang hat und Ende. ... Wir sagten also: ... wenn dies Dauer hätte und wenn alle anderen Bilder, so fern seiner Art, versänken und nur dies eine Bild uns bliebe und wenn es den Beschauer packte und verschlänge und ihn tauchte in die innerst tiefsten Freuden; und wenn es so ein ewiges Leben wäre wie jener eine flüchtige Augenblick des Sehens, da wir seufzend tief geatmet, wär's denn nicht das, wovon geschrieben steht: Gehe ein in deines Herrn Freude?"[312].

Hier spürt man etwas vom Geist Augustins, von der Glut seiner mystischen Frömmigkeit: „Wie brannte ich, mein Gott, wie brannte ich, von den irdischen Dingen zu dir zu fliegen"[313] – das Wort könnte man als Motto über Leben und Werk Augustins schreiben.

Nach der Schilderung des Aufstiegs der Seele, wie Augustin ihn beschreibt, muß danach gefragt werden, worin Augustin sich von Plotin abhebt. Der Aufstieg verläuft ganz im Sinne Plotins, aber es gibt zwei wesentliche Unterschiede: die Kirche gibt den Anstoß, ihre Autorität ist die Macht, die den Menschen anspornt. Die Autorität hat auch weiterhin in der ganzen Mystik des Mittelalters eine große Rolle gespielt. Sodann betont Augustin die göttliche Gnade beim Aufstieg der Seele. Sie ist es, die uns die Kraft dazu gibt (*potestas nostra ipse est*). Plotin vertritt diesen Gedanken bei weitem nicht in gleichem Maße. Auch bei der Auffassung des Verhältnisses zwischen Gott und Mensch stoßen wir auf charakteristische Unterschiede. Man betrachte sich Augustin als Beter – bei Plotin werden wir vergeblich nach solch gewaltigen Hymnen suchen, wie sie Augustins Soliloquien durchziehen. An einer Stelle seiner „Enneaden" spricht sich Plotin sogar ausdrücklich gegen das Beten aus. Wenn Augustin die mittelalterliche Mystik beeinflußt hat, dann zuerst im Gebet, mit seinen Worten fleht man zu Gott. Augustin kannte ferner keine Aufgabe des Ich in der Ekstase wie Plotin, dazu war sein Persönlichkeitsgefühl zu stark, daher spielt für ihn auch in der Kontemplation das intellektuelle Moment eine große Rolle. Auch die ethische Beschaffenheit bleibt gewahrt. Von einem Verschmelzen mit Gott in der Ekstase kann keine Rede sein, das Höchste ist eine Angleichung an Gott, eine *conformitas*. In dieser urchristlich-augustinischen Form erst dringen Plotins Gedanken in die mittelalterliche Mystik ein.

Weitere Merkmale mögen abschließend hervorgehoben werden: Das Fehlen aller philosophischen Beschreibungen der höchsten kontemplativen Zustände, das Fehlen eines mystischen Systems bis auf einige wenige Bemerkungen. Erst im 12. Jahrhundert tauchte das Bestreben auf, mit den Mitteln der Scholastik das mystische Erleben zu schematisieren. Ein weiteres Merkmal der augustinischen Mystik ist das fast völlige Fehlen von Visionen, Auditionen, Offenbarungen aller Art. Man vergleiche damit etwa die ganz anders geartete mittelalterliche Frauenmystik[314]. Bei Augustin fehlt dieser Überschwang vollkommen. Ebenso begegnet jeder ekstati-

312 Vgl. Marc Sprungmann: Die Vision zu Ostia. Augustins Rezeption des Neuplatonismus. 2008.

313 Conf. III 4.

314 Hildegard von Bingen und Birgitta von Schweden sind die großen Schauerinnen, die die Mystik mit den Beschreibungen ihrer Visionen darstellen.

sche Auftrieb bei ihm nicht, die Ekstase ist nichts anderes als ein besonders tiefes Versenken des Geistes in die Welt des Gebetes. Dies alles unterscheidet Augustins Mystik von der Folgezeit. Schließlich ist er ein Vertreter der reinen Gottesmystik, niemals spielt auf den Höhen der Kontemplation die Gestalt des irdischen Christus eine Rolle, so tiefe Worte er auch über dessen Demut und Armut zu finden weiß. So steht ein reiner und ganz religiöser Typ der Mystik vor uns: die Sprache der Psalmen, der Geist des Paulus, der Idealismus Plotins – alles zusammengehalten durch die Kraft des religiösen Genies.

Von hier aus betrachtet, erscheint Augustins Frömmigkeit ganz individualistisch: Gott und die Seele, sonst sucht er nichts in der Welt. Das ist allerdings nur eine Seite. Höchst charakteristisch für Augustin wie für die gesamte folgende katholische Frömmigkeit ist die Verbindung dieses Individualismus mit der kirchlichen Autorität, deren begeisterter Lobredner Augustin als Bischof wurde. Eine Analyse dieser Welt Augustins bildet daher eine notwendige Ergänzung zum Vorhergehenden. Zunächst ist festzustellen, daß der Kirchenbegriff Augustins nicht einheitlich ist. Man bemerkt einen Zusammenhang mit altchristlichen Anschauungen: die Kirche als himmlische Gemeinde der Heiligen, Stadt Gottes usw. Die Kirche war ihm in der Gestalt des Ambrosius zunächst imponierend entgegengetreten, er hatte sich ihrer Autorität willig gebeugt, froh darüber, nach langen Irrfahrten endlich einen festen Hafen gefunden zu haben. Auf dem Boden des Glaubens (*credere*) erhob sich für ihn freilich das Verstehen (*intelligere*), denn den Gebrauch der Ratio wollte er nicht aufgehoben wissen. Aber Schritt für Schritt wurde er weiter gedrängt. Als Bischof verlangte er Unterwerfung unter die Autorität der Kirche, die allgemein verbreitet und im Besitz wirkungskräftiger Sakramente war. Der Kampf gegen die Donatisten mußte diese Gedanken noch schärfer hervortreten lassen. Sie vertraten eine Gruppierung, die sich fast ganz auf die afrikanischen Provinzen beschränkte. So wendet Augustin die Gesamtheit der christlichen Welt gegen sie und charakterisiert sie als eine Winkelsekte: Hatte Christus etwa gesagt, daß Afrika allein der Akker des göttlichen Wortes sei und nicht vielmehr die ganze Welt? Damit waren die Donatisten von Anfang an für Augustinus im Unrecht. Zwar besaßen auch sie Sakramente, aber sie waren bei ihnen nicht wirksam (*utiliter*), d. h. nur in der Kirche übten die Sakramente ihre Wirkung aus. Im Streit mit den Donatisten entwickelte Augustin den Sakramentsbegriff der katholischen Kirche. Unter Sakramenten versteht er *sacra signa*, heilige Zeichen und Riten, die auf ein Verborgenes hindeuten. Mit der heiligen Handlung verbindet sich das Wort. Augustin prägt den Lehrsatz: ‚Das Wort tritt zum Element hinzu und so entsteht das Sakrament' (‚*Accedit verbum ad elementum et fit sacramentum*'). Das Wort kann man so geradezu als unsichtbares Sakrament (*sacramentum invisibile*) bezeichnen, das Sakrament entsprechend ein sichtbares Wort (*verbum visibile*). Das war ein wichtiger Anknüpfungspunkt für Martin Luther. Die Sakramente wirken per se, d. h. unabhängig von der Person des Spenders, da sie allein auf der göttlichen Gnade beruhen. Das hatte man im Donatismus nie vertreten, nach dessen Auffassung Todsünder – und dazu gehörten alle, die in den Zeiten der Verfolgung in irgendeiner Weise nicht ganz

Stand gehalten hatten – überhaupt keine Sakramente verwalten konnten. Augustin macht hiergegen Front, betont sogar, daß alle Sakramente, auch wenn sie von Häretikern gespendet wurden, wirkliche Sakramente seien, die dem Empfänger einen *character indelebilis*, ein unauslöschliches Siegel aufdrückten, daß sie aber nur in der Kirche ihre Wirkung ausübten. Dabei wird die Gnade nicht durch eine Kraft bewirkt, die dem Sakrament zugeführt ist, sondern durch den Geist, der mit seiner Wirkung dem Empfang des Sakraments parallel geht. Augustin unterscheidet also beim Sakrament zwischen Amt (*munus*) und Wirkung (*effectus*). Er bindet dabei das Gnadenwirken Gottes ganz an die Kirche und ihre Sakramente, die allein in der Kirche ihre Wirkkraft ausüben. Er ist damit in gewisser Hinsicht der Begründer eines Sakramentarismus – ungetauft sterbende Kinder sind ewig verdammt, alle Getauften gehören im Grunde genommen zur Kirche – aber nur in gewisser Hinsicht. Er kann daneben spiritualisieren und zeigen, daß auch Menschen, die äußerlich nicht zur Kirche gehören, selig werden können – auch Hiob war ja kein Israelit. Das Sacramentum ist ein sichtbares Wort (*verbum visibile*), unter Umständen kann also auch der Glaube ohne Empfang des Sakramentes genügen: ‚Glaube und du hast gegessen' (‚*Crede et manducasti*').

Dieselbe Zwiespältigkeit finden wir auch bei der Auffassung von der Kirche. Die Kirche ist die von Priestern geleitete, mit Sakramenten als Gnadenmitteln versehene Heilsanstalt, die äußerlich sichtbar und deren Autorität anzuerkennen ist. Augustin schreckt sogar nicht davor zurück, gegen die Donatisten die Hilfe des Staates anzurufen. Er liest im Evangelium: „Nötige sie, hereinzukommen"[315] („*Cogite intrare*") und folgerte daraus, daß man den Kirchen den größten Liebesdienst erweise, indem man die abtrünnigen Donatisten mit Polizeigewalt aus ihren Versammlungen führe und sie zum Besuch der Gottesdienste zwinge. Aus dem Philosophen Augustin ist hier ein Augustin von höchster Intoleranz geworden, das Urbild eines mittelalterlichen Inquisitors, der die Hilfe des weltlichen Armes anruft. Aber auch hier spiritualisiert Augustin. Die Donatisten behaupteten, eine Kirche der Heiligen zu sein und warfen der katholischen Reichskirche ihre Eigenschaft als *corpus permixtum* vor. Augustin erkannte dies nicht an. Die sichtbare Kirche sei nicht die wahre Kirche, sie enthalte Gefäße zur Ehre und Gefäße zur Unehre. Die eigentliche Kirche sei die Gemeinde derer, die den Geist besitzen, die Gemeinde der Heiligen. Sie sei eine ganz innerliche Größe, die sich allen äußeren Kriterien entziehe. Hier bietet Augustin Anknüpfungspunkte für die Mystiker, für Luther, aber auch für die Schwärmer der Reformationszeit. Dies ist der Punkt, wo Augustin mit dem Kirchenbegriff seine Gnadenlehre verbindet. Die Gemeinde der Heiligen (*communio sanctorum*) entspricht der Gemeinde der Erwählten (*communio praedestinatorum*). Aber wer von Gott erwählt ist, weiß niemand. Die beiden Kirchenbegriffe laufen bei Augustin also nebeneinander her: der massive, vulgärkatholische und der geistig-spirituelle. Sie sind beide in späteren Jahrhunderten von größter Bedeutung geworden.

315 Lk. 14,23.

Von größtem Einfluß für die Folgezeit ist auch die Verhältnisbestimmung von Kirche und Staat geworden, die Augustin besonders in seinem großen apologetischen Werk „De civitate Dei" geboten hat. Aus einem äußeren Anlaß entstanden, hat sich dieses Werk zu einer in mancher Hinsicht großartigen Geschichtsphilosophie ausgewachsen. Es ist der krönende Abschluß der philosophischen Arbeit Augustins und handelt von der Gnadenwahl Gottes, die an der Geschichte erläutert wird. Die beiden Mächte des Teufelsstaats und des Gottesstaats stehen sich diametral gegenüber und werden aus politischer Perspektive mit Babylon und Jerusalem antizipiert. Das geht über Paulus hinaus und beruht auf allegorischer Schriftauslegung. Die Psalmen sprechen viel von der Stadt, in der Gott wohnt, der *civitas Dei*, dem himmlischen Jerusalem. Philo allegorisierte dies, Origenes folgte ihm darin, identifizierte aber schon im Schlußkapitel seiner Schrift „Contra Celsum" die *civitas Dei* mit der Kirche. Mit dieser ganzen gedanklichen Welt kam Augustin durch die Vermittlung des Ambrosius in Berührung, durch ihn lernte er Philo kennen, mit dem er sich hier und da auseinandersetzt. Die letzte Anregung zu Augustins Weltbild geht also auf Philo zurück, aber Augustin hat diese Anregung mit der Glut seines eigenen Erlebens gefüllt. Neben Philo und Origenes hat Cicero stark auf Augustin eingewirkt, teils aufgrund persönlicher Lektüre, etwa des „Hortensius", teils vermittelt durch Ambrosius, der ebenfalls sehr stark von Cicero beeinflußt war. Man kann nachweisen, daß Augustin seiner Definition von *civitas Dei* die ciceronianische Definition der *societas* zugrunde gelegt hat, die aber christlich umgearbeitet ist. Bei beiden ist die Gerechtigkeit (*iustitia*) das verbindende Band, aber bei Augustin wird sie paulinisch umgebogen im Sinne der Rechtfertigung (*iustificatio*), die von Gott stammt. Ebenso lag es beim Begriff des Friedens (*pax*), bei Cicero rein diesseitig als ein Aufhören von Kriegen aufgefaßt, bei Augustin mit paulinischem Gehalt erfüllt, rein jenseitig gefaßt und mit dem höchsten Gut (*summum bonum*) identifiziert.

In der ganzen Weltgeschichte sieht Augustin ein gewaltiges Ringen der beiden *civitates*, der *civitas terrena* und der *civitas Dei*. Beide Begriffe haben etwas Schillerndes und sind nicht eindeutig festzulegen. Sie sind beide metaphysischen Ursprungs. Die *civitas terrena* stammt vom Teufel, die *civitas Dei* ist ein Abbild des himmlischen Jerusalem. Die *civitas terrena* ist daher die Gemeinschaft der Gottlosen (*societas impiorum*), die *civitas Dei* eine Gemeinschaft der Heiligen (*societas sanctorum*), aber beide *civitates* haben eine bestimmte Verkörperung, die *civitas terrena* im Römerreich, die *civitas Dei* in der Kirche. Von dieser Rivalität geht Augustin aus, Kirche und Staat, wie sie sich ihm täglich zeigen, diese Erscheinungen deutet er metaphysisch, gewissermaßen als Verkörperungen großer Prinzipien, wobei er paulinische Gedanken und neuplatonische Vorstellungen zu Hilfe ruft und seine Ansicht mit Hilfe der Allegorese in die Bibel hineinliest, besonders in die Geschichte des jüdischen Volkes. Bei ihm findet sich die Spaltung in zwei *civitates* vorgebildet. Augustin allegorisiert die Geschichten von Kain und Abel, von Hagar und Sarah. Die ganze Geschichte Israels ist ihm eine *praefiguratio* (vorausgehende Abbildung) himmlischer Güter, genauer der *civitas Dei*. Die Geschichte der *civi-*

tas Dei verläuft also in zwei großen Abschnitten: die Frommen im jüdischen Volk, die das Kommen des Herrn prophezeiten, anhebend mit Abraham, und das Zeitalter der Kirche, beginnend mit Jesus, die Erfüllung des alttestamentlichen Vorbildes und zugleich der Schatten des himmlischen Jerusalem. Man erkennt an diesen drei konzentrischen Ringen deutlich den neuplatonischen Einschlag.

Dieses Schema durchkreuzt sich indes mit einem anderen, damals sehr beliebten. Wie Gott die Welt in sechs Zeitabschnitten erschuf und am siebenten ruhte, so besteht die Welt auch nur 6.000 Jahre, von 6.000 bis 7.000 ist der große Weltensabbat, der dem Untergang vorausgeht. Diesen Weltensabbat identifiziert Augustin mit dem tausendjährigen Reich und sieht es in der Kirche verwirklicht. Damit beseitigt er im Abendland endgültig allen sinnlich gefärbten Chiliasmus (die Lehre von der tausendjährigen Herrschaft Christi auf Erden). Wichtiger als dieses Schema ist aber das zweiteilige, dem auch ein zweiteiliges bei der *civitas terrena* genau entspricht: das assyrische Weltreich und das römische, ersteres wieder eine *praefiguratio* des letzteren. Es könnte manchmal scheinen, als sehe Augustin in den beiden *civitates* die Verkörperung zweier Prinzipien, des Teufels mit seinem Hochmut (*superbia*) und Christi mit seiner Demut (*humilitas*), aber diese Schau wäre irrig, Augustin denkt alles viel zu neuplatonisch und antimanichäisch, d. h. er entwickelt doch letztlich alles aus einem Prinzip. Das niedere geht immer aus dem höheren hervor, ist sein Abglanz und ist ihm daher dienstbar. Augustinus sieht also keinen Kontrast, sondern ein stufenförmiges Abhängigkeitsverhältnis.

> „Eine Art Schattenbild dieser Stadt [des himmlischen Jerusalem] und ein prophetisches Abbild dienten auf Erden mehr dazu, sinnbildlich auf sie hinzudeuten, als sie wirklich darzustellen. Ein Teil der civitas terrena nämlich ist zum Abbild der civitas coelestis gebildet worden; dabei versinnbildlicht sie nicht sich selbst, sondern die andere, der sie also dient. Denn nicht um ihrer selbst willen, sondern um der Bezeichnung [*significatio*] der anderen willen ist sie eingerichtet worden und indem ihr wiederum ein anderes Sinnbild vorausging, ist sie, die selbst vorausbildete, vorausgebildet worden“[316].

Die Kirche als *civitas Dei* auf Erden ist Abbild des himmlischen Gottesreiches (*civitas coelestis*), der Staat als *civitas terrena* nur Abbild des Abbildes. So lösen sich alle scheinbaren Widersprüche. Der Staat ist minderwertiger als die Kirche, aber er hat doch einen relativen Wert. Augustin verkennt nicht die Bedeutung des Römerreiches für die Ausbreitung der Kirche. Der Staat besitzt eine Pax, aber sie ist nur ein Abbild der wahren Pax. Es finden sich also Ansätze zu einer politischen Würdigung des Staates und zugleich seine Verurteilung, da er nach Herrschaft trachtet, ein großes Räuberlager (*latrocinium*) bildet und auf der *superbia* (Hochmut) basiert. Ohne Frage eine großzügige Konzeption, bei der die paulinische Geschichtsbetrachtung, die philonisch-origenistische Allegorese und die ciceronianische Staatsauffassung Pate gestanden haben. Sie zeigt uns aber auch ein Schwanken des augustinischen Kirchenbegriffs: die *civitas Dei* ist einmal die sichtbare Kirche, vulgär-katholisch betrachtet, dann die *societas sanctorum* (Gemein-

316 De civitate Dei XV 2.

schaft der Heiligen), also eine geistige, äußerlich nicht faßbare Größe. Schließlich ist die Verhältnisbestimmung von Kirche und Staat von größter Bedeutung geworden. Die Papstgeschichte und das Ringen zwischen *Sacerdotium* (Priesteramt) und *Imperium*, das das Mittelalter kennzeichnet, sind ohne die Gedanken Augustins gar nicht zu verstehen.

Noch in einem anderen Punkt ist Augustin für die Zukunft von Einfluß geworden: in seiner Fassung der Ethik, besonders der Sozialethik, in der er den Grund für die mittelalterliche Kultur legt. Seine wichtigsten Gedanken finden sich auch hier in „De civitate Dei", allerdings zerstreut, nicht in systematischer Darstellung. Aber man sieht aus einer Zusammenstellung der zerstreuten Stellen, daß der Bischof Augustin auch in der Fassung der Ethik Fortschritte gemacht hat. Er gibt ihr eine religiöse Grundlage, indem er die Gottesliebe als ihre Basis darstellt, und er kommt aus der Vereinzelung der philosophischen Geistesaristokratie heraus, indem er auf Grund seiner Stellung auf die Nöte des Tages, auch auf viele andere praktische Probleme zu achten lernt. Gewiß ist das Lob Gottes die höchste und wichtigste Aufgabe, gewiß ist die Kontemplation das Erstrebenswerteste, aber das tätige Leben bildet die notwendige Ergänzung. Muße (*otium*) und Tätigkeit (*negotium*) gehören zusammen, wie Augustin wiederholt ausführt: „Nicht nur deine gute Stimme soll Gott Lob singen, sondern deine Werke sollen mit deiner Stimme übereinstimmen. ... Willst du also loben, so lobe nicht nur mit deiner Stimme, sondern nimm die Harfe deiner guten Werke hinzu"[317]. Seine Stellung zur Welt ist trotz seiner pessimistischen Grundansichten doch eine positive. Mit der herrschenden Anschauung scheidet er zwischen der *lex aeterna* bzw. *naturalis* (ewiges Gesetz, bzw. Naturgesetz) und der *lex temporalis*, dem geschriebenen Staatsgesetz. Letzteres steht niedriger. Unter dem Naturgesetz versteht Augustin den paradiesischen Zustand Adams und verbindet so die Genesis-Erzählung mit der stoischen Auffassung des Naturrechts. Die herrschenden Zustände sind eine Folge des Sündenfalls und tragen deshalb kaum etwas von ihrer früheren Harmonie an sich, sind aber als Folge der Sünde notwendig. Damit wird praktisch die bestehende Gesellschaftsordnung anerkannt, zugleich gilt aber der Grundsatz, daß man sich nicht zu tief in sie einzulassen habe. Schon die Ehe entspricht nicht dem Urzustand, da ihr die sinnliche Lust (*concupiscentia*) beigemischt ist, die Jungfräulichkeit steht daher höher und Ehepaaren wird eine geschwisterliche Beziehung empfohlen. Unter den herrschenden Verhältnissen erkennt Augustin die Ehe aber als Keimzelle des Staates an und ist bei dieser politischen Würdigung wieder von Cicero abhängig. Darüber hinaus findet er in der Ehe auch innere Güter, wie Treue usw. Er rechtfertigt ferner die bestehende soziale Ordnung. Wie viele Kirchenväter gibt es auch bei ihm gewisse ‚kommunistische' Ansichten, aber sie gelten für den paradiesischen Urzustand, in der Gegenwart ist Privateigentum und Reichtum durchaus erlaubt, aber man muß den richtigen Gebrauch von seinen Gütern machen. Vor allem schärfte Augustin die Notwendigkeit des Almosengebens ein und wies auch

317 Ennaratio in Psalmos 146,2.

hier dem Mittelalter den Weg. Er rechtfertigt auch die Sklaverei. Nach der *lex naturalis* waren zwar alle Menschen gleich und herrschten nur über die Tiere, durch die Sünde aber sind Unterschiede eingetreten und die Sklaverei ist ihre Folge. Kein Sklave hat daher ein Recht auf Freilassung. Augustin tritt lediglich für die humane Behandlung der Sklaven ein. In der Gesellschaftsordnung sieht er unter platonischem Einfluß ein stufenförmiges, organisches Gebilde, in dem immer die untere Stufe das Abbild und die Dienerin der nächsthöheren ist – eine Anschauung, die später sehr wichtig geworden ist. So ist auch die Familie nur ein Abbild des Staates: wie in einer Stadt viele Familien friedlich nebeneinander wohnen, so sollen in der Welt viele kleine Staaten friedlich nebeneinander existieren, aufgebaut auf der Gerechtigkeit. Die großen imperialen Bildungen verurteilt Augustin dagegen, da sie auf der Herrschucht (*libido dominandi*) und dem Hochmut (*superbia*) aufbauen. Augustins Stellung zum Staat ist nicht grundsätzlich ablehnend, er verkennt nicht dessen positive Seiten und er begründet die Notwendigkeit seiner Existenz mit der *lex temporalis*. Sogar Kriege sind demnach berechtigt, denn das hohe Geschenk der Pax ist mit dem Urzustand verloren gegangen. Aber Augustin bemüht sich auch hier, den Staat mit christlichem Geist zu erfüllen – die Fürstenspiegel im Mittelalter arbeiten mit seinen Gedanken – und er verlangt vom Staat, daß er die Kirche unterstütze, z. B. bei ihrem Kampf gegen die Häretiker. So entwirft Augustin tatsächlich ein Programm des gesamten kulturellen Lebens, das ins Mittelalter überging und durch Thomas von Aquin systematisiert wurde. Rechtfertigung der bestehenden Verhältnisse und ihre religiöse Durchdringung sind dabei die leitenden Motive. Der Fortschritt über die alexandrinischen Theologen hinaus ist deutlich, dennoch ist Augustin auf der anderen Seite wieder der individuelle Mystiker, dem es nur auf das Verhältnis Gott und Seele ankommt. Das gehört zum Reichtum seiner Persönlichkeit.

Der Einfluß Augustins auf das Mittelalter und noch weit darüber hinaus war ungeheuer groß. Man ersieht dies allein aus der Verbreitung der Schriften Augustins. Sie standen überall an erster Stelle. Wohin wir sehen, begegnen wir seinen Spuren. Durch seine Vermittlung strömte der Neuplatonismus in die mittelalterliche Kirche ein, sein Typ der Mystik setzte sich durch – die „Confessiones“ waren das beliebteste Erbauungsbuch –, kreuzte sich freilich mit der areopagitischen Mystik. Seine tinitarischen Spekulationen, seine Ausführungen über Sünde und Gnade, die Sakramente und die Kirche wurden von der Scholastik aufgegriffen und systematisiert. Augustin bildete hier ein Gegengewicht gegen den aristotelischen Intellektualismus. Sein Wirtschaftsprogramm übernahm man in Grundzügen, sein Staatsideal legte man den Fürstenspiegeln zugrunde, seine Ansichten über Kirche und Staat griff die Gemeinde in Rom auf und legte sie papalistisch aus: die Kirche als Gottesstaat als der höchste Kreis, der Staat in Unterordnung unter die Kirche. In den Kämpfen zwischen Kaiser und Papst spielte „De civitate Dei“ eine gewaltige Rolle. Augustins Gedanken wurden hier ins Hierarchische umgebogen und so zu einer Hauptstütze für den Papalismus gemacht. In ihrer spiritualistischen Auffassung bildeten Augustins Gedanken aber zugleich ein Palladium für die Opposition, im Kampf gegen die weltliche Kirche berief man sich auf Augustin, in ihm fand der Augustiner Martin Luther einen gewaltigen Bundesgenossen. Er isolierte bestimmte Gedanken Augustins und spitzte sie zu. Luther und Erasmus sahen in Augustin einen Kronzeugen für ihre gegensätzlichen Ansichten vom freien und unfreien Willen. Noch der Philosoph Max Scheler wandte sich in seinen theologisch motivierten Schriften im 20. Jahrhundert mit Augustin gegen den herrschenden Neuthomismus. Diese ungeheure Nachwirkung verdankt Augustin nicht nur dem Reichtum, sondern auch der Mehrdeutigkeit seiner Gedanken. Alle Probleme Augustins werden von ihm nie an sich behandelt, sondern immer in Bezogenheit auf sein ‚Ich', nur dadurch wird alles für ihn fruchtbar. Was bei Augustin darum oft fehlt, ist die logische Ableitung und Verklammerung, der systematische Aufriß, auch die strenge Scheidung zwischen philosophischer und theologischer Erkenntnis. In dieser Hinsicht unterscheidet er sich grundlegend von Thomas von Aquin, für den gerade das Objektive, das jenseits aller Subjektivität an sich gültiger Gegenstand der Darstellung ist. Dieser wird sodann streng systematisch behandelt, logisch alles klar aufgebaut und eins aus dem anderen abgeleitet. Es ist daher auch nur ein gewisser, thomistisch gedeuteter Augustin in der katholischen Theologie von Bedeutung geworden. Bestimmte Ansichten treten in der Betrachtung und in der Auswahl der Gedanken zurück. So war es im prädestinatianischen Streit des neunten Jahrhunderts um Gottschalk von Orbais[318], so in der jansenistischen Kontroverse des 18. Jahrhunderts, als sogar wörtliche Zitate Augustins kirchenamtlich durch die Bulle „Unigenitus" verurteilt wurden (1713)[319]. Beide Male handelte es sich um Augustins Ansichten von Sünde und Gnade. Die Gnadenlehre ist es auch gewesen, in der Augustin schon zu seinen Lebzeiten Widerspruch erfuhr und wo man die ersten Abstriche vornahm.

43. Die Gnadenlehre Augustins im Kampf mit Pelagianismus und Semipelagianismus

Augustin war nicht von Anfang an ein Anhänger der reinen Gnadenlehre, als der er uns in der Auseinandersetzung mit Pelagius erscheint. Im Gegenteil beglückte ihn, als er sich vom Manichäismus löste, die Erkenntnis, daß jeder die Entscheidung für sein eigenes Geschick trage, da er sich aufgrund seines freien Willens für das Gute wie für das Böse selbst entscheiden könne. Seit seiner Presbyterzeit wandelte sich diese Ansicht unter dem starken Eindruck, den die paulinische Gedankenwelt auf ihn machte. Es kann hier nicht im Einzelnen aufgezeigt werden, wie sich diese Anschauungen bei Augustin allmählich herausbilden, es genüge der Hinweis, daß sie um 400 in allem Wesentlichen abgeschlossen sind. Dafür sind die um diese Zeit ent-

318 Vgl. D. Ganz: The Debate on Predestination: in: Charles the Bald: Court and Kingdom. Papers based on a Colloquium Held in London in April 1979. Hg. von M. T. Gibson/J. L. Nelson/D. Ganz. Oxford 1981, S. 283–302.

319 Lucien Ceyssens: Le sort de la bulle Unigenitus. Löwen 1992.

standenen „Confessiones" der deutlichste Beweis. An seinem eigenen Leben macht Augustin sich die paulinischen Gedanken klar, in diesem autobiographischen Spiegel macht er sich die Ausführungen des Römerbriefes zu eigen.

Es sei hier nur die endgültige Ausformung der Gnadenlehre Augustins systematisch dargestellt. Dabei ist vom Urzustand auszugehen. Die ersten Menschen besaßen im Paradies den freien Willen (*liberum arbitrium*), d. h. sie hatten die Möglichkeit, im Guten zu verharren. Dies wurde durch die Hilfe der Gnade (*adiutorium gratiae*) noch verstärkt, die Gott den Menschen schenkte: „Der erste Mensch konnte von Sünde freibleiben, er konnte vom Tod frei bleiben, es war ihm möglich, das Gute nicht zu verlassen" (*„potuit non peccare primus homo, potuit non mori, potuit bonum non deserere"*)[320]. Er lebte in vollkommener Gottesliebe, ohne böse Lust, sündlos, in Harmonie, denn die Seele beherrschte den Körper. Der Sündenfall führte eine totale Änderung herbei. Der Mensch verlor das *adiutorium gratiae* (Hilfe der göttlichen Gnade), die Seele verlor die bisherige Herrschaft über den Körper, sie verlor die Gottesliebe, der Mensch stellte sich auf eigene Füße, die *superbia* (Hochmut, Übermut) beseelte ihn, der Körper wurde unabhängig, in ihm herrschte nun die *libido*, die *concupiscentia,* die ‚böse Lust'. Die *concupiscentia* ist formaliter (wirklich) eine Sünde, wenn der *consensus* des Willens zu ihr erfolgt, d. h. wenn sie gewollt wird. Das Versagen dieser Zustimmung wäre dem Menschen möglich – hier ergibt sich eine hohe Wertung des freien Willens[321]. Der Sündenfall ist der Hintergrund für Augustins Sünden- und Gnadenlehre. Er knüpft jetzt an die abendländische, schon von Tertullian vertretene Lehre vom *peccatum originale* (Erbsünde) an, vertieft sie und gibt ihr eine biblische Begründung mit Röm. 5,1: [*Adam*], *in dem* (*in quo*) *alle gesündigt haben*. In Adam sündigte also die ganze Menschheit, die danach als *massa perditionis* (Menge der Verlorenheit) unter der Herrschaft der Sünde steht. Nur die Gnade kann Befreiung wirken. Sie bedeutet daher Wiederherstellung der verlorenen Schöpfungswirklichkeit, also keine wirkliche Neuschöpfung wie bei Luther, aber auch keine einfache Fortsetzung und Überhöhung des natürlichen Lebens wie bei Thomas von Aquin. Gnade ist im Gegensatz zur Natur das Göttliche, Übernatürliche, das dem Menschen mitgeteilte göttliche Sein. Augustins Denken ist stark an der *perfectio* (Vervollkommnung) als einem fortlaufenden Geschehen orientiert. Luther spricht in diesem Sinne vom ‚an uns handelnden Gott'. Paulus ist hier mit seinen Äußerungen über die Rechtfertigung von großem Einfluß gewesen.

Aber es ist auch interessant zu sehen, wie Augustin von Paulus abweicht. Wenn er von (*sola*) *fide iustificari* ([allein] durch den Glauben gerecht werden) spricht, so ist das noch nicht paulinisch, auch keine für die damalige Zeit unerhörte Ausdrucksweise, es ist gut vulgär-katholisch, denn man verstand diese Wendung vom Gerechtfertigt-Werden in der Taufe. Augustin verband diese Ansicht mit seiner

---

320 De corruptione et gratia XII 33.

321 Hier knüpft Duns Scotus mit seiner Lehre von der *bona intentio* an. S. Dominik Perler: Zweifel und Gewissheit. Skeptische Debatten im Mittelalter. Frankfurt a. M. 2006.

Erbsündenlehre: die Taufe tilgt die *concupiscentia* – ungetauft sterbende Kinder gehen daher auf ewig verloren. Dem Ansehen des Sakramentes konnte diese Ansicht nur zustatten kommen. Paulinisch ist das noch nicht. Auch der schillernde Begriff der *fides* (Glaube) erscheint nicht immer paulinisch. Wie der Vulgärkatholizismus kennt Augustin eine *fides* im Sinne des Fürwahrhaltens (*credere Deo*), daneben eine *fides,* die durch die Gnade eingeflößt ist (*infusa*), eine *fides cum dilectione* (Glaube, verbunden mit der Liebe), eine *fides*, zu der *caritas* und *spes* (Liebe und Hoffnung) hinzutreten. Auch die Gnade ist nicht rein paulinisch aufgefaßt, sondern erscheint in einem neuplatonisch umgebogenen Paulinismus als Einflößung göttlicher Liebe (*infusa caritatis*). Sie gibt dem Menschen Anteil am göttlichen Sein und bewirkt die Umwandlung seines Willens. Sie ist *praeveniens* (vorauslaufend) und *subsequens* (nachfolgend), *operans* (wirkend) und *cooperans* (mitwirkend), d. h. sie geht allem voraus und hilft beim Vollbringen der Werke mit. Sie stellt das im Sündenfall verlorene harmonische Verhältnis im Menschen wieder her und sie bewirkt das Übergewicht des Geistigen über das mit Sünde verbundene Körperliche. Sie ist ein ständiger Prozeß und schafft im Menschen ein allmähliches Wachsen. Wenn Augustin diesen Vorgang mit Paulus ‚Rechtfertigung aus Glauben' nennt, so meint er doch damit etwas anderes. Es handelt sich bei ihm mehr darum, daß der Mensch ‚wieder in Ordnung gebracht' wird. Den Unterschied zu Paulus sieht man dabei besonders an zwei Punkten: Augustin betont die Sündenvergebung längst nicht so stark wie Paulus und der geschichtliche Christus mit seinem Kreuzestod ist für die *iustificatio* Augustins nicht von zentraler Bedeutung.

Aber dieser Prozeß der Rechtfertigung schafft keine Heilsgewißheit, der Mensch kann fallen, ja die meisten werden fallen. Auch die Zugehörigkeit zur Kirche garantiert keine Sicherheit. In dem Bestreben, alles auf Gottes Allmacht und seinen souveränen Willen zu stellen, lehrt Augustin in Anlehnung, aber einseitiger Durchführung paulinischer Gedanken die absolute, radikale Prädestination. Die Prädestinationslehre Augustins hat ihre Mitte nicht in Gottes freier Allmacht, sondern in der Beschreibung der Verlorenheit des Menschen und des barmherzigen Handelns Gottes. Sie entsteht in der Betrachtung dessen, was der Mensch von Gott empfangen hat und soll das Gnadengeschehen verdeutlichen. Die Sündenlehre ist der Hintergrund zu der Beschreibung der göttlichen Barmherzigkeit. Gott hat eine bestimmte Zahl von Menschen zur Seligkeit bestimmt. Diese tun so gut wie nichts, um ihrer teilhaftig zu werden, sie besitzen kein *liberum arbitrium* (freier Wille), sondern ein *servum arbitrium* (unfreier Wille). Die göttliche Gnade wirkt auf sie *irresistibilis* (unwiderstehlich), sie können sich ihr nicht einmal verschließen. Sie verleiht ihnen auch das *donum perseverantiae* (Gabe der Beständigkeit), sie können nicht fallen. Alle Anderen sind für die Verdammnis bestimmt – den Ausdruck der *gemina praedestinatio* (doppelte Prädestination zu Heil oder zu Verdammnis) meidet Augustin allerdings. Auf vier Punkte muß hierbei hingewiesen werden:

(1) Entwertet diese Lehre nicht die Kirche und die Kraft der Sakramente? Ist dann nicht alles nutzlos? Augustin umschifft diese Klippe, indem er betont, daß kei-

ner wisse, ob er zu den Erwählten gehöre. Darum müsse man in beständiger Furcht leben.

(2) Wo bleibt Gottes Gerechtigkeit, wenn er den größten Teil der Menschen ohne deren Verschulden dem Verderben ausliefert? Augustin versucht diese Schwierigkeit durch den Hinweis zu überwinden, daß sich Gottes Barmherzigkeit darin zeige, daß er gewisse Menschen ohne deren Verdienst begnadige, seine Gerechtigkeit aber darin, daß er die Anderen aufgrund ihrer Sünden verurteile. Beide Eigenschaften konstituieren Gottes Wesen.

(3) Wie kam es überhaupt zur ersten Sünde, zum Fall Adams? Ist Gott nicht auch der Schöpfer des Bösen? Bei der Antwort auf diese durchaus heikle Frage zeigt sich der Neuplatoniker Augustin, der feststellt, das Böse sei ein Nicht-Existierendes, Gott hat aber nur das Existierende geschaffen. Das Böse ist ein Mangel an Sein. Da Adam aber aus dem Nichts geschaffen wurde, hat er auch stets die Möglichkeit, zum Nichts zurückzukehren.

(4) Zuletzt ist auf die Verschiebung in Augustins Gottesbild hinzuweisen. Es passt schlechterdings nicht zum starren *hen* Plotins, wenn Gott als Wille die einen Menschen begnadigt, die anderen verdammt. Durch die Prädestinationslehre erhält Augustins Gottesbild persönliche Züge.

Es ist fraglos eine in sich geschlossene Anschauung, die unwillkürlich an Calvin erinnert. Sie schließt sich an Röm. 9 an, aber in dieser Form ist sie unpaulinisch. Schon Karl Holl hat Augustin hier von Paulus abgerückt und den Paulinismus bei Augustin nur als einen Sporn bezeichnet, der ihn ständig in Schwingung und Unruhe versetzte[322]. Zugleich wird deutlich, daß diese Erwählungslehre, trotz aller dialektischen Kunststücke Augustins, das ethische Streben gefährden muß. Besonders die mönchische Askese, die sich damals im Westen einbürgerte, sah sich in ihrer Existenz bedroht. Mönchische Kreise sind es gewesen, die zuerst gegen die Erwählungslehre Augustins Sturm liefen.

Der große Streit, der im Jahr 411 ausbrach, knüpfte sich an den Namen des Pelagius, eines britischen Laien-Asketen von großem Ernst, den auch Augustin wegen seiner Strenge hoch schätzte. Schon vor 410 war er durch schriftstellerische Arbeiten bekannt geworden, besonders durch seinen Kommentar zu den dreizehn Paulinen. Hier lehrte er unangefochten das *liberum abitrium* (freien Willen), betonte, daß es in des Menschen Macht und Wollen liege, gut zu handeln, ohne daß es dazu jedesmal einer übernatürlichen Kraftmitteilung bedürfe. Er polemisierte außerdem gegen den *tradux peccati* (Trieb der Sünde) und hielt trotz allem ebenso energisch wie Augustin an der *iustificatio ex fide* (Rechtfertigung aus Glauben) fest, die er in der Taufe erfüllt sah. Pelagius Auslegung erscheint auf den ersten Blick moralistisch. Vergleicht man ihn mit Augustin, so kann man bei beiden eine gemeinsame Basis feststellen: das Vulgär-Katholische. Aber der Eine entwickelt es

322 Karl Holl: Augustins innere Entwicklung. In: ders.: Gesammelte Aufsätze Bd. III. Tübingen 1928, S. 54–116.

unter dem Einfluß der mystischen Philosophie, der Andere unter dem der moralistischen Stoa.

Bei dem Herannahen Alarichs, der als gotischer Anführer 410 Rom plünderte, flüchtete Pelagius mit seinem Freund Caelestius von Rom nach Karthago, wo sie freundlich aufgenommen wurden. Schnell führte eine Kleinigkeit jedoch zu einem Streit mit der karthagischen Gemeinde. Caelestius wollte Presbyter werden, wurde aber aufgrund seiner Ansichten über Taufe und Erbsünde abgewiesen. Eine karthagische Synode von 411 verurteilte sechs Sätze:

(1) Adam wäre gestorben, auch wenn er nicht gesündigt hätte.

(2) Adams Sünde hat nur ihm selbst geschadet, nicht der Menschheit.

(3) Kleine Kinder befinden sich in dem Zustand, den Adam vor dem Sündenfall besaß.

(4) Nicht infolge des Sündenfalls Adams stirbt die ganze Menschheit, sie ersteht auch nicht auf, weil Christus auferstanden ist – Adams Tat gab nur ein böses Beispiel.

(5) Das Gesetz weist ebenso zum Himmel wie das Evangelium. Dieses ist Gesetz, das erfüllt werden muß und die Möglichkeit seiner Erfüllung liegt im menschlichen Willen begründet.

(6) Auch vor Christi Ankunft gab es sündlose Menschen. Diese sechs Thesen geben uns ein ungefähres Bild der pelagianischen Lehre und lassen zugleich ihre Schwächen erkennen. Die Sünde erscheint nicht als eine zusammenhängende Macht, sondern ist in einzelne Akte zersplittert. Die göttliche Gnade wird lediglich in der Taufe wirksam gesehen, das Vollbringen guter Handlungen liegt im Vermögen des Menschen und ist immer freie Willenstat. Pelagius definiert: „Die Natur ist so von Gott geschaffen, daß sie nicht sündigen kann, wenn sie es nur will" („*natura talis a Deo facta est, ut possit non peccare, si velit*")[323].

Zwar kannte auch Pelagius in gewissem Sinn eine Gnade (*gratia*), aber eben im freien Willen als Gnade des Schöpfers (*gratia creatoris*) und im Vorbild Christi als helfende Gnade (*gratia auxilii*). Augustin hat aus seiner Ansicht heraus nicht unrecht mit seiner Behauptung, daß dem Pelagius die Gnade fehle, die in allen unseren einzelnen Taten nötig ist, eben die *inspiratio caritatis* (Inspiration der Liebe) Augustins. Es ist nicht nötig, den Streit in seinen Einzelheiten zu verfolgen. Interessant ist, daß Pelagius und Caelestius sich in den Orient begaben und dort als rechtgläubig anerkannt wurden. Denn dort lehrte man ebenfalls in der Nachfolge des Origenes die Willensfreiheit. 418 wurden beide in einem karthagischen Generalkonzil verurteilt und Rom stimmte zu. Augustin hatte also zunächst seine Lehre behauptet. Aber sofort erstand ihm in Julian von Eclanum ein neuer, nicht ungefährlicherer Gegner. Dieser war durch und durch Rationalist und brachte mit Hilfe der aristotelischen

323 Nach Confessio seu libellus fidei a Pelagio ex oriente Romam missus 25 (MPL XLVIII, 488).

Philosophie die Lehre des Pelagius in ein System, wobei er sie natürlich auch fortbildete[324]. Mit Augustin führte er ein Jahrzehnt lang eine leidenschaftliche Fehde und warf dem großen Afrikaner Manichäismus vor. Schließlich begab er sich mit seinem Anhang in den Orient, fand bei den dortigen antiochenischen Theologen Nestorius und Theodor von Mopsuestia freundliche Aufnahme, wurde aber mit ihnen in den Sturz auf dem ephesinischen Konzil von 431 hineingezogen[325]. Dies beruhte jedoch nur auf einer Verbindlichkeit des Konzils Rom gegenüber, in Wirklichkeit dachte der Osten wie Pelagius und war im Übrigen an dieser ganzen Angelegenheit wenig interessiert. Aber auch im Westen verschwand der Pelagianismus nicht sofort, in veränderter Gestalt lebte er noch bis nach 450 fort.

Mit der Überwindung des Pelagianismus war aber Augustins Gnadenlehre noch lange nicht rezipiert, es regte sich während des ganzen fünften Jahrhunderts Widerspruch gegen sie, namentlich in mönchischen Kreisen. Aber man war vorsichtiger geworden und behauptete nicht mehr, daß die menschliche Natur durch den Sündenfall gar keinen Schaden erlitten habe und nach wie vor aus eigener Kraft sündlos leben könne. Man stellte jedoch andererseits nicht alles auf das Wirken der Gnade, wie es Augustin tat, sondern schloß einen Kompromiß. Die menschliche Natur ist nicht tot, sondern nur krank. Sie bedarf daher der göttlichen Gnade als Helferin, aber sie muß selbst auch arbeiten und sich durch das Befolgen der Gebote Verdienste (*merita*) erwerben. Das Heil wird also durch einen Synergismus von Gott und Mensch erreicht, wobei die Gnade durchaus nicht die erste Stelle einnehmen muß, denn von einer *gratia praeveniens* ist nicht die Rede. Man müsse auch an der Universalität des göttlichen Heilswillens festhalten, es gebe keine Prädestination. Wo man an dieser gleichwohl festhielt, wies man darauf hin, daß sie sich auf das göttliche Vorauswissen unserer guten Werke gründe, die Vorstellung der ursprünglichen Prädestination wurde also entleert. Die Anhänger Augustins in Südgallien kamen dagegen nicht an, sie wurden sogar verurteilt. Die bedeutendsten südgallischen Theologen dieser Zeit, die, wie z. B. Cassian[326], zugleich eifrige Förderer des Mönchtums waren, lehnten den Augustinismus als Neuerung ab. Man nennt diese Gruppe von Theologen seit etwa 1600 Semipelagianer. Sie waren besonders in Südgallien vertreten und beherrschten dort um 500 das Feld. Einen Umschwung führte im beginnenden sechsten Jahrhundert das Zusammenwirken verschiedener dogmatischer wie kirchenpolitischer Gründe herbei. Der damals bedeutendste Theologe von Gallien, Caesarius von Arles, setzte im Bunde mit Rom augustinische Gedanken auf einer kleinen Kirchensynode zu Valence durch (529). Rom bestätigte diese Beschlüsse und damit war die Angelegenheit zunächst erledigt, obwohl an der Synode zu Valence nur dreizehn Bischöfe teilgenommen hatten. Zwar wurde die völlige Unfähigkeit der menschlichen Natur zum Guten betont und damit auch die

---

324 Francois-Joseph Thonnard: L'aristotélisme de Julien d'Éclane et de Saint Augustin. In: REAug 11 (1965), S. 196–304. Kurt Flasch: Natur oder Gnade – Augustinus von Hippo gegen Julian von Aeclanum. In: Kampfplätze der Philosophie. Frankfurt a. M. 2008, S. 11–41.

325 S. unten Kap. 48.

326 Owen Chadwick: John Cassian. Cambridge ^{2}1968.

Notwendigkeit der *gratia praeveniens* aufrechterhalten, aber damit war Augustins Gnadenlehre noch längst nicht rezipert. Die Gnade wirkt nicht im augustinischen Sinne unwiderstehlich (*irresistibilis*), die Eingießung der Liebe (*infusio caritatis*) kann, wie im vulgärkatholischen Denken, auch bei der Taufe stattfinden und von der Prädestination machte man gar keine Erwähnung. Es war also nur ein sehr abgeschwächter Augustinismus, der hier zur Geltung kam – eine Anschauung, die gewissermaßen zwischen Augustin und dem Semipelagianismus eine kluge Mitte hielt. In dieser Form sollte Augustins Gnadenlehre ins Mittelalter übergehen und Gregor der Große gab ihr dann eine endgültige Gestalt.

44. Das Entstehen der päpstlichen Machtstellung

Auch wenn die mittelalterliche Welt nur aus ihrer Zeit heraus ganz zu verstehen ist, bildeten der Gedankenreichtum und die Anregungen Augustins für diese eine wichtige Grundlage. In dieselbe Zeit fällt auch die Entstehung des zweiten, für die mittelalterliche Entwicklung hochwichtigen Faktors: des Papsttums. Es geht bekanntlich in dieser Form nicht in die älteste Zeit zurück, wie es Cyprian in seiner episkopalen Theorie darstellen wollte, sondern ist eine Schöpfung des fünften Jahrhunderts und knüpft sich vornehmlich an die drei Namen Siricius (384–399), Innozenz I. (402–417) und Leo I. (441–461). Sie haben die päpstlichen Ansprüche in ein förmliches System gebracht und sorgfältig begründet. Schon Innozenz I. beanspruchte die Oberleitung der gesamten Kirche, denn alle übrigen Kirchen mussten Rom als dem ersten Bischofssitz (*prima sedes*) unterworfen sein. Als Haupt der Kirche sollte dem Bischof von Rom die höchste Vollgewalt (*plenitudo potestatis*) zukommen. Daraus ergab sich alles Weitere. Zunächst wurde die oberstrichterliche Gewalt gefordert, man wollte sich in die inneren Angelegenheiten der Provinzen einmischen, indem man das Urteil über die größeren Rechtsfälle (*causae maiores*) für sich beanspruchte. Man nahm mit Freuden Appellationen entgegen, dergleichen zitierte man Bischöfe nach Rom. Man trug außerdem Sorge für die rechte Disziplin in den einzelnen Ländern. Man wollte der Hüter der Tradition sein, verstand darunter aber ausschließlich den römischen Brauch. Der römische Bischof verstand sich als allen anderen vorgesetzt und wollte demnach bei der Ordination mitwirken und das Strafrecht in seiner Macht wissen. Als höchste Instanz stand er über dem Provinzialkonzil, nur vor den Beschlüssen der nicaenischen Synode beugte er sich, bog sie aber in seinem Sinne um, indem er in Canon 6 eine Anerkennung des römischen Primates sah[327]. Diese weitgehenden Ansprüche bedurften einer sehr sorgfältigen Begründung, zunächst aus der Schrift nach Mt. 16,18. Der

327 Canon 4 der Synode von Nicaea stellt den Grundsatz auf, daß die Bischöfe einer Provinz einen Bischof wählen und der Metropolit ihn bestätigt. Canon 6 stellt einige Ausnahmen von dieser Regel fest und nennt Ägypten. Der römische Zustand wird dabei lediglich als Analogie angeführt. In der lateinischen Version Rufins (h. e. X 6) werden Alexandrien und Rom als gleichrangig nebeneinandergestellt. Bonifaz V. behauptete schließlich, Nicaea habe nicht gewagt, etwas über Rom festzusetzen.

Primat des Papstes war also Glaubenssatz, wer ihn nicht anerkannte, konnte nicht mehr als Christ gelten. Tradition und Geschichte wurden zur Legitimation des Primats herangezogen und entsprechend interpretiert. Petrus wurde zum *princeps apostolorum* (erster und damit höchster Fürst der Apostel), während er bei Cyprian den anderen Aposteln noch gleichgeordnet war. Petrus galt somit als Begründer der Jurisdiktionsgewalt. Bis in feinste Verästelungen hinein wurde dieser Gedanke durchgeführt und zu einem großen System zusammengefaßt, das später durchschlagende Beweiskraft erhalten sollte – freilich im Zusammenwirken mit anderen, besonders augustinischen Gedanken.

Wie hoch nun diese Ansprüche waren, sieht man am besten aus dem Widerspruch, den sie überall und am heftigsten in Nordafrika erfuhren. In der großen Appellationskontroverse blieb Afrika Sieger: alle Appellationen nach Rom wurden verboten, das Kommen römischer Legaten wurde als unfreundliche Handlung aufgefaßt und Roms Verhalten mit eindeutiger Schärfe kritisiert. Neben Nordafrika machten Ostillyrien und Südgallien ernsthafte Schwierigkeiten, aber auch Mailand war eine gefährliche Konkurrentin Roms. Im beginnenden fünften Jahrhundert beherrschte der Episkopalismus noch das Feld. Überall drohten sich die Provinzen unter der Leitung ihrer Obermetropoliten selbständig zu machen, überall widersprach man Roms Ansprüchen und kümmerte sich nicht um seine Anordnungen. Und doch glückte es Leo I. um 450, alle Widerstände niederzuringen und die abendländische Kirche unumschränkt zu beherrschen. Man kann ihn daher den Begründer der päpstlichen Gewalt nennen.

Wie ist dieser Sieg römischer Ansprüche zu erklären? Ein Grund liegt in der geschickten Politik der römischen Bischöfe. Niemals hielt man starr an den Forderungen fest, man besaß die diplomatische Beweglichkeit, um bei unpassenden Gelegenheiten auch manches verschweigen zu können. Man war liebenswürdig und verbindlich, wo man mit einem Befehl nicht durchdringen würde und begnügte sich auch mit Kompromissen. ‚Mehr Wohlwollen als Strenge‘ war Leos Grundsatz. Wichtige Entscheidungen wurden verklausuliert, so daß man eventuell auch mit der gegnerischen Partei gemeinsame Sache machen konnte. Es war die Politik der klugen Zurückhaltung, der Hintertüren und der Höflichkeit. Ein weiterer Grund für den Sieg liegt in den zielbewußten, energischen Persönlichkeiten, die die *cathedra Petri* (den Sitz des Petrus) innehatten: Innozenz I., maßvoll, zurückhaltend und mit scharfem Blick für die realen Verhältnisse[328]. Zosimus, ein Grieche von leicht beweglichem Geist, gewandt, sehr energisch. Leo I., überragend, unermüdlich tätig und wachsam, ein geborener Kirchenfürst und eine imponierende Erscheinung[329]. Ein dritter Grund des Sieges liegt in der hohen Bedeutung Roms. Je mehr das Kaiserreich im Westen verfiel, desto höher wurde der Einfluß, den Rom ausüben konnte. Der Staat hoffte darauf, sich bei der allgemeinen Auflösung der

328 M.-R. Green: Pope Innocent I. The Church of Rome in the Early Fifth Century. Oxford 1973.

329 Hans Martin Klinkenberg: Papst Leo der Große. o. O. 1952.

Kirche als eines Einheitsbandes bedienen zu können. War so die Zentralgewalt den römischen Ansprüchen förderlich, so fanden diese auch bei den Provinzen Unterstützung. Die Not der Völkerwanderung bewirkte einen Zusammenschluß aller römischen und katholischen Elemente. Das Nationale verband sich mit dem Religiösen. Man sehnte sich nach einer einheitlichen Leitung, um nicht in Unkultur und Unglauben zu ertrinken. Die Provinzen kamen also dem römischen Machtstreben direkt entgegen, ein Vorgang, der sich in der Papstgeschichte wiederholt. Die Bildung des päpstlichen Primates war also ein Ergebnis der ganzen damaligen Lage in politischer wie in kirchlicher Hinsicht und eine Lebensnotwendigkeit für die Kirche.

Die Bedeutung dieses Sieges kann nur schwer überschätzt werden. Ohne eine starke Zentralgewalt hätte der Katholizismus im Westen die Völkerwanderung wohl kaum überstanden. Möglicherweise wäre eine Reihe von arianischen Landeskirchen entstanden – denn das war die Religion der Sieger –, die mit den politischen Gebilden auch wieder verschwunden wären. Durch die Führung Roms war eine gleichmäßige Entwicklung des kirchlichen Rechtes gewährleistet, dessen Grundstock die Papstkirche bildete. Das Lateinische wurde als Kirchensprache festgehalten, während in der Ostkirche die einzelnen Nationalsprachen vorherrschten. So bedeutete der Sieg des Papsttums zugleich einen Sieg der römischen Disziplin und des römischen Brauches, die ganze spätere Ausgestaltung des römischen Katholizismus in Theologie, kirchlichem Recht und Kultus war nur durch den Sieg des papalen Gedankens möglich gewesen. Daneben hatte er auch eine eminente kulturgeschichtliche Bedeutung. Die Kirche bewahrte die antike Kultur vor dem Untergang und ermöglichte somit eine kontinuierliche Entwicklung ohne starke kulturelle Brüche, an die das Mittelalter anknüpfen konnte.

Der papale Gedanke hatte indes seine fühlbaren Grenzen. Zunächst beschränkte er sich auf den Westen, während er nach seiner Theorie das gesamte Imperium hätte umspannen müssen. Der Bischof von Konstantinopel stieg als Hofbischof seit ca. 380 langsam empor. Das Konzil von Konstantinopel bestimmte schon 381 in Canon 3, daß er als Bischof von Neu-Rom gleich hinter dem römischen Bischof stehe. Rom erkannte diesen Canon nicht an und bestritt den Vorrang des Rivalen mit einem gewichtigen Grund, den Leo I. klassisch formuliert hat:

> „Aus der ganzen Welt wird einzig Petrus erkoren, der auch das Haupt aller berufenen Völker, aller Apostel und sämtlicher Väter der Kirche sein soll; obwohl es daher im Volke Gottes viele Priester und Hirten gibt, ist doch im eigentlichen Sinne Petrus der Leiter aller derer, über die letztendlich auch Christus herrscht. Einen bedeutenden und bewundernswerten Anteil ihrer Macht gab also … die göttliche Gnade diesem Mann. Und wenn nach ihrem Willen auch den übrigen Häuptern einiges mit ihm gemeinsam sein sollte, so hat sie doch, was immer sie anderen gewährte, stets nur durch ihn verliehen“[330].

330 Sermo IV.

Civitas regia (Hauptstadt) und *sedes apostolica* (apostolischer Sitz) stehen sich unvereinbar gegenüber. Wir stoßen hier auf einen grundlegenden Unterschied zwischen Morgen- und Abendland: nur das Abendland kannte die dogmatische Papstidee, während das Morgenland bei der Gleichordnung der Patriarchate verblieb. Das bedeutete für Roms Ansprüche eine Schranke, die alle Proteste nicht aus der Welt schafften. Eine zweite lag in der Verschiebung der politischen Konstellation im Abendland durch die Völkerwanderung. Mit dem weströmischen Kaiserreich brach auch die Reichskirche zusammen, es entstanden germanische Landesstaaten mit arianischer Religion und katholischen Minderheiten. Der besiegte Episkopalismus lebte wieder auf und schaltete Rom faktisch aus, wenn er ihm auch eine Ehrenstellung einräumte.

Dieses Aufkommen germanischer Landeskirchen auf dem Boden des alten Imperiums war das dritte große Ereignis des fünften Jahrhunderts. Es sollte eine völlige Umwandlung der kirchlichen und politischen Verhältnisse heraufführen. Erst Karl der Große begründete wieder die Universalmonarchie, nachdem es Theodosius und Justinian vergeblich versucht hatten.

45. Die kirchliche Lage in den germanischen Landeskirchen

Es ist hier nicht möglich, die politische Geschichte der germanischen Nachfolgestaaten darzulegen, hier kommt es nur auf ihr eigenständiges religiöses Leben an, das gegenüber den altkirchlichen Verhältnissen etwas Neues darstellte. Zunächst ist hervorzuheben, daß sich fast alle germanischen Stämme dem im Reich herrschenden Arianismus angeschlossen hatten, als die Westgoten zum Christentum übertraten. Wulfila, der erste Bischof der Goten, war von Euseb von Nikomedien zum Militärbischof geweiht worden. Der theologisch sehr bald überwundene Arianismus sollte auf diese Weise nochmals eine große geschichtliche Bedeutung gewinnen, denn von den Westgoten verbreitete er sich zu den übrigen germanischen Stämmen, zu den Ostgoten in Italien und zu den Burgunden und Vandalen in Afrika. Aber es war nicht der ganze Arianismus, für die theologische Spekulation des Arius fehlte jedes Verständnis, man begnügte sich mit der Ansicht, daß der Sohn Gott als dem höchsten König untergeordnet sei. Man benutzte aber diese Religion, um zugleich seine nationale Eigenart trotz der germanisch-römischen Gesellschaft zu bewahren. Nach den Einquartierungsgesetzen hatten die Germanen die Hälfte von Grund und Boden an sich genommen, aber sie betrachteten sich als die Herren in dem ihnen überlassenen Gut. Ihre Stellung zur römischen Bevölkerung war im Allgemeinen eine friedliche, denn man war aufeinander angewiesen, wenn auch die verschiedenen Bekenntnisse es zu keiner wirklichen Verschmelzung der Bevölkerungsteile kommen ließen. Nur im Vandalenreich wurde der Katholizismus eine Zeit lang aus politischen und sozialen Gründen grausam verfolgt. Bestand hatten diese germanischen Reiche ja bekanntlich nicht, aber von ca. 450–600 beherrschten sie das westliche Mittelmeer und bildeten eine ernste Bedrohung für den abendländischen Katholizismus.

Auch wenn das arianische Landeskirchentum somit nur eine Episode in der allgemeinen Kirchengeschichte ausmacht, so hat man gleichwohl von seiner weltgeschichtlichen Bedeutung gesprochen. Man sah eine Germanisierung des Christentums, vor allem in der Verfassung der Kirche. Der König bestellte nunmehr den Bischof, wie er einst die heidnischen Priester bestellte, aus der Sitte der Eigenkonzile entwickelt sich das Eigenkirchenwesen. Beides seien typisch arianische Erscheinungen, die Bedeutung des Arianismus bestehe ferner darin, daß er für den Ausbau der jungen fränkischen Staatskirche das Vorbild geliefert habe[331]. Sieht man die Entwicklung zwischen der zerfallenden Reichskirche und den germanischen Eigenkirchen aber genauer an, so stellt man gar keinen Bruch oder eine Katastrophe in der damaligen Kulturentwicklung fest. Die Germanen waren keine wilden Barbaren mehr, sondern standen mit der römischen Kultur seit Jahrhunderten in enger Berührung. Es ist falsch, daß die Städte verödeten und die Nationalherrschaft weitgehend gewechselt habe, daß die Römer in den Städten, die Germanen auf dem Lande lebten. Es ist nirgends ein Bruch eingetreten, die Verhältnisse in den germanischen Staaten haben sich allmählich aus den römischen entwickelt, ja die Römer haben die Germanenherrschaft, wenigstens am Anfang, als eine Erleichterung der kaiserlichen Zwangsherrschaft angesehen.

Betrachtet man die Verhältnisse aus dieser Perspektive, so erhält man ein wesentlich anderes Bild. Das Eigenkirchenwesen war keine arianische Erscheinung. Es bestand bereits auf Island, in Schweden und England, war also konfessionell indifferent. Die Eigenkirchen wurden auf dem Grund und Boden eines Laien errichtet und gehörtem diesem auch mit Gebäuden, Inventar, Ländereien, Einkünften und dem Recht der Stellenbesetzung – wir haben hier den Ursprung des späteren Patronatsrechtes. Gegen die Ableitung aus germanischen Bräuchen spricht entscheidend der Umstand, daß wir das Eigenkirchenwesen in Süditalien in nächster Nähe Roms antreffen, ohne daß Rom diesen Brauch bekämpfte. Bei den Franken bildete sich das Eigenkirchenwesen erst im achten Jahrhundert heraus. Die Dinge erklären sich leicht und ungezwungen, wenn man bedenkt, daß seit dem vierten Jahrhundert im Imperium der Großgrundbesitz zunahm, die stärkere Besiedelung des Landes führte von selbst zum Errichten von Kirchen, über die die Erbauer dann die erwähnten Vorrechte für sich beanspruchten. Verständlich ist das aus dem Erstarken der grundherrlichen Laiengewalt heraus. Dieses Eigenkirchenwesen war in allen germanischen Staaten verbreitet.

Eine weitere, kontinuierliche Veränderung der Verhältnisse ist in der Ausweitung der bischöflichen Aufgaben zu sehen. Überall trat der Bischof an die Stelle des verschwundenen Reiches. Seine Rechtspflege bestand ungebrochen weiter, er übte sie im stärksten Umfang und versorgte das Land in kirchlicher Hinsicht, indem er immer neue Parochien (Gemeinden) einrichtete und einen bewaffneten Widerstand als Schutz gegen räuberische Überfälle organisierte. Sein Ansehen wuchs im fünf-

331 Knut Schäferdiek: Die Kirche in den Reichen der Westgoten und Suewen bis zur Errichtung der westgotischen katholischen Staatskirche. Berlin 1967.

ten und sechsten Jahrhundert gewaltig, zumal er der fast einzige Repräsentant der Bildung und des Römertums war. Gegen ihn konnten seine arianischen Kollegen nicht ankommen, die losgelöst von der Bildung arbeiteten und die Gottesdienste in der Landessprache zelebrierten, weil sie des Lateinischen nicht mächtig waren. Die arianische Kirche blieb Landeskirche, während die katholische international war. Das mußte sich auf die Dauer als schädlich erweisen, denn der König ernannte die arianischen Bischöfe, er berief die Konzilien, die zugleich weltliche Fragen mit erledigen mußten, wenn hierfür auch politische Gründe maßgebend waren.

Hinderte auch die konfessionelle Spaltung ein Verschmelzen der Bevölkerung im Allgemeinen, bildeten die Katholiken ständig eine unruhige und sich nach Befreiung sehnende Mehrheit, so brachte das tägliche Leben doch zahlreiche Berührungspunkte, was folgende Überlieferung illustriert: Eine katholische Frau wollte zum Abendessen den katholischen Priester einladen, ihr Mann erlaubte dies nur, wenn sie auch seinen arianischen Geistlichen miteinlud. Der arianische Priester segnete die Speise, starb aber, weil er die heißen Speisen zu schnell hinunterschlang. Man sah darin ein Gottesgericht und der Mann konvertierte zum Katholizismus[332]. Diese Erzählung aus jener Zeit zeigt uns, wie eng die Beziehungen beider Konfessionen im täglichen Leben waren.

Bildeten die arianischen Kirchen nur eine Episode in kirchengeschichtlicher Hinsicht, so ist das Frankenreich der Träger einer großen Entwicklung. Eingeleitet wurde sie durch den Übertritt Chlodwigs zum Katholizismus (496)[333]. Man hat diesen Schritt verschieden erklärt, auf den Einfluß seiner katholischen Frau hingewiesen – seine Schwester blieb arianisch –, auf seine plötzliche Bekehrung in der Schlacht von Zülpich und den durch sein Gebet erlangten Sieg. Diese Darstellung des ‚frommen' Königs hat kirchliche Geltung erlangt und wurde so von Gregor von Tours geschildert, wobei bewußt oder unbewußt die Konstantin-Legende Einfluß ausübte[334]. Die wirklichen Beweggründe wird der König den Bischöfen ebensowenig erzählt haben, wie einst Konstantin, sie waren rein politischer Natur. Mit dem Augenblick, da er Katholik wurde, setzten die Katholiken in den arianischen Reichen ihre Hoffnung auf ihn als ihren Befreier. Das gab ihm die Möglichkeit, seine rein imperialistischen Kriege als Glaubenskriege darzustellen. Er behauptete, es nicht mehr ertragen zu wollen, daß Arianer einen Teil Galliens innehatten. Vielmehr wollte er mit Gottes Hilfe gegen sie in den Krieg ziehen und ihr Land unter seine Herrschaft bringen. Den Ausschlag mögen indes innenpolitische Erwägungen gegeben haben. Er vermied klug die Glaubensspaltung, was ein Zusammenwachsen seiner beiden Völker ermöglichte, und er bemerkte die einflußreiche Stellung, die der katholische Episkopat besaß. Mit seiner Hilfe konnte er seine Plä-

---

332 H. Dörries: Germanische Nationalkirchen. In: Junge Kirche 6 (1938), S. 8–23, 56–69.

333 S. Matthias Becher: Chlodwig I. Der Aufstieg der Merowinger und das Ende der antiken Welt. München 2011; Wolfram von den Steinen: Chlodwigs Übergang zum Christentum. Eine quellenkritische Studie. In: Mitteilungen des Österreichischen Instituts für Geschichtsforschung – Ergänzungsbände 12 (1932), S. 417–501.

334 Vgl. Kap. 32.

ne leichter durchführen als ohne ihn. Dies alles mag ihn bewogen haben, sich der katholischen Religion anzuschließen.

Tatsächlich war die Macht der Bischöfe ungewöhnlich groß. Der Ausspruch einer der Nachfolger Chlodwigs ist bezeichnend: „Niemand außer den Bischöfen soll herrschen, unsere Ehre mag untergehen und die Stadt dem Bischof übertragen werden“ („*Nulli penitus nisi soli episcopi regnant; periet honor noster et translatus est ad episcopos civitatem*)“[335]. Sie besaßen nicht nur ein gewaltiges Vermögen, sie hielten auch untereinander zusammen, waren die einzigen Vertreter der Bildung – die Schriftsteller und Dichter dieser Zeit waren allesamt Bischöfe – und Männer, die neben geistlicher Würde viel politisches Geschick besaßen und in dieser schwierigen Zeit auch besitzen mußten. So wurden sie die Ratgeber des Königs, der ihnen wichtige politische Missionen übertrug. Ist es bei dieser Sachlage nicht verständlich, daß auch Chlodwig sich ihrer Hilfe bedienen wollte, sie aber auch auf den König angewiesen waren? Die Parallele zu den konstantinischen Verhältnissen ist offensichtlich. Chlodwig machte die Bischöfe zu patriotischen Trägern seines fränkischen Reiches. Er tat dies, indem er sie, wie es Konstantin tat, durch Gunstbezeugungen an sich fesselte. Er vermehrte unaufhörlich das Kirchengut durch großzügige Schenkungen, so daß man schon wenige Jahrzehnte später klagen konnte, daß die Kirche alles Land besitze. Aber er verstand es auch, den Episkopat in Abhängigkeit zu erhalten. Zwar ist die kanonische Wahl der Bischöfe niemals ganz beseitigt worden, wie wir bei Gregor von Tours sehen, aber der König beeinflußte diese Wahl, indem er seinen Kandidaten durchsetzte. Von Fall zu Fall maßte er sich auch selbst das Bestimmunsgrecht an, was auf keiner bestehenden Rechtsnorm beruhte. Damit wurden auch keine arianischen Vorbilder kopiert, zumal in England die Dinge ähnlich lagen, auch hier sind politische Erwägungen ausschlaggebend gewesen. Daß es damals zu Unregelmäßigkeit wie z. B. zu Simonie (Ämterkauf) gekommen ist, daß oft genug unfähige bzw. unkirchliche Leute zu Klerikern wurden, ist verständlich. Wenn schließlich die kanonische Wahlordnung vom fränkischen König offiziell anerkannt wurde (614), so wurde damit kein germanisches Element zurückgedrängt, sondern dieser Vorgang ist als ein Erfolg des Adels zu verstehen, der den königlichen Einfluß seit ca. 550 immer mehr zurückdrängte. Aus dem Zusammenwirken von Kirche und Staat erklärt sich auch das Zustandekommen der Konzilien. Wenn Chlodwig sie einberief, so ahmte er auch hier kein arianisches Vorbild nach, sondern folgte dem Brauch der römischen Kaiser. Spätrömische Zustände wirkten nach, überhaupt können wir auch im Recht der Merowinger eine späte Blüte des römischen Rechtes erkennen. Es war auch nicht so, daß der König das Konzil immer einberief, sonst hätte wohl kaum das Verbot erlassen werden müssen, daß ein Konzil ohne seine Einwilligung zusammentrete (644). Es bedurften auch nicht alle Beschlüsse einer königlichen Bestätigung. Der König überließ der Kirche die Ordnung ihrer inneren Angelegenheiten, wobei er auch hier römischen Bräuchen folgte. Wir beobachten immer wieder ein kluges Ausbalancieren der einzelnen Faktoren.

335 Gregor von Tours: Decem Libri Historiarum, VI 46.

Der König knüpfte überall an bestehende Zustände an, gewährte den Bischöfen ein gewisses Maß an Freiheit, kettete sie aber um so fester durch Geschenke, Dienstleistungen und seine Oberaufsicht an sich.

Wie gestaltete sich das Verhältnis der fränkischen Landeskirchen zu Rom? In der Zeit von 450–480 beherrschte der Papst die gallische Kirche, seinen Anordnungen wurde sofort Folge geleistet. Mit der Aufrichtung der fränkischen Landeskirche kamen die episkopalen Tendenzen erneut zum Durchbruch. Gewiß verehrte man den Papst als Nachfolger Petri, man machte Wallfahrten zu den Apostelgräbern, man erbat Reliquien, aber auf die Gestaltung der kirchlichen Verhältnisse hat Rom überhaupt keinen Einfluß ausgeübt. Appellationen nach Rom waren nicht statthaft, bzw. sie bedurften königlicher Erlaubnis. Selbst Papst Gregor I. konnte daran nichts ändern. Auch der fränkische Episkopat erhob dagegen keinen Einspruch, denn er schlug sich auf die Seite des Landadels gegen die königliche Gewalt. Wirtschaftliche Interessen verbanden beide Seiten. Wie oft wurden Laien Bischöfe, wie oft zog man Kirchengüter für egoistische Zwecke ein, wie trefflich konnte man aus dem im sechsten und siebten Jahrhundert immer stärker aufsteigenden Eigenkirchenwesen persönlichen Nutzen ziehen. Ein Eingreifen Roms wäre hier nur störend gewesen. Dogmatischen Gründen verdankt diese ‚romfreie' Landeskirche jedenfalls nicht ihr Entstehen.

Welche Rolle hat die Kirche im damaligen Frankenreich gespielt? Welche Aufgaben hat sie gelöst? Die Sorge der Bischöfe galt zunächst der kirchlichen Versorgung der Bevölkerung. Klagte noch Sidonius Appolinaris um 470, daß die alten Kirchen kaum erhalten, geschweige denn neue gebaut würden, so hat sich das Bild einhundert Jahre später völlig geändert. Das sechste Jahrhundert zeichnet sich durch prachtvolle Kirchenbauten mit Marmorsäulen aus. Am bedeutsamsten wurde das Errichten von Landkirchen, entsprechend der steigenden Bedeutung, die das Land jetzt gewann. Sie wurden teils von Bischöfen gegründet, teils von reichen Laien in der Form von Eigenkirchen, teils aber auch von Mönchen. Die Kleriker, ursprünglich vom Bischof abhängig, errangen sich im Laufe der Jahre eine immer selbständiger werdende Stellung. Der sozialen Tätigkeit der Kirche, die ja schon in den ersten Jahrhunderten ihr Ruhmesblatt gebildet hatte, erschloß sich in den damals herrschenden traurigen Verhältnissen der Unterschicht ein weites Feld zur Betätigung. Die Kirche arbeitete an der wirtschaftlichen Hebung der verarmten Schichten. Sie war die große Kreditgeberin. Da ihr reiches Kirchengut nicht selbst von ihr bewirtschaftet werden konnte, zumal sich dies bei dem häufigen Streubesitz als unrentabel erwies, verpachtete sie es im System der sogenannten Prekarie an weniger Bemittelte, die damit ihr Leben fristen konnten. Prekarie nannte man es auch, wenn Leute ihren Grund und Boden der Kirche vermachten, sich aber ein Nutzungsrecht sicherten. Die Kirche schoß auch aufgrund des Prekarienvertrages Geld vor und gestattete den Laien einen Rückkauf des überlassenen Gutes. Die Kirche war die erste Finanzmacht im Lande. In großzügiger Weise trieb sie Armenfürsorge, gab reichlich Almosen, kämpfte nicht ohne Erfolg gegen den hohen Wucher und garantierte das Asylrecht – ein wahrer Segen in diesen wilden Zeiten.

Sie nahm sich außerdem der Witwen, Waisen und Findelkinder an, sorgte für die Gefangenen und Angeklagten. Es ist verständlich, daß sie durch diese großzügige soziale Tätigkeit im Frankenreich viele Freunde gewann – vor allem in den ärmeren Schichten.

Wie gestaltete sich das religiöse und sittliche Leben unter den Franken? Man hüte sich, die damalige Frömmigkeit in ihrer Tiefe zu überschätzen. Der fränkische Adel kam ohne einen besonderen Bruch zu seiner Religion, weshalb verständlich wird, daß das Christentum nicht allzu tiefe Wurzeln geschlagen haben konnte. In der Tat verboten die Synoden noch sehr lange den Fortbestand heidnischen Wesens, die heimlichen Opferschmäuse, die Verehrung heiliger Quellen, Steine und Bäume, das Schwören über den Trinkgefäßen usw. Mit diesen Resten der alten Religion verband sich das Christentum. Man hing ihm aus dem einfachen Grunde an, weil man glaubte, Christus habe den Franken als der stärkste der Götter den Sieg verliehen. In der im sechsten Jahrhundert geschriebenen Einleitung zur „Lex salica“[336] heißt es bezeichnenderweise: „Es lebe Christus, der die Franken liebt. Möge er ihr Reich behüten, … das Heer beschützen, …, Friede, Freuden und die Zeiten des Glückes verleihen, er, der Herr der Herrscher, Jesus Christus“. Den Franken war, wie man glaubte, die Herrschaft der Römer übertragen worden, weil sie sich nicht mit dem Blut der Märtyrer befleckt hatten, sondern fromm deren Leiber in Edelsteine faßten. Christus ist der Herr des Himmels, dem sie in Treue ergeben waren, nicht der Sünderheiland. Der Abstand zu Paulus ist hier denkbar groß. Daneben herrschte ein kräftiger, frischer Gottesglaube. Man fühlte sich Gott verantwortlich, nationales Unglück stellten die fränkischen Historiker – ähnlich wie die jüdischen – als Strafe Gottes dar. Man spürte die Welt von göttlichen Kräften durchdrungen, man spürte überall das Einwirken Gottes, weshalb der Wunderglaube so üppig ins Kraut schoß. Gleichwohl hat es hier nicht ganz an gesunder Kritik gefehlt und es war auch die Erkenntnis vorhanden, daß sittliches Handeln höher stehe als das Wirken von Wundern. Die Helfer, die an Stelle der alten Volksgötter traten, galten nun als Heilige, allen voran Martin von Tours, dessen Grab gewissermaßen Reichsheiligtum wurde. Es war zugleich der beliebteste Wallfahrtsort, wo zahllose Wunder gewirkt wurden und der für sein Asylrecht berühmt war. Verbrecher, Neugierige, Wundersüchtige, Fromme fanden sich hier ein und konnten auch in den großen Hallen übernachten. Neben Martin wurden besonders die Märtyrer der thebaischen Legion verehrt und die berühmten alten Märtyrer. Überall erwartete man von den Heiligen Schutz und Hilfe, man lebte förmlich in einer Wunderwelt. Den Zorn der Heiligen suchte man durch Geschenke an die Kirche zu besänftigen.

Ein Gradmesser für die Frömmigkeit des Volkes ist die Gestaltung seines sittlichen Lebens. Lesen wir die fränkische Geschichte des Gregor von Tours[337], so sind

336 Karl August Eckhardt (Hg.): Lex salica. Hannover 1969 (= MGH Leges, Leges nationum germanicarum 4,2).

337 Gregor von Tours: Zehn Bücher Geschichten. 2 Bände. Auf Grund der Übersetzung Wilhelm Giesebrechts neu bearbeitet von Rudolf Buchner. Darmstadt 1955/1956.

wir über die herrschende Roheit und Verderbtheit entsetzt. Namentlich die Greuel am merowingischen Königshof übersteigen jedes Maß. Dabei darf aber nicht übersehen werden, daß die Sittlichkeit beim Volk durchschnittlich auf einem höheren Niveau stand. Freilich sah es auch hier schlimm genug aus, besonders beim Adel. So hören wir von dem Statthalter der Provence, der einen Streit mit dem Archidiakon hatte. Als er zu Weihnachten in der Kathedrale war, sah er, wie der Bischof von eben diesem Archidiakon zum Altar geleitet wurde. Er sprang hinzu, schlug seinen Gegner zu Boden und versah ihn mit Fußtritten. Danach ließ er ihn ins Gefängnis werfen. Beim Klerus sah es oft auch nicht besser aus. Unmenschliche Grausamkeiten und Schandtaten – Gregor von Tours sträubt sich einmal dagegen, die Verbrechen eines Bischofs aufzuschreiben, da sie alles Maß übersteigen – Verschwörungen, Meineide, Ehebrüche gehörten durchaus nicht zu den Seltenheiten. Über einen Bischof schreibt Gregor, in ihm sei nichts Heiliges, nichts Achtenswertes gewesen. Bücher habe er überhaupt nicht besessen, weder kirchliche noch weltliche. Er habe sich allein um seinen Handel und die Mehrung seines Besitzes bemüht. Kleriker ließen sich als Meuchelmörder anheuern, brachten wohl auch ihren eigenen Bischof um. Dennoch dürfen auch günstigere Züge an diesem wenig erfreulichen Bild nicht übersehen werden. Sonntäglich wurde gepredigt, oft auch an Wochentagen, es fehlte auch nicht an bedeutenden, ernsten Erscheinungen, die großen Nutzen gestiftet haben, sowie an vielen Namenlosen, die in eng begrenztem Kreise arbeiteten. Erwähnung verdient der tatkräftige Bischof Nicetius von Trier, der täglich predigte, zwei Könige wegen ihrer Schadtaten kirchlich bannte und willig den Landesverweis ertrug, der sich daraus für ihn ergab[338]. Ähnlich bot der Bischof Germanus von Paris der Königin Brünhilde die Stirn. Eine interessante Erscheinung ist Venantius Fortunatus, der unter anderem Hymnen auf das Kreuz dichtete[339], und Gregor von Tours, der Historiker des Frankenreichs und Verherrlicher der Mönche und Märtyrer. Es fehlte im sechsten Jahrhundert nicht an mancherlei Lichtblicken, aber im siebten Jahrhundert war das kirchliche Leben im rapiden Verfall begriffen, das reiche Kirchengut wurde säkularisiert, Synoden hörten auf, Zuchtlosigkeit riß ein, es herrschte zunehmende Unkirchlichkeit. Die Rettung sollte von zwei verschiedenen Seiten kommen, von der iroschottischen Mönchsmission und von Rom.

Während im Frankenreich des endenden fünften Jahrhunderts ein katholisches Kirchenwesen entstand, bestand in unmittelbarer Nähe Roms der arianische Ostgotenstaat Theoderichs[340]. Die kirchlichen Verhältnisse sind in dreifacher Hinsicht von Wichtigkeit. Zunächst zeigt es sich, daß Theoderich den Papst völlig beherrschte. Um 500 brach in Rom aufgrund einer zwiespältigen Papstwahl das laurentianische Schisma aus, der arianische König wurde als Schiedsrichter ange-

338 Hubertus Seibert: Nicetius. Bischof von Trier. In: NDB 19 (1999), S. 197 f.

339 Louis A. Macchiarulo: The life and times of Venantius Fortunatus. (Fordham Univ. Diss.) New York 1986.

340 Als Überblick vgl. Frank M. Ausbüttel: Theoderich der Große. Darmstadt 2004.

rufen und entschied sich für Symmachus als Papst[341]. Als dieser wegen seines Lebenswandels verleumdet wurde, zitierte ihn der König vor sein Hofgericht, vor dem er indes nicht erschien. Schließlich trat eine vom König einberufene Synode gegen ihn zusammen (502), für die der König auch den Prozeßgang vorschrieb und die Vorsitzenden bestellte. Ein Arianer, ein Laie saß zu Gericht über den Papst! Der Verlauf dieser Synode ist in jeder Hinsicht lehrreich. Schließlich durfte diese „Palmensynode" den Beschluß fassen, alles Gott anheimzustellen. Das Zweite, das als bedeutsam hervorgehoben werden muß, ist die Steigerung der päpstlichen Ansprüche – zu einer Zeit, als das Papsttum unter Theoderichs Aufsicht stand. Damals entstanden die sogenannten symmachischen Fälschungen, die Roms völlige Unabhängigkeit beweisen sollten. Ein Briefwechsel zwischen der Synode von Nicaea und dem Papst wurde erfunden, in dem die Synode den Papst demütig um Bestätigung ihrer Beschlüsse bat. Akten einer großen vornicaenischen Synode wurden fabriziert, die belegen sollten, daß der Papst von niemandem gerichtet werden dürfe. Die ganze ältere Papstgeschichte wird in papalem Sinn bearbeitet, bzw. umgeschrieben. Es entsteht der „Liber pontificalis". Von höchster Bedeutung wird eine kleine Schrift des Ennodius von Pavia, der „Libellus pro Synodo", die bald nach der Palmensynode geschrieben wurde und die These aufstellt, der Papst sei heilig und, was ihm an Verdiensten fehlen solle, empfange er von Petrus. Dann die wichtigen Sätze: „Die Angelegenheiten der anderen Menschen hat Gott durch Menschen entscheiden lassen wollen, den Inhaber dieses Stuhles hat er sich ohne jede Verhandlung seinem Urteile reserviert!"[342] Der Papst richtete über alles und genoß dabei selbst absolute Immunität – um dieser Tendenz willen hat sich die kleine Schrift bis ins Mittelalter hinein eines großen Ansehens erfreut. Neben dieser bedeutenden Steigerung des Papalismus in Zeiten tiefer Demütigung muß noch darauf hingewiesen werden, daß im Ostgotenreich ein lebhaftes geistiges Leben herrschte, daß damals Grundlagen für die mittelalterliche Geisteskultur gelegt wurden. Drei Namen sind hier vor allem zu erwähnen:

(1) Der vornehme Senator Boethius (480/85–524/26), der innerlich stark von der antiken Philosophie erfaßt war, wie es sein Büchlein „De consolatione philosophiae" („Vom Trost der Philosophie") zeigt. Er stammte aus einer vornehmen Patrizierfamilie Roms. Sein Vater war ein hoher Staatsbeamter und auch Boethius wurde als Günstling Theoderichs 510 Konsul. Er wirkte als Patron wissenschaftlicher Bildung und Hüter der gelehrten Tradition und versuchte, den Römern die griechische Literatur durch ein großzügiges Übersetzungsprojekt nahezubringen. Davon ist freilich nur die Übersetzung des aristotelischen „Organon" erhalten, die mit einigen Kommentaren versehen ist und so

341 Vgl. Lisa Brand: Die Bedeutung Theoderichs des Großen während des laurentianischen Schismas. Norderstedt 2009.

342 Eckhard Wirbelauer: Zwei Päpste in Rom. Der Konflikt zwischen Laurentius und Symmachus (498–514). Studien und Texte (Quellen und Forschungen zur antiken Welt 16). München 1993.

die Kenntnis eines wichtigen Teils der aristotelischen Philosophie ins Mittelalter tradierte.

(2) Neben ihm steht Cassiodor (ca. 485–580), der Vertraute Theoderichs. Er war von dem Wunsch beseelt, aus den Trümmern zu retten, was zu retten sei und wurde zu einem vorzüglichen Lehrer des Mittelalters. Er legte in Unteritalien das klosterartige Vivarium an, eine geistliche Akademie mit bedeutender Bibliothek, in der die Kirchenväter abgeschrieben und exzerpiert wurden. Cassiodors Bücher sind eigentlich nur Anweisungen zur Benutzung dieser Bibliothek bei eigener dürftiger schriftstellerischer Form. In Vivarium entstand auch die sogenannten „Historia tripartita", d. h. eine Bearbeitung und Zusammenstellung der drei griechischen Kirchengeschichten von Sozomenus (+ um 450), Theodoret (393–460) und Sokrates Scholastikos (380–440). Aus dieser Perspektive hat das Mittelalter jahrhundertelang das christliche Altertum gesehen. Die Bedeutung Cassiodors reicht noch weiter, denn er hat durch seine wissenschaftlichen Arbeiten die Benediktiner zu gleicher Betätigung angeregt. Die gelehrte Arbeit der Benediktiner ist dann berühmt geworden, sie war eine einzigartige Größe im Frühmittelalter, fand später indes in den Bettelmönchen einen überlegenen Rivalen.

(3) Die dritte Person war Dionysius Exiguus, schon deswegen hervorhebenswert, weil von ihm die christliche Zeitrechnung stammt. Noch bedeutender war damals seine Rechtssammlung, die die Kanones der ökumenischen Synoden, die fünfzig apostolischen Kanones und die päpstlichen Dekretale von Siricius an enthielt. Sie bildeten eine wichtige Grundlage für das kirchliche Recht.

Betrachtet man all diese Arbeiten, so fällt ein Dreifaches auf: sie bilden die Grundlage für das mittelalterliche Geistesleben, sie werden nur von Menschen des romanischen Kulturkreises gepflegt – ein geistiges Leben findet sich damals nur in Südgallien und Italien – und sie sind von kompilatorischer Art: man stellt zusammen, kodifiziert und rubriziert das reiche Erbe einer großen Vergangenheit. Selbständiges Arbeiten findet sich dagegen auch bei den größten Vertretern nicht. Ein charakteristisches Zeichen für diesen Zeitraum der spätantiken Kultur. In dieser Welt wuchs auch Benedikt von Nursia auf, der die berühmte Regel verfaßte und damit der Begründer des Benediktinerordens wurde – zweifellos die für die Zukunft bedeutsamste Persönlichkeit.

46. Benedikt von Nursia und seine Regel

Um Benedikts Gestalt richtig erfassen und in den Gang der Entwicklung einordnen zu können, ist es erforderlich, einen kurzen Blick auf das Mönchtum in Italien vor Benedikt zu werfen. Es ist ein breites, mannigfaches Gebilde: fast jedes Kloster hatte seine eigene Regel, was Cassian dokumentiert, manche lebten sogar nach zwei Regeln, während andere nur aufgrund ungeschriebener Traditionen geleitet wurden. Das junge abendländische Mönchtum musste eine dreifache Auseinandersetzung bestehen. Es hat sich langsam aber sicher vom orientalischen Geist losgelöst, den erheblichen Widerstand niedergekämpft, der ihm jede Existenzberechtigung absprach, und es mußte schließlich das ältere Mönchtum auffangen, das jede gemeinsame asketische Lebensführung leugnete. Die ältere Form des schweifenden Wanderasketentums, der Gyrovagen, verurteilt die „Regula Benedicti" gleich in Kapitel 1: „Zeit ihres Lebens ziehen sie von Land zu Land und lassen sich je drei oder vier Tage in den Zellen dieser oder jener Mönche beherbergen; immer unstet und nie beständig sind sie den eigenen Launen und der Gaumenlust dienstbar ..."[343]. Das Mönchtum drohte auseinanderzubrechen, es fehlte eine einigende Hand in der Gestalt einer gemeinsamen Regel. Diese geschaffen zu haben, ist das Verdienst Benedikts von Nursia.

Vom Leben dieses berühmten Mönchsvaters ist nicht allzu viel authentisch Bezeugtes bekannt. Die ausführlichste frühe Vita stammt aus der Feder Gregors I. des Großen, ist aber vollständig von Legende überwuchert. Um 480 in Nursia bei Spoleto geboren, zog sich Benedikt im Alter von nur 15 Jahren in eine grabesähnliche Höhle zurück und lebte dort drei Jahre als Eremit. Landleute, die den Schlupfwinkel zufällig entdeckten, hielten ihn für ein wildes Tier. Von seinen inneren Anschauungen in dieser Zeit spricht Gregor nur kurz und erzählt unter anderem, wie Benedikt sich zur Bekämpfung sinnlicher Regungen in ein Dornengestrüpp warf und sich bis zur Unkenntlichkeit entstellte. Die spätere Legende erzählt sehr sinnig, daß Franz von Assisi an diesen Ort kam und dort zwei Rosenbüsche gepflanzt habe, die das Dorngestrüpp überdauerten. Bald gründete Benedikt kleine Klöster in der Bergeseinsamkeit, insgesamt zwölf mit je zwölf Insassen. Dann ging er nach Monte Cassino (529), einem Berg zwischen Rom und Neapel, zerstörte das dortige Apollo-Heiligtum, predigte der heidnischen Bevölkerung, errichtete zwei Kirchen und baute dann das Kloster, das so berühmt werden sollte. Sein Ruf nahm zu, adlige Bewohner der Umgebung überließen ihm ihre Söhne zur Erziehung, Römer und Barbaren baten um Aufnahme, so daß er bald ein Tochterkloster gründen mußte. Die Wundergeschichten, die Gregor erzählt, können übergangen werden. Nach ihm besaß Benedikt die Gabe des Gedankenlesens, erweckte einen Toten und ließ einen seiner Jünger auf dem See wandeln. Von seinem Ende (547) heißt es in der Vita: „Er stand mit zum Himmel erhobenen Händen und hauchte seinen letzten Atem mit Worten des Gebetes aus"[344]. Es ist ein sympathisches Bild, das wir von dem großen Benedikt empfangen, trotz unglaublicher Strenge gegen sich selbst Milde und Duldsamkeit gegen andere, stete Rücksichtnahme auf individuelle Besonderheiten.

Diese Verbindung von Strenge und Milde ist auch für seine Regel (*regula Benedicti*) bezeichnend. Klassisch formuliert er in ihrem Vorwort die Aufgabe des Mönches:

---

343 S. die zweisprachige (lat./dt.) und kommentierte Regelausgabe von Georg Holzherr: Die Benediktsregel. Eine Anleitung zu christlichem Leben. Zürich/Einsiedeln/Köln 1980, ^{3}1989.
344 Gregor der Große, Dialogi II 37.

„Höre, mein Sohn, [diese Worte stehen auf dem Buch, das man in der mittelalterlichen Kunst Benedikt in die Hand legt] auf die Lehren des Meisters. ... An dich richtet sich nun mein Wort, wer immer du bist, wenn du dem Eigenwillen entsagst und die starken, glänzenden Waffen des Gehorsams ergreifst, um dem wahren König, Christus, dem Herrn, zu dienen“[345].

Das Mönchtum ist also ein ständiger Kampf und man könnte sagen, daß der Gedanke der *Compania de Jesu/Societas Jesu* vom Gründer des Jesuitenordens nicht als etwas Neues aufgebracht wurde. Das Ziel des mönchischen Lebens ist die restlose Hingabe an Gott, der Weg dazu die Verwandlung der Sitten, das Aufgeben des eigenen Willens in den Gehorsam unter dem Abt als dem Stellvertreter Christi und die Beständigkeit innerhalb der Gemeinschaft. Der Prolog der „Regula Benedicti“ formuliert in klassischer Weise: „Seht, in seiner Güte zeigt uns der Herr den Weg zum Leben. Umgürten wir uns also mit dem Glauben, erfüllen wir in allem treu unsere Pflicht, und schreiten wir voran auf den Wegen des Herrn, unter der Führung des Evangeliums, damit wir ihn schauen dürfen, der uns in sein Reich gerufen hat“[346].

Überall in der Regel tritt uns eine verständnisvolle Milde, eine erstaunliche Umsicht, ein kluges Maßhalten entgegen. Neu ist der strenge Abschluß der Mönche von der Außenwelt. Im Kampf gegen das vagabundierende Mönchtum gebietet Benedikt die *stabilitas loci*, das Verbleiben in der Gemeinschaft des Klosters. Durch das Tragen einer bestimmten Tracht und der Tonsur soll der Mönch immer als solcher erkennbar sein. Die zweite Neuerung besteht in der genauen Regelung des täglichen Andachtslebens. Benedikt hat die Zahl der Stundengebete um eines auf sieben, bzw. acht vermehrt: *nocturna vigilia* (das alte *mesonyktion*) um 2 Uhr, bald nach der Nokturn die *Laudes* oder die *Matutin* bei Tagesanbruch, die *Prim* um 6 Uhr, die *Terz* um 9 Uhr, die *Sext* um 12 Uhr, die *Non* um 15 Uhr, die *Vesper* um 18 Uhr und das *completorium* vor der Nachtruhe. Das letzte Gebet hat Benedikt selbst hinzugefügt, es verbindet die Bitte um die Bewahrung in der Nacht mit der Betrachtung des Todes und der Auferstehung in das ewige Licht Gottes hinein. Dennoch ist hierin keine Verschärfung der Sitten zu sehen, jede Gebetszeit soll zwanzig Minuten dauern, also gehören dem gemeinsamen Gebet insgesamt drei Stunden am Tag. Auch die Zahl der dabei zu betenden Psalmen wird herabgesetzt, der Psalter soll in jeder Woche einmal gebetet werden. Wichtig ist vor allem der Anschluß an das römische Offizium, was das spätere Vordringen des Ordens ungemein erleichterte. Die mildernde Hand Benedikts erkennt man auch in seinen Regelungen für die Arbeit, Kleidung und Nahrung. Im Unterscheid zum orientalischen Mönchtum schlief man in einem Dormitorium zu 20–30 Mönchen, man aß im gemeinsamen Refektorium und arbeitete auch gemeinsam. Für den Eremiten war hier kein Platz. Auch darin unterscheidet sich die Regel vom Orient, daß Eltern ihre Kinder im zartesten Alter dem Kloster übergaben, das sie als *pueri oblati*

345 RB Prolog 1, Holzherr a. a. O., S. 29.
346 RB Prolog21, Holzherr, S. 29.

(dargebrachte Kinder) zu Mönchen erzog. Erst das Tridentinum (Konzil von Trient 1545–1563) hat diesen Brauch, der später in Mißstände ausartete, abgeschafft. Die Regel ist klug und mit Voraussicht angelegt und läßt überall Platz für Neubildungen, wie sie veränderte Verhältnisse erfordern können. Der große französische Prediger Bossuet hat sie zu Beginn des 18. Jh. in seiner Lobrede auf Benedikt trefflich charakterisiert:

> „In ihr erscheint in eminenter Weise die Klugheit und die Einfalt, die Demut und die Stärke, die Strenge und die Milde, die Freiheit und die Abhängigkeit. In ihr hat die Zurechtweisung ihre ganze Festigkeit, die Nachsicht all ihre anziehende Wirkung, der Befehl seine volle Gewalt, die Unterwerfung ihre gänzliche Beruhigung, das Stillschweigen seinen feierlichen Ernst, das Reden seine Lieblichkeit, die Kraft ihr Übungsfeld, die Schwäche ihre Stütze. Und bei alledem, hochwürdige Väter, nennt er sie einen bloßen Anfang“[347].

Fragen wir abschließend nach der Frömmigkeit Benedikts, so bemerken wir sofort die tiefe Demut und das Betonen der Gnade. So heißt es im Prolog der Regel: „Wer den Herrn fürchtet und sich wegen seines treuen Dienstes nicht überhebt, sondern glaubt, daß alles Gute, das ihm eigen ist, eigenes Können übersteigt und Werk des Herren ist, solche Menschen preisen den Herrn, der in ihnen wirkt, und sagen mit dem Propheten: Nicht uns, o Herr, bring zu Ehren, nicht uns, sondern deinen Namen!“[348]. Das mönchische Leben soll eine stete Nachfolge Christi sein, der Mönch nimmt teil an Christi Leiden, wenn er bis zu seinem Tod im Kloster ausharrt. Es besteht hier eine Parallele zur Frömmigkeit des ostkirchlichen Mönchsvaters Basilius, der an die Furcht vor dem Gericht Gottes mahnt. Täglich soll der Mönch den Tod vor Augen haben und sich in jedem Augenblick seines Lebens in die Gegenwart Gottes stellen. Zugleich bildet das Kloster eine Schule des christlichen Lebens und des christlichen Kampfes in der Welt und einen Zufluchtsort des Glaubens[349]. Es ist fraglich, ob Benedikts Frömmigkeit ausschließlich christozentrisches Gepräge trägt, das Hauptziel ist ihm die Ehre Gottes, die nicht erst Calvin so betont hat: „… auf daß in allen Gott verherrlicht werde“ (RB 57,9) – das ist der Wahlspruch des Ordens. Es ist Augustins Geist, der hier lebendig ist. Und Augustins Geist finden wir auch in dem, was man Benedikts Mystik nennen könnte. Es ist interessant, zu sehen, daß alle drei großen Ordensstifter zugleich Mystiker gewesen sind: Benedikt von Nursia, Franz von Assisi und Ignatius von Loyola. Benedikt spricht nie von seinen Erlebnissen, aber wenigstens von einem gibt uns Gregor Kunde, von einer gewaltigen Vision. Benedikt stand nachts am Fenster seiner Zelle, da wurde plötzlich der Himmel von einer blendenden Helle übergossen und er sah die gesamte Welt zusammengedrängt in einen einzigen Sonnenstrahl. Auf dem Bo-

347 Oeuvres completes, Bd. V. Paris 1862, S. 444.

348 RB Prolog 29 f., Holzherr, S. 30.

349 Pater Burkhard Neunheuser OSB gab im schönen Garten des Klosters Maria Laach auf die Frage, ob die Klostermauern einem Mönch nicht manchmal als ein Gefängnis erscheinen die klassische Antwort des Benediktiners: „Aber die Mauern sind doch um die Welt!“.

den des klösterlichen Lebens erhob sich die Mystik. Sie ist seither in den Klöstern heimisch geblieben.

Hat Benedikt bei der Abfassung seiner Regel die spätere Entwicklung im Auge gehabt? Das ist nicht anzunehmen und würde auch seinem demütigen Sinn nicht entsprechen. Er wollte nichts weiter schaffen, als eine Regel für sein Kloster Monte Cassino, eine Regel unter vielen anderen, die gar nicht einmal so besonders streng war. Und doch fand sie eine ungeheure Verbreitung und herrschte ein halbes Jahrtausend lang im Abendland uneingeschränkt.

So stellt sich uns die Entwicklung der abendländischen Kirche im fünften und sechsten Jahrhundert dar. Man rechnet diese beiden Jahrhunderte gewöhnlich zur Alten Kirchengeschichte und das mit Recht, denn sie sind nur aus ihr heraus zu verstehen. Andererseits vollzieht sich gerade in ihnen die Grundlegung wichtiger mittelalterlicher Gedanken und Einrichtungen: Augustin und die Kämpfe um seine Gnadenlehre, die augustinische Form der Mystik, die Verwirklichung des papalen Gedankens in Leo I., das katholische Frankenreich als Wegweiser in die Zukunft und als Anfang für die Zurückdrängung des Arianismus, Benedikt von Nursia und seine Regel. Die Eigenart abendländischen kirchlichen Lebens und abendländischer Frömmigkeit tritt aber in noch helleres Licht, wenn wir jetzt die Entwicklung im Orient verfolgen.

B. Die kirchliche Entwicklung im Osten bis zu Justinian I.

47. Ursachen und Ausbruch des christologischen Streites

Die Besonderheit der Entwicklung im Osten zeigt sich zunächst auf dogmatischem Gebiet. Während der Westen aus rechtlich geprägtem Denken heraus an Sünde und Gnade interessiert war, drehte sich im Osten der aus philosophisch-metaphysischem Denken entstehende Streit um das Verhältnis der Naturen in Christus. Das Nicaenum hatte nur die Homousie des Sohnes mit dem Vater bestimmt, aber über die Art und Weise, wie sich der göttliche Logos mit dem Menschen Jesus vereinige, nichts ausgesagt. Verschiedene Ansichten liefen hier friedlich nebeneinander her. Der Erste, der dieses Problem energisch behandelte und fast nach allen Seiten hin beleuchtete, war Apollinaris von Laodicea (315–390). Streng auf nicaenischem Boden stehend, ging er von dem Grundsatz aus, daß zwei vollkommene Wesen nicht wirklich eines werden können. Er brach also von der Menschheit Christi etwas ab, indem er den göttlichen Logos nur einen unbelebten Leib (*soma apsychon*) anziehen ließ. Aber diese Ansicht war gefährlich, weil sie der Schrift widersprach und Apollinaris in die Nähe des Arius brachte. Deshalb ging er zur Trichotomie über, erkannte Jesus zwar eine lebende Seele (*psyche*) zu, ließ aber anstelle der Vernunft (*nous*) den Logos treten. Dadurch findet eine vollkommene Einigung beider Naturen statt und zwar auf psychischer Grundlage (*henosis physike kat ousian*). Die menschliche Natur Christi (*sarx*) wirkt nicht auf Grund eigenen Willens, sie hat überhaupt keine eigene, selbständige Existenz, sondern ist von der göttlichen verschlungen (sie ist *anhypostatos*). Dann ist Christi menschliche Natur der unseren aber nicht mehr wesensgleich – konsequent gingen Schüler des Apollinaris weiter und behaupteten, daß Christus auch seine menschliche Natur vom Himmel mitgebracht habe. Die Annahme des Apollinaris, daß die menschliche Natur Christi der unseren nicht wesensgleich sei, barg aber eine große Gefahr in sich. Wenn der Grundsatz des Athanasius noch Gültigkeit besaß – und er besaß sie –: „Er ist Mensch geworden, damit wir vergöttlicht würden", dann war nach der apollinarischen Konstruktion die ganze Erlösung in Frage gestellt, denn Christus wurde ja gerade nicht, was wir sind, denn seine menschliche Natur ist der unsrigen nicht wesensgleich. Das Schlagwort des Apollinaris: „Eine Natur des göttlichen Logos ist Mensch geworden" („*mia physis tou theiou logou sesarkomene*") wurde daher allseits abgelehnt – von Athanasius, wie von Rom. Die wichtigste Schrift zur Widerlegung seiner Gedanken kam von Gregor von Nyssa: „Antirrheticus adversus Apollinarim"[350].

350 Vgl. Silke-Petra Bergjan: Anti-arianische Argumente gegen Apollinaris. Gregor von Nyssa in der Auseinandersetzung mit Apollinaris in Antirrheticus adversus Apolinarium. In: Gregory of Nyssa. The Minor Treatises on Trinitarian Theology and Apollinarism. Boston 2011, S. 481–498; Alessandro Capone: La polemica apollinarista alla fine del IV secolo: la lettera di Gregorio di Nissa a Teofilo di Alessandria. In: ebd., S. 499–517.

Damit war die Frage jedoch noch lange nicht gelöst. Die Ansicht des Apollinaris wurde verurteilt, weil sie aus allgemein verbreiteten, auch in der Mystik wurzelnden Ansichten äußerste Konsequenzen gezogen hatte. An sich widersprach sie jedoch keineswegs der östlichen Frömmigkeit. Namentlich in Alexandrien fand sie Anhänger, die nur vorsichtiger zu Werke gingen. Der Hauptanwalt dieser alexandrinisch-christologischen Fassung war der Patriarch Cyrill (375–444, Patriarch seit 412), ein typischer Kirchenfürst der Reichskirche. Man hat viel darüber gestritten, ob Cyrill die verurteilte apollinarische Lehre wirklich vertreten habe oder nicht. Cyrill übernimmt die apollinarischen Ausdrücke von der einen Natur, die Fleisch angenommen habe (*henosis physike kat ousian*) – und doch betont er die beiden Naturen. Es findet zwar eine Vereinigung der Naturen statt, aber sie ist unvermischt (*asynchytos*), die Naturen tauschen ihre Eigenschaften teilweise aus, aber sie gehen damit nicht ineinander über, sie behalten ihr Wesen. Das dogmatische Interesse ist leicht zu entdecken: die menschliche Natur soll in ihrer Eigentümlichkeit erhalten bleiben, als Garant unserer Unsterblichkeit. Andererseits soll sie auch wieder vom Logos aufgesogen werden, dessen Kleid sie eigentlich nur ist. Damit haben wir also nur eine Natur, aber rein begrifflich können auch zwei Naturen unterschieden werden.

Ganz andere Bahnen ging die Christologie der antiochenischen Schule, die an ältere Traditionen anknüpfte. Die großen Vertreter waren Diodor von Tarsus, Theodor von Mopsuestia, der Kirchenhistoriker Theodoret und später der Patriarch von Konstantinopel Nestorius. Sie waren Gegner der Alexandriner durch Tradition und Geisteshaltung. Sie trieben nüchterne, philologische Exegese, erarbeiteten geschichtliche Studien und bekämpften die Allegorie. Nicht Platon, sondern Aristoteles gab ihrem Denken die Richtung an. Sie waren Rationalisten, das zeigt auch ihre Christologie. Sie trug stark antiapollinarische Färbung, Christus ist kein leidensfähiger Gott, sondern im Gegenteil ein gewöhnlicher, vollständiger Mensch, wie auch wir. Als solcher hat er auch Willensfreiheit, er entscheidet sich für das Gute. In ihm wohnt der Logos, aber diese Einwohnung (*enoikesis*) ist analog der bei den Propheten und Frommen aufzufassen, nur einzigartig gesteigert. Man kam hier also zu keiner richtigen Inkarnation, sondern blieb bei der Inspiration stehen. Nach dieser Ansicht hat der Logos im Menschen gewohnt wie die Gottheit im Tempel. Aber wie steht es dann mit der Einheit der Person des Erlösers? Lehrt man dann nicht zwei Söhne? Schon Diodor hat sich gegen diesen Einwand verteidigen müssen. Man lehrte die Einheit, wie die Alexandriner, begründete sie aber ganz anders. Sie ist nicht naturhafter Art, also keine Einheit der Natur nach (*henosis physike*), sondern wird durch die Konformität des Willens erreicht. Die Verbindung des Menschen mit dem Logos wird durch dessen sittliche Fortschritte immer enger, es findet also eine Einheit der Haltung (*henosis schetike*) statt. Moralische Kategorien geben hier den Ausschlag. Das sittliche Vorbild des geschichtlichen Christus wird betont. Fraglich ist nur, ob hier eine Vereinigung der Naturen wirklich erreicht wird. Zwar betont man die Unterscheidung der Naturen, verehrt aber die Einheit; man sagt auch, daß der Tempel wegen seines Bewohners angebetet werden müsse, und man weigert sich entschieden, Maria Gottesgebärerin (*theoto-*

kos) zu nennen und bezeichnet sie nur als Menschengebärerin (*anthropotokos*). Die rational-moralische Haltung der Antiochener tritt gegenüber der mystischen der Alexandriner stark hervor. Zugleich ist klar, daß die Alexandriner der Frömmigkeit der Ostkirche und dem Geheimnis der Eucharistie näher stehen.

Der große christologische Streit hatte neben dieser tiefgehenden Differenz der Schulen noch eine kirchenpolitische Ursache, den Streit der beiden Patriarchate Konstantinopel und Alexandria um die Vorherrschaft im Osten. Konstantinopel hatte einen Vorsprung, weil sein Bischof der Hofbischof des Kaisers war, während der Alexandriner sich in Ägypten eine immer größere Macht schuf. Ein erstes Vorspiel war der Streit um Chrysostomus infolge der origenistischen Wirren. Er ist ein trauriges Zeichen für die immer größer werdende Unbildung. Origenes war den barbarischen Mönchen wegen seines Kampfes gegen alle groben Vorstellungen verhaßt, sie erzwangen schließlich seine Verurteilung beim Patriarchen Theophilus. Fünfzig origenistische Mönche, unter ihnen die sogenannten vier langen Brüder[351], flohen nach Konstantinopel zu Chrysostomus, der dort Patriarch war – ein willkommener Anlaß zum Eingreifen für die Alexandriner. Ausgerechnet Chrysostomus stand so im Mittelpunkt des Streites, eine der edelsten Erscheinungen der alten Kirchengeschichte, streng asketisch, sehr sparsam, alle seine Habe den Armen spendend, glänzender Kanzelredner, der sich der Beliebtheit beim Hofe erfreute, wenn er ihn auch immer wieder wegen seiner ausschweifenden Lebensführung mahnte. Auch beim Volk erfreute er sich weitgehender Sympathie. Aber sein großer Freimut, mit dem er bestehende Mißstände geißelte, schuf ihm viele Feinde. Dekadente Mönche und Bischöfe machte er sich durch seine scharfe Kritik zu erbitterten Gegnern, schließlich sogar die Kaiserin Eudoxia selbst, die er mit der Königin Isebel verglichen hatte[352]. Es kam zu einem Intrigenspiel. Die vertriebenen Mönche wandten sich an die Kaiserin und erreichten, daß ein kirchliches Gericht den ganzen Fall neu untersuchen sollte. Theophilus wurde vorgeladen und erschien mit einem handfesten Gefolge, unter anderem mit 30 Bischöfen in Konstantinopel. Ein Konzil bei der Eiche (Synodus ad quercam, 403), einem kaiserlichen Landgut, wurde unter Vorsitz des Alexandriners gehalten. 47 Anklagepunkte wurden gegen Chrysostomus vorgebracht, er wurde viermal vergeblich vorgeladen, in Abwesenheit verurteilt wegen Hochverrats, roh verhaftet und abtransportiert. Eine ungeheure Wut bemächtigte sich des Volkes. Theophilus entkam mit knapper Not, das Volk wollte ihn ins Meer stürzen, aber eine ganze Anzahl ägyptischer Matrosen und Mönche wurden in den Straßen erschlagen. Der Hof mußte nachgeben, zwei Tage später kehrte Chrysostomus in die festlich erleuchtete Stadt zurück. Aber bald zog er sich durch seine Unvorsichtigkeit neue Gegner zu. Er polemisierte gegen weibliche Laster und kämpfte gegen die übertriebene Verehrung, die man der Statue der Kaiserin entgegenbrachte. Die Predigt soll so be-

351 Die leiblichen Brüder Dioskoros, Ammonios, Eusebios und Euthymios, bekannt wegen ihrer außergewöhnlichen Körpergröße, genossen als Asketen große Verehrung.

352 Isebel war die heidnische Frau des israelitischen Königs Ahab, die große Gegnerin des Propheten Elia: 1. Kön. 16–22.

gonnen haben: „Herodias ist wieder wütend, Herodias tanzt wieder, sie verlangt abermals das Haupt des Johannes“[353]. Johannes ist nicht nur der Name des Täufers, sondern auch der Name des Chrysostomus. Aufs Neue tagte eine Synode, sie bestätigte den Beschluß der ersten, es folgte die schreckliche Erstürmung der Kirche während der Osternacht, die grausame Verbannung des mißliebigen Metropoliten in den unwirtlichen Osten. Hier starb er 407 völlig entkräftet durch die barbarische Behandlung der Wachsoldaten. Seine letzten Worte sollen das kurze Gebet gewesen sein, das er oft gesprochen hatte: „Gott sei gelobt für alles. Amen“[354]. Das ganze Vorgehen gegen Chrysostomus kann man einen Skandal nennen: höfische Intrigen, Rivalität unter Kollegen und feige Verleumdungen reichen einander die Hand. Theophilus schrieb eine ganz unglaubliche Schmähschrift gegen den Unglücklichen, Hieronymus übersetzte sie unverzüglich ins Lateinische. Hier zeigte sich erstmals ganz kraß die Rivalität der beiden Patriarchate[355].

Kirchenpolitische Machtgelüste und dogmatische Differenzen bildeten den Hintergrund für die großen christologischen Streitigkeiten, die 428 einsetzten und sich in ihrer ersten Phase an den Namen des damaligen Patriarchen Nestorius knüpfen. Wie Chrysostomus ein ehemaliger Asket, war er rücksichtslos und schroff in seinem Auftreten, dabei einfältig und ungewandt, aber ein grimmiger Ketzerverfolger. Gleich in seiner ersten Predigt verkündigte er: „Gib mir, o Kaiser, gib mir die Erde von Ketzern gereinigt und ich will dir dafür das himmlische Königreich geben. Rotte mit mir die Ketzer aus und ich will mit dir die Perser ausrotten“[356]. Schon am fünften Tage seines Amtes unternahm er einen Vorstoß gegen die Arianer, der in Brand und Mord endete. Grausame Ketzerverfolgungen in anderen Städten schloßen sich an. So begann Nestorius. Sehr bald lenkte er den Zorn der kaiserlichen Damen auf sich, insbesondere der Schwester des Kaisers, Pulcheria, die den höchsten Einfluß auf ihren Bruder hatte. Diese führte trotz ihres Gelübdes nicht das Leben einer Nonne, Nestorius erwähnte sie daher nicht in dem großen Kirchengebet als Braut Christi, was natürlich ungeheures Aufsehen erregte. Überall hatte er also Feinde, die nur auf seinen Sturz lauerten. Der willkommene Anlaß war ein Streit, der von zwei Klerikern geführt wurde, ob man Maria Gottesgebärerin nennen dürfe oder nicht. Nestorius schlug als Kompromiss zwischen Gottesgebärerin und Menschengebärerin den Begriff Christusgebärerin (*Christotokos*) vor, ohne damit allerdings Glück zu haben. Jetzt setzte Nestorius sich als Patriarch in drei Predigten selbst für den Begriff Christotokos ein, aber die Erregung im Volke wuchs: „Zerreiße nicht den Mantel der Weltordnung, der im Himmel gewebt ist! … Scheide nicht die Zusammengehörigkeit, damit du nicht von Gott geschieden wirst“[357]. So rief man ihm zu und beschuldigte ihn des Aria-

353 Zitiert nach den Kirchengeschichten des Sokrates (VI. 18) und Sozomenus, (VIII. 20).
354 Nach Palladius, Dial. 11 (SCh 341, 226, 140–228,141).
355 Vgl. Peter Klasvogt: Leben zur Verherrlichung Gottes – Botschaft des Johannes Chrysostomus. Berlin 1992.
356 Nach der Kirchengeschichte des Sokrates VII 29.
357 Sokrates, Kirchengeschichte VII 32.

nismus. Nun griff Cyrill ein, der die Mönchsmassen für die Verehrung der Gottesgebärerin begeisterte. In dem Wettlauf um Roms Gunst trug er den Sieg davon, da er biegsamer war. Nestorius unterlag, obwohl seine Lehre der Roms erheblich näher stand. Gegenschriften gingen hin und her, Intrigen wurden gesponnen, schließlich wurde für 431 vom Kaiser ein Konzil nach Ephesus einberufen, um die ganze Streitfrage zu regeln. Nestorius war durch die kaiserlichen Erlasse fraglos begünstigt, Cyrill sollte verurteilt werden, aber es kam ganz anders. Die Geschichte des Konzils ist verwickelt, aber reich an spannenden Einzelheiten: zwei Teilkonzile unter Leitung der beiden Feinde, die sich gegenseitig bannten, Kämpfe um den Besitz einer Kirche, bei denen schließlich Blut floß. Die Verurteilung des Nestorius, die in der Stadt angeschlagen wurde, trägt die Überschrift: „An den neuen Judas". Cyrill wurde von der Gegenseite „ein zur Zerstörung der Kirche geborenes und erzogenes Ungeheuer"[358] genannt. Schließlich machte der Kaiser diesem tumultuarischen Treiben durch eine scharfe Verfügung ein Ende: „Gott ist mein Zeuge, daß ich nicht der Urheber dieser Verwirrung bin. Seine Vorsehung wird den Schuldigen erkennen und bestrafen. Kehrt in eure Sprengel zurück und mögen eure persönlichen Tugenden das Unheil und Ärgernis eurer Versammlung gut machen"[359].

Die Sache stand für Cyrill sehr schlecht, der Kaiser nannte ihn „einen vorlauten, übermütigen und dreisten Priester"[360] und er habe in Ephesus zu bleiben. Aber nun entfaltete Cyrill ein meisterhaftes Intrigenspiel, das ihm schließlich doch zum Sieg verhelfen sollte. Er schickte Vertraute nach Konstantinopel, die unter dem Titel ‚Segnungen' und ‚Belobigungen' Geschenke an Würdige verteilen sollten. Wir haben einen Brief, der uns genauesten Aufschluß verschafft[361]. Verschenkt wurden Gewebe, Straußenbälge, Elfenbeinarbeiten, bares Geld, dessen Höhe sich nach dem Einfluß des Empfängers richtete: Freunde des Nestorius, Kammerfrauen, Eunuchen, Ratgeber des Kaisers usw. So hat ein Eunuch für sein Bekenntnis, Maria sei die Gottesgebärerin, eine ungeheure Summe erhalten. Die ganze Habe der alexandrinischen Kirche floß auf diese Weise in den Streit ein, selbst in Konstantinopel mußte man noch eine große Anleihe aufnehmen. Die Verhandlungen zogen sich zwar noch etwas in die Länge (431–33), aber das Geld arbeitete, Nestorius bot freiwillig seinen Rücktritt an, Cyrill kehrte eigenmächtig nach Alexandrien zurück, söhnte sich zum Schein mit den Antiochenern aus und erwirkte die Verbannung des Nestorius, der von Verbannungsort zu Verbannungsort hin- und hergeschleppt schließlich entkräftet in einer ägyptischen Oase starb. Wie bei Arius, so schmückte auch bei ihm die Legende seinen Tod in bizarren Farben aus: seine Zunge soll von Würmern zerfressen worden sein. Die Jakobiten beobachteten Jahrhunderte lang die Sitte, gegen sein Grab Steine zu werfen, sie behaupteten auch, daß kein Regen auf dieses Grab falle. Das war das Ende des grimmigen Ketzerverfolgers. Die ‚Gottesgebärerin' hatte den Sieg behalten, wenn auch die Heiden auf den Straßen

358 Sokrates, Kirchengeschichte VII 14.
359 Die Konzilsakten bei Mansi, Collectanea.
360 Sokrates, Kirchengeschichte VII 15.
361 Isidorus Pelusiota: Ep. ad Simonem (MPG 78, 285A).

Alexandriens über die neue Maria-Kybele spotteten. Ephesus wurde festlich beleuchtet, Marienkirchen entstanden von jetzt an, die Mariologie nahm einen neuen Aufschwung – alles eine Folge des Ephesinums. Damit schließt die erste Phase des großen christologischen Streites.

Trotz der Unionsformel von 433 blieb Cyrill bei seiner Anschauung, die sich immer weiter im Osten ausbreitete. Aber auch die Antiochener waren rege und es glückte ihnen, mehrere wichtige Bischofsstühle in ihren Besitz zu bringen. Die Rivalitäten lebten wieder auf, zumal neue leidenschaftliche Naturen auf den Plan traten: in Alexandrien der höchst energische Dioskur (seit 444). Der Streit brach 448 aufs Neue aufgrund eines ganz geringfügigen Anlasses aus. Dem Patriarchen von Konstantinopel Flavian war der Archimandrit Eutyches, der Führer der Mönche, schon längst verhaßt. Trotz seiner siebzig Jahre und obwohl er einst erklärt hatte, wegen seiner großen Einfalt könne er gar nicht Bischof werden, mischte er sich dauernd in die bischöflichen Angelegenheiten ein. Aber es war sehr schwer, etwas gegen ihn zu unternehmen, denn sein engster Freund war der berüchtigte Chrysaphius, der einflußreichste Enuch des byzantinischen Hofes. Da richtete ein Bischof auf einer endemischen Synode in Konstantinopel gegen Eutyches den Vorwurf der Ketzerei. Flavian gab sich anfänglich ganz erstaunt, riet heuchlerisch zur Milde, lud dann aber den Beschuldigten doch vor. Dieser wollte zunächst nicht erscheinen, da er gelobt habe, sein Kloster nicht zu verlassen, leistete dann aber doch der vierten Aufforderung Folge. Hier wurde der Greis ins Netz gelockt. Trotz seiner Versicherung, den reinen Glauben zu besitzen, ließ er sich zu der Erklärung hinreißen, daß Christi Leib dem unsrigen nicht wesensgleich gewesen sei. Seine Verurteilung war bereits schriftlich fixiert, ehe die Verhandlung überhaupt begonnen hatte. Sie wurde einfach vorgelesen, als die Diskussion sich zu lange ausdehnte. An den Kaiser gingen gefälschte Akten. Aber Eutyches appellierte an Rom und Alexandrien. Dioskur ging mit Freuden darauf ein und erlangte vom Kaiser die Berufung einer Synode nach Ephesus (449), der er selbst vorsitzen sollte. Das war ein gewaltiger Erfolg. Aber gerade darum vollführte nun Rom eine hoch bedeutsame Schwenkung. Leo I. stellte sich auf die Seite des Konstantinopeler Patriarchen, um Alexandrien nicht zu mächtig werden zu lassen. Er verfaßte ein förmliches Lehrschreiben über die Zwei-Naturen-Lehre, das er an Flavian sandte, die sogenannte „Epistola dogmatica". Diese ist dogmengeschichtlich von größter Wichtigkeit, wahrt sie doch die abendländische Tradition und stellt eine gerade Linie von Tertullian bis zu Leo I. her. Leo I. formuliert darin die Lösung des Problems in einem oft zitierten Satz: „es wirkt eine jede Form in Gemeinschaft mit der anderen, was das ihr Eigene ist" („*agit utraque forma cum alterius communione, quod proprium est*")[362]. Es gibt also zwei Naturen, die getrennt handeln, aber doch aneinander Anteil haben und zur Einheit der Person zusammengehen. Wie aber diese Einheit in der Zweiheit zu denken ist, darüber schweigt Leo weise in seinen geschickten Ausführungen.

362 Leicht zu finden bei: Denzinger/Schönmetzer: Enchiridion Symbolorum, Definitionum et Declarationum de rebis fidei et morum, Nr. 294.

Es sollte aber in Ephesus ganz anders kommen. Dioskur beherrschte die Situation vollkommen und Flavian war von vornherein der Angeklagte. Dioskur hatte sich Bundesgenossen mitgebracht, die seine Anliegen mit brachialem Nachdruck vertraten: asiatische Veteranen, eine Schar Bogenschützen unter seinem Befehl und die fanatischen Mönche, die die Kathedrale belagerten, in der die Synode tagte. Man rehabilitierte natürlich den Eutyches als rechtgläubig und setzte den Patriarchen Flavian ab, weil er zwei Naturen lehre. Die Väter schrieen: „Mögen die, welche Christus teilen, selbst mit dem Schwerte zerteilt werden, mögen sie in Stücke gehauen, mögen sie lebendig verbrannt werden“[363]. Leo I. nannte diese Synode ein *latrocinium*, eine Räubersynode, ob mit Recht, läßt sich heute nicht mehr sicher entscheiden. Ursprünglich hörte man noch nichts von den schlimmen Schandtaten, aber zwei Jahre später waren grause Geschichten im Umlauf. Es hieß, als einige Bischöfe die Formel Dioskurs nicht unterzeichnen wollten und schutzflehend die Knie des Patriarchen umfaßten, solle dieser nur gerufen haben: ‚Wo bleiben die Wachen?‘ Darauf seien mit Knüppeln bewaffnete Mönche in die Kirche gestürzt, hätten die bebenden Väter unter den Bänken hervor gezerrt und zur Unterschrift gezwungen. Dioskur soll seinen Kollegen Flavian gestoßen, angespien und mit Füßen getreten haben – ein späterer Historiker berichtet sogar, Dioskur habe wie ein wilder Esel um sich geschlagen. Wahr oder nicht – es ist bezeichnend, daß solche Geschichten überhaupt in Umlauf gebracht werden konnten. Ein kaiserliches Gesetz bestätigte alle Beschlüsse, Dioskur wurde zum unumstrittenen Gebieter in der östlichen Kirche, das Jahr 450 bezeichnet den Höhepunkt seiner Macht.

48. Die vorschnelle Entscheidung von Chalcedon und die monophysitischen Wirren

Gerade die Vormachtstellung, die Dioskur nach dem Konzil von Ephesus 449 in der östlichen Kirche gewonnen hatte, sollte ihm gefährlich werden, denn der Hof fürchtete seine Macht. Auch Leo I., empört über das Ignorieren seines Lehrbriefes und die Behandlung seiner Legaten, arbeitete mit aller Vorsicht in Konstantinopel darauf hin, daß die Räubersynode für ungültig erklärt und eine neue Synode nach Italien unter Roms Leitung berufen werden müsse. Der Regierungswechsel begünstigte diese Wünsche, denn Pulcheria war eine Gegnerin Alexandriens und der allmächtige Chrysaphius fiel einer Palastintrige zum Opfer. Eine neue allgemeine Synode wurde für den 8. Oktober 451 nach Nicaea berufen, dann aber nach Chalcedon verlegt.

Dieses Konzil, mit 630 Vätern das größte der alten Kirchengeschichte, sollte von überragender dogmatischer Bedeutung werden. Zunächst wurde Dioskur unter Anklage gestellt, aber man verurteilte ihn klugerweise nicht wegen dogmatischer Vergehen sondern wegen seiner sittlichen Lebensführung, denn wie er

363 J. Flemming (Hg.): Akten der ephesinsichen Synode vom Jahre 449. In: Abhandlungen der Göttinger Akademie der Wissenschaften N.F. 15, Nr. 1 (1917).

dachte die überwiegende Mehrzahl der Bischöfe. Man warf ihm Stolz und Habsucht vor. Kirchliche Gelder habe er an Tänzerinnen verschenkt. Danach ging es an die weit schwierigere Aufgabe, die rechte Lehre zu definieren. Die römischen Legaten wollten mit Hilfe des Kaisers die abendländische Anschauung durchsetzen, die dem Orient wegen der zwei Naturen unsympathisch war. Man sträubte sich daher auch mehrere Sitzungen lang. Sprechchöre wurden laut: „Die Entscheidung der Väter ist rechtsgültig und unabänderlich! Die Ketzer sind nun entdeckt! Fluch den Nestorianern! Mögen sie die Synode verlassen! Mögen sie nach Rom zurückgehen!“[364] Aber es half alles nichts. Ein Ausschuß von achtzehn Bischöfen setzte das neue Glaubensbekenntnis auf, dessen Unterschrift der Kaiser befahl. Es ist sehr geschickt abgefaßt:

> „Den heiligen Vätern also folgend, lehren wir alle übereinstimmend, als einen und denselben Sohn unseren Herrn Jesus Christus zu bekennen. Derselbe ist vollkommen in der Gottheit und derselbe vollkommen in der Menschheit, zugleich wahrhaft Gott und wahrhaft Mensch aus Vernunftseele [*nous*] und Leib, mit dem Vater wesenseins der Gottheit nach und zugleich mit uns wesenseins der Menschheit nach, in jeder Hinsicht uns ähnlich, ausgenommen die Sünde. Vor den Zeiten aus dem Vater geboren der Gottheit nach, ist derselbe am Ende der Tage um unseretwillen und unseres Heiles wegen aus Maria der Jungfrau, der Gottgebärerin, der Menschheit nach [hervorgegangen]. [Wir bekennen ihn als] einen und denselben Christus, Sohn, Eingeborenen, in zwei Naturen unvermischt, unverwandelt, ungetrennt, ungesondert erkannt, wobei keineswegs die Verschiedenheit der Naturen um der Einung willen aufgehoben wird, sondern die Eigentümlichkeit einer jeden Natur erhalten bleibt und sich zu einer Person und einer Hypostase verbindet. [Wir bekennen ihn] nicht als in zwei Personen gespalten und getrennt, sondern als einen und denselben Sohn; Eingeborenen, Gott, Logos, Herrn, Jesus Christus, wie vorzeiten die Propheten über ihn und [dann] er, Jesus Christus, selbst unterwiesen haben und wie es das Symbol der Väter uns überliefert hat“[365].

Ausgeschlossen sind zunächst die Apollinaristen und Eutychianer, die gerade die Wesensgleichheit von Christi Leib und unserem Leib ablehnten und die eine Vermischung der Naturen lehrten. Außerdem aber auch die Nestorianer. Wie stand es aber mit Cyrill? Er hätte fast alles unterschreiben können, auch die Wendung, daß die Eigentümlichkeiten der Naturen erhalten bleiben, bis auf die fatale Wendung ‚in zwei Naturen‘ (*en dyo physesin*). Sie war dem Osten sehr peinlich, Rom hatte sie aber durchgesetzt. Cyrill war von der Synode anerkannt, aber natürlich auch Leos „Epistola dogmatica“, und sogar der gelehrte Theodoret, ein Antiochener, war rehabilitiert. Definitiv ausgeschlossen waren nur zwei extreme Richtungen, alle anderen waren geduldet, mochten sie noch so verschiedenartig denken. Es wird nicht gesagt, wie die Einigung zustande kommt, es werden nur negative Bemerkungen gebraucht, die vier verneinenden Begriffe ‚unvermischt, unverwandelt, ungetrennt, ungesondert‘ stehen an entscheidender Stelle. Ob das logisch vorstellbar sei, bleibt

364 Mansi, Collectanea III 1460.
365 Denzinger/Schönmetzer: Enchiridion, Nr. 300–302.

dahingestellt. Das war aber diplomatisch geschickt, denn in dieser weiten, nicht durch eine authentische Erklärung eingeengten Form konnte sich jeder das Seine denken. Wie in Nicaea, so hatte auch in Chalcedon das Abendland seine Ansicht durchgesetzt und auch hier haben sich die Väter rasch gefügt. Es gab in der ganzen Schar der anwesenden Bischöfe überhaupt nur einen aufrechten Mann, Dioskur, der erhobenen Hauptes von der Bühne abtrat. Klagend und jammernd warfen sich ägyptische Bischöfe zu Boden und sagten, sie würden zu Hause totgeschlagen, wenn sie die Formel ‚in zwei Naturen' unterschrieben hätten. Es half ihnen nichts. Die Erregung im Orient muß ungeheuer gewesen sein: „Verflucht sei der gottlose Leo, der Seelenräuber, verflucht sein gottloser Brief! Verflucht auch Marcian und die gottlose Pulcheria! Verflucht Chalcedon und sein Symbol und alle, die ihm gehorchen! Verflucht, wer in Christo, dem Sohn Gottes, nach der Einigung zwei Naturen bekennt!"[366], so erscholl es aus einem Grabe in Palästina. Doch Roms Sieg war durch den Kanon 28 der Synode zur Hälfte wieder in eine Niederlage verwandelt, denn Konstantinopel wurde ihm an Rang gleichgestellt. Vergeblich war aller Protest der Legaten und Papst Leos I. Der kaiserliche Hof wollte keinen der Patriarchen zu mächtig werden lassen und spielte sie daher gegeneinander aus.

So klug diese Politik auch war, so sehr der Kaiser durch sie zum Herrn der Kirche wurde, so sollte doch gerade durch das Chalcedonense die gesamte Ostkirche in die wildesten Kämpfe gestürzt werden. Die Monophysiten bekämpften es energisch, aber ihre Opposition trug nicht rein dogmatischen Charakter, es verbanden sich mit ihr nationale Motive, die barbarischen Randvölker wollten ihre Freiheit erkämpfen und bedienten sich dabei auch der Glaubensunterschiede. Wir müssen diese wechselvollen monophysitischen Streitigkeiten nicht bis in alle Einzelheiten verfolgen, es seien nur die treibenden Momente hervorgehoben und einige Schlaglichter auf die Art des Kampfes geworfen. Von der ungeheuren Bewegung macht man sich kaum eine richtige Vorstellung. Jerusalem wurde von fanatischen Mönchen erstürmt, die den Patriarchen vertrieben. Dieser kehrte aber mit einem starken militärischen Aufgebot zurück und es kam zwischen beiden Parteien zu einer regelrechten Schlacht. Unruhen brachen auch in Antiochien aus, am schlimmsten lagen die Dinge aber in Alexandria. Hier konnte Dioskurs Nachfolger sich nur unter militärischem Schutz halten, nach dem Tod des Kaisers (457) stürmte das Volk die Kathedrale und ermordete den Erzbischof in der Taufkapelle. Die Erregung unter den Mönchen wurde durch einen gewissen Timotheus Aelurus gesteigert, der verkleidet zu nächtlicher Zeit von Zelle zu Zelle schlich und die Brüder durch geheime Offenbarungen aufregte – daher sein Beiname *Aelurus* (das Wiesel). Das Henotikon, ein Edikt Kaisers Zenos von 482, schildert die ganze Situation: „unzählige Morde mußten ertragen werden, von der Menge des vergossenen Blutes wurde nicht allein die Erde, selbst die Luft noch befleckt"[367]. So ist es verständlich,

366 William Hugh Clifford Frend: The rise of the Monophysite Movement. Chapters in the History of the Church in the fifth and sixth Centuries. Cambridge 1972.

367 Eduard Schwartz: Codex Vaticanus Gr. 1431. Eine Antichalkedonische Sammlung aus der Zeit Kaiser Zenos. München 1927.

daß die Politik des Hofes bestrebt sein mußte, diese Kluft durch Zurückgewinnen der Monophysiten zu schließen. Das konnte indes nur so geschehen, daß man das Chalcedonense beiseite schob – wenn auch nicht ausdrücklich, so doch dem Sinne nach. Das gelang Kaiser Zeno mit seiner Einheitsformel: dem Henotikon. Das ‚in zwei Naturen' wird faktisch ignoriert, indem man sich nur auf die Chalcedon vorangegangen Konzile beruft und zugleich alle verurteilt, die anders glauben, als es das Henotikon zusammenfaßt, sei es in Chalcedon oder anderswo. Die Mehrzahl der Monophysiten schwenkte ein, aber das Abendland und besonders Rom waren darüber empört, daß Chalcedon und damit auch die „Epistola dogmatica" Leos I. übergangen wurde. Die Folge war der Bruch zwischen Ost und West, die erste große Spaltung, die beide Reichshälften kirchlich trennte und 35 Jahre anhielt (484–519). Das führte im Osten zu einer noch weitergehenderen Begünstigung der Monophysiten, da man jetzt auf Rom keine Rücksicht mehr zu nehmen brauchte. Die Situation änderte sich jedoch. Verschiedene politische Gründe ließen eine Beendigung des Schismas ratsam erscheinen, aber der Osten schnitt bei den Verhandlungen schlecht ab, denn er mußte sich ganz den Bedingungen Roms beugen. Das Chalcedonense wurde in seiner Verbindlichkeit wiederhergestellt, die Namen der vier Patriarchen, die während des Schismas in Konstantinopel regierten, wurden aus den Büchern getilgt.

Und doch war Rom weiter vom Sieg entfernt als zuvor, trotz aller diplomatischen Erfolge. Inzwischen hatte man nämlich im Osten gelernt, sich mit dem Chalcedonense abzufinden und dabei doch seine Meinung zu wahren. Die theologischen Begriffskünstler traten auf, allen voran Leontius von Byzanz. Wie in den nicaenischen Streitigkeiten, so lernte man es auch hier, eine Formel geschickt zu bearbeiten. Man bediente sich dazu aristotelischer Distinktionen. Man mußte das scheinbar Widersprechende vereinen, das ‚in zwei Naturen' Leos mit der Ansicht Cyrills. Leontius konnte dies mit Hilfe seines Begriffs der Enhypostasie: der Logos ist das personbildende Prinzip, die menschliche Natur ist ihm gegenüber nicht *hypostatos*, d. h. sie besitzt keine eigene Hypostase, sie ist aber auch nicht *anhypostatos*, sondern besitzt dennoch eine Hypostase und ist so *enhypostatos*. Damit ist gemeint, dass die Hypostase der menschlichen Natur in der Hypostase des Logos besteht, wie die Haut am Fleisch sitzt. Die menschliche Natur besteht somit nicht ohne die göttliche Natur. Nun hatte man die ‚eine Natur', nach der man strebte, und konnte dennoch an dem ‚in zwei Naturen' des Chalcedonense festhalten. Mit anderen Worten: man deutete das Chalcedonense nach Cyrill. Das Entstehen einer cyrillisch-chalcedonensischen Orthodoxie ist das bedeutendste Ereignis dieser Zeit, eine Parallele zur Entstehung der jungnicaenischen Partei. Auf dieser theologischen Grundlage konnte der Kaiser nun sein Unionswerk aufbauen.

Es war kein Geringerer als Justinian (482–565), einer der bedeutendsten byzantinischen Kaiser, der 527 an die Regierung gelangte. Ein Mann gleichermaßen ausgezeichnet durch hohe Tugenden, wie belastet mit hervorstechenden Fehlern. Betrachtet man ihn von der religiösen Seite her, so ist seine persönliche, aufrichtige Frömmigkeit hervorzuheben, eine ausgeprägte Heiligenverehrung, besonders des

Erzengels Michael. Zugleich war er auch in höchstem Maße theologisch interessiert und arbeitete sich in alle schwebenden Fragen hinein, auch darin ein Vorläufer der späteren byzantinischen Kaiser. Bei Prokop findet sich folgende Charakteristik: „Was könnt ihr von einem bigotten Tyrannen fürchten? Schlaflos und unbewaffnet sitzt er ganze Nächte in seiner Stube, ratschlagt mit geistlichen Graubärten und wendet die Blätter ihrer theologischen Bücher um“[368]. Justinian zeichnete sich durch ein klares Erfassen der Probleme aus, hielt selbst größere Ansprachen auf Konzilien und sandte theologische Edikte in sein Land. Er stand auf dem Boden der Lehre des Leontius von Byzanz und versuchte daher, im ganzen Reich die Glaubenseinheit herzustellen, indem er das Chalcedonense beibehielt, um das Abendland zu gewinnen, es aber cyrillisch auslegte, um die Monophysiten zu versöhnen. Wie er politisch das alte Imperium noch einmal erneuerte, so wollte er ihm auch wie Konstantin den einen, wahren Glauben geben. Ja, er unternahm weitere Schritte des Entgegenkommens und veranstaltete wie Konstantin ein Religionsgespräch mit den Monophysiten, das aber ergebnislos verlief.

Ein weiteres Einlenken Justinians zeigt der sogenannte theopaschitische Streit. Schon im ausgehenden fünften Jahrhundert wurde in Antiochien das Trishagion monophysitisch erweitert: „heiliger Gott, heiliger starker Gott, heiliger unsterblicher Gott, der für uns gekreuzigt wurde, erbarme dich über uns“[369]. Es handelt sich hier um eine kultische Neuerung, deren Absicht klar ist: gelitten hat nicht der Mensch Jesus, sondern der Logos als Person der Trinität, d. h. es gibt nur eine Natur, die menschliche ist von der göttlichen aufgesogen. Ja, es wird berichtet, daß man sich damals in Antiochien einen Papagei abgerichtet habe, der das Trishagion mit diesem Zusatz sprechen konnte. Dieses erweiterte Trishagion sollte dann nach einem Dekret des Kaisers Anastasios I. (491–518) im Jahr 512 in Konstantinopel in den Gottesdienst eingeführt werden, wobei es zu schwersten Unruhen kam, die beinahe dem Kaiser das Leben kosteten. Man zerbrach seine Standbilder, die Mönche rotteten sich schreiend auf den Straßen zusammen und griffen, nachdem ihre Lungen erschöpft waren, zu Steinen und Knüppeln. Man verlangte die Absetzung des Kaisers, der den Tumult nur dadurch zur Ruhe bringen konnte, indem er barhäuptig ohne das kaiserliche Diadem im Hippodrom erschien. Später aber wurde dieser monophysitische Zusatz zu Justinians Zeiten von den skythischen Mönchen, von Leontius und anderen verteidigt, die doch gerade die Hüter der Orthodoxie waren. Sie vertraten jetzt mit Entschiedenheit die Formel: ‚Einer aus der heiligen Dreieinigkeit hat im Fleisch gelitten‘ (‚*hena tes hagias triados peponthenai sarki*‘). Sie konnten dabei direkt an das Henotikon anknüpfen, konnten auch auf den Begriff *theotokos* hinweisen und sich endlich auf die Instanz der Väter berufen, denn wie oft spricht z. B. Irenäus vom gekreuzigten Gott? So konnte Justinian tatsächlich die Orthodoxie dieser Formel anerkennen, womit er natürlich auch den Monophysiten entgegenkam. Rom widersprach aber.

368 Historia Arcana 30,34.
369 Mansi VI 936 C.

Ein weiteres Entgegenkommen für die Monophysiten bedeutete die Verurteilung der ehemaligen antiochenischen Schulhäupter, besonders des Theodor von Mopsuestia, der der Lehrer des Nestorius gewesen war. Seinen Kopf hatte man längst gefordert, seine Autorität war das Haupthindernis für eine cyrillische Interpretation des Chalcedonense. Mit ihm wurden zwei weitere antiochenische Theologen verurteilt, wenigstens in ihren anticyrillischen Schriften. Für das Abendland mußte das einen schweren Schlag bedeuten und man sträubte sich lange sehr dagegen, dieses Urteil, die sogenannten drei Kapitel, anzunehmen. Papst Vigilus wurde schließlich zur Anerkennung gezwungen, der Kaiser zitierte ihn nach Konstantinopel, wo er den Beschlüssen des fünften ökumenischen Konzils von Konstantinopel von 553 zustimmen mußte. Aber das darüber empörte Abendland sagte sich von ihm los, ja in Afrika, das in theologischer Hinsicht am eifrigsten war und wo die meisten Streitschriften entstanden, wurde der Papst sogar exkommuniziert. Der Dreikapitelstreit spaltete die abendländische Kirche auf lange Zeit und bedeutete eine schwere Einbuße für das päpstliche Ansehen.

Zu gleicher Zeit wurde auch Origenes verurteilt, er war zu frei und paßte nicht mehr in die aufkommende Scholastik hinein. Seine Verurteilung hängt mit den Wirren in den palästinischen Klöstern zusammen. Das fünfte ökumenische Konzil zu Konstantinopel (553), das der Kaiser trotz aller päpstlichen Proteste einberufen hatte, bestätigte die bisherige kaiserliche Religionspolitik. Sie war ein Sieg des Absolutismus. Das Chalcedonense wurde feierlichst anerkannt, aber durch die Verurteilung der Antiochener war seine cyrillische Interpretation garantiert. Ausdrücklich wurde betont, daß von einer *henosis schetike* (zwei getrennte Einheiten in enger Beziehung) keine Rede sein könne und daß nach der erfolgten Einigung der Naturen von zwei Naturen nur noch in theoretischer Weise gesprochen werden könne. Die Klippe des ‚in zwei Naturen' umschiffte man durch den Begriff der Enhypostasie: nur der Logos besitzt eine eigene Hypostase, die menschliche Natur hat ihre Hypostase in der des Logos. Im Gekreuzigten hat man nur den göttlichen Logos zu sehen, einen aus der heiligen Dreifaltigkeit. Wer das nicht tat, wurde ausdrücklich verflucht. Damit hatte die christologische Frage einen gewissen Abschluß erreicht.

Aber die Monophysiten gewann man mit alledem noch nicht. Sie gingen der Reichskirche verloren, wurden in ihrer Isolierung immer enger und spalteten sich um dogmatischer Feinheiten willen ihrerseits wieder in mehrere Gruppen, die sich heftig befehdeten. So tobte ein großer Streit darüber, ob Christi Leib während seines Erdenwandels dem Leiden und der unsündlichen Schwachheit, wie Hunger, Durst und Angst, unterworfen war. Die Severianer nahmen dies an, um die Wesensgleichheit Christi mit den Menschen zu wahren, während die Julianisten, benannt nach Julian von Halikarnass, behaupteten, daß Christi Leib von seiner Geburt an völlig leidensfrei gewesen sei. Man nannte sie daher die Aphthartodoketen (sie sprachen vom Schein der fleischlichen Unvergänglichkeit). Christus ist für sie ein über die Erde wandelnder Gott, sein Fleisch eigentlich nur Schein. So war man beim Doketismus angelangt. Aber auch das war einigen Extremen noch nicht weitgehend genug. Die nach ihrer Lehre sogenannten Aktisteten behaupteten, daß Christi Fleisch ungeschaffen sei. Wird damit das Materielle immer mehr in die Sphäre des Göttlichen gelegt, so ist von hier aus der Schritt zum Pantheismus nicht mehr allzu weit und tatsächlich haben ihn einige syrische monophysitische Mystiker in der Nachfolge des Stephan bar Sudaili (+ um 550) vollzogen.

Eine Folge der kaiserlichen Politik war das Entstehen der monophysitischen Nationalkirchen, die gegen Chalcedon und den Hellenismus Front machten. Sie bestehen zum Teil heute noch, wenn auch in sehr kleiner Gestalt. Es sind die koptische und die äthiopische Kirche, die Jakobiten Syriens, benannt nach Jakob Baradai, daneben muß noch die sehr einflußreiche nestorianische und der Sonderweg der armenischen Kirche genannt werden. Die Armenier gingen einen eigenen Weg, weil sie in Zeiten beständiger politischer Wirren gar nicht an den Beratungen und den ihnen folgenden Verwirrungen des Chalcedonense Anteil hatten. Damit war die Reichskirche faktisch im Osten zusammengebrochen und wenige Jahrzehnte später beendete die Islamische Expansion (ab der Mitte der 630er Jahre) in diesen Gegenden die mühsame theologische Auseinandersetzung.

Übersehen wir diese christologischen Streitigkeiten, so erkennen wir sofort die Eigenart der östlichen Entwicklung. Feinste theologisch-philosophische Fragen, fast in Spitzfindigkeiten auslaufend, Herrschaft des Kaisers in der Kirche, Anbruch der Scholastik, die das Dogma höchstens formell bearbeiten kann, aber jede Neuerung verabscheut. Dieses nach so vielen Kämpfen errichtete Dogma ist aber doch nur ein Ausdruck der Frömmigkeit, der Sehnsucht nach Vergottung (*theopoiesis*). Es trägt die Liturgie, den Kultus, der sie jedem Gläubigen vermittelt. Auch der Kultus ist heilig, alle seine mannigfachen Handlungen sind geheimnisvolle Symbole, deren Tiefsinn es nur zu enträtseln galt. Der Mann, der dies konnte, ist der sogenannte Pseudo-Dionysius Areopagita, der große Kultmystiker der Ostkirche.

49. Dionysius Areopagita

In Acta 17,34 wird erzählt, daß in Athen ein gewisser Dionysius, der Areopagite, dem Apostel Paulus Glauben schenkte. Unter dem Namen dieses „Apostelschülers“ besitzen wir zehn Briefe und vier umfangreiche Schriften mystischen Inhalts, die die Titel tragen: „Himmlische Hierarchie“, „Irdische Hierarchie“, „Göttliche Namen“, „Mystische Theologie“. Das ganze Mittelalter sah in diesen Werken Schriften aus der apostolischen Zeit, was jedoch mit der Zeit mehr und mehr widerlegt wurde. Wie kann ein Zeitgenosse des Paulus die Ignatianen zitieren, die doch erst um 115 geschrieben wurden? Keiner unter den älteren Kirchenvätern erwähnt diese Schriften, sie tauchen erstmals 533 in Konstantinopel bei einem Religionsgespräch mit den Severianern auf, wo sofort Bedenken bezüglich ihrer Echtheit erhoben werden. In Syrien lassen sich die Schriften nur bis 512 zurückverfolgen. Zu diesen äußeren Gründen, die gegen die Echtheit der Schriften sprechen, gesellen sich innere. Der ganze Zustand der in den Schriften dargestellten kirchlichen Verhältnisse entspricht der Lage um 500, die Christologie ist die des Henotikons, die philosophischen Termini sind die des berühmten Plotin-Schülers Proklus, der 485 starb. Aller Wahrscheinlichkeit nach war der Verfasser der Schriften Bischof, möglicherweise in Syrien. Sicheres läßt sich über ihn natürlich nicht feststellen, da er alle Spuren sorgfältig verwischt hat. Er schreibt z. B. einen Brief an Johannes, als dieser auf der Insel Patmos weilt, an Titus usw. Die areopagitischen Schriften sind also Pseudepigraphien größten Ausmaßes.

Wichtiger als dies ist aber ihr Inhalt, der zum Teil auf Plotin und der neuplatonischen Mystik beruht. Natürlich trägt auch das System des Areopagiten den uns schon von Plotin her bekannten dreiteiligen Rhythmus: das überwesentliche Eine, der Ausfluß und der Rückfluß, d. h. die Henosis. Welche Rolle sie bei Dionysius spielt, kann man allein daraus ersehen, daß sich dieser Terminus mehr als vierhundertmal findet. Die Emanationsreihen des Neuplatonismus, die die Verbindung zwischen Gott und Mensch herstellen, kennt der Areopagite natürlich, er hat sie nur verchristlicht, wenigstens äußerlich, indem er sie auf die Engel und Erzengel deutet, die die „Himmlische Hierarchie“ („*Peri tes ouranias hierarchias*“) bilden. An sie schließt sich unmittelbar die ‚kirchliche Hierarchie‘ an, deren Aufgabe in der Weiterleitung der göttlichen Offenbarung besteht. Sie tut das durch Symbole und Bilder. Aber diese können uns keine absolute Wahrheit vermitteln. Der Areopagite hat eine eigene Schrift über die ‚göttlichen Namen‘ geschrieben, in der er zeigt, daß der überquellende Reichtum der Gottheit, ihr Übersein, auf dem Weg, den er den kataphatischen (positiven) nennt, nicht zu erfassen ist. Wenn die Seele zur wirklichen Erkenntnis des Einen gelangen will, dann muß sie den apophatischen (negativen), mystischen Weg einschlagen. Der kataphatische Weg wird damit nicht ausgeblendet, aber vom apophatischen als dem Besseren aus kontrolliert und reflektiert. Man kann das Seiende nur in der Negation erkennen, man muß das Eine in der Abstraktion vom Vielen erfassen. Sehr bezeichnend ist der Anfang der „Mystischen Theologie“:

> „Teurer Timotheus, willst du ständig mystische Visionen haben, so laß hinter dir alle sinnlichen Wahrnehmungen und alle geistigen Schlüsse, alle himmlischen und geistigen Dinge, alle seienden und nichtseienden Dinge und komm – soweit es dir möglich ist – ohne etwas zu erkennen, zur Einung [Henosis] mit ihm, der über jedes Sein und Erkennen erhaben ist. Denn durch die Ekstase ... wirst du zu dem überseienden Strahl des göttlichen Dunkels emporgeführt, wenn du alles verlassen hast und von allem losgelöst bist“[370].

Wir begegnen hier Plotin auf christlichem Boden, wo bei ihm die Äonen standen, stehen bei Dionysius die Engel. Die Kirche mit ihrem Heilsapparat, die Theologie mit ihrer Spekulation – alles wird in sein System einverleibt und alles wird durch Christus garantiert.

Es gilt, auf einige Besonderheiten zu achten, die den Areopagiten von Plotin scheiden und bei denen sich schlagend die Abhängigkeit von Proklus verrät:

370 Dionysios Areopagita: Mystische Theologie. Übers., mit Einleitung und Kommentar versehen von Walther Tritsch. München-Planegg 1956.

(1) Proklus übersteigert die Transzendenz des Einen, indem er von der Übereinheit, Übervereinfachung spricht. Der Areopagite folgt ihm hierin ganz getreu.

(2) Diese metaphysische Einheit entspricht nun auch einer psychologischen, denn es muß doch eine bestimmte Kraft geben, mit der man das Eine in der Ekstase schaut, das einheitliche Wesen der Seele, die *henades*. Auch in dieser Überspannung eines plotinischen Gedankens folgt der Areopagite Proklus.

(3) Das Hinausgehen über Plotin zeigt sich nicht nur im Übersteigern, auch im Schematisieren. Durch das ganze System des Proklus zieht sich das Triadenschema, alle Emanationen sind zu Triaden zusammengefaßt und leiten die göttlichen Lichtströme nach unten. Ähnlich beim Areopagiten. Die „Himmlische Hierarchie" umfaßt drei Triaden, die neun Chöre. Die Namen der höchsten lauten: Seraphim, Cherubim, Throne. Die Abstufungen innerhalb einer Triade sind so eingerichtet, daß das mittlere Glied eine vermittelnde Rolle spielt, d. h. daß es das nach unten weitergibt, was es von oben bekommen hat. Mit diesem Schema verbindet sich ein anderes, das ebenfalls dieses ganze Schrifttum durchdringt, nämlich die drei Stadien des Heilsvollzugs: Reinigung, Erleuchtung, Heiligung. Die oberste Triade erhält alles direkt von Gott, sie teilt es der zweiten Trias mit – Herrschaften, Kräfte, Mächte –, die es also erst aus zweiter Hand empfängt, Reinigung und Erleuchtung vollständig, die Vollendung nicht in vollem Grad. Das Charakteristikum der dritten Triade ist also die Reinigung. Diese leitet sie an die irdische Hierarchie weiter. Eine Kette schlingt sich von unten nach oben, an der alles emporsteigt. In der mittelalterlichen Mystik hat diese Spekulation von den neun Chören weiteste Verbreitung gefunden. Wir finden sie z. B. bei Hildegard von Bingen und bei Dante.

Es bleibt noch eine zusammenfassende Würdigung des Ganzen und ein Hervorheben der Züge, die für die Geschichte der christlichen Mystik von ausschlaggebender Bedeutung geworden sind. Zwei Motive seien erwähnt: Wir haben es beim Areopagtien mit einem spekulativen Kopf zu tun, der sich ein Weltbild unter dem Aspekt der Mystik zurechtgelegt hat, dem man eine gewisse Großartigkeit nicht absprechen kann, wenn es auch nicht durchweg originell ist. Es ist Unendlichkeitsmystik, die unermüdlich um das Eine kreist. In dieser Hinsicht ist der Areopagite der Lehrer der mittelalterlichen Mystik geworden, besonders bei Meister Eckhart läßt sich sein Einfluß deutlich erkennen. Wie oft heißt es doch bei ihm: ‚Dionysius sagt …'. Daneben ist er der große Kultmystiker, insofern er den ganzen Kultus mit seiner Mystik durchdrang und allegorisch deutete. Hier war er der Lehrer der griechischen Kirche bis auf den heutigen Tag. Zwei Beispiele sollen für die mystische Deutung des Kultus sprechen: Zunächst der Taufritus und seine Deutung. Der Täufling schaut nach Westen, er hat sich aller seiner Gewänder entledigt, d. h. er hat die Begierden und Leidenschaften abgelegt, und wenn er sich nun nach der Absage an den Teufel nach Osten wendet, so stellt das symbolisch seine Einigung mit dem Einen dar. Wie teilt nun Dionysius nach seinem Schema ‚Reinigung, Erleuchtung, Heiligung' die irdische Hierarchie auf? Diesem Schema entsprechen die drei

Sakramente: die Taufe der Reinigung und Erleuchtung, die Eucharistie der Heiligung und die Salbung der Vollendung. Die Weihenden entsprechen dem Schema gleichfalls, der Bischof oder Hierarch der Vollendung, der Priester der Erleuchtung und der Liturg der Reinigung. Auch die Empfänger der Weihen werden in das Schema eingegliedert, die Katechumenen und Büßer stehen für die Reinigung, das christliche Volk für die Erleuchtung und die Mönche für die Vollendung. So wird das gesamte kirchliche Leben in seiner Organisation und in seinem Kultus im Sinne der Mystik gedeutet.

Wie soll dieses System beurteilt werden? Es wird ohne weiteres klar sein, daß wir hier eine von neuplatonischer Mystik bestimmte Theologie haben, die das Evangelium auf ihre Weise ausdeutet. Nicht der Vater Jesu Christi, sondern das absolute Eine ist das Ziel, dem wir zustreben. Für die Sünde ist hier kein Platz, sie ist nur ein weniger Gutes, das der Reinigung bedarf. Aber man wäre ungerecht, wenn man einen Theologen des fünften Jahrhunderts mit dem Maßstab des Paulus messen wollte. Man muß ihn vielmehr aus seiner Zeit heraus zu verstehen suchen. Dann kommt ihm ein doppeltes Verdienst zu. Er hat zunächst mit ganzer Kraft den heidnischen Hellenismus mit seinen eigenen Waffen bekämpft, indem er ein System schuf, das sich dem des Proklus ebenbürtig an die Seite stellte. Auf der anderen Seite bildete er ein wirksames Gegengewicht gegenüber den dogmatischen Streitigkeiten der Theologen, er entzündete in unzähligen Seelen über die Jahrhunderte hinaus das Streben nach der reinen Gottesliebe und er stärkte wiederum die kirchliche Autorität. Sein Fortwirken geht über die Kommentare des Maximus Confessor[371] hinein in die byzantinische und russische Mystik und wirkt weiter über das Mittelalter hinaus.

371 Maximus Confessor (um 580–662) trug die Theologie des Areopagiten besonders in seinem Kommentar zu den areopagitischen Schriften in die Theologie des siebten und der nachfolgenden Jahrhunderte hinein. Vgl. Walther Völker: Maximus Confessor als Meister des geistlichen Lebens. Wiesbaden 1965; Andrew Louth: Maximus the Confessor. London 1996.

Schlußbetrachtung

Das Entstehen des christologischen Dogmas, das Aufkommen der monophysitischen Nationalkirchen und die Kultmystik sind die wichtigsten Tatsachen der östlichen Kirchengeschichte. Neues schöpferisches Leben regte sich kaum mehr, die Verurteilung des Origenes ist ein deutliches Symptom für die aufkommende Scholastik. Zugleich wurde deutlich, wie unterschiedlich sich die Dinge im Osten im Vergleich mit dem Westen entwickelt haben. Byzantinische Verhältnisse bilden sich im Osten immer stärker heraus. Justinian leitete die Verhältnisse von der Reichskirche zur byzantinischen Staatskirche hinüber. Man hat in ihm oft den letzten altrömischen Kaiser gesehen, man hat seine Politik reaktionär genannt – beides mit Recht. Justinian hat noch einmal den Versuch unternommen, sämtliche Länder des Mittelmeerraumes unter seinem Zepter zu vereinigen und damit zugleich, durch Ächtung der Arianer, die Glaubenseinheit herzustellen, was ihm zum größten Teil gelungen ist, so in Nordafrika, Italien und Syrien. Er hat mit blutiger Strenge Heiden, Samaritaner und Ketzer verfolgt und im Jahr 529 die platonische Akademie in Athen endgültig geschlossen. Aber mit demselben Recht kann man die Gestaltung Justinians als grundlegend für die byzantinische Kirche ansehen. In ihm hat erstmalig der Cäsaropapismus seine klassische Ausprägung erfahren: dem Herrscher begegnet in der Proskynese und dem Ruf ‚Kyrie eleison' religiöse Verehrung. Dann durfte er sich aber auch in innerkirchliche Angelegenheiten einmischen – der Kaiser als Theologe, auch das eine Weissagung auf die Zukunft. Die Lebensführung des Kaisers war eine halb mönchische: ständiges Beten, strenges Fasten, der Palast ein halbes Kloster – auch das ist charakteristisch. Byzantinisch ist ferner die Vorliebe für prunkvolle Bauten, wie z. B. der Kuppelbau der Hagia Sophia, für kostbare Bibelhandschriften usw. Von höchster Bedeutung ist die Kodifikation des Rechts im *corpus iuris*, seine religiöse Fundamentierung, der gesetzliche Schutz des rechten Glaubens, die Einbeziehung des Klerus, seiner Aufgaben und seiner Privilegien in das weltliche Recht und die Beteiligung der Bischöfe im öffentlichen Leben als Kontrollinstanzen für die Magistratsbeamten. Man kann die Regierung Justinians verschieden beurteilen, aufs Ganze gesehen hat sie dem Osten durch die gefährliche Kraftüberschätzung wohl mehr geschadet als genützt, denn sie hat ihn der Islamischen Expansion wehrlos preisgegeben, sie hat ihn mit dem Erbe abendländischer Provinzen – bald war es nur noch Italien – belastet, deren Verwaltung kostspieliger war, als es ihrem Nutzen entsprach. Aber in allem ist er bahnbrechend für das Mittelalter geworden. Süditalien bildete für viele Jahrhunderte die Brücke zwischen Ost und West, vermittelte dem Abendland die feinere griechische Bildung und Kultur. Die byzantinische Staatskirche ist unter Justinian vollendet, der Patriarch von Konstantinopel ist nur der Hofbischof, der Kaiser herrscht auch in der Kirche, er beruft die Synoden, bestimmt den Glauben, verordnet eine neue kirchliche Einteilung, handelt nach freiem Ermessen. Damit ist eine Entwicklung zum Abschluß gekommen, deren Anfänge wir schon bei Konstantin beobachten konnten. Die byzantinische Staatskirche ist bei Justinians Tod (565) im Wesentlichen abgeschlossen. Sie war nicht erstarrt, aber sie besaß auch kein schöpferisches Leben mehr. Es ist eine der folgenschwersten Erscheinungen der Kirchengeschichte, daß der Schwerpunkt der Entwicklung sich von Ost nach West verschob, daß gerade die Länder, in denen das Christentum zu Anfang die größte Rolle gespielt hat, fast ganz verloren gingen und daß dagegen neue Bande geknüpft wurden mit den germanischen Völkern. Die Zertrümmerung der arianischen Landeskirchen und die Sammlung der germanischen Volkskirchen um Rom war eines der wichtigsten Ereignisse. Diese Entwicklung setzte mit der Taufe Chlodwigs ein, erreichte unter Gregor dem Großen einen ersten Höhepunkt und sollte unter Karl dem Großen eine Wiederbelebung der abendländischen Kaiseridee erfahren, jetzt freilich auf fränkischer Grundlage.

Nachwort zur Entstehung dieses Buches

Dieses Buch entstand aus meinen Erfahrungen als Religionslehrer und Gemeindepfarrer. So stehe ich bei der Vermittlung der Theodizee-Frage in einer Oberstufenklasse oft vor der Frage: Wie weit darf ich ausholen? Zum Beispiel bei den Gedanken des für die abendländische Kirche so wichtigen Kirchenvaters Augustinus. Ohne seine prinzipiellen Überlegungen, z. B. zur Frage der zwei Reiche (*civitas terrena* und *civitas dei*), ist die Entwicklung und Geschichte der Kirche bis in unsere Gegenwart nicht zu verstehen. Neben den theoretischen Inhalten seines Denkens stehe ich aber auch vor der Herausforderung, dieses für die Schüler aus dem historischen Zusammenhang verständlich zu machen. Als Religionslehrer darf ich mich nicht damit begnügen, aus dem Kosmos der augustinischen Theologie einen kleinen Ausschnitt vorzuführen, ohne auf die Hintergründe und Bedingungen seiner Entstehung hinzuweisen. Hierzu gehören die Fragen: Woher kommen diese Gedanken? Was gibt ihnen die bedrängende Wichtigkeit, sie zum Gegenstand einer Diskussion zu machen, ja das Feuer eines Streites zu entfachen? Wie sollte man von Augustins Stellung innerhalb der Theodizee-Problematik sprechen, ohne ein Bild seiner Vita zu zeichnen, in der diese Gedanken wuchsen, oder von den Problemen zu sprechen, denen sich der alternde Augustin in den Stürmen der Völkerwanderung ausgesetzt sah. Einen Eindruck von den großen Zusammenhängen und wiederkehrenden Fragen der frühen Kirchengeschichte soll daher dieses Buch vermitteln. Es will aber auch die Frage stellen: Findet das, was Menschen einmal so bewegt hat, einen Widerhall in den Diskussionen meiner eigenen Zeit?

Als Gemeindepfarrer einer Landgemeinde stehe ich in gewachsenen Strukturen, die nur selten hinterfragt werden. Trotz aller Umbrüche der vergangenen Jahrzehnte, nachdem durch Gebietsreform und andere Veränderungen die Gemeindeverwaltung, die Schulen und schließlich auch die meisten Geschäfte aus den Dörfern verschwanden und in Verwaltungszentren, Mittelpunktschulen und Einkaufsmeilen umzogen, blieb die Kirche im Dorf. So erwarten Menschen, die meist im fortgeschrittenen Lebensalter nach dem Tod von Eltern oder Angehörigen wieder Kontakt zur Kirche finden, daß dort die Zeit stehen geblieben ist. Während man sich sonst mit den Bequemlichkeiten des modernen Lebens umgibt, soll der Pfarrer den Gottesdienst in der traditionellen Liturgie im schwarzen Talar halten, wie man es aus der Konfirmandenzeit kennt. Doch wo Leben ist, muß auch Veränderung stattfinden. Die Frage des Erscheinungsbildes der Kirche in Liturgie und im kirchlichen Leben in der Welt von heute und für diese Welt wurde von den Kirchenvorständen meiner beiden Gemeinden mit großer Offenheit behandelt. Auf Anregung aus den Gemeinden wurde an einem „Tag für Kirchenvorsteher“ über die Fragen der Liturgie, der kirchlichen Amtshandlung und über Symbole und Vielfalt des kirchlichen Lebens außerhalb des Protokolls einer Kirchenvorstandssitzung nachgedacht. Dabei wurde immer wieder gefragt: Woher kommt das? Was hat das ursprünglich bedeutet? Transportiert ein Symbol noch seinen ursprünglichen Sinngehalt oder ist es für die heutigen Menschen unverständlich geworden? Um die Gegenwart verstehen zu können, muß man die Vergangenheit verstehen. Als Fachtheologe ist der Pfarrer dann gefragt, historische Zusammenhänge lebendig werden zu lassen und die Frage zu unterstützen: Wie lebt das? Wie kann der Reichtum unserer Tradition uns bei Fragen unserer Zeit hilfreich sein?

Die Evangelische Michaelsbruderschaft, der ich angehöre, strebt nach einer verantwortlichen Gestalt christlichen Lebens in ökumenischer Weite von Liturgie, Theologie und Diakonie. In der ökumenischen Begegnung von Katholiken, Protestanten und Orthodoxen, wie ich sie im Kreis der Bruderschaft erleben durfte, zeigt die Frage nach der ursprünglichen Herkunft der Traditionen und Inhalte des kirchlichen Lebens Gemeinsamkeiten und Verständigungsbrücken. Bietet doch der Schatz der Tradition auch die Möglichkeit, gemeinsam andere Wege zu gehen, die übersehen oder zu früh verlassen wurden. Gerade aus dem Kreis der Bruderschaft und der Arbeit ihrer Tagungen im Berneuchener Haus Kloster Kirchberg entstanden wichtige Anregungen zu dem vorliegenden Buch.

Für Fragen und Herausforderungen unserer Zeit, die an die Kirche von außen herangetragen werden, bietet die Geschichte des frühen Christentums oftmals die Erkenntnis ähnlicher Fragen, Probleme und Lösungsansätze. Dennoch fällt nicht nur in den Diskussionen innerhalb der Kirche auf, wie sehr das Bewußtsein historischer Verwurzelung verloren gegangen ist. Der Mißbrauch der Geschichte der Nationalsozialisten oder im sogenannten sozialistischen Realismus hat zum suspekten Eindruck einer starken Geschichtsbezogenheit geführt, die doch nichts anderes war, als Mittel einer ideologisierenden Propaganda. Aber Geschichte darf auch nicht nur als Umgang mit einem trockenen Zahlenwerk gesehen werden, das für die Gegenwart ohne besondere Bedeutung ist. Wie können wir es aber lernen, einen Zugang zum Reichtum von Geschichte und Tradition zu schaffen, der es uns erlaubt, historisches Erbe und verantwortete Zeitgenossenschaft miteinander zu verbinden und füreinander fruchtbar werden zu lassen? Die Kenntnis purer Fakten reicht hierfür nicht aus, denn es kommt auf den Zugang zu den Kenntnissen an. Geschichte muß Neugier wecken, Geschichte muß für uns lebendig werden und so die Bedeutungen selbst erschließen, die die Vergangenheit für unsere Gegenwart und für die Zukunft haben kann. Geschichte will erzählt werden, im Wiedergeben historischer Wege müssen Zusammenhänge lebendig, Notwendigkeiten erkannt, Widersprüche aufgedeckt werden. Dies gilt nicht nur für Historiker, sondern genauso für Theologen und damit für Kirchenhistoriker. Denn sie sprechen von Gott, der durch seine Menschwerdung historische Gestalt in all ihrer Fragwürdigkeit annahm.

Die Kirchengeschichte hat einen besonderen Charakter im Kanon der theologischen Fragestellung und im Gespräch der historischen Wissenschaften. Wenn man früher die Kirchengeschichte als etwas Besonderes behandelt und gegen die Profangeschichte abgegrenzt hat, so liegt in diesem Verfahren Richtiges und Falsches: Falsches, denn die *historia sacra* kann nicht mit besonderen Methoden erfaßt werden, sie ist kein heiliger Bezirk, sondern sie ist mit der ganzen Umwelt aufs Engste verflochten und steht mit ihr in direkter Wechselwirkung. Richtiges, denn die *historia sacra* behandelt eben die Geschichte der Kirche, die eine einzigartige, singuläre Größe ist. Es ist also eine gewisse Spannung zwischen Weltbezogenheit und Weltabsonderung zu konstatieren. Das ist kein Zufall, sondern diese Doppelschichtigkeit ist im Kirchenbegriff angelegt. Die Kirche ist einmal eine rein religiöse Größe: das himmlische Jerusalem, die Braut Christi, der Leib Christi, die Gemeinschaft der Gläubigen und Heiligen. Daneben ist sie aber zugleich eine Organisation, die in der Welt und neben anderen Organisationen steht, kurz eine soziologische und politische Größe. Aus der ständigen Spannung zwischen Weltbezogenheit und Weltabsonderung entwickelt sich die ganze Belebtheit der Kirchengeschichte. Der Umfang dieser sich aus dem doppelten Kirchenbegriff ergebenden Geschichte wurde in der Darstellung deutlich: Ethik, Frömmigkeit, ebenso wie Lehre, Verfassung, Kultus. Erst aus diesem Ganzen heraus gewinnt man einen Eindruck.

Die Vergrößerung der Problematik liegt aber nicht allein an der besonderen Dialektik der Kirche, sie liegt im Anspruch der ‚Objektivität'. Dieser wird hier noch weniger möglich sein als bei mancher anderen historischen Betrachtung, da bei der Beurteilung religiöser Tatsachen das eigene religiöse Leben natürlich mitsprechen muß. Es gibt also keinen teilnahmslosen Betrachter. Versuche, die Kirchengeschichte einer rein eschatologischen, metaphysischen oder teleologischen Objektivität zu unterwerfen, verfehlen nicht nur die Dynamik der Entwicklung der Kirche, sondern rauben ganzen Jahrhunderten ihren inneren Wert und degradieren sie zur Brücke. Jede Zeit und jeder Kulturkreis trägt Sinn in sich. Man muß sie daher aus sich heraus zu verstehen suchen, nach den ihnen eigenen Maßstäben. Die Schwierigkeit, diese Forderung zu erfüllen, liegt einerseits an der Distanz zu unserer Gegenwart, andererseits in der Dynamik des gegenseitigen Austauschs und Einwirkens unterschiedlicher Zeiten und Kulturkreise. So wurde die Kirche über Jahrhunderte gestaltet, ohne daß es zu einem absoluten Neubau kam. Die Gestalt der Kirche, die sie durch diese Entwicklung angenommen hat, könnte man mit einem Kirchenbau vergleichen, der in mehreren Stilen erbaut ist. Erfassen wir so jede Epoche in ihrer notwendigen Besonderheit, wird es uns vielleicht möglich sein, eine Einheit zu sehen. Denn die Kirchengeschichte ist ein Ganzes, allerdings ein überaus kompliziertes Gebilde.

Vor diesem Hintergrund will die vorliegende Darstellung eines zusammenhängenden Abschnitts der Kirchengeschichte dazu beitragen, Perspektiven zu eröffnen und Lösungen für die drängenden Fragen des Glaubens und kirchlichen Lebens unserer Gegenwart zu ermöglichen. Die Entwicklung der mannigfaltigen Formen christlichen Lebens kann hier nicht nur unklare Traditionen durch Hintergrundwissen neu beleben, sondern bekannte Probleme und Fragen aufgreifen und Lösungsansätze eröffnen. Die Kenntnis der Entwicklungen und Probleme des frühen Christentums können außerdem Begeisterung nicht nur an der Kirchengeschichte, sondern auch am religiösen Leben in der Kirche wecken: das Gefühl der Zusammengehörigkeit, das Bewußtsein, in einem großen Zusammenhang an einer ganz bestimmten Stelle mit ganz bestimmten Aufgaben zu stehen, das Gefühl des Stolzes, der Fähigkeit zu begründeter Kritik und des ernsten Verantwortungsbewußtseins.

Literatur

Kapitel 1. Das römische Imperium als politische Größe

Bowman, Alan K.: The Cambridge Ancient History. Vol. 10: The Augustan Empire. Cambridge 1996.

Bugh, Glen (Hg.): The Cambridge Companion to the Hellenistic World. Cambridge 2006.

Eck, Werner: Augustus und seine Zeit. München ^{5}2009.

Gehrke, Hans Joachim: Geschichte des Hellenismus. München ^{4}2008.

Green, Peter: Alexander to Actium. The historical evolution of the hellenistic age. Berkeley 1990.

Heinen, Heinz: Geschichte des Hellenismus. Von Alexander bis Kleopatra. München ^{2}2007.

Kienast, Dietmar: Augustus. Prinzeps und Monarch. Darmstadt ^{4}2009.

Meißner, Burkhard: Hellenismus. Darmstadt 2007.

Schmitt, Hatto H./Vogt, Ernst (Hg.): Lexikon des Hellenismus. Wiesbaden 2005.

Kapitel 2. Geistig-religiöses Leben im Imperium

Abel, Günter: Stoizismus und Frühe Neuzeit. Zur Entstehungsgeschichte modernen Denkens im Felde von Ethik und Politik. Berlin/New York 1978.

Burkert, Walter: Antike Mysterien, Funktionen und Gehalt. München 2003.

Cancik, Hubert (Hg.): Die Praxis der Herrscherverehrung in Rom und seinen Provinzen. Tübingen 2003.

Fishwick, Duncan: The imperial cult in the Latin west. Studies in the ruler cult of the western provinces of the Roman Empire (3 Bände). Leiden 1987–2004.

Fleck, Thorsten: Isis, Sarapis, Mithras und die Ausbreitung des Christentums im 3. Jahrhundert. In: Klaus-Peter Johne u. a. (Hg.): Deleto paene imperio Romano. Transformationsprozesse des Römischen Reiches im 3. Jahrhundert und ihre Rezeption in der Neuzeit. Stuttgart 2006, S. 289–314.

Geyer, Carl-Friedrich: Epikur zur Einführung. Hamburg 2000.

Gradel, Ittai: Emperor worship and Roman religion. Oxford 2002.

Klauck, Hans Josef: Die religiöse Umwelt des Urchristentums. Stuttgart 1995.

Pohlenz, Max: Die Stoa. Geschichte einer geistigen Bewegung (2 Bde). Göttingen ^{4}1970.

Smith, Andrew: Philosophy in Late Antiquity. London 2004.

Kapitel 3. Die religiöse Haltung des Judentums in Palästina und der Diaspora

Borgen, Peder: Philo of Alexandria. An Exegete for His Time. Leiden 1997 (= Supplements to Novum Testamentum. Bd. 86).

Deines, Roland (Hg.): Philo und das Neue Testament. Wechselseitige Wahrnehmungen. I. Internationales Symposium zum Corpus Judaeo-Hellenisticum 1.–4. Mai 2003 Eisenach/Jena. Tübingen 2004 (= Wissenschaftliche Untersuchungen zum Neuen Testament. Bd. 172).

Fischer, Thomas: Seleukiden und Makkabäer. Beiträge zur Seleukidengeschichte und zu den politischen Ereignissen in Judäa während der 1. Hälfte des 2. Jahrhunderts v. Chr. Bochum 1980.

Mason, Steve: Flavius Josephus und das Neue Testament. Tübingen/Basel 2000.

Niehoff, Maren R.: Philo on Jewish Identity and Culture. Tübingen 2001 (= Texts and Studies in Ancient Judaism, Bd. 86).

Noack, Christian: Gottesbewußtsein. Exegetische Studien zur Soteriologie und Mystik bei Philo von Alexandria. Tübingen 2000 (= WUNT II/116).

Sasse, Markus: Geschichte Israels in der Zeit des Zweiten Tempels. Neukirchen-Vluyn 2004, [2]2009.

Kapitel 4. Jesus und die Anfänge des Christentums

Ebner, Martin: Jesus von Nazaret. Was wir von ihm wissen können. Stuttgart 2007.

Roloff, Jürgen: Jesus. München 2000.

Schröter, Jens: Jesus von Nazaret. Jude aus Galiläa – Retter der Welt. Leipzig 2006.

Stegemann, Wolfgang: Jesus und seine Zeit. Stuttgart 2010 (= Biblische Enzyklopädie. Bd. 10).

Theißen, Gerd/Merz, Annette: Der historische Jesus. Ein Lehrbuch. Göttingen [4]2011.

Kapitel 5. Paulus und sein Konflikt mit dem Judaismus

Berger, Klaus: Paulus. München 2002.

Bornkamm, Günther: Paulus. Stuttgart [7]1993.

Dunn, James D. G.: Paul and the Mosaic Law. Tübingen 1996 (= WUNT 89).

Niebuhr, Karl-Wilhelm: Heidenapostel aus Israel. Die jüdische Indentität des Paulus. Tübingen 1992 (= WUNT 62).

Reinmuth, Eckart: Paulus. Gott neu denken. Leipzig 2004 (= Biblische Gestalten Bd. 9).

Kapitel 6. Die Ausgänge des apostolischen Zeitalters

Becker, Jürgen (Hg.): Die Anfänge des Christentums. Alte Welt und neue Hoffnung. Stuttgart 1987.

Goppelt, Leonhard: Die apostolische und nachapostolische Zeit. In: Die Kirche in ihrer Geschichte. Band 1, Lieferung A. Göttingen [2]1966.

Schenke, Ludger: Die Urgemeinde. Geschichtliche und theologische Entwicklung. Stuttgart u. a. 1990.

Schneemelcher, Wilhelm: Das Urchristentum. Stuttgart 1981.

Theißen, Gerd: Die Religion der ersten Christen – eine Theorie des Urchristentums. Gütersloh [3]2003.

Kapitel 7. Der Ausgang des Judenchristentums

Conzelmann, Hans: Geschichte des Urchristentums. Göttingen 1978.

Daniélou, Jean: Théologie du Judéo-Christianisme. Tournai 1958.

Klijn, Albertus F. J./Reinink, Gerrit J.: Patristic Evidence für Jewish-Christian Sects. Leiden 1973.

Wander, Bernd: Trennungsprozesse zwischen Frühem Christentum und Judentum im 1. Jahrhundert nach Christus. Tübingen 1994.

Wehnert, Jürgen: Die Auswanderung der Jerusalemer Christen nach Pella – historisches Faktum oder theologische Konstruktion? In: ZKG 102 (1991), S. 231–255.

Kapitel 8. Die Ausbreitung des Christentums im 2. Jahrhundert

Brennecke, Hanns C.: Entstehung und Formierung des Christentums unter den Bedingungen der römischen Kaiserzeit. In: E. Erdmann/U. Uffelmann (Hg.): Das Altertum. Vom alten Orient zur Spätantike. Idstein 2001, S. 179–308.

Carrington, Philip: The early Christian Church II: The Second Century. Cambridge 1957.

Harnack, Adolf von: Die Mission und Ausbreitung des Christentums in den ersten drei Jahrhunderten (3 Bde.). Leipzig ^{4}1924.

Kapitel 9. Behördliche und literarische Bekämpfung des Christentums

Andresen, Carl: Logos und Nomos. Die Polemik des Kelsos wider das Christentum. Berlin 1955.

Buschmann, Gerd (übers. und komm.): Das Martyrium des Polykarp. Göttingen 1998.

Möllendorff, Peter von: Auf der Suche nach der verlogenen Wahrheit. Lukians „Wahre Geschichten". Tübingen 2000.

Molthagen, Joachim: Der römische Staat und die Christen im zweiten und dritten Jahrhundert. Göttingen ^{2}1975.

Pichler, Karl: Streit um das Christentum. Der Angriff des Kelsos und die Antwort des Origenes. Frankfurt a. M. 1980.

Kapitel 10. Die Frömmigkeit und das sittliche Leben

Leutzsch, Martin: Die Wahrnehmung sozialer Wirklichkeit im ‚Hirten des Hermas'. Göttingen 1990, ^{2}1997 (= FRLANT 150).

Lindemann, Andreas/Paulsen, Henning (Hg.): Die Apostolischen Väter. Griechisch-deutsche Parallelausgabe. Tübingen 1992.

Schmitt, Tassilo: Paroikie und Oikumene. Sozial- und mentalitatsgeschichtliche Untersuchungen zum I. Clemensbrief. Berlin u. a. 2001 (= Beihefte zur Zeitschrift für die neutestamentliche Wissenschaft und die Kunde der älteren Kirche 110).

Kapitel 11. Die Anfänge des Kultus

Bradshaw, Paul F. : The Search for the Origins of Christian Worship. Oxford 2002.

Markschies, Christoph: Wer schrieb die sogenannte Traditio Apostolica? Neue Beobachtungen und Hypothesen zu einer kaum lösbaren Frage aus der altkirchlichen Literaturgeschichte. In: W. Kinzig/C. Markschies/M. Vinzent: Tauffragen und Bekenntnis. Studien zur sogenannten „Traditio Apostolica“ zu den „Interrogationes de fide“ und zum „Römischen Glaubensbekenntnis“. Berlin 1999, S. 1–74.

Metzger, Marcel: Geschichte der Liturgie. Paderborn 1998 (UTB 2028).

Peretto, Elio: Pseudo-Ippolito. La tradizione apostolica. Rom 1996 (= CollTestPat 133).

Schmidt-Lauber, Hans-Christoph: Handbuch der Liturgik. Liturgiewissenschaft in Theologie und Praxis der Kirche. Göttingen ^{3}2003.

Kapitel 12. Die Anfänge der Verfassung

Dassmann, Ernst: Ämter und Dienste in den frühchristlichen Gemeinden. Bonn 1994.

Hübner, Reinhard M.: Die Anfänge von Diakonat, Presbyterat und Episkopat in der frühen Kirche. In: Albert Rauch/Paul Imhof (Hg.): Das Priestertum in der Einen Kirche. Aschaffenburg 1987, S. 45–83.

Lohse, Eduard: Die Entstehung des Bischofsamtes in der frühen Christenheit. In: ders. (Hg.): Zeitschrift für die neutestnamentliche Wissenschaft und die Kunde der älteren Kirche, Bd. 71 (1980), S. 58–75.

Kapitel 13. Neue Strömungen: 1. Die Gnosis

Böhlig, Alexander/Markschies, Christoph (Hg.): Gnosis und Manichäismus, Forschungen und Studien zu Texten von Valentin und Mani sowie zu den Bibliotheken von Nag Hammadi und Medinet Madi. Berlin 1994 (= Beihefte zur Zeitschrift für die neutestamentliche Wissenschaft und die Kunde der älteren Kirche 72).

Jonas, Hans: Gnosis und spätantiker Geist (2 Bde). Göttingen 1954 f.

Logan, Alastair H. B.: The Gnostics. Identifying an Early Christian Cult. London 2006.

Markschies, Christoph: Die Gnosis. München 2001, ^{2}2006.

Weiss, Hans-Friedrich: Frühes Christentum und Gnosis: eine rezeptionsgeschichtliche Studie. Tübingen 2008 (= WUNT 225).

Kapitel 14. Neue Strömungen: 2. Marcion und seine Kirche

Harnack, Adolf von: Marcion. Das Evangelium vom fremden Gott. Darmstadt 1996 (ND ^{2}1924).

May, Gerhard: Markion. Gesammelte Aufsätze. Hg. von Katharina Greschat/Martin Meiser. Mainz 2005.

May, Gerhard/Greschat, Katharina (Hg.): Marcion und seine kirchengeschichtliche Wirkung. Berlin/New York 2001.

Moll, Sebastian: The Arch-Heretic Marcion. Tübingen 2010.

Riparelli, Enrico: Il volto del Cristo dualista. Da Marcione ai catari. Bern u. a. 2008.

Kapitel 15. Neue Strömungen: 3. Der Montanismus

Bonwetsch, Gottlieb Nathanael: Die Geschichte des Montanismus. Erlangen 1881.

Hirschmann, Vera-Elisabeth: Horrenda secta. Untersuchungen zum frühchristlichen Montanismus und seinen Verbindungen zur paganen Religion Phrygiens. Stuttgart 2005.

Paulsen, Henning: Die Bedeutung des Montanismus für die Herausbildung des Kanons. In: VigChr 32 (1978), S. 19–52.

Strobel, August: Das heilige Land der Montanisten. Eine religionsgeographische Untersuchung. Berlin 1980.

Trevett, Christiane: Montanism. Gender, Authority and the New Prophecy. Cambridge 1996.

Kapitel 16. Neues Leben in der Kirche: 1. Die neuen, katholischen Maßstäbe

Hahneman, Geoffrey M.: The Muratorian Fragment and the Development of the Canon. Oxford 1992.

Kelly, John D. N.: Early Christian Creeds. London [3]1982.

McDonald, Lee M./Sanders, James A. (Hg.): The Canon Debate. Peabody/Mass. 2002.

Metzger, Bruce: Der Kanon des Neuen Testaments. Entstehung, Entwicklung, Bedeutung. Düsseldorf 1993.

Ritter, Adolf M.: Zur Kanonbildung in der Alten Kirche. In: Charisma und Caritas. Aufsätze zur Alten Kirche. Göttingen 1997, S. 273 ff.

Schumacher, Thomas: Bischof – Presbyter – Diakon. Geschichte und Theologie des Amtes im Überblick. München 2010.

17. Kapitel. Neues Leben in der Kirche: 2. Die Apologetik

Brox, Norbert u. a. (Hg.): Kommentar zu frühchristlichen Apologeten. 12 Bde. Freiburg u. a. 2001 f.

Dainese, Davide: Il Protrettico ai Greci di Clemente Alessandrino. Una proposta di contestualizzazione. In: Adamantius. 16 (2010), S. 256–285.

Fiedrowicz, Michael: Apologie im frühen Christentum: die Kontroverse um den christlichen Wahrheitsanspruch in den ersten Jahrhunderten. Paderborn u. a. [2]2001.

Grant, Robert M.: Greek apologists of the second century. Philadelphia/Pa. 1988.

Völker, Walther: Der wahre Gnostiker nach Clemens Alexandrinus. Berlin 1952 (= TU 57).

18. Kapitel: Neues Leben in der Kirche: 3. Die Anfänge der Theologie

Barnes, Timothy D.: Tertullian: A Historical and Literary Study. Oxford 1985.

Osborn, Eric F.: Irenaeus of Lyons. Cambridge u. a. 2001.

Zilling, Henrike Maria: Tertullian. Untertan Gottes und des Kaisers. Paderborn 2004.

Wilhite, David E.: Tertullian the African. An Anthropological Reading of Tertullian's Context and Identities. Berlin 2007.

Minns, Denis: Irenaeus. An introduction. London u. a. [2]2010.

Kapitel 19. Die religiöse Lage im dritten Jahrhundert und der Neuplatonismus

Alt, Karin: Plotin. Bamberg 2005.

Gertz, Sebastian R. P.: Death and Immortality in Late Neoplatonism. Studies on the Ancient Commentaries on Plato's Phaedo. Leiden 2011.

Halfwassen, Jens: Plotin und der Neuplatonismus. München 2004.

Khoury, Raif Georges/Halfwassen, Jens (Hg.): Platonismus im Orient und Okzident. Neuplatonische Denkstrukturen im Judentum, Christentum und Islam. Heidelberg 2005.

Song, Euree: Aufstieg und Abstieg der Seele. Diesseitigkeit und Jenseitigkeit in Plotins Ethik der Sorge. Göttingen 2009.

Zintzen, Clemens (Hg.): Die Philosophie des Neuplatonismus. Darmstadt 1977.

Kapitel 20. Der Manichäismus

BeDuhn, Jason D. (Hg.): New Light on Manichaeism. Papers from the Sixth International Congress on Manichaeism. Leiden 2009.

Koenen, Ludwig/Römer, Cornelia: Mani. Auf der Spur einer verschollenen Religion. Freiburg 1993.

van den Berg, Jacob A. u. a. (Hg.): ‚In Search of Truth': Augustine, Manichaeism and other Gnosticism. Studies for Johannes van Oort at Sixty. Leiden 2011.

Widengren, Geo: Mani und der Manichäismus. Stuttgart 1961.

Kapitel 21: Die Auseinandersetzung der Kirche mit dem Staat

Molthagen, Joachim: Der römische Staat und die Christen im zweiten und dritten Jahrhundert. Göttingen ^{2}1975.

Moreau, Jacques: Die Christenverfolgung im Römischen Reich. Berlin ^{2}1971.

Kapitel 22. Die Ausbreitung des Christentums im dritten Jahrhundert

Krikorian, Mesrob K.: Die armenische Kirche: Materialien zur armenischen Geschichte, Theologie und Kultur. Frankfurt a. M. ^{2}2007.

Löhr, Winrich: Die Ausbreitung des antiken Christentums als historiographisches Projekt – Vorschläge, Probleme, Perspektiven. In: Zeitschrift für Neues Testament 15 (2005), S. 22–34.

Stark, Rodney: Der Aufstieg des Christentums. Neue Erkenntnisse aus soziologischer Sicht. Weinheim 1997.

Kapitel 23. Der Kampf mit dem Monarchianismus und der Sieg der Logoschristologie

Decker, Michael: Die Monarchianer. Frühchristliche Theologie im Spannungsfeld zwischen Rom und Kleinasien. Hamburg 1987.

Gerber, Simon: Calixt von Rom und der monarchianische Streit. In: Zeitschrift für Antikes Christentum 5 (2001), S. 213–239.

Kelber, Wilhelm: Die Logoslehre von Heraklit bis Origenes. Frankfurt a. M. 1986.

Simonetti, Manlio: Teologia alessandrina e teologia asiatica al concilio di Nicea. In: Augustinianum 13 (1973), S. 369–98.

Kapitel 24. Die Stellung zur Welt und die Buße

Klär, Karl-Josef: Das kirchliche Bußinstitut von den Anfängen bis zum Konzil von Trient. Frankfurt a. M. u. a. 1991.

Pfeiffer, Matthias: Paenitantia secunda. Das kirchliche Bußverfahren im frühen Christentum. München 2008.

Wickert, Ulrich: Sacramentum unitatis. Ein Beitrag zum Verständnis der Kirche bei Cyprian. Berlin 1971 (= Beih. ZNW 41).

Kapitel 25. Der Kultus

Jungmann, Josef A.: Liturgie der christlichen Frühzeit. Freiburg i. Br. 1967.

Neunheuser, Burkhard: Storia della liturgia attraverso le epoche culturali. Rom [2]1983.

Reidweg, Christoph: Mysterienterminologie bei Platon, Philon und Klemens von Alexandrien. Berlin/New York 1987 (= Untersuchungen zur antiken Literatur und Geschichte 26).

Stählin, Rudolf: Die Geschichte des christlichen Gottesdienstes von der Urkirche bis zur Gegenwart. In: Leiturgia. Handbuch des Evangelischen Gottesdienstes Bd. 1. Kassel 1954, S. 1–80.

Wallraff, Martin: Von der Eucharistie zum Mysterium. In: Peter Gemeinhardt/Uwe Kühneweg: Patristica et Oecumenica (FS W. A. Bienert). Marburg 2004, S. 89–104.

Kapitel 26. Die Entwicklung der christlichen Kunst

Deckers, Johannes G.: Die frühchristliche und byzantinische Kunst. München 2007.

Effenberger, Arne: Frühchristliche Kunst und Kultur. Von den Anfängen bis zum 7. Jahrhundert. Leipzig 1986.

Kemp, Wolfgang: Christliche Kunst. Ihre Anfänge – Ihre Strukturen. München 1994.

Koch, Guntram: Frühchristliche Kunst. Eine Einführung. Stuttgart 1995.

Kapitel 27. Die weitere Ausbildung der Verfassung

Adolph, Anneliese: Die Theologie der Einheit der Kirche bei Cyprian. Frankfurt a. M. u. a. 1993.

Schumacher, Thomas: Bischof – Presbyter – Diakon. Geschichte und Theologie des Amtes im Überblick. München 2010.

Kapitel 28. Origenes

Heither, Theresia: Translatio religionis. Die Paulusdeutung des Origenes in seinem Kommentar zum Römerbrief. Köln 1990.

Lies, Lothar: Origenes' Peri Archon. Eine undogmatische Dogmatik. Darmstadt 1992.

Reijners, Gerardus Q.: Das Wort vom Kreuz. Kreuzes- und Erlösungssymbolik bei Origenes. Köln 1983.

Völker, Walther: Das Vollkommenheitsideal des Origenes. Eine Untersuchung zur Geschichte der Frömmigkeit und zu den Anfängen der christlichen Mystik. Tübingen 1931.

Kapitel 29. Der Einfluß der origenistischen Theologie im Orient

Bienert, Wolfgang: Dionysius von Alexandrien. Zur Frage des Origenismus im 3. Jahrhundert. Berlin 1978.

Gilg, Arnold: Weg und Bedeutung der altkirchlichen Christologie. München 1955.

Patterson, Lloyd George: Methodius of Olympus: Divine Sovereignty, Human Freedom, and Life in Christ. Washington 1997.

Ramelli, Ilaria L.: Origen's anti-subordinationism and its heritage in the Nicene and Cappadocian line. In: Vigiliae christianae 65 (2011), S. 21–49.

Kapitel 30. Die Anfänge des christlichen Mönchtums

Frank, Karl S.: Askese und Mönchtum in der Alten Kirche. Darmstadt 1975.

Frank, Karl S.: Geschichte des christlichen Mönchtums. Darmstadt 1975, [4]1983.

Laboa, Juan M.: Mönchtum in Ost und West. Historischer Atlas. Regensburg 2003.

Merkt, Andreas (Hg.): Das frühe christliche Mönchtum. Quellen und Dokumente von den Anfängen bis Benedikt. Darmstadt 2008.

Kapitel 31. Der letzte Zusammenstoß zwischen Kirche und Staat: die diokletianische Verfolgung

Kuhoff, Wolfgang: Diokletian und die Epoche der Tetrarchie. Das römische Reich zwischen Krisenbewältigung und Neuaufbau (284–313 n. Chr.). Frankfurt a. M. 2001.

Schwarte, Karl-Heinz: Diokletians Christengesetz. In: Stefan Rebenich (Hg.): E fontibus haurire. Beiträge zur römischen Geschichte und zu ihren Hilfswissenschaften (Heinrich Chantraine zum 65. Geburtstag). Paderborn 1994.

Williams, Stephen: Diocletian and the Roman Recovery. New York 1985.

Kapitel 32. Die Religionspolitik Konstantins

Bardill, Jonathan: Constantine, Divine Emperor of the Christian Golden Age. Cambridge 2012.

Barnes, Timothy D.: Constantine. Dynasty, Religion and Power in the Later Roman Empire. Oxford 2010.

Burckhardt, Jacob: Die Zeit Constantins des Großen. Basel 1853.

Girardet, Klaus M.: Der Kaiser und sein Gott. Das Christentum im Denken und in der Religionspolitik Konstantins des Großen. Berlin/New York 2010.

Schlange-Schöningen, Heinrich (Hg.): Konstantin und das Christentum. Darmstadt 2007.

Kapitel 33. Der Ausbruch des arianischen Streites und seine vorzeitige Entscheidung in Nicaea

Böhm, Thomas: Die Christologie des Arius. Dogmengeschichtliche Überlegungen unter besonderer Berücksichtigung der Hellenisierungsfrage. St. Ottilien 1991 (= Studien zur Theologie und Geschichte, Band 7).

Lewis Ayres: Nicaea and its legacy. An approach to fourth-century trinitarian theology. Oxford 2004.

Lorenz, Rudolf: Arius judaizans? Untersuchungen zur dogmengeschichtlichen Einordnung des Arius. Göttingen 1997 (= Forschungen zur Kirchen- und Dogmengeschichte 31).

Staats, Reinhard: Das Glaubensbekenntnis von Nizäa-Konstantinopel. Historische und theologische Grundlagen. Darmstadt 1996, [2]2000.

Kapitel 34. Die Entwicklung des arianischen Streites unter den Söhnen Konstantins. Athanasius

Barnes, Timothy D.: Athanasius and Constantius. Theology and Politics in the Constantinian Empire. Cambridge/Mass. 1993.

Brennecke, Hanns C.: Studien zur Geschichte der Homöer. Der Osten bis zum Ende der homöischen Reichskirche. Tübingen 1988 (= BHTh 73).

Dinca, Lucian: Le Christ et la Trinité chez Athanase d'Alexandrie. Paris 2012.

Dinsen, Frauke: Homousios. Die Geschichte des Begriffs bis zum Konzil von Konstantinopel. Kiel 1976.

Löhr, Winrich A.: Die Entstehung der homöischen und homöusianischen Kirchenparteien. Studien zur Synodalgeschichte des 4. Jhs. Bonn 1986 (= BBKT 2).

Ritter, Adolf M.: Athanasius as Trinitarian Theologian. In: Allan Brent/Markus Vinzent (Hg.): Studia patristica LII. Löwen 2012, S. 101–112.

Kapitel 35. Julian Apostata und die heidnische Reaktion

Bouffartigue, Jean: L'empereur Julien et la culture de son temps. Paris 1992 (= Série Antiquité, Band 133).

Bringmann, Klaus: Kaiser Julian. Darmstadt 2004.

Klein, Richard (Hg.): Julian Apostata. Darmstadt 1978.

Rosen, Klaus: Julian. Kaiser, Gott und Christenhasser. Stuttgart 2006.

Wulfert, Heiko: Art. „Julianus Apostata". In: BBKL III (1992), Sp. 748–752.

Kapitel 36. Der Ausgang des arianischen Streites

Coakley, Sarah: Re-Thinking Gregory of Nyssa. Oxford 2003.

Drecoll, Volker H.: Die Entwicklung der Trinitätslehre des Basilius. Sein Weg vom Homöusianer zum Neonizäaner. Göttingen 1996 (= Forschungen zur Kirchen- und Dogmengeschichte 66).

Hauschild, Wolf-Dieter: Pneumatologie in der Alten Kirche. Berlin 2004.

Kannengiesser, Charles: Athanase d'Alexandrine, évêque et écrivain. Une lecture des traités Contre les Ariens. Paris 1983.

Laminski, Adolf: Der Heilige Geist als Geist Christi und Geist der Gläubigen. Der Beitrag des Athanasius von Alexandrien zur Formulierung des trinitarischen Dogmas im vierten Jahrhundert. Leipzig 1969 (= Erfurter Theologische Studien 23).

Ritter, Adolf M.: Das Konzil von Konstantinopel und sein Symbol. Göttingen 1965.

Kapitel 37. Der Kampf gegen das Heidentum im vierten Jahrhundert

Cameron, Alan: The Last Pagans of Rome. Oxford/New York 2011.

Ernesti, Jörg: Princeps christianus und Kaiser aller Römer. Theodosius der Große im Lichte zeitgenössischer Quellen. Paderborn/München/Wien 1998.

Errington, Robert M.: Christian Accounts of the Religious Legislation of Theodosius I. In: Klio 79 (1997), S. 398–443.

Freeman, Charles: AD 381. Heretics, Pagans and the Christian State. London 2009.

Leppin, Hartmut: Theodosius der Große. Auf dem Weg zum christlichen Imperium. Darmstadt 2003.

Kapitel 38. Der Siegeszug des Mönchtums in Ost und West

Harmless, William: Desert Christians. An Introduction to the Literature of Early Monasticism. Oxford 2004.

Petzold, Hilarion G.: Zum Frömmigkeitsbild der heiligen Säulensteher. In: Kleronomia 4 (1972), S. 251–266.

Rousseau, Philippe: Pachomius. The Making of a Community in Forth-Century Egypt. Berkeley/Los Angeles/London 1985.

Zander, Hans C.: Als die Religion noch nicht langweilig war. Die Geschichte der Wüstenväter. Köln 2002.

Kapitel 39. Neue Formen der Frömmigkeit

Angenendt, Arnold: Heilige und Reliquien. Die Geschichte ihres Kultes vom frühen Christentum bis zur Gegenwart. München 1994.

Bähnk, Wiebke: Von der Notwendigkeit des Leidens. Die Theologie des Martyriums bei Tertullian. Göttingen 2001.

Brown, Peter: The Cult of the Saints. Its Rise and Function in Latin Christianity. Chicago 1981 (dt.: Die Heiligenverehrung. Ihre Entstehung und Funktion in der lateinischen Christenheit. Leipzig 1991).

Elsner, Jaś/Rutherford, Ian (Hg.): Pilgrimage in Graeco-Roman and Early Christian Antiquity. Seeing the Gods. Oxford u. a. 2005.

Graef, Hilda: Maria. Eine Geschichte der Lehre und Verehrung. Freiburg i. Brsg. u. a. 1964.

Näf, Beat: Städte und ihre Märtyrer. Der Kult der Thebäischen Legion. Fribourg 2011.

Kapitel 40. Die christliche Kunst in der Epoche der Reichskirche

Claussen, Johann H.: Gottes Häuser oder die Kunst, Kirchen zu bauen und zu verstehen. Vom frühen Christentum bis heute. München 2010.

Mauskopf Deliyannis, Deborah: Ravenna in Late Antiquity. Cambridge 2010.

Partsch, Susanna: Kunst-Epochen. Frühchristliche und byzantinische Kunst. Ditzingen 2004.

Sevrugian, Petra: Der Rossano-Codex und die Sinope-Fragmente. Miniaturen und Theologie. Worms 1990.

Vitaliano, Tiberia: Il mosaico di Santa Pudenziana a Roma. Il restauro. Todi 2003.

Kapitel 41. Die Weiterbildung der kirchlichen Verfassung

Chadwick, Henry: The Circle and the Ellipse. Rival Concepts of Authority in the Early Church. Oxford 1959.

Falconi, Carlo: Storia dei papi e del papato I: La nascita del papato nel decline del impero. Rom 1967.

Hammann, Gottfried: Die Geschichte der christlichen Diakonie. Praktizierte Nächstenliebe von der Antike bis zur Reformationszeit. Göttingen 2003.

Kapitel 42. Augustin als Christ, Theologe und Mystiker

Brown, Peter: Augustine of Hippo. London 1967 (dt.: Augustinus von Hippo; Frankfurt a. M. ²1982).

Capps, Donald: Augustine's „Confessions". The story of a divided self and the process of its unification. In: Archiv für Religionspsychologie 29 (2007), S. 127–150.

Di Palma, Gaetano (Hg.): Deum et animam scire cupio. Agostino alla ricerca del vero su Dio e l'uomo. Neapel 2010.

Drecoll, Volker H./Kudella, Mirjam: Augustin und der Manichäismus. Tübingen 2011.

Geest, Paul van: The Incomprehensibility of God. Augustine as a Negative Theologian. Löwen 2011.

Hattrup, Dieter: Die Mystik von Cassiciacum und Ostia. In: Norbert Fischer/Cornelius Mayer (Hg.): Die Confessiones des Augustinus von Hippo. Einführung und Interpretation zu den dreizehn Büchern. Freiburg/Basel/Wien 1998, S. 389–443.

Pacioni, Virgilio: Augustine of Hippo. His Philosophy in a Historical and Contemporary Perspective. Herfordshire 2010.

Kapitel 43. Die Gnadenlehre Augustins im Kampf mit Pelagianismus und Semipelagianismus

Greshake, Gisbert: Gnade als konkrete Freiheit. Eine Untersuchung zur Gnadenlehre des Pelagius. Mainz 1972.

Lössl, Josef: Julian von Aeclanum. Studien zu seinem Leben, seinem Werk, seiner Lehre und ihrer Überlieferung. Leiden/Boston/Köln 2001.

Rottenwöhrer, Gerhard: Semipelagianismus. Hamburg 2011 (= Theos Bd. 95).

Sommer, Andreas U.: Das Ende der antiken Anthropologie als Bewährungsfall kontextualistischer Philosophiegeschichtsschreibung: Julian von Eclanum und Augustin von Hippo. In: Zeitschrift für Religion- und Geistesgeschichte 57 (2005), Heft 1, S. 1–28.

Kapitel 44. Das Entstehen der päpstlichen Machtstellung

Denzler, Georg: Das Papsttum. Geschichte und Gegenwart. München 1997, ³2009.

Feichtinger, Hans: Die Gegenwart Christi in der Kirche bei Leo dem Großen. Frankfurt a. M. u. a. 2007.

Winkler, Gerhard W.: Das Papsttum. Entwicklung der Amtsgewalt von der Antike bis zur Gegenwart. Innsbruck 2002.

Wojtowytsch, Myron: Papsttum und Konzilien von den Anfängen bis zu Leo I. (440–461). Studien zur Entstehung der Überordnung des Papstes über Konzile. Stuttgart 1981.

Kapitel 45. Die kirchliche Lage in den germanischen Landeskirchen

Ausbüttel, Frank M.: Theoderich der Große. Darmstadt 2004.

Giovanditto, Amilcare (Hg.): Teodorico il Grande e i Goti d'Italia. Atti del XIII Congresso internazionale di studi sull'Alto Medioevo 1992. Spoleto 1993.

Jussen, Bernhard: Chlodwig und die Eigentümlichkeiten Galliens. Ein Warlord im rechten Augenblick. In: Mischa Meier (Hg.): Sie schufen Europa. Historische Portraits von Konstantin bis Karl dem Großen. München 2007.

Steinen, Wolfram von den: Chlodwigs Übergang zum Christentum. Eine quellenkritische Studie; in; Mitteilungen des Österreichischen Instituts für Geschichtsforschung – Ergänzungsbände 12 (1932), S. 417–501.

Wetzel, Klaus: Missionsgeschichte Deutschlands. Nürnberg 2005.

Kapitel 46. Benedikt von Nursia und seine Regel

Herwegen, Ildefons: Sinn und Geist der Benediktinerregel. Einsiedeln/Köln 1944.

Herwegen, Ildefons/Severus, Emmanuel von: Der heilige Benedikt. Düsseldorf [5]1980.

Holzherr, Georg: Die Benediktsregel. Eine Anleitung zu christlichem Leben. Einsiedeln/Köln 1980, [7]2007.

Puzicha, Michaela/Gartner, Johannes: Quellen und Texte zur Benediktusregel. St. Ottilien 2007.

Schmitz, Philibert: Geschichte des Benediktinerordens. 4 Bde. Einsiedeln/Zürich 1947–1960.

Steidle, Basilius: Beiträge zum alten Mönchtum und zur Benediktusregel. Mit einem Vorwort und einer Einführung hg. von Ursmar Engelmann. Sigmaringen 1986.

Kapitel 47. Ursachen und Ausbruch des christologischen Streites

Artemi, Eirini: The rejection of the term Theotokos by Nestorius Constantinople and the refutation of his teaching by Cyril of Alexandria. Oxford 2011.

Beeley, Christian A.: The early Christological controversy: Apollinarius, Diodore, and Gregory Nazianzen. In: Vigiliae christianae 65 (2011), S. 376–407.

Dancy, Phillip A.: Nestorius and the rejection of Theotokos: his political and social condemnation. In: Fides et historia 37/38 (2005/2006), S. 151–163.

Lange, Christian/Pinggéra, Karl (Hg.): Die altorientalischen Kirchen. Glaube und Geschichte. Darmstadt 2010.

MacLeod, Frederic G.: Theodore of Mopsuestia's understanding of two hypostaseis and two prosopa coinciding in one common prosopon. In: Journal of early Christian studies 18 (2010), S. 393–424.

Tiersch, Claudia: Johannes Chrysostomus in Konstantinopel (398–404). Weltsicht und Wirken eines Bischofs in der Hauptstadt des Oströmischen Reiches. Tübingen 2002 (= Studien und Texte zu Antike und Christentum 6).

Kapitel 48. Die vorschnelle Entscheidung von Chalcedon und die monophysitischen Wirren

Bruckmann, Florian: Henosis kat' hypostasin. Die ersten zehn Anathematismen des fünften ökumenischen Konzils (Konstantinopel 553) als Dokument neuchalkedonischer Theologie (Teil 2). In: Annuarium historiae conciliorum 36 (2004), S. 259–388.

Courthial, Pierre: Actualité de Chalcédoine. In: La Revue réformée 61 (2010), S. 102–110.

Dalferth, Ingolf U.: Gott für uns. Die Bedeutung des christologischen Dogmas für die christliche Theologie. In: ders. u. a. (Hg.): Denkwürdiges Geheimnis. Beiträge zur Gotteslehre (FS E. Jüngel). Tübingen 2004, S. 51–75.

Evans, James A. S.: The Emperor Justinian and the Byzantine Empire. Greenwood/Westport Con 2005.

Grillmeier, Alois: Das Konzil von Chalkedon. 3 Bde. Würzburg 1998.

Leppin, Hartmut: Justinian. Das christliche Experiment. Stuttgart 2011.

Price, Richard (übers. u. komm.): The Acts of the Council of Constantinople of 553. With Related Texts on the Three Chapters Controversy. 2 Bde. Liverpool 2009.

Studer, Basil: Schola christiana. Die Theologie zwischen Nizäa und Chalcedon. Paderborn 1998.

Kapitel 49. Dionysius Areopagita

Andia, Ysabel de: Henosis. L'union à Dieu chez Denys l'Aréopagite. Leiden 1996.

Dillon, John/Klitenic Wear, Sarah: Dionysius the Areopagite and the Neoplatonist Tradition. Despoiling the Hellenes. Aldershot 2007.

Meyer, Insa: Verborgenheit Gottes als Unerkennbarkeit. Dionysius Areopagita. In: dies.: Aufgehobene Vergangenheit. Gotteslehre. Berlin 2007, S. 78–120.

Suchla, Beate Regina: Dionysius Areopagita. Leben – Werk – Wirkung. Freiburg i. Br. 2008.

Völker, Walther: Kontemplation und Ekstase bei Pseudo-Dionysius Areopagita. Wiesbaden 1958.

Glossar

Acta omnium apostolorum	Bezeichnung der Apostelgeschichte im Kanon Muratori, sonst „Acta apostolorum“.
Aelia Capitolina	Name Jerusalems, nachdem Kaiser Hadrian nach der Niederschlagung des Bar Kochba-Aufstands den Juden unter Androhung der Todesstrafe das Betreten der Stadt verboten hatte.
Agape	gr. „Liebe“. Terminus technicus für die urchristliche Liebesmahlfeier.
agennesia	Das Ungezeugte, Ungewordene, somit die Eigenschaft der ewigen Gottheit.
Aion	Zeitabschnitt der Heilsgeschichte. Der gegenwärtige Aion ist die Welt, der zukünftige Aion die Ewigkeit Gottes.
alexandrinische Christologie	In der Katechetenschule Alexandriens wirkten unter anderen Clemens, Origenes und Cyrill von Alexandrien. Im Gegensatz zur antiochenischen Schule wurde hier im Streit um die zwei Naturen Christi eine größere Betonung auf die göttliche Natur gelegt, die die menschliche Natur nach einem Wort Cyrills durchdringt, „wie das Feuer ein brennendes Holz“.
Aloger	Vorläufer des Monarchianismus Ende des 2. Jahrhunderts. Sie sahen in Christus einen natürlichen Menschen, den man seiner sittlichen Vollkommenheit wegen einen Sohn Gottes nennen könne.
Anamnese	Gebet der eucharistischen Liturgie, in dem die Heilstat Christi vergegenwärtigt wird.
Aphtharsia	Unvergänglichkeit, die durch Sünde oder Tod nicht mehr zerstört werden kann.
Apokatastasis hapanton	Wiederbringung aller Dinge, die Einheit aller Wesen mit Gott als Ziel des göttlichen Handelns.
Apologie	Verteidigungsschrift.
Apostolat	Das Amt der Apostel.
apophatisch	Aussagen aus der Negation her machend. Von Gott wird nicht ausgesagt, was er ist, sondern was er nicht ist: nicht sterblich, nicht an die Zeit gebunden, von nicht begrenzter Macht usw.
Asia proconsularis	Römische Provinz mit den Verwaltungsbezirken Mysia, Phrygia minor, Aeolis, Ionia, Caria, Doris, Lydia, Lycaonia, Pisidia, Isauris, Pamphylia, Cyprus. Der größte Teil dieser Provinz liegt im Gebiet der heutigen westlichen Türkei.

athanasia	Unsterblichkeit.
Attizismus	Eine in der Rhetorik geübte Bevorzugung der attischen Sprache und Literatur, jener Form des Griechischen, die in der Landschaft Attika, um Athen, gesprochen wurde.
Balneum	Bad.
Baptisterium	Taufkirche oder Taufkapelle.
Basilika	Ursprünglich ein (kaiserliches) Hallengebäude zu Gerichtssitzungen und Repräsentationszwecken. Der Begriff wurde auf die nach dem baulichen Vorbild der römischen Basiliken gestalteten romanischen Kirchenbauten übertragen.
bischöfliche Kathedra	(Erhöhter) Stuhl des Bischofs.
Bythos	gr. „Meerestiefe", in der gnostischen Terminologie, die Tiefe der Welt im Gegensatz zur Höhe des Himmels.
Chaldäer	Volk in Babylonien, Bezeichnung von Sterndeutern.
Charismatiker	Vom Heiligen Geist Begabte.
Chiliasmus	Erwartung eines tausendjährigen Reiches, in der christlichen Eschatologie die Phase einer tausendjährigen Herrschaft Christi, auf die das Jüngste Gericht noch folgt.
Chorepiskopos	Ein Priester mit bischöflicher Würde, in der orientalischen Kirche dem Bischof der nächsten Metropole unterstellt.
Christologie	Die Lehre von Christus.
Coemeterium	Begräbnisstätte.
Corpus paulinum	Die Gesamtheit, des auf Paulus zurückgehenden und nach ihm benannten Schrifttums.
Deduktion	Ableitung.
Dekalog	Die zehn Gebote.
Dekretale	In Urkundenform veröffentlichte Äußerung des Papstes in einer Rechtsfrage.
Diakon	Kirchliches Amt mit dem Auftrag der Verkündigung und der dienenden Lebe. Erste Stufe des Weihesakramentes unter dem Amt des Priesters und des Bischofs.
Diakonikon	Nebenraum einer Kirche, Sakristei.
Diatessaron	Evangelienharmonie des Tatian (um 170). Aus den vier Evangelien stellte er eine Darstellung des Lebens und der Lehre Jesu zusammen.
Diatribe	Bei den hellenistischen Philosophen beliebte Form moralphilosophischer Rede, die sich in leicht verständlicher Form an ein breites Publikum wandte.
Didache	„Lehre der zwölf Apostel", anonyme urchristliche Schrift, wahrscheinlich aus Syrien.
ditheistisch	Zwei Götter verehrend.
Doketismus	Ansicht innerhalb der Gnosis und des Manichäismus, nach der Christus nur einen Scheinleib besaß.

dominus ac deus	Herr und Gott.
Dormitorium	Schlafraum (eines Klosters).
Doxologie	Rühmender Abschluß eines Gebetes, im Vater unser „denn Dein ist das Reich und die Kraft und die Herrlichkeit in Ewigkeit“.
Dyarchie	Doppelherrschaft.
Ekklesia	In der Antike eine städtische Volksversammlung, in christlicher Zeit auf die Kirche übertragen.
Ekklesia/Kahal	Die Kirche als Kultgemeinde in Weiterführung der Synagoge.
Eklektizismus	In der antiken Philosophie die Kombination von Motiven verschiedener philosophischer Richtungen in einem System.
ekporeusis	Eigenschaft des Heiligen Geistes, der aus dem Vater hervorgeht.
Enkratiten	Enthaltsame – streng asketische Gruppierungen, die sich des Fleisch- und Weingenusses enthielten und sexuelle Enthaltsamkeit übten.
Epigonenzeit	Die Zeit der weniger bedeutenden Nachfolger.
Epiklese	Anrufung des Heiligen Geistes.
Epikuräer	Philosophen aus der Schule des Epikur.
Episkopat	Bischofsamt.
Episkopat (monarchisches)	Aufgliederung kirchlicher Ämter (Diakon, Presbyter, Bischof), an deren Spitze der Bischof steht.
Eschatologie	Die Lehre von den letzten Dingen: Weltende, Jüngstes Gericht, Ewigkeit.
Euhemerismus	Nach Euhemeros (um 340–um 260 v. Chr.) die Darstellung der Götter als menschliche Heroen.
Exegese	Auslegung.
Exhomologese	Öffentliches Sündenbekenntnis.
Flagitia cohaerentia nomini	Verbrechen gegen den römischen Staat, die mit dem Christentum in Verbindung gebracht wurden.
Florilegien	Blütenlesen, Zusammenstellung von verschiedenen Schriften und Auszügen von Schriften unter einem leitenden Thema.
Frömmigkeit	Das Leben des Glaubens in Gebet und Gottesdienst, lebendigem Glaubenszeugnis und dienender Liebe.
gennesia	„Gezeugtsein“ – die Stellung des Sohnes im Wesen der Trinität.
Gnosis	„Erkenntnis“. Die Gnostiker sind der Überzeugung, eine Erkenntnis über die Welt, das Leben und die Gottheit zu besitzen, die sie von Anderen unterscheidet. Die vielfältige Bewegung der christlichen Gnosis unterscheidet die Masse der einfachen Gläubigen von den Gnostikern, die über weitergehende Offenbarungen verfügen.

gnosis	Die Erkenntnis, die im Glauben, über den Glauben und durch den Glauben gewonnen wird.
Hegemonikon	Der Geist als Führer der Erkenntnis und des Lebens, der nicht von den in die Irre leitenden Affekten bedrängt wird.
hemera kyriake	Der „Herrentag" = Sonntag.
Hierateion	Der für die Priester ausgegrenzte Bereich innerhalb der Kirche.
hoi kopiontes	Die „Mühwalter" – frühe Bezeichnung für die Leiter der christlichen Gemeinden.
Homilie	Auslegung des Evangeliums, in weiterem Sinn jede Predigt in Gottesdienst oder Unterweisung.
homo religiosus	Von seiner Religion geprägter Mensch.
Homousie, homousios	Wesensgleichheit (wesensgleich) zwischen Gott Vater und Gott Sohn.
Hyperdulie	Verehrung der Mutter Gottes, die geringer ist als die Anbetung Gottes, aber höher ist als das Gebet zu den Heiligen.
Jesus patibilis	Der „leidensfähige Jesus" – ein Ausdruck der Manichäer, nach deren Meinung Jesus als in der Welt verbreitetes Licht Gottes leidete und durch seine Auferstehung von dieser Bindung an die Materie befreit worden sei.
Judaismus	Eine Richtung des Judenchristentums, die auch für Heidenchristen die Beschneidung und das Halten des mosaischen Gesetzes forderte.
Jupiter dolichenus	Jupiter in der Gestalt des in der von den Römern eroberten Stadt Doliche abgebildeten Baal, auf einem Stier stehend mit Doppelaxt und Blitzbündel. Er wurde zwischen dem ersten und dritten nachchristlichen Jahrhundert besonders bei den Soldaten verehrt.
Jupiter exuperantissimus	Eine alte Siegesgottheit, deren Gestalt auf Jupiter übertragen wurde. Seine Darstellung findet sich auf Münzen des Kaisers Commodus.
Kanon tes aletheias	*Regula fidei* = die Darstellung der wesentlichen Inhalte der apostolischen Überlieferung in kurzer Form.
kataphatisch	Positiv aussagbar.
Katechese (mystagogische)	Christliche Belehrung, die sich auf das im Kultus Erlebte bezieht.
Katechumenen	Taufanwärter.
Kathedra	Bischofsthron in der Kirche.
Katechismus / Katechismen	Zusammenfassung der christlichen Lehre zum Zweck der Unterweisung.
Koine (dialektikos)	Altgriechische Gemeinsprache zur Zeit des Hellenismus.
Koinon	Föderative Organisation der einzelnen griechischen Bundesstaaten – Landtag.

Konventikel	Kleinere religiös geprägte Kreise innerhalb einer christlichen Kirche.
kosmologisch	Die Lehre über die Schöpfung und die Welt betreffend.
Ktisma	Geschöpf.
kynisch, Kyniker	Vertreter der kynischen Philosophie nach Antisthenes und Diogenes von Sinope: radikaler Skeptizismus, Bedürfnislosigkeit, Zurückweisung gesellschaftlicher Konventionen.
Kyrios	„Herr". Im Christentum die Bezeichnung Gottes und der Titel Christi.
Laudes, Vesper	Morgen- und Abendgebet der Kirche.
Laxe (Partei)	Gruppe, die für eine milde und nachlässige Interpretation von Sittengeboten eintrat.
Legati pro praetore	Kaiserlicher Verwalter einer Provinz mit militärischem Oberbefehl.
Levit	Angehöriger des zum Tempeldienst ausgesonderten Stammes Levi.
Liebestätigkeit	Organisierte Diakonie, Zuwendung zu Kranken, Waisen, Witwen und Flüchtlingen.
Logos	„das Wort". In der Philosophie Ausdruck für Vernunft oder Weltgeist. In der Christologie Terminus für die Gottesbeziehung Christi, ausgehend von Joh. 1,14: „Das Wort ward Fleisch und wohnte unter uns ...".
Logos endiathetos	Der als Vernunft in Gott ruhende Logos.
Logos prophorikos	Der zum Zweck der Weltschöpfung von Gott ausgehende Logos.
Logos spermatikos	Der in der Welt verteilte Logos, der in der Predigt an die Heiden wirksam wird. Der Begriff stammt aus der Stoa und meint dort die Spuren der Weltvernunft, die sich überall in der Welt finden.
Logoschristologie	Die mit Hilfe der Logosspekulation betriebene Beschreibung des Wesens und Wirkens Christi.
Maiestas imperii	Die Darstellung der Macht des römischen Kaisers im Kaiserkult.
Mithras	Meist im römischen Heer verehrte, ursprünglich persische Gottheit.
Monas (Henas)	Gott als das Alleine in der Philosophie Plotins.
Monastische Spiritualität	Klösterliche Frömmigkeit.
Monophysitismus	Die Gruppe der Parteien, die im christologischen Streit die Position vertraten, Christus habe nur eine, nämlich die göttliche Natur.
musivische Kunst	Mosaikkunst: aus Holz, Metall oder Stein gefertigte Plättchen werden zu einem Bild zusammengefügt.

Myste / Mysten	In die Mysterien Eingeweihte(r), dadurch an einer Schau der Gottheit teilhaftig.
Natalia (Pl.)	Jahrestage der Martyrien, die von der Kultgemeinde gefeiert wurden. Das Martyrium galt dabei als neue Geburt.
Nestorianer	Monophysitische Gruppe, benannt nach Nestorius (381–451).
Neuplatonismus	Jüngste Schulrichtung der antiken Philosophie, in Anlehnung an den Platonismus und in philosophischer Mystik über diesen hinausgehend, gegründet von Plotin (+270).
nous	Geist, Intellekt, Verstand, Vernunft, lat. Intellectus.
nova lex	Eine Auffassung des Christentums, die besonders auf die ethischen Forderungen Christi achtet.
odium generis humani	„Haß auf das Menschengeschlecht" – einer der Vorwürfe, die den Christen von heidnischer Seite aus gemacht wurden.
Oikonomia	Der göttliche Plan zum Heil der Menschen und die Stufen seiner Ausführung.
oikoumene	Die ganze bewohnte Welt.
Oranten	Menschen mit zum Gebet erhobenen Händen.
panthamartolos	„durch und durch sündig" – Das Sündenbewußtsein, wie es die apostolischen Väter schildern.
Paraklet	Der Heilige Geist als Tröster (Joh. 16,7).
Parochos, Parepidemos	Zustand des Gläubigen als Fremder in der Welt.
Paroikie	Gemeindeverband, bischöflicher Bezirk.
Parusie	Ankunft, bzw. Wiederkunft Christi.
peremptorisch	(kirchen-)rechtlich abschließend klärend.
Patripassionismus	Spottwort Tertullians: wenn Vater und Sohn nur eine Person sind, so habe der Vater am Kruez gelitten.
Photismos	Erleuchtung durch den Geist Gottes.
Pistiker	Christen, die dem Glauben nach leben, aber noch nicht auf der Stufe der Erleuchteten stehen.
Pleroma	(Göttliche) Fülle.
Pneuma	Geist.
Pneumatiker	Christen auf der Stufe der vollen Erleuchtung durch den Heiligen Geist.
pneumatisch	vom Heiligen Geist gewirkt.
pneumatische Christologie	Lehre von Christus als einem (reinen) Geistwesen.
Präfation	Eröffnung des Hochgebetes: „In Wahrheit ist es würdig und recht, …".
Präfationsdialog	Der der Präfation vorausgehende Dialog zwischen Liturg und Gemeinde: „Der Herr sei mit euch – und mit deinem Geiste. Erhebet die Herzen – wir erheben sie zum Herrn. Laßt uns Dank sagen dem Herrn, unserem Gott – Das ist würdig und recht."

Prekarie	Der Kirche zugunsten der Armen überlassener Grundbesitz.
Presbyter (pl. Presbyteroi)	Ursprünglich „Gemeindeälteste", später Priester.
prohistamenoi	„Vorsteher", früher Begriff für ein die Gemeinde leitendes Amt.
Prokurator	Persönlicher Beauftragter des römischen Kaisers.
Proskynese	Geste der Anbetung und Unterwerfung.
Proselyt	Zum Judentum übertretender Heide.
Protevangelium Jacobi	Frühchristliche Schrift des zweiten Jahrhunderts, die über den Stoff der Evangelien zurückgreift und vor allem ein Marienleben darstellt.
Prothesis	Im frühchristlichen Kirchenbau ein Tisch, auf dem die Gemeinde ihre gottesdienstlichen Gaben ablegte.
Psalter	Das Buch der Psalmen im Alten Testament.
Psyche	Seele.
Refektorium	Speiseraum eines Klosters.
Regula veritatis	Regula fidei = die Darstellung der wesentlichen Inhalte der apostolischen Überlieferung in kurzer Form.
Religio licita	Tertullian beschreibt den Status der Juden in Rom als eine „religio licita" (Apologeticum 21,1). Der Begriff war bis dahin kein fester Terminus im römsichen Recht. Die Juden waren vom römischen Opferdienst befreit und durften ihre Religion frei ausüben. Das Toleranzedikt des Galerius (311) gestand den Christen ein gleiches Recht zu.
Romanum	Ein frühes römisches Taufbekenntnis, das sich zum heute gebräuchlichen Apostolicum weiterentwickelte.
römisches Offizium	Die in Rom gehaltene Ordnung der Gottesdienste.
Sanhedrin	gr. Synhedrion, im NT „hoher Rat". Die oberste religiöse und politische Instanz des Judentums unter römischer Herrschaft.
Sedes apostolica	Bischofssitz, dessen Gründung auf einen Apostel zurückgeführt wird.
Septuaginta	Älteste völlige Übersetzung der hebräischen Bibel ins Griechische. Nach einer im Aristeasbrief wiedergegebenen Legende wurde sie von 72 jüdischen Gelehrten in 72 Tagen angefertigt. Historisch steht die Septuaginta am Ende einer Übersetzungstätigkeit, die von etwa 250 v. Chr. bis 100 n. Chr. reicht.
Simplices	Die „einfachen Gläubigen" im Gegensatz zu den durch Theologie und Spiritualität Gebildeten.
sol invictus	Der „unbesiegte Sonnengott", dessen Verehrung im Rom in der Zeit des Hellenismus oft mit dem Kaiserkult verbunden wurde.

Soter	„Retter“ oder „Heiland“. Beiname antiker Götter und Könige. Im NT Bezeichnung Christi.
soteriologisch	„auf die Lehre vom Heil (in Christus) bezogen“.
Sphragis	Bezeichnung für die Taufe als ein „Siegel“, mit dem die Gläubigen als zu Gott gehörig gekennzeichnet wurden.
spiritalis substantia	Eine geistliche Substanz, die den Grund aller Dinge bildet. Bei Origenes der geistige Teil der Schöpfung, den Gott zuerst erschaffen hat (Hom. in Gen. 1,2).
Stabularia	Inhaberin einer Herberge.
Stoa	Auf Zenon von Kition zurückgehende Philosophenschule. Bedeutende Vertreter waren Panaitios, Poseidonios, Seneca, Epiktet, Marc Aurel.
subordinatianische Christologie	Ansicht, nach der Christus, als von Gott Vater geschaffen, diesem untergeordnet ist. Als erster Vertreter dieser Anschauung gilt Dionysios von Alexandrien (+ 264/65).
Successio apostolica	Übermittlung des geistlichen Amtes durch Handauflegung in einer ununterbrochenen Kette von den Aposteln an.
Synagogales Perikopensystem	Leseordnung des Synagogengttesdienstes.
Syneisaktentum	Geschwisterliches Zusammenleben eines Asketen mit einer Jungfrau.
Synkretismus	Vermischung religiöser und/oder philosophischer Ideen zu einem neuen Weltbild.
Synoptiker	Die Evangelisten Matthäus, Markus und Lukas in ihrer literarischen Abhängigkeit voneinander.
Syzygie	In der Gnosis eine Paarbeziehung zwischen Wesen der himmlischen Welt.
Terz, Sext, Non	Die Gebetszeiten der dritten, sechsten und neunten Stunde (9 Uhr, 12 Uhr, 15 Uhr).
Tessarakoste	Vierzigtägige Fastenzeit vor dem Osterfest.
theanthropos	Der menschgewordene Logos in der Theologie des Origenes.
Theopoiesis	Errettung und Vergöttlichung des Menschen durch Teilhabe am göttlichen Leben.
theotokos	„Gottesgebärerin“ – Ehrenname Marias aus der alexandrinischen Theologie.
Theurgie	„Gotteswerk“. Riten, die Verbindung der irdischen mit der himmlischen Welt herstellen sollten.
thysia	Bezeichnung der Eucharistie als Opfer.
Traditio apostolica	Eine Ordnung für Gottesdienst und Kirche aus dem dritten Jahrhundert, früher Hippolyt von Rom zugeschrieben.
Transsubstantiation	Die Wandlung von Brot und Wein zu Leib und Blut Christi in der Feier der Eucharistie.

Tridentinum	Konzil von Trient (1545–1563).
trinitarisch	Auf die Dreifaltigkeit bezogen.
Tropoi	Die Eigenschaften Gottes, nach denen man den ungezeugten Vater, den gezeugten Sohn und den aus dem Vater hervorgehenden Geist unterscheidet.
Tyche, Ananke, Hemairmene	Glück, Zwang und Vorsehung als die Regenten der Welt, die die Menschen einem unveränderlichen Schicksal unterwerfen.
Typologie	Hermeneutische Methode der Philosophie und der christlichen Exegese, nach der sich Vorbild oder Urbild und Abbild einander gegenüber stehen. So gilt z. B. der Fels, aus dem Mose Wasser schlägt als Hinweis auf Christus, der das Wasser des Lebens schenkt.
Vicarius Italiae	Römischer Regent über den Norden Italiens mit Sitz in Mailand.
Vicarius Urbis	Römischer Regent über den Süden Italiens mit Sitz in Rom.
Vita canonica	Lebensgemeinschaft von Klerikern in einem gemeinsamen Haus oder einem Kloster.
Xerophagien	Fasttage ohne Fleischgenuß, ohne Getränk und ohne Bad.
Zebedaide	Sohn des Zebedäus: die Jünger Jakobus und Johannes.
Zeloten	„Eiferer“ – paramilitärische Widerstandsgruppe der Juden gegen die römische Besatzung.
Zoe	gr. „Leben“. Das Gnadengabe des ewigen Lebens von Christus.

Personenregister